山岭隧道地震动力响应及抗减震

徐 华 李天斌 著

科学出版社

北 京

内 容 简 介

本书结合我国西部高烈度地震区的地质构造及重大工程建设难题，从国内外山岭隧道地震震害入手，将地震波动理论与地质力学模型相结合、三维大型振动台模型试验与计算机动力仿真分析相结合，系统研究高烈度地震区山岭隧道的地震动力响应规律及抗减震技术，揭示了隧道围岩与支护结构的地震动力响应规律及震害机理，发现了隧道动力响应最不利的地震波入射方向、隧道结构放大效应及偏压隧道动力响应差异性；提出基于岩土体与隧道结构联合响应的隧道抗减震设计原理与技术方法，建立了隧道地震设防的两个新原则及抗减震模式；阐明了不同形式断层破碎带对隧道地震动力响应的影响规律、抗震设防范围及综合抗减震措施等，为我国山岭隧道地震动力响应研究及抗减震技术应用提供了理论基础和重要参考。

本书可为从事隧道地质灾害及地震动力研究的科研人员、设计人员及研究生提供很好的研究范本，可为公路、铁路、水利水电等行业隧道与地下工程相关专业人员的学习与培训提供重要参考，也可作为高等院校相关专业的参考教材。

审图号：GS 川 (2023) 222 号

图书在版编目(CIP)数据

山岭隧道地震动力响应及抗减震 / 徐华, 李天斌著. — 北京：科学出版社，2024.3

ISBN 978-7-03-075658-9

Ⅰ. ①山… Ⅱ. ①徐… ②李… Ⅲ. ①山岭隧道-防震设计 Ⅳ. ①U459.4

中国国家版本馆 CIP 数据核字 (2023) 第 098909 号

责任编辑：莫永国 / 责任校对：彭　映
责任印制：罗　科 / 封面设计：墨创文化

科学出版社 出版

北京东黄城根北街 16 号
邮政编码：100717
http://www.sciencep.com

四川煤田地质制图印务有限责任公司 印刷
科学出版社发行　各地新华书店经销

*

2024 年 3 月第 一 版　　开本：889×1194 1/16
2024 年 3 月第一次印刷　　印张：25 1/4
字数：680 000

定价：268.00 元

(如有印装质量问题，我社负责调换)

前　　言

20 世纪末的两次大地震——1995 年日本阪神地震和 1999 年中国台湾集集地震，均造成了大量的隧道与地下工程不同程度的震害，打破了"地下围岩振动加速度小于地面，围岩有足够的刚度保持隧道形状不变，隧道具有较好抗震性能"的传统观念。2008 年 5 月 12 日四川省西部龙门山断裂带发生的 Ms 8.0 级汶川地震，造成了大量山岭隧道的严重震害，如隧道仰坡崩塌掩埋洞口、滚落石砸坏洞门、衬砌开裂错位、底板隆起、初支扭曲变形等；特别是位于震中附近的龙溪隧道，共有 5 处大型地震坍方，以及拱顶二衬素混凝土整体塌落长度达 100 余米，隧道二衬纵横向、斜向和环向裂缝更是极为普遍。这些惨烈的地震破坏给国家带来了巨大的经济损失，也引起了研究人员和工程建设者们对隧道与地下工程的震害及抗震问题的迫切关注。

随着我国西部大开发战略的实施，一方面，大量的公路、铁路和水电隧道相继修建；另一方面，受地球板块构造运动控制，青藏高原在隆起。在这一地球动力背景和地质构造格架下，西部地区的基础建设过程中遇到大量在活断层附近和高烈度地震区修建隧道工程的问题。例如，川藏铁路、川藏公路穿越的大量活动断裂带(如康定-磨西断裂、大渡河断裂、龙门山断裂、保新厂-凤仪断裂和金坪断裂等)的区域地震烈度达Ⅷ度；南水北调中线工程中穿越黄河的区域也位于高烈度地震区。在高烈度地震区或活断层附近修建隧道与地下工程是否安全？隧道在强烈地震作用下的动力响应有何规律？在这种情况下如何进行抗防震措施设计？这些都是必须要解答的关键问题，缺乏科学合理的隧道与地下工程的抗减震设计成为制约高烈度地震区隧道工程的瓶颈。

本书从国内外山岭隧道地震震害入手，将地震波动理论与地质力学模型相结合、三维大型振动台模型试验与计算机动力仿真分析相结合，系统研究高烈度地震区山岭隧道的地震动力响应规律及抗减震技术，获得部分重大发现和一系列研究成果，为我国隧道地震动力响应研究提供了扎实的理论基础，打破了隧道地震动力理论研究与抗减震技术应用的壁垒，为我国隧道的抗减震设计及技术应用提供了重要依据，目前我国西部地区已有 10 余座隧道采用本书提出的抗减震设计思路和技术方法，节约了近亿元的工程造价，获得业界的好评。

本书由绪论和三篇构成，共 11 章。绪论主要阐述研究的背景与意义、国内外研究现状，以及研究瓶颈与不足。第一篇是山岭隧道震害与地震波动理论解析，共有 3 章，主要阐明了强震区山岭隧道震害特征、影响因素，总结"5·12"汶川地震后山岭隧道震害给予隧道抗震的重要启示；系统研究了龙溪隧道洞口段的地震动力响应及震害机理；基于地震波动理论，推导出岩土介质中，在 SV 波和瑞利(Rayleigh)波作用下，单洞、双洞圆形隧道衬砌的应力级数解及存在不平整界面的应力级数解。第二篇是山岭隧道地震动力响应的模型试验与数值模拟，共有 4 章，主要依托高烈度地震区构造复杂地带的典型山岭隧道开展大型三维振动台模型试验及数值模拟研究，提出了一套将预制与现浇相结合，按照围岩产状，分层、分次、分部分的制模技术与方法；揭示了隧道围岩与支护结构的地震动力响应规律及震害机理，发现了隧道动力响应最不利的地震波入射方向、隧道结构放大效应、隧道洞口抗震设防范围及偏压隧道动力响应差异性等一系列突破性的隧道动力响应规律成果，为山岭隧道的抗减震设计提供重要依据。第三篇是山岭隧道抗减震模式及断层破碎带应用，共有 3 章，主要论述了山岭隧道抗减震技术与方法，结合不同抗减震措施的振动台试验和数值模拟研究，提出了基于岩土体与隧道结构联合响应的隧道抗减震设计原理与方法，建立了隧道地震设防的两个新原则及抗减震模式；阐明了不同形式断层破碎带对隧道地震动力响应的影响规律、抗震设防范围以及综合抗减震措施效果等；给出了我国西部高烈度地震区典型的三条高速公路隧道抗减震设计理念与具体措施应用案例，以帮助读者更好地理解和应用。

本书的出版和研究成果得到了成都理工大学学科发展经费、国家自然科学基金面上项目(51278432)、交通运输部重点科技项目(2019-MS1-017)和西部交通建设科技项目(200431800029-4)、教育部博士点基金项目(2011018420033)的资助，在此表示深切的感谢！本书撰写过程中得到了皇民教授、韦猛教授、王栋教授级高级工程师、胡垚副教授、郑建国教授级高级工程师、郑金龙教授级高级工程师、刘吉教授级高级工程师、陈紫云教授级高级工程师、范占锋副教授、孙润方博士、林之恒高级工程师、许劲松高级工程师、唐垠斐高级工程师等的鼎力相助，感谢他们为本书提供的宝贵资料和建议！

由于作者水平和认识有限，书中难免存在不足之处，敬请广大读者批评指正(联系人：徐华，邮箱：442543268@qq.com)，以便再版时予以修正。

徐华

2023 年 3 月

目　　录

第二篇 山岭隧道地震动力响应的模型试验与数值模拟

第三篇　山岭隧道抗减震模式及断层破碎带应用

第1章 绪 论

1.1 背景与意义

一方面，随着我国西部大开发战略的实施，大量的公路、铁路和水电隧道相继修建；另一方面，受地球板块构造运动控制，青藏高原隆起。在这一地球动力背景和地质构造格架下，我国西部(尤其是西南部)地区的基础建设过程中不可避免地会遇到在高烈度地震区和活断层附近修建隧道工程的问题。例如，川藏公路二郎山隧道工程区周围就有康定-磨西断裂、大渡河断裂、龙门山断裂，保新厂-凰仪断裂和金坪断裂等活动断裂，隧道区的地震烈度达Ⅷ度；南昆线 2 号隧道和草庵隧道地处Ⅷ度和Ⅸ度地震烈度区；南水北调中线工程中穿越黄河的区域也位于高烈度地震区，而且要穿越液化土层。在高烈度地震区或活断层附近修建隧道及地下工程是否安全？隧道及地下结构在强烈地震作用下的动力响应有何规律？如何进行抗震设防？这都是工程设计人员非常关心的问题。

一般认为，地下围岩的振动加速度小于地面，而且围岩有足够的刚度保持隧道形状不变，因此，隧道有较好的抗震性能。这种传统的观点被 20 世纪末期的两次大地震打破。1995 年的日本阪神地震造成灾区内 10%的山岭隧道受到严重破坏；1999 年中国台湾集集地震造成的台湾中部距发震断层 25km 范围内的 44 座受损隧道中，严重受损者达 25%，中等受损者占 25%。这两次地震让人们认识到，地下工程仍然会遭受地震的强烈破坏。尤其在 2008 年 5 月 12 日 14 时 28 分 04 秒，我国四川省西部龙门山断裂带发生 Ms 8.0 级的汶川地震，造成在震中映秀镇附近，新建的都江堰—汶川公路沿线 10 余座隧道不同程度的损坏，其中高速路段 3 座，二级路段 7 座，映秀镇卧龙连接线隧道 1 座；原 213 国道从都江堰至映秀修建的 3 座绕坝路隧道也遭受到一定程度的震害。"5·12"汶川地震造成的山岭隧道震害，主要变形破坏特征包括洞口边坡崩塌与滑塌、洞门裂损、衬砌及围岩坍塌、衬砌开裂及错位、底板开裂及隆起、初期支护(简称"初支")变形及开裂等；特别是位于震中附近的龙溪隧道洞口地段共有 5 处地震坍方，拱顶二次衬砌(简称"二衬")素混凝土整体塌落长度达 100 余米，隧道二衬纵横向、斜向和环向裂缝发育，施工缝普遍张开、错台，二衬钢筋剪切-扭曲，初支钢架溃屈、砼开裂并脱落，仰拱和底板多处隆起并发生纵向和横向张裂，最大隆起高度达 120cm；龙洞子隧道右线出口洞门被后缘高陡斜坡的崩滑体掩埋，衬砌砼局部垮塌、路面隆起，纵向长度达 20~35m，衬砌多处被震裂，以横向、斜向和环向裂缝为主，缝宽 10~20mm；烧火坪隧道进洞口被崩滑体掩埋，端墙式洞门及三组衬砌全部垮塌，洞口边坡局部崩塌、松动开裂，仰拱横向断裂并向上隆起，二衬混凝土开裂(部分段渗水)、掉块、钢筋扭曲，裂缝宽 10~30mm。因此，越来越多的研究人员和工程技术人员开始关注和研究隧道与地下工程的震害及抗震问题。

20 世纪 50 年代以前，国内外隧道及地下结构的抗震设计都是以日本学者大森房吉提出的静力理论为基础来计算地下结构的地震作用力。20 世纪 60 年代初，苏联在抗震研究中将弹性理论用于地下结构(拟静法)计算，以此求解均匀介质中关于单连通和多连通域中的应力应变状态，得出了地下结构地震力的精确解和近似解。20 世纪 60 年代末，美国在建设旧金山湾区捷运系统(Bay Area Rapid Transit, BART)时，提出了地下结构并不抵御惯性力而是具有吸收强加变形的延性，同时还不丧失其承受静载荷等新的设计思想，并进而提出了抗震设计标准。20 世纪 70 年代，日本学者从地震观测资料着手，通过现场观测、模型试验，建立了数学模型，并结合波的多重反射理论，提出了响应位移法、应变传递法、地基抗力法等实用计算方法。

尽管我国在隧道及地下结构的抗震研究方面取得了一定的进展，但国内铁路部门和公路系统的相关规范中基本上还是采用静力法验算隧道的结构抗震强度和稳定性。实际上，对埋在地层中的隧道结构采用和地面结构一样的静力法进行计算，往往不能充分反映实际情况，且计算结果过于保守，并且一味增大刚度来抵抗地震力的设计思路也是值得商榷的。

纵观国内外研究成果，我国对隧道及地下工程的抗震研究还处于起步阶段，且主要集中在软土地基中的城市地铁隧道和跨江海域隧道方面，并以震害调查分析和地震响应分析为主，而针对高烈度地震区或断层蠕动情况下，隧道及地下工程的地震动力响应和抗减震措施研究则很少。尤其是"5·12"汶川地震造成震中映秀镇附近新建的都江堰—汶川公路沿线 10 余座山岭隧道较为严重的损坏，给国家和人民带来巨大的经济损失。因此，对山岭隧道及地下工程的地震动力响应、抗减震措施及震后修复技术的研究迫在眉睫。

在高烈度地震区修建隧道及地下工程需进行抗震设防成为普遍共识，但目前缺乏相关的抗减震设计规范、指南及理论作为指导，尤其是对于山岭隧道震害机理与地震波动理论研究还不够深入，对于隧道衬砌的地震动力响应规律认识还不够系统，以致山岭隧道的抗减震设计缺乏理论依据，抗减震技术与措施很难现场应用实施。

本书立足于山岭隧道抗减震理论研究及技术应用的迫切需要，通过对国内外山岭隧道震害实例的现场调研和资料分析，探讨山岭隧道震害的成因机理和地震作用方式；利用波动分析法研究山岭隧道的地震动力响应及衬砌受力特征；结合大型振动台模型试验与计算机数值模拟方法，系统研究高烈度地震区山岭隧道的地震动力响应规律，提出了山岭隧道抗减震模式及技术措施，并应用到典型山岭隧道断层破碎带的抗减震设计中。本书研究成果不仅有助于奠定隧道及地下工程地震理论分析及动力响应研究的基础，而且可为我国高烈度地震区隧道及地下工程建设及抗减震技术应用提供重要支撑。

1.2 国内外研究现状

1.2.1 隧道及地下工程结构震害实例

长期实践经验证明，隧道及地下工程结构周边围岩条件越好，其抗震性能越优，但这并不表示其能免受地震破坏。诸多研究表明，当地面峰值加速度超过 1.5m/s^2 时，隧道及地下工程结构仍有可能遭到地震破坏。虽然与桥涵、路基和支挡结构等一般地面建筑结构相比，隧道及地下工程震害程度相对较轻，但仍有不少研究及报道记录了隧道与地下工程结构的严重震害情况。下面总结出近百年来国内外隧道及地下工程典型震害实例及其破坏特征。

1906 年美国旧金山地震(Ms 8.3 级)，造成多座隧道严重破坏，由于断层上下盘的大距离错位运动，部分隧道直接被剪断，衬砌最大错动位移高达 2.4m。

1923 年日本关东地震(Ms 7.9 级)，损坏了东京附近 25 座隧道，其中洞身破坏 14 座。这些隧道距震中较近，均未穿越断层，其破坏形式主要为拱部和边墙坍塌、衬砌开裂和变形错动、洞门破坏等。长坂山隧道(埋深 91m)混凝土衬砌破损严重，一处边墙与拱圈错位达 25cm。南无谷隧道(埋深 76m)穿过皱曲破坏的玄武岩，衬砌裂缝遍及全洞，变形严重，底板上鼓，最大错位达 1m。

1930 年日本伊豆地震(Ms 7.0 级)，丹那第一线铁路隧道正在施工。该隧道通过安山岩和凝灰岩，上覆厚约 40m 由黏土和漂砾组成的湖泊沉积。地震使排水隧道在横穿丹那山断层处水平错位 2.39m，竖向错位 0.6m，主隧道边墙出现数处裂缝。

1952 年美国加利福尼亚州克恩郡地震(Ms 7.6 级)，使位于南太平洋铁路线上的 4 座隧道受到严重破坏，这 4 座隧道均通过白狼断层破碎带，用厚 30～60cm 的钢筋混凝土加固。其中，3 号隧道横穿白狼断层，埋深 46m，边墙混凝土被压碎，一处边墙上移并将扭曲变形的钢轨压在其下；4 号隧道埋深 38m，一处边墙横向错动达 50cm；5 号隧道埋深 69m，震后地面裂缝，一处透顶坍塌，泥石流入洞内；6 号隧道埋深 15m，衬砌断裂剥落。震后 4 座隧道都改建成为明堑或重建。

1964 年日本新潟地震(Ms 7.5 级)，造成市内下水管道遭受严重破坏，箱形和圆形污水管道受地震影响出现了脱节、裂缝、蛇状弯曲、高程变化和隆起等现象，在某些地段圆管外露到地面以上。

1970 年中国云南通海地震(Ms 7.8 级)，造成公路涵洞及隧道洞口段坍塌。

1971 年美国圣费南多地震(Ms 6.4 级)，使多座隧道受到不同程度的破坏，其中巴尔宝隧道浅埋段位于圣苏萨娜断层以南仅 30m，混凝土衬砌严重剥落和破碎。圣费南多隧道邻近西尔玛断层处衬砌损坏和错位，一处竖向错位达 2.29m，产生挠曲裂缝。麦克莱隧道衬砌中出现长而宽的裂缝。范诺曼罗斯隧道混凝土衬砌出现数以百计的非构造性裂缝。

1975 年中国海城地震(Ms 7.3 级)，造成个别隧道的入口端墙与翼墙上沉降缝变形较大。

1976 年中国唐山地震(Ms 7.8 级)，造成唐山市多处地下管道受到剪切破坏。

1978 年日本伊豆大岛地震(Ms 7.0 级)，造成了震区多座铁路与公路隧道严重受损。例如，稻取隧道仰拱及初衬严重开裂，隧道内发生大规模塌方，钢筋被拉断，衬砌断面严重变形，隧道内钢轨严重变形。

1993 年日本能登半岛近海地震(Ms 6.6 级)，造成震源附近(距震源以北约 26km，深约 25km)的木之浦隧道发生拱顶冒顶，坍塌并堵塞行车。

1995 年日本阪神地震(Ms 7.3 级)，造成灾区内 10%的山岭隧道受到了严重破坏，位于不良地质区段内的数座山岭隧道发生二衬崩塌，隧道衬砌出现多条裂缝。特别是建于 20 世纪 60 年代及以前的隧道，由于设计时未考虑浅埋地层变形的影响，隧道结构的抗震性能无法承受这次大地震，拱顶部分发生严重的剪切裂纹及剥落，横断面内普遍出现混凝土剥片。调查发现，隧道内受灾部位多为施工时存在集中涌水和突泥的断层和破碎带等施工困难地段(Yasuda and Asakura, 2020)。地铁结构在这次地震中更是发生了大规模损坏，隧道衬砌大面积开裂，相当一部分车站立柱被压坏而造成地面塌陷。

1999 年中国台湾集集地震(Ms 7.3 级)，造成震中附近的 57 座隧道中的 49 座出现了衬砌混凝土块龟裂、掉落，甚至钢筋弯曲等不同程度的破坏。台湾中部距离发震断层 25km 范围内的 44 座受损隧道中，严重受损者占 25%，中等受损者占 20%，轻微受损者占 55%，并且隧道的破坏与地质条件、隧道结构等多种因素有关。在诸多震害隧道中，最具代表性的实例是边墙严重破坏的三义 1 号隧道、衬砌发生大位移剪切破坏的石岗坝输水隧道(图 1-1)。

(a)三义1号隧道的边墙破坏　　　　　　　　　(b)石岗坝输水隧道衬砌剪切破坏

图 1-1　1999 年中国台湾集集地震隧道典型震害

注：据王文礼等(2001)。

2008 年中国汶川地震(Ms 8.0 级)，在短时间内沿龙门山断裂带的中央断裂和前山断裂迅速向北东方向引起破裂，形成长达近 300km 的破裂带。地震导致震中附近的都汶公路 10 余座隧道遭受不同程度的震害，震害类型多，破坏严重，主要震害包括洞口边坡崩塌与滑塌、洞门裂损、衬砌及围岩坍塌、衬砌开裂及错位、底板开裂及隆起、初期支护变形及开裂等。如图1-2所示,以受损严重的龙溪隧道为例,进洞口地基强烈抬升,洞内5处塌方封洞,二衬混凝土裂缝发育、多处坍塌,二衬钢筋剪切扭曲,初支钢架溃曲;出口端出现环向剪张破碎带,施工缝开裂错台,仰拱和底板多处隆起并发生纵、横向张裂,最大隆起高度达1.2m。

(a)进洞口地基强烈抬升

(b)进洞口仰拱隆起-张裂

(c)出口端左线仰拱纵向开裂

(d)出口端横向破裂及错位

(e)K21+575-580拱部坍方

(f)进洞口拱顶二衬坍落

图1-2 龙溪隧道典型震害类型

注:据徐华(2009)。

2010年中国玉树地震(Ms 7.1级),引发了1.194km² 内超过2000处滑坡,包括大量的隧道洞口边坡也发生了严重灾害,如滚落石、崩塌掩埋洞口等。

2013年中国雅安芦山地震(Ms 7.0级)和甘肃定西市岷县地震(Ms 6.6级),造成大量的边坡垮塌和滑坡,部分隧道洞口被滚落石和滑塌体掩埋。

2016年4月14日21时26分,日本熊本县发生地震(Ms 6.2级),震源深度约为11km(称为2016年熊本地震前震),地震源于日奈久断层的错位;2016年4月16日凌晨1时25分,由于布田川断层发生走滑型破裂,该地区再次发生地震(Ms 7.0 级),震源深度约为 12km(称为 2016 年熊本地震主震)。据调查发现,部分隧道受到震害,其中俵山隧道震害严重,主要震害类型包括衬砌裂缝[图 1-3(a)],施工缝损伤及路面破损[图 1-3(b)],地下水渗漏[图 1-3(c)],混凝土衬砌剥落、坍塌[图 1-3(d)]。

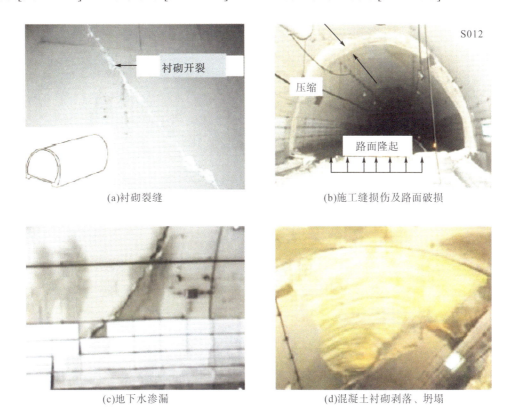

(a)衬砌裂缝　　　　　　　　　　　　　(b)施工缝损伤及路面破损

(c)地下水渗漏　　　　　　　　　　　　(d)混凝土衬砌剥落、坍塌

图 1-3　俵山隧道震害类型

注:据张学朋(2019)。

　　2023 年 2 月 6 日 9 时 17 分(当地时间 2 月 6 日 4 时 17 分),土耳其发生 7.8 级地震,震源深度为 20km,震中 300km 范围内有 33 座大中城市;2 月 6 日 18 时 24 分在土耳其(北纬 38.00°,东经 37.15°)再次发生 7.8 级地震,震源深度为 20km(图 1-4),这次地震发生在东安纳托利亚断裂带。当地时间 9 日的航拍画面显示,土耳其南部和东部受影响较严重的省份有大量建筑倒塌,城市房屋建筑及地下管道损毁严重(图 1-5)。

图 1-4　2023 年土耳其地震烈度分布　　　　　　　　图 1-5　2023 年土耳其地震中建筑破坏

1.2.2　隧道及地下结构抗震发展过程

隧道及地下结构抗震是随着地面建筑结构抗震的发展而发展起来的。由于地下结构物振动程度远小于地面建筑，有关该问题的研究起步较晚。20 世纪 50 年代以前，国内外隧道及地下结构的抗震设计都是以日本学者大森房吉提出的静力理论为基础来计算地下结构的地震作用力。20 世纪 60 年代初，苏联学者在抗震研究中将弹性理论用于地下结构(拟静法)计算，求解均匀介质中关于单连通和多连通域中的应力应变状态，得出了地下结构地震力的精确解和近似解。苏联在修建贝加尔-阿穆尔铁路位于高烈度地震区的铁路隧道时十分重视隧道衬砌的抗震设计，在塔什干、埃里温地下铁道建设中也采用了抗震的车站和区间隧道结构。20 世纪 60 年代末，美国旧金山湾区在建设 BART 时，对地下结构抗震进行了深入研究，提出了地下结构并不抵御惯性力而是具有吸收强加变形的延性，同时还不丧失其承受静载荷等新的设计思想，并以此为基础提出了抗震设计标准。美国在 20 世纪 80 年代洛杉矶地下铁道的设计中对地震荷载作了充分的考虑。

20 世纪 70 年代，日本学者从地震观测资料着手，通过现场观测、模型试验，建立了数学模型，并结合波的多重反射理论，提出了响应位移法、应变传递法、地基抗力法等实用计算方法，使地下软基隧道和成层地基的抗震研究获得重大进展。在沉埋隧道的设计中，他们还率先采用了反应位移法；为了防止和减轻地震对隧道造成的危害，他们又将隧道抗震的思想贯穿选线、设计、施工、维修、改造等全过程。Dasgupta(1982) 曾提出用衍生方法(cloning method)来建立地基动力阻抗矩阵，Wolf 和 Song(1994) 在此基础上对该方法加以发展，相继提出了阻尼影响抽取法、标度边界有限元法模拟动力地基无限域的影响，为地下结构动力分析中地基动力阻抗矩阵的计算提供了新的途径。近几十年来，随着地下结构数量的增多和地下结构震害的频繁出现，地下结构抗震问题日益受到世界各国地震工作者的高度重视。特别是 1995 年日本阪神大地震后，由于神户市地铁结构发生严重破坏，引起众多地震学者的关注，使地下结构抗震研究出现前所未有的热潮，成为地震工程界重要的研究方向。

尽管隧道及地下结构的抗震研究取得了很大进展，但地下结构的抗震设计方法直到 20 世纪 70 年代以后，才开始在日本的水道、沉管隧道及核电厂等抗震设计规范中逐步得到体现。国内相关的规范基本上仍然采用的是地面结构的抗震设计方法。过去一般铁路隧道的抗震设计及抗震措施均按 1988 年颁布的《铁路工程抗震设计规范》(GBJ 111—1987)(已废止)的有关规定执行，2006 年颁布的《铁路工程抗震设计规范》(GB 50111—2006)(已废止)在该问题上与以前规范基本一致。规范中关于隧道的抗震强度和稳定性验算条文是参照既有设计经验，本着突出重点、区别对待的原则制定的。根据震害调查和试算，规范将抗震验算范围大致定在Ⅳ类围岩以下的洞口、浅埋、偏压隧道和明洞，地震烈度为 7~9 度。验算方法规定为附加地震力的静力法，只验算水平地震力对隧道强度和稳定性的影响，不验算深埋隧道的抗震性。强震区隧道的设计思路是普遍采用加强衬砌、增大刚度、抵抗地震作用力的方法。实际上，把埋在地层中的隧道结构和地面结构一样采用静力法进行计算，往往不能反映实际，且计算结果过于保守。同时，仅增大刚度来抵抗地震力的设计思路值得商榷。此外，规范对于隧道是否需要设置抗震缝及如何设置的问题也没有具体规定。

纵观国内外研究成果，隧道及地下结构抗震问题的基本研究途径主要有原型观测、试验研究和理论分析，地下结构抗震分析方法如图 1-6 所示。

1.2.3　震害原型观测研究现状

震害原型观测是通过震后隧道及地下结构的变形破坏特征和实测动力特性了解其地震响应特点。严格来讲，地震后岩土体与结构物的变形是一个场的概念，而模型试验很难模拟这一点，地震时原位现场资料的采集成为隧道及地下结构抗震研究中必不可少的手段之一，主要包括震害调查和地震观测两大类。

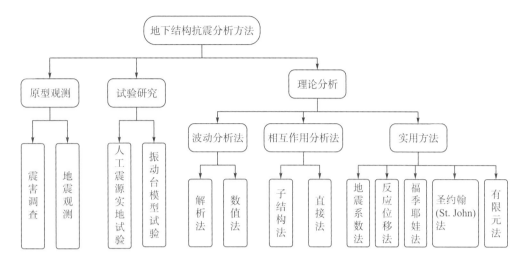

图 1-6　地下结构抗震分析方法

1. 震害调查

震害调查是在地震结束后进行的，受观测时间、手段和条件的限制，但震害是最真实的"原型试验"，一直受到人们的重视。这方面收集的资料正在不断增加，一些学者根据地震后隧道和地下结构的破损情况，对地震的动力作用规律进行了分析和总结。例如，美国土木工程师协会(The American Society of Civil Engineers，ASCE)在 1974 年公布了洛杉矶地区的地下结构物在 1971 年圣费南多地震中所受到的震害。1983 年距上海市 150km 以外的洋面发生 6 级地震，打浦路管片隧道出现了 5 座可见裂缝。此外，Duke(1958)、Dowding 和 Rozen(1978)、Owen 和 Scholl(1981)、冈本舜三(1974)及 Sharma 和 Judd(1991)等学者都曾对地震中地下结构的破坏情况进行总结和分析。其中，冈本舜三(1974)根据日本隧道地震损害的调查资料，得出了隧道免遭地震动力破损应距震源的安全距离为 50km；他还总结了隧道地震损害与衬砌厚度、岩土介质条件的关系。Dowding 和 Rozen(1978)根据 71 座铁路隧道和水工隧道的地震破坏调查资料，得出了隧道地震损坏与震级、烈度和震中距之间的关系曲线及与地面运动之间的关系。Sharma 和 Judd(1991)概括了世界上 85 次地震中对地下洞室影响的 192 份定性报道，并把这些资料汇编成数据库，确定出地震可能影响地下工程的一些有意义的因素，如覆盖层、岩石类型、支护衬砌形式、地理位置、地震震级和震中距等；并在峰值地面加速度、覆盖层厚度与破坏程度相关关系研究方面取得了新的进展。

近 30 年来的大地震也造成了大量的隧道及地下结构的变形破坏，不少学者进行了大量的震害调查研究。1995 年的日本阪神地震造成现代地下隧道结构(如地铁)首次遭到大规模的破坏后，Nakamura 等(1996)进行了广泛的震害调查，收集了大量的资料。1999 年中国台湾发生了 7.3 级的集集地震，受调查的 57 座山岭隧道中有 49 座都受到了不同程度的损坏。2008 年中国汶川发生 Ms 8.0 级地震，也导致震中附近的都汶公路 10 余座公路隧道遭受不同程度的震害，4 座隧道严重受损，3 座中等受损，4 座轻微受损，徐华等(2013)通过现场调研、资料收集与分析，阐明了强震区山岭隧道变形破坏的类型与特征，探讨隧道震害的影响因素及其控制作用，总结出汶川地震给予隧道抗震的启示。路仕洋(2008)通过对震后宝成铁路宝鸡至广元段 323 座铁路隧道进行现场调查，归纳了典型破坏形式——洞口边仰坡落石、洞口结构破坏、明洞砸毁、棚洞损坏、衬砌开裂、衬砌漏水和衬砌剥落掉块等，为山岭隧道的震害研究积累了丰富的资料。

2. 地震观测

震害调查无法了解地震时隧道及地下结构的动力响应过程，为了对其进行有目的、多角度的研究，还得借助现场的地震量测数据。日本从 1964 年起便在羽田沉管隧道开始进行地震观测，1970 年以来，日本在大多数新建的公路和铁路沉管隧道中进行了系统的地震观测，Okamoto 和 Tamura(1973)等对东京地铁区间隧道进行过多次地震观测，取得了现场第一手地震响应数据。

震害调查是真实的原型观测结果，可以用于分析隧道等地下结构的破坏机理，间接反映地下结构的地震响应特性，在隧道等地下结构抗震分析中运用得较多。日本的浜田和横山(1978)在岩手县一座铁路隧道中进行多次地震观测(包括 1978 年宫城县地震，Ms 5.8 级)，取得了围岩加速度和衬砌应变的记录。1970 年，日本利用松化群发地震，测定了地下管线的动态应变，通过对测定结果的研究发现：管线与周围地基一起振动，而自身并不发生振动。人们通过对沉埋隧道、盾构隧道、山区隧道及地下管线进行地震观测，结果表明，影响地下结构地震响应的因素是地基变形而不是地下结构惯性力。

虽然隧道及地下工程震害调查和地震观测资料有利于探明地震中隧道的破坏机理，为隧道抗减震理论发展提供重要依据，但到目前为止，由于地震发生的不确定性，现场监测成本巨大，实际收集到的地震过程中隧道及地下工程的动力响应数据极少。

1.2.4　地震动力响应试验研究现状

震害调查和地震观测一般只能对地震后的结果或地震过程中的动力响应进行观测，无法控制地震波的输入机制和边界条件，也无法主动改变各种因素以对某一现象进行有目的、多角度的研究。试验研究则可以在一定程度上弥补这一缺陷。试验研究就是通过激振试验来研究隧道及地下结构的动力响应特征，分为人工震源实地试验和振动台模型试验。

1. 人工震源实地试验

菲利普斯(Phillips)于 1951 年在美国内华达州核试验场附近的一座试验隧道中进行过地下核爆炸的震动响应试验。隧道离核爆炸中心距离仅 0.5km，核爆产生了相当于 Ms 5.0 级的地震。试验隧道为直墙马蹄形，高 6m，宽 5.8m，试验段长 12m。衬砌厚 4~10cm 的钢丝网喷射钢纤维混凝土，底部未衬砌，仅堆放厚约 0.3m 的卵石。施工时曾安设长为 1.8m 和直径为 2.2cm 的锚杆。试验中为了加固，增设了长为 4.9m、直径为 2.9cm、间距为 1.2m 的注浆锚杆。试验隧道围岩为凝灰岩。该试验中采用了加速度传感器量测加速度，用水准仪、收敛仪等量测收敛和永久变形，同时还采用了静态摄影和高速摄影。该试验表明：自由场围岩与隧道的响应基本上相同，震后隧道产生了永久变形，左侧(近震源侧)边墙向右平移了 6.1cm，右侧向右平移了 5.2cm，拱肩向右平移了 4.7cm，底板上鼓 4cm，隧道拱肩和左侧边墙出现了剥落和裂缝。

2. 振动台模型试验

振动台模型试验是目前研究隧道地震动力响应最有效、最直观的方法。基于振动台模型试验，能够实现多分量的地震波输入，能够直观观察地下结构破坏形态特征，深入了解地下隧道衬砌的动力响应规律，检验理论计算结果、验证数值模拟的正确性，改进计算模型和分析方法；还有助于隧道抗减震措施的优化和验证，为隧道抗震设计提供依据。振动台模型试验的关键步骤，包括相似比设计、相似材料选定、模型箱设计、围岩填筑、传感器布设和地震波选取等。

(1)相似比设计。振动台模型试验是指将工程原型按一定相似关系进行缩尺，然后通过振动台对模型施加激振，观测地震作用下模型结构的动态响应，反映原型结构的抗震性能。徐华(2009)在典型山岭隧道地震响应的振动台试验研究中，先拟定加速度相似比为 1:1，再确定长度相似比、密度相似比和弹性模量相似比，通过数值模拟分析，证明了按照相似比配制的相似材料能够很好地模拟场地、围岩及隧道衬砌的动力特性。耿萍等 (2009) 在单线铁路隧道洞口合理抗震设防长度的振动台试验研究中，将密度、长度和弹性模量作为基本物理量，确定了其相似比，而其余物理量的相似比则由量纲分析法推导得到，研究表明试验结果与数值模拟结果一致。陶连金等 (2012) 在山岭隧道洞口段边仰坡地震响应的振动台试验研究中，忽略了重力加速度的相似，而是将密度、长度和弹性模量作为独立自变量，考虑了振动台尺寸和相似材料配制等问题，确定了三种物理量的相似比，并由此推导出其余物理量的相似比，试验结果为隧道洞口抗震设防提供了参考。

(2) 相似材料。确定各物理量的相似比后，需要配制满足相似比要求的相似材料。隧道模型试验的相似材料一般分为围岩相似材料和衬砌相似材料。李天斌等 (2016) 在含断裂带的地质力学模型试验中，选取石膏、重晶石粉、石英砂、甘油、乳胶、柠檬酸和水等为材料，配制出岩质相似材料，能够满足相似比要求。王帅帅等 (2015) 基于正交配合比试验，选取河沙、机油和粉煤灰的混合物模拟振动台模型试验的岩质相似材料。徐华等 (2013) 在山岭隧道洞口段的振动台试验中，根据相似比，采用石膏和水为衬砌相似材料，按照水膏质量比为 1:0.7，内置铁丝网模拟隧道衬砌，并在特制模具中浇筑成型，同时采用直径为 0.6mm 的铁丝代替初支中的锚杆。

(3) 模型制作。模型制作是振动台模型试验的重点和难点，应该严格把控模型制作的流程和工艺水平，重点抓好模型箱设计、围岩填筑和传感器布设等关键节点。一般说来，模型箱的抗侧刚度应与原场地经相似比例缩放后的剪切模量相适应，同时还要降低模型箱的边界效应，使得隧道模型能够真实反映自由场的地震反应。梁栋等 (2015) 设计了大型堆叠式剪切模型土箱，模型土箱框架采用高强度方钢制成，该模型土箱能够真实地反映自由场的地震反应和较好地模拟边界条件。徐华等 (2013) 设计了由箱体、斜支撑和底板筏三部分组成的分层框架式叠加模型箱，同时采用聚苯乙烯泡沫作为减震层。

围岩浇筑是模型试验耗时最长的环节，同时围岩浇筑的好坏，人为造成的结构面、衬砌和围岩的紧密程度，传感器安装精度等，都直接影响试验结果的正确性。徐华 (2009) 在黄草坪 2# 隧道振动台模型试验研究中，分四个阶段浇筑模型，其中在隧道周边划分出一定范围的现浇区，其余部分为砌筑区，按照自下而上分层分段的顺序浇筑围岩，安装隧道锚杆、衬砌及工字钢模型，最终浇筑成型。信春雷等 (2014) 在跨断层隧道的振动台试验研究中，向模型箱中均匀填入相似材料，使用重锤夯实到原定标高并复核其密度值，待合格后再继续填筑下一层，同时对人为造成的填筑面进行划毛处理，避免出现成层现象。耿萍等 (2013) 在跨断层破碎带隧道减震模型试验中，为量测模型各部位加速度值、位移值和衬砌应变值，选取加速度传感器、激光位移计和电阻应变片等传感器，分别布设于衬砌结构和围岩重点观测部位。

(4) 地震波选取。选取地震波时，通常考虑以下三个因素：地震波的持续时间、幅值和频谱特性。振动台台面输入地震波可选用实测地震波或人工地震波。通常情况下，选取原场地的实测地震波作为输入波，但如果原场地缺乏实测地震波，则可以选取一些试验常用的典型实测地震波。振动台试验中常用的地震波主要有埃森特罗波 (EL 波)、汶川波 (WC 波)、阪神波 (Kobe 波) 和集集波 (CC 波) 等。江学良等 (2016) 在偏压隧道振动台模型试验中，为研究不同地震波类型对偏压隧道地震动态的影响，选取大瑞波、汶川波和阪神波作为输入波，加速度峰值从 0.1g、0.2g、0.4g、0.6g 逐级递增 (g 为重力加速度)，同时在每种工况试验前均输入白噪声，以测试模型动力特性的变化。郑升宝等 (2011) 在隧道洞口段模型试验中，根据场地加速度反应谱合成了 50 年超越概率为 2%、5%、10%、63% 的 4 条人工地震波，并依次输入振动台。王峥峥和高波 (2012) 在跨断层隧道振动台模型试验中，选取低带宽 (lower barrow group, LBG) 人工波作为振动台台面输入波。

(5) 地震动力响应。20 世纪 90 年代以来，以美国、日本为首发展的大型模型抗震试验技术，可进行 6 个自由度振动，用计算机准确控制模拟地震荷载的输入和响应数据的采集处理，大大地推进了隧道及地下结构模型试验技术的发展。从 20 世纪 90 年代初开始，我国也开展了隧道及地下结构模型试验研究，但主要集中在软土地基与地下结构的动力相互作用试验方面，对于山岭隧道的模型试验研究相对较少。

邵根大和骆文海(1992)对不同衬砌形式和锚固方式单线、双线铁路隧道在地震波作用下的动力响应做了多组模型试验，对隧道周围土体与隧道结构的相互作用关系、衬砌的抗震性能以及地震时锚杆的作用和效果进行了详细分析。王正松等(2014)对南昆铁路Ⅷ度、Ⅸ度地震区(乐善村 2 号隧道)隧道洞门及浅埋大跨段新结构进行了设计试验研究，设计中遵循"刚柔兼顾，柔性为主"的设计思想，采用薄壁柔性钢筋混凝土以适应地层少量变形，吸收能量，设置环向抗震缝等减震、吸震措施，完成了该隧道的特殊设计，并在实验室内通过了Ⅸ度地震波的模型试验验证，为大跨、软岩、浅埋隧道及地下结构的抗震设计提供了一个成功范例。周德培(1998)在乐善村 2 号和草庵两座隧道的模型试验结果的基础上，对强震区隧道洞口段的动力特性进行了研究，讨论了洞口段的加速度特征、洞口设防长度，并指出了洞口段的抗震薄弱部位。杨林德和高占学(2003)利用震动台模型试验模拟上海软土地铁车站结构的减震性能，结果表明，上海市现有的地铁车站结构及其区间隧道的接头结构具有足够的抗震稳定性，结构在设防烈度下可安全可靠地投入使用。与此同时，结构模型中柱部位的应变相对较大，应适当加强地铁车站结构中柱的刚度。徐华(2009)开展了黄草坪 2 号隧道大型的振动台模型试验，研究地震作用对山岭隧道的作用机理及地震动力响应特征，通过相似关系的推导和相似材料的静、动力学测试，找到了以重晶石粉、氧化锌、石英砂、石膏、甘油、乳胶等为基本原料的围岩相似材料及配比，并对围岩的制作、模型的浇筑等进行研究，获得了大量山岭隧道地震动力响应的规律和认识。

张晋东等(2018)基于不同高程进洞方式开展了大型振动台模型试验，研究结果表明进洞高程对高烈度地震作用下隧道洞口段衬砌的加速度响应有放大效应。梁庆国等(2018)通过研究大断面黄土隧道洞口段动力特性，得出隧道的抗震设防长度取 5 倍洞径较为合适。李世久等(2020)通过振动台模型试验与有限元模拟相结合的方式研究影响黄土隧道洞口段地震动力响应的主要因素。

振动台模型试验可以有效地再现地震引起地下结构破坏过程，明确隧道等地下结构的震害机理，为地下结构抗震方法的发展起到了推动作用。

1.2.5　抗震理论计算方法研究现状

原型观测和试验研究这两种方法在实际运用中都存在成本昂贵的问题，理论研究无疑是不可或缺的研究途径。隧道及地下结构抗震理论计算方法虽然名目繁多，但基本分为两大类：一类为波动分析法，另一类为相互作用分析法(即结构动力学方法)。这两类方法各有特点，又紧密相关。

1. 波动分析法

波动分析法以求解波动方程为基础，把地下结构视为无限弹性或弹塑性介质中孔洞的加固区，将整个系统(包括介质与结构)作为对象求解波动场与应力场。

20 世纪 70 年代初，Pao 等(1973)采用波函数展开法开创性地研究了无限空间中单个洞室在弹性波入射下的动应力集中问题。随后，Lee 和 Trifunac(1979)将无限空间中单个洞室在弹性波入射下的动应力集中问题的解答推广到半空间，研究了半空间中单个洞室对 SH 波的散射问题。这是因为地下洞室实际上是位于半空间的，而且多属浅埋。此后，Luco 和 De Barros(1994)应用一种基于二维格林函数的间接边界积分的方法，分别研究了 SV 波作用下半无限弹性空间内未衬砌圆柱形洞室的动力响应问题。由于 P 波和 SV 波散射时波型转换问题比 SH 波要复杂得多，直到 20 世纪 90 年代，Lee 和 Karl(1992)才通过大圆弧假定方法得到半无限空间中无衬砌洞室对 P 波和 SV 波散射的解析解，并分析了用凸圆弧和凹圆弧来近似模拟半空间表面的区别。在此基础上，梁建文等(2005)运用圆弧假定研究了半无限弹性空间内双洞室对入射 P 波和 SV 波的散射解析解，并研究了两种波分别入射时半空间表面的位移及洞室的动应力响应。其他形状的地下结构及较复杂的地形、地质条件只能采用有限元或边界方法进行数值分析，也可采用近似方法，如拟静力法。

因实际地层构成十分复杂，地震波在近地表面时构成十分复杂的波场，为了克服计算上的困难，还需要进行一些必要的简化，如假定介质为均匀的(弹性的或黏-弹性的)、波型单一且入射波为平面波、忽略波的散射及波的三维传播效应等。St. John 和 Zahrah(1987)基于纽马克(Newmark)方法[1]提出了在压缩波、剪切波及瑞利波作用下自由场轴向和弯曲应变的简便算法；一般洞室尺寸远小于地震波波长，洞室的存在对波动场扰动的影响可以忽略不计。如果洞室距离边界足够远，就可以将问题简化为无限介质中的孔洞这样一个接触问题，用拟静力学方法求解，这一基本概念已在实用抗震计算方法中得到应用。波动分析法的数值分析中，边界的处理是该法的一个主要难点。一般需要在模型外边界施加各种人工透射边界以解决能量向无穷远处辐射的问题。为了尽量减小模型边界上的反射波对结构动力响应的影响，可以将模型边界范围取得很大，但这样造成计算量特别大，很难实现。采用有限元与其他方法耦合的方法是解决边界问题的有效途径之一。近场用有限元与远场用边界元相结合来求解土体结构物动力相互作用问题，是近十多年来耦合法中用得最多的一种。无限元的结点位于近场与远场的交界面上，但无限元所需满足的边界条件除与有限元相同外，还有有限性与辐射的要求。在这方面已取得了很多成果，如Kobayashi 和 Kishima(1985)便用这一方法研究了弹性半空间中任意形状弹性区域的运动以及土体-结构物的相互作用。部分研究也使用无限边界元与有限元耦合及有限元-边界元-无限元-无限边界元(finite elements, boundary elements, infinite elements and infinite boundary elements，FE-BE-IE-IBE)耦合模型分析土体-结构物非线性相互作用。由于在远场需要用一定的函数进行模拟以得到无限区域的描述方程，所以上述耦合方法在描述远场时一般都将其假定为线弹性介质。这显然有一定的局限性，但是由于远场对动力相互作用的影响较小，因此这种近似的误差还是可以接受的。耦合方法的公式推导繁杂，编程实现复杂，计算量较大，这是影响其推广的重要因素之一。为了缩小地基的计算范围，人们还提出了在模型边界采用能量传递边界，即人工边界的方法，使其能够有效地模拟无限地基中波向无限远的散逸。Lysmer 和 Wass(1972)相继提出黏性边界、透射边界、一致边界、重叠边界等人工边界，获得了一些很好的模拟结果。人工边界存在的主要问题是计算精度和计算稳定性问题。目前，学者们正在努力寻找这样一种透射边界：适用于各种波型，不受几何条件和物质特性的限制，在局部空间和时域内具有很高的精度。只有找到这种边界后，波动分析方法才利于考虑周围介质的不规则性、非线性。

总体而言，波动分析法一般主要应用于平面问题情况分析方面。当波动的频率较高、地震波传播受到较多干扰的情况(如洞室群、临近自由面、多层岩体等)下，其应用受到一定的限制。

2. 相互作用分析法

相互作用分析法假定岩土介质中的波动场不因结构的存在而受到影响，实际观测与模型试验都验证了这一点，该方法本质上是一种结构动力学的方法，以地下结构为主体求解其地震运动，将周围岩土介质的作用等效为弹簧和阻尼罐，通过相互作用力施加于结构之上。该方法将理论计算问题分解为源问题、阻抗函数问题和给定相互作用荷载输入下的结构响应分析三个部分。首先不考虑结构的存在，求解介质中自由场的地震响应；再根据结构所在位置岩土体的运动来求解结构的动力响应。其中，源问题即求解介质中自由场的地震响应，属于波动理论的研究范畴；而考虑介质对结构运动产生的相互作用力，也就是求得岩土介质的阻抗(弹性常数和阻尼常数)，是该方法的重点和难点；求取周围岩土介质的阻抗之后，结构部分的动力分析可以用有限单元法较容易地完成。

要确定地下结构周围岩土介质的动力阻抗矩阵是非常困难的。除了极少数简单情况可获得解析解外，一般都要借助数值手段。国内外学者们围绕这一问题，提出许多解决的办法。Dasgupta 和 Chopra(1979)用每层由均匀、各向同性介质构成的层状地基模型表示无限地基，从均匀、各向同性介质中的波动方程

---

[1] 纽马克(Newmark)方法是一种逐步积分的方法，避免了任何叠加的应用，能很好地适应非线性的反应分析。

出发，建立了黏-弹性半平面地基和黏-弹性层状地基在谐振力作用下表面位移的积分表达式，然后运用虚功原理和数值积分求出了动力刚度矩阵；Bettess 和 Zienkiewica(1977)、赵崇斌等(1986)用无穷远模拟半无限平面弹性地基，求取了动力刚度矩阵；Song 和 Wolf(1994，2000)相继提出了阻尼影响抽取法、标度边界有限元法求取无限地基边界节点的动力刚度矩阵，模拟动力地基无限域的影响，为地下结构动力分析中地基动力阻抗矩阵的计算提供了新的途径。

地下结构抗震分析的相互作用分析方法，通常采用有限元、边界元、解析法或半解析法等耦合求解。由于围岩介质对结构的动力影响在时间与空间上都是耦合的，较精确地求解地下结构的地震响应分析具有一定的难度，时域求解复杂且求解代价很大。陈健云等(2001，2002，2003)采用阻尼影响抽取法分析了地下结构无限围岩介质的动刚度特性，建立岩石地下结构抗震分析的实用相互作用分析时域模型，探讨了地震动输入机制、围岩动刚度等因素对地下结构响应的影响。

3. 数值计算分析法

1)地震动力响应数值模拟方法

将场地地基、基础与结构各个部分看作一个整体进行计算，从而得到结构与土体的动力反应的分析方法，该方法可考虑岩土体的非均质性和非线性等动力特性。在考虑地基土的非线性特性的情况下，解析方法难以求解结构和地基在地震动载荷作用下的反应，通常采用数值分析法，主要包括有限元法、有限差分法、离散元法、边界元法及其杂交法等。

有限元法是将整个土-结构体系进行有限元离散化并计算动力反应的分析方法，它可以解决非均质性和非线性问题，但需要引入人工边界以反映有限计算域外的无限域对计算区域的作用。Krauthammer 和 Chen(1989)采用有限元法研究了土-结构接触面对地下混凝土结构的动力响应的影响。Borja 和 Amies(1999)采用有限元方法对台湾莲花地震时场地土的加速度响应进行了数值模拟。廖红建等(2001)采用有限元方法研究了轴对称体型的地基-结构体系的共同作用。

有限差分法同样可以解决体系的非均质性和非线性问题，该法需要引入人工边界以反映有限计算域外的无限域对计算区域的作用。Szavitsnossan 等(1999)采用有限差分法研究了深基坑土钉墙支护的变形。王明洋等(2003)基于总应力动力分析法，运用二维显式有限差分法对某大坝在地震荷载作用下的动应力进行模拟分析。刘文韬(2003)采用有限差分法研究了脉冲载荷下岩石介质中一维应变波的传播规律的影响，并通过两种模型(弹塑性模型和含损伤弹塑性模型)的对比分析，揭示了岩石类脆性材料中应力波传播的主要特点。

Cundall(坎德尔)等人于 1996 年提出离散元方法，他假定掩体由互相切割的刚性块体组成，从刚体动力学出发，以显示松弛法进行迭代计算，可分析岩体的大变形和失稳过程。陶连金等(1998)认为在原岩应力作用下处于稳定状态的地下洞室，在动载荷作用下就可能失稳破坏，并采用动力离散元法对一个大断面地下洞室在地震载荷作用下的动力影响及围岩稳定性进行了分析，模拟出围岩失稳和破坏的全过程，研究节理岩体中洞室围岩变形和破坏机制。

有限元法、有限差分法和离散元法在解决几何形状复杂和非均质问题方面比较优越，而边界元法在解决均质、线性无限和半无限介质问题方面比较优越，所以研究人员开始采用耦合法或杂交法。杨小礼和李亮(2000)采用有限元与无限元耦合方法讨论交通隧道在地震波作用下的震动响应问题，并考虑地基土的非线性与层状性，运用等效线性模型处理土的非线性问题，并利用 Newmar-β(单自由度系统的动力时程分析法)求解动态平衡方程。徐艳杰等(2001)利用离散元-边界耦合模型对溪洛渡工程地下厂洞室群静、动力响应进行了分析，认为离散元模型能很好地模拟地下洞室群的变形，通过与边界的耦合，可以模拟辐射阻尼的影响，由于辐射阻尼的影响，地下洞室群的地震响应要比地面结构小很多。

2)地震动力响应数值模拟存在的几个问题

(1)人工边界条件的确定。当地下结构在地震激励下振动时，如果用有限截取模型模拟无限介质时，将在人工截取边界上发生波的反射，从而引起波的震荡，导致模拟失真。为了解决这个问题，一般在边界上施加特殊的边界条件，即引入人工边界条件。为此，人工边界条件常被用以有效解决有限截取模型边界上波的反射问题。人工边界包括黏滞边界(viscous boundary)、吸收边界(absorbing boundary)、透射边界(transmitting boundary)和统一边界(unified boundary)等。

根据消除波动能量的机理不同，常用的人工边界可分为三类：黏性边界、透射边界、叠加边界。

①黏性边界是通过在人工边界上设置阻尼器吸收传到边界上的波动能量，从而消除或减小波在边界上的反射。当地震波的入射角比较大时，采用黏性边界会产生较大的误差，但是它简单实用、物理概念清楚，易于在程序上实现，所以得到了广泛的应用。

②透射边界是利用单侧行波解一般表达直接模拟外行波在人工边界上一点穿越边界的过程，建立的内点位移表示边界点位移的位移边界条件。随着引入内点数量的增加，可以建立高精度的高阶透射公式。但随阶数的增加，计算量和边界的实现难度也在增加，一般工程中常用的是一、二阶透射公式。实践表明，二阶透射公式已具有较高的工程可用精度。由于该边界是结点位移表示的一种位移边界条件，它实质上是双曲型偏微分方程的初值问题，因此存在其自身的稳定性问题。透射边界有两种失稳形式：高频振荡失稳和低频漂移失稳。现有的稳定性实现方法都是从数值试验中寻求失稳机理并以此制定的稳定实现方案，两类失稳现象并未从数学理论上得到圆满解释和彻底解决，稳定的实现是透射边界应用中的关键技术问题。

③叠加边界最初是由史密斯(Smith)基于虚映像原理提出的，它是通过对狄利克雷(Dirichlet)和纽曼(Newmann)问题的解取平均而建立的非反射边界，即将人工边界问题分解为固定边界和自由边界两个问题，然后通过叠加这两个问题的解消去人工边界的反射波。在连续极限情形下，叠加边界条件等价于黏性边界，即一阶旁轴近似。该边界最大的优点就是与入射角无关，但不适用于非线性情况。另外，采用叠加边界需要大量的计算时间，难以在实际中得到应用。

(2)计算范围的确定。从理论上讲，计算所取的范围越大，其结果越准确，但是如果范围取得过大，则结构尺寸显得相对比较小，结构的地震响应就不能得到很好的反映，同时由于计算机内存容量的限制，只能取一定的计算范围。如果范围取得过小，则又不能充分考虑周围岩层对隧道结构地震反应的影响。一般来说，取隧道5～6倍直径的横向范围就可满足工程精度的要求。

(3)地震波激振方向的确定。隧道的地震动力响应受地震波入射方向的影响较大，入射方向发生不大的变化，地下结构各点的变形和应力可以发生很大的变化，由此引起隧道不同的震害。由于地震激振方向的不确定性，因此在进行数值模拟研究时，一般考虑以下三种情况：①地震沿隧道横向激振；②地震沿隧道轴向激振；③地震沿与隧道横向和轴向均为45°的方向激振。

4. 隧道及地下结构的实用抗震计算方法

不管是波动分析法还是相互作用分析法，其繁杂的数学函数、深奥的推导公式、众多的参数假定都无法简洁地指导隧道的抗震设计。为了更好地指导地下隧道结构的抗震设计，人们在上述方法的基础上发展了许多地下隧道结构抗震分析的实用方法。这些抗震分析方法各有特点，并在某一方面能够反映实际震害影响因素的作用。为了反映隧道结构三维特性，一般用相互作用分析法；波动场解法在地下结构平面内的特性分析上更为准确，但这两类方法也各有它们的缺点。具有代表性的实用抗震分析法有以下几种：反应变位法、围岩应变传递法、地基抗力系数法、有限单元方法、St.John法、福季耶娃法、递推衍射法等。在我国，对于地下结构物的抗震设计大都采用实用的方法进行总体计算，然后根据结果再采用有限元法等进行详细计算和复核计算。

这些实用方法都采用了许多假定和简化，我们通过对地下结构的地震调查和观测，总结出这些实用计算方法一般采用的假定和简化以及对隧道地震动力响应的一些特点：①隧道等地下结构中没有发现共振响应；②隧道等地下结构的地震波形和围岩介质中的地震波形基本相符；③隧道等地下结构的轴向应变一般比弯曲应变更能起控制作用，而环向应变则大于轴向应变；④在地表层的卓越周期范围内，隧道断面在地震中的变形可以认为是由剪切波垂直向上传播所造成的，也可由表面波沿地表传播而形成；⑤隧道等地下结构中的柔性接头或铰接等在距接头一定范围内有减缓隧道应变的作用；⑥隧道的拉、压变形沿轴向是比较均匀的，但各点的弯曲应变则相差较大，可以认为，周围地层变化对弯曲变形产生的影响较轴向拉压变形的影响大得多。以下对几种比较有代表性的实用抗震分析方法进行简单介绍。

1) 地震系数法

地震系数法是我国目前工程设计中通用的方法，它将动力荷载等效为静荷载。其中，等效后的静荷载包括：结构本身的惯性力 F_1、结构上方土柱的惯性力 F_2 和主动侧压力增量三部分。对于有结构横断面抗震设计而言，主动侧压力增量可以采用物部-冈部法计算，惯性力 F_1，F_2 可以表示为

$$F_1 = \frac{a}{g}Q = K_c Q$$
$$F_2 = \eta_c K_h mg$$

(1-1)

式中，a 代表作用于结构的地震加速度；g 代表重力加速度；Q 代表构件或结构的自重；K_c 为与地震加速度有关的地震系数；η_c 为综合影响系数，与工程重要性、隧道埋深、地层等有关；K_h 为水平地震系数；m 为结构上方土柱的质量。

铁路隧道的抗震设计方面，一般以地震惯性为模型，虽然适合明洞和隧道洞口部位，然而隧道洞身部位已经不能反映地震破坏的主要原因。因此，不加区别地把地震系数法作为地下结构抗震分析的唯一方法难以反映大多数地下结构地震时的真实工作状态。

2) 反应位移法

由于地下隧道结构很少发生共振响应，略去结构本身在振动中的惯性力对计算结果不会产生多大的影响，这一点已为许多观测、计算和实验的成果所证实。计算地下结构地震反应的公式可以简化为

$$[K] = [U] = [K_s][u_g]$$

(1-2)

式中，矩阵 $[K]$ 包括地下结构的刚度 $[K_t]$ 和地基抗力 $[K_s]$，$[U]$ 为结构位移矩阵。通常将 $[K_s]$ 取为对角阵，则 $[K_s]$ 为温克勒弹簧常数，也就是说地下结构的地震响应主要取决于结构所在位置围岩介质的地震变位，这就是反应位移法的基本思想。该方法的关键是确定地震变位 $[u_g]$ 和地基抗力 $[K_s]$。

3) 围岩应变传递法

由地震波动场分析的基本思想及地下隧道结构等的地震观测结果可知，地下结构地震应变波形与周围岩土介质地震应变波形几乎完全相似，因而可以建立关系式：

$$\varepsilon_s = \alpha \varepsilon_g$$

(1-3)

式中，ε_s 为地下结构的地震应变；ε_g 为没有地下结构影响的周围岩土介质的地震应变；α 为应变传递率系数，将 α 视为是一个静态系数，通过有限元分析确定，它的变化只与地下结构的刚度、形状和周边岩土介质的刚度有关，而与地震波的频率以及波长无关。该方法的关键问题是如何确定与地震强度相符合的围岩应变。

4) 地基抗力系数法

地基抗力系数法是指对地下结构横断面地震反应进行分析的一种方法，实际上是一种相互作用分析

法，可适用于埋设或半埋设的地下结构。用剪切弹簧和多点压缩弹簧来模拟围岩介质的作用，用梁单元来模拟结构。

地基抗力系数法包括三个基本步骤：围岩介质弹簧常数的计算；围岩地震变位的计算；地下结构地震反应计算。地下结构的地震位移和应力则是根据围岩地震反应分析的结果进行计算的。首先，将围岩地震反应分析求出的最大变位施于两侧压缩弹簧及上部剪切弹簧之上。其次，根据地震反应分析得到的最大加速度分布确定结构上的动水压力以及水平惯性力载荷。最后，在结构的顶部施加地震反应分析求得最大水平剪应力，将水平剪应力与结构上惯性力之和施加于结构底而进行结构本身地震反应计算。

5）福季耶娃法

苏联学者福季耶娃提出，对于波长大于 $3D$（D 为隧道洞径）的 P 波及 S 波，当隧道埋深大于 $3D$、长度大于 $5D$ 时，就能够以围岩在无穷远处承受一定荷载的弹性力学平面问题的方法来解决地震响应的动力学问题。假定围岩介质为线弹性体，那么地震作用引起隧道围岩的应力及衬砌内力的计算，就可以归结为有加固孔口周围应力集中的线弹性理论动力学问题的求解。这是一种拟静力方法。双向压（σ_x）、拉应力（σ_y）在无限远处为

$$\sigma_x^{(\infty)} = \pm \frac{1}{2\pi} K_c \gamma C_p T_0$$

$$\sigma_y^{(\infty)} = \frac{v_0}{(1-v_0)} \sigma_x^{(\infty)} \tag{1-4}$$

式中，K_c 为地震系数（与地震烈度有关）；T_0 为岩石质点震动的卓越周期；γ 为容重；C_p 为弹性压缩波在地层中的传播波速；v_0 为泊松比。

在波长较大的剪切波作用下，介质在无限远处受到的与对称竖轴成 a 角方向的纯剪力为

$$\tau_{xy}^{(\infty)} = \pm \frac{1}{2\pi} K_c \gamma C_s T_0 \tag{1-5}$$

式中，C_s 为弹性剪切波在地层中的传播速度。

将式（1-4）和式（1-5）求解，则可以得出在某种给定的组合情况 T_0 下的场地总应力及衬砌总内力值，该场地总应力及衬砌总内力值是由拉伸波与剪切波、压缩波与剪切波共同作用形成的，然后将其重力场叠加，便可得到最后结果。

6）St.John 法

St.John 法基于弹性地基梁模型来考虑土-结构的相互作用问题，是一种拟静力分析方法，该法忽略了土体与结构之间的动力相互作用。这种方法认为在地震荷载作用下，隧道截面内会产生弯曲、轴向、剪切应变，分别与自由场的弯曲、轴向、剪切变形相对应。

7）BART 法

BART 法的基本假定为土体在地震期间不会丧失其完整性，只考虑地震作用下隧道结构的振动效应，包括土压力的影响、变形限制、地震特点、各种结构和构件、土体不连续性的影响等，对结构设计中遇到的问题可以简单、快速地作出评价，因此该方法适用于广泛的结构形式和地层条件。这种方法的总体指导思想不是以某个单元去抵抗其变形，而是在抗震设计中，通过给结构提供有效的韧性以达到吸收土体强加给结构的变形的目的，同时又不丧失其承受静载的能力。

1.2.6　抗减震措施研究现状

总体来看，减轻隧道及地下结构的地震灾害主要有三种途径：第一种途径是加固围岩，通过对围岩

注浆，使围岩刚度接近衬砌刚度，从而使衬砌在地震中的动力响应减小，这是减震的主要途径之一；第二种途径是通过改变隧道衬砌本身的性能(刚度、质量、强度、阻尼)，如减小隧道地下结构的刚性，使之易于追随地层的变形，从而减小地下结构的动力响应；第三种途径是在隧道衬砌与地层之间设置减震层，使地层的变形难以传递到隧道衬砌，从而减小地震动力响应。

1) 注浆加固围岩

当围岩级别较差(Ⅴ级及以上)时，常常通过注浆加固围岩的方法改善隧道的抗震性能。注浆加固围岩相当于提高围岩级别，增强隧道与围岩的整体性，降低衬砌的相对变形以减小内力。由于注浆层位置及刚度介于围岩与衬砌之间，使得震害集中于注浆层而不波及隧道衬砌，起到消能减震的效果，能明显降低地震引起的结构内力(弯矩、剪力、轴力)，同时使得内力分布更加均匀；注浆加固围岩不能有效减小地震引起的结构位移；对于软质围岩，设置注浆层的效果非常明显；对于硬质围岩，设置注浆层的减震效果有所减弱，但只要保证注浆密实和比较大的注浆范围，减震效果也比较明显；在反复地震作用下，注浆层发生严重破坏，减震效果可能降低。

2) 优化隧道结构性能和形式

优化隧道结构性能和形式主要包括以下几种措施。

(1) 尽量选择带仰拱的曲墙式结构形式，避免采用直墙式衬砌，隧道断面尽量圆顺，圆形断面的抗震性能优于曲墙式断面；适当降低衬砌刚度，使结构在地震时发生一定的变形，消耗地震能量，可以减小结构内力；采用轻质高强材料(如陶粒混凝土、陶粒钢纤维混凝土)代替钢筋混凝土，在强度满足要求的情况下，减轻结构质量，降低地震荷载，从而减小结构内力。

(2) 衬砌结构采用钢纤维喷混凝土、钢纤维模筑混凝土，提高混凝土延性、抗折性、抗拉性、韧性；采用聚合物混凝土、聚合物钢纤维混凝土，增加混凝土柔韧性、弹性和阻尼，使地下结构吸收地震能量，减轻地震反应；采用工程黏性水泥(engineered cementitious composites，ECC)，其极限拉伸应变可达 5%～6%，相当于钢材的塑性变形能力，增加结构的延性和阻尼。

(3) 沿隧道纵向设置环向减震缝，把隧道分为多个相互独立的节段。各个节段可发生横向和纵向相对位移但并不产生相互作用，围岩的变形大部分通过各个节段的错动而释放，使结构的横向和纵向相对位移集中在减震缝处，大大减弱各个节段上因围岩变形而产生的相对位移，从而大大降低结构内力。

3) 设置减震层

通过在衬砌与围岩之间或二衬与初支之间设置大阻尼的黏-弹性材料(橡胶、沥青、火山渣、泡沫混凝土、片石混凝土或高分子聚合物等)可以达到隧道减震的目的。由于减震层为大阻尼柔性材料，在地震作用下减震层大变形能够吸收大量地震能量，通过减震层的变形释放围岩位移，使围岩位移难以传递到衬砌，从而减小衬砌的内力，达到减震目的。常见的减震装置有减震器、板式减震层、压注式减震层等。减震器一般是由提供刚度的弹簧和提供阻尼的橡胶材料组成，主要有承压式减震器、承剪式减震器，目前已有很多厂家生产。板式减震层是将减震材料制成板材，便于现场施工。对于压注式减震层，是新近开发出来的减震材料，有沥青系、氨基甲酸乙酯系、橡胶系、硅树脂系等，它们平时是液状，与硬化添加剂一起从隧道内压注到围岩与衬砌之间的间隙内，硬化后形成减震层。对于软质围岩，减震层的减震效果不明显；对于硬质围岩，减震层的效果非常明显，能明显降低地震引起的结构内力(弯矩、剪力、轴力)，同时使得内力分布更加均匀；但减震层不能有效减小地震引起的结构位移。

目前针对隧道及地下结构的抗减震措施已经开展了许多研究，不仅提出了多种抗减震措施，还对一些抗减震措施的主要设计参数进行了研究，取得了一定成果，现将部分成果分类整理于表 1-1 中。

表 1-1　隧道及地下结构的抗减震措施研究

措施	文献	手段	工况	结论
设置减震层	孙铁成(2009)	理论推导	不同减震层刚度	减震层刚度与衬砌刚度之比β为 0.1～0.001 时，减震效果较好，且刚度比越小，减震效果越好；β<0.001 时，β 的变化对减震效果影响很小
	文栋良(2010)	数值模拟	设置减震层、不设减震层	设置减震层后，结构的峰值加速度增加，说明减震层的设置对结构的加速度反应有释放作用；减弱了围岩对结构的约束，结构自振特性得到一定的释放，可能出现了刚体位移
	徐华和李天斌(2011)	数值模拟	不同减震层材料及厚度为 5cm、10cm、20cm 等工况	在二衬与初支之间的减震层设置模式能够明显地减小隧道二衬的地震动力响应，尤其是选择 10～20cm 的软质橡胶作为减震层时，二衬的动应力峰值减小非常明显，达 50%～80%，且受力状态得到很好的改善
	崔光耀等(2013)	振动台模型试验	减震层厚 5cm、10cm、20cm	断层黏滑错动对上盘部分的影响远大于下盘部分；减震层对上盘部分隧道结构的减震效果明显好于下盘；减震层为 10cm 的工况减震效果明显优于减震层为 5cm 的和减震层为 20cm 的工况，推荐在初支与二衬之间设置厚为 10cm 减震层的减震方式
	余涛涛(2019)	振动台模型试验	不同厚度减震层	减震层和减震缝会增大结构加速度响应，但是会降低应力响应，得出减震层厚度应以 10～15cm 为宜
	崔光耀等(2022)	振动台模型试验	不同减震层、减震缝设置	研究了穿越活动断裂带隧道抗错技术，明确了减震层、减震缝等措施的抗错机制及效果
设置减震缝	徐华(2009)	数值模拟	减震缝宽度为 10cm、15cm、20cm	在设置减震缝以后，二衬整体的最大和最小主应力明显减小，并在抗震缝周围形成了一条环状应力极小的区域，分散了二衬上的应力分布，改善了二衬的受力状态。但由于减震缝的宽度不同，其抗减震的效果也有差别。设置 20cm 减震缝后，二衬整体的应力减小明显优于 10cm 和 5cm 减震缝
	文栋良(2010)	数值模拟	设置减震缝、不设减震缝	说明减震缝的设置不会改变结构的加速度反应的频谱特性，但有利于降低动力响应内力
	胡辉(2013)	振动台模型试验	减震缝间距为 8m、4m	设置减震缝能够有效控制隧道受断层错动影响的纵向破坏距离及由于错动产生的内力增量，缩小减震缝间距能够进一步控制隧道受断层错动影响的纵向破坏距离
	王飞飞(2018)	振动台模型试验	设置减震缝	设置减震设施能有效降低结构内力，可以在工程中使用
使用柔性支护	李育枢(2006)	数值模拟	初始衬砌模型剪切模量为 13.6GPa、体积模量为 16.4GPa，计算时考虑 0.5 倍、0.75 倍、1.0 倍、2.0 倍、3.0 倍初始刚度	厚度大、配筋多的刚性衬砌导致地震作用增强，发生震害的概率加大，震害更严重；刚性较小的柔性衬砌(喷射混凝土、锚杆、钢纤维喷射混凝土等)在地震作用下的内力远小于刚性衬砌
	徐华(2009)	数值模拟	刚性衬砌、柔性衬砌、中性衬砌	在相同的地震作用下，刚性衬砌结构各部位及围岩的最大和最小主应力峰值最大，常规衬砌结构次之，柔性衬砌结构最小，说明随着隧道衬砌结构刚度的增大，隧道结构所受的地震荷载也相应增大，故所承受的动应力也增大
注浆加固围岩	李旭升(2010)	数值模拟	加固层厚 0m、1m、2m、3m	表明全环注浆加固对于隧道抗减震有明显的效果，但其加固效果并不与加固厚度成正比，加固厚度为 2m 为最适宜其依托工程
	申玉生等(2011)	数值模拟	全环局部注浆、全环间隔注浆和全环接触注浆	注浆层越厚，减震效果越好；注浆层刚度应小于衬砌刚度，但注浆层越密实越好
	曹小平(2013)	数值模拟	加固层厚 3m、4.5m、6m	围岩注浆加固后，围岩刚度有所增加，可以降低隧道衬砌的相对刚度，隧道衬砌的地震动力响应有所减小，隧道衬砌各关键点的位移随着注浆加固范围的扩大而逐渐减小

1.3 研究瓶颈与不足

近几十年来，随着全球进入一个新的地震活跃阶段，强烈地震频频发生，特别是环太平洋地震带和喜马拉雅地震带 7 级以上地震连年发生，并且越来越多的隧道及地下结构受到严重的震害，隧道及地下结构抗减震问题日益受到世界各国地震工作者的高度重视，国内外学者也取得了不少研究成果，但依然存在诸多研究瓶颈与不足。

(1)地震波研究与隧道及地下结构的抗震理论研究结合不紧密，波动分析法也主要应用于平面问题的求解，在波动的频率较高或地震波的传播受到较多干扰的情况下(如洞室群、临近自由面、多层岩体等情况)，其应用受到一定的限制；并且对于非圆形断面的地下结构，以及较复杂的地形、地质条件等则主要采用有限元或边界方法进行数值分析。

(2)国内对隧道及地下结构的抗震计算方法研究基本处于探索阶段，各部门、系统的抗震设计规范规定基本上仍采用地面结构的抗震设计方法。铁路工程抗震设计规范规定的验算方法为附加地震力的静力法，只验算水平地震力对隧道强度和稳定性的影响，不验算深埋隧道的抗震性。在公路系统的抗震设计中，有关隧道抗震设计的规定也非常简单，基本沿用铁路隧道设计的相关规定，仍然采用静力法验算隧道的结构抗震强度和稳定性。

(3)虽然国内外已开展了部分隧道地震动力响应的大型三维振动台模型试验研究，但仍有诸多技术难题没有得到很好解决，具体表现在以下方面。①地震波是在无限或半无限空间介质中传播，而振动台模型试验是在有限的空间内进行的，模型箱的边界必然对波的传播产生影响，以前的研究大多未对边界效应作仔细考虑；并且地震波是在三维空间内传播，但现有的振动台试验研究大多限定在单方向(横向、纵向或竖向)振动，不能更为真实地模拟地震波的传播方向。②针对山岭隧道的模型试验，由于地形地貌、地层岩性及隧道结构的复杂性，使得相似材料的选取和模型的制作具有相当的难度，尤其是满足模型与原型的动力相似和应力-应变全过程相似，在模型的制作方面最难的是考虑地层岩性与节理裂隙、隧道施工工序以及隧道衬砌结构模型浇筑。③量测仪器尺寸、数量与围岩完整性之间是存在矛盾的，由于目前使用的量测仪器尺寸还比较大，容易造成量测仪器周围的应力集中使隧道结构出现变形破坏；数据采集线也较粗，容易造成人为的裂隙和结构面对围岩的完整性产生影响；但若尽量少地布置量测仪器又不能采集到足够多的数据。④数据的采集受到较大的干扰，模型自身的特性随着加载次数的增加而发生改变，采集的数据容易失真，模型试验的数据结果反演到原型中较困难。

总体来看，隧道及地下结构抗减震技术研究距离实际应用还有较大的差距，尤其是隧道边仰坡的复杂性、洞口段地质条件差异及进洞方式的不同，导致了隧道洞口段的抗震设防长度难以统一确定；同时，大部分隧道抗减震技术措施实际应用困难，如减震层的材料选择及厚度确定、抗震缝的宽度及间距计算，虽有不少模型试验、数值模拟研究，但在复杂的地质条件下很难直接采用，其减震效果缺乏工程验证。

第一篇

山岭隧道震害与地震波动理论解析

第2章 山岭隧道震害及成因机理

地震与其他自然灾害相比，发生频率较低，尤其是在人类工程活动频繁、隧道密集的山区发生的强烈地震更少。到目前为止，人们对山岭隧道震害类型特征、影响因素及地震作用机理等的认识还不够深入，需要不断积累资料和进行深入研究。本章通过现场调研、资料收集与分析，结合国内外典型山岭隧道的震害特征和影响因素分析，阐明强震区山岭隧道变形破坏的类型与特征，探讨隧道震害的影响因素及其控制作用；在此基础上，总结出 2008 年"5·12"汶川地震(后简称"汶川地震")给予隧道抗震的启示，探寻山岭隧道震害机理及地震作用方式。

2.1 国内外典型山岭隧道震害

本节结合国内外典型山岭隧道的震害实例，对山岭隧道的震害破坏模式、震害特征、影响因素及破坏机理进行全面深入的分析和总结。

2.1.1 典型山岭隧道震害特征

在国内外多次大地震中，隧道及地下工程均受到较大的震害。例如，1995 年 1 月 17 日在日本发生的阪神地震(Ms 7.3 级)，死亡人数约有 6500 人，使一百多座隧道发生不同程度的破坏，有些地方发生地面塌陷，损坏较为典型的隧道有神户铁路东山隧道、神户大开地铁车站和六甲隧道等，如图 2-1 和图 2-2 所示。特别是建于 20 世纪 60 年代的隧道，由于设计时未考虑浅埋地层变形的影响，隧道结构的抗震性能较差，拱顶部分发生较严重的剪切裂纹及剥落，隧道横断面方向发生混凝土片的剥落。图 2-2 中的山阳新干线的六甲隧道，长 16235m，横切六甲断层系，地震后隧道的水泥内壁有众多裂缝，裂缝长达数十米的地方有 3 处，隧道的检查通道在百米范围内出现裂缝。

图 2-1 神户铁路东山隧道震害

注：据钱七虎等(2009)。

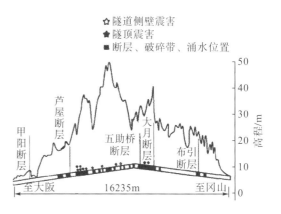

图 2-2 山阳新干线的六甲隧道震害分布

注：据钱七虎等(2009)。

　　1999 年 9 月 21 日中国台湾发生的集集地震（Ms 7.3 级），震源深度为 8km，在地表造成了长约 100km 的破裂带，死亡人数达 2300 多人，导致台湾 8 号、14 号公路多座隧道严重受损；在调查的总计 57 座隧道中，有 49 座隧道衬砌发生混凝土块龟裂、掉落，甚至钢筋弯曲等不同程度的破坏。

　　因此，山岭隧道的震害表现形式多样，根据现有各类震害资料（王秀英等，2003），将山岭隧道的主要震害类型及特征总结如下。

1. 衬砌发生剪切位移

　　当隧道建在断层破碎带上时，常常发生衬砌剪切位移的破坏。在台湾"9·21"地震中，位于断层带上的石岗坝输水隧道发生了衬砌剪切位移模式的破坏（图 2-3）。由于断层错动，该隧道在进水口下游 180m 处发生剪切位移破坏（图 2-4），隧道衬砌在竖直方向分开 4m，在水平方向分开 3m，整个隧道破损严重。

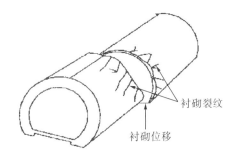

图 2-3　衬砌剪切位移模式　　　　　　　　　图 2-4　石岗坝输水隧道衬砌剪切位移破坏
注：据王秀英等（2003）。　　　　　　　　　　　　注：据王秀英等（2003）。

2. 边坡失稳造成隧道坍塌

　　边坡失稳造成隧道坍塌模式如图 2-5 所示。在台湾"9·21"地震中，台 8 线 42K+573 公路隧道发生了这种破坏（图 2-6）。该隧道一侧临空且内无衬砌，地震时临空侧滑落山谷。

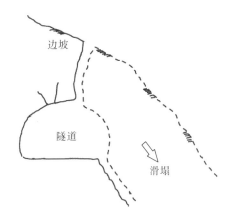

图 2-5　边坡失稳造成隧道坍塌模式　　　　图 2-6　边坡失稳导致台 8 线 42K+573 公路隧道临空侧滑落山谷
注：据王秀英等（2003）。　　　　　　　　　　　　注：据王秀英等（2003）。

3. 衬砌开裂

　　衬砌开裂是隧道震害中最常见的现象。这种衬砌破坏有纵向裂损（图 2-7）、横向裂损（图 2-8）、斜向裂损（图 2-9）、底板裂损（图 2-10），以及斜向裂损进一步发展所致环向裂损（图 2-11）和沿着孔口如电缆槽、避车洞或避人洞发生交叉口附近衬砌损裂（图 2-12）等多种形式。

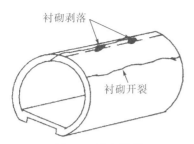

图 2-7　纵向裂损

注：据王秀英等（2003）。

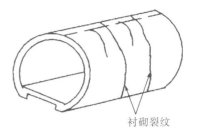

图 2-8　横向裂损

注：据王秀英等（2003）。

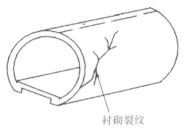

图 2-9　斜向裂损

注：据王秀英等（2003）。

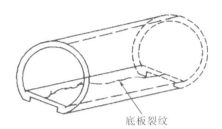

图 2-10　底板裂损

注：据王秀英等（2003）。

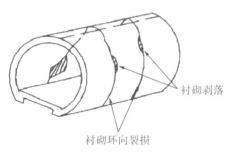

图 2-11　斜向裂损进一步发展导致环向裂损

注：据王秀英等（2003）。

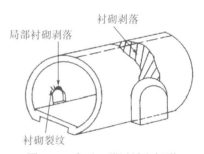

图 2-12　交叉口附近衬砌损裂

注：据王秀英等（2003）。

　　图 2-13 为台湾向唐 1 号隧道震后出现的衬砌横向裂损情况，图 2-14 是台湾三义 1 号隧道震后出现的底板裂损情况。

图 2-13　台湾向唐 1 号隧道衬砌横向裂损

注：据王秀英等（2003）。

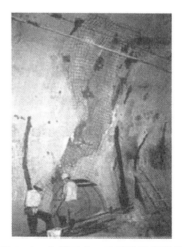

图 2-14　台湾三义 1 号隧道底板裂损

注：据王秀英等（2003）。

4. 边墙变形

图 2-15 显示的是台湾三义 1 号隧道由于地震引起显著的边墙向内变形导致隧道裂损的情形。这种变形可以导致边墙大量开裂,甚至边沟倒塌。

5. 隧道洞口边坡坍塌

图 2-16 为地震时正在施工的台 149 甲线公路清水隧道,因靠近断层错动区,在地震中洞口边坡发生大面积坍塌。

图 2-15　台湾三义 1 号隧道边墙向内变形导致隧道裂损
注:据王秀英等(2003)。

图 2-16　台 149 甲线公路清水隧道震后洞口坍塌
注:据王秀英等(2003)。

2.1.2　隧道震害影响因素

山岭隧道震害的影响因素很多,包括地震参数、覆盖层厚度、围岩地质条件、地下结构形式、衬砌条件、地下结构所处位置的地形、施工方法、施工难易程度及施工过程中是否出现过坍方等诸多因素。在此仅对最重要的前四个影响因素进行简要分析。

1)地震参数

主要的地震参数有地震震级和震中距。根据 Sharma 和 Judd(1991)对 78 次地震中的 192 个地下洞室震害实例所汇编的数据库资料,图 2-17 和图 2-18 分别给出了地震震级和震中距对地下洞室破坏的影响。

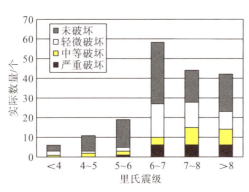

图 2-17　震级对地下洞室破坏的影响
注:据 Sharma 和 Judd(1991)。

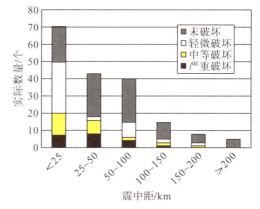

图 2-18　震中距对地下洞室破坏的影响
注:据 Sharma 和 Judd(1991)。

由图 2-17 和图 2-18 可见,多数地下洞室破坏都发生在 7 级及 7 级以上地震中。在有确切地震参数可查的 174 个实例中,有 70 个实例的震中距小于 25km,其中 71%遭到破坏。报道破坏的实例中有将近 75%

震中距在 50km 以内。大震级和小震中距的组合效应表明地下洞室所处位置的地震烈度是评价其抗震性的一个决定性因素。

2) 覆盖层厚度

由于隧道的振动变形受周围岩土体的约束作用显著，破坏程度一般随覆盖层厚度的增大而减小。Sharma 和 Judd(1991) 根据 192 个地下洞室的震害实例，做出了有关覆盖层厚度与地下洞室破坏程度情况的统计(表 2-1)。

表 2-1　覆盖层厚度与地下洞室破坏一览表

厚度/m	破坏程度				破坏实例统计	
	轻微/个	中等/个	严重/个	未破坏/个	总计/个	严重破坏占比/%
<50	14	9	10	24	57	18
50~100	2	1	3	12	18	17
101~200	3	0	1	6	10	10
201~300	3	2	1	13	19	5
301~500	4	3	0	4	11	0
501~1000	9	1	0	2	12	0
1001~1500	0	1	0	4	5	0
未知	14	6	7	33	60	12
总计	49	23	22	98	192	11

注：据 Sharma 和 Judd(1991)。

由表 2-1 可见，在埋深 50m 以内，地下结构的严重破坏率达到 18%，埋深 50~100m 亦可达到 17%。埋深大于 100m 后破坏程度明显较弱，而埋深大于 300m 则很少见到严重破坏的情况。

3) 围岩地质条件

由于周围岩土的性质控制地震波的传播和衰减特性，地下洞室的地震响应受到围岩地质条件的影响。据表 2-2 统计，在已知围岩类型的 149 个震害实例中，修建在松散堆积物中的地下洞室共有 14 个，约 79% 遭受过不同程度的震动破坏，21% 发生了严重破坏，具有很高的破坏概率；40 个修建在沉积岩中的地下洞室，有 73% 发生了不同程度的破坏，10% 出现了严重破坏；发生在火成岩、变质岩等坚硬围岩中的破坏概率则相对要小些。其中，"岩石(?)"这一类别用来指那些许多关于地下矿井的报道中未涉及岩石类别的实例，同样破坏程度较弱。

表 2-2　围岩类型与破坏程度一览表

岩石类型	破坏程度				破坏实例统计	
	轻微/个	中等/个	严重/个	未破坏/个	总计/个	破坏率/%
松散堆积物	4	4	3	3	14	79
沉积岩	19	6	4	11	40	73
火成岩	5	3	7	21	36	42
变质岩	0	0	1	8	9	11
岩石(?)	9	5	1	35	50	30
总计	37	18	16	78	149	48

注：据 Sharma 和 Judd(1991)。

冈本舜三(1974)根据日本隧道地震损害的调查资料发现，不同围岩地质条件下地下洞室的损坏率差别较大，硬岩为 16%，软岩为 40%，节理发育的岩石为 44%，土或土夹卵石为 61%。总体来看，在质地较为松软、地层约束能力较弱的围岩中地下洞室发生破坏的概率比质地致密、约束能力强的围岩介质高得多。已有震害资料表明，在地质条件差(地层软弱)或地层条件有较大变化的区域往往就是震害易发地段。

　　4)地下结构形式

Dowding 和 Rozen(1978)对 71 座铁路隧道和水工隧道的地震破坏资料统计结果表明，衬砌厚度较大地段损坏的占比大于厚度较小地段，其中衬砌厚 40cm 的地段损害占比为 82%，厚 30cm 的为 38%，厚 20cm 的为 16%。这表明，仅加强结构，并不一定能产生很好的抗震效果。由于地下结构与地层一起运动，并按照其相对于地层的质量密度和刚度分担地震变形和荷载。衬砌刚度越大，其吸收的变形能就越大，越易产生破坏。

　　在隧道结构断面形状和刚度发生明显变化的部位也容易发生破坏。1985 年墨西哥城大地震中发生的盾构法隧道与竖井连接部的环向结栓被剪断即是由于结构断面的急剧变化而使不同断面处产生了不同响应的结果。因此，地下结构与竖井、楼房等的接合部，地下结构断面发生突变处，地下与地面结构的交界处(如隧道的进出口部位、隧道转弯部位、两洞相交部位以及紧急避车带)等都是抗震的薄弱环节。

2.2　汶川地震山岭隧道震害

2008 年 5 月 12 日，四川省汶川发生 Ms 8.0 级地震，震源深 12～15km、持续时间达 120s、释放能量是 1976 年唐山地震的 3 倍；是中国大陆近百年来在人口较为密集的山区所发生的破坏性最强、受灾面积最广、救灾难度最大、灾后重建最为困难的一次强震灾害；造成 87000 余人死亡和失踪，直接经济损失达 8451 亿元，受灾面积达 13 万 km^2。在震中映秀附近，国道 213 线和 317 线的共同段从都江堰经映秀通往汶川。该段公路总体呈南北走向穿越龙门山断裂带，除了原有公路外，2007 年底建成了映秀至汶川二级路；都江堰至映秀高速路段震前路基和桥梁已基本完成，仅紫坪铺和龙溪两座特长隧道有 300m 左右没有贯通(图 2-19)。新建的都江堰—汶川公路(简称都汶公路)共有隧道 11 座，其中高速路段 3 座、二级路段 7 座，映秀镇卧龙连接线隧道 1 座。此外，由于紫坪铺水电站修建，原 213 国道从都江堰至映秀修建的绕坝路共有隧道 3 座。在汶川地震中，这些隧道受到不同程度损坏，特别是震中区附近的烧火坪隧道、龙溪隧道、龙洞子隧道和紫坪铺隧道损坏较为严重。

图 2-19　都汶公路地理位置及路线图

注：比例尺为 1：550000。

2.2.1　汶川地震山岭隧道震害类型及特征

通过对汶川地震重灾区都汶公路隧道的现场调研和资料收集，概括出都汶公路 11 座隧道震害的基本特征如表 2-3 所示，并分类总结出汶川地震区山岭隧道洞口边仰坡、洞门建筑结构、隧道洞口明洞段及浅埋段和洞身段的震害类型和特征。

表 2-3　都汶公路隧道震害特征一览表

序号	隧道名称	起止桩号	长度/m	震害特征			震害程度
				都江堰端洞口	汶川端洞口	隧道洞身	
1	紫坪铺隧道	K13+385～K17+445(右线)，地震时尚未贯通	4081	边仰坡喷射砼出现裂缝，裂缝宽 30～100mm，洞门尚未施作	原洞顶边坡采用竖梁锚杆加固，震后防护工程未见严重损坏，但竖梁及地表开裂现象较为普遍，左侧未加固部分局部有坍塌	衬砌多处震裂，以横向和环向裂缝为主，缝宽 10～20mm，也有纵横交错的裂缝。施工缝基本开裂，缝宽 5～30mm。仰拱及填充多处开裂、错台，左、右洞各有一处仰拱及填充隆起、开裂，长度达 60m，隆起高度约 60cm	严重受损
2	龙洞子隧道	K19+665～K20+735(左线)	1070	边仰坡植被防护完好，洞口有大块落石	高陡边坡产生滑塌和崩塌，使防护结构全部损坏。右洞洞门被崩滑体掩埋；左洞洞门端墙开裂，伸缩缝裂开约 20mm，帽石及翼墙局部被落石砸坏	左、右洞各有两处衬砌局部垮塌和路面隆起，每处纵向长 20～35m；衬砌多处被震裂，以横向、斜向和环向裂缝为主，缝宽 10～20mm；施工缝开裂，裂缝宽 5～15mm，部分有错台；路面多处开裂、错台，边沟损坏	严重受损
3	龙溪隧道	K21+422～K25+113(右线)，地震时尚未贯通	3691	削竹式洞门完好，路基隆起，边仰坡局部有轻微裂缝，截水沟开裂	仰坡开裂，框架锚杆护坡结构的框架局部破坏；喷射砼开裂、脱落。高陡边坡顶部巨石坠落于洞口，且还有危岩存在	进口端洞口段 5 处坍方封洞，多处二衬砼坍落。出口端出现环向张裂破碎带。隧道二衬纵向、斜向和环向裂缝发育，施工缝普遍张开、错台，二衬钢筋剪切-扭曲，初支钢架溃屈、砼开裂脱落。仰拱和底板多处隆起纵向和横向张裂，最大隆起达 1.2m	严重受损
4	烧火坪隧道	WLK0+156.5～WLK0+607(高速路卧龙连接线隧道)	450.5	地震导致斜坡崩滑掩埋洞口、端墙式洞门及三组衬砌全部坍塌	洞口边坡局部崩塌、松动开裂	仰拱横向断裂并向上隆起；二衬混凝土开裂(部分段渗水)、掉块、钢筋扭曲，裂缝宽 0.1～30mm；二衬混凝土碎裂，出现网状裂缝，防火涂料脱落；施工缝开裂、错台	严重受损
5	皂角湾隧道	K31+940～K33+866	1926	洞口完好，未见明显破坏	右侧端柱、部分帽石被砸坏，端墙镶面瓷砖松动	部分电缆沟盖板松动，多处施工缝出现滴水	轻微受损
6	毛家湾隧道	K38+053～K38+452	399	端墙帽石被砸坏，洞顶堆积块碎石	洞口被崩塌岩石堵塞(人能通过)	进出口段施工缝出现开裂、防火涂料脱落	轻微受损
7	彻底关隧道	K44+441.5～K44+844.1	402.6	仰坡崩塌，堵塞洞口右侧；洞顶钢筋防护网损毁，洞门外侧局部破损	基本完好，无严重破坏现象	震害主要集中于进口 60m 范围内：二衬沿施工缝环向开裂；洞口起拱线位置产生纵向裂缝(延伸约 4m)；路基与两侧电缆沟拉裂，部分盖板损毁	中等受损
8	福堂隧道	K44+918.6～K47+283.89	2365.29	仰坡崩塌，端墙帽石被砸坏，截水沟上部被破坏，左右侧翼墙开裂	仅洞口坡面钢绳防护网破坏	进口 30m 范围：两侧衬砌边墙斜向 45°裂缝，裂缝宽度小于 6mm，无渗水；一、三施工缝环向开裂。洞身段渗水，多为浸湿，局部滴水(6 处)、淋水，其中 K46+490 左右施工缝拱部呈淋水状，右侧边墙出水呈鼓出状，水量约 11.5m³/d	中等受损
9	桃关隧道	K48+560～K49+185	625	端墙严重拉裂，缝宽 50cm；端墙与衬砌之间未见连接钢筋；截水沟被砸坏	洞口高陡斜坡崩塌堵塞其内侧(能过人)，端墙帽石被砸坏	洞口段施工缝出现微小裂缝、防火涂料脱落	中等受损
10	草坡隧道	K52+509～K53+268	759	高陡斜坡崩塌部分堵塞洞口，端墙帽石被局部破坏	洞口边坡崩塌砸坏洞门外侧帽石，洞顶堆积崩塌物	边墙有 6 处轻微渗水，电缆沟盖板大部分松动，少数断裂	轻微受损
11	单坎梁子隧道	K64+685～K66+252	1567	端墙、拱圈及翼墙开裂，涂料脱落，排水沟被堵塞、破坏	内侧端柱帽石被砸坏	良好，无异常现象	轻微受损

1. 隧道洞口边仰坡

隧道洞口边坡、仰坡的震害类型主要包括洞口边坡崩塌与滑塌、掩埋洞口；洞口落石砸坏仰坡框架梁或洞门；局部边仰坡地面开裂变形；边仰坡防护、截排水沟开裂变形等。

洞口边坡崩塌与滑塌震害，多发生在全强风化的坚硬岩体构成的高陡斜坡隧道洞口，在洞口边坡未做防护或防护范围不足或防护力度偏弱的洞口发生频率高，以高位的崩塌、落石和滑塌为主，往往造成隧道洞门砸坏、部分掩埋，甚至全部掩埋。这类震害在都汶公路较多，共计 13 处洞口发生不同程度的落石、崩塌和滑塌。落石主要发生在坚硬、较完整、存在卸荷裂隙的边坡岩体中，主要危害是砸坏洞门和边坡防护结构等。

龙洞子隧道出口的高陡斜坡由石炭系黄龙组浅灰色厚层状石灰岩构成，岩层致密、坚硬，岩层走向与隧道轴线呈大角度相交，倾角为 75°～90°。受洞口底部龙溪断层带和风化卸荷影响，岩体较破碎，发育 2 组或 3 组裂隙。汶川地震中右洞坡顶岩体受一组缓倾坡外结构面控制产生规模较大的滑塌，堆积物将洞口掩埋(图 2-20)，其周围风化破碎岩体产生崩塌，目前边坡顶部仍然有许多危岩。该洞口边坡原来已经进行了局部支顶，并采用主动网进行了防护，但是它们也没能阻挡强烈地震对边坡的破坏。位于映秀的龙溪隧道出口边坡坡顶花岗岩在地震中崩落，砸坏仰坡框架梁，巨石堆积于洞口(图 2-21)。

图 2-20　龙洞子隧道出口边坡崩滑与崩塌

图 2-21　龙溪隧道出口高陡边坡崩落

紫坪铺隧道是都汶公路重点控制工程之一。震后隧道出口上部仰坡处发生滑坡，该滑坡体横向宽约 40m，竖向长约 30m(图 2-22)。滑坡造成了上部的框架锚索梁的弯曲、上拱和剪断，坡体中部的排水沟向外错开约 3cm(图 2-23)。滑坡体后缘壁产生了一定程度的崩塌落石，在坡体中部截水沟内可见崩落块石，一般以 30～50cm 居多，最大的落石块径可达 1m(图 2-24)，滑坡体后缘右上部发育一小型崩塌，崩塌体高约 15m，横向宽约 6m，对中部设置的挡土墙造成了一定程度的破坏(图 2-25)。

图 2-22　紫坪铺隧道洞口上部仰坡

图 2-23　紫坪铺隧道滑坡体上的框架梁被剪断

图 2-24　紫坪铺隧道坡体中部截水沟处的落石　　　　　图 2-25　紫坪铺隧道坡体上部崩塌

在白云顶隧道映秀端进口约 45m 处的下伏基岩中存在一断层，断层走向与隧道轴线斜交。地震发生后，从地表调查结果看，均有滑动痕迹，都江堰端岩土滑动形成新的陡壁，倾角为 70°～80°，映秀端地表形成宽达 20cm 以上的滑动裂缝(图 2-26)。同时，龙溪隧道出口后缘高边坡顶部地表被拉裂，宽度为 0～30cm，与隧道轴线斜交 30°～40°，纵向延伸上百米，如图 2-27 所示。

图 2-26　白云顶隧道映秀端地表滑动裂缝　　　　　　图 2-27　龙溪隧道出口后缘高边坡顶部地表拉裂缝

注：据四川省公路设计院 2008 年现场调研资料。

2. 隧道洞门建筑结构

隧道洞门的破裂与毁损主要发生在端墙式和柱墙式洞门结构中，削竹式洞门基本未见破损现象。洞门震害主要表现为端墙、拱圈、翼墙和伸缩缝开裂，拱圈与端墙松脱，以及帽石掉落等。图 2-28 为都汶二级路桃关隧道圆弧形端墙严重拉裂与拱圈松脱现象，裂缝宽 50cm，端墙与衬砌之间未见连接钢筋。图 2-29 为福堂隧道右侧翼墙开裂现象。

图 2-28　桃关隧道圆弧形端墙严重拉裂与拱圈松脱　　　　图 2-29　福堂隧道右侧翼墙开裂

龙溪隧道出口端根据洞口地形地质条件，左右洞均修筑为偏压明洞端式洞门。出口端左线洞口明洞段临空侧有局部破坏，在左拱腰处有一宽度为0.5～1cm贯穿二衬混凝土的裂缝，该裂缝左侧的挡土墙和回填浆砌片石连接处产生了一条宽度为1～2cm的垂直裂缝，向下垂直延伸1m左右，且临空侧边坡喷层混凝土也遭受到破坏(图2-30)。图2-31为皂角湾隧道洞门墙被帽顶落石砸坏现象。

图2-30　龙溪隧道出口端左线洞门破坏

图2-31　皂角湾隧道洞门墙被帽顶落石砸坏

3. 隧道洞口明洞段及浅埋段

隧道洞口明洞段及浅埋段的震害类型主要包括洞口地基抬升和底板开裂、隆起，衬砌开裂及错位，钢筋剪弯及边沟拉裂等。

1) 洞口地基抬升和底板开裂、隆起

洞口地基抬升和底板开裂、隆起是都汶公路隧道较为常见的变形破裂迹象，尤其是在震中附近的龙溪隧道和烧火坪隧道的底板开裂和隆起现象最为明显。龙溪隧道进口端底板地基强烈抬升隆起，最大隆起高度达到120cm，并且纵向排水沟轻度隆起-张裂、仰拱强烈隆起-张裂(图2-32、图2-33)等。龙溪隧道出口底板纵向开裂上百米，宽度为2～3cm(图2-34)；最大横向开裂宽度达25～30cm，贯穿横向路面(图2-35)。

图2-32　龙溪隧道进口端底板地基强烈抬升隆起

图2-33　龙溪隧道进口仰拱隆起-张裂

图2-34　龙溪隧道出口端左线仰拱纵向开裂

图2-35　龙溪隧道出口端右线仰拱横向开裂

2) 衬砌开裂及错位

在汶川地震中，隧道衬砌开裂及错位是隧道震害最常见的现象，都汶公路 11 座隧道中 8 座隧道出现了不同程度的衬砌开裂。在硬岩质隧道中，这种类型的衬砌破坏主要发育在隧道明洞段和浅埋段，可进一步分为纵向破裂、横向破裂、斜向破裂及横向或斜向破裂贯通形成的环向破裂等。在隧道洞口段的调查发现，衬砌的开裂以横向、斜向和环向破裂为主，纵向破裂相对较少。

龙溪隧道都江堰端洞口洞轴线与等高线近于正交且左右洞设计高程基本一致，洞口设置为同一断面削竹式洞门，地震后基本保持完好，仅明洞段衬砌出现纵向、斜向开裂，并伴有渗水，如图 2-36 和图 2-37 所示。

图 2-36　龙溪隧道进口端边墙纵向开裂

图 2-37　龙溪隧道进口明洞段斜向开裂

龙溪隧道出口映秀端，由于距离震中较近，隧道破坏较严重。在隧道接头交界处出现拱顶下沉错台，下错量达 15～20cm，张开 3～5cm（图 2-38），并伴随有挤压、掉块迹象；下错以拱顶下沉为主，整体右侧拱肩下沉比左侧拱肩严重，可能是由于洞顶边坡的偏压效应所致。龙溪隧道部分地段拱腰部位衬砌结构横向错位达 10cm（图 2-39），衬砌纵向、横向及斜向裂缝较为发育（图 2-40、图 2-41），尤其是左线隧道右拱肩的纵向裂纹多于左拱肩，主要是偏压隧道靠山侧的地震动力响应较临空侧大。

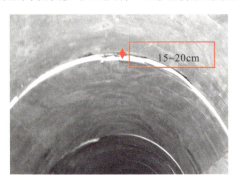

图 2-38　龙溪隧道接头交界处拱顶下沉错台

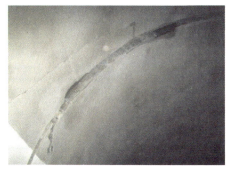

图 2-39　龙溪隧道拱腰部位衬砌结构发生横向错位

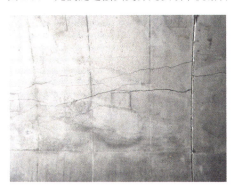

图 2-40　龙溪隧道出口左洞右拱肩纵向裂纹

图 2-41　龙溪隧道出口端右洞斜向破裂带

龙溪隧道出口映秀端左线进洞 40～45m 段为覆盖层与基岩的交界面，在地震作用下覆盖层发生滑移错动，致使隧道衬砌发育一条环向剪切-张拉破碎带(图 2-42)，走向 NE20°，倾向 NW，倾角为 55°～60°，与隧道呈大角度相交，破坏形式以剪切-张拉(简称"剪张")为主，混凝土被剪切剥落和挤压破碎，钢筋被剪切向内弯曲，破碎带宽度为 10～25cm，右拱肩处最大可达 50～60cm。拱顶破碎带与环向连接缝斜交，夹角为 15°～20°，呈楔形状，二衬混凝土有下落趋势，面积约为 2m²。右边墙破裂延伸长度为 12m，钢筋被剪弯，边墙混凝土被严重剪切剥落和挤压破碎呈片、块状(图 2-43)，破坏高度为 60～80cm，长度为 3～5m。左边墙破裂长度为 14.5m，以二衬开裂为主(图 2-44)，宽度为 5～10cm，局部有掉块现象。仰拱右侧地板沿施工缝错开，宽度为 3～8cm，左侧地板开裂(图 2-45)，宽度为 2～4cm，与左右边墙的破碎带相连，形成连续的一条环向剪张破碎带。

图 2-42　龙溪隧道出口左洞环向剪切-张拉破碎带　　图 2-43　龙溪隧道右边墙钢筋被剪弯、混凝土剪切
剥落和挤压破碎

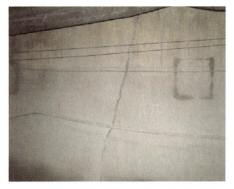 

图 2-44　龙溪隧道左边墙环向张拉裂缝　　　　　图 2-45　龙溪隧道仰拱地板环向裂缝

3) 钢筋剪弯及边沟拉裂

在龙溪隧道进出口浅埋段，由于衬砌产生了环向、斜向破裂带，致使部分钢筋被剪弯，边墙混凝土被严重剪切剥落和挤压破碎(图 2-46)，并且边沟、电缆沟被拉裂(图 2-47)等。

图 2-46　龙溪隧道钢筋被剪弯、混凝土剪切剥落和挤压破碎　　图 2-47　龙溪隧道边沟、电缆沟被拉裂

4. 隧道洞身段

根据前人的研究成果和震害调查发现,一般隧道洞口段的地震动力响应较大,破坏程度也较洞身段严重。但此次位于汶川地震震中附近的 10 余座山岭隧道中,部分隧道洞身段破坏严重,尤其是龙溪隧道进口端属于软岩(砂岩、泥岩)隧道,在高地应力和地震动力作用下,隧道洞身段破损严重。隧道洞身段主要震害特征包括衬砌开裂、错台、碎裂、剥落、掉块、坍塌、渗漏水等;钢筋剪切弯曲、钢架扭曲变形或溃屈、锚杆垫板脱落或拔出等;衬砌及围岩整体坍塌、瓦斯积聚等;仰拱地基抬升、底板隆起-张裂等。值得指出的是:洞身初支和二衬发生严重损坏地段大多处于高地应力区段或者穿越软弱破碎带区域。

1) 初期支护变形及开裂

这类震害主要发生在二衬尚未施作的初支段或者二衬坍落段,表现为初支鼓出变形并侵线(图 2-48)、喷射砼开裂掉块、钢筋剪切弯曲呈麻花状(图 2-49)、钢架扭曲变形(图 2-50)和剪切溃屈(图 2-51),以及二衬未施作段初支及围岩坍方(图 2-52)、二衬坍塌段初支破损情况(图 2-53)等。

图 2-48　龙溪隧道进口初支鼓出变形并侵线　　　图 2-49　龙溪隧道喷射砼开裂掉块、钢筋剪切弯曲呈麻花状

图 2-50　龙溪隧道二衬未施作段初支钢架扭曲变形　　　图 2-51　龙溪隧道二衬未施作段初支钢架剪切溃屈

图 2-52　龙溪隧道二衬未施作段初支及围岩坍方　　　图 2-53　龙溪隧道二衬坍塌段初支破损情况

2）二次衬砌开裂、错位及坍塌

汶川地震中，部分软岩质隧道洞身段衬砌的破损明显大于洞口段，除了常见的纵向、横向、斜向及环向裂缝外，还发育有纵横裂缝交叉形成的网状裂缝，且衬砌的开裂以纵向拱顶、边墙裂缝为主，这是与隧道洞口段衬砌裂缝不同的。

在震中映秀附近的龙溪隧道、龙洞子隧道、烧火坪隧道等发现纵横、纵斜、环斜、横斜裂缝交叉形成的网状裂缝带较为发育（图 2-54～图 2-57），横向和环向破裂包括施工缝张裂与错台（最大可达 30cm，图 2-58）、二衬砼中的裂缝等。斜向破裂发育在拱腰和边墙的素砼或者钢筋砼，以剪切和剪张裂缝为主（图 2-59）。

图 2-54　龙溪隧道二衬拱顶纵横向破裂交汇

图 2-55　龙溪隧道二衬边墙纵斜向贯通裂隙带

图 2-56　龙溪隧道二衬环斜向裂缝破碎带

图 2-57　龙溪隧道二衬横斜向裂缝交汇

图 2-58　龙溪隧道衬砌接头施工缝张裂、错台

图 2-59　龙溪隧道二衬边墙钢筋砼剪张破损

更让人触目惊心的是，衬砌和围岩坍塌这类震害主要发生在距离震中较近的软弱围岩隧道中，龙溪隧道进口端尤为普遍，主要表现为衬砌与围岩同时坍塌引起的坍方及二衬坍落两种形式，其中前者往往

导致隧道封洞，是汶川地震中隧道最严重的一种震害。隧道坍方主要发生在龙溪隧道进口端的以碳质泥岩、泥岩为主的围岩中，左右洞洞口地段共有 5 处地震坍方，最高坍腔高达 10 余米，坍方情况如图 2-60～图 2-62 所示。二衬坍落主要发生在拱腰以上部位(图 2-63)，支护结构为素混凝土，混凝土断裂面有张性和剪性两种，这种震害发生在龙溪隧道进口和龙洞子隧道中。

图 2-60　龙溪隧道 K21+575～580 拱部地震坍方

图 2-61　龙溪隧道 K21+600 拱顶坍方、封洞

图 2-62　龙溪隧道 1 号塌方段末端右侧塌腔

图 2-63　龙溪隧道 K21+540～558 拱顶二衬砼整体坍落

3) 仰拱地基抬升和底板开裂、隆起

在龙溪隧道洞身段仰拱地基抬升和底板开裂、隆起破裂迹象非常明显，主要是由于龙溪隧道洞身段地应力非常高，在强烈的地震作用下，促使隧道仰拱和底板多处强烈隆起并折断。在 K21+590 附近仰拱地基抬升、隆起，高达 50cm(图 2-64)。在 K21+600 附近底板被挤压、张裂、隆起，达 80～100cm，纵向延伸上百米(图 2-65)；底板横向开裂和中央排水沟挤压、抬升现象较为普遍(图 2-66、图 2-67)。

图 2-64　龙溪隧道 K21+590 附近仰拱地基抬升、隆起

图 2-65　龙溪隧道 K21+600 附近底板挤压、张裂、隆起

图 2-66　龙溪隧道仰拱底板横向开裂　　　　　　图 2-67　龙溪隧道仰拱中央排水沟挤压、抬升

2.2.2　汶川地震山岭隧道震害影响因素

在震害调查基础上进行的综合分析表明，都汶公路山岭隧道震害的影响因素主要包括地震动参数、隧址区工程地质条件及隧道支护结构这三大方面。

1. 地震动参数

强烈的地震作用是隧道产生震害的直接原因，主要地震动参数为地震震级与烈度及震中距，对隧道震害的形成、类型及特征起到决定性作用，并且地震波的传播方向对山岭隧道的震害也有着重要的影响。

1）地震震级与烈度

汶川地震的震级为 Ms 8.0 级，震中附近区域的地震烈度为Ⅺ度，汶川地震释放的地震能量是惊人的，造成了大量的路基崩毁、大桥损毁、地表破裂、山体滑坡等灾害。研究表明，多数地下洞室破坏都发生在 7 级及 7 级以上地震中，当达到一定量值的加速度或速度是导致衬砌结构出现震害的主要原因。Dowding 和 Rozen（1978）根据 71 座铁路隧道和水工隧道的震害调查结果发现，当地层加速度大于 $0.5g$ 或速度大于 0.8m/s 时，隧道会发生严重破坏。中国数字强震动台网的 420 个台站在汶川地震中获得了强震动记录，分析统计得出：由汶川卧龙台获得的最大加速度记录峰值为 957.7Gal，相当于 $0.9762g$。同时，距离汶川地震震中仅 17.17km 的紫坪铺大坝震感强烈，根据坝顶三个强震仪测得的地震记录推算得出，坝体基岩加速度峰值大于 $0.5g$。汶川地震震中附近的龙溪隧道区域，地层加速度超过 $0.5g$。因此，震中区域内的 10 余座山岭隧道受到严重破坏，尤其是处于震中的龙溪隧道出现了 5 处大规模的地震塌方，并且衬砌破损严重。

2）震中距

地震震级为衡量一次地震释放能量的尺度，一次地震对隧道的影响程度除了震级以外，主要还与震中距和震源深度有关。总体而言，距离汶川地震震中越近的隧道，震害越强烈。烧火坪隧道和龙溪隧道就在震中映秀附近，因此震害程度非常严重；都汶公路高速段的三座隧道距离汶川地震震中的直线距离小于 15km，震害均为严重受损。但是，距离汶川地震震中 50km 范围内的山岭隧道的震害在不同地区存在较大差异。有受损严重的隧道，如极震区的龙溪隧道、龙池隧道、龙洞子隧道等；也有受损程度较轻的隧道，如毛家湾隧道、皂角湾隧道等。将震区内都汶公路 11 座山岭隧道的震害程度与隧道所处位置、震中距等进行对比分析（表 2-4），发现隧道震害程度并不完全与隧道震中距成正相关，如二级路段的皂角湾隧道震中距为 16.1km，比紫坪铺隧道的震中距 19.3km 要小，但它只轻微受损，而紫坪铺隧道却严重受损。因此，隧道的震中距越小，说明距离震中的距离越近，所承受的地震能量越大，但山岭隧道的震害程度受到震源深度、发震断裂错动特点、围岩力学性质、隧道衬砌结构刚度等诸多因素的影响，所以要综合考虑。

表 2-4   都汶公路各隧道的震中距

编号	隧道名称	长度/m	震中距/km	震害程度	备注
1	紫坪铺隧道	4081	19.3	严重受损	高速路隧道
2	龙洞子隧道	1070	15.8	严重受损	高速路隧道
3	龙溪隧道	3691	14.2	严重受损	高速路隧道
4	烧火坪隧道	450	12.4	严重受损	卧龙连接线隧道
5	皂角湾隧道	1926	16.1	轻微受损	二级路隧道
6	毛家湾隧道	399	20.5	轻微受损	二级路隧道
7	彻底关隧道	402.6	24.9	中等受损	二级路隧道
8	福堂隧道	2365	26.1	中等受损	二级路隧道
9	桃关隧道	625	28.4	中等受损	二级路隧道
10	草坡隧道	759	30.6	轻微受损	二级路隧道
11	单坎梁子隧道	1567	42.1	轻微受损	二级路隧道

3)地震波传播方向

隧道衬砌的振动变形方式和震害受地震波入射方向的影响较大。一般而言，地震波平行于隧道轴线或是斜交于隧道轴线传播引起隧道轴向拉伸、压缩变形和弯曲变形；垂直或是近于垂直隧道洞轴线传播的地震波会引起隧道环形变形(呈椭圆形)。都汶公路整体走向为 SN 向，而且路线距离震中映秀很近。因此，汶川地震的地震波传播方向总体与隧道轴线近于平行或者斜交，隧道衬砌振动变形的方式以轴向拉伸、轴向压缩和局部弯曲为主。都汶公路隧道洞内表现出的以横向和斜向开裂为主的震害形式也证明了地震波的传播方向总体与隧道轴线近于平行或者斜交。

2. 隧址区工程地质条件

由于震区内山岭隧道的大部分震害是由于地质原因引起的，隧址区的工程地质条件对隧道震害起到决定性作用。因此，本书结合场地特征、围岩质量、断层破碎带、洞口边仰坡地质条件、基覆界面、地应力及隧道埋深等因素，重点分析地质因素对隧道震害的影响。

1)场地特征、围岩质量

根据地面建筑物震害研究结果，同一烈度区不同场地条件下，建筑物受到的地震作用及震害是不同的，目前地面建筑的地震作用计算中已经考虑了这一因素的影响。这一问题对于地下结构同样存在，在不同的场地特征及围岩质量条件下，地下结构受到的地震作用是不同的。在硬岩地层中，地下结构的质量密度与硬岩地层较为接近，衬砌刚度小于周围地层的刚度，地下结构屈从于周围地层一起运动，二者之间不发生或很少发生相互作用，结构承受的地震惯性力较小，隧道结构的位移和变形受到地层的控制。硬岩质隧道的破坏主要发生在洞口段和洞身断层发育段或围岩破碎段。相反，在软弱破碎地层中，由于地下结构的刚度相对较大，二者之间由于振动不协调将发生相互作用，地下结构将承受围岩变位产生的强制变形，其衬砌刚度越大，吸收的变形能就越多，地震破坏也越严重，所以土质或软岩质隧道的震害往往由地层的震动变形所致。

国道 213 线都江堰至汶川段位于震中映秀的两侧，但两侧隧道的震害却差异极大，都江堰至映秀段隧道破坏严重，而映秀至汶川段 7 座隧道基本无震害，这应该与都江堰至映秀之间主要为砂、泥岩等软弱破碎岩层，而映秀至汶川之间主要为花岗岩等硬质岩层有着密不可分的关系。就算在同一隧道中，由于围岩质量不同，其震害也有较大的差异，如龙溪隧道出口段虽然距离震中最近，但是围岩为花岗岩，所以震害的严重程度比该隧道进口端以泥岩为主的地段要轻。同时，地层由软质到硬质的过渡地带、围岩质量突变地带等，其地层震动，以及位移、应力响应也有较大不同，容易在此部位产生大的应力集中，使隧道结构遭受破坏。相反，岩体坚硬且较为均匀的围岩即使地震的烈度较大，隧道结构也较为安全，如都汶二级公路段的隧道均修建在花岗岩中，地震中除了位于震中附近的烧火坪隧道严重受损外，其余隧道为轻微-中等受损。

实际上，在日本的抗震设计规范中已通过引入场地系数考虑了场地特征及围岩质量的影响，而我国现行的公路工程抗震设计规范对于隧道地震作用的计算尚未充分考虑这一因素的影响，相应的抗震设防措施也未做差异性处理，汶川地震中公路隧道的震害表明这一因素不容忽视，在未来隧道结构的抗震设防中必须考虑场地条件的影响，注重土质、软岩质隧道和硬岩质隧道抗震设防的差异。

2) 断层破碎带

都汶公路从南至北穿越龙门山断裂带，虽然隧道没有直接跨越汶川地震的主要发震断裂——映秀-北川断裂，但是高速路段的三座隧道处在龙门山前山断裂和中央断裂(映秀-北川断裂)之间，汶川地震这两条断裂都有明显地表破裂产生，受其影响，中央断裂和前山断裂之间的次级断层也会产生一定的活动，因此高速路段的三座隧道震害非常严重，而且在洞内次级断裂带两侧一定范围内，震害特别显著。例如，龙溪隧道进口左洞 LK22+115 附近发育 F8 断层，震后发现在该断层两侧各约 100m 范围内(LK22+011～LK22+220)出现二衬砼坍落、开裂、错台及仰拱隆起(最大达 60cm)等严重震害现象。紫坪铺隧道左线 LK14+770～LK14+850 段仰拱出现横向和纵向开裂，缝宽 3cm；LK14+835～LK14+850 段拱腰及拱顶二衬发生斜向和纵向开裂，裂缝宽 0.2～0.8cm，长 5～12m；该段正好是 F11-2 断层通过的地方。紫坪铺隧道左线 LK14+880～LK14+925 段二衬砼脱落，密集出现多条横向和斜向砼开裂，这一地带也恰好是 F11 断层发育的地带。

3) 洞口边仰坡地质条件

洞口边仰坡地质条件对隧道洞门地带的震害影响很大。如前所述，都汶公路隧道洞门被埋、结构被毁都是由于洞口边坡岩体质量差(全强风化破碎岩体、卸荷岩体、结构面控制的危岩体等)，在地震触发下高陡边坡发生崩滑、崩塌和坠落所致。同时，从隧道洞门结构的震害来看，产生了裂缝或断裂的三座洞门(白云顶隧道进出口洞门、桃关隧道映秀端洞门)均位于巨厚覆盖层上，而位于岩石地基上的洞门基本没有发生破坏。以上震害事实表明震区公路隧道进出口应尽量避开不良地质体，无法避开时应有合适的设防对策。

4) 基覆界面

震害调查发现，在隧道进出口浅埋段覆盖层与基岩交界面(带)附近，由于围岩性质差异很大，在地震面波瑞利波的作用下，这一部位常常出现环状破裂带或环状裂缝，是震害极易发生部位。龙溪隧道出口左右洞均在距离洞口 40m 左右发现环状剪张破裂带(图 2-42)，而这一部位也确实是崩坡积覆盖层与花岗岩的接触带。环状破裂带与隧道呈大角度相交，二衬混凝土被剪张破碎和剥落，二衬钢筋被剪切向内弯曲，破碎带宽 10～30cm，最大可达 50～60cm，左右洞仰拱开裂宽度为 2～20cm。龙洞子隧道出口右线 K20+690 附近震后发现贯通性环状开裂，裂缝宽 3～4cm，错台 2cm，这一部位也正好是崩坡积覆盖层与灰岩的接触带。

5) 地应力

汶川地震前，李天斌(2008)对都江堰至汶川的部分公路隧道进行过现场地应力测试。二级路段单坎梁子隧道用水压致裂法测得最大水平主应力为 25.59MPa；高速路段龙溪隧道采用孔径变形应力解除法测得左洞最大主应力为 26.4MPa(表 2-5)。

表 2-5　龙溪隧道地应力测试结果

测点编号	测点位置	测点岩性	应力分项	最大主应力(σ_1)	中间主应力(σ_2)	最小主应力(σ_3)
S1	左洞 LK23+810~815	砂岩、粉砂岩、泥质粉砂岩	量值/MPa	26.4	13.6	12.1
			方向/(°)	N36.8E	N66.1E	N48.8W
			倾角/(°)	21.8	-65.4	-10.9
S2	右洞 RK22+345	砂岩	量值/MPa	25.1	16.8	9.4
			方向/(°)	N49.6E	N63.8W	N18.9E
			倾角/(°)	58.7	13.6	-27.6

注：据李天斌(2008)。主应力方向是主应力的投影方向，以象限角表示；倾角为负表示俯角，倾角为正表示仰角。

太平驿水电站引水隧道施工中发生岩爆。这些事实说明，龙门山断裂带内的岩体积累了较高的应变能，处于高地应力状态。在地震过程中，断层的错动和强烈的振动使岩体中的高地应力得以释放，进而在隧道中出现与地应力释放相关的破裂迹象。这种强烈振动促使高地应力释放造成的震害在龙溪隧道中表现最为明显。由于该隧道近水平的最大主应力的方向与隧道轴向大角度相交，因此强烈的地震波和振动触发的高地应力瞬间释放叠加在一起，促使隧道仰拱和底板多处强烈隆起并折断。

6) 隧道埋深

Sharm 和 Juddy(1991)对隧道及地下结构埋深对震害的影响进行过研究。他们对 132 例遭受震害的地下结构进行统计后认为，埋深大于 50m 时地下结构破坏程度明显减小，300m 以上埋深的地下结构没有严重的破坏。对都汶公路隧道的震害与埋深关系的分析表明，在硬质岩隧道埋深大于 50m 时震害程度为中等至轻微，埋深大于 100m 后隧道几乎没有震害或震害轻微；在软质岩隧道中，由于受断层、地应力以及围岩质量的交叉影响，埋深与震害关系的规律性不是十分明显。紫坪铺软岩隧道 50m 埋深以内震害严重，300m 埋深以上震害轻微；龙溪隧道 500m 埋深段还有二衬坍落等严重震害。

3. 隧道支护结构

由于山岭隧道震害的主体是隧道支护结构，所以隧道支护措施、隧道结构形式和施工质量等对隧道震害也有较大的影响。

1) 隧道支护措施

在地震动力作用下，隧道支护措施的刚度不同，其地震动力响应也不同，隧道所受到的震害程度也轻重不一。整体来看，映秀至汶川段 7 座隧道岩质坚硬，二次衬砌多为素混凝土，支护措施较弱；而都江堰至映秀段 3 座隧道围岩为软岩，二次衬砌多为钢筋混凝土且初支多设有钢架，支护措施较强，但映秀至汶川段震害却比都江堰至映秀段轻微得多。这说明：当衬砌的刚度较大时，隧道衬砌结构承受了更大的地震动荷载，吸收了较多的地层变形能量，地震加速度、应力、位移等较大，所以受到严重的破坏；当采用柔性支护、刚度较小时，虽然能够有效地减少衬砌结构的加速度响应，减少地震荷载，但同时衬砌位移会加大，在静载或地震荷载作用下可能造成刚度不足而产生破坏，如都江堰至映秀段 3 座隧道，洞口段二衬均为钢筋混凝土且厚度较大，而洞身段衬砌相对较薄且有相当部分为素混凝土，洞身段二衬产生了大量的坍塌和开裂。因此，合理的支护措施可以有效减轻震害，在隧道及地下结构的支护设计时，应注重衬砌结构的"刚""柔"结合，利用衬砌本身的特点来减小地震破坏。

2) 隧道结构形式

隧道结构形式对震害也有一定的影响，一般在结构断面形状和刚度发生明显变化的部位容易发生破坏。龙洞子隧道 LK20+194 附近普通断面与加宽断面交接处发生的顶部局部衬砌开裂、掉块就是由于结构断面的急剧变化而使不同断面处产生了不同响应的结果。因此，隧道断面发生突变处、进出口部位、转弯部位及两洞相交部位和紧急停车带等都是抗震的薄弱环节。

3) 施工质量

国道 317 线友谊隧道施工中发生坍方 11 次，由于发生沉降变形而进行二次加固的段落长达 340m，严重侵限的地段长达 275m，位于映秀端进口 166～457m，坍方与沉降变形主要发生在洞身地段，洞口地段相对较少，并且映秀端较都江堰端严重。从震后压溃段的情况来看，个别段落二衬厚度仅有 10cm，两层受力钢筋几乎贴在一起。从震害分布情况来看，严重破坏地段位于映秀端进口 180～380m，洞身段较洞口段严重，映秀端较都江堰端严重。从上面的描述情况来看，友谊隧道震害和施工质量具有较高的吻合度，因此友谊隧道施工质量应该是震害严重的主要因素之一。这一事实说明，施工质量是影响隧道抗震性能的重要因素，在震区尤其是高烈度地震区要特别重视隧道的施工质量。从其他隧道的震害情况也可以看出，在隧道施工较困难地段，一般围岩质量较差，多发生过较大的地质灾害，如坍方、大变形、涌水等，施工质量较难得到保证。在地震作用下，这些地段的围岩和衬砌的动力响应(加速度、应力、位移、变形等)较大，衬砌质量又较差，隧道整体的抗震性能无法达到设计要求，因此会产生较严重的隧道震害。

2.2.3 山岭隧道抗减震设防启示

通过上述对山岭隧道在强震中变形破裂特征及影响因素的分析，对今后山岭隧道抗减震设防有以下几方面的启示。

1. 隧道及地下结构抗减震设计规范的完善

从地面建筑与隧道及地下结构的震害程度来看，同处于震中映秀，地面建筑基本被夷为平地，而隧道结构受损相对较小，仅有龙溪隧道遭受严重破坏，但仍没有发生整体坍塌，修复后依然可以使用，且有 7 座隧道基本没有震害，这说明隧道及地下结构的抗减震性能优于地面建筑。但我国有关隧道及地下结构的抗减震设计规范，基本沿用地面结构的抗减震设计规范，并采用附加地震力的静力验算方法，不能满足高烈度地震区隧道抗减震设计要求，并且存在诸多不足，需要进一步完善。

(1)隧道稳定性验算范围、洞口设防段长度的确定及其影响因素、活动断层破碎带设防段长度等问题都需要进一步细化并研究合理参数。

(2)对于深埋、浅埋、土层、岩层，其抗减震设计方法也应当有所区别。

(3)高烈度地震区隧道的抗震设计思路一般是加强衬砌，增大刚度，抵抗地震作用力，但仅靠增大结构刚度来抵抗地震作用力的设计思路也值得商榷。

(4)对于单线、双线、长隧道、短隧道、洞形、结构形态等不同类型隧道的抗减震问题应突出其特点。

2. 场地特征及围岩条件的差异影响

同地面建筑一样，在同一烈度地震区内，不同的场地特征及围岩条件下，隧道及地下结构受到的地震作用是不同的。在高烈度地震区隧道工程的抗减震设计中，应当注意土质、软岩质和硬岩质隧道围岩的差异性，采取抗震减震并举的措施抵御地震破坏。在硬岩地层中，地下结构的质量、密度与硬岩地层较为接近，衬砌刚度小于周围地层的刚度，地下结构屈从于周围地层一起运动，二者之间不发生或很少发生相互作用，结构承受的地震惯性力较小，隧道结构的位移和变形受到地层的控制。因此，硬岩质隧道抗减震设防的重点应放在隧道洞口段和洞身周围地质条件复杂地段(断层破碎带、围岩质量突变地带、高地应力地段、隧道结构形式或刚度发生变化段等)，前者以抗震措施为主，后者以减震措施为主。相反在软弱破碎地层中，由于地下结构的刚度相对较大，二者之间由于振动不协调将发生相互作用，地下结构将承受围岩变位产生的强制变形，其衬砌刚度越大，吸收的变形能就越多，地震破坏也越严重，其震害往往表现为由于地层的地震动变形所致。因此，土质或软岩质隧道的衬砌结构应尽量采用柔性支护措施，抗减震设防的重点应放在减小衬砌结构的地震动力响应上。

3. 隧道洞口抗减震控制

山岭隧道洞口边坡在强震作用下的稳定性直接关系隧道安全，是地震中极易产生崩滑、掩埋洞口、毁坏洞门、中断交通的关键控制因素。因此，强震区山岭隧道建设中隧道洞口的选址应尽量避开崩塌、滑坡、坡残积层等不良地质体，并高度重视洞口边坡稳定性评价和防护设计，加大边坡防护力度，将边坡防护、洞口明洞和洞门结构作为一个系统进行综合设计，在条件允许的情况下尽可能采用削竹式洞门，其抗震性能较好，这在汶川地震中得到了很好的验证。

4. 隧道洞口段及浅埋段的抗减震设防

由于山岭隧道洞口段及浅埋段受到洞口放大作用和坡面放大效应的影响，衬砌地震动力响应较大，震害类型较复杂，受损程度也非常严重，因此必须对隧道洞口段一定长度范围进行全断面抗减震设防。对于洞口围岩较破碎的地层，建议进行注浆加固，在保证衬砌静力安全性的情况下采用柔性支护措施，并适当设置减震层和抗震缝等抗减震措施，以减小衬砌的地震动力响应，避免衬砌发生较大范围破坏。

5. 隧道洞身段的抗减震设防

对于岩质隧道，隧道洞身段的地震动力响应较洞口段小，受损程度也相对较轻，可以适当增加衬砌刚度，减小围岩和衬砌的刚度差距，使两者在地震作用下共同振动，避免因变形或位移不协调而产生的破坏。对于土质或软岩质隧道，隧道洞身段的地震动力响应减小不明显，尤其在基覆界面附近、断层发育段、围岩破碎带、高地应力段等特殊地段，围岩和衬砌的地震动力响应容易突增达到峰值，因此初支应以加固围岩、改善其力学性质为主，二衬应采用钢筋混凝土结构，并且重点应放在抗减震措施上，如增设减震层、抗震缝、减小衬砌刚度等。

6. 隧道特殊地段及部位的抗减震设防

根据汶川地震中山岭隧道震害调查发现：无论是土质或软岩质隧道，还是硬岩质隧道，在断层发育段、基覆界面附近、高地应力段、软硬岩过渡地带、围岩质量突变地带及隧道结构形式发生变化段的隧道衬砌受到严重震害，因此对于这些特殊地段和部位的抗减震设防尤为重要。

(1)在强震区建设隧道应尽最大可能避免隧道直接穿越活动断裂带，隧道穿越活动断裂带的次级断裂带时必须要加强抗减震设防措施，在次级断裂带两侧一定范围内二衬应采用钢筋混凝土结构。

(2)强震区隧道洞口段覆盖层与基岩接触带受地震面波和剪切波的作用大,极易产生剪张性环向破裂,因此该部位应加强初支和二衬。初支采用改善围岩力学性质且让其渐变的措施,二衬应采用钢筋混凝土结构。

(3)强震区的高地应力隧道中,软弱围岩段在强震作用下容易产生坍方、二衬坍落、仰拱隆起等严重震害,今后应进一步加强对软弱围岩震害机制及抗震支护措施的研究。

(4)在强震作用下,围岩地层由软岩到硬岩的过渡地带、围岩质量突变地带等,其地层震动及位移、应力响应有较大不同,隧道结构易遭受破坏。这些部位也应采用改善围岩力学性质且让其渐变的措施进行处理。

(5)隧道断面发生突变处、两洞相交部位和紧急停车带等是抗震的薄弱环节,应加强抗震设防措施。

7. 隧道支护措施设计

支护措施不是影响隧道震害的决定性因素,但合理的支护措施可以有效地减轻隧道震害。我国现行的铁路和公路规范,对强震区的浅埋隧道基本上都是采用衬砌加厚或全断面加筋补强的措施,即认为,刚度越大,抗震效果越好。但上述震害表明,这一设计思想可能并不完全合理。当衬砌结构达到一定刚度后,刚度越大,其地震动力响应也越大,出现震害的概率越高;并且增大衬砌刚性必然增加材料用量,所以仅增大衬砌刚度的方法,既不经济也不安全。对于柔性支护措施,在静载或地震荷载作用下的安全性和耐久性也让人担忧。因此,隧道支护措施设计需要在"刚"与"柔"支护措施之间寻找到一个最佳的平衡点。

8. 施工质量控制

在高烈度地震区的隧道建设过程中必须充分重视施工质量,否则设计意图无法实现,隧道的抗减震性能得不到保证,必然造成较大的震害。尤其在地质条件复杂、围岩质量较差的地段,多发生过较大的地质灾害,如塌方、大变形、涌水等,施工质量可能较差,在地震作用下,这些地段的围岩和衬砌的地震动力响应(加速度、应力、位移、变形等)较大,且如果衬砌质量不好,隧道整体的抗震性能无法达到设计要求,必然会产生严重的隧道震害。

2.3 山岭隧道震害成因机理探讨

地震发生时震源区的介质发生急速的破裂和运动,这种扰动构成一个波源。由于地球介质的连续性,这种波动就向地球内部及表层各处传播,形成了连续介质中的弹性波。地球介质,包括表层的岩石和地球深部物质,都不是完全弹性体,但因地球内部有很高的应力,地震波的传播速度很大,波动给介质带来的应力和应变使得瞬时能量的消耗很小,因此近似地把地震波看作弹性波。

从震源发出的波动有两种成分:一种成分代表介质体积的涨缩,称为涨缩波,其质点振动方向与传播方向一致,又称纵波(也称 P 波);另一种成分代表介质的变形,称为畸变波,其质点振动方向与传播方向垂直,又称横波(也称 S 波)。纵波的传播速度较快,在远离震源的地方这两种波动就分开,纵波先到,横波次之。在没有边界的均匀无限介质中只能有 P 波和 S 波存在,它们可以在三维空间中向任何方向传播,所以称为体波。

地球是有限的,有边界的,在界面附近,体波衍生出另一种形式的波,它们只能沿着界面传播,只要离开界面即很快衰减,这种波称为面波。面波有许多类型,它们的传播速度比体波慢,常比体波晚到,但振幅往往很大,振动周期较长。如果地震的震源较深,震级较小,则面波就不太发育。典型面波包括瑞利波与勒夫波。从引起隧道破坏的角度来看,有实际意义的地震波是在埋深较大地段传播绝大部分地震能量的横向剪切波和在隧道超浅埋或洞口地段传播的瑞利波。

横向剪切波产生一种横截于传播轴的正弦曲线形地面位移。它们可能有偏移，但一般来说，在水平面上引起位移的波往往具有最大的振幅，它在同一介质中通常要比纵波的振幅大 50%～100%。瑞利波是体波经地层界面多次反射形成的次生波。它在传播时，质点在波的传播方向与表面层法向组成的平面内做逆进的椭圆运动。它的最大特点是振幅大，在地表以垂直运动为主。

汉川地震在地震过程和动力特征上表现出诸多与其他地震不同的特征。①震级高，震源浅。地震震级达 Ms 8.0 级，震源深度仅 12～15km。②具有面状震源的特点，破裂带长近 300km。汉川地震的发生具有沿破裂带持续累进性破坏的特点。震源从映秀开始，沿映秀-北川断裂向北东经彭州、北川、江油至青川及其以北迅速破裂，并在沿途剪断若干由断裂的错列和转折形成的局部"锁固段"，释放大量能量，形成面状震源，所导致的地表破裂带长近 300km，并激活带动了龙门山前山断裂——灌县-江油断裂形成近 100km 长的地表破裂。③地震持续时间长。由于地震的面状震源和断裂的累进性破坏特点，导致此次地震持续时间长达 80～120s。长持时的振动是导致地震强烈破坏和触发大量地质灾害的重要原因。④地表振动响应强烈。由于地震发生在地形条件极为复杂的中、高山地区，因此地表振动响应极为强烈，所记录到的地面运动峰值加速度局部地段达到 $(1.5～2.0)g$。更为特别的是，本次地震产生的垂直向峰值加速度仅略小于水平向加速度，或是两者基本相当。

上述特征决定了汉川地震对建(构)筑物以及地质环境具有极大的破坏性和摧毁性，对隧道及地下结构的破坏也是非常严重的。因此，根据前述山岭隧道震害特征及影响因素分析，结合汉川地震的动力特征，对隧道不同部分、不同类型的震害成因机理做进一步分析探讨。

2.3.1　洞口边坡及洞门结构震害机理

隧道洞口边坡、仰坡、支挡结构和洞门的震害类型主要包括：洞口边坡崩塌与滑塌、掩埋洞口；洞口落石、砸坏仰坡框架梁或洞门；局部边仰坡地面开裂变形；边仰坡防护、截排水沟开裂变形等。

洞口边坡崩塌与滑塌震害，多发生在全强风化的坚硬岩体构成的高陡斜坡隧道洞口，在洞口边坡未作防护、防护范围不足或防护力度偏弱的洞口发生频率高，以高位的崩塌、落石和滑塌为主，并且在极震区，多条隧道洞口上方边坡处于震裂松动状态。分析隧道洞口边、仰坡震害产生的原因，主要是由地震产生的强大的竖向作用力造成。在极震区，首先到达的 P 波形成强大的竖向作用力使山体震裂松动，并在山体浅表层产生竖向裂缝，这些裂缝的产生为地震诱发洞口边坡震害的产生提供了条件。当 S 波到达后，已被震裂松动的山体在强大的地震水平作用力下产生大量的崩塌、滑坡。

隧道洞口支挡结构的破坏主要是由于洞口边、仰坡在强烈的地震作用下产生拉裂、下错及滑塌，由于地震波在坡体内传播，遇到不连续界面时，产生复杂的动力响应过程，形成界面的"拉应力效应"，致使坡体被拉裂，从而导致框架梁等护坡结构产生弯曲、上拱和剪断，并且部分排水沟也向外错开。同时，高位的落石也造成一部分护坡结构被砸坏。

洞门震害主要表现为端墙、拱圈、翼墙和伸缩缝开裂，拱圈与端墙松脱，以及帽石掉落等：一方面，在 P 波和瑞利波形成强烈的竖向地震作用下，洞门结构在连接处容易产生不均匀的上下振动，从而导致端墙与翼墙的竖向开裂，拱圈与周边墙体的松动；另一方面，由于洞口边坡岩体质量较差(全强风化破碎岩体、卸荷岩体、结构面控制的危岩体等)，在地震波触发下高陡边坡发生崩滑、崩塌和坠落，往往造成隧道洞门被砸坏，部分被掩埋，甚至全部被掩埋。

2.3.2　隧道衬砌震害机理

隧道衬砌结构处于围岩约束中，其震害机理可分为两种：一种是由于围岩变位进而在地下结构中产生强制变形所引起的破坏，这种类型的破坏多数发生在岩性变化较大、断层破碎带、浅埋地段或隧道结构刚度远大于地层刚度的围岩中，如龙溪隧道进口端几个断层破碎带位置发生的横向剪张性破坏；另一种则是地震波产生的应变与衬砌及围岩的静态应变相叠加而产生的破坏，地震波在隧道中传播时产生压应变和张应变的交替循环，这些应变叠加在隧道衬砌和围岩的静态应变上，衬砌中原先存在的应变状态通常是压应变，当地震波叠加的结果使压应变增加时衬砌即可能发生局部弯曲并脱落；如果增加的张应变大于现有压应变，则由此产生的张应变状态可能导致衬砌张拉开裂。

就纵向而言，隧道是一种长线形结构物，地震波的相位衍生应力和变形在隧道轴线方向上会发生很大变化，这实际上构成了隧道结构破坏的重要方面，而且表现为埋深越浅，破坏作用越显著。这可解释为，假设隧道和围岩在地震波通过时一起运动，且随着地震波的传播，振动能量沿隧道轴线从一点移动到另一点，则在隧道结构内部同时产生纵向的拉压和横向的剪切两种作用，如果这两种作用的结果超过隧道本身的抗力极限，结构自然就会产生破坏。

在地震作用下，岩体内可能出现不同性质的地震波：纵波引起岩石质点在自身传播方向上的位移，对于隧道衬砌产生轴向应力与弯曲应力；剪切波引起岩石质点在垂直于波的传播方向上的位移，对于隧道衬砌只产生弯曲应力；并且经由地层界面和地表的多次反射产生瑞利波，在传播时引起质点在波的传播方向与表面层法向组成的平面内做逆进的椭圆运动，最大特点是振幅大，在地表以垂直运动为主。同时，各种地震波的作用随入射方向与结构轴线的角度不同而变化。下面结合隧道衬砌的具体震害特征，对其震害成因机理做进一步分析。

(1)隧道洞口抬升、隆起及拱顶错台——主要是 P 波分量和瑞利波形成强烈的竖向地震作用所致，尤其在龙溪隧道进口端，由于汶川地震所产生的垂直向峰值加速度仅略小于水平向加速度(1.5~2.0)g，或是两者基本相当，并且瑞利波的振幅较大，在地表以垂直运动为主，导致了龙溪隧道进口端强烈的抬升、隆起，最大高度达 0.8~1.2m。

(2)隧道洞身段仰拱地基抬升、底板隆起-张裂——主要发生在龙溪隧道进口端的软弱围岩段。由于龙溪隧道处于震中附近，地震波从隧道底部小角度入射(近于垂直入射)，竖向的地震作用非常强烈，并且洞身段地应力非常高，最大可达 26.4MPa。因此，强烈的竖向地震作用和振动触发的高地应力瞬间释放叠加在一起，促使隧道仰拱和底板多处强烈隆起并折断。

(3)衬砌变形破坏。衬砌变形破坏可分为三大类：横断面变形，纵向开裂，环向、斜向破坏。衬砌横断面变形如图 2-68(a)所示，主要是由于在地层的卓越周期下地震剪切波(S 波)从地层内部向上升起所引起的；而当在沿地表传播的面波作用下，隧道衬砌的震动表现为长周期的应变波时，则衬砌发生如图 2-68(b)的变形破坏。

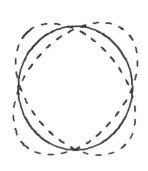 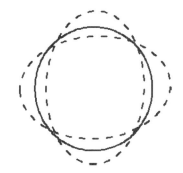

(a)衬砌横断面变形　　　　　　　　　(b)衬砌发生变形破坏

图 2-68　隧道衬砌破坏模式

据：潘昌实(1996)。

对于衬砌的纵向开裂，主要是由于地震波的竖向震动力导致仰拱和拱顶的相互挤压，仰拱和拱顶衬砌内侧承受了较大的张应力，一旦张应力超过容许值则会产生纵向开裂；同理，当地震波的水平向震动力作用在衬砌左右边墙时，也容易造成边墙的纵向裂纹。对于衬砌的环向、斜向破坏，一般较少发生，但一旦发生则较为严重。这类破坏主要发育在断层破碎带、围岩质量变化段及基覆界面等，在地震作用下，由于地层的位移错动，将地震波能量大量转嫁至隧道结构上，导致衬砌的环向、斜向挤压和剪切-张拉破坏；主要表现为衬砌的环向、斜向开裂，混凝土剪切剥落和挤压破碎，钢筋被剪切向内弯曲等。

(4)衬砌龟裂、剥落、掉块——主要是由于衬砌混凝土厚度不均或呈不连续变化时，在地震动荷载的作用下，产生了较大的应力集中而致。

2.3.3　隧道地震坍方机理

隧道开挖前，岩体内部应力处于相对平衡状态。隧道开挖后，引起了岩体自身初始应力的变化，从而破坏了原岩的应力平衡状态，围岩内发生了应力重分布。通常情况下随着时间的推移，应力处于不断调整状态之中。围岩的变化趋势是不断地适应重分布后的应力，其基本过程为：隧道开挖引起应力变化，应力的变化导致围岩变形，然后应力发生重分布，围岩继续变形。这样相互适应、互相影响，循环往复，最后达到新的平衡为止。当地震发生时，这种平衡即被打破，并且不同围岩条件下的隧道地震坍方具有不同的成因机理。

在高地应力深埋隧道中，当围岩坚硬且强度很高时，围岩积聚了大量的变形能，在地震作用下断层的错动和强烈的震动致使岩体开裂、挤压破碎，富存于岩体中的高地应力得以瞬间释放，造成围岩和衬砌在瞬间发生坍方。

当围岩为中硬至坚硬岩石，且围岩节理较发育，岩体自身的稳定性受到相互切割的结构面控制时，在发生地震时，强烈的震动作用导致结构面相互贯通，块体间的滑动剪切力大于抗滑力时，就会发生沿结构面的滑落，当滑落体的作用力大于隧道衬砌的承载力时，最终产生围岩和衬砌的整体坍方。在这种情况下，坍方产生的坍体具有岩块尺寸差别大的特点。

当围岩为软岩且结构面极为发育时，岩体表现为松散介质，自身强度较低，承载力小。地震波作用下，如果支护结构没有足够的承载能力则会在围岩自身的重力及冲击力作用下发生破坏，进而产生坍方。尤其对于页岩、泥岩等强度低、高膨胀性的岩石，在坍方前有一段较长时间的过渡期，地震作用引起软弱带内物质剧烈运动使得结构更加松散，围岩强度和稳定性急剧降低，当该类软岩中的应力值越过容许值时，变形突然加速并最终发生坍方，且这类坍方较难处理；主要是由于围岩整体已经处于松散状态，当清理完下部坍方体后，上部松散围岩又会进一步坍落，所以建议先采用注浆加固上部围岩后，再对下部坍方体进行处理。

汶川地震中龙溪隧道进口端出现的多处地震坍方属于软弱围岩条件下高地应力状态的强震触发型坍方，主要表现为围岩与衬砌同时坍塌引起的坍方及二衬坍落两种形式，其中前者往往导致隧道封洞，是汶川地震中隧道最严重的震害之一，产生机理为：龙溪隧道进口端以碳质泥岩、泥岩等软弱围岩为主，并且龙门山断裂带内的岩体积累了较高的应变能，处于高地应力状态，在 Ms 8.0 级的强震作用下，断层的错动和强烈的振动使岩体中的高地应力得以瞬间释放，进而围岩和隧道衬砌遭受到巨大的动荷载作用，且围岩和衬砌也跟随强烈的地震作用而产生振动，当高地应力值超过了围岩的自承能力和衬砌结构的承载力时，变形将突然加速，最终产生坍方。

2.4　本章小结

(1)本章通过对汶川地震及国内外其他典型地震中山岭隧道的震害分析，归纳出山岭隧道变形破坏的类型与特征。山岭隧道变形破坏按不同的类型可分为：隧道洞口边仰坡破坏、隧道洞门建筑结构破坏、隧道洞口明洞段及浅埋段破坏、隧道洞身段破坏。按震害特征，山岭隧道变形破坏又可分为：①洞口边仰坡地表及支挡结构开裂变形；②洞口边坡崩塌与滑塌；③框架梁或洞门被砸坏甚至掩埋；④洞门开裂、松脱及帽石掉落；⑤洞口抬升、隆起；⑥衬砌纵向、环向、斜向开裂；⑦衬砌碎裂、剥落、掉块；⑧钢筋剪切弯曲、钢架扭曲变形或溃屈；⑨仰拱地基抬升、底板隆起-张裂；⑩衬砌及围岩整体坍塌、瓦斯积聚。

(2) 基于汶川地震山岭隧道震害调研与分析，本章从地震动参数、工程地质条件及隧道支护结构三个方面，分析了山岭隧道震害的影响因素；其中地震动参数包括地震震级与烈度、震中距、地震波传播方向；工程地质条件包括场地特征、围岩质量、断层破碎带、洞口边仰坡地质条件、基覆界面、地应力及隧道埋深等；隧道结构包括隧道支护措施、隧道结构形式和施工质量。

(3) 本章归纳和总结了关于山岭隧道抗减震设防的八个方面的启示：①隧道及地下结构抗减震设计规范的完善；②场地特征及围岩条件的差异影响；③隧道洞口抗减震控制；④隧道洞口段及浅埋段的抗减震设防；⑤隧道洞身段的抗减震设防；⑥隧道特殊地段及部位的抗减震设防；⑦隧道支护措施设计；⑧施工质量控制。同时，本章重点论述软硬岩隧道结构在地震动力作用、变形破坏特征及抗减震设计上的差异，建立了将隧道边坡防护、洞门结构和洞口明洞作为一个系统进行综合抗减震设计的思路；针对隧道的特殊地段，如断层带、基覆界面、高地应力段、软硬岩过渡地带、围岩质量突变地带以及隧道结构形式变化段等，提出了相应的抗减震支护措施，为山岭隧道的抗减震设计提供重要参考。

(4) 从地震波在岩土体中的传播特性和隧道衬砌的受力分析方面，探讨了山岭隧道震害的成因机理和地震作用方式，包括洞口边坡及洞门结构震害机理、隧道衬砌震害机理及隧道地震坍方机理。

第3章 龙溪隧道洞口段震害分析

山岭隧道洞口段通常为整个隧道在地震中破坏最严重和频繁的段落。在 2008 年汶川地震中,大量山岭隧道遭受了不同程度的地震破坏。其中,龙溪隧道由于震中距小(出口距宏观震中仅 4km)、距发震断裂近(仅 300m)、地震烈度高(进口 X 度、出口 XI 度)等,洞口段遭受了极其严重的震害,主要震害类型包括边仰坡开裂、落石、崩塌、滑移,衬砌开裂、掉块、坍塌,施工缝开裂、错台等。龙溪隧道震害总体表现出影响因素多、震害类型与特征丰富、破坏严重、机理复杂等特点。因此,龙溪隧道也成为众多受地震破坏山岭隧道中极具代表性与研究价值的研究对象之一。

本章以龙溪隧道汶川端洞口段为工程依托,结合汶川大地震中数十座山岭隧道洞口段的震害特征,采用数值模拟与振动台试验相结合的方法,系统研究龙溪隧道洞口段的地震动力响应及震害机理,为山岭隧道洞口段抗减震设计及震害防治提供参考。

3.1 龙溪隧道洞口段震害数值模拟

本节以龙溪隧道左线汶川端洞口段为研究对象,鉴于出口端震害的分布特征,利用数值模拟试验的方法,基于依托工程的基本工程地质条件,对龙溪隧道左线出口端进行详细的三维数值建模,通过输入汶川卧龙地震波来还原地震破坏,对隧道衬砌及边仰坡在地震中的加速度、位移、弯矩、剪力、主应力等响应规律进行深入分析。

3.1.1 龙溪隧道概况

龙溪隧道是 S213 线都江堰至汶川公路中的控制性工程之一,双洞设计,左洞长 3658m,右洞长 3691m,最大埋深 839m,属于深埋长大隧道,隧道按照高速公路等级设计,单洞净宽 9.25m,净高 5.0m。出口距汶川地震宏观震中仅 4km(图 3-1)。

龙溪隧道汶川端出口位于映秀镇岷江与其左岸支流枫香树沟所构成的脊状山体南西侧斜坡坡脚一带,出口段斜坡坡向 N3°W,坡度为 30°~35°,隧道轴线走向 N60°W,与斜坡坡面斜交,洞口受偏压效应影响严重。隧道出口里程 LK25+078,洞底高程为 893.07m。洞口段表土覆盖层厚 5~15m,岩性为第四系崩坡积层的块碎石土,块碎石成分为花岗闪长岩,呈松散堆积(图 3-2)。边仰坡表层为耕地及树木,植被茂密,无滑坡、崩塌等不良地质现象,斜坡处于自然稳定状态。

1. 工程地质条件

龙溪隧道隧址区出露的地层为第四系全新统、上三叠统须家河组和元古代侵入岩。第四系全新统崩坡积厚几米至十余米,分布在进出口。上三叠统须家河组为隧道洞身穿越的主要地层,为泥岩夹少量碳质泥岩、粉砂岩或砂岩及砂岩夹少量碳质泥岩。元古界火成岩分布于隧道出口端一带(约 500m 长),为晋宁—澄江期侵入岩,主要岩性为浅灰、灰白色块状花岗闪长岩。地层走向为北东,倾向北西或南东,倾角为 50°~80°。隧址区位于龙门山地震带,是以龙门山断裂带为主要发震构造的地震带,其地震活动强烈。

 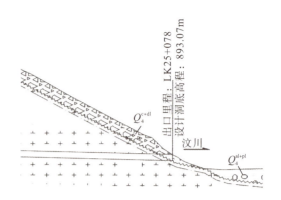

图 3-1　龙溪隧道地理位置图　　　　　　图 3-2　龙溪隧道汶川出口端纵断面图

龙溪隧道左线汶川端洞口段穿越了 V、IV 级围岩，其中浅埋段位于 V 级，长 53m，基覆界面位于进洞约 40m 处，浅埋段围岩以砂岩为主；过渡段位于 IV 级，长 90m。根据震后隧道震害调查，汶川端洞口段的震害主要分布在洞口 100m 的范围内。根据龙溪隧道的《工程地质详勘报告》，隧道洞口段围岩的物理力学参数如表 3-1 所示。

表 3-1　围岩的物理力学参数

围岩等级	弹性模量/GPa	泊松比	容重/(kN/m³)	内聚力/kPa	内摩擦角/(°)
V级	<2.0	0.19	20	400	35
IV级	8	0.24	22	550	45
III级	23	0.3	25	1000	60

2. 隧道支护参数

龙溪隧道洞口段的支护参数如表 3-2 所示。隧道二衬厚度为 40cm，强度为 C25。洞口浅埋偏压段典型衬砌断面如图 3-3 所示。

表 3-2　龙溪隧道洞口段支护参数表 　　　　　　　　　　　　　　（单位：cm）

衬砌类型	喷混凝土	初期支护锚杆		钢筋网	钢架纵向间距	模筑混凝土	仰拱
		长度	间距(纵×横)				
V（管浅）	20	450	60×80	—	60	50	50
V（管偏）	20	450	50×80	—	50	50~70	50
V（超浅）	20	450	80×80	20×20	80	50	50
V（超封）	20	350	80×80	20×20	80	40	40
IV（封）	15	300	100×100	25×25	—	35	35
IV（变封）	20	450	80×80	—	80	50	50

3. 龙溪隧道震害情况

汶川地震前，龙溪隧道开挖完成约 3500m，二衬完成约 3170m。地震后，龙溪隧道千疮百孔，震害段落长度占比达 80%以上（表 3-3），而隧道左线汶川端洞口段的震害主要集中在洞口 100m 的范围，震害比例高达 96%。根据四川省交通运输厅公路勘察规划设计研究院在地震后对龙溪隧道的震害情况调查，隧道出口端震害类型主要包括边仰坡开裂，巨石坠于洞口，仰拱和底板隆起、开裂，施工缝错台，衬砌多处开裂等（图 3-4）。

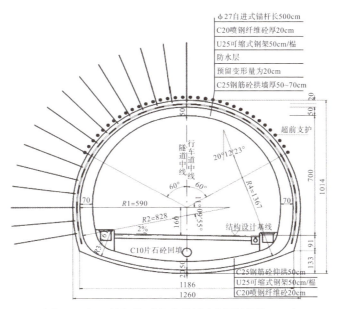

图 3-3　洞口浅埋偏压段典型衬砌断面(单位：cm)

表 3-3　龙溪隧道汶川端出口段震害类型及比例

震害类型	衬砌开裂	衬砌剥落	衬砌垮塌	路面开裂	仰拱错台降起	附属结构破坏
震害比例/%	80.2	12.9	1	10	77.2	39.6

注：统计长度为隧道汶川端出口段 101m。

受出口段围岩及地形临空条件影响，隧道左线出口震害变形破裂有如下特征：①隧道左线汶川端洞口由崩坡积物构成的隧道段，衬砌的变形表现为沿衬砌接缝向西侧临空方向的水平位移，并伴随有向上的位移，且变形量有渐渐变弱的特征；②隧道进洞 45m(基覆界面的里程号约为 LK25+32)段为基覆界面与隧道的相交处，衬砌混凝土开裂掉块严重，钢筋裸露，衬砌破坏在隧道顶部、边墙、底部贯通，开裂方向与隧道轴线大角度相交，与基覆界面产状基本一致；③从基覆界面处向小里程方向，由于隧道偏压减弱，围岩力学性质变好，衬砌破坏现象逐渐减弱，变形也不明显。

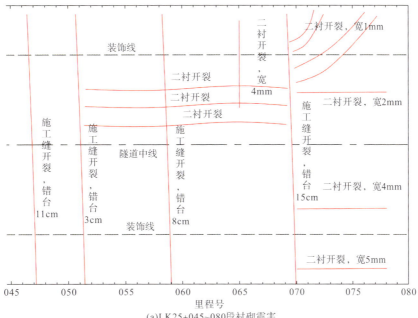

(a)LK25+045~080段衬砌震害

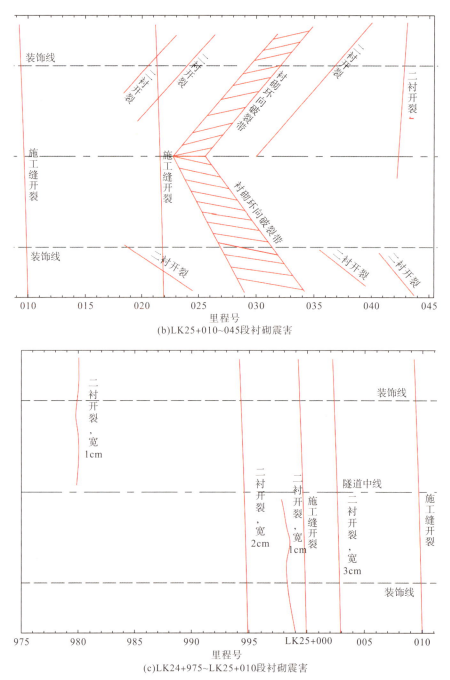

(b)LK25+010~045段衬砌震害

(c)LK24+975~LK25+010段衬砌震害

图3-4　龙溪隧道左线汶川端出口 LK24+975~LK25+080 段衬砌震害情况

3.1.2　数值模型

1. 模型建立

本节采用有限差分软件 FLAC3D 对汶川地震作用下龙溪隧道出口端的变形破裂特征进行模拟。图 3-5 为龙溪隧道左线汶川端洞口段模型,计算模型沿洞轴长度方向为 120m,宽度为 80m,隧道最大埋深为 65m,下部围岩深度为 35m,含基岩 20m。隧道断面形式采用龙溪隧道典型横断面,初期支护为 C20 喷射混凝土,厚 20cm;二衬为 C25 模注混凝土,厚 40cm。图 3-5 所建模型的单元数为 149303 个,节点数为 32380 个。边界条件是自由场,力学阻尼采用局部阻尼来近似表征岩土体中的地震波传播过程。

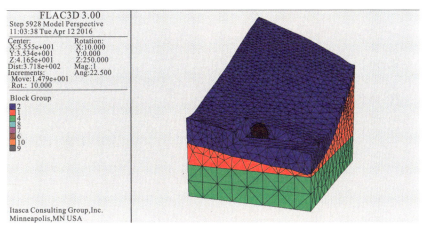

图 3-5　龙溪隧道左线汶川端洞口段模型图

2. 材料参数

围岩和初支采用实体单元模拟，服从摩尔-库仑(Mohr-Coulomb)屈服准则及弹塑性增量本构关系；混凝土二衬结构采用壳结构单元模拟，服从弹性本构关系，具体的围岩材料参数和衬砌混凝土参数如表 3-4 和表 3-5 所示。

表 3-4　围岩材料参数表

围岩类型	弹性模量/GPa	体积模量/GPa	变形模量/GPa	泊松比	容重/(kN/m³)	内聚力/MPa	内摩擦角/(°)
基岩	30	16.67	12.5	0.2	25	1.1	65
V级	1.8	1.67	0.68	0.32	19	0.4	35
覆盖层	0.5	5.6	1.9	0.35	14	0.35	32

表 3-5　衬砌混凝土参数表

混凝土强度等级	容重/(kN/m³)	变形模量/GPa	体积模量/GPa	剪切模量/GPa	泊松比	厚度/cm
C20(初支)	20	21	11.7	8.8	0.2	20
C25(二衬)	20	29.5	16.4	12.3	0.2	40

3. 地震波校正与加载

本次试验输入模型的地震波采用的是卧龙波加速度时程，选取持时为 50s 的地震波(能量达到总能量的 80%)。图 3-6 给出了经过 SeismoSignal 软件滤波和基线校正后的加速度时程曲线。考虑到龙溪隧道距汶川地震震中映秀镇仅 4km 左右，因此试验时将校正后卧龙地震波三个方向的加速度时程均从模型底部加载，加载强度为 0.95g。

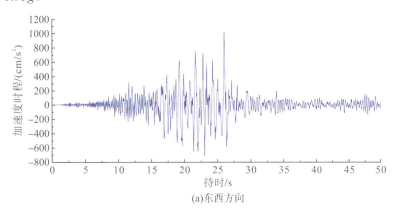

(a)东西方向

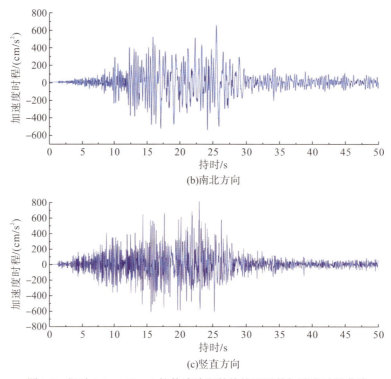

图 3-6 经过 SeismoSignal 软件滤波和基线校正后的加速度时程曲线

4. 监测方案

为了研究隧道衬砌横纵向地震动力响应规律及与围岩之间的受力变化规律，本节在模型内布置了 9 个监测断面（①～⑨），距洞口的距离分别为 5m、10m、15m、25m、35m、40m、45m、50m、60m，每个监测断面均在拱顶、左右拱腰、左右边墙、仰拱 6 个衬砌部位设置监测点(图 3-7)，其中，①～④号监测断面是为了监测隧道洞口偏压段的横向动力响应规律和受力特征；⑤～⑧号监测断面是为了监测隧道与基覆界面的交界处附近的横向动力响应规律和受力特征；⑨号监测断面是为了监测隧道进入洞身段，偏压效应减小后的横向动力响应规律及受力特征；①～⑨号监测断面组合可以共同研究隧道纵向的动力响应规律及受力特征。

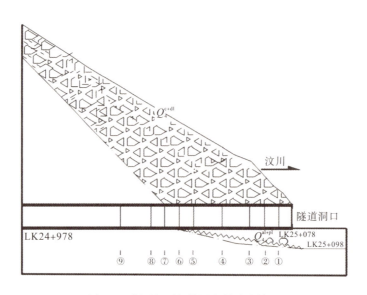

图 3-7 监测断面与监测点的分布情况

3.1.3　地震动力响应分析

1. 加速度响应峰值特征

为分析龙溪隧道洞口段衬砌各个部位在轴向的横纵向加速度响应规律，提取模型中衬砌结构在进洞距离为 $x=5m$、$x=10m$、$x=15m$、$x=25m$、$x=35m$、$x=40m$、$x=45m$、$x=50m$、$x=60m$ 处共 9 个监测断面上的拱顶、左右边墙、仰拱的加速度响应峰值。由于加速度响应时程有正的最大值和负的最大值，因此选取最大峰值、最小峰值和最大绝对值（即最大峰值–最小峰值）三个因变量。

图 3-8 给出了隧道衬砌不同部位在不同监测断面上的横、纵向加速度响应峰值。分析图 3-8 得出以下结论：①洞口沿隧道纵向往洞内延伸，偏压隧道拱顶、左右边墙部位的纵、横向加速度总体上都表现出减小的趋势，这主要是由于隧道洞口段围岩条件差，隧道受围岩约束能力较弱，从而洞口段受地震惯性力作用较洞身段更为明显，这也解释了洞口段震害发生频率更高的原因；②在进洞 30～50m 后，隧道不同部位的加速度响应峰值开始逐渐趋于平缓，可以认为该稳定值与洞身段相应部位的响应值基本一致，从而表明一般隧道洞口的抗震设防长度至少应在 30～50m，这与前人振动台模型试验的结果是吻合的；③在洞口浅埋段，拱顶的加速度响应峰值最大，其次是拱腰、边墙，仰拱最小，表明拱顶是震害易发部位，仰拱是相对偏于安全的衬砌部位，这与龙溪隧道实际的震害情况是吻合的；④无论是横向加速度，还是纵向加速度，其响应最大绝对值在靠山侧的左边墙部位普遍高于右边墙部位，显示出明显的偏压效应；⑤在隧道洞口 5～15m，衬砌仰拱、拱顶加速度响应峰值急剧减小，体现出衬砌各段振动不同步且振动幅值差异大的特征，说明该段受到较大的横向剪切力，这极可能造成施工缝在仰拱部位发生错台现象，这与龙溪隧道洞口段的实际震害情况也是相吻合的。

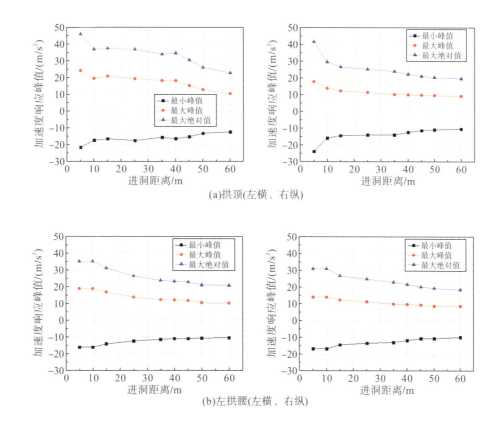

(a)拱顶(左横、右纵)

(b)左拱腰(左横、右纵)

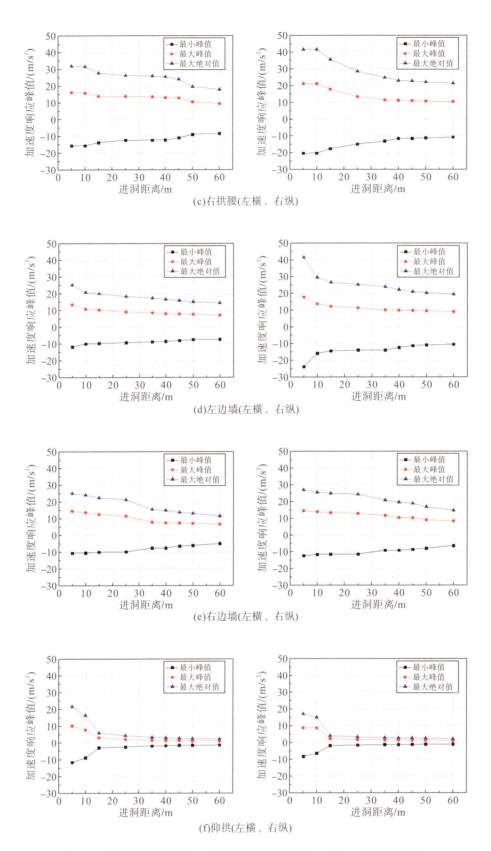

图3-8　隧道衬砌不同部位在不同监测断面上的横、纵向加速度响应峰值

2. 边坡位移特征

图 3-9 为地震结束后隧道洞口边坡塑性区分布图。图 3-9 中，shear-p 代表当前处于弹性状态，但该处在此之前处于剪切破坏状态；shear-n 代表当前处于剪切破坏状态；None 代表该处一直处于弹性变形状态；tension-n（当前处于拉伸失效状态）和 tension-p（之前到达过拉伸失效状态，现处于弹性状态）含义与之类同。

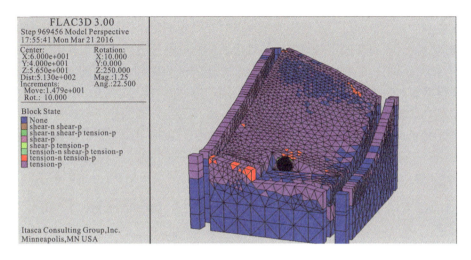

图 3-9　地震结束后隧道洞口边坡塑性区分布图

由图 3-9 可知，在地震作用下，隧道洞口边坡坡面出现了不同程度的剪切和张拉破坏，且靠山侧的剪切、张拉破坏区域明显多于另一侧。破坏主要发生在洞口边仰坡坡体表部的坡、残积层中，随进洞深度的加大，围岩逐渐由塑性状态转为弹性状态。洞口后缘仰坡坡顶局部已形成张拉塑性区，表明仰坡坡顶局部危岩极可能在地震惯性力的张拉作用下脱离基岩，发生崩塌、落石或滑落等，对隧道洞门结构及洞口构筑物形成威胁。

图 3-10 给出了边仰坡纵向在不同进深横断面上（$x=40\text{m}$、$x=60\text{m}$、$x=80\text{m}$、$x=95\text{m}$）剪切应变率的计算等值线图。由图 3-10 分析可知：①洞口边仰坡在地震作用下已经形成了滑动曲面，表明坡体已经具备了滑动趋势，这将在隧道与基覆界面交界处给隧道结构施加巨大的剪切力；②在洞口后缘仰坡和靠山侧边坡很可能已经出现了多条剪切、张拉裂缝，当地表水不断入渗到张拉裂缝中，一方面，容易造成边坡岩

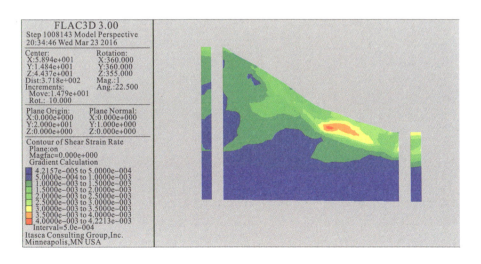

图 3-10　边仰坡纵向剪切应变率计算等值线图

土体力学参数的降低，促使洞口后缘仰坡和靠山侧边坡整体性失稳，进而错断隧道结构或掩埋隧道洞口；另一方面，伴随着地表水的不断入渗，围岩压力也在不断增加，而且大量涌入的地下水也减弱了隧道周边围岩体的强度，从而极容易引发隧道拱顶围岩体的坍方，对隧道结构造成极大的危害。

图 3-11 为不同隧道进深处的边仰坡横向剪切应变率计算等值线图。由图 3-11 可得出如下结论：①在各个横断面上，洞口边仰坡表均存在剪切应变集中的现象；②随着埋深的增加，剪切应变集中的部位逐渐由拱腰过渡到坡表，且剪切应变率的幅值逐渐减小；③在距洞口 20m 的浅埋段范围内，剪切应变集中的部位主要为靠山侧的左拱腰部位，从而说明了地震时左拱腰承受了山体施加的滑动剪切力，造成左拱腰外侧受压，内侧受拉，表明在偏压隧道洞口浅埋段靠山侧的拱腰极可能成为震害的易发点；④在进洞 40m 的横断面，衬砌在拱顶、左右拱腰部位均出现较进洞 20m 横断面更明显的剪切应变集中现象，而刚好该断面位于基覆界面与隧道的交界处，表明基覆界面的滑动给衬砌结构施加了巨大的剪切力，造成了该断面在拱顶及左右拱腰的部位剪切应变率急剧增加，这将促使衬砌结构在与基覆界面的交界处出现剪切破碎带；⑤在进洞 60m 的横断面，剪切应变的集中部位已过渡到坡表，但衬砌结构的左右两侧仍存在微量的剪切应变集中，说明基覆界面处的剪切作用影响范围可能达到了 10 余米。

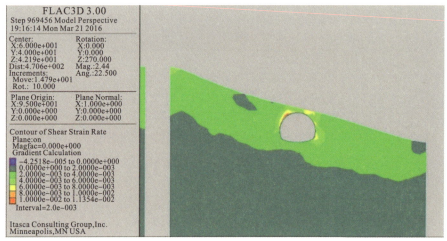

(a)进洞5m(x=95m)

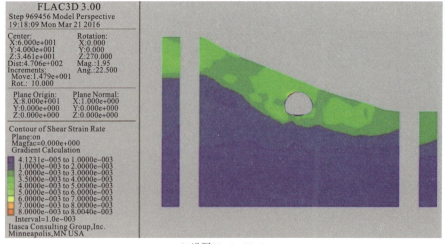

(b)进洞20m(x=80m)

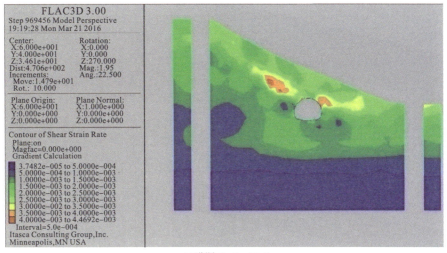

(c)进洞40m(x=60m)

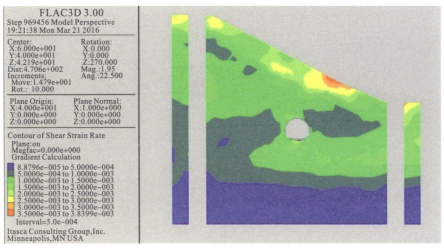

(d)进洞60m(x=40m)

图 3-11　不同隧道进深处的边仰坡横向剪切应变率计算等值线图

3. 衬砌变形特征

图 3-12 为衬砌在动力条件下不同方向的变形位移计算等值线图。由图 3-12 可知：①衬砌变形以横向（Y 向）和竖向（Z 向）为主，轴向（X 向）的位移相对较小，说明在发生地震时隧道衬砌的破坏以拱顶、拱腰、边墙居多，由此可见，由于隧道洞口围岩力学性质较差，约束能力较弱，隧道洞口段衬砌变形特征是越接近隧道洞口，衬砌位移越大，反之，进深越小，位移越小；②衬砌横向变形呈现为洞口拱顶横向变形最大，响应峰值在 29cm 左右，随着进洞距离增加，横向变形逐步向仰拱部位过渡减小，在同一监测断面，最大位移出现在拱顶，拱腰次之，边墙最小；③衬砌纵向变形，在洞口段同一监测断面呈现出仰拱的变形最大，逐渐从边墙、拱腰向拱顶过渡减小，可见纵向位移受坡表覆盖层堆积体在地震荷载作用下向下滑动的影响。

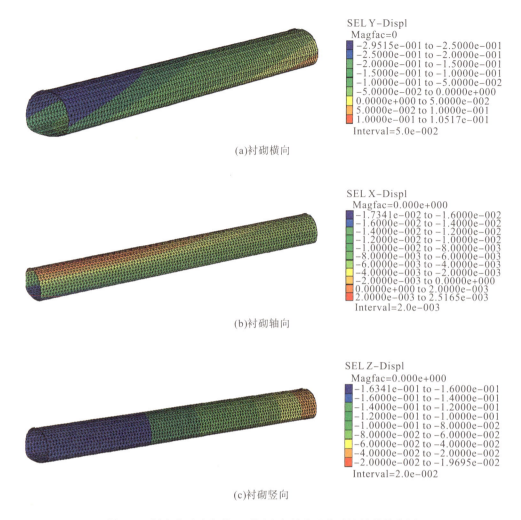

(a)衬砌横向

(b)衬砌轴向

(c)衬砌竖向

图 3-12　衬砌在动力条件下不同方向的变形位移计算等值线图

4. 弯矩分布特征

1) 隧道不同部位的弯矩分布

图 3-13 和图 3-14 分别为隧道洞口段各个监测断面上不同部位的横、纵向弯矩响应最大峰值分布图。由图 3-13 和图 3-14 可知：①针对不同监测断面上的弯矩响应峰值，横向弯矩(Mx)普遍大于纵向弯矩(My)；②在不同监测断面上，仰拱的横、纵向弯矩响应峰值相对其他部位较小，说明仰拱是相对偏安全的部位，左、右拱腰的横、纵向弯矩响应峰值普遍大于同一监测断面的其他部位，这是隧道洞口偏压效应与地震动力响应耦合作用的结果；③在距洞口 35m 范围内，拱腰左右两侧的横向弯矩响应峰值基本表现出大致相同的变化趋势，且响应峰值相差不大，边墙左右两侧、拱顶与仰拱均分别表现出相似的响应特性，在距洞口 10m 范围内，衬砌各部位横向弯矩峰值的相对关系为拱腰最大，其次为边墙，拱顶与仰拱最小，在 10~35m，拱腰逐渐减小，变为边墙最大、拱腰其次，拱顶与仰拱最小；④在进洞 40~45m，拱顶的纵向弯矩响应峰值普遍大于其他部位，左边墙的纵向弯矩响应峰值明显激增，大于右边墙，表明覆盖层堆积体受地震荷载作用沿着基覆界面出现向下滑动的位移，给隧道与基覆界面交界处施加了较大附加弯矩，由此推断：基覆界面滑动对界面附近隧道衬砌的影响达到了 10m 左右的范围；⑤在进洞 40m 以后，隧道同一断面各部分的横向弯矩响应值均相差不大且趋于平稳，这说明随着隧道偏压进深增加，偏压效应逐渐减弱，对横向弯矩响应值分布的影响逐渐减弱。

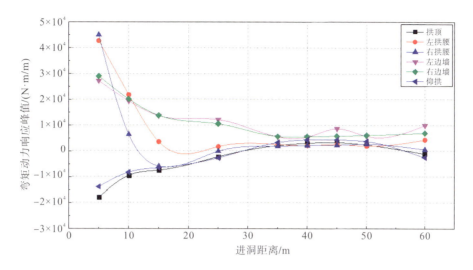

图 3-13 隧道不同部位横向弯矩响应峰值在不同监测断面的分布图

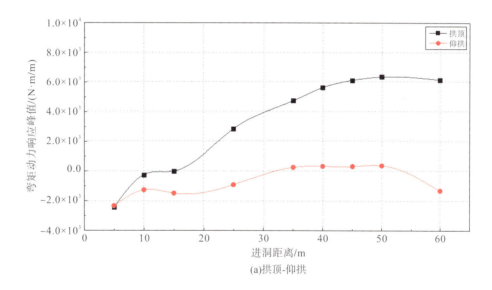

(a)拱顶-仰拱

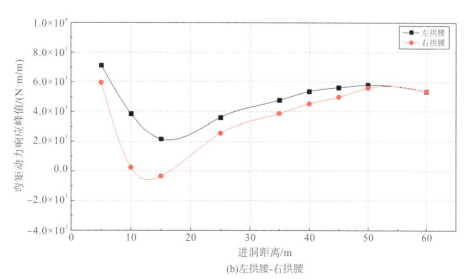

(b)左拱腰-右拱腰

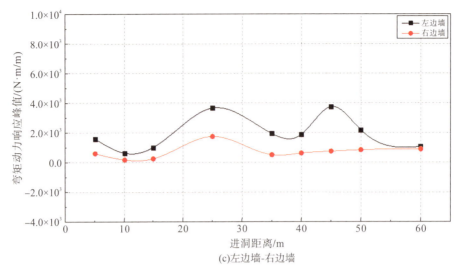

(c)左边墙-右边墙

图 3-14　隧道不同部位纵向弯矩响应峰值在不同监测断面的分布图

2)横向弯矩分布分析

根据以往隧道震害研究的经验，横向地震作用对偏压隧道洞口的稳定性威胁最大。因此，可以依据隧道左右拱腰横向弯矩响应时程图(图 3-15)，深入分析衬砌在地震荷载作用下的受力特征。

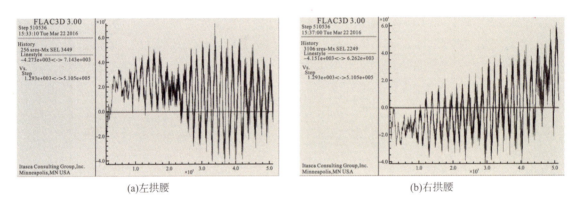

(a)左拱腰　　　　　　　　　　　　　(b)右拱腰

图 3-15　隧道左右拱腰横向弯矩响应时程图

由图 3-15 可知：①隧道洞口衬砌左、右拱腰在不同时刻，弯矩正负分布情况是急剧变化的，从而表明隧道衬砌的内外侧承受了往复变化的地震拉压荷载，这样的受荷情况将大大降低衬砌结构的承载能力，拱腰部位往往是衬砌开裂震害易发生的区域；②左、右拱腰在相同时刻的弯矩分布存在正负共轭的现象，表明左拱腰受拉时，右拱腰受压，左拱腰受压时，右拱腰受拉。在水平向地震荷载作用下，地震惯性力作为附加荷载，使得山岭隧道洞口段衬砌追随围岩发生了来回往复的剪切变形，致使隧道断面上产生了正负交替的附加弯矩。

5. 剪切力分布特征

图 3-16 给出了隧道衬砌各部位横向剪切力响应峰值沿隧道轴向的分布特征图。由图 3-16 可知以下结论。①衬砌靠山侧的剪切力响应峰值普遍大于相对应的另一侧的响应峰值，即左拱腰普遍大于右拱腰，左边墙普遍大于右边墙，表明偏压地形对隧道洞口段横向剪切力的分布影响较大，存在明显的偏压效应；而且，在进洞 10m 左右的浅埋段，由于严重的偏压效应，该段所承受的剪切力响应峰值均较大。②在进洞 30m 左右的范围，靠山侧的左拱腰承受的剪切力响应值普遍大于同侧左边墙的响应值，这与边坡的位移变形特征

有关,从而表明在偏压隧道洞口浅埋段,靠山侧拱腰相对于同侧的边墙更易遭受震害。③在进洞 35～45m,隧道衬砌的拱顶、左右拱腰、左右边墙、仰拱均出现了不同程度的剪切力响应峰值上升的情况,而该处恰好是隧道结构与基覆界面的交界处,这说明基覆界面以上的堆积体在地震荷载作用下产生了一定的蠕动或者滑动,从而对该处的衬砌结构施加了巨大的附加剪切力,使得该处形成了一个剪切应变急剧增加的环向带。伴随地震荷载作用下衬砌往复运动,剪切应变逐渐累积,当累积的剪切应变超过了衬砌混凝土的极限剪应变时,衬砌将会在该处形成一个与基覆界面产状大致相同的环向剪张破裂带。

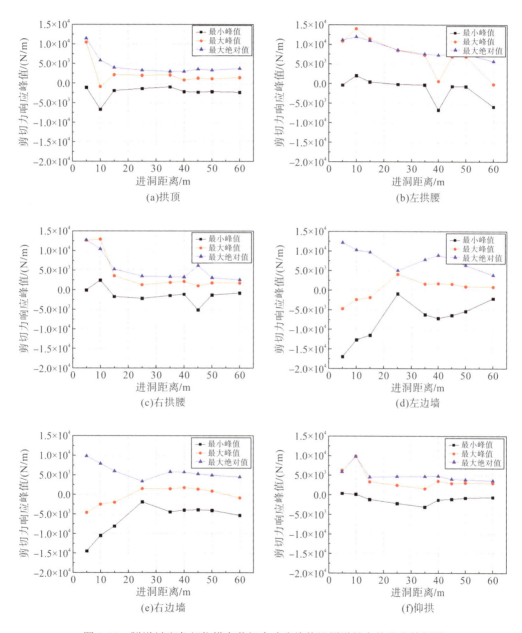

图 3-16　隧道衬砌各部位横向剪切力响应峰值沿隧道轴向的分布特征图

　　图 3-17 给出了衬砌各部位纵向剪切力响应峰值沿隧道轴向的分布特征图。由图 3-17 可知:①对比横、纵向剪切力响应峰值发现,横向的剪切力峰值普遍都比纵向的响应值大,这说明横向剪切力较纵向剪切力更能造成隧道衬砌结构的震害;②在进洞 15m 范围内,衬砌除仰拱的纵向剪切力响应峰值相对较小以外,其余的拱顶、左右边墙、左右拱腰的纵向剪切力响应峰值均较大,基本都达到了 2×10^4～3×10^4N/m,在进洞 15m 以后,衬砌各部位的纵向剪切力逐渐减小并趋于平稳;③在进洞 10m 的监测断面处,左、右

拱腰及仰拱均出现了纵向剪切力响应峰值突增的现象，表明在该断面处的纵向剪切应力集中极其明显，这极易引起附近的施工缝开裂，伴随横向剪切力和弯矩的作用，极易造成衬砌错台的震害，而这与龙溪隧道洞口震害相吻合。

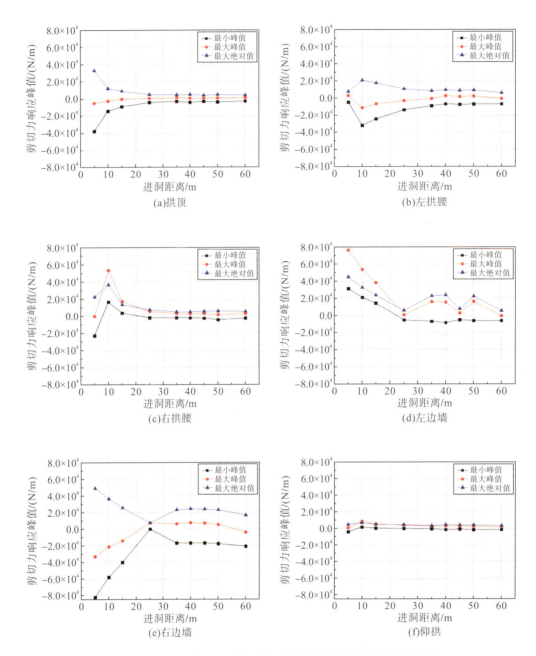

图 3-17   衬砌各部位纵向剪切力响应峰值沿隧道轴向的分布特征图

6. 主应力分布特征

1) 隧道衬砌最大及最小主应力的计算等值分析

在 FLAC3D 中，对于模拟衬砌的 shell 结构单元，规定压应力为负，且 $\sigma_1 \leqslant \sigma_2 \leqslant \sigma_3$（代数值）。图 3-18 给出了隧道衬砌最大及最小主应力的计算等值线图。

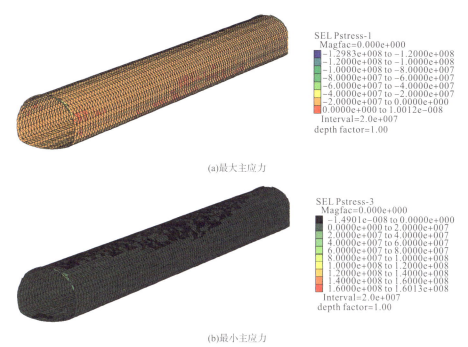

(a)最大主应力

(b)最小主应力

图 3-18　隧道衬砌最大、最小主应力计算等值线图

由图 3-18 可知：①衬砌结构在地震荷载条件下承受的附加地震力是较大的，普遍达到了 20MPa，压力水平已经超过了标号为 C25 混凝土的抗压强度标准值 16.7MPa[《混凝土结构设计规范》（GB 50010—2010)]；②衬砌结构内最大主应力最大值达到了-120MPa，为压应力，位于洞口右拱腰处，而最小主应力最大值达到了 160MPa，为拉应力，仍然位于洞口右拱腰处，由此可见，洞口右拱腰承受了来回反复的拉压作用，而且压力水平足以造成洞口右拱腰衬砌开裂，这与龙溪隧道的实际震害情况是吻合的。

2）各监测断面衬砌各部位的最大、最小主应力响应峰值分析

图 3-19 给出了各监测断面衬砌各部位的最大、最小主应力响应峰值。由图 3-19 可得出以下结论。

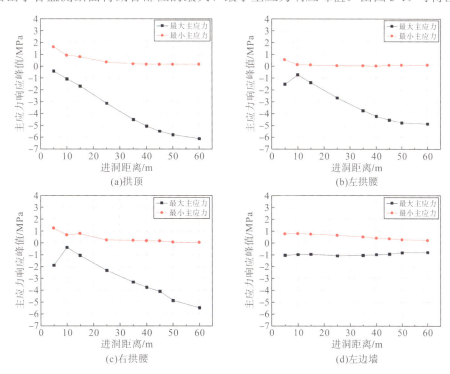

(a)拱顶

(b)左拱腰

(c)右拱腰

(d)左边墙

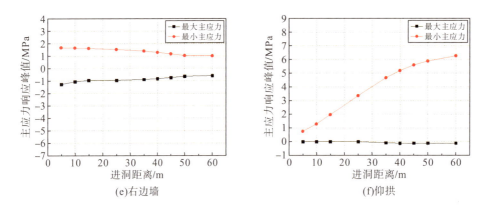

图 3-19　各监测断面衬砌各部位的最大、最小主应力响应峰值

(1)衬砌各部位的最大主应力均为压应力,但不同部位的最大主应力响应规律不同,即拱顶及拱腰处的压应力水平较高,随着隧道进深增加,压应力水平逐渐增加,在进深 60m 处达到最大峰值 6MPa;边墙的压力水平相对较低,随着进深增加,压力水平逐渐降低趋向于零;仰拱的压力水平最低,基本维持在 0.1MPa;衬砌各部位的最小主应力均为拉应力,不同部位的最小主应力响应规律不同,以及拱顶、拱腰、边墙部位的拉应力水平较低,基本处于 0~2MPa,且随着隧道进深增加,拉应力水平逐渐降低;仰拱的拉应力水平较高,随着进深增加,在进深 60m 处达到最大峰值 6.3MPa。

对比最大、最小主应力的响应规律可以发现,衬砌各部位在地震作用下均受到了反复的拉压荷载作用,这将极大地降低衬砌混凝土的承载能力;拱顶和拱腰的压应力响应峰值随进深逐渐增加(而非减小)的纵向响应规律,与以往普通洞口边坡的响应规律不同,这主要是受到了基覆界面处坡体滑移的影响;仰拱部位的应力状态以拉应力为主,拉应力响应峰值随进深逐渐增加,说明隧道洞口仰拱填充受到了较大的拉应力,极易造成隧道内路面开裂的震害,这与实际震害情况是一致的,说明数值模拟较好地还原和反映了震害特征。

(2)在洞口 10m 范围内,隧道二衬结构的左、右拱腰和左、右边墙处的最大、最小主应力响应峰值均处于较高水平,足以使该处产生裂纹,这与龙溪隧道震害调查情况是一致的。

(3)在进洞 40~50m,隧道的拱顶、拱腰的最大主应力峰值均达到了最大值,其中拱顶的最大主应力相对其他部位是最大的,表明在该段范围内压应力在拱顶集中尤其明显,这很可能造成隧道拱顶衬砌掉块、剥落及网状开裂;此外,该段刚好是隧道与基覆界面的交界处,说明最大主应力集中与基覆界面存在密不可分的关系,坡表覆盖堆积体在地震荷载作用下沿着基覆界面滑动,在基覆界面处对隧道衬砌结构施加了巨大的剪切力,使得隧道结构在与基覆界面的交汇处的应力集中明显。

(4)在进洞 25~60m,隧道仰拱的最大主应力出现了从 0MPa 急剧上升到 0.1MPa,然后又急剧下降的现象,即在进洞 40m 的基覆界面交界处监测面,仰拱的最大主应力达到最大(0.1MPa);在进洞 60m 处监测面,仰拱的最大主应力又恢复为零,说明隧道仰拱追随坡表覆盖体产生了向下的位移变形,造成了仰拱外侧受压、内侧受拉的受力特征。

(5)综合最大、最小主应力的分布特征可以发现,基覆界面处的衬砌结构在巨大的外部剪切力和地震附加弯矩的耦合作用下,拱顶、左拱腰外侧,以及右拱腰、仰拱内侧首先产生横向的剪张裂缝,随着正负弯矩和衬砌竖向位移的往复交替作用,剪张裂缝逐渐向衬砌内部扩展,并逐渐向左右边墙扩展,使得左右边墙成为主要的受荷部位,当左右边墙不能承受正负交替的附加弯矩和往复的剪切变形作用时,边墙上的裂纹逐渐扩展,并与拱顶、拱腰、仰拱处的裂纹贯通,形成一个沿着基覆界面的环向剪张破裂带。

3.2　龙溪隧道洞口段震害振动台模型试验

模拟地震振动台试验能够综合考虑诸多因素，输入原始地震波或人工波，再现地震全过程，发现结构的薄弱部位，探寻结构的破坏机制，因此振动台试验是在试验室中研究隧道及地下结构地震响应和破坏机理最直接的方法。本次振动台模型试验以龙溪隧道左线汶川端洞口段为工程依托，结合龙溪隧道典型震害(洞口边坡开裂、衬砌开裂与坍塌、基覆界面环向剪切破碎、底板开裂与隆起)，建立龙溪隧道左线汶川端洞口段模型，通过加载不同强度的卧龙地震波，深入分析隧道衬砌与围岩的加速度、应变、土压力等的响应特征及规律(许劲松，2016)。

3.2.1　试验方案设计

1. 试验设施及布置

本节采用美国 ANCO Engineering 公司制造的液压伺服地震模拟振动台系统，单向双自由度振动，台面尺寸为 3m×2m，振动频率为 0.5～100Hz，有效荷载为 20t，台面水平方向最大位移为±10cm，台面最大速度为±1.0m/s，最大加速度为 1.5g(对应负荷 10t)，振动器行程为±12cm。模型箱采用刚性箱，选用模塑聚苯乙烯泡沫板作为减震层，粘在模型箱内侧。模型箱内空尺寸为 2.0m×1.4m×1.5m，长方体钢结构焊制，箱体边界由专用的型钢焊接而成，其内部采用钢板作为箱体的侧壁及底板[图 3-20(a)]。

依托工程概况、工程地质条件及隧道支护参数详见 3.1.1 节。本次振动台模型试验的模拟范围为距洞口 70m，桩号为 LK25+008～LK25+078[图 3-20(b)]；隧道最大埋深 64m，仰拱以下考虑 20m，高程为 2632～2730m，共 98m；横向取隧道中轴线两侧各 40m，共 80m。该模型模拟了隧道洞口坡体的原始地形地貌，并按岩层走向和倾向砌筑模型。

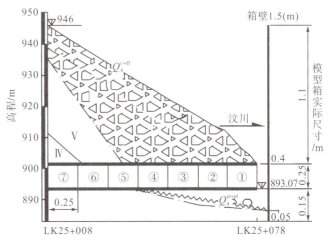

| (a)振动台及模型箱 | (b)模型箱内纵断面尺寸布置图 |

图 3-20　振动台设施及纵断面尺寸布置图

注：①～⑦为分段衬砌编号。

2. 相似系数及材料

1)模型相似系数

基于相似关系理论，本节结合地震模拟台阵的尺寸及仪器相关限定参数，将模型模拟主控因素几何比例尺定为 1/40，质量密度比例尺为 1/0.625，弹性模量比例尺为 1/25，其他物理量的相似系数可由相似理论进行推导，其试验相似系数如表 3-6 所示。

表 3-6　山岭隧道洞口段振动台模型试验相似系数表

物理量	符号及关系式	相似系数	物理量	符号及关系式	相似系数
长度	C_l	1/40	内摩擦角	无因次	1
质量密度	C_γ	1/0.625	应变	$C_\varepsilon = C_l C_\gamma C_E^{-1}$	1
弹性模量	C_E	1/25	位移	$C_u = C_l C_\varepsilon$	1/40
时间	$C_t = C_l^{1/2}$	0.158	速度	$C_v = C_l C_t^{-1}$	0.158
泊松比	无因次	1	加速度	$C_a = C_l C_t^{-2}$	1
应力	$C_\sigma = C_E C_\varepsilon$	1/25	力	$C_F = C_\gamma C_l^3$	2.5×10^{-5}
内聚力	$C_c = C_E C_\varepsilon$	1/25	频率	$C_\omega = C_t^{-1}$	6.325
黏滞系数	$C_v = C_E C_t$	0.00632	阻尼系数	$C_\zeta = C_\gamma C_l^2 C_t$	1.58×10^{-4}

2) 围岩相似材料

借鉴前人试验经验和研究资料，本节采用以一定比例的重晶石、氧化锌、石英砂、石膏、甘油和水等相似材料的混合物模拟围岩。龙溪隧道汶川端出口模拟范围内的围岩级别包括 V 级和 IV 级，底部基岩视为 III 级。针对不同级别围岩的力学参数，借鉴已有的试验成果，对不同的围岩做了材料配比试验，包括三轴压缩试验、单轴抗压试验等基本力学参数测定试验，最终选取最佳的材料配比来制作围岩模型（表 3-7）。

表 3-7　不同级别围岩模拟材料的力学参数级材料配比

材料名称		弹性模量/MPa	泊松比	容重/(kN/m³)	内聚力/kPa	内摩擦角/(°)
V 级	原型	1800	0.19	20	400	35
	模型	72	0.19	20	17.5	36
	组分比(质量比)	重晶石：氧化锌：石英砂：石膏：甘油：水=67：10：22：4：2：22				
IV 级	原型	8000	0.24	22	550	45
	模型	242	0.24	22	27	46
	组分比(质量比)	重晶石：石英砂：石膏：甘油：水=69：4.5：14：1.0：20				
III 级	原型	23000	0.3	25	1000	60
	模型	747	0.3	25	34	50
	组分比(质量比)	重晶石：石英砂：石膏：甘油：水=75：13：16：1.0：20				

3) 二衬相似材料

选取石膏作为二衬的模拟材料，对不同水膏比配置下衬砌相似材料的力学参数进行测定（表 3-8）；通过对三种水膏比(1：0.6、1：0.7、1：0.8)做三轴试验和单轴抗压试验，测定两种材料不同组分比例下的力学参数。如表 3-8 所示，经过对相关力学参数的对比，确定采用水膏比为 1：0.8 来模拟隧道二衬。二衬中的钢筋如果完全按相似比例来模拟，结构过于复杂，对于 1/40 的模型而言，制作相当困难。因此，参考前人的研究成果，本试验采用单层 φ0.8mm@1cm 的成品钢丝网模拟钢筋混凝土中的钢筋。

④激光位移传感器为 Micro-Epsilon 激光位移计，量程范围为 100mm，灵敏度为 42.088mm/V，测量频率为 1.5kHz，分辨率为 0.01%。

(a)加速度传感器

(b)应变片

(c)微型土压力盒

(d)激光位移传感器

图 3-22　试验过程数据采集传感器

本试验所用的传感器主要布设在衬砌、坡体、坡表等位置，形成一个空间立体、多角度、科学的布设方案，具体布置如下所示。

(1)仪器布置断面：试验在衬砌上共设置六个监测断面，分别在距洞口 12.5cm、37.5cm、62.5cm、87.5cm、112.5cm、137.5cm 处，对应断面编号为 1-1′、2-2′、3-3′、4-4′、5-5′、6-6′，研究在横、纵向上隧道的动力响应特征规律(图 3-23)，其中，4-4′、5-5′、6-6′为主观测断面，1-1′、2-2′、3-3′为辅助观测断面。

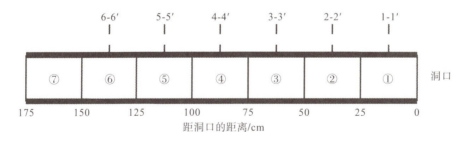

图 3-23　监测断面布设简图

(2)衬砌上监测断面仪器布置：为了反映隧道洞口的震害特征，本试验在隧道衬砌上布设了三类传感器：加速度传感器、土压力盒、应变片。加速度传感器沿隧道轴向布设于衬砌拱顶、左边墙、右边墙的外侧，监测沿隧道进深方向的加速度响应值，分析其响应规律；土压力盒沿隧道轴向布设于衬砌左右边墙外侧，监测沿隧道进深方向的偏压效应，分析偏压效应在地震条件下的响应；应变片沿隧道轴向布设于衬砌拱顶、左右边墙、仰拱的内侧，监测隧道各部位的动应变响应值，分析动力条件下震害的分布情况及机理。各传感器均布设在每一节衬砌外表面或外表面的轴向中间部位，且安装前应先打磨衬砌表面，涂抹胶水后再粘贴传感器固定(图 3-24 和图 3-25)。

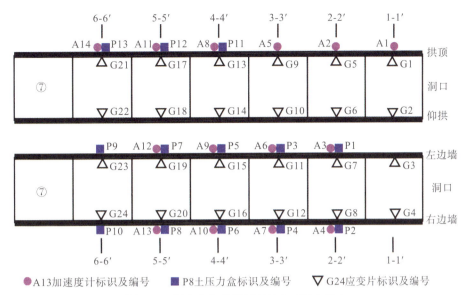

图 3-24　衬砌上各监测断面的传感器布设点

注：图中应变片编号字体为红色加粗斜体处的监测点，应变片为横、纵向垂直安装；应变片编号字体为黑色处的监测点，应变片沿环向安装。

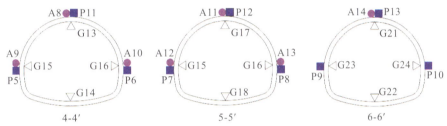

图 3-25　衬砌主观测断面上的传感器布设点

（3）坡体内仪器布置：坡体内布设的仪器有加速度传感器和激光位移计。加速度传感器布设于衬砌⑥竖直方向对应的坡体内，且均布设于表层覆土内，一个靠近基覆界面（A15），另一个靠近坡表（A16），结合衬砌⑥拱顶的加速度传感器 A14 的监测数据，分析地震波沿坡体的放大效应。激光位移计均布设于坡体表面，分布于不同的高程处，监测坡体的水平位移量，以期对坡体震害机理分析起到帮助作用（图 3-26）。

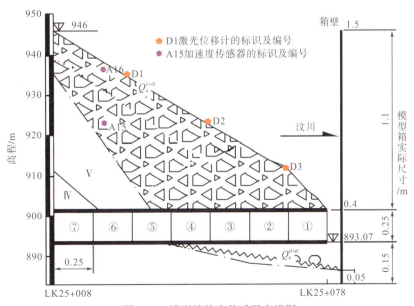

图 3-26　模型坡体内传感器布设图

4. 模型制作流程

结合以往模型试验经验，只有充分考虑各种不利因素，才能得到科学可靠的试验数据。由于试验模型体积较大，尺寸为 2m（长）×1.4m（宽）×1.5m（高），为使模型整体性较好，且干燥时间尽量缩短，浇筑时采用分次、分层、分部浇筑法，即每次浇筑高度尽量控制在 20～30cm，对整体要求较强的部位则一次浇筑，保证其完整性。振动台模型制作流程设计如图 3-27 所示，浇筑流程如图 3-28 所示。

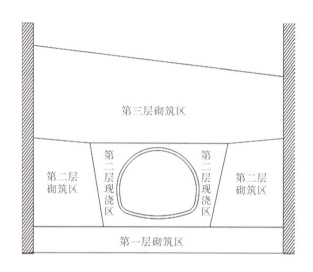

图 3-27　振动台模型制作流程设计

(a)砌筑第一层岩体——隧道底部基岩模型

(b)浇筑第二层岩体——隧道围岩模型

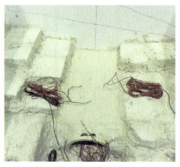

(c)安装衬砌模型并现浇周围及顶部岩体

(d)砌筑基覆界面以下的岩体

表 3-8　不同水膏比条件下石膏试样的力学参数

石膏∶水（质量比）	内聚力/kPa	内摩擦角/(°)	弹性模量/GPa
1∶0.6	68.3	37	0.37
1∶0.7	88.2	32.5	0.32
1∶0.8	75.3	33.6	0.26

4）边仰坡覆盖层相似材料

边仰坡覆盖层相似材料选用隧道洞口堆积体碎石土为主材，通过做含水率试验、筛分试验、击实试验、中直剪试验测定其含水率、颗粒组成、最优含水率、力学参数等。经试验测定，原始土样的含水率为 1.6%，最优含水率为 8%。根据《土的工程分类标准》（GB/T 50145—2007），隧道洞口边坡碎石土巨粒组（60mm＜d≤200mm）分数为 8.8%，砾粒组（2mm＜d≤60mm）分数为 81.3%，砂粒组（0.075mm＜d≤2mm）分数为 6.6%，细粒组（d≤0.075mm）分数为 3.3%（因四舍五入，占比之和不为 100%），且 C_U＞5，1＜C_C＜3（d 为粒径；C_U 为不均匀系数；C_C 为曲率系数），应划分为级配良好的砾类土（GW）。原始碎石土样的颗粒大小分布曲线如图 3-21 所示，根据颗粒大小分布曲线计算可得，原始碎石土样 C_U=11.0，C_C=1.2，土样级配良好，且属于连续级配。在获得主材基本参数的基础上，根据相似关系，通过在主材内添加一定比例的黏土，经过数组测试添加黏土后土样力学参数的试验（表 3-9），获得满足试验要求的相似土体。

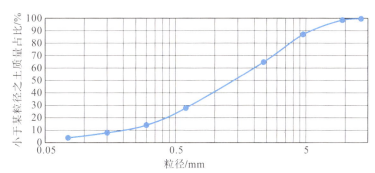

图 3-21　原始碎石土样的颗粒大小分布曲线

表 3-9　相似土样组分配比与基本力学参数

土样类别	含水率/%	内聚力/kPa	摩擦角/(°)
原始碎石土样	1.6	5.2	42.1
相似土样	8.0	36.4	17.5
相似土样组分质量配比	原始土∶黏土∶水=4000∶52.75∶275.08		

3. 传感器布设

本节采用振动台模型试验，研究地震作用下龙溪隧道在加速度、动应力、动应变和动压力等方面的响应规律及震害机理，确定试验采集的数据包括：衬砌结构及坡体的加速度响应值；隧道衬砌结构的动应力、动应变；洞口边坡地表的位移变形。为此，本节选用以下的四类传感器（图 3-22）：①加速度传感器采用 Model-1221 单向电容式加速度传感器，量程（峰值）为±2g，灵敏度为 200mV/g，分辨率为 0.3mg，供电电压为 5V，大小规格为长×宽×高=18mm×18mm×9mm；②应变片的型号为 BX120-5AA，电阻值为（120±0.1）%，灵敏度系数为（2.08±1）%，栅长×栅宽=5mm×3mm；③微型土压力盒采用微型土压力计（型号为 SAT），量程范围为 0.5MPa，接桥方式为全桥，桥路电阻为 350Ω，规格大小为直径×厚度=25mm×6mm；

④激光位移传感器为 Micro-Epsilon 激光位移计，量程范围为 100mm，灵敏度为 42.088mm/V，测量频率为 1.5kHz，分辨率为 0.01%。

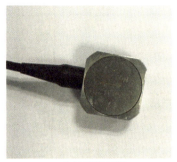

(a)加速度传感器

(b)应变片

(c)微型土压力盒

(d)激光位移传感器

图 3-22　试验过程数据采集传感器

本试验所用的传感器主要布设在衬砌、坡体、坡表等位置，形成一个空间立体、多角度、科学的布设方案，具体布置如下所示。

(1)仪器布置断面：试验在衬砌上共设置六个监测断面，分别在距洞口 12.5cm、37.5cm、62.5cm、87.5cm、112.5cm、137.5cm 处，对应断面编号为 1-1′、2-2′、3-3′、4-4′、5-5′、6-6′，研究在横、纵向上隧道的动力响应特征规律(图 3-23)，其中，4-4′、5-5′、6-6′为主观测断面，1-1′、2-2′、3-3′为辅助观测断面。

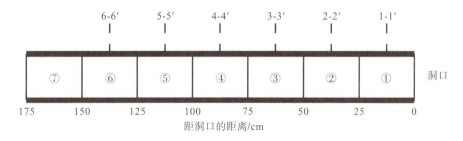

图 3-23　监测断面布设简图

(2)衬砌上监测断面仪器布置：为了反映隧道洞口的震害特征，本试验在隧道衬砌上布设了三类传感器：加速度传感器、土压力盒、应变片。加速度传感器沿隧道轴向布设于衬砌拱顶、左边墙、右边墙的外侧，监测沿隧道进深方向的加速度响应值，分析其响应规律；土压力盒沿隧道轴向布设于衬砌左右边墙外侧，监测沿隧道进深方向的偏压效应，分析偏压效应在地震条件下的响应；应变片沿隧道轴向布设于衬砌拱顶、左右边墙、仰拱的内侧，监测隧道各部位的动应变响应值，分析动力条件下震害的分布情况及机理。各传感器均布设在每一节衬砌外表面或外表面的轴向中间部位，且安装前应先打磨衬砌表面，涂抹胶水后再粘贴传感器固定(图 3-24 和图 3-25)。

(e)分层填筑隧道洞口底部填土　　　　　　　　　(f)填筑隧道洞口边仰坡

图 3-28　振动台试验模型砌筑过程

(1)在模型箱四周安装聚苯乙烯泡沫减震板，然后在泡沫板上画出预设的模型分层、分部的施做控制线及控制点，包括隧道中轴线、坡面线、基覆界面线、隧道分节点、分层线等。

(2)砌筑第一层岩体——隧道底部基岩模型，即将预制好的围岩块逐块、逐次、逐层进行砌筑，砌块间用现场搅拌的相似材料连接，保证连接块紧密结合。砌筑高度约为 30cm，完成后养护 2 天[图 3-28(a)]。

(3)浇筑第二层岩体——隧道围岩模型，即以隧道中轴线为模型中线，在其两侧约 15cm 以外的区域浇筑模型第二层；浇筑分两次进行，每次约 10cm，浇筑完后养护 2～3 天，保证模型干燥。第二层浇筑完成后在隧道两侧形成 U 形区，以控制现浇围岩流动[图 3-28(b)]。

(4)安装衬砌模型[图 3-28(c)]，即先在 U 形槽底部现浇一层围岩相似材料，使得衬砌模型底部平滑，保证衬砌模型布设后处于同一水平高度，避免人为错缝的发生；然后，从衬砌⑦开始布设衬砌模型，将已安装好传感器的每一节衬砌依次安装到预定位置固定，形成一个完整的隧道模型。每节衬砌之间用玻璃胶连接，保证连接的稳定性、牢固性。

(5)浇筑衬砌模型周围及顶部岩体[图 3-28(c)]，即将现场搅拌的围岩相似材料浇筑到衬砌⑤～⑦模型周围，浇筑时需分层夯实，尽量保证现浇材料与衬砌及周围岩体的紧密贴合，浇筑完毕后，养护 3～4 天，以确保模型干燥。

(6)砌筑基覆界面以下的岩体，即按照岩层产状将预制块逐块、逐次地用相似材料粘接起来，形成一个平滑的基覆界面。砌筑完毕后，养护 1～2 天，保证模型干燥[图 3-28(d)]。

(7)分层填筑隧道洞口底部填土[图 3-28(e)]与填筑隧道洞口边仰坡[图 3-28(f)]，即按材料配比将边坡相似材料均匀搅拌在一起，然后分层填筑压实到预设高度及位置。边仰坡的压实度以质量密度为控制指标，用环刀取样进行测试。边坡填筑的步骤大致分为以下几步：第一步，填筑衬砌①～④模型底部的土体；第二步，安装衬砌①～④模型后，填筑衬砌周围的土体；第三步，分层填筑坡顶至坡脚的土体；第四步，对坡表按照实际地形进行修饰。

(8)安装坡体覆土加速度传感器、激光位移计及台面加速度传感器。

5. 加载工况及流程

针对龙溪隧道的特殊地理位置(震中距较小)，振动台试验输入的地震波选用与数值模拟输入相同的卧龙波。考虑到本次试验采用的振动台为一个水平振动方向，因此选取卧龙波东西向分量 80s 加速度时程数据作为台面输入，沿隧道轴线的水平方向进行激振(图 3-29)。试验时，台面加载的地震波加速度峰值由小到大逐级增加，按照 0.2g、0.4g、0.6g、0.8g 的加速度幅值逐级加载，讨论隧道地震动力响应规律；然后，加载加速度幅值为 1.0g 的荷载，做破坏性试验，讨论隧道震害的形成过程，系统分析震害机理。

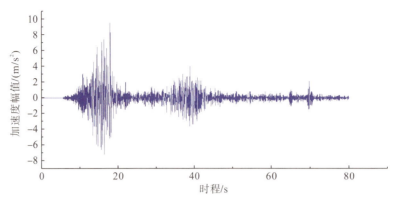

图 3-29　振动台试验加载的卧龙波 80s 加速度时程曲线

注：纵轴数据按照 0.2g、0.4g、0.6g、0.8g(g=9.8m/s^2)的加速度幅值逐级加载。

3.2.2　模型破坏特征

1. 边仰坡破坏特征

试验过程中，当加载的地震波加速度幅值(即加载强度)为 0.2g、0.4g、0.6g 时，模型坡表没有发生震害；当加载强度为 0.8g 时，坡顶表面的土体开始剥离，向坡脚滑动[图 3-30(a)]；当第一次加载强度为 1.0g 时，坡顶表面的土体继续剥离，激振后在洞口后缘距坡顶约 70cm 开始出现拉裂缝，裂缝宽约 1cm，延伸长度约为 75cm，并且坡体左右两侧土体与泡沫板的连接处出现松脱[图 3-30(b)]；当第二、三次加载强度为 1.0g 时，坡顶表面的土体继续剥离，拉裂缝加宽并继续深切，激振后裂缝宽约 2cm，延伸长度约为 100cm，而且坡顶土体已经与泡沫板的连接处出现松脱[图 3-30(c)和图 3-30(d)]；当第四次加载强度为 1.0g 时，坡顶表面的土体继续剥离，拉裂缝加宽并继续深切，裂缝宽约 2.5cm，延伸长度约为 130cm，而且大量小碎石从坡体脱落堆积在坡脚[图 3-30(e)和图 3-30(f)]。

(a)坡顶表面的土体开始剥离，向坡脚滑动　　　　　　(b)坡体后缘开裂

(c)裂纹加宽　　　　　　　　　　　(d)坡顶土体与泡沫板松脱

(e)裂纹扩展、延伸　　　　　　　　　　　　(f)碎砾石堆积在坡脚

图 3-30　隧道洞口边仰坡震害形成过程

根据模型破坏特征发现，随着输入地震能量逐级增加，边坡先出现表层碎石土脱离，滚落、滑落至坡脚堆积，再出现坡顶后缘开裂，实际边仰坡易在水平地震惯性力作用下发生滚落石及开裂震害，这与龙溪隧道边仰坡震害情况吻合。

2. 隧道衬砌破坏特征

试验结束后挖出隧道衬砌模型发现，洞口浅埋段的衬砌模型未见震害，仅在基覆界面附近的衬砌④～⑤模型范围内出现了轻度的轴向开裂，如图 3-31 所示。衬砌破坏包括衬砌④左拱腰外侧出现轴向微裂纹，宽度约为 0.5mm[图 3-31（a）]；衬砌④右拱腰内侧出现轴向裂纹，宽度约为 1mm[图 3-31（b）]；衬砌⑤右墙脚外侧出现轴向裂纹，宽度约为 0.8mm[图 3-31（c）]；衬砌⑤仰拱内侧出现轴向裂纹，宽度约为 1.5mm[图 3-31（d）]。

(a)衬砌④左拱腰外侧微裂纹　　　　　　　　(b)衬砌④右拱腰内侧裂纹

(c)衬砌⑤右墙脚外侧裂纹　　　　　　　　　(d)衬砌⑤仰拱内侧裂纹

图 3-31　隧道衬砌模型震害特征

结合数值模拟分析结果，证明了沿隧道轴向的水平地震波并不是龙溪隧道衬砌产生纵向开裂的主导因素；相反，垂直于隧道轴向的水平地震波才是其主要原因；同时也说明了衬砌模型在④～⑤的开裂震害并不是由地震波直接作用产生的，而是由边仰坡沿着基覆界面发生了滑移间接造成的。

3.2.3 模型动力响应

1. 模型加速度响应

本节试验按照加速度峰值由小到大逐级加载地震波,加速度传感器实时记录激振过程中各测点的加速度响应值。图 3-32 给出了加载强度为 1.0g 时,振动台台面(A0)模型竖向的加速度响应时程曲线。图 3-33 给出了模型竖向随高度增加的三个测点($H_{A14} < H_{A15} < H_{A16}$)在不同加载强度下的加速度响应峰值变化规律。

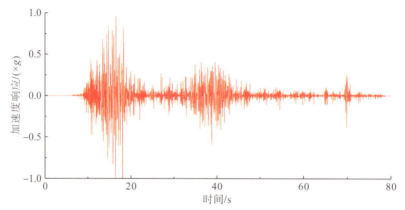

图 3-32   振动台台面(A0)模型竖向加速度响应时程曲线

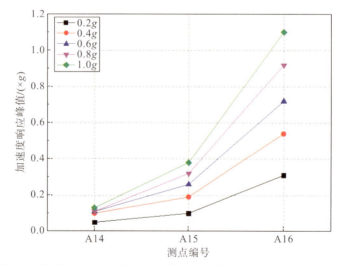

图 3-33   模型竖向各测点在不同加载强度下的加速度响应峰值变化规律

由图 3-33 可知:

(1)随着输入地震波强度逐渐增加,各测点的加速度响应峰值也逐渐增加。

(2)振动台台面(A0)模型的加速度时程与输入加速度时程相似,且峰值基本未改变,但波形受到了其他高频的影响;主观测断面(A14)衬砌拱顶位于模型深埋段,其加速度响应峰值减小,说明衬砌受到围岩有力的约束作用;基覆界面处(A15)的加速度响应峰值达到了 0.385g,说明地震波经过围岩时加速度产生了一定的放大;坡表(A16)的加速度响应峰值超过了 1.0g,说明地震波从模型底部向上经上覆堆积体传递时,加速度峰值被明显放大;模型箱内随着模型测点高度的上升,测点加速度响应峰值会逐渐增加,地震动力响应会逐渐增强。

为了分析在不同的地震波入射方向和不同的地震动强度下，隧道与围岩竖向上从模型底部到地表的加速度响应及加速度放大效应，结合模型不同部位加速度传感器的数据，包括衬砌⑥结构拱顶 A14、基覆界面处 A15、边坡坡表 A16 的加速度响应峰值；A14、A15、A16 三个监测点在模型中的高度逐渐递增，即 $H_{A14}<H_{A15}<H_{A16}$。图 3-34 给出了加速度放大系数在不同加载强度时的变化。

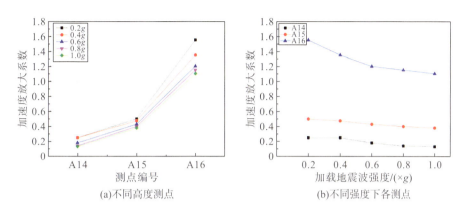

图 3-34　各测点的加速度响应放大系数

由图 3-34 可知：①从衬砌模型到地表，随着距离地表越近，围岩内部的加速度响应系数和加速度放大系数逐渐增大，加速度响应曲线呈逐渐上升趋势，边坡表面和地表的地震动力响应最大；②随着地震动强度的增加，各测点的加速度响应峰值在逐渐增大，但加速度竖向放大系数却逐渐减小，说明地震动强度对模型竖向的加速度响应起到主导作用，呈正相关关系，而与加速度放大系数呈负相关关系；③A14 和 A15 的加速度放大系数均小于 1，A16 的放大系数普遍大于 1，说明隧道结构与围岩体内部的加速度放大效应不明显，而坡体覆土的加速度放大效应明显。

2. 衬砌加速度响应

为了分析不同加载强度下衬砌结构轴向加速度响应规律，表 3-10 结合监测断面 1-1′～6-6′ 上各监测点的加速度响应数据分析，给出了不同加载强度下衬砌各监测部位的加速度响应峰值，表 3-10 包含了最大加速度峰值和最小加速度峰值(最大峰值/最小峰值)。以表 3-10 中加速度峰值的绝对最大的一个数据(绝对最大值=max{最大加速度峰值,最小加速度峰值})为基准数值，图 3-35 给出了隧道拱顶沿隧道轴向的加速度响应变化情况。

表 3-10　不同加载强度下衬砌结构各部位加速度响应峰值(×g)

加载强度	部位	进洞距离/cm					
		12.5	37.5	62.5	87.5	112.5	137.5
0.2	拱顶	0.05/−0.06	0.05/−0.05	0.05/ 0.05	0.05/−0.05	0.05/−0.05	0.05/0.05
	左边墙	N/A	0.08/−0.08	0.06/−0.06	0.05/−0.05	0.05/−0.05	N/A
	右边墙	N/A	0.05/−0.07	0.05/−0.06	0.05/−0.05	0.05/−0.05	N/A
0.4	拱顶	0.06/−0.12	0.05/−0.11	0.05/−0.1	0.05/−0.09	0.05/−0.09	0.04/−0.09
	左边墙	N/A	0.14/−0.13	0.12/−0.12	0.1/−0.09	0.09/−0.08	N/A
	右边墙	N/A	0.12/−0.1	0.1/−0.09	0.1/−0.08	0.09/−0.06	N/A
0.6	拱顶	0.1/−0.13	0.09/−0.14	0.08/−0.13	0.08/−0.13	0.07/−0.12	0.07/−0.11
	左边墙	N/A	0.15/−0.15	0.13/−0.14	0.12/−0.14	0.1/−0.14	N/A
	右边墙	N/A	0.13/−0.14	0.12/−0.13	0.12/−0.14	0.11/−0.14	N/A

加载强度	部位	进洞距离/cm					
		12.5	37.5	62.5	87.5	112.5	137.5
0.8	拱顶	0.12/-0.21	0.11/-0.22	0.11/-0.2	0.09/-0.19	0.09/-0.17	0.08/-0.16
	左边墙	N/A	0.16/-0.3	0.14/-0.21	0.13/-0.21	0.11/-0.2	N/A
	右边墙	N/A	0.13/-0.24	0.13/-0.22	0.13/-0.22	0.13/-0.2	N/A
1.0	拱顶	0.28/-0.23	0.26/-0.21	0.24/-0.2	0.22/-0.17	0.2/-0.13	0.19/-0.11
	左边墙	N/A	0.4/-0.28	0.34/-0.23	0.3/-0.18	0.3/-0.23	N/A
	右边墙	N/A	0.34/-0.25	0.32/-0.23	0.31/-0.25	0.3/-0.22	N/A

注：N/A 表示该测点没有布设传感器。

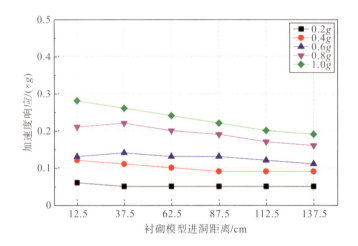

图 3-35　隧道拱顶沿隧道轴向加速度响应变化情况

由表 3-10 和图 3-35 可知：①随着地震波加载强度的逐级增加，衬砌轴向上各监测断面不同部位的监测点加速度响应逐渐增强；②拱顶的加速度响应峰值相对于左右边墙普遍更低，说明拱顶发生震害的概率相对更低，这与加载后隧道衬砌震害检查结果一致；③随着进洞距离的增加，加速度的响应峰值逐渐减小，且不同加载强度下峰值减弱的程度不同，加速度响应峰值在 87.5～112.5cm 趋于平稳，说明一般隧道洞口的抗震设防长度为 35～50m，与数值模拟结果一致。

3. 衬砌动土压力响应

表 3-11 和图 3-36 分别给出了衬砌结构外表面各测点在不同加载强度下动土压力响应峰值、变化规律。由表 3-11 可知：①随着加载强度的加大，隧道衬砌结构外表面各监测点的动土压力响应峰值不断加大，表明衬砌各部位的动土压力不断加大；②当加载强度小于 0.6g 时，左、右边墙的动土压力均较小，且随着加载强度的增大，动土压力的增加量较小，当加载强度超过 0.8g 时，左右边墙的动土压力明显增加；③左边墙的动土压力明显大于右边墙，且基覆界面附近的三个监测断面(4-4′～6-6′)拱顶的动土压力响应峰值较其他监测断面左边墙明显偏大，尤其是监测断面 5-5′的拱顶(P12)在加载强度大于 0.8g 时，动土压力响应峰值急剧增大(图 3-36)，峰值达到了衬砌其他部位的峰值的 6～7 倍，而该处恰好是基覆界面与隧道衬砌结构的交界处，说明当加载强度超过 0.8g 时，边仰坡沿基覆界面发生了一定的滑移变形，对与基覆界面交界处的隧道结构施加了较大的附加压力。

表 3-11　不同加载强度下衬砌结构外表面各测点动土压力响应峰值　　　　（单位：kPa）

监测断面	测点编号	加载强度				
		0.2g	0.4g	0.6g	0.8g	1.0g
2-2′(进洞 37.5cm)	P1(左边墙)	0.597	1.139	2.532	6.264	12.899
	P2(右边墙)	0.457	0.711	2.418	5.659	9.089
3-3′(进洞 62.5cm)	P3(左边墙)	0.695	1.280	2.771	8.045	12.929
	P4(右边墙)	0.458	0.803	0.698	1.073	2.241
4-4′(进洞 87.5cm)	P5(左边墙)	1.111	1.233	1.558	3.244	5.986
	P6(右边墙)	0.194	0.768	1.000	1.279	1.388
5-5′(进洞 112.5cm)	P7(左边墙)	1.485	7.794	13.788	13.756	14.393
	P8(右边墙)	0.201	0.293	1.413	1.823	2.375
6-6′(进洞 137.5cm)	P9(左边墙)	0.215	0.508	1.039	2.362	2.958
	P10(右边墙)	0.160	0.280	0.601	1.106	0.862
4-4′(进洞 87.5cm)	P11(拱顶)	0.84	1.463	3.052	4.889	10.939
5-5′(进洞 112.5cm)	P12(拱顶)	1.215	3.938	7.998	39.571	65.781
6-6′(进洞 137.5cm)	P13(拱顶)	0.290	1.531	3.316	3.689	2.924

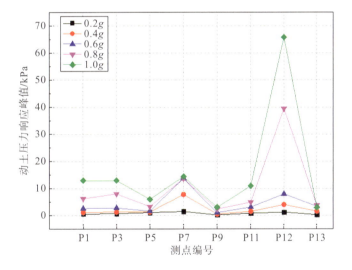

图 3-36　不同加载强度下各测点动土压力变化规律

　　为了研究隧道衬砌轴向的动态土压力响应规律，结合衬砌②～⑥左、右边墙外表面监测点的动土压力数据进行分析，其中左边墙测点编号为 P1、P3、P5、P7、P9，右边墙测点编号为 P2、P4、P6、P8、P10。图 3-37 给出了衬砌结构左、右边墙外侧动土压力响应峰值沿隧道轴向变化情况。由图 3-37 可得出以下结论。

　　(1)左边墙衬砌沿隧道轴向在不同进深处的动土压力响应不同，在进洞 37.5～87.5cm，动土压力稍微增大再减小的变化特征，表明该处左边墙易产生震害；在进洞 87.5～137.5cm，动土压力出现先增大再减小的变化特征，在基覆界面处(进洞 112.5cm)达到最大值；说明在隧道洞口段由于地震惯性力较大，围岩自承能力和约束作用较弱，在强大的地震作用下围岩对衬砌产生了较大的挤压作用，造成隧道洞口段的动土压力较大，但由于在隧道进洞 112.5cm 处为基覆界面附近，所以坡体沿基覆界面的滑移对交界处的左边墙衬砌施加了较大的附加压力，造成该处动土压力较大。

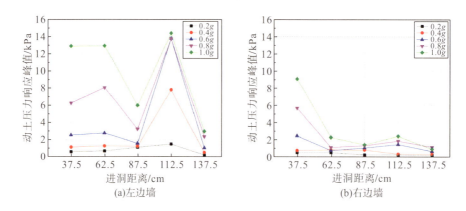

图 3-37　隧道衬砌左、右边墙外侧动土压力响应峰值沿隧道轴向变化

(2)右边墙衬砌随着隧道进深的增大,动土压力响应峰值大体上表现出减小的变化趋势,但在进洞87.5～137.5cm,动土压力呈现与左边墙相似的变化特征,即先增大再减小,在基覆界面处(进洞112.5cm)达到最大值,说明坡体沿基覆界面的滑移对交界处的右边墙衬砌也施加了一定的附加压力。

(3)对比左右边墙衬砌的动土压力响应峰值,靠山侧左边墙的响应值均大于另一侧右边墙的响应值,说明衬砌动土压力受到了偏压效应的影响。

4. 衬砌动应变响应

输入地震波强度按照由小到大的顺序逐级加载,各测点的监测设备实时记录了衬砌内侧环向和纵向的动应变响应值。在进行破坏试验之前,振动台输入的加载强度为 1.0g,衬砌内各部位的动应变明显累积。图 3-38 给出了主观测断面 5-5′各测点环向的动应变时程曲线。

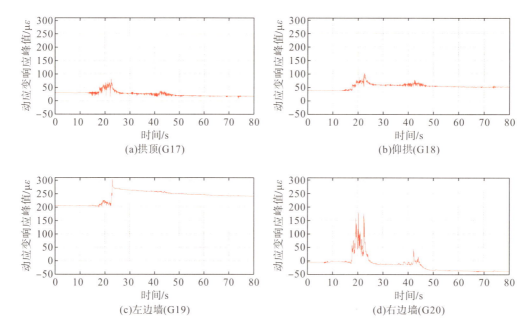

图 3-38　衬砌主观测断面 5-5′各测点环向动应变时程曲线

表 3-12 给出了主监测断面(4-4′～6-6′)上各测点在不同加载强度条件下动应变响应峰值,规定应变符号:拉应变为正,压应变为负。

表 3-12　衬砌结构各测点在不同加载强度条件下的动应变响应峰值　　　　　　　　（单位：με）

监测断面	加载强度		衬砌部位							
			拱顶		仰拱		左边墙		右边墙	
			环向	纵向	环向	纵向	环向	纵向	环向	纵向
4-4′	0.2g	Max	4.39	N/A	9.9	N/A	15.95	6.95	45.82	4.8
		Min	-3.94	N/A	5.73	N/A	6.93	1.48	-0.55	-0.37
	0.4g	Max	17.37	N/A	9.33	N/A	13.42	24.34	103.65	6.2
		Min	-1.2	N/A	0.15	N/A	1.51	0.16	-32.52	-4.29
	0.6g	Max	60.85	N/A	63.52	N/A	11.6	74.47	239.81	48.01
		Min	32.52	N/A	41.19	N/A	-4.11	32.91	-46.98	27.37
	0.8g	Max	83.45	N/A	103.83	N/A	37.11	136.03	564	60.07
		Min	47.81	N/A	83.8	N/A	-24.45	18.62	-88.54	29.49
	1.0g	Max	104.72	N/A	122.53	N/A	-31.29	90.03	396.71	74.55
		Min	66.44	N/A	78.45	N/A	-49.37	27.64	-124.96	38.65
5-5′	0.2g	Max	18.99	11.05	12.13	5.91	5.59	23	1.31	7.21
		Min	0.41	0.84	3.79	3.16	1.91	3.7	-18.02	-3.37
	0.4g	Max	25.37	11.64	24.14	12.1	10.14	70.73	66.63	22.67
		Min	-9.77	-2.67	1.18	2.24	5.63	6.57	-11.64	-3.35
	0.6g	Max	61.45	35.04	61.68	36.6	254.26	169.29	207.59	34.39
		Min	12.34	11.2	20.92	26.58	189.9	37.47	15.19	5.01
	0.8g	Max	61.79	59.13	83.22	39.25	263.22	158.23	174.74	21.49
		Min	12.48	14.8	18.68	25.9	218.45	29.22	-11.1	-11.87
	1.0g	Max	82.67	114.17	102.62	41.9	304.31	173.41	181.7	5.9
		Min	7.73	51.28	36.86	25.6	198.86	-18.83	-42.27	-52.07
6-6′	0.2g	Max	-36.43	N/A	22.81	N/A	139.31	N/A	13.22	N/A
		Min	-60.58	N/A	-1.82	N/A	-18.55	N/A	-15.45	N/A
	0.4g	Max	35.61	N/A	135.22	N/A	17.2	N/A	58.64	N/A
		Min	-0.03	N/A	-2.95	N/A	-62.49	N/A	-35.27	N/A
	0.6g	Max	71.34	N/A	301.03	N/A	20	N/A	208.16	N/A
		Min	9.44	N/A	34.32	N/A	-110.93	N/A	-55.81	N/A
	0.8g	Max	111.95	N/A	612.13	N/A	-22.01	N/A	177.23	N/A
		Min	30.63	N/A	124.4	N/A	-177.01	N/A	-85.31	N/A
	1.0g	Max	167.3	N/A	1090.28	N/A	-87.65	N/A	230.47	N/A
		Min	43.59	N/A	239.12	N/A	-221.72	N/A	-140.22	N/A

注：N/A 表示该方向未布设应变片。

由图 3-38 和表 3-12 可知：

(1) 动应变时程曲线与输入加速度时程曲线的特征相似，即在 15～25s 和 35～45s 这两个时间段内，动应变响应明显增大并达到峰值，这与输入加速度时程的高峰值时间区间吻合，衬砌的动应变主要是由地震惯性力引起的。

(2) 隧道各主监测断面上不同部位的纵向和环向动应变响应峰值的变化相似、规律明显，即动应变响应峰值随加载强度的增大而增大。当加载强度为 0.2g～0.4g 时，各部位的动应变响应幅值较小，最大动应变响应峰值在 100με左右，隧道结构处于弹性阶段，当加载强度为 0.6g 以上时，各部位的动应变响应不断累积增大并逐渐进入塑性状态，主监测断面⑥仰拱处的最大动应变响应峰值达到了 1090.28με，导致出现纵向裂纹。

(3) 在隧道各监测横断面上，各测点动应变响应峰值中，仰拱大于拱顶，靠山侧的左边墙大于另一侧右边墙,且拱顶的动应变响应相对最小,表明衬砌的动应变响应受偏压效应影响明显,且拱腰是偏于安全的部位。

(4)衬砌结构在主监测断面⑤各测点内表面的环向动应变响应普遍大于纵向动应变响应,这与日本东京地铁区间隧道的地震量测(潘昌实,1996)一致,表明隧道衬砌在动载和偏压的作用下,更容易产生纵向的变形、开裂,这与实际震害情况吻合。

(5)衬砌结构在主监测断面⑤各测点内表面普遍承受拉应变,而其中靠山侧的左边墙处拉应变集中明显,远大于其他部位的动应变响应值,该观测断面恰好是位于基覆界面与衬砌结构交界处,说明基覆界面上覆盖层的滑移对衬砌施加了较大的附加应力,造成衬砌内表面的拉应力集中明显。

5. 坡体水平位移响应

图 3-39 给出了输入地震波强度为 1.0g 时,坡表各测点(D1、D2、D3)的水平位移响应时程曲线,各测点在坡表的相对高程关系为 $H_{D3} < H_{D2} < H_{D1}$。

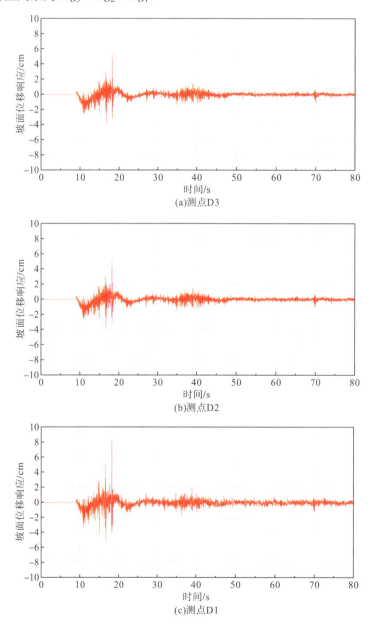

(a)测点D3

(b)测点D2

(c)测点D1

图 3-39　坡体表面各测点的水平位移响应时程曲线

各测点水平位移响应时程曲线与输入加速度时程曲线的特征相似,即在 15～25s 和 35～45s 这两个时间段内,水平位移响应明显增大并达到峰值,这与输入加速度时程的高峰值时间区间吻合;测点 D2 和 D3 的水平位移响应时程基本一致,说明测点 D2 和 D3 没有产生相对位移;测点 D1 的水平位移响应稍微比测点 D2 和 D3 大,说明测点 D1 与其他两测点产生了相对位移,即坡表在测点 D2 和 D1 之间产生了开裂,这与模型坡体表面的实际破坏情况是一致的。

3.3　龙溪隧道洞口段震害机理

本节通过分析数值模拟和振动台试验得到的隧道与围岩的位移、加速度、应变、应力响应数据及特征,从模型的横向、纵向、竖向,全方位、多角度地研究隧道与围岩加速度响应及放大系数、位移、受力响应的变化规律,综合分析龙溪隧道洞口段典型震害的发生机理。

3.3.1　边仰坡震害机理

隧道边仰坡震害主要有开裂、落石、崩塌及滑移等,是诸多因素综合作用的结果。本节结合数值模拟和振动台试验结果,对比龙溪隧道边仰坡实际震害情况,进行震害机理分析。

1. 数值模拟分析

首先,根据隧道洞口边仰坡的塑性区分布特征[图 3-40(a)]可以发现,边仰坡出现了广泛分布的剪切和张拉塑性区,说明边仰坡表在水平向地震惯性力作用下发生了张拉破坏,出现了张拉地表裂缝,而坡顶的塑性区说明坡顶的岩块、孤石可能在地震惯性力作用下发生落石震害。其次,结合模型纵向剪切应变率计算等值线图[图 3-11(b)]可知,边仰坡在地震作用下已经形成了滑动曲面,表明坡体已经具备了滑动趋势,也反映出在洞口后缘仰坡和靠山侧边坡很可能已经出现了多条张拉裂缝。然后,结合衬砌上的横向剪切力分布特征[图 3-40(b)]可知,作用在衬砌上的剪切力响应值在隧道与基覆界面交界处达到了最大值,也反映出边仰坡堆积体出现了蠕动或者滑动,对隧道衬砌施加了与基覆界面滑移方向大致相同方向的剪切力。最后,结合最大主应力分布特征可以发现,衬砌结构拱顶及左右拱腰上的最大主应力在基覆界面处达到了最大值,反映出边仰坡滑移造成了衬砌在该处产生了明显的应力集中。

由此可见,隧道洞口边仰坡在水平地震荷载作用下,首先在坡顶形成张拉塑性区,拉应变逐渐累积,当累积拉应变超过表层强风化岩体的极限拉应变时,岩体脱离母岩形成岩块,形成落石、崩塌震害。对于坡体上缘的土体而言,由于其本身抗拉强度极低(基本为零),所以地震水平向惯性力就很容易使得坡顶表层土产生张拉裂缝。边仰坡开裂后,水平方向地震惯性力的持续作用,将使裂缝逐渐扩展直至贯通,边仰坡将出现不同程度的滑移,滑移将会给隧道衬砌施加巨大的附加剪切力或拱顶压力,造成衬砌的破坏。

2. 振动台试验分析

首先,根据模型破坏的特征可以发现,当输入地震能量逐级增加,边坡先出现表层碎石土脱离,滚落或滑落至坡脚堆积,再出现坡顶后缘开裂的震害,表明实际边仰坡易在水平地震惯性力作用下发生落石及开裂震害,这与龙溪隧道的震害情况较好地吻合。其次,根据模型竖向的加速度响应发现,模型坡表的加速度响应峰值超过了 1.0g,说明地震波从模型底向上经上覆堆积体传递时,加速度峰值被明显放大,即地震能量穿过坡表松散覆盖层时会被放大,说明作用在边坡的水平惯性力极大。然后,根据模型竖向的加速度放大效应发现,从衬砌模型到地表,随着距离地表越近,模型竖向的加速度放大系数逐渐增大，坡表的加速度放大系数大于 1，即边坡表面和地表的地震动力响应最大。最后，根据衬砌的动土压力响应发现，衬砌结构拱顶、左右边墙外侧动土压力响应峰值在基覆界面附近较大，尤其是监测断面 5-5′的拱顶（P12）在加载地震加速度峰值大于 0.8g 时，动土压力响应峰值明显增加，峰值达到了衬砌其他部位的峰值的 6～7 倍，而该处恰好是基覆界面与隧道衬砌结构的交界处，说明当输入地震能量较大时，边仰坡顺着基覆界面产生了滑移，对衬砌施加了较大的附加压力。

由此可见，随着输入地震能量的增加，模型坡表的加速度响应峰值会逐渐增加，而地震能量在由隧道底部基岩向上传递至坡表覆盖层时会被放大，隧道洞口边仰坡承受了较大的水平向地震惯性力。坡顶表层强风化岩体极易在巨大水平拉力作用下脱离母岩，孤石等脱离表层土，形成落石、崩塌震害；本身抗拉强度极低的坡体覆盖层也易产生地表张拉裂缝。在边仰坡开裂后，水平方向地震惯性力的持续作用，将使边仰坡出现不同程度的滑移，给衬砌施加巨大的附加剪切力或拱顶压力，促使衬砌发生破坏。

3. 震害机理分析

如图 3-40 所示，上述研究结果与龙溪隧道坡表产生拉裂缝、坡体滑移、落石堆积在坡脚的实际震害情况相吻合。

(a)数值模拟试验坡表塑性区分布特征　　　　　　(b)数值模拟试验坡体剪应力分布特征

(c)振动台试验坡表裂缝　　　　　　(d)振动台试验坡顶小碎石堆积在坡脚

(e)龙溪隧道出口坡表拉裂缝　　　　　　(f)龙溪隧道出口巨石、碎石堆积在洞口

图 3-40　边仰坡数值模拟、振动台试验与实际震害对比

综合来看，隧道洞口边仰坡开裂、落石是水平向地震惯性力在隧道洞口边仰坡上缘坡顶施加了过载的张拉作用力造成的。由于隧道洞口段表层岩土体一般均为强风化地层或卸荷岩体等，各项力学指标均低于下覆岩体，地震波由下覆岩体经上覆强风化土体传至地面时，能量会被放大，致使坡体表层岩土体所受地震惯性力较大。

对于坡体上缘的土体而言，由于其本身抗拉强度极低 (基本为零)，所以地震水平向惯性力很容易就使得坡顶表层土产生张拉裂缝。对于坡顶岩体 (块)，由于其本身属于强风化岩体，稳定性较差，巨大的水平向拉力将会使坡顶表层强风化岩体脱离母岩，或使孤石等脱离表层土，以一定的动力速度响应值滚落、抛射到坡脚，形成落石、崩塌震害。若隧道洞口边仰坡防护不足或未做防护，那么落石将对隧道洞口洞门及明洞结构构成威胁。

边仰坡开裂后，水平方向地震惯性力的倾斜分力，直接转化为能使坡体裂纹进一步深切的剪切力。当剪切力大于边仰坡土体的抗剪切力时，裂缝将逐渐扩展直至贯通，边仰坡将出现不同程度的滑移，滑移将会给衬砌施加巨大的附加剪切力或拱顶压力，间接造成衬砌的破坏。如果地表水不断入渗到张拉裂缝中，一方面，会造成边坡岩土体力学参数的降低，加剧开裂及裂缝的发展；另一方面，在增大围岩压力的同时，又降低了隧道周边围岩强度，从而造成隧道围岩塌方等次生震害。

3.3.2　衬砌震害机理

龙溪隧道洞口段衬砌开裂震害主要为纵向、横向开裂，其中纵向开裂主要分布在拱腰、边墙及拱脚部位，横向开裂主要分布在拱顶、边墙部位。本节结合数值模拟和振动台试验结果，对比龙溪隧道衬砌震害情况，进行震害机理分析。

1. 数值模拟分析

首先，结合隧道边仰坡的横向剪切应变率分布及变形特征发现，在隧道洞口 20m 的浅埋段，剪切应变集中的部位主要为靠山侧的左拱腰部位，说明地震时左拱腰承受了山体施加的剪切力和压力，这造成了左拱腰外侧受压，内侧受拉，当内侧的拉应力超过了衬砌混凝土的极限拉应力，则会产生开裂。

其次，结合衬砌内的弯矩时程发现，衬砌弯矩正负是短时间内急剧变化的，交替变化的正负弯矩荷载作用在衬砌上，将大大降低其承载能力；而且，左右拱腰在相同时刻的弯矩分布存在正负共轭的现象，表明左右拱腰在横向弯矩作用下存在共轭的受力状态。

然后，结合洞口段衬砌的最大和最小主应力分布情况 (图 3-41)，洞口段衬砌的最大主应力普遍为压应力，响应值达到了 20MPa，压力水平已经超过了标号为 C25 混凝土的抗压强度标准值 16.7MPa[《混凝土结构设计规范》(GB 50010—2010)]；衬砌结构内最大主应力最大值达到了 -120MPa，为压应力，位于洞口右拱腰处；而最小主应力最大值更是达到了 160MPa，为拉应力，仍然位于洞口右拱腰处，从而可见，洞口右拱腰承受了交替的拉压作用，足以造成洞口右拱腰衬砌开裂，这与龙溪隧道洞口段 10m 范围内的实际震害情况是吻合的。

图 3-41　洞口段衬砌的最大和最小主应力分布情况

最后，结合衬砌横向的应力分布状态发现，在衬砌的左右拱腰和拱脚处为压应力，应力响应值达到了 20～30MPa，说明在交替变化的正负弯矩作用下衬砌的内空会发生一定缩小变形，而纵向裂缝会随着交替的拉压作用而逐渐扩展贯通。

2. 振动台试验分析

首先，根据衬砌模型破坏的特征发现，洞口浅埋段的衬砌模型未见震害，说明沿隧道轴向的地震荷载并不是隧道衬砌轴向开裂的主导因素，因为在水平轴向振动的情况下，隧道围岩对衬砌的约束作用并未得以充分体现；相反，垂直于隧道轴向的水平荷载才是隧道轴向开裂的主要原因，因为在横向水平振动的情况下，衬砌会追随围岩一起发生往复运动，从而发生环形剪切变形。

其次，根据衬砌加速度响应可知，随着进洞距离增加，衬砌加速度响应峰值逐渐减小，且不同加载强度下峰值减弱的程度不同，加速度响应峰值在 87.5～112.5cm 趋于平稳，说明在隧道进洞 30～50m，衬砌对地震动力响应较为强烈，为衬砌开裂震害易发生区段，应重点加强抗震设防措施。

最后，根据衬砌动应变响应发现，衬砌模型各部位内表面的应变类型以拉应变为主，且环向动应变响应普遍大于纵向动应变响应，表明隧道衬砌在动载和偏压的作用下，更容易产生纵向的变形、开裂，这与龙溪隧道衬砌以纵向裂纹为主的实际震害情况是相吻合的。

综合振动台试验结果分析可知，隧道洞口段衬砌开裂以纵向为主，是由于隧道洞口段衬砌受围岩的约束作用较低，在水平地震动力作用下响应强烈，虽追随围岩一起发生往复运动，但由于两者的自振频率差异大，较易在垂直于隧道轴向的水平荷载作用下发生环形剪切变形，内表面产生环向的拉压应变，当环向累积的拉应变超过了衬砌极限拉应变时，衬砌内表面则会产生纵向开裂。

3. 震害机理分析

上述研究结果与龙溪隧道衬砌拱腰及边墙部位纵向开裂震害情况相吻合，如图 3-42 所示。根据前人研究成果，于媛媛(2013)对衬砌环向及轴向开裂震害开展了一定的机理研究，分析认为，隧道轴向地震荷载引起的反复拉压作用造成衬砌混凝土的应变值超过极限应变值时，会导致衬砌结构的环向开裂；采用振动台试验方法，得出了在水平地震作用下，衬砌沿起拱线 45°和 135°方向发生开裂，在左右交替的正负弯矩作用下，裂缝沿纵向开展、贯通。

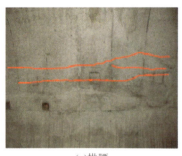
(a)拱腰

(b)边墙

图 3-42　龙溪隧道衬砌拱腰及边墙部位的纵向开裂震害情况
注：引自于媛媛(2013)

综上所述，隧道衬砌开裂实质上是由于地震荷载产生交替变化的附加拉压应力使衬砌混凝土应变急剧累积，并超过了混凝土材料自身所具备的极限应变造成的。对于衬砌环向开裂，是由于在地震发生时传播速度较快的 P 波首先到达隧道洞口，产生沿隧道轴向的反复拉压作用，或产生沿轴向的弯曲变形效应，使得隧道衬砌内的横向的拉应变不断累积，当累积的拉应变极值超过混凝土极限拉应变时，衬砌表面则会产生环向开裂；衬砌纵向开裂是由于在垂直于隧道轴向的水平地震荷载作用下，地震惯性力作为附加荷载使得隧道洞口段衬砌追随围岩发生了来回往复的环向剪切变形，致使隧道断面上产生了正负交替的附加弯矩。附加弯矩使得同一部位(如拱腰)在短时间内受到交替的拉压作用，衬砌混凝土的极限承载能力明显降低，当衬砌混凝土所受的拉应力超过了其极限拉应力时，衬砌便会出现开裂震害。隧道衬砌纵向开裂的震害机理分析如图 3-43 所示。

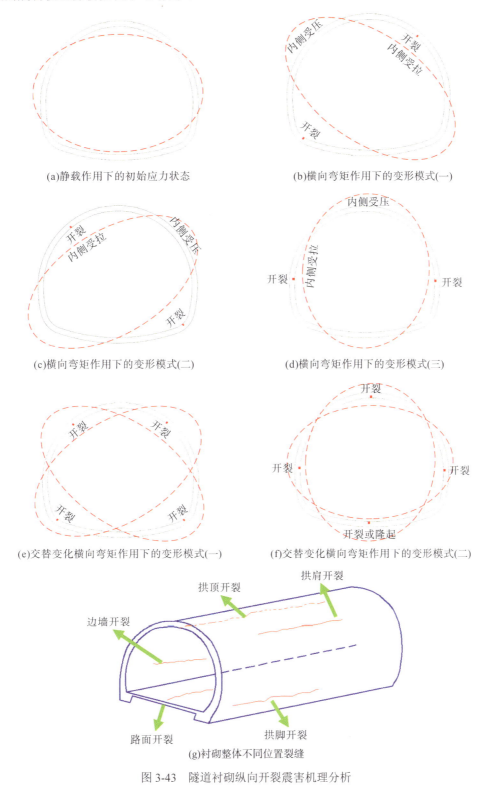

(a)静载作用下的初始应力状态　　　　　　(b)横向弯矩作用下的变形模式(一)

(c)横向弯矩作用下的变形模式(二)　　　　(d)横向弯矩作用下的变形模式(三)

(e)交替变化横向弯矩作用下的变形模式(一)　　(f)交替变化横向弯矩作用下的变形模式(二)

(g)衬砌整体不同位置裂缝

图 3-43　隧道衬砌纵向开裂震害机理分析

3.3.3　基覆界面震害机理

龙溪隧道左线汶川端洞口进洞 40～50m 处为基岩与覆盖层分界面，与隧道轴线近于正交，汶川地震中该处发生了衬砌环向剪张破裂，以及剥落掉块、坍落等震害。本节结合数值模拟和振动台试验结果，对比龙溪隧道汶川端洞口基覆界面衬砌震害情况，进行震害机理分析。

1. 数值模拟分析

首先，结合模型纵向剪切应变率计算等值线图，洞口后缘仰坡在地震作用下已经形成了滑动曲面，说明基覆界面处的坡体滑移对衬砌产生了附加剪切力作用。

其次，结合衬砌在基覆界面附近的剪切力响应峰值，衬砌各部位的剪切力响应峰值均在基覆界面交界处达到了最大值，说明仰坡的滑移是沿着基覆界面发生的，并且滑动给衬砌施加了巨大的附加剪切力，造成了衬砌在该处的剪切应变急剧增加。

然后，结合基覆界面附近 20m 的主应力分布(图 3-44)发现，基覆界面附近的最大主应力普遍为压应力，最大响应峰值达到−9MPa(分布在拱顶)，而且由拱顶、拱腰、边墙、仰拱逐渐减小，说明拱顶承受了极大的附加压应力；最小主应力普遍为拉应力，最大响应峰值达到 8MPa(分布在仰拱)，而且由仰拱、边墙、拱腰、拱顶逐渐减小，说明仰拱承受了极大的附加拉力；综合最大、最小主应力分布来看，衬砌在基覆界面处受到了坡体滑移产生的极大附加外力作用，使得在该处的主应力集中现象明显。

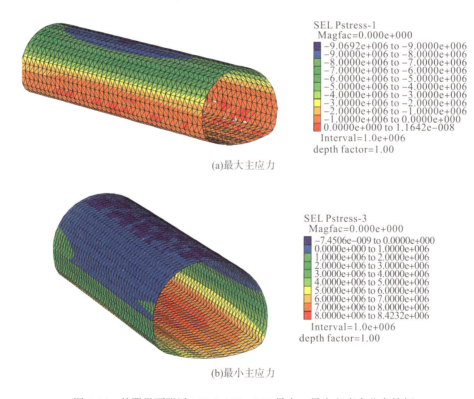

(a)最大主应力

(b)最小主应力

图 3-44　基覆界面附近 LK25+005～045 最大、最小主应力分布特征

最后，对于龙溪隧道左线汶川端出口而言，衬砌靠山侧的剪切力响应峰值普遍大于相对应的另一侧的响应峰值，表明隧道洞口偏压地形对洞口段横向剪切力的分布影响较大，存在明显的偏压效应。龙溪隧道基覆界面处的剪张破裂带的形成过程也受偏压效应的影响，依次从拱顶、左右拱腰、左边墙(靠山侧)、仰拱，最后发展到右边墙，逐渐形成一个贯通的剪张破裂带。

对于钢筋混凝土的衬砌结构而言，在混凝土遭到破坏后，衬砌内的钢筋作为主要的受力结构，但衬砌内的钢筋难以抵抗水平向地震施加的往复剪切变形，钢筋会逐渐屈服、剪弯、凸出(图 3-45)。

图 3-45　龙溪隧道基覆界面处左边墙钢筋被剪弯、混凝土剪切剥落

2. 振动台试验分析

首先，根据模型竖向的加速度响应发现，模型坡表的加速度响应峰值超过了 1.0g，说明地震波从模型底部向上至覆盖层传递时，加速度峰值被明显放大，即地震能量穿过坡表松散覆盖层时会被放大，作用在边坡的水平惯性力极大。

其次，根据模型竖向的加速度放大效应可以发现，从衬砌模型到地表，随着距离地表越近，模型竖向的加速度放大系数逐渐增大，坡表的加速度放大系数大于 1，即边坡表面和地表的地震动力响应最大。

最后，根据衬砌结构的动土压力响应发现，衬砌拱顶、左右边墙外侧动土压力响应峰值在基覆界面附近较大，尤其是监测断面 5-5′的拱顶(P12)在加载强度大于 0.8g 时，动土压力响应峰值明显增加，峰值达到了衬砌其他部位峰值的 6～7 倍，而该处恰好是基覆界面与隧道衬砌的交界处，说明当输入地震能量较大时，边仰坡沿着基覆界面产生了滑移，对衬砌施加了较大的附加压力。

随着输入地震能量增加，坡表加速度响应峰值会逐渐增加，隧道洞口边仰坡承受了较大的水平向地震惯性力，坡体沿原生结构面、裂隙、基覆界面等易产生张拉裂缝。边仰坡开裂后，在水平方向地震惯性力的持续作用下，边仰坡将出现不同程度的滑移，给衬砌施加巨大的附加剪切力或拱顶压力，促使衬砌发生破坏。

3. 震害机理综合分析

上述研究结果与龙溪隧道汶川端洞口段基覆界面衬砌环向剪张破裂带及剥落掉块、坍塌等震害相吻合，如图 3-46 所示。

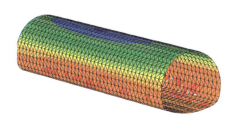

(a)数值模拟试验边仰坡出现滑动面　　　　　(b)数值模拟基覆界面衬砌拱顶主应力集中

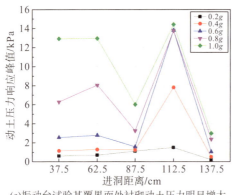

(c)振动台试验基覆界面处衬砌动土压力明显增大　　　(d)龙溪隧道出口基覆界面处衬砌的剪张破裂带

图 3-46　关于剪张破裂带震害的数值模拟、振动台试验与实际震害的对比分析

综合来看，隧道洞口边仰坡在水平向地震惯性力作用下，坡表发生开裂进而使坡体产生一定的滑移，给隧道衬砌施加了巨大的剪切力。如果剪切力足够大，极可能直接错断衬砌。如果剪切力偏小，伴随地震荷载作用衬砌往复运动，衬砌内部的剪切应变和张拉应变逐渐累积，当累积的剪切应变超过了衬砌混凝土的极限剪应变和拉应变时，衬砌将会在该处形成一个与基覆界面产状大致相同的环向剪张破裂带，地震过程中衬砌剥落掉块、坍落等震害也随之产生。对于钢筋混凝土结构，在环向剪张破裂带形成后，钢筋将会成为主要的受力构件，当钢筋自身的屈服强度不能抵御地震荷载时，钢筋将会发生屈服，甚至是剪断。对于素混凝土的衬砌结构，剪张破裂带一旦形成，将进一步促进边仰坡滑移，如果滑动面涌入地下水，将大大减小抗剪切力学参数，那么震害有可能进一步加剧而演变为大规模的滑坡。

3.3.4　施工缝震害机理

龙溪隧道左线汶川端洞口进洞 100m 范围内均发生了施工缝开裂震害，施工缝错台震害仅发生在进洞 35m 范围，而且错台在进洞 10m 和 35m 处的量值最大，达到了 15~20cm（图 3-47）。下面就衬砌施工缝开裂、错台震害机理进行分析。

首先，结合衬砌加速度响应峰值分布发现，在进洞 35m 范围内，衬砌各部位的加速度响应峰值均较大，衬砌振幅较大；在进洞 35m 后，加速度响应峰值开始逐渐降低并趋于平缓，说明随着围岩逐渐变好，其对隧道的约束能力逐渐增强，衬砌振幅减小。

其次，结合衬砌的变形位移发现，隧道洞口段衬砌在地震条件下的变形特征为越接近隧道洞口，衬砌位移越大；反之，进深越小，则位移越小，说明衬砌在地震荷载作用下，会追随围岩发生一定的强制变形位移。

最后，结合衬砌内横、纵向剪切力分布特征发现，在隧道进洞 10m 左右的浅埋段，衬砌各个部位所承受的横、纵向剪切力响应峰值均很大；在进洞 10~25m，横向剪切力响应峰值稍有减小，但其量值仍较大；在进洞 35~45m，隧道衬砌的拱顶、左右拱腰、左右边墙、仰拱均出现了不同程度的剪切力响应峰值上升，而该处恰好是隧道衬砌与基覆界面的交界处，这说明围岩变形在该处对衬砌施加了巨大的附加剪切力，这也是该处错台量值最大的原因。隧道衬砌为钢筋混凝土模筑，属于刚性结构，而每一模衬砌之间的施工缝连接强度相对较低，是震害易发生的薄弱点。在隧道洞口轴向地震波的反复拉压和上下起伏作用下，隧道施工缝处极易产生开裂和错台震害，这与龙溪隧道洞口浅埋段施工缝开裂和错台震害相吻合，如图 3-47 所示。

(a)衬砌边墙　　　　　　　　　　　　　　　(b)衬砌拱顶、拱腰

图 3-47　龙溪隧道衬砌施工缝开裂、错台

3.4　本章小结

(1)本章借助 FLAC3D 建立龙溪隧道洞口段数值计算模型,输入卧龙波,揭示了龙溪隧道洞口段的加速度、变形位移、衬砌受力的动力响应,主要成果包括:隧道进洞距离增加,加速度响应表现出逐渐减小的趋势,且受偏压效应影响明显;衬砌位移变形以横、纵向为主,越接近隧道洞口,位移越大。隧道仰拱的弯矩响应峰值最小、拱腰最大,说明在衬砌各部位中仰拱偏安全,拱腰偏危险;衬砌左右拱腰在不同时刻,弯矩正负分布情况是急剧变化的,且在相同时刻的弯矩分布存在正负共轭的现象。隧道洞口浅埋段的弯矩、剪切力、主应力响应分布均受到偏压效应的明显影响,随着隧道进深增加,偏压效应影响逐渐减弱。

(2)本章通过振动台模型试验,获得了龙溪隧道洞口段在水平轴向地震波输入条件下的加速度、动土压力、动应变三方面的动力响应,结果表明:从衬砌模型底部到地表,围岩内部的加速度响应和加速度放大系数逐渐增大;随着地震动强度的增加,各测点的加速度响应峰值在逐渐增大,但加速度放大系数却逐渐减小;随着进洞距离的增加,加速度的响应峰值逐渐减小,在 87.5～112.5cm 趋于平稳,说明一般隧道洞口的抗震设防长度为 30～50m;隧道洞口的加速度、动土压力、动应变响应均受到偏压效应的明显影响;随着输入地震加速度峰值的加大,隧道衬砌各监测点的动土压力、动应变响应峰值不断加大;隧道衬砌与基覆界面交界处的动土压力响应峰值明显增加,基覆界面上坡体对衬砌施加了较大的附加压力,且衬砌在基覆界面附件内表面的拉应力集中明显。

(3)本章通过分析数值模拟和振动台试验得到的隧道与围岩的位移、加速度、应变、应力响应数据及特征,从模型的横向、纵向、竖向,全方位、多角度地研究隧道与围岩加速度响应及放大系数、位移、受力响应的变化规律,综合分析了龙溪隧道洞口段典型震害的发生机理。本章研究表明:隧道边仰坡开裂是巨大的水平惯性力超过了坡体极限抗拉强度造成的;边仰坡落石、崩塌是坡顶强风化的岩体(块)受到巨大的水平拉力超过了其本身的极限抗拉强度造成的;边仰坡滑移是在边仰坡开裂后,地震惯性力的倾斜分力大于边仰坡土体的抗剪切力造成的;衬砌开裂是衬砌在急剧变化的拉压作用下,衬砌内部累积的拉应变超过了混凝土本身的极限拉应变造成的;衬砌在基覆界面处的剪张破裂带震害是由于衬砌在坡体滑移造成的巨大附加剪切力与地震荷载的耦合作用下,内部累积的剪张应变超过混凝土的极限应变引起的;隧道施工缝是震害易发生的薄弱点,在隧道洞口轴向地震波的反复拉压和上下起伏作用下,隧道施工缝处极易产生开裂和错台震害。

第4章　地震波动理论及隧道衬砌动力响应波动解析

隧道及地下结构在地震作用下的动力响应问题属于固体动力学理论的研究范畴，其质点运动过程其实是一个应力波传播、反射和相互作用的过程。隧道及地下结构的地震响应计算非常复杂。首先，与地面结构不同，地震作用下隧道地下结构的振动变形受周围岩土介质的约束作用非常显著，衬砌结构动力响应一般不表现出明显的自振特性，因此不能完全照搬地面结构的地震动力计算方法。其次，在地震作用下岩体内可能出现不同性质的地震波：纵波引起岩石质点在自身传播方向上的位移，剪切波引起岩石质点在垂直于波的传播方向上的位移，而且纵波和剪切波的传播速度是不同的；并且经由地层界面和地表的多次反射产生瑞利波，在传播时引起质点在波的传播方向与表面层法向组成的平面内做逆进的椭圆运动，最大特点是振幅大，在地表以垂直运动为主。然后，地震波通过围岩传递给衬砌结构的作用力及方向是很难预知的。地震波从震源出发，在其自身传播途径上遇到地表面或具有不同力学性质的岩层分界面时，会发生折射和反射，由于纵波和横波的不同速度以及在传播过程中的多次反射和折射，可能导致衬砌结构实际受到的是各种不同组合和具有任意方向的地震波的作用。

由于地震的本质就是波在岩土介质内的传播，故波动分析更能反映问题的本质，因此本章基于波动理论，从无限和半限弹性介质中不同的地震波传播和运动方程入手，归纳总结出地震波在岩土介质中的传播特点；针对弹性半空间界面 P 波和 SV 波的反射和折射进行探讨，以期为隧道及地下结构的地震波动理论计算打下基础。对于山岭隧道，由于围岩介质与隧道衬砌刚度相差不大，地震来临时，一般可近似认为隧道衬砌变形追随地层和围岩变形，可以考虑忽略周围岩土介质与衬砌结构间的相互作用，认为隧道的存在对该处波动场没有影响，可按波动方程来求解衬砌结构及围岩介质这一整体的波动场与应力场。因此，针对中浅埋山岭隧道，通过波函数展开法，采用大圆弧假定，推导出半无限空间中浅埋圆形单/双洞隧道衬砌 P 波和 SV 波动应力级数解，结合不同的波动频率、入射角度、围岩强度、衬砌刚度及洞室距离等因素对中浅埋山岭隧道的地震动应力响应进行探讨；推导出考虑实际隧道中存在不平整界面时 SV 波入射下衬砌的应力级数解；并从瑞利波作用下圆形隧道衬砌横向内力的解析解入手，针对瑞利波作用下浅埋山岭隧道洞口段的动力响应进行数值模拟，探讨瑞利波对山岭隧道洞口段的影响范围和作用机理。

4.1　弹性介质中地震波的传播特性

弹性介质可分为无限和半无限弹性介质。本节将从这两个方面来介绍地震波在两种介质中传播的基本理论，并结合弹性波动力学，获得各种波在不同介质中传播的运动方程。根据公式推导过程中所涉及的力学参数和波动参数，找出影响隧道地震动力响应的相关因素，为山岭隧道地震动力响应的理论计算、数值模拟及振动台模型试验提供依据。

4.1.1　无限弹性介质中地震波的传播

1. 一般运动方程

图 4-1 表示作用在一个边长为 dx、dy、dz 的弹性介质单元上的应力。为了得到运动微分方程，需要

在 x、y 和 z 方向分别对力求和。

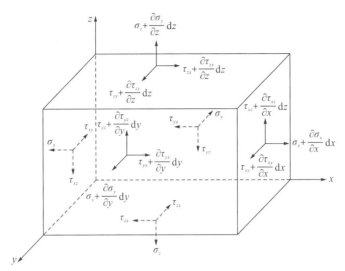

图 4-1　弹性介质中运动方程的推导示意图

沿着 x 方向，

$$\left[\left(\sigma_x + \frac{\partial \sigma_x}{\partial x}dx\right) - \sigma_x\right]dydz + \left[\left(\tau_{zx} + \frac{\partial \tau_{zx}}{\partial z}dz\right) - \tau_{zx}\right]dxdy$$
$$+ \left[\left(\tau_{yx} + \frac{\partial \tau_{yx}}{\partial y}dy\right) - \tau_{yx}\right]dxdz = \rho dxdydz\frac{\partial^2 u}{\partial t^2} \tag{4-1}$$

式中，ρ 是介质的密度；u 是沿 x 方向的位移分量。

类似地，在单元上对 y 和 z 方向应力求和：

$$\frac{\partial \sigma_y}{\partial y} + \frac{\partial \tau_{xy}}{\partial x} + \frac{\partial \tau_{zy}}{\partial z} = \rho\frac{\partial^2 v}{\partial t^2} \tag{4-2}$$

$$\frac{\partial \sigma_z}{\partial z} + \frac{\partial \tau_{xz}}{\partial x} + \frac{\partial \tau_{yz}}{\partial y} = \rho\frac{\partial^2 w}{\partial t^2} \tag{4-3}$$

式中，v 和 w 是沿 y 和 z 方向的位移分量。

由式(4-1)～式(4-3)可以看出：在动力问题中，为了避免数学上复杂的求解，通常都不计体力，在建立运动微分方程时，除了考虑应力以外，还需考虑弹性体由于具有加速度产生的惯性力，因而与介质的密度 ρ 有关。同时，因为运动微分方程中含有位移分量，而位移分量一般都不可能用力及其倒数来表示，所以弹性力学动力问题一般都不宜按应力求解，而宜按位移求解。

2. 应力波方程

1) 压缩波

式(4-1)～式(4-3)给出了应力形式的运动方程。现在，考虑式(4-1)并注意到 $\tau_{xy} = \tau_{yx}$ 和 $\tau_{xz} = \tau_{zx}$，

$$\rho\frac{\partial^2 u}{\partial t^2} = \frac{\partial \sigma_x}{\partial x} + \frac{\partial \tau_{yx}}{\partial y} + \frac{\partial \tau_{zx}}{\partial z}$$

根据已知的条件可得

$$\rho\frac{\partial^2 u}{\partial t^2} = \frac{\partial}{\partial x}\left(\lambda\bar{\varepsilon} + 2G\varepsilon_x\right) + \frac{\partial}{\partial y}\left(G\gamma_{xy}\right) + \frac{\partial}{\partial z}\left(G\gamma_{xz}\right) \tag{4-4}$$

式中，γ_{xy}、γ_{xz} 分别为 xy、xz 平面的剪应力。

进一步推导得

$$\rho\frac{\partial^2 u}{\partial t^2} = \lambda\frac{\partial\overline{\varepsilon}}{\partial x} + G\left(\frac{\partial^2 u}{\partial x^2} + \frac{\partial^2 v}{\partial x\partial y} + \frac{\partial^2 w}{\partial x\partial z} + \frac{\partial^2 u}{\partial x^2} + \frac{\partial^2 u}{\partial y^2} + \frac{\partial^2 u}{\partial z^2}\right) \tag{4-5}$$

但

$$\frac{\partial^2 u}{\partial x^2} + \frac{\partial^2 v}{\partial x\partial y} + \frac{\partial^2 w}{\partial x\partial z} = \frac{\partial\overline{\varepsilon}}{\partial x} \tag{4-6}$$

所以

$$\rho\frac{\partial^2 u}{\partial t^2} = (\lambda + G)\frac{\partial\overline{\varepsilon}}{\partial x} + G\nabla^2 u \tag{4-7}$$

其中

$$\nabla^2 u = \frac{\partial^2}{\partial x^2} + \frac{\partial^2}{\partial y^2} + \frac{\partial^2}{\partial z^2} \tag{4-8}$$

类似地，在式(4-2)和式(4-3)中通过适当的替换，可得到如下的关系：

$$\rho\frac{\partial^2 v}{\partial t^2} = (\lambda + G)\frac{\partial\overline{\varepsilon}}{\partial y} + G\nabla^2 v \tag{4-9 (a)}$$

$$\rho\frac{\partial^2 w}{\partial t^2} = (\lambda + G)\frac{\partial\overline{\varepsilon}}{\partial z} + G\nabla^2 w \tag{4-9 (b)}$$

现在，分别对式(4-6)、式(4-8)和式(4-9)的 x、y 和 z 求偏导，再把它们相加得

$$\rho\frac{\partial^2\overline{\varepsilon}}{\partial t^2} = (\lambda + G)\left(\nabla^2\overline{\varepsilon}\right) + G\left(\nabla^2\overline{\varepsilon}\right) = (\lambda + 2G)\nabla^2\overline{\varepsilon} \tag{4-10}$$

所以

$$\frac{\partial^2\overline{\varepsilon}}{\partial t^2} = \frac{\lambda + 2G}{\rho}\nabla^2\overline{\varepsilon} = v_p^2\nabla^2\overline{\varepsilon} \tag{4-11}$$

其中

$$v_p^2 = \sqrt{\frac{\lambda + 2G}{\rho}} \tag{4-12}$$

式中，$\overline{\varepsilon}$ 是体应变；v_p 是胀缩波速度；G 为弹性常数。

2) 扭转波或剪切波

式(4-9)(a)对 z 求偏导，而式(4-9)(b)对 y 求偏导，得

$$\rho\frac{\partial^2}{\partial t^2}\left(\frac{\partial v}{\partial z}\right) = (\lambda + G)\frac{\partial^2\overline{\varepsilon}}{\partial y\partial z} + G\nabla^2\frac{\partial v}{\partial z} \tag{4-13}$$

$$\rho\frac{\partial^2}{\partial t^2}\left(\frac{\partial w}{\partial y}\right) = (\lambda + G)\frac{\partial^2\overline{\varepsilon}}{\partial y\partial z} + G\nabla^2\frac{\partial w}{\partial y} \tag{4-14}$$

式(4-14)减去式(4-13)得到

$$\rho\frac{\partial^2\overline{w}_x}{\partial t^2} = G\nabla^2\overline{w}_x \tag{4-15}$$

或

$$\frac{\partial^2\overline{w}_x}{\partial t^2} = \frac{G}{\rho}\nabla^2\overline{w}_x = v_s^2\nabla^2\overline{w}_x \tag{4-16}$$

式中，v_s 是传播速度，$v_s = \sqrt{\dfrac{G}{\rho}}$。

式(4-16)代表了旋转波方程，使用相同的处理过程，可以得到类似式(4-16)的方程：

$$\rho \frac{\partial^2 \overline{w}_y}{\partial t^2} = G \nabla^2 \overline{w}_y \tag{4-17}$$

$$\rho \frac{\partial^2 \overline{w}_z}{\partial t^2} = G \nabla^2 \overline{w}_z \tag{4-18}$$

由以上推导可以看出：一切纵波，无论波长大小和波形如何，在弹性介质中都以疏密集散的形式或向前或向后传播，传播的速度为常数，仅与介质的弹性常数 λ、G 和密度 ρ 有关；一切横波，无论波长和波形如何，在弹性介质中都以剪应变的横向位移形式向前或向后传播，传播的速度为常数，仅与介质的弹性常数 G 和密度 ρ 有关。

扭转波或剪切波的传播速度 v_s 总是小于压缩波的传播速度 v_p。当岩石的泊松比 $\mu=1/3$ 时，$v_s/v_p=1/2$，这表明，此时横波传播速度大致是纵波传播速度的一半。在地震时，地震波中的纵波总是比横波先到达，根据测出的纵波与横波到达时间的间隔，可以推算震源与测定站的距离。

根据前人研究：在同样条件下，对于浅埋隧道来讲，SV 波作用下的衬砌动力响应总体上要大于 P 波入射的情况，这说明地震波中的剪切波是造成地下结构震害的主要因素。同时，波动频率也是影响隧道衬砌的动应力分布的重要因素之一，无论是 P 波还是 SV 波作用，随着波动频率的变化，隧道衬砌的动应力分布逐渐复杂化。

4.1.2　半无限弹性介质中地震波的传播

P 波和 SV 波在地表面会发生反射，尽管上行和下行的体波不会累加产生面波，但可能有在分界面陷落的不均匀波，其相长干涉将可能形成面波。存在于半无限弹性介质中的波主要以两种形式存在：瑞利波和勒夫波。由于瑞利波在传播时，引起质点在波的传播方向与表面层法向组成的平面内做逆进的椭圆运动，最大特点是振幅大，在地表以垂直运动为主；对于中浅埋隧道或深埋隧道洞口段的影响最大，往往造成的隧道震害也较严重。因此，下面主要介绍瑞利波的传播特性。

瑞利波存在于弹性半空间的界面附近。为了研究瑞利波，考虑平面便捷的弹性介质(图 4-2)，x-y 平面是弹性半空间的边界，z 向下为正。假定 u 和 w 分别表示 x 和 z 方向的位移并与 y 无关，所以

$$u = \frac{\partial \phi}{\partial x} + \frac{\partial \psi}{\partial z} \tag{4-19}$$

$$w = \frac{\partial \phi}{\partial z} - \frac{\partial \psi}{\partial x} \tag{4-20}$$

式中，ϕ 和 ψ 为两个势函数。

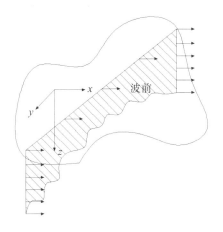

图 4-2　平面波通过一个有平面边界的弹性介质

体应变 $\bar{\varepsilon}$ 可表示为

$$\bar{\varepsilon} = \varepsilon_x + \varepsilon_y + \varepsilon_z = \frac{\partial u}{\partial x} + \frac{\partial v}{\partial y} + \frac{\partial w}{\partial z}$$

$$= \left(\frac{\partial^2 \phi}{\partial x^2} + \frac{\partial^2 \psi}{\partial x \partial z} \right) + (0) + \left(\frac{\partial^2 \phi}{\partial z^2} - \frac{\partial^2 \psi}{\partial x \partial z} \right) \qquad (4\text{-}21)$$

$$= \frac{\partial^2 \phi}{\partial x^2} + \frac{\partial^2 \phi}{\partial z^2} = \nabla^2 \phi$$

同样，在 x-z 平面的转动分量可表示为

$$2\bar{w}_y = \frac{\partial u}{\partial z} - \frac{\partial w}{\partial x} = \frac{\partial^2 \psi}{\partial x^2} + \frac{\partial^2 \psi}{\partial z^2} = \nabla^2 \psi \qquad (4\text{-}22)$$

将式(4-19)和式(4-20)代入式(4-6)得

$$\rho \frac{\partial^2}{\partial t^2} \left(\frac{\partial \phi}{\partial x} + \frac{\partial \psi}{\partial z} \right) = (\lambda + 2G) \frac{\partial}{\partial x} \left(\nabla^2 \phi \right) + G \nabla^2 \left(\frac{\partial \phi}{\partial x} + \frac{\partial \psi}{\partial z} \right) \qquad (4\text{-}23)$$

同样，将式(4-20)和式(4-21)代入式(4-9)，可以得到

$$\rho \frac{\partial}{\partial z} \left(\frac{\partial^2 \phi}{\partial t^2} \right) - \rho \frac{\partial}{\partial x} \left(\frac{\partial^2 \psi}{\partial t^2} \right) = (\lambda + 2G) \frac{\partial}{\partial z} \left(\nabla^2 \phi \right) - G \frac{\partial}{\partial x} (\nabla^2 \psi) \qquad (4\text{-}24)$$

如果

$$\rho \left(\frac{\partial^2 \phi}{\partial t^2} \right) = (\lambda + 2G) \nabla^2 \phi \ \text{或} \ \frac{\partial^2 \phi}{\partial t^2} = \left(\frac{\lambda + 2G}{\rho} \right) \nabla^2 \phi = v_p^2 \nabla^2 \phi \qquad (4\text{-}25)$$

且

$$\rho \left(\frac{\partial^2 \psi}{\partial t^2} \right) = G \nabla^2 \psi \ \text{或} \ \frac{\partial^2 \psi}{\partial t^2} = \frac{G}{\rho} \nabla^2 \psi = v_s^2 \nabla^2 \psi \qquad (4\text{-}26)$$

则式(4-24)和式(4-25)得到满足。

现在考虑一个正弦波沿 x 正向传播，令 ϕ 和 ψ 的表达式为

$$\phi = F(z) \exp[\mathrm{i}(wt - fx)] \qquad (4\text{-}27)$$

$$\psi = G(z) \exp[\mathrm{i}(wt - fx)] \qquad (4\text{-}28)$$

式中，$F(z)$ 和 $G(z)$ 是深度函数。

$$f = \frac{2\pi}{\text{波长}} \qquad (4\text{-}29)$$

$$\mathrm{i} = \sqrt{-1} \qquad (4\text{-}30)$$

将式(4-27)代入式(4-25)得

$$\left(\frac{\partial^2}{\partial t^2} \right) \{F(z) \exp[\mathrm{i}(wt - fx)]\} = v_p^2 \Delta^2 \{F(z) \exp[\mathrm{i}(wt - fx)]\}$$

或

$$-w^2 F(z) = v_p^2 \left[F''(z) - f^2 F(z) \right] \qquad (4\text{-}31)$$

同样，将式(4-28)代入式(4-26)得

$$-w^2 G(z) = v_p^2 \left[G''(z) - f^2 G(z) \right] \qquad (4\text{-}32)$$

式中，

$$F''(z) = \frac{\partial^2 F(z)}{\partial z^2} \qquad (4\text{-}33)$$

$$G''(z) = \frac{\partial^2 G(z)}{\partial z^2} \qquad (4\text{-}34)$$

式(4-31)和式(4-32)可以表示为

$$F''(z) - q^2 F(z) = 0 \tag{4-35}$$

$$G''(z) - s^2 G(z) = 0 \tag{4-36}$$

式中，

$$q^2 = f^2 - \frac{w^2}{v_p^2} \tag{4-37}$$

$$s^2 = f^2 - \frac{w^2}{v_s^2} \tag{4-38}$$

式(4-33)和式(4-34)的解为

$$F(z) = A_1 \mathrm{e}^{-qz} + A_2 \mathrm{e}^{qz} \tag{4-39}$$

和

$$G(z) = B_1 \mathrm{e}^{-sz} + B_2 \mathrm{e}^{sz} \tag{4-40}$$

式中，A_1、A_2、B_1、B_2 是常数。

从式(4-39)和式(4-40)可以看出 A_2 和 B_2 必须为 0，否则 $F(z)$ 和 $G(z)$ 随深度增加而趋向无穷大，这种情况在此不加以考虑。当 A_2 和 B_2 为 0 时，

$$F(z) = A_1 \mathrm{e}^{-qz} \tag{4-41}$$

$$G(z) = B_1 \mathrm{e}^{-sz} \tag{4-42}$$

将式(4-27)式(4-41)及式(4-28)和式(4-42)合并得

$$\phi = \left(A_1 \mathrm{e}^{-qz} \right) \left[\mathrm{e}^{\mathrm{i}(wt-fx)} \right] \tag{4-43}$$

和

$$\psi = \left(B_1 \mathrm{e}^{-sz} \right) \left[\mathrm{e}^{\mathrm{i}(wt-fx)} \right] \tag{4-44}$$

上两式边界条件为：当 $z = 0$ 时，$\sigma_z = 0$，$\tau_{zx} = 0$，$\tau_{zy} = 0$，据式 $\sigma_z = \lambda \bar{\varepsilon} + 2G\varepsilon_z$ 得

$$\sigma_{z(z=0)} = \lambda \bar{\varepsilon} + 2G\varepsilon_z = \lambda \bar{\varepsilon} + 2G\left(\frac{\partial w}{\partial z} \right) = 0 \tag{4-45}$$

合并式(4-20)、式(4-21)、式(4-43)、式(4-45)，可得

$$A_1 \left[(\lambda + 2G)q^2 - \lambda f^2 \right] - 2\mathrm{i}B_1 Gfs = 0 \tag{4-46}$$

或

$$\frac{A_1}{B_1} = \frac{2\mathrm{i}Gfs}{(\lambda + 2G)q^2 - \lambda f^2} \tag{4-47}$$

同样，

$$\tau_{zx(z=0)} = G\gamma_{zx} = G\left(\frac{\partial w}{\partial x} + \frac{\partial u}{\partial z} \right) = 0 \tag{4-48}$$

将式(4-19)、式(4-20)、式(4-43)、式(4-44)式(4-47)合并得

$$2\mathrm{i}A_1 fq + \left(s^2 + f^2 \right) B_1 = 0$$

或

$$\frac{A_1}{B1} = \frac{-\left(s^2 + f^2 \right)}{2\mathrm{i}fq} \tag{4-49}$$

令式(4-47)式(4-49)的右边相等得

$$\frac{2\mathrm{i}Gfs}{(\lambda + 2G)q^2 - \lambda f^2} = \frac{-\left(s^2 + f^2 \right)}{2\mathrm{i}fq}$$

$$4Gf^2sq = \left(s^2 + f^2\right)\left[\left(\lambda + 2G\right)q^2 - \lambda f^2\right]$$

或

$$16G^2f^4s^2q^2 = \left(s^2 + f^2\right)^2\left[\left(\lambda + 2G\right)q^2 - \lambda f^2\right]^2 \tag{4-50}$$

代换掉 q 和 s。然后式(4-50)两边除以 $G^2 f^8$，得到

$$16\left(1 - \frac{w^2}{v_p^2 f^2}\right)\left(1 - \frac{w^2}{v_s^2 f^2}\right) = \left[2 - \left(\frac{\lambda + 2G}{G}\right)\frac{w^2}{v_p^2 f^2}\right]^2\left(2 - \frac{w^2}{v_s^2 f^2}\right)^2 \tag{4-51}$$

根据式(4-29)，有

$$波长 = \frac{2\pi}{f} \tag{4-52}$$

然而，

$$波长 = \frac{波速}{\dfrac{w}{2\pi}} = \frac{v_r}{\dfrac{w}{2\pi}} \tag{4-53}$$

式中，v_r 是瑞利波速度。

由式(4-52)和式(4-53)得

$$\frac{2\pi}{f} = \frac{2\pi v_r}{w} \text{ 或 } f = \frac{w}{v_r} \tag{4-54}$$

$$\frac{w^2}{v_p^2 f^2} = \frac{w^2}{v_p^2 \dfrac{w^2}{v_r^2}} = \frac{v_r^2}{v_p^2} = \alpha^2 V^2 \tag{4-55}$$

同样，

$$\frac{w^2}{v_s^2 f^2} = \frac{w^2}{v_s^2 \dfrac{w^2}{v_r^2}} = \frac{v_r^2}{v_s^2} = \alpha^2 V^2 \tag{4-56}$$

其中

$$\alpha^2 = \frac{v_s^2}{v_p^2} \tag{4-57}$$

然而，$v_p^2 = \dfrac{\lambda + 2G}{\rho}$ 和 $v_s^2 = \dfrac{G}{\rho}$，则

$$\alpha^2 = \frac{v_s^2}{v_p^2} = \frac{G}{\lambda + 2G} \tag{4-58}$$

α^2 也可以由泊松比表示，由 $\mu = \dfrac{\lambda}{2(\lambda + G)}$ 得

$$\lambda = \frac{2\mu G}{1 - 2\mu} \tag{4-59}$$

将上述关系代入式(4-58)得

$$\alpha^2 = \frac{v_s^2}{v_p^2} = \frac{G}{\dfrac{2\mu G}{1 - 2\mu} + 2G} = \frac{(1 - 2\mu)G}{2\mu G + 2G - 4\mu G} = \frac{1 - 2\mu}{2 - 2\mu} \tag{4-60}$$

再将式(4-55)、式(4-56)和式(4-58)代入式(4-51)得

$$16\left(1 - \alpha^2 V^2\right)\left(1 - V^2\right) = \left(2 - V^2\right)^2\left(2 - V^2\right)^2$$

或

$$V^6 - 8V^4 - \left(16\alpha^2 - 24\right)V^2 - 16\left(1 - \alpha^2\right) = 0 \tag{4-61}$$

式(4-61)为 V^2 的三次方程，V 为系数，$V=v_r/v_s$，r 和 s 为下标，给定一个泊松比值，可以找到相应的 $V^{2①}$ 的值；所以，同样地可以用 v_p 或 v_s 表示 v_r 值。

根据以上推导，可以发现瑞利波在地表的传播具有如下的特征：①随着距自由边界的法向距离增大而迅速减弱，如图 4-3 所示；②由于瑞利波主要在弹性体表面传播，并不深入内部，振幅等衰减较慢，影响范围随着距波源的距离增大而增加，其为相对于其他各种波的优势。

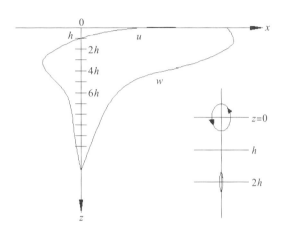

图 4-3　瑞利波在地表的传播特征(傅淑芳，1991)

4.1.3　地震波在岩土介质中的传播特点

地震波在岩土介质中的传播特点概括起来，主要有以下几个。

(1)只有体波才可以在自由的各向同性体中传播。有两种体波：P 波和 S 波。P 波是无旋的，或是膨胀波，它只产生体积变形，不产生剪切变形。P 波传播时引起的质点运动方向和波的运动方向平行。S 波是剪切波，它只引起剪切变形不引起体积变形。S 波传播时引起的质点运动方向和波的运动方向垂直。

(2)波的传播速度依赖传播材料的硬度和密度。因为地质材料的体积压缩强度比剪切强度要大，所以 P 波比 S 波传播得快。

(3)地球的表面是应力自由面，斜体波的交互作用能够产生面波。面波的运动集中在地表附近较浅的地区。

(4)瑞利波是地震工程学中最重要的面波。在均匀弹性半空间体中，瑞利波的传播速度比 S 波稍慢，它能以倒退的椭圆形式产生竖向和横向的质点运动。

(5)深度和频率对瑞利波传播的影响是反向的，低频率瑞利波能在深处传播，高频率瑞利波只在较浅地表传播。因而，瑞利波对浅埋地下结构会产生较大影响，在研究中应进行单独考虑。

(6)体波的传播速度随着深度的增加而增加，就像它们在地壳中传播一样。瑞利波的速度依赖频率。低频瑞利波会在深处坚硬的材料中传播，它比高频瑞利波传播得快。这种波速依赖频率的波被认为是弥散波。

(7)当体波垂直传向一个固定边界时，波就会完全反射回来，沿着相反的方向传播。零位移边界条件要求边界处应力是其他地方的两倍。当体波垂直传向应力自由边界时，波就会被反射成一种反极性的波，沿着同样的方向传播。零应力边界条件要求质点在边界处的位移是其他地方的两倍。

(8)当体波垂直传到一般的两种材料的界面时，一部分被反射，另一部分穿过边界传播出去。波传播

---

① 式中，$V=w/(v_sf)$。

的状态是由边界两边材料的物阻比决定的。物阻比决定反射波和折射波的振幅和极性。

(9) 当体波不是垂直传到一般的两种材料的界面时，一部分被反射，另一部分折射。如果质点的运动方向和边界平行，反射波和折射波就和入射波是同一种类型的波。如果不是，就会产生新类型的波。例如，如果入射波是 P 波，反射波就会有 P 波和 SV 波，折射波也会有 P 波和 SV 波。

(10) 当入射波穿过一系列的软弱水平层向上传播时，折射波线就会越来越接近垂直于边界。

(11) 当应力波在地壳中传播时振幅会衰减。导致衰减的原因主要有两个：第一，材料阻尼，是因为材料吸收了波的能量；第二，辐射阻尼，是因为波在更大体积的材料中传播。

(12) 影响应力波传播的主要地质因素是从震源到观测点之间的广大范围地质体的综合耗能机制，地质体中的节理、裂隙、夹层、断层等地质构造对应力波的反射、折射及产生不可恢复的永久变形而吸收能量，在地质体的耗能机制中起主要作用。

4.2　弹性半空间界面 P 波和 SV 波的反射和折射

隧道及地下结构的抗震设计一直是地震工程领域里的重要内容。研究弹性波在弹性半空间中界面附近的圆形衬砌周围的反射、折射及动应力集中问题，无论在理论上还是在工程实际应用上，都具有十分重要的意义。

考虑耦合波 $P(\varphi_1)$ 波和 $SV(\psi_3)$ 波同时入射到两个不同的物质特性的弹性半空间界面，如图 4-4 所示。此时，除了仍然产生反射 $P(\varphi_2)$ 波和 $SV(\psi_3)$ 波外，还产生了折射 $P(\varphi')$ 波和折射 $SV(\psi')$ 波。折射波是在介质特性为 λ'、μ'、ρ' 的 $z<0$ 的半空间传播。对于入射波和反射波，方程仍然成立，对于 $z<0$ 时的折射波，有

$$\varphi' = A_{\varphi'}\varphi'^{e}; \quad \psi' = A_{\psi'}\psi'^{e} \tag{4-62}$$

式中，$A_{\varphi'}$ 和 $A_{\psi'}$ 是波的振幅，且有

$$\varphi'^{e} = \exp\left[ik_d'\left(l_\alpha'x - n_\alpha'z - c_d't\right)\right]$$

$$\psi'^{e} = \exp\left[ik_s'\left(l_\beta'x - n_\beta'z - c_s't\right)\right]$$

式中，$k_d' = w/c_d'$，$k_s' = w/c_s'$，而 α' 和 β' 分别为折射波 φ' 和 ψ' 的折射角，它们也是从 z 轴开始测量的。

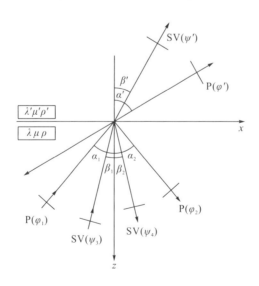

图 4-4　入射、反射和折射 P 波及 SV 波

式(4-62)中的方向余弦为

$$l_{\alpha'} = \sin\alpha'; n_{\alpha'} = \cos\alpha'; l_{\beta'} = \sin\beta'; n'_{\beta} = \cos\beta'$$

假定两个半空间在 $z=0$ 处密接，因而在 $z=0$ 处的位移和应力必定连续，即

$$u = u'; w = w'; \sigma_z = \sigma'_z; \sigma_{zx} = \sigma'_{zx} \tag{4-63}$$

把这些方程中的带有下标 1 和 3 的项用式中的 φ' 和 ψ' 写出，则得

$$
\begin{aligned}
& k_d\left\{l_1 A_1 \exp\left[\mathrm{i}k_d\left(l_1 x - c_d t\right)\right] + l_2 A_2 \exp\left[\mathrm{i}k_d\left(l_2 x - c_d t\right)\right]\right\} \\
& + k_s\left\{n_3 A_3 \exp\left[\mathrm{i}k_s\left(l_3 x - c_s t\right)\right] - n_4 A_4 \exp\left[\mathrm{i}k_s\left(l_4 x - c'_s t\right)\right]\right\} \\
& = k'_d l_{\alpha'} A_{\psi'} \exp\left[\mathrm{i}k'_d\left(l_{\alpha'} x - c'_d t\right)\right] + k'_s n_\beta \exp\left[\mathrm{i}k'_s\left(l'_\beta x - c'_s t\right)\right] \\
& - k_d\left\{n_1 A_1 \exp\left[\mathrm{i}k_d\left(l_1 x - c_d t\right)\right] + n_2 A_2 \exp\left[\mathrm{i}k_d\left(l_2 x - c_d t\right)\right]\right\} \\
& + k_s\left\{l_3 A_3 \exp\left[\mathrm{i}k_s\left(l_3 x - c_s t\right)\right] - l_4 A_4 \exp\left[\mathrm{i}k_s\left(l_4 x - c'_s t\right)\right]\right\} \\
& = -k'_d n_{\alpha'} A_{\psi'} \exp\left[\mathrm{i}k'_d\left(l_{\alpha'} x - c'_d t\right)\right] + k'_s l_\beta \exp\left[\mathrm{i}k'_s\left(l'_\beta x - c'_s t\right)\right] \\
& - k_d{}^2\left\{\left(\lambda + 2\mu n_1^2\right) A_1 \exp\left[\mathrm{i}k_d\left(l_1 x - c_d t\right)\right] + \left(\lambda + 2\mu n_2^2\right) A_2 \exp\left[\mathrm{i}k_d\left(l_2 x - c_d t\right)\right]\right\} \\
& + 2\mu k_s^2\left\{l_3 n_3 A_3 \exp\left[\mathrm{i}k_s\left(l_3 - c_s t\right)\right] - l_4 n_4 A_4 \exp\left[\mathrm{i}k_s\left(l_4 x - c_s t\right)\right]\right\} \\
& = -k'_d{}^2\left\{\left(\lambda' + 2\mu' n_1^2\right) A_{\psi'} \exp\left[\mathrm{i}k'_d\left(l_{\alpha'} x - c'_d t\right)\right] + 2\mu' k'_s l_{\beta'} n_{\beta'} A_{\psi'} \exp\left[\mathrm{i}k'_s\left(l_{\beta'} x - c'_s t\right)\right]\right\} \\
& + 2\mu k_d{}^2\left\{l_1 n_1 A_1 \exp\left[\mathrm{i}k_d\left(l_1 x - c_d t\right)\right] - l_2 n_2 A_2 \exp\left[\mathrm{i}k_d\left(l_2 x - c_d t\right)\right]\right\} \\
& - k_s^2\left\{\left(l_3^2 - n_3^2\right) A_3 \exp\left[\mathrm{i}k_s\left(l_3 x - c_s t\right)\right] + \left(l_4{}^2 - n_4{}^2\right) A_4 \exp\left[\mathrm{i}k_s\left(l_4 x - c_s t\right)\right]\right\} \\
& = \mu'\left\{2k'_d l_{\alpha'} n_{\alpha'} A_{\alpha'} \exp\left[\mathrm{i}k'_d\left(l_{\alpha'} x - c_d t\right)\right] - k'_s{}^2\left(l_{\beta'}{}^2 - n_{\beta'}{}^2 A_{\psi'} \exp\left[\mathrm{i}k'_s\left(l_{\beta'} x - c_s t\right)\right]\right)\right\}
\end{aligned} \tag{4-64}
$$

要使上面方程组对反射系数和透射系数的解与 x 和 t 无关，则必须满足

$$\alpha_1 = \alpha_2 = \alpha; \beta_1 = \beta_2 = \beta; k = k_d\sin\alpha = k_s\sin\beta = kd'\sin\alpha' = ks'\sin\beta' \tag{4-65(a)}$$

应当注意，因为在这些波中的共同频率为 $w = k_d c_d = k_s c_s = k'_d c'_d = k'_s c'_s$，则式[4-65(a)]的第三式包含了折射定律：

$$c = \frac{c_d}{\sin\alpha} = \frac{c_s}{\sin\beta} = \frac{c_d}{\sin\alpha'} = \frac{c_s}{\sin\beta'} \tag{4-65(b)}$$

在上述这些条件下，式(4-64)可以简化为

$$
\begin{aligned}
& A_1 + A_2 + \cot\beta\left(A_3 + A_4\right) = A_{\varphi'} + \cot\beta' \cdot A_{\psi'} \\
& \cot\alpha\left(A_1 - A_2\right) - \left(A_3 + A_4\right) = \cot\alpha' \cdot A_{\varphi'} - A_{\psi'} \\
& \mu\left[\left(\cot^2\beta - 1\right)\left(A_1 + A_2\right) - 2\cot\beta\left(A_3 - A_4\right)\right] = \mu'\left[\left(\cot^2\beta' - 1\right) A_{\varphi'} - 2\cot^2\beta' \cdot A_{\psi'}\right] \\
& \mu\left[2\cot^2\left(A_1 - A_2\right) + \left(\cot^2\beta - 1\right)\left(A_3 + A_4\right)\right] = \mu'\left[\left(\cot^2\alpha' A_{\varphi'} - \left(\cot^2\beta' - 1\right) \cdot A_{\psi'}\right]\right.
\end{aligned} \tag{4-66}
$$

其中，

$$\cot\alpha = \left[\left(c/c_d\right)^2 - 1\right]^{1/2}; \cot\beta = \left[\left(c/c_s\right)^2 - 1\right]^{1/2}$$

$$\cot\alpha' = \left[\left(c/c'_d\right)^2 - 1\right]^{1/2}; \cot\beta' = \left[\left(c/c'_s\right)^2 - 1\right]^{1/2}$$

只要确定了入射波是 P 波还是 SV 波，就可根据式(4-65)计算出相应的反射系数和透射系数，为了求出这类解，不妨假设：

$$
\begin{aligned}
& A_1 + A_2 = P; A_3 - A_4 = Q \\
& A_1 - A_2 = R; A_3 + A_4 = S
\end{aligned} \tag{4-67}
$$

现由式(4-66)的第一式和第三式解出 P 或 Q，由式(4-66)的第二式和第四式解出 R 和 S，即得：

$$P = p_1 A_{\varphi'} + q_1 A_{\psi'}; Q = p_2 A_{\varphi'} + q_2 A_{\psi'}$$
$$R = p_3 A_{\varphi'} + q_3 A_{\psi'}; S = p_4 A_{\varphi'} + q_4 A_{\psi'}$$

(4-68)

其中，

$$p_1 = \frac{e}{d}; q_1 = \frac{f \cot \beta'}{d}; p_2 = \frac{g}{d \cot \beta}; q_2 = \frac{h \cot \beta'}{d \cot \beta}$$

$$p_3 = \frac{h \cot \alpha'}{d \cot \alpha}; q_3 = \frac{-g}{d \cot \alpha}; p_4 = -\frac{f \cot \alpha'}{d}; q_4 = p_1$$

而

$$d = \mu(b+2); e = 2\mu + \mu'b; f = 2(\mu - \mu')$$
$$g = \mu b - \mu'b'; h = 2\mu' + \mu b$$
$$b = \cot^2 \beta - 1; b' = \cot^2 \beta' - 1$$

现假定 $P(\varphi_1)$ 波入射到界面上，则可令式(4-67)中 $A_3=0$，且把式(4-67)代入式(4-68)，得

$$\frac{A_4}{A_1} + p_2 \frac{A_{\varphi'}}{A_1} + q_2 \frac{A_{\psi'}}{A_1} = 0$$

$$\frac{A_2}{A_1} + p_3 \frac{A_{\varphi'}}{A_1} + q_3 \frac{A_{\psi'}}{A_1} = 1$$

(4-69)

$$-\frac{A_4}{A_1} + p_4 \frac{A_{\varphi'}}{A_1} + q_4 \frac{A_{\psi'}}{A_1} = 0$$

方程的位移反射系数解为

$$\frac{A_2}{A_1} = \left[(p_1 - p_2)(q_2 + q_4) - (p_2 + p_4)(q_1 - q_3) \right] / D$$

4-70(a)

$$\frac{A_4}{A_1} = 2(p_4 q_2 - p_2 q_4) / D$$

4-70(b)

而位移透射系数为

$$\frac{A_{\varphi'}}{A_1} = 2(q_2 + q_4) / D$$

4-70(c)

$$\frac{A_{\psi'}}{A_1} = -2(p_2 + q_4) / D$$

4-70(d)

其中，$D = (p_1 + p_3)(q_2 + q_4) - (p_2 + p_4)(q_1 + q_3)$，图4-5表示了 $P(\varphi_1)$ 入射界面后的波系。

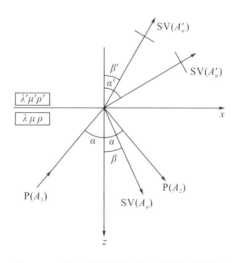

图4-5　P波入射到固体-固体界面时的波系

假定 SV(ψ_3) 波入射到界面上，则可在式 (4-67) 中令 $A_1=0$，把式 (4-67) 代入式 (4-68)，导出与式 (4-69) 相似的一组方程，并解出位移反射系数和位移透射系数为

$$\frac{A_2}{A_3} = 2\left(p_3 q_1 - p_1 q_3\right)/D \tag{4-71(a)}$$

$$\frac{A_4}{A_3} = \left[\left(p_2 - p_4\right)\left(q_1 + q_3\right) - \left(p_1 + p_3\right)\left(q_2 - q_4\right)\right]/D \tag{4-71(b)}$$

$$\frac{A_{\varphi'}}{A_1} = -2\left(q_1 + q_3\right)/D \tag{4-71(c)}$$

$$\frac{A_{\psi'}}{A_3} = 2\left(p_1 + p_3\right)/D \tag{4-71(d)}$$

除了用以 β 角入射的 SV(A_3) 代替以 α 角入射的 P(A_1) 以外，这个波的图与 SH 在自由面的反射图完全一样。

根据上述公式推导得出，P 波、SV 波的反射和折射与入射角度有相当大的关系；从隧道及地下结构的现场震害调查和分析可以得出，隧道震害对于地震波的入射方向或角度十分敏感，入射方向或角度的微小变化均可能导致隧道结构各部分的应力和变形有明显的不同。

4.3　单洞圆形隧道衬砌 P 波和 SV 波应力级数解

震害调查表明，受到地震破坏的主要是中、浅埋的隧道及地下结构，属半空间问题。对于半无限域，入射地震波在其自身传播的途径上遇到地表自由面时，发生折射和反射，并且每一种类型的波又产生出两类反射波。同时，从介质和衬砌交界面上反射回来的波也将在地表面上发生反射，使问题复杂化。因此，本节针对含有圆形衬砌隧道的半无限空间，通过大圆弧假定，采用波函数展开法，推导出半无限空间单洞圆形衬砌隧道的动应力级数解；利用衬砌周边的位移、应力边界条件，将 P 波或 SV 波作用下圆形衬砌隧道地震动力响应问题归结为对一组无穷代数方程组的求解；结合不同的围岩条件、隧道埋深、衬砌刚度、地震波频率及入射角度等对隧道的地震动应力响应进行初步探讨。

4.3.1　计算模型

如图 4-6 所示，半空间中的圆形衬砌隧道，埋深为 H，衬砌的内外半径分别为 R_1 和 R_2。半空间介质和衬砌介质均假设为弹性、均匀、各向同性，它们的性质分别由拉梅常数 λ_s 和 λ_1、μ_s 和 μ_1 确定，相应的纵波和横波波速分别为 $c_{\alpha s}$ 和 $c_{\alpha 1}$ 及 $c_{\beta s}$ 和 $c_{\beta 1}$，其中 1 代表衬砌，s 代表半空间，α 代表纵波，即压(拉)波；β 代表横波，即剪切波，以下相同。为便于问题求解，采用一半径非常大的圆弧来模拟半空间表面。研究表明，随着大圆弧半径 $R=b$ 的逐渐增大，解将趋于精确解。

1. 自由场

(1) P 波入射情况：频率为 ω 的平面 P 波以角度 θ_α 入射，在 O_1 坐标系中入射 P 波和反射 P 波及反射 SV 波势函数可以分别表示为如下级数形式：

$$\phi^{(i+r)}\left(r_1, \theta_1\right) = \sum_{n=0}^{\infty} J_n\left(k_{s\alpha} r_1\right)\left(A_{0,n} \cos n\theta_1 + B_{0,n} \sin n\theta_1\right)$$

$$\psi^{(r)}\left(r_1, \theta_1\right) = \sum_{n=0}^{\infty} J_n\left(k_{s\beta} r_1\right)\left(C_{0,n} \sin n\theta_1 + D_{0,n} \cos n\theta_1\right) \tag{4-72}$$

式中，$k_{s\alpha} = \omega / c_{\alpha s}$ 为纵波波数；$k_{s\beta} = \omega / c_{\beta s}$ 为横波波数；$J_n(x)$ 为第一类贝塞尔（Bessel）函数，时间因子 $\exp(-i\omega t)$ 已略去。

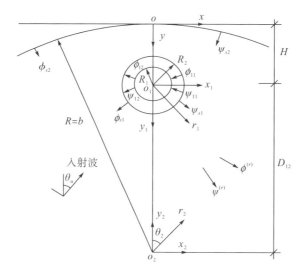

图 4-6　计算模型

式（4-72）中系数为

$$\begin{Bmatrix} A_{0,n} \\ B_{0,n} \end{Bmatrix} = \varepsilon_n i^n \begin{Bmatrix} \cos n\theta_\alpha \\ \sin n\theta_\alpha \end{Bmatrix} \left[\pm(-1)^n \exp\left(-ik_{s\alpha}h\cos\theta_\alpha\right) + k_1 \exp\left(ik_{s\alpha}h\cos\theta_\alpha\right) \right]$$

$$\begin{Bmatrix} C_{0,n} \\ D_{0,n} \end{Bmatrix} = \varepsilon_n i^n k_2 \begin{Bmatrix} \sin n\theta_\beta \\ \cos n\theta_\beta \end{Bmatrix} \exp\left(ik_{s\beta}h\cos\theta_\beta\right)$$

(4-73)

式中，i 为虚数单位；当 $n=0$ 时，$\varepsilon_n=1$；当 $n \geq 1$ 时，$\varepsilon_n=2$；θ_β 为反射 SV 波的反射角；θ_α 和 θ_β 满足 $\sin\theta_\alpha / c_{\alpha s} = \sin\theta_\beta / c_{\beta s}$；$k_1$ 和 k_2 为反射系数：

$$k_1 = \frac{\sin 2\theta_\alpha \sin 2\theta_\beta - \left(c_{\alpha s}/c_{\beta s}\right)^2 \cos^2 2\theta_\beta}{\sin 2\theta_\alpha \sin 2\theta_\beta + \left(c_{\alpha s}/c_{\beta s}\right)^2 \cos^2 2\theta_\beta}$$

$$k_2 = \frac{-2\sin 2\theta_\alpha \cos 2\theta_\beta}{\sin 2\theta_\alpha \sin 2\theta_\beta + \left(c_{\alpha s}/c_{\beta s}\right)^2 \cos^2 2\theta_\beta}$$

(4-74)

（2）SV 波入射情况：频率为 ω 的平面 SV 波以角度 θ_β 入射，在 O_1 坐标系中入射 SV 波和反射 SV 波及反射 P 波势函数可以分别表示为如下级数形式：

$$\psi^{(i+r)}\left(r_1,\theta_1\right) = \sum_{n=0}^{\infty} J_n\left(k_{s\beta}r_1\right)\left(C_{0,n}\sin n\theta_1 + D_{0,n}\cos n\theta_1\right)$$

$$\phi^{(r)}\left(r_1,\theta_1\right) = \sum_{n=0}^{\infty} J_n\left(k_{s\alpha}r_1\right)\left(A_{0,n}\cos n\theta_1 + B_{0,n}\sin n\theta_1\right)$$

(4-75)

式中，

$$\begin{Bmatrix} A_{0,n} \\ B_{0,n} \end{Bmatrix} = \varepsilon_n i^n \begin{Bmatrix} \sin n\theta_\beta \\ \cos n\theta_\beta \end{Bmatrix} \left[\pm(-1)^n \exp\left(-ik_{s\beta}h\cos\theta_\beta\right) \right.$$
$$\left. + k_2 \exp\left(ik_{s\beta}h\cos\theta_\beta\right) \right]$$

$$\begin{Bmatrix} C_{0,n} \\ D_{0,n} \end{Bmatrix} = \varepsilon_n i^n \begin{Bmatrix} \cos n\theta_\alpha \\ \sin n\theta_\alpha \end{Bmatrix} k_1 \exp\left(ik_{s\alpha}h\cos\theta_\alpha\right)$$

(4-76)

$$k_1 = \frac{2\left(c_{\alpha s} / c_{\beta s}\right)^2 \sin 2\theta_\beta \cos 2\theta_\beta}{\sin 2\theta_\alpha \sin 2\theta_\beta + \left(c_{\alpha s} / c_{\beta s}\right)^2 \cos^2 2\theta_\beta}$$

$$k_2 = \frac{\sin 2\theta_\alpha \sin 2\theta_\beta - \left(c_{\alpha s} / c_{\beta s}\right)^2 \cos^2 2\theta_\beta}{\sin 2\theta_\alpha \sin 2\theta_\beta + \left(c_{\alpha s} / c_{\beta s}\right)^2 \cos^2 2\theta_\beta}$$

$$(4\text{-}77)$$

对于 SV 波入射，存在临界角 $\theta_{cr} = \sin^{-1}\left(c_{\beta s} / c_{\alpha s}\right)$。当入射角大于临界角，即 $\theta_\beta > \theta_{cr}$ 时，反射 P 波 $\phi^{(r)}\left(r_1, \theta_1\right)$ 中的系数表示应采用如下形式：

$$A_{0,n} = \frac{1}{N} \sum_{l=0}^{2N-1} \phi\left(r_1, \frac{pl}{N}\right) \cos\left(\frac{pl}{N} n\right) / J_n\left(k_{s\alpha} r_1\right)$$

$$B_{0,n} = \frac{1}{N} \sum_{l=0}^{2N-1} \phi\left(r_1, \frac{pl}{N}\right) \sin\left(\frac{pl}{N} n\right) / J_n\left(k_{s\alpha} r_1\right)$$

$$(4\text{-}78)$$

2. 散射场

为便于问题求解，本节采用一个半径非常大的圆弧来模拟半空间表面。研究表明，随着大圆弧半径 $R=b$ 的逐渐增大，解答将趋于精确解。

圆形隧道衬砌中存在由衬砌与半空间交界面引起的散射 P 波 $\phi_{11}\left(r_1, \theta_1\right)$ 和散射 SV 波 $\psi_{11}\left(r_1, \theta_1\right)$，以及衬砌内表面引起的散射 P 波 $\phi_{12}\left(r_1, \theta_1\right)$ 和散射 SV 波 $\psi_{12}\left(r_1, \theta_1\right)$，可分别表示成级数形式：

$$\phi_{11}\left(r_1, \theta_1\right) = \sum_{n=0}^{\infty} J_n\left(k_{1\alpha} r_1\right)\left(A_{11,n}^{(1)} \cos n\theta_1 + B_{11,n}^{(1)} \sin n\theta_1\right)$$

$$\psi_{11}\left(r_1, \theta_1\right) = \sum_{n=0}^{\infty} J_n\left(k_{1\beta} r_1\right)\left(C_{11,n}^{(1)} \sin n\theta_1 + D_{11,n}^{(1)} \cos n\theta_1\right)$$

$$\phi_{12}\left(r_1, \theta_1\right) = \sum_{n=0}^{\infty} H_n^1\left(k_{1\alpha} r_1\right)\left(A_{12,n}^{(1)} \cos n\theta_1 + B_{12,n}^{(1)} \sin n\theta_1\right)$$

$$\psi_{12}\left(r_1, \theta_1\right) = \sum_{n=0}^{\infty} H_n^1\left(k_{1\beta} r_1\right)\left(C_{12,n}^{(1)} \sin n\theta_1 + D_{12,n}^{(1)} \cos n\theta_1\right)$$

$$(4\text{-}79)$$

式中，$J_n(x)$ 为第一类贝塞尔函数，$H_n^{(1)}(x)$ 为汉克尔（Hankel）函数；$k_{1\alpha} = \omega / c_{\alpha 1}$ 和 $k_{1\beta} = \omega / c_{\beta 1}$ 分别为衬砌介质中 P 波和 SV 波的波数。

在衬砌介质中 P 波和 SV 波的表达式是完备的，通过坐标转换可以将 $\phi_{s2}\left(r_2, \theta_2\right)$ 和 $\psi_{s2}\left(r_2, \theta_2\right)$ 转换成坐标系 r_1-θ_1 中的贝塞尔级数形式，而在坐标系 r_1-θ_1 中的 $J_n\left(k_{s\alpha} r_1\right)$ 和 $H_n^{(1)}\left(k_{s\alpha} r_1\right)$ 为波动方程解的一组基函数。

半空间中存在由衬砌与半空间交界面而产生的散射 P 波 $\phi_{s1}\left(r_1, \theta_1\right)$ 和散射 SV 波 $\psi_{s1}\left(r_1, \theta_1\right)$，以及因大圆弧假定而产生的散射 P 波 $\phi_{s2}\left(r_2, \theta_2\right)$ 和散射 SV 波 $\psi_{s2}\left(r_2, \theta_2\right)$，它们可分别表示成如下级数形式：

$$\phi_{s1}\left(r_1, \theta_1\right) = \sum_{n=0}^{\infty} H_n^{(1)}\left(k_{s\alpha} r_1\right)\left(A_{s1,n}^{(1)} \cos n\theta_1 + B_{s1,n}^{(1)} \sin n\theta_1\right)$$

$$\psi_{s1}\left(r_1, \theta_1\right) = \sum_{n=0}^{\infty} H_n^{(1)}\left(k_{s\beta} r_1\right)\left(C_{s1,n}^{(1)} \sin n\theta_1 + D_{s1,n}^{(1)} \cos n\theta_1\right)$$

$$\phi_{s2}\left(r_2, \theta_2\right) = \sum_{m=0}^{\infty} J_m\left(k_{s\alpha} r_2\right)\left(A_{s2,m}^{(2)} \cos m\theta_2 + B_{s2,m}^{(2)} \sin m\theta_2\right)$$

$$\psi_{s2}\left(r_2, \theta_2\right) = \sum_{m=0}^{\infty} J_m\left(k_{s\beta} r_2\right)\left(C_{s2,m}^{(2)} \sin m\theta_2 + D_{s2,m}^{(2)} \cos m\theta_2\right)$$

$$(4\text{-}80)$$

式中，$k_{s\alpha} = \omega / c_{\alpha s}$ 和 $k_{s\beta} = \omega / c_{\beta s}$ 分别为半空间中 P 波和 SV 波的波数。从物理意义上讲，$\phi_{s1}\left(r_1, \theta_1\right)$ 和 $\psi_{s1}\left(r_1, \theta_1\right)$ 均表示由 O_1 向外传播的波；而 $\phi_{s2}\left(r_2, \theta_2\right)$ 和 $\psi_{s2}\left(r_2, \theta_2\right)$ 则表示因大圆弧半空间表面产生的波。上述半空间中的散射 P 波和 SV 波也是完备的。

这样，衬砌介质中的波势函数为

$$\phi_1 = \phi_{11} + \phi_{12}, \quad \psi_1 = \psi_{11} + \psi_{12} \tag{4-81}$$

半空间中 P 波入射情况下的波势函数为

$$\phi_s = \phi^{(i+r)} + \phi_{s1} + \phi_{s2}, \quad \psi_s = \psi^{(r)} + \psi_{s1} + \psi_{s2} \tag{4-82}$$

半空间中 SV 波入射情况下的波势函数为

$$\phi_s = \phi^{(r)} + \phi_{s1} + \phi_{s2}, \quad \psi_s = \psi^{(i+r)} + \psi_{s1} + \psi_{s2} \tag{4-83}$$

3. 引入边界条件求解问题

问题的应力、位移边界条件为

$$\begin{aligned}
&\tau_{rr}^s = \tau_{r\theta}^s = 0, \quad r_2 = b \\
&\tau_{rr}^1 = \tau_{r\theta}^1 = 0, \quad r_1 = a_1 \\
&\tau_{rr}^1 = \tau_{rr}^s, \tau_{r\theta}^1 = \tau_{r\theta}^s, u_r^1 = u_r^s, u_\theta^1 = u_\theta^s, \quad r_2 = a_2
\end{aligned} \tag{4-84}$$

引入边界条件，可求得式(4-85)和式(4-86)的待定系数，从而可由式(4-87)～式(4-89)确定衬砌中的波势函数 ϕ_1、ψ_1 和半空间中的波势函数 ϕ_s、ψ_s。

平面 P 波和 SV 波入射下平面应变问题的位移和应力表达式如下：

$$\begin{aligned}
&u_r = \frac{\partial \phi}{\partial r} + \frac{1}{r}\frac{\partial \varphi}{\partial \theta}, u_\theta = \frac{1}{r}\frac{\partial \phi}{\partial \theta} - \frac{\partial \varphi}{\partial r} \\
&\tau_{rr} = \lambda \nabla^2 \phi + 2\mu\left[\frac{\partial^2 \phi}{\partial r^2} + \frac{\partial}{\partial r}\left(\frac{1}{r}\frac{\partial \varphi}{\partial \theta}\right)\right] \\
&\tau_{r\theta} = 2\mu\left(\frac{1}{r}\frac{\partial^2 \phi}{\partial r \partial \theta} - \frac{1}{r^2}\frac{\partial \phi}{\partial \theta}\right) + \mu\left[\frac{1}{r^2}\frac{\partial^2 \varphi}{\partial \theta^2} - r\frac{\partial}{\partial r}\left(\frac{1}{r}\frac{\partial \varphi}{\partial r}\right)\right] \\
&\tau_{\theta\theta} = \lambda \nabla^2 \phi + 2\mu\left[\frac{1}{r}\left(\frac{\partial \phi}{\partial r} + \frac{1}{r}\frac{\partial^2 \phi}{\partial \theta^2}\right) + \frac{1}{r}\left(\frac{1}{r}\frac{\partial \varphi}{\partial \theta} - \frac{\partial^2 \varphi}{\partial r \partial \theta}\right)\right]
\end{aligned} \tag{4-85}$$

由边界条件 $\tau_{rr}^s = \tau_{r\theta}^s = 0$ 和 $\tau_{rr}^1 = \tau_{r\theta}^1 = 0$ 可得

$$\begin{aligned}
&\sum_{n=0}^{\infty}\begin{bmatrix} E_{11}^{1(1)}(n,a_1) & E_{12}^{1(1)}(n,a_1) \\ E_{21}^{1(1)}(n,a_1) & E_{22}^{1(1)}(n,a_1) \end{bmatrix}\begin{Bmatrix} A_{11,n}^{(1)} \\ C_{11,n}^{(1)} \end{Bmatrix}\begin{pmatrix} \cos n\theta_1 \\ \sin n\theta_1 \end{pmatrix} + \sum_{n=0}^{\infty}\begin{bmatrix} E_{11}^{1(2)}(n,a_1) & E_{12}^{1(2)}(n,a_1) \\ E_{21}^{1(2)}(n,a_1) & E_{22}^{1(2)}(n,a_1) \end{bmatrix}\begin{Bmatrix} A_{12,n}^{(1)} \\ C_{12,n}^{(1)} \end{Bmatrix}\begin{pmatrix} \cos n\theta_1 \\ \sin n\theta_1 \end{pmatrix} \\
&+ \sum_{n=0}^{\infty}\begin{bmatrix} E_{11}^{1(1)}(n,a_1) & E_{12}^{1(1)}(n,a_1) \\ E_{21}^{1(1)}(n,a_1) & E_{22}^{1(1)}(n,a_1) \end{bmatrix}\begin{Bmatrix} B_{11,n}^{(1)} \\ D_{11,n}^{(1)} \end{Bmatrix}\begin{pmatrix} \sin n\theta_1 \\ \cos n\theta_1 \end{pmatrix} + \sum_{n=0}^{\infty}\begin{bmatrix} E_{11}^{1(2)}(n,a_1) & E_{12}^{1(2)}(n,a_1) \\ E_{21}^{1(2)}(n,a_1) & E_{22}^{1(2)}(n,a_1) \end{bmatrix}\begin{Bmatrix} B_{12,n}^{(1)} \\ D_{12,n}^{(1)} \end{Bmatrix}\begin{pmatrix} \sin n\theta_1 \\ \cos n\theta_1 \end{pmatrix} \\
&= \begin{Bmatrix} 0 \\ 0 \end{Bmatrix}
\end{aligned} \tag{4-86}$$

$$\begin{aligned}
&\sum_{m=0}^{\infty}\begin{bmatrix} E_{11}^{s(2)}(m,b) & E_{12}^{s(2)}(m,b) \\ E_{21}^{s(2)-}(m,b) & E_{22}^{s(2)}(m,b) \end{bmatrix}\begin{Bmatrix} A_{s1,m}^{(2)} \\ C_{s1,m}^{(2)} \end{Bmatrix}\begin{pmatrix} \cos m\theta_2 \\ \sin m\theta_2 \end{pmatrix} + \sum_{m=0}^{\infty}\begin{bmatrix} E_{11}^{s(1)}(m,b) & E_{12}^{s(1)}(m,b) \\ E_{21}^{s(1)-}(m,b) & E_{22}^{s(1)}(m,b) \end{bmatrix}\begin{Bmatrix} A_{s2,m}^{(2)} \\ C_{s2,m}^{(2)} \end{Bmatrix}\begin{pmatrix} \cos m\theta_2 \\ \sin m\theta_2 \end{pmatrix} \\
&+ \sum_{m=0}^{\infty}\begin{bmatrix} E_{11}^{s(2)}(m,b) & E_{12}^{s(2)-}(m,b) \\ E_{21}^{s(2)}(m,b) & E_{22}^{s(2)}(m,b) \end{bmatrix}\begin{Bmatrix} B_{s1,m}^{(2)} \\ D_{s1,m}^{(2)} \end{Bmatrix}\begin{pmatrix} \sin m\theta_2 \\ \cos m\theta_2 \end{pmatrix} + \sum_{m=0}^{\infty}\begin{bmatrix} E_{11}^{s(1)}(m,b) & E_{12}^{s(1)-}(m,b) \\ E_{21}^{s(1)}(m,b) & E_{22}^{s(1)}(m,b) \end{bmatrix}\begin{Bmatrix} B_{s1,m}^{(2)} \\ D_{s1,m}^{(2)} \end{Bmatrix}\begin{pmatrix} \sin m\theta_2 \\ \cos m\theta_2 \end{pmatrix} = \begin{Bmatrix} 0 \\ 0 \end{Bmatrix}
\end{aligned} \tag{4-87}$$

式中，

$$\begin{aligned}
&E_{11}^{(i)}(n,r) = \left(n^2 + n - \frac{1}{2}k_\beta^2 r^2\right)C_n(k_\alpha r) - k_\alpha r C_{n-1}(k_\alpha r) \\
&E_{12}^{(i)\mp}(n,r) = \mp n\left[-(n+1)C_n(k_\alpha r) + k_\beta r C_{n-1}(k_\beta r)\right] \\
&E_{21}^{(i)\mp}(n,r) = \mp n\left[-(n+1)C_n(k_\alpha r) + k_\alpha r C_{n-1}(k_\alpha r)\right] \\
&E_{22}^{(i)}(n,r) = -\left(n^2 + n - \frac{1}{2}k_\beta^2 r^2\right)C_n(k_\beta r) - k_\beta r C_{n-1}(k_\beta r)
\end{aligned} \tag{4-88}$$

式中，当 $i=1$ 时，$C_n(x)$ 为 $J_n(x)$ 函数；当 $i=2$ 时，$C_n(x)$ 为 $H_n^{(1)}(x)$ 函数。上标 s 表示半空间，此时 k_α 和 k_β 分别取 $k_{s\alpha}$ 和 $k_{s\beta}$；当上标为 1 时，表示衬砌，此时 k_α 和 k_β 分别取 $k_{1\alpha}$ 和 $k_{1\beta}$，下同。

需要指出的是，半空间中 $\phi^{(i+r)}$ 和 $\psi^{(r)}$ 以及 $\phi^{(r)}$ 和 $\psi^{(i+r)}$ 已经自动满足零应力边界条件。

由边界条件 $u_r^1=u_r^s$ 和 $u_\theta^1=u_\theta^s$，可得

$$
\begin{aligned}
&\sum_{n=0}^{\infty}\begin{bmatrix} I_{11}^{1(1)}(n,a_2) & I_{12}^{1(1)}(n,a_2) \\ I_{21}^{1(1)-}(n,a_2) & I_{22}^{1(1)}(n,a_2) \end{bmatrix}\begin{Bmatrix} A_{11,n}^{(1)} \\ C_{11,n}^{(1)} \end{Bmatrix}\begin{pmatrix} \cos n\theta_1 \\ \sin n\theta_1 \end{pmatrix} + \sum_{n=0}^{\infty}\begin{bmatrix} I_{11}^{1(2)}(n,a_2) & I_{12}^{1(2)}(n,a_2) \\ I_{21}^{1(2)-}(n,a_2) & I_{22}^{1(2)}(n,a_2) \end{bmatrix}\begin{Bmatrix} A_{12,n}^{(1)} \\ C_{12,n}^{(1)} \end{Bmatrix}\begin{pmatrix} \cos n\theta_1 \\ \sin n\theta_1 \end{pmatrix} \\
&+\sum_{n=0}^{\infty}\begin{bmatrix} I_{11}^{1(1)}(n,a_2) & I_{12}^{1(1)-}(n,a_2) \\ I_{21}^{1(1)}(n,a_2) & I_{22}^{1(1)}(n,a_2) \end{bmatrix}\begin{Bmatrix} B_{11,n}^{(1)} \\ D_{11,n}^{(1)} \end{Bmatrix}\begin{pmatrix} \sin n\theta_1 \\ \cos n\theta_1 \end{pmatrix} + \sum_{n=0}^{\infty}\begin{bmatrix} I_{11}^{1(2)}(n,a_2) & I_{12}^{1(2)-}(n,a_2) \\ I_{21}^{1(2)}(n,a_2) & I_{22}^{1(2)}(n,a_2) \end{bmatrix}\begin{Bmatrix} B_{12,n}^{(1)} \\ D_{12,n}^{(1)} \end{Bmatrix}\begin{pmatrix} \sin n\theta_1 \\ \cos n\theta_1 \end{pmatrix} \\
&=\sum_{n=0}^{\infty}\begin{bmatrix} I_{11}^{s(1)}(n,a_2) & I_{12}^{s(1)}(n,a_2) \\ I_{21}^{s(1)-}(n,a_2) & I_{22}^{s(1)}(n,a_2) \end{bmatrix}\begin{Bmatrix} A_{0,n}+A_{s2,n}^{(1)} \\ C_{0,n}+C_{s2,n}^{(1)} \end{Bmatrix}\begin{pmatrix} \cos n\theta_1 \\ \sin n\theta_1 \end{pmatrix} + \sum_{n=0}^{\infty}\begin{bmatrix} I_{11}^{s(2)}(n,a_2) & I_{12}^{s(2)}(n,a_2) \\ I_{21}^{s(2)-}(n,a_2) & I_{22}^{s(2)}(n,a_2) \end{bmatrix}\begin{Bmatrix} A_{s1,n}^{(1)} \\ C_{s1,n}^{(1)} \end{Bmatrix}\begin{pmatrix} \cos n\theta_1 \\ \sin n\theta_1 \end{pmatrix} \\
&+\sum_{n=0}^{\infty}\begin{bmatrix} I_{11}^{s(1)}(n,a_2) & I_{12}^{s(1)-}(n,a_2) \\ I_{21}^{s(1)-}(n,a_2) & I_{22}^{s(1)}(n,a_2) \end{bmatrix}\begin{Bmatrix} B_{0,n}+B_{s2,n}^{(1)} \\ D_{0,n}+D_{s2,n}^{(1)} \end{Bmatrix}\begin{pmatrix} \sin n\theta_1 \\ \cos n\theta_1 \end{pmatrix} + \sum_{n=0}^{\infty}\begin{bmatrix} I_{11}^{s(2)}(n,a_2) & I_{12}^{s(2)-}(n,a_2) \\ I_{21}^{s(2)-}(n,a_2) & I_{22}^{s(2)}(n,a_2) \end{bmatrix}\begin{Bmatrix} B_{s1,n}^{(1)} \\ D_{s1,n}^{(1)} \end{Bmatrix}\begin{pmatrix} \sin n\theta_1 \\ \cos n\theta_1 \end{pmatrix}
\end{aligned}
\tag{4-89}
$$

式中，

$$
\begin{aligned}
I_{11}^{(i)}(n,r) &= -nC_n(k_\alpha r)+k_\alpha rC_{n-1}(k_\alpha r) \\
I_{12}^{(i)\mp}(n,r) &= \mp nC_n(k_\beta r) \\
I_{21}^{(i)\mp}(n,r) &= \mp nC_n(k_\alpha r) \\
I_{22}^{(i)}(n,r) &= nC_n(k_\beta r)-k_\beta rC_{n-1}(k_\beta r)
\end{aligned}
\tag{4-90}
$$

由边界条件 $\tau_{rr}^1=\tau_{rr}^s$ 和 $\tau_{r\theta}^1=\tau_{r\theta}^s$，可得

$$
\begin{aligned}
&\sum_{n=0}^{\infty}\mu_1\begin{bmatrix} E_{11}^{1(1)}(n,a_2) & E_{12}^{1(1)}(n,a_2) \\ E_{21}^{1(1)-}(n,a_2) & E_{22}^{1(1)}(n,a_2) \end{bmatrix}\begin{Bmatrix} A_{11,n}^{(1)} \\ C_{11,n}^{(1)} \end{Bmatrix}\begin{pmatrix} \cos n\theta_1 \\ \sin n\theta_1 \end{pmatrix} + \sum_{n=0}^{\infty}\mu_1\begin{bmatrix} E_{11}^{1(2)}(n,a_2) & E_{12}^{1(2)}(n,a_2) \\ E_{21}^{1(2)-}(n,a_2) & E_{22}^{1(2)}(n,a_2) \end{bmatrix}\begin{Bmatrix} A_{12,n}^{(1)} \\ C_{12,n}^{(1)} \end{Bmatrix}\begin{pmatrix} \cos n\theta_1 \\ \sin n\theta_1 \end{pmatrix} \\
&+\sum_{n=0}^{\infty}\mu_1\begin{bmatrix} E_{11}^{1(1)}(n,a_2) & E_{12}^{1(1)-}(n,a_2) \\ E_{21}^{1(1)}(n,a_2) & E_{22}^{1(1)}(n,a_2) \end{bmatrix}\begin{Bmatrix} B_{11,n}^{(1)} \\ D_{11,n}^{(1)} \end{Bmatrix}\begin{pmatrix} \sin n\theta_1 \\ \cos n\theta_1 \end{pmatrix} + \sum_{n=0}^{\infty}\mu_1\begin{bmatrix} E_{11}^{1(2)}(n,a_1) & E_{12}^{1(2)-}(n,a_1) \\ E_{21}^{1(2)}(n,a_1) & E_{22}^{1(2)}(n,a_1) \end{bmatrix}\begin{Bmatrix} B_{12,n}^{(1)} \\ D_{12,n}^{(1)} \end{Bmatrix}\begin{pmatrix} \sin n\theta_1 \\ \cos n\theta_1 \end{pmatrix} \\
&=\sum_{n=0}^{\infty}\mu_s\begin{bmatrix} E_{11}^{s(1)}(n,a_2) & E_{12}^{s(1)}(n,a_2) \\ E_{21}^{s(1)-}(n,a_2) & E_{22}^{s(1)}(n,a_2) \end{bmatrix}\begin{Bmatrix} A_{0,n}+A_{s2,n}^{(1)} \\ C_{0,n}+C_{s2,n}^{(1)} \end{Bmatrix}\begin{pmatrix} \cos n\theta_1 \\ \sin n\theta_1 \end{pmatrix} + \sum_{n=0}^{\infty}\mu_s\begin{bmatrix} E_{11}^{s(2)}(n,a_2) & E_{12}^{s(2)}(n,a_2) \\ E_{21}^{s(2)-}(n,a_2) & E_{22}^{s(2)}(n,a_2) \end{bmatrix}\begin{Bmatrix} A_{s1,n}^{(1)} \\ C_{s1,n}^{(1)} \end{Bmatrix}\begin{pmatrix} \cos n\theta_1 \\ \sin n\theta_1 \end{pmatrix} \\
&+\sum_{n=0}^{\infty}\mu_s\begin{bmatrix} E_{11}^{s(1)}(n,a_2) & E_{12}^{s(1)}(n,a_2) \\ E_{21}^{s(1)-}(n,a_2) & E_{22}^{s(1)}(n,a_2) \end{bmatrix}\begin{Bmatrix} B_{0,n}+B_{s2,n}^{(1)} \\ D_{0,n}+D_{s2,n}^{(1)} \end{Bmatrix}\begin{pmatrix} \sin n\theta_1 \\ \cos n\theta_1 \end{pmatrix} + \sum_{n=0}^{\infty}\mu_s\begin{bmatrix} E_{11}^{s(2)}(n,a_2) & E_{12}^{s(2)-}(n,a_2) \\ E_{21}^{s(2)}(n,a_2) & E_{22}^{s(2)}(n,a_2) \end{bmatrix}\begin{Bmatrix} B_{s1,n}^{(1)} \\ D_{s1,n}^{(1)} \end{Bmatrix}\begin{pmatrix} \sin n\theta_1 \\ \cos n\theta_1 \end{pmatrix}
\end{aligned}
\tag{4-91}
$$

求解线性方程组式(4-86)、式(4-87)、式(4-89)、式(4-91)，即可得 r-ϑ_1 坐标系下的所有波函数中的待定系数，进而可以确定衬砌中的波势函数 ϕ_1、ψ_1 和半空间中的波势函数 ϕ_s、ψ_s，从而可以通过式(4-85)求取平面 P 波和 SV 波作用下隧道衬砌中的位移和应力。一般在稳态 P 波或 SV 波作用下，隧道衬砌的动应力分布可通过求解衬砌内表面环向动应力集中系数来进行研究：

$$
\tau_{\theta\theta}^* = \left| \tau_{\theta\theta}/\tau_0 \right|
\tag{4-92}
$$

式中，τ_0 为入射应力的最大幅值。

通过对上述无量纲衬砌环向动应力集中系数 $\tau_{\theta\theta}^*$ 的求解，可以得出隧道衬砌在地震波 P 波和 SV 波作用下的动应力分布和变化规律，下面结合不同的影响因素进行算例与结果分析。

4.3.2　算例与结果分析

根据 4.1 节和 4.2 节地震波在弹性介质中传播的理论公式推导和地震波在岩土体介质中的传播特性得出，地震动参数、岩土介质特性及衬砌材料等对隧道及地下工程的地震动应力响应有重要影响；本书重

点对不同影响因素——入射频率、入射角度、围岩条件、隧道埋深及衬砌刚度等条件下，山岭隧道的地震动应力响应进行初步探讨。

算例的基本假定和计算过程如下：假设圆形隧道外径 $R_2=1.2R_1$，即衬砌厚度为 $0.2R_1$；隧道埋深用隧道中心到地面距离与隧道内半径之比（H/R_1）来表示；衬砌和围岩的弹性模量分别用 e_1 和 e_s 表示；衬砌刚度 δ 用衬砌介质与半空间介质的剪切波速之比表示；半空间介质和衬砌介质的泊松比均假定为 0.25，则两种介质中纵波波速均为横波波速的 1.732 倍；模拟半空间表面的大圆弧的半径为 $R = D_{12} + H$，取 $D_{12}=10^4R_1$。先截取不同项数来计算，观察相邻计算项数之间的误差，当误差小于某预先设定精度时，即可用该项数作为实际收敛计算项数。

1. 不同入射频率(η)对衬砌环向动力集中系数的影响

引入无量纲频率 η，将其定义为隧道内直径与入射波长之比，即

$$\eta = \frac{2R_1}{\lambda_{s\beta}} = \frac{k_{s\beta}R_1}{\pi} \tag{4-93}$$

式中，$\lambda_{s\beta}$为半空间介质中的横波波长。

根据地震波理论公式推导，不同的入射频率对隧道衬砌的动力响应会产生一定影响，选择低频（$\eta=0.5$）、中频（$\eta=1$）、高频（$\eta=2$）三种具有代表性的工况进行分析，并考虑平面 P 波垂直向上入射。

图 4-7 给出了隧道埋深 $h_1=20\text{m}$ 和 $h_1=100\text{m}$ 条件下，衬砌环向动应力集中系数随不同地震波入射频率的变化过程。由图 4-7 可知，随着入射频率的增大，衬砌环向动应力分布趋于复杂化；并由低频条件下少数几个优势方向的应力集中，逐步转变为高频率条件下多个优势方向的普遍应力集中。但衬砌内壁环向动力集中系数和动应力随频率的增大而减小，并且低频地震波作用下衬砌动力集中系数为高频地震波作用的 10 倍左右；因此低频地震波对隧道衬砌的危害更大。

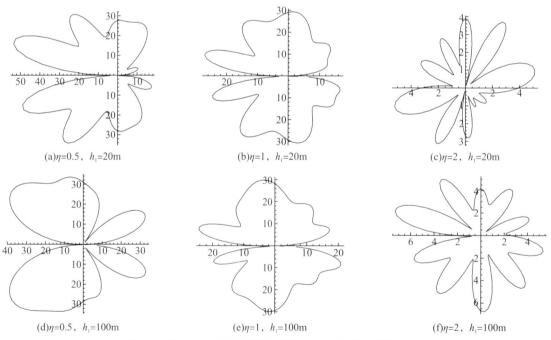

(a)$\eta=0.5$，$h_1=20\text{m}$　　　　　　(b)$\eta=1$，$h_1=20\text{m}$　　　　　　(c)$\eta=2$，$h_1=20\text{m}$

(d)$\eta=0.5$，$h_1=100\text{m}$　　　　　(e)$\eta=1$，$h_1=100\text{m}$　　　　　(f)$\eta=2$，$h_1=100\text{m}$

图 4-7　不同入射频率下隧道衬砌环向动应力集中系数变化

同时，在低频（$\eta=0.5$）条件下，埋深的不同对环向动应力的分布也有较大影响，埋深越浅，动应力集中系数的分布越不均匀，越容易引起衬砌因应力集中而产生破坏；而在中频（$\eta=1$）和高频（$\eta=2$）条件下，埋深对衬砌动应力分布的影响明显减弱，说明此时埋深已不是影响隧道衬砌破坏的主要因素。

2. 不同入射角度对衬砌环向动应力集中系数的影响

根据弹性半空间界面 P 波和 SV 波的反射和折射分析可知，P 波、SV 波的反射和折射与入射角度有相当大的关系，并且入射方向或角度的微小变化可能导致隧道结构各部分的应力和变形有明显的不同。本节选择垂直入射 $(\theta_\alpha=0°)$，小角度入射 $(\theta_\alpha=30°)$ 和大角度入射 $(\theta_\alpha=60°)$ 的三种工况进行分析，并考虑地震波的中高频 $(\eta=1、\eta=2)$ 的作用。

图 4-8 给出了地震波入射频率 $\eta=1$ 和 $\eta=2$ 条件下，衬砌环向动应力集中系数随不同地震波入射角度的变化过程。

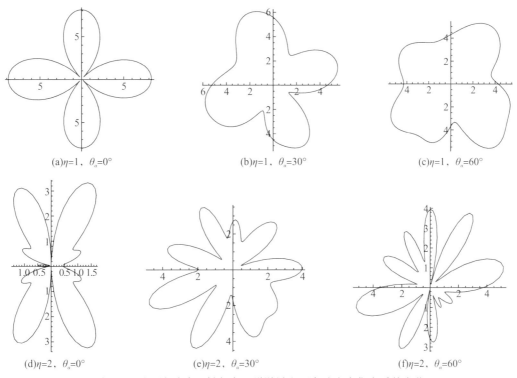

(a)$\eta=1$，$\theta_\alpha=0°$　　　　　　(b)$\eta=1$，$\theta_\alpha=30°$　　　　　　(c)$\eta=1$，$\theta_\alpha=60°$

(d)$\eta=2$，$\theta_\alpha=0°$　　　　　　(e)$\eta=2$，$\theta_\alpha=30°$　　　　　　(f)$\eta=2$，$\theta_\alpha=60°$

图 4-8　不同地震波入射角度下隧道衬砌环向动应力集中系数变化

由图 4-8 可知，在不同的地震波入射角度下，衬砌内壁环向动应力集中系数数值变化不大；当 $\eta=1$ 时，随着入射角度的增大，环向动力集中系数略有减小趋势；当 $\eta=2$ 时，随着入射角度的增大，环向动力集中系数略有增大趋势。但最明显的规律是，无论是中频还是高频地震波作用下，当地震波从隧道底部垂直或小角度 $(\theta_\alpha=0°、30°)$ 入射时，衬砌结构环向动应力集中系数都非常复杂，表现出明显的不均匀性；说明当地震波从底部垂直或小角度入射时，隧道衬砌受到的破坏最为严重，这与山岭隧道现场震害调查和分析结果一致。

3. 不同隧道埋深 (h_1) 对衬砌环向动应力集中系数的影响

根据前人研究成果，随着埋深增加，P 波引起的环向动应力集中系数将逐渐减小，最终平稳地趋于一个较小值。但是，根据汶川地震中山岭隧道现场震害调查结果，在不同的围岩条件下(软岩、硬岩)隧道震害和地震动力响应随着埋深的变化有所不同。本节选择两种不同的围岩——软岩和硬岩，对不同埋深下隧道地震动力响应进行探讨。

1)软岩条件下，围岩弹性模量 e_s=2GPa

图 4-9 给出了软岩条件下不同埋深时隧道衬砌环向动应力集中系数变化，随着埋深增加，半无限空间

圆形隧道衬砌的环向动应力集中系数并没有出现退化为全空间单圆孔洞的这种情况，这与李育枢(2006)的研究有所不同。在不同的埋深条件下，P 波引起的衬砌环向动应力分布较为复杂，没有表现出明显的方向性。在埋深较浅时($h_1<30m$)，衬砌环向动应力集中系数随着埋深的增加而增加，并在 30m 埋深附近出现第一个峰值；随后，在埋深为 30～50m 时环向动应力集中系数出现快速回落，但在埋深超过 50m 后，环向动应力集中系数又逐渐增加，在埋深达到 100m 时出现第二个峰值，但数值比 30m 埋深小；当埋深超过 100m 以后，衬砌环向动应力集中系数略有回落，但依然维持在一个较高的水平，即 6.5 左右，且随埋深的增加还有上升趋势，如图 4-10 所示。

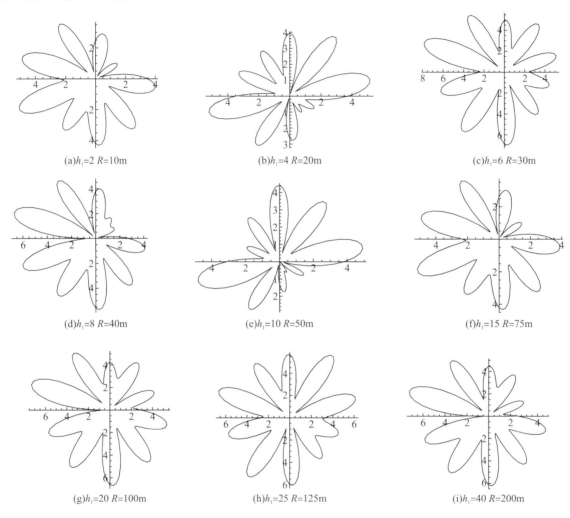

(a)$h_1=2$ $R=10m$　　　　(b)$h_1=4$ $R=20m$　　　　(c)$h_1=6$ $R=30m$

(d)$h_1=8$ $R=40m$　　　　(e)$h_1=10$ $R=50m$　　　　(f)$h_1=15$ $R=75m$

(g)$h_1=20$ $R=100m$　　　　(h)$h_1=25$ $R=125m$　　　　(i)$h_1=40$ $R=200m$

图 4-9　软岩条件下不同埋深时隧道衬砌结构环向动应力集中系数变化

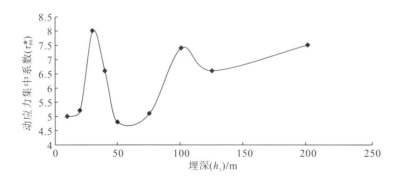

图 4-10　软岩条件下动应力系数随埋深变化趋势

以上分析表明：在隧道围岩为软岩条件下，当隧道埋深在 0～100m 时，衬砌环向动应力响应的变化较为复杂，并在埋深 h_1=30m 和 h_1=100m 时出现明显峰值；而当隧道埋深 h_1>100m 以后，衬砌环向动应力集中系数有所回落，但依然维持在一个较高的水平，即 6.5 左右，且随埋深的增加还有上升趋势；说明在软岩条件下，隧道衬砌动应力随埋深增加而减小的趋势不明显，在埋深较大的情况下，衬砌动应力依然可能很高。上述现象，主要是由于在软岩条件下围岩与衬砌的刚度相差较大，衬砌结构的应力集中程度高，衬砌动应力随埋深增加而减小不明显；并且随着埋深的增大其围岩压力也渐增，而软岩的强度低、孔隙度大，节理裂隙发育，自成拱能力较差，容易出现震害；若隧道穿越断层带或存在高地应力段时，在地震作用下势必造成严重的震害。上述分析与汶川地震中软弱围岩(泥岩、泥质粉砂岩为主)条件下的龙溪隧道洞身段受到严重震害较为一致。

2)硬岩条件下，围岩弹性模量 e_s=20GPa

在硬岩条件下，围岩弹性模量 e_s=20GPa 时，与软岩的计算结果相似，P 波引起的环向动应力分布较为复杂，也没有表现出明显的方向性，但衬砌地震动应力响应较明显，如图 4-11 所示。

(a)h_1=2 R=10m　　　　　　　(b)h_1=4 R=20m　　　　　　　(c)h_1=6 R=30m

(d)h_1=8 R=40m　　　　　　　(e)h_1=10 R=50m　　　　　　　(f)h_1=15 R=75m

(g)h_1=20 R=100m　　　　　　(h)h_1=25 R=125m　　　　　　(i)h_1=40 R=200m

图 4-11　硬岩时不同埋深下隧道衬砌结构环向动应力集中系数变化

当隧道埋深小于75m时，衬砌的环向动应力集中系数普遍较高，$\tau_{\theta\theta}^*$ 为6.5～8.5，说明在硬岩质隧道中洞口段的地震动应力响应较大，较容易遭受震害；而当隧道埋深大于75m后，衬砌的环向动应力集中系数减小明显，并在埋深大于100m后，逐渐趋于稳定，$\tau_{\theta\theta}^*$ 在6.5以下，说明在硬岩质隧道中洞身段的地震动应力响应相对较小且趋于稳定，隧道衬砌不易受到震害。以上分析表明：在硬岩条件下，地震波对隧道衬砌结构的影响主要集中在埋深小于75m的范围内，与李育枢（2006）的研究成果"当埋深大于25R时，动应力集中系数趋近于一个常数"基本一致，且埋深大于25R也与75m接近。因此，在硬岩条件下，当隧道埋深超过100m以后，隧道埋深已不是影响隧道衬砌环向动应力系数和隧道震害的主要因素。

4. 不同衬砌弹性模量(e_1)对衬砌环向动应力集中系数的影响

衬砌弹性模量 e_1 可视为衡量衬砌材料产生弹性变形难易程度的指标，其值越大，使材料发生一定弹性变形的应力也越大，即材料刚度越大，亦即在一定应力作用下，发生弹性变形越小。图4-12给出了在软岩(e_s=2GPa)条件下不同的衬砌弹性模量对应的衬砌环向动应力集中系数。

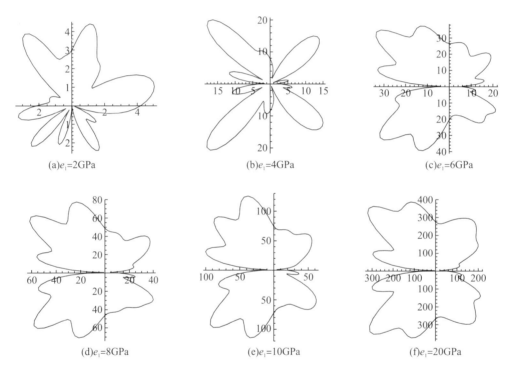

(a)e_1=2GPa   (b)e_1=4GPa   (c)e_1=6GPa

(d)e_1=8GPa   (e)e_1=10GPa   (f)e_1=20GPa

图4-12   不同衬砌弹性模量下衬砌环向动应力集中系数

由图4-12可知，隧道衬砌动应力集中系数随衬砌弹性模量增加呈逐渐增大趋势，并且弹性模量越大，衬砌内壁环向动应力系数越不均匀，$\tau_{\theta\theta}^*$ 值跨度越大，即各个方向上动应力差异越大，这可能与不同刚度衬砌对地震荷载所引起的动应力的调整能力不同有关。因此，在满足衬砌承载能力及变形要求的前提下，采取适当柔性的衬砌有利于隧道抗震。

4.4 双洞圆形隧道衬砌P波和SV波应力级数解

针对半无限空间中圆形衬砌双洞隧道，通过大半径圆弧采用波函数展开法，得到P波和SV波作用下半空间和衬砌中散射波的级数表达式；然后根据洞室衬砌表面和大圆弧表面的零应力边界条件及洞室与围岩交界处的应力位移连续条件，求得相应的待定系数，获得P波和SV波作用下双洞圆形隧道衬砌动力级数解；最后，结合算例，对不同角度和频率的 P 波和 SV 波入射下的浅埋双洞圆形隧道衬砌的动力响应进行分析和讨论。

4.4.1　计算模型

图 4-13 为双洞圆形隧道衬砌计算模型，半无限空间假设为弹性均匀和各向同性，洞室为圆形，其水平距离为 d_1，埋深为 h_1，洞室的衬砌内外半径分别为 a_1、a_2，半无限空间性质由拉梅常数 λ_s、μ_s 和质量密度 ρ_s、纵波波速 α_s、剪切波速 β_s 确定，衬砌的相应材料性质为 λ_1、μ_1、ρ_1、α_1、β_1。

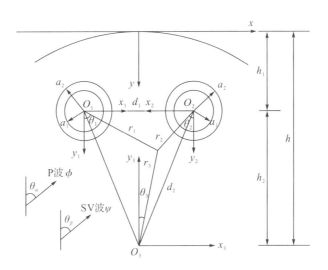

图 4-13　双洞圆形隧道衬砌计算模型

4.4.2　平面 P 波作用下双洞隧道衬砌动应力

1. 半无限空间中自由场波函数分析

一圆频率为 ω 的平面 P 波以角度 θ_α 入射，其在 (x,y) 坐标系下的波势函数表示为（皇民，2009）

$$\phi_i(x,y) = \exp\left[ik_{s\alpha}\left(x\sin\theta_\alpha - y\cos\theta_\alpha\right)\right] \tag{4-94}$$

式中，$k_{s\alpha} = \omega / \alpha_s$ 为介质中纵波波数；i 表示虚数单位。

P 波入射条件下，在半空间表面将产生反射 P 波和 SV 波，其波势函数在 O_1 坐标系中可表示为

$$\phi_r(x,y) = k_{11}\exp\left[ik_{s\alpha}\left(x\sin\theta_\alpha + y\cos\theta_\alpha\right)\right] \tag{4-95}$$

$$\psi_r(x,y) = k_{12}\exp\left[ik_{s\beta}\left(x\sin\theta_\beta + y\cos\theta_\beta\right)\right] \tag{4-96}$$

反射 P 波和 SV 波的波势函数在 O_2 坐标系中可表示为

$$\phi_r(x,y) = k_{21}\exp\left[ik_{s\alpha}\left(x\sin\theta_\alpha + y\cos\theta_\alpha\right)\right] \tag{4-97}$$

$$\psi_r(x,y) = k_{22}\exp\left[ik_{s\beta}\left(x\sin\theta_\beta + y\cos\theta_\beta\right)\right] \tag{4-98}$$

式中，k_{11}、k_{12}、k_{21}、k_{22} 为波的反射系数，直角坐标系中的应力为

$$\sigma_{yy} = \lambda\nabla^2\phi + 2\mu\left[\frac{\partial^2\phi}{\partial y^2} + \frac{\partial^2\psi}{\partial x\partial y}\right] \tag{4-99}$$

$$\sigma_{yx} = \mu\left[2\frac{\partial^2\phi}{\partial x\partial y} + \frac{\partial^2\psi}{\partial y^2} - \frac{\partial^2\psi}{\partial x^2}\right] \tag{4-100}$$

将自由场中波的表达式代入式(4-99)、式(4-100)，由半空间表面边界条件 $\sigma_{yy}=0$，$\sigma_{yx}=0$ 可得

$$k_{11} = \frac{\sin 2\theta_\alpha \sin 2\theta_\beta - \left(\alpha_s / \beta_s\right)^2 \cos^2 2\theta_\beta}{\sin 2\theta_\alpha \sin 2\theta_\beta + \left(\alpha_s / \beta_s\right)^2 \cos^2 2\theta_\beta} \tag{4-101}$$

$$k_{12} = \frac{-\sin 2\theta_\alpha \cos 2\theta_\beta}{\sin 2\theta_\alpha \sin 2\theta_\beta + \left(\alpha_s / \beta_s\right)^2 \cos^2 2\theta_\beta} \tag{4-102}$$

$$k_{21} = \frac{\sin 2\theta_\alpha \sin 2\theta_\beta - \left(\alpha_s / \beta_s\right)^2 \cos^2 2\theta_\beta}{\sin 2\theta_\alpha \sin 2\theta_\beta + \left(\alpha_s / \beta_s\right)^2 \cos^2 2\theta_\beta} \tag{4-103}$$

$$k_{22} = \frac{\sin 2\theta_\alpha \cos 2\theta_\beta}{\sin 2\theta_\alpha \sin 2\theta_\beta + \left(\alpha_s / \beta_s\right)^2 \cos^2 2\theta_\beta} \tag{4-104}$$

将自由场中入射波和反射波展开为傅里叶-贝塞尔函数级数形式。

(1) 在 O_1 坐标系下的波势函数可用傅里叶-贝塞尔级数表示为

$$\phi_{i+r}^1\left(r_1, \theta_1\right) = \sum_{n_1=0}^{+\infty} J_{n_1}\left(k_{s\alpha} r_1\right)\left(A_{0,n_1} \cos n_1 \theta_1 + B_{0,n_1} \sin n_1 \theta_1\right) \tag{4-105}$$

$$\psi_r^1\left(r_1, \theta_1\right) = \sum_{n_1=0}^{+\infty} J_{n_1}\left(k_{s\beta} r_1\right)\left(C_{0,n_1} \sin n_1 \theta_1 + D_{0,n_1} \cos n_1 \theta_1\right) \tag{4-106}$$

式中，$k_{s\alpha} = \omega / \alpha_s$ 为介质中纵波波数；$k_{s\beta} = \omega / \beta_s$ 为介质中横波波数；$J_n(x)$ 为第一类贝塞尔函数、$\sin\theta_\alpha / \alpha_s = \sin\theta_\beta / \beta_s$（$\theta_\beta$ 为 SV 波的反射角，其值符合斯内尔(Snell)定律）。

其中，

$$\begin{Bmatrix} A_{0,n_1} \\ B_{0,n_1} \end{Bmatrix} == \varepsilon_{n_1} \mathrm{i}^{n_1} \begin{Bmatrix} \cos n_1 \theta_\alpha \\ \sin n_1 \theta_\alpha \end{Bmatrix} \left[\pm(-1)^{n_1} \times \exp\left(-\mathrm{i}k_{s\alpha} h_1 \cos \theta_\alpha\right) + k_{11} \exp\left(\mathrm{i}k_{s\alpha} h_1 \cos \theta_\alpha\right)\right]$$

$$\begin{Bmatrix} C_{0,n_1} \\ D_{0,n_1} \end{Bmatrix} == \varepsilon_{n_1} \mathrm{i}^{n_1} k_{12} \begin{Bmatrix} \sin n_1 \theta_\beta \\ \cos n_1 \theta_\beta \end{Bmatrix} \times \exp\left(\mathrm{i}k_{s\beta} h_1 \cos \theta_\beta\right)$$

式中，当 $n_i=0$ 时，$\varepsilon_{n_i}=1$，$n_i \geqslant 1$ 时，$\varepsilon_{n_i}=2$，下同。

(2) O_2 坐标系下，波势函数可表示为如下级数形式：

$$\phi_{i+r}^2\left(r_2, \theta_2\right) = \sum_{n_2=0}^{+\infty} J_{n_2}\left(k_{s\alpha} r_2\right)\left(A_{0,n_2} \cos n_2 \theta_2 + B_{0,n_2} \sin n_2 \theta_2\right) \tag{4-107}$$

$$\psi_r^2\left(r_2, \theta_2\right) = \sum_{n_2=0}^{+\infty} J_{n_2}\left(k_{s\beta} r_2\right)\left(C_{0,n_2} \sin n_2 \theta_2 + D_{0,n_2} \cos n_2 \theta_2\right) \tag{4-108}$$

式中，

$$\begin{Bmatrix} A_{0,n_2} \\ B_{0,n_2} \end{Bmatrix} = \varepsilon_{n_2} \mathrm{i}^{n_2} \begin{Bmatrix} \cos n_2 \theta_\alpha \\ \sin n_2 \theta_\alpha \end{Bmatrix} \left[(-1)^{n_2} \times \exp\left(-\mathrm{i}k_{s\alpha} h_1 \cos \theta_\alpha\right) \pm k_{21} \exp\left(\mathrm{i}k_{s\alpha} h_1 \cos \theta_\alpha\right)\right]$$

$$\begin{Bmatrix} C_{0,n_2} \\ D_{0,n_2} \end{Bmatrix} = \varepsilon_{n_2} \mathrm{i}^{n_2} \begin{Bmatrix} \sin n_2 \theta_\beta \\ \cos n_2 \theta_\beta \end{Bmatrix} \times \left[\mp k_{22} \exp\left(\mathrm{i}k_{s\beta} h_1 \cos \theta_\beta\right)\right]$$

2. 半无限空间中散射场波函数分析

由于双洞圆形隧道衬砌的存在，在衬砌与半空间交界面将产生散射 P 波和 SV 波，大半径圆弧表面也会产生散射 P 波和 SV 波，它们的波势函数均满足赫尔姆霍兹(Helmholtz)波动方程，并可用傅里叶-贝塞尔级数形式来表示(皇民，2009)。

由左洞室产生的散射 P 波和 SV 波可用级数表示为

$$\phi_s^1\left(r_1,\theta_1\right)=\sum_{n_1=0}^{+\infty}H_{n_1}\left(k_{s\alpha}r_1\right)\left(A_{s,n_1}\cos n_1\theta_1+B_{s,n_1}\sin n_1\theta_1\right) \tag{4-109}$$

$$\psi_s^1\left(r_1,\theta_1\right)=\sum_{n_1=0}^{+\infty}H_{n_1}\left(k_{s\beta}r_1\right)\left(C_{s,n_1}\sin n_1\theta_1+D_{s,n_1}\cos n_1\theta_1\right) \tag{4-110}$$

式中，$H_n(x)$ 为第一类汉克尔(Hankel)函数。

由右洞室产生的散射 P 波和 SV 波可用级数表示为

$$\phi_s^2\left(r_2,\theta_2\right)=\sum_{n_2=0}^{+\infty}H_{n_2}\left(k_{s\alpha}r_2\right)\left(A_{s,n_2}\cos n_2\theta_2+B_{s,n_2}\sin n_2\theta_2\right) \tag{4-111}$$

$$\psi_s^2\left(r_2,\theta_2\right)=\sum_{n_2=0}^{+\infty}H_{n_2}\left(k_{s\beta}r_2\right)\left(C_{s,n_2}\sin n_2\theta_2+D_{s,n_2}\cos n_2\theta_2\right) \tag{4-112}$$

圆弧表面产生的散射 P 波和 SV 波可用级数表示为

$$\phi_s^3\left(r_3,\theta_3\right)=\sum_{n_3=0}^{+\infty}J_{n_3}\left(k_{s\alpha}r_3\right)\left(A_{s,n_3}\cos n_3\theta_3+B_{s,n_3}\sin n_3\theta_3\right) \tag{4-113}$$

$$\psi_s^3\left(r_3,\theta_3\right)=\sum_{n_3=0}^{+\infty}J_{n_3}\left(k_{s\beta}r_3\right)\left(C_{s,n_3}\sin n_3\theta_3+D_{s,n_3}\cos n_3\theta_3\right) \tag{4-114}$$

这样，半空间中的波势函数为

$$\phi=\phi_{i+r}+\phi_s^1+\phi_s^2+\phi_s^3 \tag{4-115}$$

$$\psi=\psi_r+\psi_s^1+\psi_s^2+\psi_s^3 \tag{4-116}$$

由于上述波函数分别在不同的坐标系中给出，须利用格拉夫(Graf)加法公式进行坐标转换。

3. 隧道衬砌中波函数分析

衬砌中存在着与半空间交界面引起的散射 P 波和 SV 波，以及衬砌内表面引起的散射 P 波和 SV 波，可分别表示为

$$\phi_{11}\left(r_1,\theta_1\right)=\sum_{n_1=0}^{+\infty}J_{n_1}\left(k_{1\alpha}r_1\right)\left(A_{11,n_1}\cos n_1\theta_1+B_{11,n_1}\sin n_1\theta_1\right) \tag{4-117}$$

$$\psi_{11}\left(r_1,\theta_1\right)=\sum_{n_1=0}^{+\infty}J_{n_1}\left(k_{1\beta}r_1\right)\left(C_{11,n_1}\sin n_1\theta_1+D_{11,n_1}\cos n_1\theta_1\right) \tag{4-118}$$

$$\phi_{12}\left(r_1,\theta_1\right)=\sum_{n_1=0}^{+\infty}H_{n_1}\left(k_{1\alpha}r_1\right)\left(A_{12,n_1}\cos n_1\theta_1+B_{12,n_1}\sin n_1\theta_1\right) \tag{4-119}$$

$$\psi_{12}\left(r_1,\theta_1\right)=\sum_{n_1=0}^{+\infty}H_{n_1}\left(k_{1\beta}r_1\right)\left(C_{12,n_1}\sin n_1\theta_1+D_{12,n_1}\cos n_1\theta_1\right) \tag{4-120}$$

$$\phi_{21}\left(r_2,\theta_2\right)=\sum_{n_2=0}^{+\infty}J_{n_2}\left(k_{1\alpha}r_2\right)\left(A_{21,n_2}\cos n_2\theta_2+B_{21,n_2}\sin n_2\theta_2\right) \tag{4-121}$$

$$\psi_{21}\left(r_2,\theta_2\right)=\sum_{n_2=0}^{+\infty}J_{n_2}\left(k_{1\beta}r_2\right)\left(C_{21,n_2}\sin n_2\theta_2+D_{21,n_2}\cos n_2\theta_2\right) \tag{4-122}$$

$$\phi_{22}\left(r_2,\theta_2\right)=\sum_{n_2=0}^{+\infty}H_{n_2}\left(k_{1\alpha}r_2\right)\left(A_{22,n_2}\cos n_2\theta_2+B_{22,n_2}\sin n_2\theta_2\right) \tag{4-123}$$

$$\psi_{22}\left(r_2,\theta_2\right)=\sum_{n_2=0}^{+\infty}H_{n_2}\left(k_{1\beta}r_2\right)\left(C_{22,n_2}\sin n_2\theta_2+D_{22,n_2}\cos n_2\theta_2\right) \tag{4-124}$$

式中，$k_{1\alpha}$ 为衬砌材料中纵波波数；$k_{1\beta}$ 为衬砌材料中横波波数。

4. 问题的求解

1) 问题的边界条件为半空间表面零应力

$$\tau_{r_3 r_3}^{(s)} = \tau_{r_3 \theta_3}^{(s)} = 0 \quad \left(r_3 = h \right) \tag{4-125}$$

2) 两个隧道洞室内表面零应力

$$\tau_{r_1 r_1}^{(1)} = \tau_{r_1 \theta_1}^{(1)} = 0 \quad \left(r_1 = a_1 \right) \tag{4-126}$$

$$\tau_{r_2 r_2}^{(2)} = \tau_{r_2 \theta_2}^{(2)} = 0 \quad \left(r_2 = a_1 \right) \tag{4-127}$$

3) 隧道衬砌与半无限空间交界面处应力与位移连续条件

$$\tau_{r_1 r_1}^{(1)} = \tau_{r_1 r_1}^{(s)} \quad \left(r_1 = a_2 \right) \tag{4-128}$$

$$\tau_{r_1 \theta_1}^{(1)} = \tau_{r_1 \theta_1}^{(s)} \quad \left(r_1 = a_2 \right) \tag{4-129}$$

$$u_{r_1}^{(1)} = u_{r_1}^{(s)} \quad \left(r_1 = a_2 \right) \tag{4-130}$$

$$u_{\theta_1}^{(1)} = u_{\theta_1}^{(s)} \quad \left(r_1 = a_2 \right) \tag{4-131}$$

$$\tau_{r_2 r_2}^{(2)} = \tau_{r_2 r_2}^{(s)} \quad \left(r_2 = a_2 \right) \tag{4-132}$$

$$\tau_{r_2 r_2}^{(2)} = \tau_{r_2 r_2}^{(s)} \quad \left(r_2 = a_2 \right) \tag{4-133}$$

$$\tau_{r_2 \theta_2}^{(2)} = \tau_{r_2 \theta_2}^{(s)} \quad \left(r_2 = a_2 \right) \tag{4-134}$$

$$u_{r_2}^{(2)} = u_{r_2}^{(s)} \quad \left(r_2 = a_2 \right) \tag{4-135}$$

$$u_{\theta 2}^{(2)} = u_{\theta 2}^{(s)} \quad \left(r_2 = a_2 \right) \tag{4-136}$$

式中，上标 1 表示左洞室；上标 2 表示右洞室；上标 s 表示半无限空间介质。

在平面 P 波入射下平面应变问题的应力表达式为

$$u_r = \frac{\partial \phi}{\partial r} + \frac{1}{r}\frac{\partial \psi}{\partial \theta} \tag{4-137}$$

$$u_\theta = \frac{1}{r}\frac{\partial \phi}{\partial \theta} - \frac{\partial \psi}{\partial r} \tag{4-138}$$

$$\tau_{rr} = \lambda \nabla^2 \phi + 2\mu \left[\frac{\partial^2 \phi}{\partial r^2} + \frac{\partial}{\partial r}\left(\frac{1}{r}\frac{\partial \psi}{\partial r} \right) \right] \tag{4-139}$$

$$\tau_{r\theta} = \mu \left\{ 2\left(\frac{1}{r}\frac{\partial^2 \phi}{\partial r \partial \theta} - \frac{1}{r^2}\frac{\partial \phi}{\partial \theta} \right) + \left[\frac{1}{r^2}\frac{\partial^2 \psi}{\partial \theta^2} - r\frac{\partial}{\partial r}\left(\frac{1}{r}\frac{\partial \psi}{\partial r} \right) \right] \right\} \tag{4-140}$$

$$\tau_{\theta\theta} = \lambda \nabla^2 \phi + 2\mu \left[\frac{1}{r}\left(\frac{\partial \phi}{\partial r} + \frac{1}{r}\frac{\partial^2 \phi}{\partial \theta^2} \right) + \frac{1}{r}\left(\frac{1}{r}\frac{\partial \psi}{\partial \theta} - \frac{\partial^2 \psi}{\partial r \partial \theta} \right) \right] \tag{4-141}$$

式中，$\nabla^2 \phi = \dfrac{\partial^2 \phi}{\partial r^2} + \dfrac{1}{r}\dfrac{\partial \phi}{\partial r} + \dfrac{1}{r^2}\dfrac{\partial^2 \phi}{\partial \theta^2}$。将边界条件代入波动方程，可获得一组级数方程组，可分别解出 $\begin{bmatrix} A_{s_1,n_1} \\ B_{s_1,n_1} \end{bmatrix}$、

$\begin{bmatrix} C_{s_1,n_1} \\ D_{s_1,n_1} \end{bmatrix}$、$\begin{bmatrix} A_{s_2,n_2} \\ B_{s_2,n_2} \end{bmatrix}$、$\begin{bmatrix} C_{s_2,n_2} \\ D_{s_2,n_2} \end{bmatrix}$，在此基础上结合波动方程可求得 $\begin{bmatrix} A_{12,n_1} \\ C_{12,n_1} \end{bmatrix}$、$\begin{bmatrix} B_{12,n_1} \\ D_{12,n_1} \end{bmatrix}$、$\begin{bmatrix} A_{22,n_2} \\ C_{22,n_2} \end{bmatrix}$、$\begin{bmatrix} B_{22,n_2} \\ D_{22,n_2} \end{bmatrix}$、$\begin{bmatrix} A_{11,n_1} \\ C_{11,n_1} \end{bmatrix}$、

$\begin{bmatrix} B_{11,n_1} \\ D_{11,n_1} \end{bmatrix}$、$\begin{bmatrix} A_{21,n_2} \\ C_{21,n_2} \end{bmatrix}$、$\begin{bmatrix} B_{21,n_2} \\ D_{21,n_2} \end{bmatrix}$。这样，与衬砌动应力计算有关的所有波函数表达式的待定系数全部求出，将待定系数代入下面的环向应力表达式，即可获得衬砌的级数应力解。

将式(4-24)～式(4-31)代入式(4-47)后可得到左右隧道衬砌环向动应力分别为

①左洞室：

$$\tau_{\theta\theta}^{(1)} = \frac{2\mu_1}{r_1^2} \sum_{n_1=0}^{\infty} \Big[\mathrm{fpm}(n_1,r_1) A_{11,n_1} + \mathrm{fpn}(n_1,r_1) C_{11,n_1} \Big] \cos n_1 \theta_1$$

$$+ \frac{2\mu_1}{r_1^2} \sum_{n_1=0}^{\infty} \Big[\mathrm{fqm}(n_1,r_1) A_{12,n_1} + \mathrm{fqn}(n_1,r_1) C_{12,n_1} \Big] \cos n_1 \theta_1$$

$$+ \frac{2\mu_1}{r_1^2} \sum_{n_1=0}^{\infty} \Big[\mathrm{fpm}(n_1,r_1) B_{11,n_1} + \mathrm{fpn}(n_1,r_1) C_{11,n_1} \Big] \sin n_1 \theta_1$$

$$+ \frac{2\mu_1}{r_1^2} \sum_{n_1=0}^{\infty} \Big[\mathrm{fqm}(n_1,r_1) B_{12,n_1} + \mathrm{fqn}(n_1,r_1) D_{12,n} \Big] \sin n_1 \theta_1^{①} \tag{4-142}$$

式中，$\mathrm{fpm}(n,r) = k_{1\alpha} r_1 J_{n-1}(k_{1\alpha}r_1) - (n^2 + n + 0.5k_{1\beta}^2 r_1^2 - k_{1\alpha}^2 r_1^2) J_n(k_{1\alpha}r)$；　$\mathrm{fqm}(n,r) = k_{1\alpha} r_1 H_{n-1}(k_{1\alpha}r_1) - (n^2 + n + 0.5k_{1\beta}^2 r_1^2 - k_{1\alpha}^2 r_1^2) H_n(k_{1\alpha}r)$；　$\mathrm{fpn}(n,r) = n\big((n+1) J_n(k_\beta r) - k_\beta r J_{n-1}(k_\beta r)\big)$；　$\mathrm{fqn}(n,r) = n\big((n+1) H_n(k_\beta r) - k_\beta r H_{n-1}(k_\beta r)\big)$；　$\mathrm{fpm}(n_1,r_1)$ 为定义的函数，

②右洞室：

$$\tau_{\theta\theta}^{(2)} = \frac{2\mu_1}{r_2^2} \sum_{n_2=0}^{\infty} \Big[\mathrm{fpm}(n_2,r_2) A_{21n_2} + \mathrm{fpn}(n_2,r_2) C_{21n_2} \Big] \cos n_2 \theta_2$$

$$+ \frac{2\mu_1}{r_2^2} \sum_{n_2=0}^{\infty} \Big[\mathrm{fqm}(n_2,r_2) A_{22,n_2} + \mathrm{fqn}(n_2,r_2) C_{22,n_2} \Big] \cos n_2 \theta_2$$

$$+ \frac{2\mu_1}{r_2^2} \sum_{n_2=0}^{\infty} \Big[\mathrm{fpm}(n_2,r_2) B_{21n_2} + \mathrm{fpn}(n_2,r_2) D_{21n_2} \Big] \sin n_2 \theta_2$$

$$+ \frac{2\mu_1}{r_2^2} \sum_{n_2=0}^{\infty} \Big[\mathrm{fqm}(n_2,r_2) B_{22,n_2} + \mathrm{fqn}(n_2,r_2) D_{22,n_2} \Big] \sin n_2 \theta_2 \tag{4-143}$$

对上面求得的衬砌应力作归一化处理，即用 $\tau_{\theta\theta}$ 除以 τ_0，其中，$\tau_0 = \mu k_{s\beta}^2$ 表示入射波在其传播方向上的应力。定义无量纲的量 $|\tau_{\theta\theta}/\tau_0|$ 为衬砌环向动应力集中系数，可获得左右隧道衬砌在波动作用下的动应力集中系数，其在地下隧道衬砌、城市地铁和各种地下管线等工程中的抗震设计中有重要的应用价值。

引入无量纲频率 η：

$$\eta = \frac{2a_1}{\lambda_{s\beta}} = \frac{k_{s\beta}a_1}{\pi} = \frac{\omega a_1}{\pi \beta_s} \tag{4-144}$$

其中，$\lambda_{s\beta}$ 为半空间中的横波波长，取两种介质的泊松比均为 0.25，则介质纵波波速是相应横波波速的 $\sqrt{3}$ 倍。

洞室参数为 $h_1/a_1=10/5$（m），$a_2/a_1=5.5/5$（m）；衬砌参数依其与半空间介质剪切波速比值不同分为柔性衬砌（比值为 1/2）、无衬砌（比值为 1/1）、刚性衬砌（比值为 3/1）三种情况：①无衬砌，衬砌介质与半空间介质剪切波速比为 447.2/447.2m/s，密度比为 2000/2000kg/m³。此时，衬砌介质与半空间介质相同，相当于无衬砌洞室。②柔性衬砌，衬砌介质与半空间介质剪切波速比为 223.6/447.2m/s，密度比为 1800/2000kg/m³。③刚性衬砌，衬砌介质与半空间介质剪切波速比为 1342.6/447.2m/s，密度比为 2200/2000kg/m³。

4）级数敛散性分析

沿两洞室内侧圆周各取 64 个监测点，从迭代项数 $N=2$ 开始，计算 N 和 $N-1$ 时的洞室环向应力 $\tau_{\theta\theta}$ 的绝对残差，共得到 64 个残差值 e_i，然后求出这些值的均方根，即得到前后迭代残差值 e：

$$e = \sqrt{\frac{1}{64} \sum_{i=1}^{64} e_i^2} = \frac{1}{8} \sqrt{\sum_{i=1}^{64} e_i^2} \tag{4-145}$$

---

① fpm、fqm、fpn、fqn 是求波函数解方程引入的函数展开形式。

以 e 为纵坐标，N 为横坐标，即得到一个随迭代次数变化的洞室环向应力 $\tau_{\theta\theta}$ 的迭代残差图。如果残差值随着迭代次数的增加逐渐减小并趋于零，说明级数是收敛的，可以选取此时的 N 值作为最终的迭代项数。

这里给出了两个洞室之间距离 $d_1/a_1=5$、入射角 $\theta_\alpha=0°$、$\eta=1$ 时无衬砌、柔性衬砌和刚性衬砌三种情况下的洞室环向应力 $\tau_{\theta\theta}$ 随 N 取值变化的迭代残差图，如图 4-14～图 4-16 所示。由 4-14～图 4-16 可知，无论是哪种衬砌，随着计算截断项数的 N 值增大，其前后迭代残差幅值很小，都有很好的收敛性。

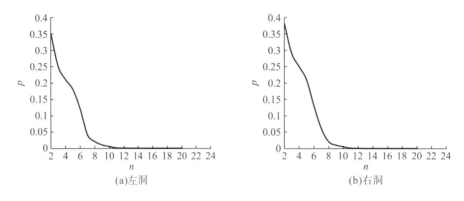

图 4-14   无衬砌时洞室内侧环向应力迭代残差

注：n 是迭代次数，P 是迭代残差，后同。

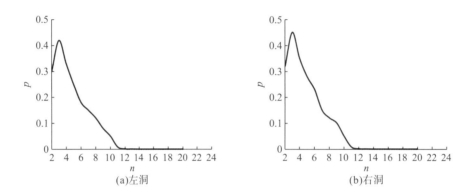

图 4-15   柔性衬砌洞室内侧环向应力迭代残差

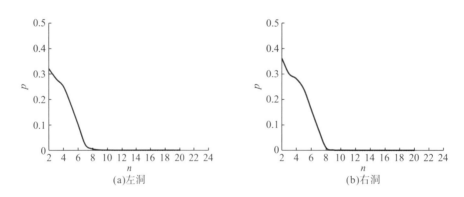

图 4-16   刚性衬砌洞室内侧环向应力迭代残差

5）边界条件验算

除了要求级数收敛之外，计算还应该满足式(4-142)～式(4-144)中的应力和位移边界条件。在此给出了两个洞室之间距离 $d_1/a_1=5$、入射角 $\theta_\alpha=0°$、$\eta=1$、衬砌与围岩刚度相同时，洞室衬砌自由面边界和半无限空间表面上的应力τ_{rr}、$\tau_{r\theta}$的收敛精度,如图4-17～图4-19所示。其他情况下的边界残余应力和位移与此类似,不再赘述。

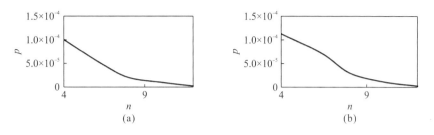

图 4-17　左洞室边界上应力随截取项增大趋于零

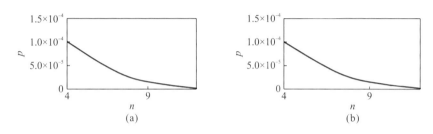

图 4-18　右洞室边界上应力随截取项增大趋于零

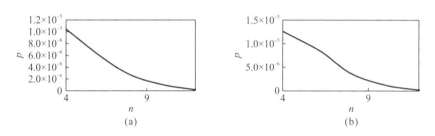

图 4-19　半无限空间边界上应力随截取项增大趋于零

由图4-17～图4-19可知,随着级数截断项数的增大,应力幅值很快减小并趋于零,并且应力沿圆周的波动也随之趋于平稳。可见只要迭代项数足够大,应力就可以足够小,亦即边界条件式(4-125)和式(4-136)得到满足。计算表明:当无量纲频率η较小时,收敛较快,当无量纲频率η较大时,收敛相对较慢,这说明入射波频率越高,级数收敛越慢。

5. 计算结果分析

图4-20～图4-28分别给出了P波在入射频率$\eta=0.25$(低频)、$\eta=1$(中频)、$\eta=2$(高频),入射角度分别为$\theta_{\alpha}=0°$、$\theta_{\alpha}=30°$和$\theta_{\alpha}=60°$时隧道衬砌内表面的动应力集中系数。图4-20～图4-28中实线表示衬砌介质与半空间介质刚度相同,此时结果退化为无衬砌隧道情况,虚线表示柔性衬砌,点划线表示刚性衬砌。

由图4-20～图4-28分析可知,随着入射波频率的增大,衬砌动应力集中系数在空间上的分布由简单逐渐变得复杂,而幅值逐渐减小;不同衬砌刚度对应的动应力集中系数在空间上的分布相同,但刚性衬砌的动应力集中系数始终最大,无衬砌次之,柔性衬砌最小;波入射角度对动应力集中系数也有一定的影响,随着入射角度的增大,动应力集中系数的分布趋于复杂,但数值变化不大。

当$\eta=0.25$、$\theta_{\alpha}=0°$时的动应力集中系数,在$d_1/a_1=2.5$时达到最大,其中刚性衬砌为37.2,无衬砌为10.8,柔性衬砌为3.3,说明衬砌刚度对于动应力集中系数具有重要的影响,衬砌刚度越大,动应力集中系数越大(图4-20)。

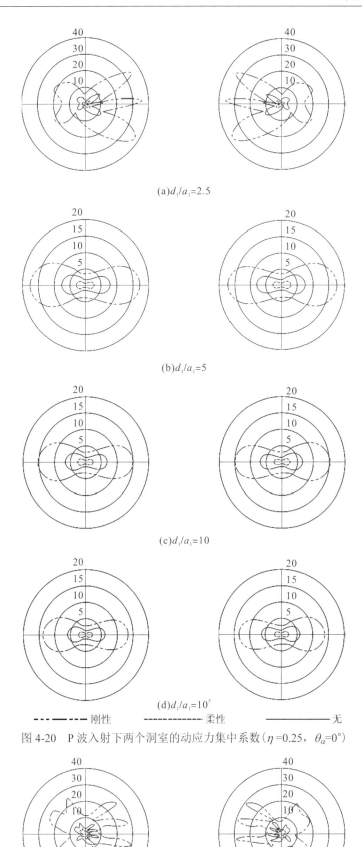

(a)$d_1/a_1=2.5$

(b)$d_1/a_1=5$

(c)$d_1/a_1=10$

(d)$d_1/a_1=10^5$

— · — · — 刚性　　—————— 柔性　　——— 无

图 4-20　P 波入射下两个洞室的动应力集中系数($\eta=0.25$，$\theta_\alpha=0°$)

(a)$d_1/a_1=2.5$

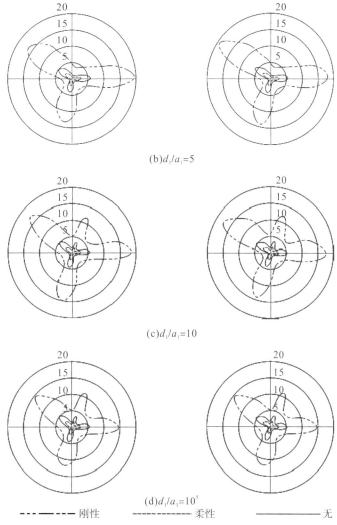

(b)$d_1/a_1=5$

(c)$d_1/a_1=10$

(d)$d_1/a_1=10^5$

－ · －· － · － 刚性　　　　----------- 柔性　　　　———— 无

图 4-21　P 波入射下两个洞室的动应力集中系数（$\eta=0.25$，$\theta_\alpha=30°$）

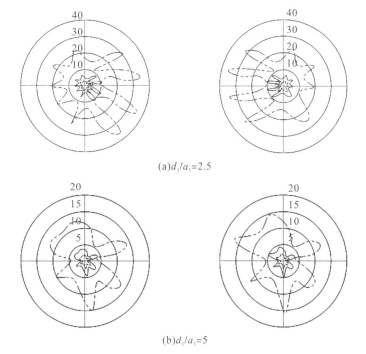

(a)$d_1/a_1=2.5$

(b)$d_1/a_1=5$

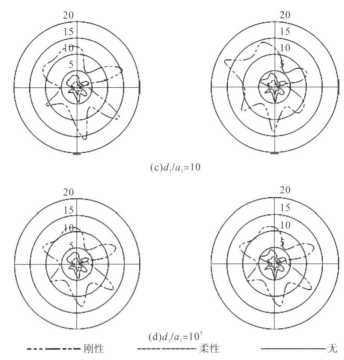

(c)d_1/a_1=10

(d)d_1/a_1=10⁵

——·——·—— 刚性　　————— 柔性　　——— 无

图4-22　P波入射下两个洞室的动应力集中系数(η=0.25，θ_α=60°)

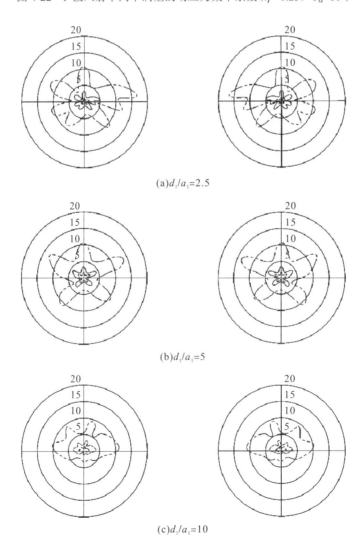

(a)d_1/a_1=2.5

(b)d_1/a_1=5

(c)d_1/a_1=10

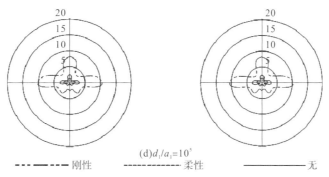

(d)$d_1/a_1=10^5$

— · — · — 刚性　　-------- 柔性　　——— 无

图 4-23　P 波入射下两个洞室的动应力集中系数（$\eta=1$，$\theta_\alpha=0°$）

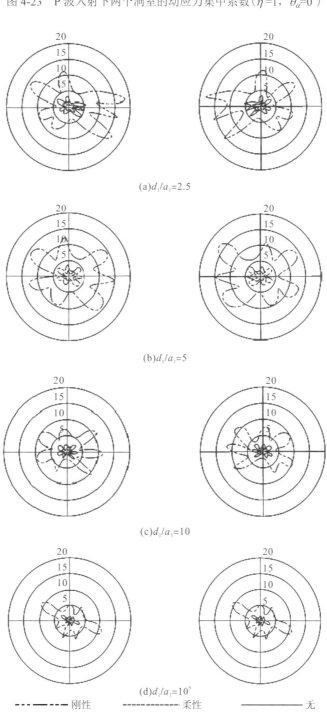

(a)$d_1/a_1=2.5$

(b)$d_1/a_1=5$

(c)$d_1/a_1=10$

(d)$d_1/a_1=10^5$

— · — · — 刚性　　-------- 柔性　　——— 无

图 4-24　P 波入射下两个洞室的动应力集中系数（$\eta=1$，$\theta_\alpha=30°$）

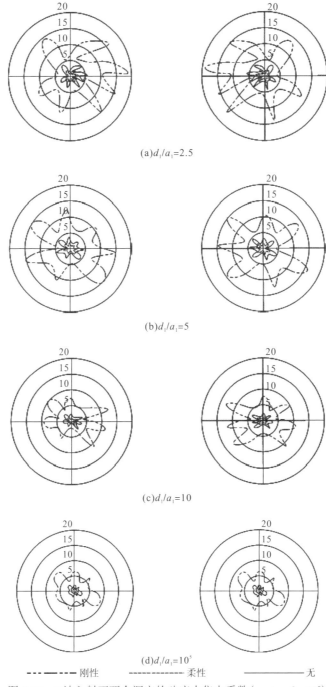

(a)$d_1/a_1=2.5$

(b)$d_1/a_1=5$

(c)$d_1/a_1=10$

(d)$d_1/a_1=10^5$

————·—— 刚性   ---------- 柔性   ———— 无

图4-25　P波入射下两个洞室的动应力集中系数($\eta=1$, $\theta_\alpha=60°$)

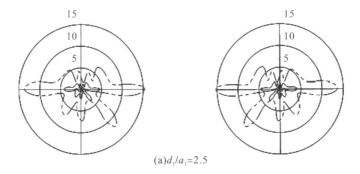

(a)$d_1/a_1=2.5$

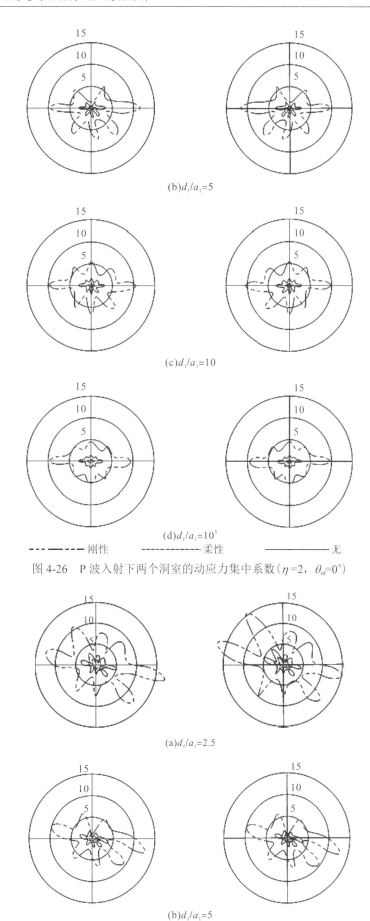

(b)$d_1/a_1=5$

(c)$d_1/a_1=10$

(d)$d_1/a_1=10^5$

-·-·-·- 刚性　　　---------- 柔性　　　———— 无

图 4-26　P 波入射下两个洞室的动应力集中系数（$\eta=2$，$\theta_\alpha=0°$）

(a)$d_1/a_1=2.5$

(b)$d_1/a_1=5$

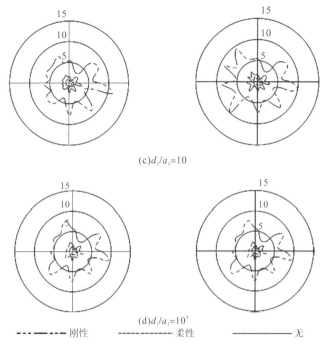

(c)d_1/a_1=10

(d)d_1/a_1=10^5

-----·-----·----- 刚性　　　　----------- 柔性　　　　————— 无

图4-27　P波入射下两个洞室的动应力集中系数(η=2，θ_α=30°)

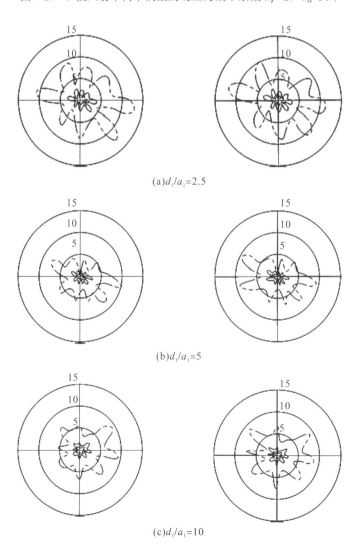

(a)d_1/a_1=2.5

(b)d_1/a_1=5

(c)d_1/a_1=10

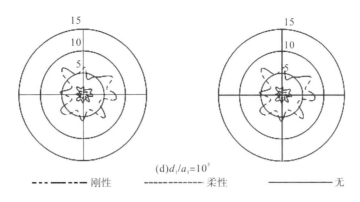

$$(d)d_1/a_1=10^5$$

--·--·--·-- 刚性　　　------------ 柔性　　　———— 无

图 4-28　P 波入射下两个洞室的动应力集中系数（$\eta=2$，$\theta_\alpha=60°$）

随着洞室之间距离逐渐增大，动应力集中系数逐渐减小，当洞室之间距离趋于很大时，如当 $d_1/a_1=10^5$ 时，洞室的动应力集中系数趋于单个洞室情况，此时左右两个洞室的动应力集中系数分布几乎完全一致，相对于 $\theta_\alpha=0°$ 时的刚性衬砌的动应力集中系数为 13.8，无衬砌为 5.9，柔性衬砌为 2.1。由此可知，洞室之间距离对动应力集中系数具有显著影响，原因在于当两个洞室之间距离较近时，会造成波在两个洞室之间多次反射，两个洞室之间的相互作用比较明显，因而在两个洞室之间的区域会出现显著的动应力集中。另外，在不同的衬砌刚度情况下，动应力集中系数随距离增大而减弱的程度有所不同，以洞室间距为 $d_1/a_1=2.5$ 时的动应力系数与间距为 $d_1/a_1=10^5$ 时的动应力系数的比值为例：刚性衬砌最大，为 2.68 倍；无衬砌次之，为 1.83 倍；柔性衬砌最小，为 1.57 倍。

当 $\eta=1$、$\theta_\alpha=0°$ 时的动应力集中系数，也是在 $d_1/a_1=2.5$ 时候达到最大[图 4-23（a）]，其中刚性衬砌为 16.8，无衬砌为 5.0，柔性衬砌为 1.7；当 $d_1/a_1=10^5$ 时[图 4-23（d）]，洞室的动应力集中系数最小且趋于单个洞室情况，其中，刚性衬砌的动应力集中系数为 10.1，无衬砌为 3.3，柔性衬砌为 1.4。

当 $\eta=2$、$\theta_\alpha=0°$ 时的动应力集中系数，同样在 $d_1/a_1=2.5$ 时候达到最大[图 4-26（a）]，其中刚性衬砌为 15.1，无衬砌为 4.3，柔性衬砌为 1.4；当 $d_1/a_1=10^5$ 时[图 4-26（d）]，洞室的动应力集中系数最小且趋于单个洞室情况，其中，刚性衬砌的动应力集中系数为 9.2，无衬砌为 3.1，柔性衬砌为 1.2。

综上所述，P 波入射下的波动频率、入射角度、洞室距离和衬砌刚度均对动应力集中系数和动应力响应有重要影响。

4.4.3　平面 SV 波作用下双洞隧道衬砌动应力

1. 半无限空间中自由场波函数分析

一圆频率为 ω 的平面 SV 波以角度 θ_β 入射，其在 (x,y) 坐标系下的波势函数表示为

$$\psi_i(x,y)=\exp\left[ik_{s\beta}\left(x\sin\theta_\beta-y\cos\theta_\beta\right)\right] \tag{4-146}$$

式中，$k_{s\beta}=\omega/\beta_s$ 为介质中横波波数；i 表示虚数单位。

平面 SV 波入射下，在半空间表面将产生反射 P 波和 SV 波，其中反射 SV 波为平面体波，其波势函数可表示为

$$\psi_r(x,y)=k_{12}\exp\left[ik_{s\beta}\left(x\sin\theta_\beta+y\cos\theta_\beta\right)\right] \quad（O_1\text{坐标系}） \tag{4-147}$$

$$\psi_r(x,y)=k_{22}\exp\left[ik_{s\beta}\left(x\sin\theta_\beta+y\cos\theta_\beta\right)\right] \quad（O_2\text{坐标系}） \tag{4-148}$$

反射 P 波依 SV 波入射角度是否大于临界角 $\theta_{cr}=\sin^{-1}\left(\beta_s/\alpha_s\right)$ 而有两种不同的表现形式。

（1）如果入射角不大于临界角，即 $\theta_\beta\leqslant\theta_{cr}$，P 波的反射角 θ_α 有实数解，反射的 P 波为体波，其波势函数可表示为

$$\phi_r(x,y) = k_{11} \exp\left[ik_{s\alpha}\left(x\sin\theta_\alpha + y\cos\theta_\alpha\right)\right] \quad (O_1 \text{坐标系}) \tag{4-149}$$

$$\phi_r(x,y) = k_{21} \exp\left[ik_{s\alpha}\left(x\sin\theta_\alpha + y\cos\theta_\alpha\right)\right] \quad (O_2 \text{坐标系}) \tag{4-150}$$

式中，$k_{s\alpha} = \omega / \alpha_s$ 为介质中纵波波数，θ_α 的值可按斯内尔定律确定。

（2）当入射角大于临界角，即 $\theta_\beta > \theta_{cr}$，反射的 P 波为表面波，其波势函数可表示为

$$\phi_r(x,y) = k_{11} \exp(ikx - \gamma y) \quad (O_1 \text{坐标系}) \tag{4-151}$$

$$\phi_r(x,y) = k_{21} \exp(ikx - \gamma y) \quad (O_2 \text{坐标系}) \tag{4-152}$$

式中，$k = k_{s\alpha}\sin\theta_\alpha = k_{s\beta}\sin\theta_\beta > k_{s\alpha}$；$\gamma = -k_{s\alpha}\cos\theta_\alpha = -ik_{s\alpha}\sqrt{1-\sin^2\theta_\alpha} = \sqrt{k_{s\alpha}^2\sin^2\theta_\alpha - k_{s\alpha}^2} = \sqrt{k^2 - k_{s\alpha}^2} > 0$

与 P 波入射情况相同，上述半空间自由场中入射波和反射波可展开为如下傅里叶-贝塞尔函数的级数形式。

①在 O_1 坐标系中的入射、反射 SV 波：

$$\psi_{i+r}^1(r_1,\theta_1) = \sum_{n1=0}^{+\infty} J_{n_1}\left(k_{s\beta}r_1\right)\left(C_{0,n_1}\sin n_1\theta_1 + D_{0,n_1}\cos n_1\theta_1\right) \tag{4-153}$$

式中，$\begin{Bmatrix} C_{0,n_1} \\ D_{0,n_1} \end{Bmatrix} == \varepsilon_{n_1} i^{n_1} \begin{Bmatrix} \sin n_1\theta_\beta \\ \cos n_1\theta_\beta \end{Bmatrix}\left[\mp(-1)^{n_1}\exp\left(-ik_{s\beta}h_1\cos\theta_\beta\right)\right] + k_{12}\exp\left(ik_{s\beta}h_1\cos\theta_\beta\right)\right]$，且当 $n_i = 0$ 时，$\varepsilon_{n_i} = 1$，$n_i \geq 1$ 时，$\varepsilon_{n_i} = 2$，下同。

②在 O_2 坐标系中的入射、反射 SV 波：

$$\psi_{i+r}^2(r_2,\theta_2) = \sum_{n_2=0}^{+\infty} J_{n_2}\left(k_{s\beta}r_2\right)\left(C_{0,n_2}\sin n_2\theta_2 + D_{0,n_2}\cos n_2\theta_2\right) \tag{4-154}$$

式中，$\begin{Bmatrix} C_{0,n_2} \\ D_{0,n_2} \end{Bmatrix} = \varepsilon_{n_2} i^{n_2} \begin{Bmatrix} \sin n_2\theta_\beta \\ \cos n_2\theta_\beta \end{Bmatrix}\left[(-1)^{n_2}\exp\left(-ik_{s\beta}h_1\cos\theta_\beta\right) \mp k_{22}\exp\left(ik_{s\beta}h_1\cos\theta_\beta\right)\right]$。

③在 O_1 坐标系中当 $\theta_\beta \leq \theta_{cr}$ 时的反射 P 波：

$$\phi_r^1(r_1,\theta_1) = \sum_{n1=0}^{+\infty} J_{n_1}\left(k_{s\alpha}r_1\right)\left(A_{0,n_1}\cos n_1\theta_1 + B_{0,n_1}\sin n_1\theta_1\right) \tag{4-155}$$

式中，$\begin{Bmatrix} A_{0,n_1} \\ B_{0,n_1} \end{Bmatrix} == \varepsilon_{n_1} i^{n_1} k_{12} \begin{Bmatrix} \cos n_1\theta_\alpha \\ \sin n_1\theta_\alpha \end{Bmatrix} \times \exp\left(ik_{s\alpha}h_1\cos\theta_\alpha\right)$。

④在 O_2 坐标系中当 $\theta_\beta \leq \theta_{cr}$ 时的反射 P 波：

$$\phi_r^2(r_2,\theta_2) = \sum_{n_2=0}^{+\infty} J_{n_2}\left(k_{s\alpha}r_2\right)\left(A_{0,n_2}\cos n_2\theta_2 + B_{0,n_2}\sin n_2\theta_2\right) \tag{4-156}$$

式中，$\begin{Bmatrix} A_{0,n_2} \\ B_{0,n_2} \end{Bmatrix} = \varepsilon_{n_2} i^{n_2} \begin{Bmatrix} \cos n_2\theta_\alpha \\ \sin n_2\theta_\alpha \end{Bmatrix}\left[\mp k_{21}\exp\left(ik_{s\alpha}h_1\cos\theta_\alpha\right)\right]$。

⑤当 $\theta_\beta > \theta_{cr}$ 时，θ_α 为一复角，反射 P 波势函数无法直接以傅里叶-贝塞尔级数表示，可以将 ϕ_r 修正为

$$\phi_* = \phi_*(x_1,y_1) = \begin{cases} \phi_r(x_1,y_1) = k_1\exp(-\gamma h_1)\exp(-\gamma y_1 + ikx_1), & y_1 \geq -h_1 \\ 0, & y_1 < -h_1 \end{cases} \tag{4-157}$$

将函数 ϕ_* 展开成一收敛的傅里叶级数并代入波动方程 $\nabla^2\phi_* + k_{s\alpha}^2\phi_* = 0$ 可得

$$\phi_*(r_1,\theta_1) = \sum_{n_1=0}^{+\infty} J_{n_1}\left(k_{s\alpha}r_1\right)\left(A_{0,n_1}\cos n_1\theta_1 + B_{0,n_1}\sin n_1\theta_1\right) \tag{4-158}$$

由于式（4-158）收敛很慢，可将其进一步变换为

$$\phi_*(r_1,\theta_1) = \frac{a_0(r_1)}{2} + \sum_{n=0}^{+\infty}\left(a_{n_1}(r_1)\cos n_1\theta_1 + b_{n_1}(r_1)\sin n_1\theta_1\right) + \frac{a_N(r_1)}{2}\cos N\theta_1 \tag{4-159}$$

式中，$a_0(r_1) = A_{0,0} J_0(k_{s\alpha} r_1)$；$a_{n_1}(r_1) = \dfrac{1}{N} \displaystyle\sum_{l=0}^{2N-1} \phi_*\left(r_1, \dfrac{\pi}{N}l\right) \cos\left(\dfrac{\pi}{N} ln_1\right)$，$(n_1 = 0 \sim N)$；$b_{n_1}(r_1) = \dfrac{1}{N} \displaystyle\sum_{l=0}^{2N-1} \phi_*\left(r_1, \dfrac{\pi}{N}l\right)$

$\sin\left(\dfrac{\pi}{N} ln_1\right)$，$(n_1 = 0 \sim N)$。

这样展开的级数在给定的点能快速收敛于势函数 ϕ_*，以上所述为在 O_1 坐标系中的情况，在 O_2 坐标中与之类似，可依此推出。对于 SV 波入射角大于临界角的情况也可以傅里叶-贝塞尔级数的形式进行求解。

2. 半无限空间中散射场波函数分析

为了便于求解，采用一个半径非常大的圆来模拟半空间表面，研究表明，随着大圆弧半径 h 的逐渐增大，解答趋于精确解，取 $h = a_1 \times 10^4$。

由于圆形双洞隧道衬砌的存在，在衬砌与半空间交界面以及大圆弧表面会产生散射 P 波和 SV 波，其波势函数均满足赫尔姆霍兹波动方程，可以用傅里叶-贝塞尔级数形式来表示。

由左洞室产生的散射 P 波和 SV 波可用级数表示为

$$\phi_s^1(r_1, \theta_1) = \sum_{n_1=0}^{+\infty} H_{n_1}(k_{s\alpha} r_1)\left(A_{s,n_1} \cos n_1\theta_1 + B_{s,n_1} \sin n_1\theta_1\right) \tag{4-160}$$

$$\psi_s^1(r_1, \theta_1) = \sum_{n_1=0}^{+\infty} H_{n_1}(k_{s\beta} r_1)\left(C_{s,n_1} \sin n_1\theta_1 + D_{s,n_1} \cos n_1\theta_1\right) \tag{4-161}$$

由右洞室产生的散射 P 波和 SV 波可用级数表示为

$$\phi_s^2(r_2, \theta_2) = \sum_{n_2=0}^{+\infty} H_{n_2}(k_{s\alpha} r_2)\left(A_{s,n_2} \cos n_2\theta_2 + B_{s,n_2} \sin n_2\theta_2\right) \tag{4-162}$$

$$\psi_s^2(r_2, \theta_2) = \sum_{n_2=0}^{+\infty} H_{n_2}(k_{s\beta} r_2)\left(C_{s,n_2} \sin n_2\theta_2 + D_{s,n_2} \cos n_2\theta_2\right) \tag{4-163}$$

由大圆弧表面产生的散射 P 波和 SV 波可用级数表示为

$$\phi_s^3(r_3, \theta_3) = \sum_{n_3=0}^{+\infty} J_{n_3}(k_{s\alpha} r_3)\left(A_{s,n_3} \cos n_3\theta_3 + B_{s,n_3} \sin n_3\theta_3\right) \tag{4-164}$$

$$\psi_s^3(r_3, \theta_3) = \sum_{n_3=0}^{+\infty} J_{n_3}(k_{s\beta} r_3)\left(C_{s,n_3} \sin n_3\theta_3 + D_{s,n_3} \cos n_3\theta_3\right) \tag{4-165}$$

这样，半空间中的波势函数为

$$\phi = \phi_r + \phi_s^1 + \phi_s^2 + \phi_s^3 \tag{4-166}$$

$$\psi = \psi_{i+r} + \psi_s^1 + \psi_s^2 + \psi_s^3 \tag{4-167}$$

与 P 波入射情况相同，由于上述波函数分别在不同的坐标系中给出，为了研究方便，也需要利用格拉夫加法公式进行坐标转换。

3. 隧道衬砌中波函数分析

衬砌中存在着与半空间交界面引起的散射 P 波和 SV 波，以及衬砌内表面引起的散射 P 波和 SV 波，可分别表示为

$$\phi_{11}(r_1, \theta_1) = \sum_{n_1=0}^{+\infty} J_{n_1}(k_{1\alpha} r_1)\left(A_{11,n_1} \cos n_1\theta_1 + B_{11,n_1} \sin n_1\theta_1\right) \tag{4-168}$$

$$\psi_{11}(r_1, \theta_1) = \sum_{n_1=0}^{+\infty} J_{n_1}(k_{1\beta} r_1)\left(C_{11,n_1} \sin n_1\theta_1 + D_{11,n_1} \cos n_1\theta_1\right) \tag{4-169}$$

$$\phi_{12}(r_1, \theta_1) = \sum_{n_1=0}^{+\infty} H_{n_1}(k_{1\alpha} r_1)\left(A_{12,n_1} \cos n_1\theta_1 + B_{12,n_1} \sin n_1\theta_1\right) \tag{4-170}$$

$$\psi_{12}\left(r_{1},\theta_{1}\right)=\sum_{n_{1}=0}^{+\infty}H_{n_{1}}\left(k_{1\beta}r_{1}\right)\left(C_{12,n_{1}}\sin n_{1}\theta_{1}+D_{12,n_{1}}\cos n_{1}\theta_{1}\right) \tag{4-171}$$

$$\phi_{21}\left(r_{2},\theta_{2}\right)=\sum_{n_{2}=0}^{+\infty}J_{n_{2}}\left(k_{1\alpha}r_{2}\right)\left(A_{21,n_{2}}\cos n_{2}\theta_{2}+B_{21,n_{2}}\sin n_{2}\theta_{2}\right) \tag{4-172}$$

$$\psi_{21}\left(r_{2},\theta_{2}\right)=\sum_{n_{2}=0}^{+\infty}J_{n_{2}}\left(k_{1\beta}r_{2}\right)\left(C_{21,n_{2}}\sin n_{2}\theta_{2}+D_{21,n_{2}}\cos n_{2}\theta_{2}\right) \tag{4-173}$$

$$\phi_{22}\left(r_{2},\theta_{2}\right)=\sum_{n_{2}=0}^{+\infty}H_{n_{2}}\left(k_{1\alpha}r_{2}\right)\left(A_{22,n_{2}}\cos n_{2}\theta_{2}+B_{22,n_{2}}\sin n_{2}\theta_{2}\right) \tag{4-174}$$

$$\psi_{22}\left(r_{2},\theta_{2}\right)=\sum_{n_{2}=0}^{+\infty}H_{n_{2}}\left(k_{1\beta}r_{2}\right)\left(C_{22,n_{2}}\sin n_{2}\theta_{2}+D_{22,n_{2}}\cos n_{2}\theta_{2}\right) \tag{4-175}$$

4. 问题的求解

SV 波入射下问题的边界条件及相应的位移应力表达式与 P 波入射的情况相同，其求解思路和过程也与 P 波入射相同，在此不再赘述。

同 P 波入射情况，在此引入无量纲频率 η，取两种介质的泊松比均为 0.25。洞室参数为 $h_1/a_1=10/5\,(\mathrm{m})$，$a_2/a_1=5.5/5\,(\mathrm{m})$；衬砌分为无衬砌、柔性衬砌、刚性衬砌三种情况，其参数均与 P 波入射情况相同。

1) 级数敛散性分析

图 4-29～图 4-31 给出了两个洞室之间距离 $d_1/a_1=5$、入射角 $\theta_\beta=0°$，$\eta=1$ 时无衬砌、柔性衬砌和刚性衬砌三种情况下的洞室环向应力 $\tau_{\theta\theta}$ 随 N 取值变化的迭代残差，由图 4-29～图 4-31 可知，无论是哪种衬砌，其前后迭代残差幅值很小，都有很好的收敛性。

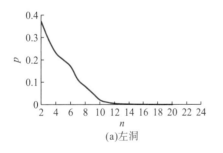
(a)左洞

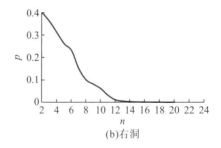
(b)右洞

图 4-29　无衬砌时洞室内侧环向应力迭代残差

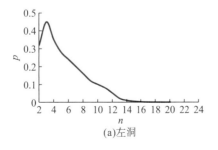
(a)左洞

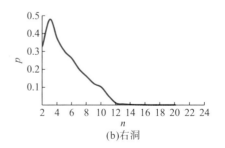
(b)右洞

图 4-30　柔性衬砌内侧环向应力迭代残差

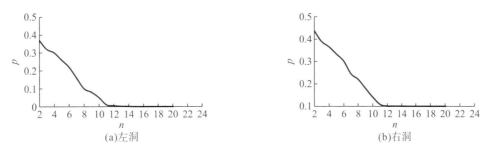

图 4-31　刚性衬砌内侧环向应力迭代残差

2）边界条件验算

图 4-32～图 4-34 给出了两个洞室之间距离 $d_1/a_1=5$、入射角 $\theta_\beta=0°$、$\eta=1$、衬砌与围岩刚度相同时，三个边界上应力 τ_{rr} 和 $\tau_{r\theta}$ 的收敛精度，其他情况下的边界残余应力和位移与此类似。

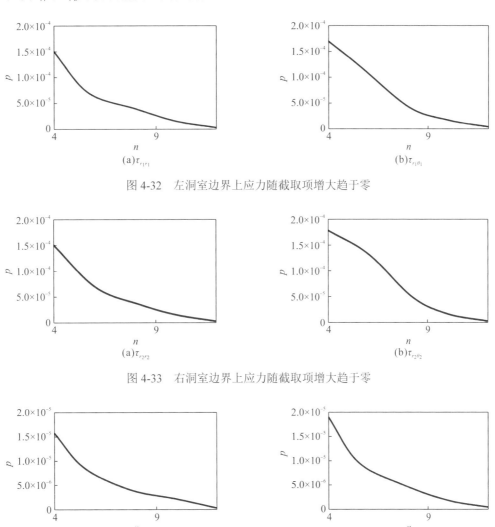

图 4-32　左洞室边界上应力随截取项增大趋于零

图 4-33　右洞室边界上应力随截取项增大趋于零

图 4-34　半无限空间边界上应力随截取项增大趋于零

由图 4-32～图 4-34 可知，随着级数截断项数的增大，应力幅值很快减小趋于零，并且应力沿圆周的波动也随之趋于平稳。可见只要迭代项数足够大，应力就可以足够小，亦即边界条件式（2-32）～式（2-42）

得到满足。计算表明：当无量纲频率η较小时，收敛较快；当无量纲频率η较大时，收敛相对较慢，说明入射波频率越高，级数收敛得越慢。

5. 计算结果分析

图4-35～图4-43分别给出了SV波在入射频率$\eta=0.25$（低频）、$\eta=1$（中频）、$\eta=2$（高频），入射角度分别为$\theta_\beta=0°$、$\theta_\beta=30°$和$\theta_\beta=60°$时隧道衬砌内表面的动应力集中系数。图4-35～图4-43中实线表示衬砌介质与半空间介质刚度相同，此时结果退化为无衬砌隧道情况，虚线表示柔性衬砌，点划线表示刚性衬砌。

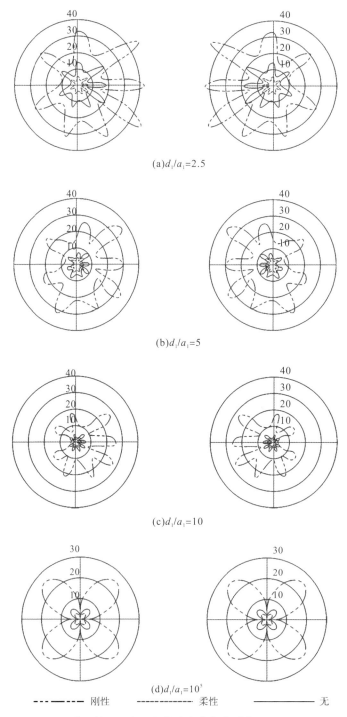

(a)$d_1/a_1=2.5$

(b)$d_1/a_1=5$

(c)$d_1/a_1=10$

(d)$d_1/a_1=10^5$

————— 刚性   ---------- 柔性   ———— 无

图4-35 SV波入射下两个洞室的动应力集中系数（$\eta=0.25$，$\theta_\beta=0°$）

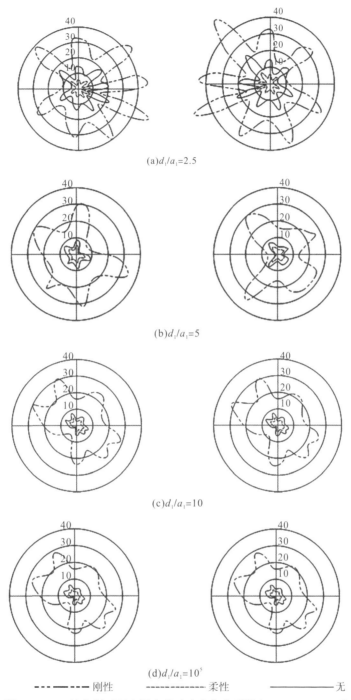

(a)$d_1/a_1=2.5$

(b)$d_1/a_1=5$

(c)$d_1/a_1=10$

(d)$d_1/a_1=10^5$

------- 刚性　　------- 柔性　　——— 无

图 4-36　SV 波入射下两个洞室的动应力集中系数($\eta=0.25$，$\theta_\beta=30°$)

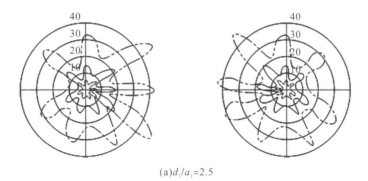

(a)$d_1/a_1=2.5$

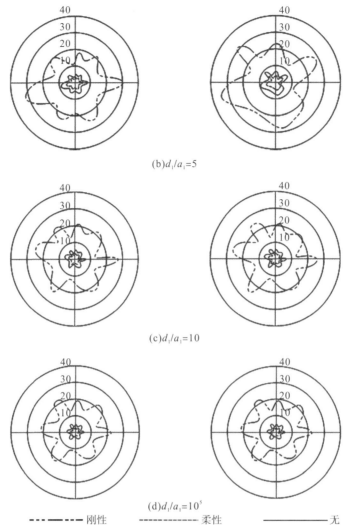

(b)$d_1/a_1=5$

(c)$d_1/a_1=10$

(d)$d_1/a_1=10^5$

-·--·--·-- 刚性   ----------- 柔性   ————— 无

图 4-37 SV 波入射下两个洞室的动应力集中系数($\eta=0.25$，$\theta_\beta=60°$)

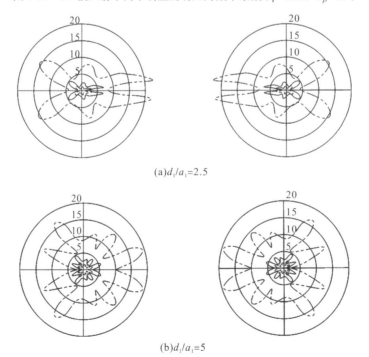

(a)$d_1/a_1=2.5$

(b)$d_1/a_1=5$

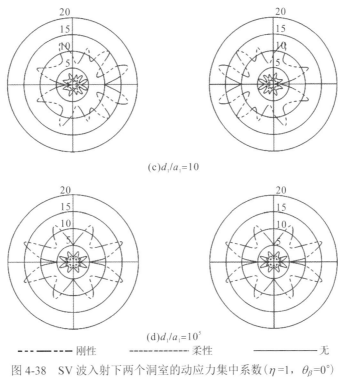

(c)d_1/a_1=10

(d)d_1/a_1=10^5

-·-·-·-·- 刚性　　　---------- 柔性　　　———— 无

图 4-38　SV 波入射下两个洞室的动应力集中系数(η=1，θ_β=0°)

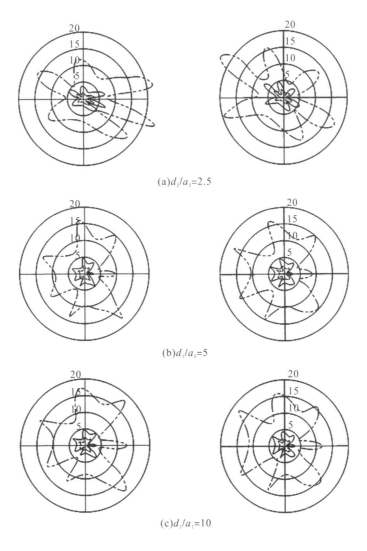

(a)d_1/a_1=2.5

(b)d_1/a_1=5

(c)d_1/a_1=10

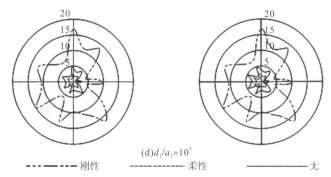

(d)$d_1/a_1=10^5$

————·————刚性　　　------------柔性　　　————无

图 4-39　SV 波入射下两个洞室的动应力集中系数($\eta=1$，$\theta_\beta=30°$)

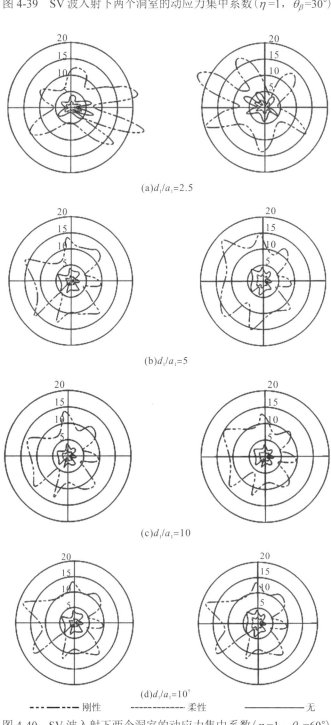

(a)$d_1/a_1=2.5$

(b)$d_1/a_1=5$

(c)$d_1/a_1=10$

(d)$d_1/a_1=10^5$

————·————刚性　　　------------柔性　　　————无

图 4-40　SV 波入射下两个洞室的动应力集中系数($\eta=1$，$\theta_\beta=60°$)

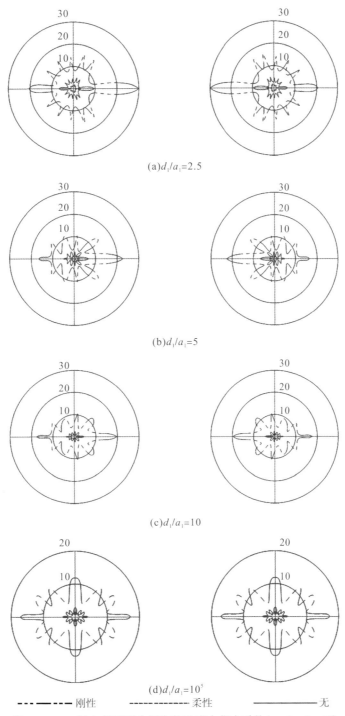

(a)$d_1/a_1=2.5$

(b)$d_1/a_1=5$

(c)$d_1/a_1=10$

(d)$d_1/a_1=10^5$

－－－－－ 刚性　　　－－－－－－ 柔性　　　──── 无

图 4-41　SV 波入射下两个洞室的动应力集中系数($\eta=2$，$\theta_\beta=0°$)

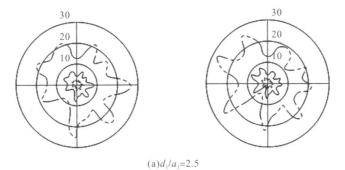

(a)$d_1/a_1=2.5$

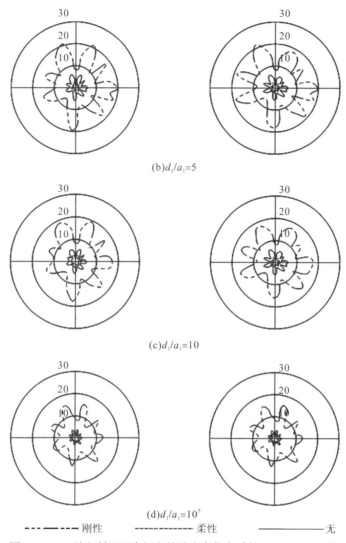

(b)$d_1/a_1=5$

(c)$d_1/a_1=10$

(d)$d_1/a_1=10^5$

- · - · - 刚性　　- - - - - - 柔性　　———— 无

图 4-42　SV 波入射下两个洞室的动应力集中系数($\eta=2$，$\theta_\beta=30°$)

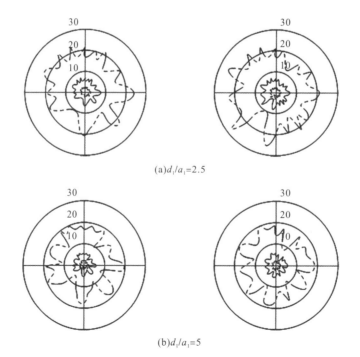

(a)$d_1/a_1=2.5$

(b)$d_1/a_1=5$

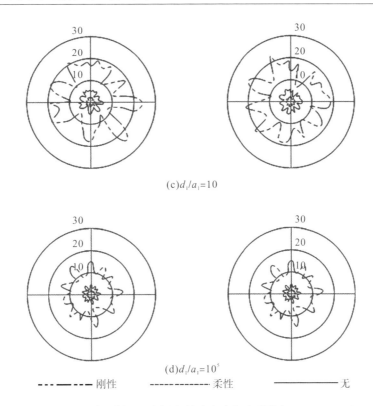

(c)$d_1/a_1=10$

(d)$d_1/a_1=10^5$

- - - — - - - 刚性　　- - - - - - - - - - 柔性　　————— 无

图 4-43　SV 波入射下两个洞室的动应力集中系数($\eta=1$，$\theta_\beta=60°$)

分析可知，随着入射波频率的增大，衬砌动应力集中系数在空间上的分布由简单逐渐变得复杂，而幅值在总体上逐渐减小；不同衬砌刚度对应的动应力集中系数在空间上的分布相同，但刚性衬砌动应力集中系数始终最大，无衬砌次之，柔性衬砌最小；波入射角度对动应力集中系数也有一定的影响，随着入射角度的增大，动应力集中系数的分布趋于复杂，但数值变化不大，总体上略有减小。

当 $\eta=0.25$、$\theta_\beta=0°$时，衬砌动应力集中系数在 $d_1/a_1=2.5$ 时达到最大[图 4-35(a)]，其中刚性衬砌为 42.2，无衬砌为 19.3，柔性衬砌为 7.0，说明衬砌刚度对于动应力集中系数具有重要影响，衬砌刚度越大，动应力集中系数越大。

随着洞室之间距离逐渐增大，衬砌动应力集中系数逐渐减小，当洞室之间距离趋于很大时，如当 $d_1/a_1=10^5$ 时[图 4-35(d)]，洞室的动应力集中系数趋于单个洞室情况，此时左右两个洞室的动应力集中系数分布几乎完全一致，刚性衬砌的动应力集中系数为 26.0，无衬砌为 6.5，柔性衬砌为 3.6。

由此可知，洞室之间距离对衬砌动应力集中系数具有显著影响，原因在于当两个洞室之间距离较近时，会造成波在两个洞室之间多次反射，两个洞室之间的相互作用比较明显，因而在两个洞室之间的区域会出现显著的动应力集中。

当 $\eta=0.25$、$\theta_\beta=30°$时衬砌动应力集中系数也是在 $d_1/a_1=2.5$ 时达到最大[图 4-36(a)]，其中刚性衬砌为 23.6，无衬砌为 7.5，柔性衬砌为 3.5；当 $d_1/a_1=10^5$ 时[图 4-36(d)]，洞室的动应力集中系数最小且趋于单个洞室情况，其中，刚性衬砌的动应力集中系数为 16.2，无衬砌情况为 4.9，柔性衬砌为 2.8。

当 $\eta=1$、$\theta_\beta=30°$时衬砌动应力集中系数，同样在 $d_1/a_1=2.5$ 时达到最大[图 4-39(a)]，其中刚性衬砌为 29.5，无衬砌为 7.4，柔性衬砌为 3.2；当 $d_1/a_1=10^5$ 时[图 4-39(d)]，洞室的动应力集中系数最小且趋于单个洞室情况，其中，刚性衬砌的动应力集中系数为 16.4，无衬砌为 4.1，柔性衬砌为 2.2。

因此，与 P 波入射情况相似，SV 波入射下的波动频率、入射角度、洞室距离和衬砌刚度均对动应力集中系数和动应力响应有重要影响。不同的是 SV 波入射下，各工况的衬砌动应力集中系数都大于 P 波入射情况，说明地震波中的剪切波是造成地下结构震害的主要因素，SV 波可能对隧道衬砌造成更严重的震害。

4.5　圆形隧道存在不平整界面SV波入射下衬砌应力级数解

在众多隧道施工方法中，新奥地利隧道法(New Austrian Tunnelling method，NATM)是山岭隧道施工中使用最多的方法，且已被证明是一种非常经济和灵活的施工方式。新奥地利隧道法施工方法如下：隧道开挖后，首先施工锚杆、立钢拱架、喷射混凝土等初支，初支一般可以看作是围岩的一部分，与围岩形成一个整体；然后，安装防水板；最后，施作二衬。由于初支与二衬之间喷射混凝土不平整面和防水板的存在，导致初支与二衬往往接触不紧密，被视为不平整(不完美)的界面。

如图4-44所示，本节采用存在不平整界面的圆形隧道二维模型的横截面进行分析(Fan et al.，2019)，模型代表了一个嵌在无限大的岩体空间中的无限长的圆形衬砌隧道，将广义平面应变假设应用于此模式。假设隧道衬砌和无限空间是弹性的、各向同性的和均匀的；采用两个坐标系，笛卡尔坐标系以隧道轴为中心，x 正向向右，y 正向指向上方；由径向距离 r 和从 x 正坐标测量的角度 θ 组成的极坐标系与笛卡尔坐标系具有共同的原点，a 和 b 分别表示隧道的内半径和外半径；岩体和衬砌之间存在不平整(不完美)的界面。

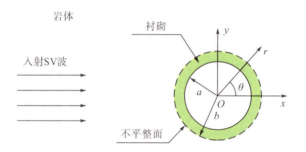

图4-44　SV波作用下存在不平整界面的圆形衬砌隧道模型

4.5.1　波在岩体中传播

$$\psi^{(i)} = B_0 e^{i(\beta_1 x - \omega t)} \tag{4-176}$$

式中，$\psi^{(i)}$ 为入射 SV 波的位移势；B_0 为入射 SV 波的位移势的振幅；β 为岩体中 SV 波的波数；ω 为入射 SV 波的圆频率；t 为时间；$e^{-i\omega t}$ 为输入的谐波特性。

在存在圆形衬砌隧道的情况下，入射运动会从不完美的界面反射，并且在岩体中产生反射 SV 波和 P 波：

$$\psi_1^{(r)} = \sum_{n=0}^{\infty} B_{1n} H_n^{(1)}(\beta_1 r) \cos n\theta$$

$$\phi_1^{(r)} = \sum_{n=0}^{\infty} A_{1n} H_n^{(1)}(\alpha_1 r) \sin n\theta \tag{4-177}$$

式中，$\psi_1^{(r)}$ 和 $\phi_1^{(r)}$ 分别是岩体中反射的 SV 波和 P 波的位移势；A_{1n} 和 B_{1n} 是未知的膨胀系数；α_1 是岩体中纵波的波数；β_1 是岩体中 SV 波的波数；$H_n^{(1)}(\cdot)$ 是第一类 n 阶的汉克尔函数。

由入射平面 SV 波产生的总位移势可以通过叠加入射势和反射势来确定。因此，对于岩体中的 SV 波和 P 波，位移势为

$$\psi^{(t1)} = \psi^{(i)} + \psi_1^{(r)}, \phi^{(t1)} = \phi_1^{(r)} \tag{4-178}$$

4.5.2　波在衬砌中传播

圆形隧道衬砌的两个圆形表面(即 $a \leqslant r \leqslant b$ 和 $0 \leqslant \theta \leqslant 2\pi$)的存在将导致传出和传入的圆柱形波。入射的圆柱形 SV 波和 P 波从衬砌外圆表面传播到衬砌内部。它们可以表示为

$$\psi_2^{(r)} = \sum_{n=0}^{\infty} B_{2n} H_n^{(2)}\left(\beta_2 r\right) \cos n\theta$$

$$\phi_2^{(r)} = \sum_{n=0}^{\infty} A_{2n} H_n^{(2)}\left(\alpha_2 r\right) \sin n\theta \tag{4-179}$$

式中，$\psi_2^{(r)}$ 和 $\phi_2^{(r)}$ 分别是衬砌中入射圆柱形 SV 波和 P 波的位移势能；A_{2n} 和 B_{2n} 是未知膨胀系数；α_2 和 β_2 分别是衬砌中 P 波和 SV 波的波数；$H_n^{(2)}(\cdot)$ 是第二类 n 阶汉克尔函数。

出射圆柱形 SV 波和 P 波从衬砌内边界传播如下：

$$\psi_3^{(r)} = \sum_{n=0}^{\infty} B_{3n} H_n^{(1)}\left(\beta_2 r\right) \cos n\theta$$

$$\phi_3^{(r)} = \sum_{n=0}^{\infty} A_{3n} H_n^{(1)}\left(\alpha_2 r\right) \sin n\theta \tag{4-180}$$

式中，$\psi_3^{(r)}$ 和 $\phi_3^{(r)}$ 分别是衬砌中出射圆柱形 SV 波和 P 波的位移势能；A_{3n} 和 B_{3n} 是未知的膨胀系数；$H_n^{(1)}$ 为第一类 n 阶汉克尔函数；θ 为极角。

衬砌中圆柱形 SV 波和 P 波的总位移势为

$$\psi^{(t2)} = \psi_2^{(i)} + \psi_3^{(r)}, \phi^{(t2)} = \phi_2^{(r)} + \phi_3^{(r)} \tag{4-181}$$

上述方程中有六组未知的膨胀系数：A_{1n} 和 B_{1n} 对应反射波 A_{2n} 和 B_{2n}；A_{3n} 和 B_{3n} 对应折射波。我们需要借助边界条件来求解未知系数。

4.5.3　岩体和衬砌应力和位移

在极坐标系中，介质中的应力和位移可以根据势来评估：

$$\tau_{rr} = \lambda \nabla^2 \phi + 2\mu \left[\frac{\partial^2 \phi}{\partial r^2} + \frac{\partial}{\partial r}\left(\frac{1}{r}\frac{\partial \psi}{\partial \theta}\right)\right]$$

$$\tau_{\theta\theta} = \lambda \nabla^2 \phi + \frac{2\mu}{r}\left[\frac{\partial \phi}{\partial r} + \frac{1}{r}\frac{\partial^2 \phi}{\partial \theta^2} + \frac{1}{r}\frac{\partial \psi}{\partial \theta} - \frac{\partial^2 \psi}{\partial r \partial \theta}\right] \tag{4-182}$$

$$\tau_{r\theta} = \mu \left[2\left(\frac{1}{r}\frac{\partial^2 \phi}{\partial \theta \partial r} - \frac{1}{r^2}\frac{\partial \phi}{\partial \theta}\right) + \frac{1}{r^2}\frac{\partial^2 \psi}{\partial \theta^2} - r\frac{\partial}{\partial r}\left(\frac{1}{r}\frac{\partial \psi}{\partial r}\right)\right]$$

式中，τ_{rr}、$\tau_{\theta\theta}$ 和 $\tau_{r\theta}$ 分别是极坐标系中的径向应力、环向应力和切向应力；ϕ 和 ψ 分别是与 S 波和 P 波相关的位移势能；μ 和 λ 并且是拉梅常数。

在实际工程中，岩体与衬砌有时不能完全黏结接触，线性弹簧模型是一种不平整的界面。模型假设应力是连续的，界面处的位移是不连续的。岩体与衬砌界面处的边界条件为

$$\tau_{rr1} = \tau_{rr2} = K_r\left(u_{r1} - u_{r2}\right)$$

$$\tau_{r\theta1} = \tau_{r\theta2} = K_\theta\left(u_{\theta1} - u_{\theta2}\right) \tag{4-183}$$

式中，下标 1 和 2 分别表示岩体和衬砌中的成分；K_r 和 K_θ 分别是界面正常和横向弹簧常数，它们是非负的，代表界面处的结合程度；u_r 和 u_θ 为径向和切向位移。

如果 K_r 和 K_θ 接近零，则衬砌与岩体完全分离。如果 K_r 和 K_θ 为无穷大，则衬砌与岩体完美结合，即位移也是连续的。一般来说，K_r 和 K_θ 介于零和无穷大之间。衬砌内边界条件为

$$\tau_{rr2} = \tau_{r\theta2} = 0, r = a \tag{4-184}$$

可推导出岩体和衬砌内应力和位移的波函数表达式。岩体中的应力为

$$\tau_{rr1} = \frac{2\mu_1}{r^2} \sum_{n=0}^{\infty} \left[B_0 \varepsilon_n i^n \varepsilon_{12}^{(1)}(\beta_1 r) + A_{1n} \varepsilon_{11}^{(3)}(\alpha_1 r) + B_{1n} \varepsilon_{12}^{(3)}(\beta_1 r) \right] \sin n\theta$$

$$\tau_{\theta\theta1} = \frac{2\mu_1}{r^2} \sum_{n=0}^{\infty} \left[B_0 \varepsilon_n i^n \varepsilon_{22}^{(1)}(\beta_1 r) + A_{1n} \varepsilon_{21}^{(3)}(\alpha_1 r) + B_{1n} \varepsilon_{22}^{(3)}(\beta_1 r) \right] \sin n\theta \tag{4-185}$$

$$\tau_{r\theta1} = \frac{2\mu_1}{r^2} \sum_{n=0}^{\infty} \left[B_0 \varepsilon_n i^n \varepsilon_{42}^{(1)}(\beta_1 r) + A_{1n} \varepsilon_{41}^{(3)}(\alpha_1 r) + B_{1n} \varepsilon_{42}^{(3)}(\beta_1 r) \right] \cos n\theta$$

岩体中的位移为

$$u_{r1} = \frac{1}{r} \sum_{n=0}^{\infty} \left[A_{1n} \varepsilon_{71}^{(3)}(\alpha_1 r) + B_0 \varepsilon_n i^n \varepsilon_{72}^{(1)}(\beta_1 r) + B_{1n} \varepsilon_{72}^{(3)}(\beta_1 r) \right] \sin n\theta$$

$$u_{\theta1} = \frac{1}{r} \sum_{n=0}^{\infty} \left[A_{1n} \varepsilon_{81}^{(3)}(\alpha_1 r) + B_0 \varepsilon_n i^n \varepsilon_{82}^{(1)}(\beta_1 r) + B_{1n} \varepsilon_{82}^{(3)}(\beta_1 r) \right] \cos n\theta \tag{4-186}$$

岩体中的应力为

$$\tau_{rr2} = \frac{2\mu_2}{r^2} \sum_{n=0}^{\infty} \left[A_{2n} \varepsilon_{11}^{(4)}(\alpha_2 r) + A_{3n} \varepsilon_{11}^{(3)}(\alpha_2 r) + B_{2n} \varepsilon_{42}^{(4)}(\beta_2 r) + B_{3n} \varepsilon_{12}^{(3)}(\beta_2 r) \right] \sin n\theta$$

$$\tau_{\theta\theta2} = \frac{2\mu_2}{r^2} \sum_{n=0}^{\infty} \left[A_{2n} \varepsilon_{21}^{(4)}(\alpha_2 r) + A_{3n} \varepsilon_{21}^{(3)}(\alpha_2 r) + B_{2n} \varepsilon_{22}^{(4)}(\beta_2 r) + B_{3n} \varepsilon_{22}^{(3)}(\beta_2 r) \right] \sin n\theta \tag{4-187}$$

$$\tau_{r\theta2} = \frac{2\mu_2}{r^2} \sum_{n=0}^{\infty} \left[A_{2n} \varepsilon_{41}^{(4)}(\alpha_2 r) + A_{3n} \varepsilon_{41}^{(3)}(\alpha_2 r) + B_{2n} \varepsilon_{42}^{(4)}(\beta_2 r) + B_{3n} \varepsilon_{42}^{(3)}(\beta_2 r) \right] \cos n\theta$$

衬砌中的位移为

$$u_{r2} = \frac{1}{r} \sum_{n=0}^{\infty} \left[A_{2n} \varepsilon_{71}^{(4)}(\alpha_2 r) + A_{3n} \varepsilon_{71}^{(3)}(\alpha_2 r) + B_{2n} \varepsilon_{72}^{(4)}(\beta_2 r) + B_{3n} \varepsilon_{72}^{(3)}(\beta_2 r) \right] \sin n\theta$$

$$u_{\theta2} = \frac{1}{r} \sum_{n=0}^{\infty} \left[A_{2n} \varepsilon_{81}^{(4)}(\alpha_2 r) + A_{3n} \varepsilon_{81}^{(3)}(\alpha_2 r) + B_{2n} \varepsilon_{82}^{(4)}(\beta_2 r) + B_{3n} \varepsilon_{82}^{(3)}(\beta_2 r) \right] \cos n\theta \tag{4-188}$$

式中，$\varepsilon_{12}^{(1)}$ 是 SV 波对应力和位移的贡献，上标表示使用了哪些圆柱函数，如第一类 n 阶贝塞尔函数、第一类 n 阶汉克尔函数及第二类 n 阶汉克尔函数。

4.5.4 算例与讨论

一般情况下，在弹性波作用下，环向应力大于径向应力，因此数值计算仅考虑环向应力的 DSCF。DSCF 可以定义为

$$\text{DSCF} = \left| \tau_{\theta\theta} / \tau_0 \right| \tag{4-189}$$

式中，$\tau_0 = \mu_1 \beta_1^2 B_0$ 表示 SV 波在传播方向上的应力强度；$\tau_{\theta\theta}$ 为切向应力，可以作为归一化因子。

为了说明不平整界面对动态应力集中的影响，本节给出了一些数值示例。引入代表性长度尺度 a，SV 波的无量纲波数为 $\alpha_1 a = 0.1 \sim 2.0$，P 波的无量纲波数分别为 0.1、2.0。工况 I 和工况 II 的无量纲参数值如表 4-1 所示（Fan et al.，2019）。工况 I 岩体强度高于衬砌，工况 II 反之；γ 为平面纵波在岩体与衬砌中的波速比；μ_1 和 μ_2 分别是岩体和衬砌的泊松比。假设界面法向和横向弹簧常数相同，隧道与岩体的物理力学参数相同。

表 4-1 工况 I 和工况 II 的无量纲参数值

工况	μ	γ	v_1	v_2
工况 I	2.90	1.50	0.25	0.2
工况 II	0.31	0.70	0.25	0.3

1. 岩体中 SV 波和 P 波产生的 DSCF 比较

与纵波相比，由于地表水平运动幅度大，横波通常会导致显著的地震破坏。本节以无量纲波数 $(\alpha_1 a = 2.0)$ 为例，研究岩体中 SV 波和 P 波产生的 DSCF；η 是圆形衬砌的外径与内径之比，等于 1.2。图 4-45 和图 4-46 分别给出了工况 I 和工况 II 中 SV 波和 P 波产生的岩体边界环向应力与 DSCF 的比较。在这两种情况下，由于模型本身是对称的，两种波的 DSCF 分布曲线关于水平轴对称，并且 SV 波产生的 DSCF 模式比 P 波更复杂。

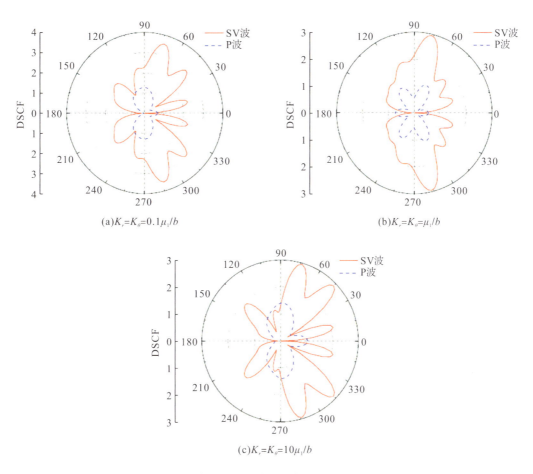

图 4-45　SV 波和 P 波产生的岩体边界环向应力与 DSCF 的比较（工况 I）

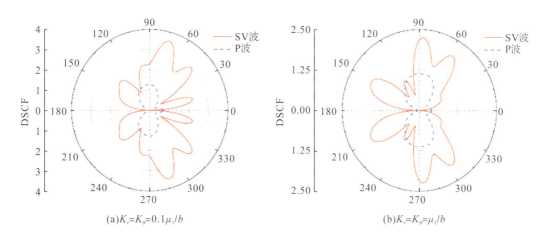

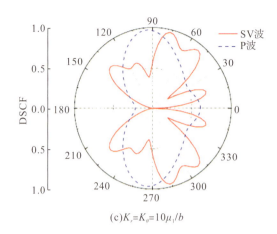

(c)$K_r=K_\theta=10\mu_1/b$

图 4-46　SV 波和 P 波产生的岩体边界环向应力与 DSCF 的比较（工况Ⅱ）

　　当衬砌与岩体弱结合时，P 波的两个峰值位于 90°和 270°。SV 波产生多个峰值，两个最大峰值大约在 75°和 285°。在图 4-45(b)中，P 波产生的峰数增加，并且当黏附程度为中等结合时，方向也会发生变化；SV 波的最大峰值保持在大约 75°和 285°的相同角度。在图 4-45(c)中，当衬砌与岩体完美结合时，由 P 波和 SV 波产生的 DSCF 模式除尺寸外与图 4-45(a)相似。总体而言，对于 $K_r=K_\theta=0.1\mu_1/b$、$K_r=K_\theta=\mu_1/b$，$K_r=K_\theta=10\mu_1/b$，SV 波产生的 DSCF 最大值分别是 P 波的 2.76 倍、2.61 倍和 2.11 倍；同样，它们分别是工况Ⅱ纵波的 2.75 倍、1.99 倍和 1.0 倍，如图 4-46 所示，这意味着 SV 波比 P 波更容易在岩体中产生动应力集中。

　　比较图 4-45 和图 4-46 可知，随着弹簧常数从 $0.1\mu_1/b$ 增加到 $10\mu_1/b$，工况Ⅱ中 SV 波产生的最大 DSCF 略小于工况Ⅰ中 SV 波产生的最大 DSCF，这表明工况Ⅰ比工况Ⅱ更容易引起岩体动应力集中。

2. 衬砌中 SV 波和 P 波产生的 DSCF 比较

　　两种工况下 SV 波和 P 波产生的衬砌内边界 DSCF 分布，如图 4-47 和图 4-48 所示。图 4-47(a)中 DSCF 的振幅很小，因为岩体与衬砌之间的结合接近弱结合；图 4-47(b)中 DSCF 的值随着弹簧常数的增加而增加。P 波有四个峰，但 SV 波有更多峰。如图 4-47(c)所示，当衬砌和岩体完全结合时，衬砌中 SV 波的 DSCF 明显大于 P 波。如图 4-48 所示，在工况Ⅱ中，可以发现 SV 波的 DSCF 远大于 P 波的 DSCF。比较图 4-47 和图 4-48，可以看出工况Ⅱ与工况Ⅰ相比，工况Ⅱ中的加载地震波致衬砌的动态应力集中更大。

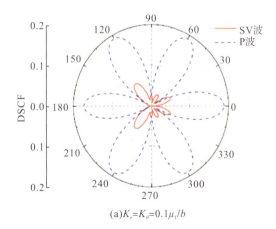

(a)$K_r=K_\theta=0.1\mu_1/b$

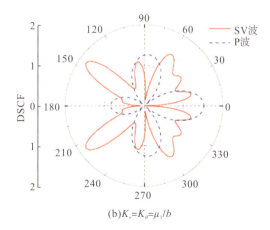

(b)$K_r=K_\theta=\mu_1/b$

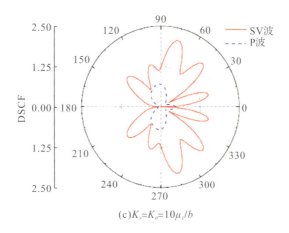

(c)$K_r=K_\theta=10\mu_1/b$

图 4-47　SV 波和 P 波产生的衬砌内边界环向应力 DSCF 对比（工况 I）

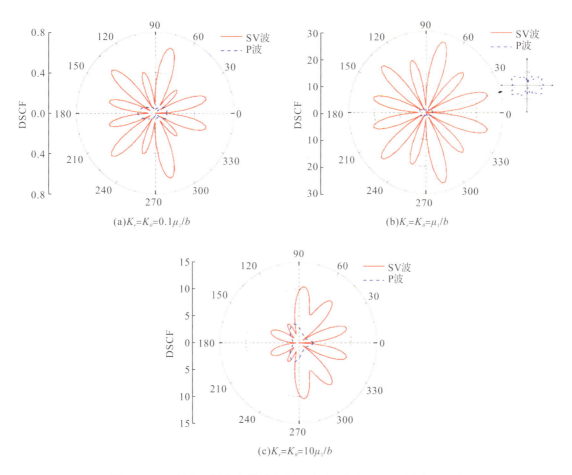

(a)$K_r=K_\theta=0.1\mu_1/b$　　　　　　　(b)$K_r=K_\theta=\mu_1/b$

(c)$K_r=K_\theta=10\mu_1/b$

图 4-48　SV 波和 P 波产生的衬砌内边界环向应力 DSCF 对比（工况 II）

3. 无量纲波数对 DSCF 的影响

通过考虑 SV 波的不同无量纲波数，研究不平整界面对岩体和衬砌中 DSCF 的影响。如图 4-49 所示，首先考虑 SV 波的低无量纲波数（$\beta_1 a = 0.1$）。工况 I 和工况 II 在 45°、135°、225° 和 315° 处有四个 DSCF 对称峰。随着 K_r 和 K_θ 的增加，三种图案形状相似但大小不同，图形分布趋势类似嵌在无限空间中的空腔结果，这种现象可视为岩体与衬砌的协调振动。如图 4-49(a) 和图 4-49(c) 所示，当岩体与衬砌界面为弱黏结时，岩体动应力集中程度较高。反之，若衬砌与岩体紧密结合（$K_r = K_\theta = 10\mu_1/b$），则动应力集中较小。工况Ⅰ中岩体边界上的 DSCF 幅度大于工况Ⅱ中的，对应于弹簧常数的增加；另一方面，工况Ⅰ衬砌内边界的 DSCF 量值明显小于工况Ⅱ，如图 4-49(b)和图 4-49(d)所示。综上，这些现象说明隧道衬砌的动应力集中位置在这些峰值方位，应加强这些位置的支护。

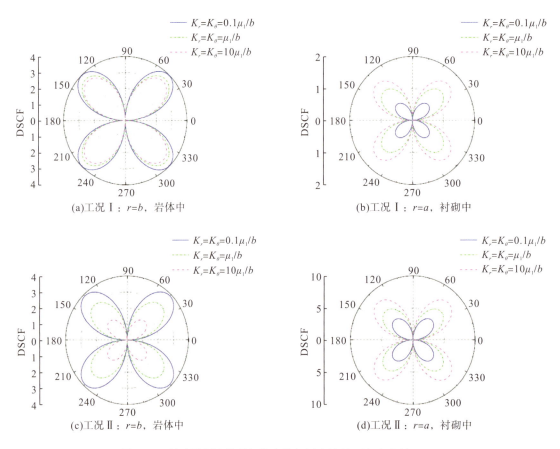

图 4-49   低无量纲波数引起的岩体与衬砌边界环向应力的 DSCF

其次，随着 SV 波的高无量纲波数（$\beta_1 a$=2.0）和弹簧常数的增加，DSCF 的模式呈现出更复杂形状，如图 4-50 所示。在不同的方位角甚至有许多峰值，造成这种现象的原因是不完善界面的存在，高波数导致岩体与衬砌发生不协调的振动。如图 4-50(a)和图 4-50(c)所示，与低无量纲波数岩体的情况类似，在不同的 K_r 和 K_θ 值方面，工况Ⅰ岩体的 DSCF 大于工况Ⅱ。如图 4-50(b)和图 4-50(d)所示，工况Ⅰ衬砌内边界的 DSCF 远小于工况Ⅱ。综上，随着无量纲波数的变化，最大 DSCF 的位置发生了变化。如果发生强烈地震，这些位置的隧道衬砌很容易坍塌或断裂。

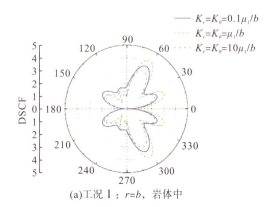

(a)工况Ⅰ：$r=b$，岩体中

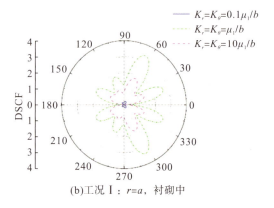

(b)工况Ⅰ：$r=a$，衬砌中

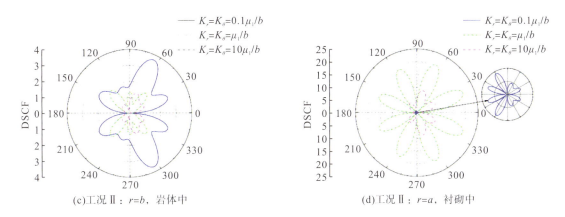

(c)工况Ⅱ：$r=b$，岩体中　　　　　　　　(d)工况Ⅱ：$r=a$，衬砌中

图 4-50　岩体和衬砌边界上的环向应力 DSCF

最后，$r=b$ 处岩体中环向应力的 DSCF 与入射 SV 波的无量纲波数的关系如图 4-51 所示。如果接触极弱，即 $K_r = K_\theta = 0.1\mu_1/b$，则会出现几个峰值，对于这两种工况，都随着无量纲波数的增加而增加，类似于弹性系统的常见共振现象。如果黏合适中且完美，则曲线会变得平滑。无量纲波数对隧道某一位置的影响主要与衬砌与岩体的结合程度有关。弱结合的 DSCF 最大，很容易对隧道造成破坏，这些现象表明岩体与衬砌的不协调振动随着它们结合得更加紧密而减少。

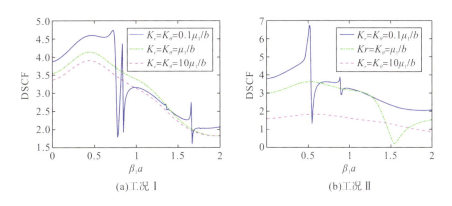

(a)工况Ⅰ　　　　　　　　　　(b)工况Ⅱ

图 4-51　$r=b$ 处岩体中环向应力的 DSCF 及入射 SV 波的无量纲波数

4. 衬砌厚度对 DSCF 的影响

衬砌厚度是 DSCF 的主要影响因素之一，而岩体中 DSCF 的大小趋向于较低的值，取值 1～1.2（$\theta = \pi/4$，$\beta_1 a = 0.11$）。由图 4-52(a)和图 4-52(c)可知，随着衬砌厚度的增加，岩体中的最大应力集中系数减小。另一方面，对于固定的 η，岩体中的 DSCF 会随着 K_r 和 K_θ 增加而减少。还观察到，工况Ⅰ的 DSCF 下降趋势小于工况Ⅱ的下降趋势，因为它增加了 K_r 和 K_θ 值。总之，增加衬砌厚度、衬砌与岩体的紧密结合，有利于隧道结构地震安全。在衬砌内边界的两种工况，DSCF 随着弹簧常数的增加而减小，除了情况Ⅰ中 $K_r = K_\theta = 10\mu_1/b$，如图 4-52(b)和图 4-52(d)所示，在实际工程中应选择合理的衬砌厚度；同时，工况二衬砌的动应力明显大于工况一。

在隧道工程中，应考虑合适的衬砌厚度，尽可能使衬砌与岩体紧密结合，以减小 DSCF，减小地震中衬砌整体开裂和坍塌。

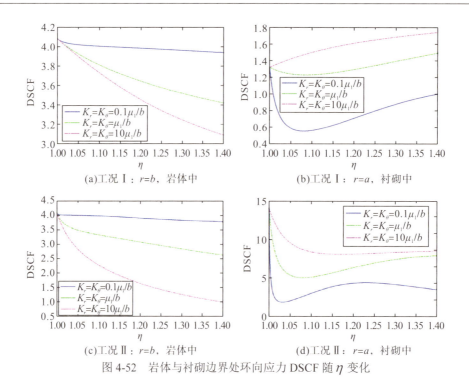

图 4-52　岩体与衬砌边界处环向应力 DSCF 随 η 变化

5. DSCF 对隧道稳定性影响

对于固定无量纲波数，衬砌中 DSCF 最大的位置主要位于隧道拱肩处，这些计算结果与实际震害调查发现的衬砌破损情况基本一致，如汶川地震导致龙溪隧道坍塌剪拉环断裂，如图 2-42 所示。因此，在隧道施工过程中，衬砌应尽可能与围岩紧密接触，避免存在不平整界面。如果这些不完善的界面已经存在，建议采用注浆等措施，降低隧道衬砌的地震动力响应，并在动应力集中的部位和段落设置抗减震措施。

4.6　瑞利波作用下隧道衬砌内力计算

瑞利波是体波（P 波和 S 波）经由地层界面及地表的多次反射形成的次生波，在传播时质点在波的传播方向与表面层法向组成的平面内做逆进的椭圆运动（图 2-3）。它的最大特点是振幅大，在地表以垂直运动为主；其能量分布一般仅限于距离半空间自由表面两倍瑞利波波长范围的薄层内，而且在距离震中较远的场地上其能量是占优的，主要造成地表建筑、浅埋地下结构及深埋隧道洞口段较为严重的震害。因此，本节从瑞利波作用下圆形隧道衬砌横向内力的解析解入手，针对瑞利波作用下浅埋山岭隧道的动力响应进行数值模拟，初步探讨瑞利波对山岭隧道洞口段的影响范围和作用机理。

4.6.1　瑞利波作用下圆形隧道衬砌横向内力的解析解

本节以浅埋隧道衬砌为对象，采用拟静力分析方法，考虑了土-结构间的相互作用及内力的时空差异性，给出瑞利波作用下衬砌横向内力的解析解。本节基本假设如下：瑞利波为简谐平面波列；岩土体是均匀、各向同性的线弹性介质；衬砌结构为弹性体，沿隧道纵向的长度比横向尺寸大得多，在分析其横向受力和变形特性时，可处理成平面应变问题；由于受到周围岩土介质的约束，当瑞利波长超过隧道纵向和横向特征尺寸的 3 倍时，衬砌结构在地震动作用下的动态特性很难表现出来，可采用拟静力法分析其受力和变形。如图 4-53 所示，设隧道中心轴线方向为 z 轴，横截面竖向为 y 轴，水平向为 x 轴。

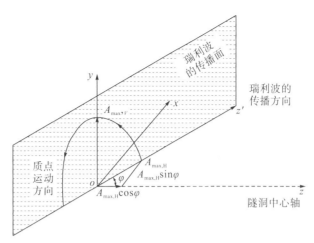

图 4-53　瑞利波以与隧道纵向 z 轴的夹角为 φ 的方向传播

根据波动理论，瑞利波引起的近地表处介质粒子的运动可以分解成水平拉压 P 波分量 U_z 和竖向剪切 SV 波分量 U_y。由于假定瑞利波为简谐波，考虑到 SV 波分量比水平 P 分量滞后 $\pi/2$ 角度，位移分量可写成：

$$U_{z'} = A_{\max,\text{H}} \sin\left[\frac{2\pi}{L}\left(z' - C_R t\right)\right]$$
$$U_y = A_{\max,\text{V}} \cos\left[\frac{2\pi}{L}\left(z' - C_R t\right)\right] \tag{4-190}$$

式中，$A_{\max,\text{H}}$ 和 $A_{\max,\text{V}}$ 分别为水平和竖向位移幅值。

基于视波概念，分量 SV 波和 P 波可沿隧道中心 z 轴及其横轴 x 轴进一步分解。分量 SV 波可分别沿 z 轴和 x 轴作以下分解：

$$U_y = A_{\max,\text{V}} \cos\left[\frac{2\pi}{L}\left(z\cos\varphi - C_R t\right)\right]$$
$$U_x = A_{\max,\text{V}} \cos\left[\frac{2\pi}{L}\left(x\sin\varphi - C_R t\right)\right] \tag{4-191}$$

式 (4-191) 的第一式表示一个沿着隧道纵向 z 轴传播的 SV 视波，其波长为 $L/\cos$，传播速度为 $C_R/\cos$，竖向振动振幅为 $A_{\max,\text{V}}$，记为 SV1；第二式表示一个沿着隧道横向 x 轴传播的 SV 视波，其波长为 $L/\sin$，传播速度为 $C_R/\sin$，竖向振幅为 $A_{\max,\text{V}}$，记为 SV2。

分量 P 波可分别沿 z 轴和 x 轴进行如下分解：

$$U_x = A_{\max,\text{H}}\sin\varphi\sin\left[\frac{2\pi}{L}\left(z\cos\varphi - C_R t\right)\right]$$
$$U_x = A_{\max,\text{H}}\sin\varphi\sin\left[\frac{2\pi}{L}\left(x\sin\varphi - C_R t\right)\right]$$
$$U_z = A_{\max,\text{H}}\cos\varphi\sin\left[\frac{2\pi}{L}\left(z\cos\varphi - C_R t\right)\right]$$
$$U_z = A_{\max,\text{H}}\cos\varphi\sin\left[\frac{2\pi}{L}\left(x\sin\varphi - C_R t\right)\right] \tag{4-192}$$

上述各分量视波中，只有沿 x 轴传播的视波 SV2 和视波 P1 才会引起隧道截面的横向内力。下面仅对这两种视波进行分析。

1. P 波

所谓自由场，即没有开挖隧道之前的场地。现在分析沿 x 轴传播的视波 P1 所引起的介质横向拉-压应变，视波 P1 作用下的自由场应力分析如图 4-54 所示。若用 ε_x 表示介质沿 x 向的正应变，则由式 (4-192) 有

$$\varepsilon_x = \frac{\partial U_x}{\partial x} = A_{\max,H}\frac{2\pi}{L}\sin^2\varphi\cdot\cos\left[\frac{2\pi}{L}\left(x\sin\varphi - C_R t\right)\right] = \frac{V_{\max,H}}{C_R}\sin^2\varphi\cos\left[\frac{2\pi}{L}\left(x\sin\varphi - C_R t\right)\right] \tag{4-193}$$

式中，$V_{\max,H}$ 为介质粒子水平向的最大运动速度。

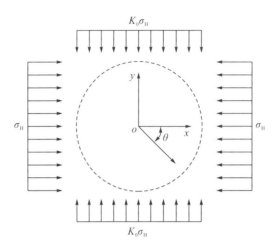

图4-54　视波 P1 作用下的自由场应力

根据弹性 P 波理论，相应于应变的正应力分别为

$$\sigma_H = \frac{\left(1 - v_m\right)}{\left(1 + v_m\right)\left(1 - 2v_m\right)}\varepsilon_x$$

$$\sigma_V = K_0\sigma_H = \frac{v_m}{1 - v_m}\sigma_H \tag{4-194}$$

式中，E_m 为与应变相容的介质动弹性模量。

2. SV 波

沿 x 轴传播的视波 SV2 可引起隧道所在位置处介质的横向剪切变形，视波 SV2 作用下的自由场应力分析如图 4-55 所示。由式(4-194)第二式可得由视波 SV2 产生的介质剪应变：

$$\gamma = \frac{\partial U_y}{\partial x} = -\frac{V_{\max,V}}{C_R}\sin\varphi\sin\left[\frac{2\pi}{L}\left(x\sin\varphi - C_R t\right)\right] \tag{4-195}$$

式中，$V_{\max,V}$ 为介质粒子的竖向最大运动速度。

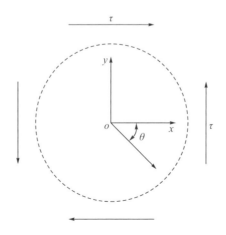

图 4-55　视波 SV2 作用下的自由场应力

根据虚功原理，如图 4-56 所示，从水平线顺时针起算的角度处衬砌截面的横向轴力 T、弯矩 M 及剪力 V 如下表达。

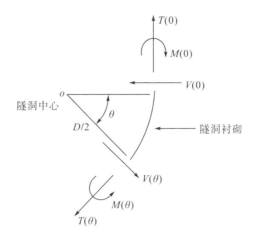

图 4-56　隧道内力的符号约定

$$T(\theta)_R = -\frac{E_L A_L R_a}{2\left(1-v_L^2\right)}\frac{V_{\max,\mathrm{H}}}{C_R}\sin^2\varphi \times \cos\left[\frac{2\pi}{L}\left(x\sin\varphi - C_R t\right)\right] + \frac{12 E_L I_L R_b}{D^2\left(1-v_L^2\right)}$$

$$\times\left\{\begin{array}{l} \dfrac{V_{\max,\mathrm{H}}}{C_R}\cos(2\theta)\sin^2\varphi\cos\left[\dfrac{2\pi}{L}\left(x\sin\varphi - C_R t\right)\right] \\[2mm] + \dfrac{V_{\max,\mathrm{V}}}{C_R}\sin(2\theta)\sin\varphi\sin\left[\dfrac{2\pi}{L}\left(x\sin\varphi - C_R t\right)\right] \end{array}\right\}$$

$$(4\text{-}196)$$

$$M(\theta)_R = \frac{3 E_L I_L R_b}{D\left(1-v_L^2\right)}\left\{\frac{V_{\max,\mathrm{H}}}{C_R}\cos(2\theta)\sin^2\varphi \times \cos\left[\frac{2\pi}{L}\left(x\sin\varphi - C_R t\right)\right]\right.$$

$$\left.+ \frac{V_{\max,\mathrm{V}}}{C_R}\sin(2\theta)\times\sin\varphi\sin\left[\frac{2\pi}{L}\left(x\sin\varphi - C_R t\right)\right]\right\}$$

$$(4\text{-}197)$$

$$V(\theta)_R = \frac{12 E_L I_L R_b}{D^2\left(1-V_L^2\right)}\left\{\frac{V_{\max,\mathrm{H}}}{C_R}\cos(2\theta)\sin^2\varphi \times \cos\left[\frac{2\pi}{L}\left(x\sin\varphi - C_R t\right)\right]\right.$$

$$\left.- \frac{V_{\max,\mathrm{V}}}{C_R}\cos(2\theta)\times\sin\varphi\sin\left[\frac{2\pi}{L}\left(x\sin\varphi - C_R t\right)\right]\right\}$$

$$(4\text{-}198)$$

式中，其余意义同前，其中

$$R_a = \frac{2\left(1-v_m\right)}{\left(1+\alpha_a\right)\left(1-2v_m\right)},\; \alpha_a = \frac{2 E_L A_L\left(1+v_m\right)}{E_m D\left(1-v_L^2\right)}$$

$$R_b = \frac{\left(1+g_1/g_2\right)g_3}{\left(1+\alpha_b\right)},\; \alpha_b = \frac{48 E_L I_L\left(1+v_m\right)\left(3-4v_m\right)}{E_m D^3\left(1-v_L^2\right)}$$

$$(4\text{-}199)$$

$$g_1 = F\left(1-2v_m\right)\left(1-C\right) - 0.5\left(1-2v_m\right)^2 C + 2$$

$$g_2 = F\left(3-2v_m\right)\left(1-v_m\right)CF + C\left(5/2 - 8v_m + 6v_m^2\right) + 6 - 8v_{\mathrm{m}}$$

$$g_3 = F + 3 - 4v_{\mathrm{m}}$$

$$(4\text{-}200)$$

$$F = \frac{E_m\left(1-v_l^2\right)D^3}{6 E_l I_l\left(1+v_m\right)},\; C = \frac{E_m\left(1-v_l^2\right)D}{E_l A_l\left(1+v_m\right)\left(1-2v_m\right)}$$

4.6.2　瑞利波作用下山岭隧道洞口动力响应数值模拟

天然状况下监测到的地震波都是各种体波和面波相互叠加的结果，为了单独分析瑞利波对山岭隧道洞口段的动力作用，本节利用 FLAC3D 建立典型的浅埋山岭隧道洞口段数值模型，通过加载人工生成的标准瑞利波来模拟面波作用下浅埋山岭隧道洞口段的动力响应。

1. 建模及加载

浅埋山岭隧道洞口段模型长度为 90m，最大埋深为 40m，为了减小边界效应对动力加载的影响，考虑隧道的左右边界为 50m，底部边界为 30m，后缘边界为 20m。模型左右边界及底部边界在静力条件下设置为固定约束边界，在动力加载时设置为自由场边界，以减少边界条件对模拟结果的影响。模型中，隧道轴线水平向右为 x 轴（横向）正向，水平向坡内为 y 轴（纵向）正向，竖直向上为 z 轴（竖向）正向。如图 4-57 所示，计算选用实体模型，未考虑结构面，模型采用八节点六面体单元进行剖分，共剖分出 30021 个节点和 40442 个单元。围岩及隧道衬砌物理力学参数如表 4-2 所示。

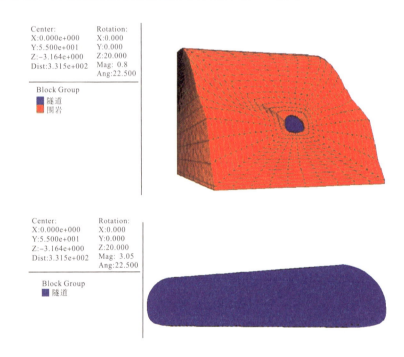

图 4-57　浅埋山岭隧道洞口段围岩与隧道模型

表 4-2　围岩及隧道衬砌物理力学参数

介质	泊松比	剪切模量/GPa	体积模量/GPa	容重/(kN/m³)	内摩擦角/(°)	内聚力/MPa	抗拉强度/MPa
围岩	0.500	1.000	1.500	20.000	30	0.5	1
衬砌	0.227	8.500	13.500	25.000			2

动力加载时输入瑞利波是采用瑞利波模拟公式进行模拟，通过编程来获得瑞利面波的时程曲线，瑞利波模拟公式如下：

$$f(x,t) = A \times 2\delta k(x) \frac{\sin[\delta k(x) \times (Ut - x)]}{\delta k(x) \times (Ut - x)} \cos\left[k_0\left(c_0 t - x\right)\right] \tag{4-201}$$

式中，A 为振幅；$\delta k(x)=a/x$，a 为常数。

2. 计算结果分析

表 4-3 和图 4-58 给出了瑞利波作用下隧道衬砌加速度响应峰值随不同埋深和进深的变化趋势。由表 4-3 和图 4-58 可知，瑞利波作用对隧道洞口段衬砌的加速度响应影响非常明显，这也是隧道洞口段往往遭受严重震害的主要原因之一。在隧道洞口处的加速度响应相对小些，随着隧道埋深的增加，衬砌加速度响应逐渐增大，在埋深为 4m 处达到最大，响应峰值加速度为 1.12g，这与刘晶波和李彬(2006)的研究成果"瑞利波作用下，隧道埋深为 4m 时衬砌弯矩最大"一致；而后随着隧道埋深增加，衬砌加速度响应逐渐减小，但在埋深为 16m(进深为 20m)左右加速度响应有增大趋势，主要是由于浅埋山岭隧道的地形变化较大(突然增加)所致；所以在隧道埋深为 0~16m 处衬砌的加速度响应较大，峰值加速度为 0.85~1.12g；当隧道埋深大于 16m 以后，衬砌加速度响应呈急速减小趋势，尤其在埋深达到 40m 时，衬砌峰值加速度已较小，为 0.4g，基本不会引起隧道衬砌破坏。

表 4-3　瑞利波作用下隧道衬砌监测点布置及隧道衬砌加速度响应峰值表

监测点号	1	2	3	4	5	6	7	8	9	10	11	12
进洞深度/m	0.2	2	4	6	8	10	15	20	30	40	50	60
埋深/m	0	2	4	6	8	10	12	16	24	30	36	40
加速度/($\times g$)	0.88	0.92	1.12	1.02	0.92	0.87	0.93	0.96	0.69	0.6	0.53	0.45

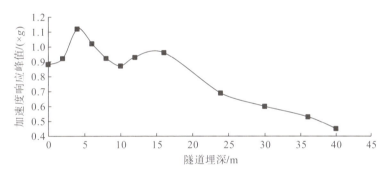

图 4-58　加速度响应随埋深的变化

图 4-59 和图 4-60 给出了瑞利波作用下隧道衬砌最大(S_{max})、最小主应力(S_{min})随不同埋深和进深的变化。由图 4-59 和图 4-60 可知，在隧道洞口埋深为 0~16m 段的衬砌最大且最小主应力明显较大，最大

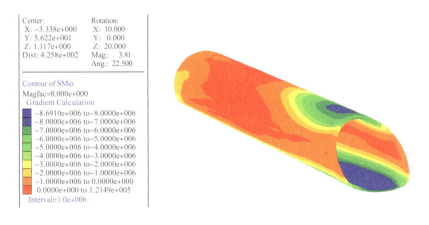

图 4-59　衬砌最大主应力响应

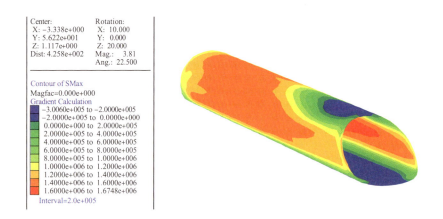

图 4-60　衬砌最小主应力响应

主应力达到 8.691MPa；在隧道拱顶和仰拱产生了压应力集中，所以山岭隧道洞口段衬砌拱顶容易出现纵向裂纹和错台，仰拱容易出现隆起和开裂；随着埋深和进深的增大，衬砌动应力响应明显减小，且分布较为均匀；说明当隧道埋深大于 16m（进深大于 20m）以后，瑞利波迅速衰减对隧道衬砌的动应力响应影响也相应减小，这与衬砌加速度响应基本一致。

　　综上所述，瑞利波作用下对浅埋山岭隧道洞口段的动力响应影响主要集中在埋深为 0～16m（进深为 0～20m）；在该范围内隧道衬砌的峰值加速度和动应力均较大，尤其在衬砌拱顶和仰拱产生了压应力集中，较容易造成衬砌的破坏；当隧道埋深大于 16m（进深大于 20m）以后，瑞利波迅速衰减对隧道衬砌的动力响应影响也相应减小，对隧道安全基本不产生影响。

4.7　本章小结

　　(1)本章通过对无限和半无限弹性介质中地震波引起质点的运动方程和应力波方程的推导，归纳总结出地震波在岩土介质中传播的一些重要的特性，找出了影响隧道地震动力响应的关键因素，为山岭隧道地震动力响应的理论计算、数值模拟及振动台试验提供依据。

　　(2)随着 P 波入射频率的增大，衬砌的环向动应力分布趋于复杂化；并由低频条件下少数几个优势方向的应力集中，逐步转变为高频率条件下多个优势方向的普遍应力集中；但在中浅埋隧道中，衬砌内壁环向动力集中系数和动应力随频率的增加而减小，并且低频地震波作用下衬砌动力集中系数为高频地震波作用的 10 倍左右。因此，低频地震波对隧道衬砌的危害更大。

　　(3)P 波入射角度对于隧道环向动应力集中系数的影响较大，无论是中频还是高频地震波作用下，当地震波从隧道底部垂直或小角度（$\theta_a=0°$、$\theta_a=30°$）入射时，衬砌结构环向动应力集中系数都非常复杂，表现出明显的不均匀性；说明当地震波从底部垂直或小角度入射时，隧道衬砌受到的破坏最为严重，这与山岭隧道的震害调查结果一致。

　　(4)在隧道围岩为软岩条件下，当隧道埋深在 0～100m 时，衬砌环向动应力响应的变化较为复杂，并在埋深 $h_1=30m$ 和 $h_1=100m$ 时出现明显峰值；当隧道埋深 $h_1>100m$ 以后，衬砌环向动应力集中系数有所回落，但依然维持在一个较高的水平(6.5 左右)，且该值随埋深的增加还有上升趋势，说明在软岩条件下，隧道衬砌动应力随埋深增加而减小的趋势不明显，在埋深较大的情况下，衬砌动应力依然可能很高；若隧道穿越断层带或存在高地应力段时，在地震作用下势必造成严重的震害，这印证了汶川地震中，以泥岩和泥质粉砂岩为主的龙溪隧道洞身断层发育段和高地应力段遭受的严重震害。在隧道围岩为硬岩条件下，地震波对隧道衬砌动应力的影响主要集中在埋深小于 75m 的范围，当隧道埋深超过 100m 以后，隧道埋深已不是影响隧道衬砌环向动应力系数和震害的主要因素。

(5)隧道衬砌动应力集中系数随衬砌弹性模量增加而逐渐增大，且弹性模量越大，衬砌内壁环向动应力系数越不均匀，$\tau_{\theta\theta}^*$ 值跨度越大，即各个方向上动应力差异越大，这可能与不同刚度衬砌对地震荷载所引起的动应力的调整能力不同有关。因此，在满足衬砌承载能力及变形要求的前提下，采取适当柔性的衬砌有利于隧道抗震。

(6)间距对浅埋双洞隧道的衬砌地震响应影响显著，在地震波作用下，双洞隧道的距离越近，其间的相互作用就越强，其衬砌响应就越大。洞室距离越小，衬砌的动应力系数就越大，而随着间距的增大，衬砌动应力系数逐渐减小并趋于稳定；衬砌刚度对隧道的衬砌动应力具有很大的影响，刚性衬砌的动应力系数始终最大，无衬砌情况次之，柔性衬砌最小。波动频率对浅埋双洞隧道的衬砌动应力系数有重要的影响，无论是 P 波或者 SV 波作用，随着波动频率的提高，隧道衬砌的动应力分布逐渐复杂化。

(7)在低无量纲波数下，隧道不平整界面的存在导致围岩与衬砌发生协调振动，在高无量纲波数下发生不协调振动。如果围岩与衬砌结合极度不平整，SV 波作用将发生共振散射现象，导致较大的动态应力集中，实际隧道施工中岩体与衬砌结合应尽可能紧密；衬砌与围岩的紧密结合、增加衬砌厚度，有利于隧道结构地震安全。本书建议采用注浆等措施充填修复不平整界面，降低隧道衬砌的地震动力响应，并在动应力集中的部位和段落设置抗震减措施。

(8)瑞利波作用下对浅埋山岭隧道洞口段的动力响应影响主要集中在埋深为 0～16m(进深为 0～20m)；在该范围内隧道衬砌的峰值加速度和动应力均较大，尤其在衬砌拱顶和仰拱产生了压应力集中，较容易造成衬砌的破坏；当隧道埋深大于 16m(进深大于 20m)以后，瑞利波迅速衰减，对隧道衬砌的动力响应影响也相应减小，对隧道安全基本不产生影响。

第二篇

山岭隧道地震动力响应的模型试验
与数值模拟

第 5 章　山岭隧道地震动力响应大型振动台模型试验

模拟地震振动台试验能够综合考虑诸多因素，很好地输入原始地震波或人工波，再现地震全过程，发现结构的薄弱部位，探寻结构的地震动力响应规律和破坏机理。目前，我国对于大型三维(三向六自由度)的山岭隧道振动台模型试验开展较少。

本章首先依托典型的山岭隧道——黄草坪 2 号隧道的工程地质条件，对隧址区的断裂及地震活动特征进行综合分析，得出工程场地内主要发育的断裂构造及对隧道工程的安全性影响；并通过对工程区域地震地质背景、地震活动时空分布特征、地球物理场等方面的分析，统计求出黄草坪 2 号隧道的地震活动性参数。然后，针对山岭隧道大型三维振动台模型试验关键技术进行专项研究，如模型相似关系及配比、模型尺寸、模型箱设计、边界条件处理、传感器布置、模型浇注与制作及地震动参数选取等，制定严格的加载制度和详细的试验步骤。最后，开展山岭隧道大型三维振动台模型试验，采集试验数据和模型震害资料，为山岭隧道地震动力响应研究提供基础，也为同类型的振动台模型试验提供重要参考。

5.1　依托工程概况、隧址区工程地质条件及隧道围岩特征与分级

5.1.1　依托工程概况

国道 318 线海子山—竹巴龙段改建工程路线起于四川省巴塘县海子山无量河，止于竹巴龙金沙江大桥西藏岸(图 5-1)，长 126.25km；按三级公路标准改建，计算行车速度为 30km/h，路基宽度为 7.50m。

图 5-1　黄草坪隧道地理位置图

黄草坪隧道位于四川省甘孜州巴塘县境内，地处青藏高原东南翼、横断山脉北段，为国道 318 线海子山至竹巴龙段改建工程的控制性工程，共有 2 座；其中 1 号隧道长 1221m，2 号隧道长 917m。受地形地质条件的限制，黄草坪隧道不得不在距全新世活动断裂巴塘断裂 300～400m 和中更新世活动断裂党巴断裂仅数十米的地方通过，隧道轴线与活动断裂带近于平行。其中，巴塘断裂斜切金沙江构造带主体，

具有明显的近代活动性，该断裂曾于 1870 年发生过 7.25 级地震；1989 年巴塘 6.7 级的群发性地震更是给当地带来了巨大的损失。巴塘断裂未来仍具备发生 7 级左右强震的可能性，场地基本地震烈度为Ⅸ度。隧道距活动断裂带如此之近且平行断裂带通过，这在国内隧道建设领域是罕见的。活动断裂的错动及其由此引起的地震动对隧道安全的影响成为这座隧道建设的最大技术难题。为此，交通部(现交通运输部)在《关于川藏公路海子山至竹巴龙段改建工程初步设计的批复》(2003 年 74 号文)中明确指出，为探索活动断裂带影响区域隧道工程的可靠性，积累工程经验，提高我国隧道技术水平，进一步对影响黄草坪隧道的活断裂和区域稳定性问题进行研究和评价；同时，开展隧道工程的抗震、减震和防震措施研究，采取特殊技术措施保证安全，在隧道结构中预埋应力、应变监测元件，进行长期监测。隧道建设和设计单位将该隧道定位为"试验研究隧道"，会同科研单位将"高烈度地震区公路隧道建设抗震技术研究"立为西部交通科技项目"高海拔地区复杂地质条件下公路隧道设计与施工技术研究"的一个子课题，开展山岭隧道工程的抗震、减震和防震措施研究，以便为高烈度地震区的隧道工程建设积累经验。

5.1.2　隧址区工程地质条件

黄草坪隧道位于深切侵蚀的高山峡谷区，河谷深切，地形陡峻；隧址区内巴曲河向南东弯曲，隧道位于巴曲河右岸，为一傍山隧道，除 K313+735 附近发育一沟谷外，无切割深大的沟谷发育，总体上山岭较完整。巴曲河多呈峡谷状，河谷深切，除局部地段呈不对称"U"形外，多呈"V"形，部分地段可见小面积分布的Ⅰ、Ⅱ阶地，Ⅲ级以上阶地多被剥蚀或呈缓斜坡状，河中有零星边滩、心滩、漫滩发育，洪水时均被淹没，河床坡降为 3.5‰～7.5‰。

黄草坪隧道横穿黄草坪山，为一长轴近南北向的椭圆状山岭，总体上山岭较完整，无切割深大的沟谷发育，山顶高程为 2964.98m；山脊顶部较平缓，山脊边坡较陡峻、多急坡，坡度为 35°～65°。1 号隧道进洞口斜坡坡度为 50°左右，出洞口为 35°；2 号隧道进洞口斜坡坡度为 35°，出洞口为 25°。山体第四系覆盖层广布，厚度较大，植被较稀疏，基岩露头零星，物质坡面移动较强烈，崩塌、滑坡、泥石流经常发生。黄草坪隧道隧址区地层较为简单，以中下寒武统下段变质岩系为主，在隧道进出口、沟谷、斜坡及地势低洼地带分布有不同时期、不同成因类型的第四系松散堆积层，黄草坪 2 号隧道工程地质纵断面图如图 5-2 所示。

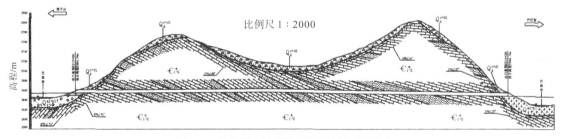

图 5-2　黄草坪 2 号隧道工程地质纵断面图
注：$\in_{1-2}^{a}$ 为寒武系；Q^{c+dl} 为崩坡积；Q^{al+pl} 为冲洪积。

与黄草坪 2 号隧道进出口关系较密切的是：①全新统崩坡积层(Q_4^{c+dl})，以小块石土为主，局部夹块石，该层广泛分布于斜坡上，与隧道进出口关系较密切，在坡度较陡的地方常发生浅表层滑塌，厚度为 0～50m；②全新统冲洪积层(Q_4^{al+pl})，以漂石夹土、卵石夹(质)土为主，局部夹粉土层，该层主要分布在巴曲河河床及岸边阶地上，与隧道进出口关系较密切，厚度为 15～30m。黄草坪 2 号隧道洞身段地层为中下寒武统下段($\in_{1-2}^{a}$)，主要由灰色、浅灰色厚层至块状结晶灰岩、大理岩，灰绿色片岩不等厚互层组成，厚度为 1340m。

黄草坪隧道隧址区位于南北向金沙江断裂带中的黄草坪-红军山断裂和核桃坪-将巴顶断裂之间，北东向的巴塘断裂位于隧道的北西侧，距离为 300～400m；受金沙江断裂带和巴塘断裂带的影响，隧址区构造复杂，小断层、次级褶皱、节理裂隙发育，揉皱及挤压破碎带密集，岩体多被切割成碎石状；岩层产状变化大，岩层走向近南北，与隧道轴线近于平行，倾向北西，倾角为 13°～80°，黄草坪隧道地形及地质构造图如图 5-3 所示。

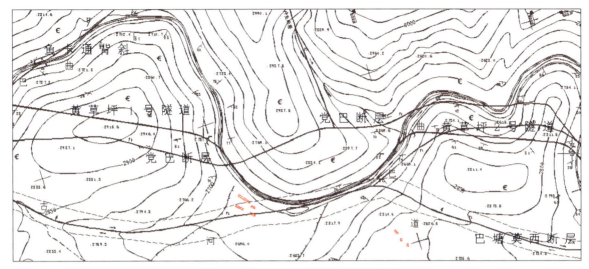

图 5-3　黄草坪隧道地形及地质构造图

5.1.3　隧道围岩特征与分级

本节按照《公路工程地质勘察规范》和《公路隧道设计规范》中关于隧道围岩的分级标准(参照该隧道建设时执行规范)，对黄草坪 2 号隧道围岩进行了分级。黄草坪 2 号隧道围岩分级具体岩性及参数见表 5-1，大型振动台模型试验和数值模拟桩号范围为 K313+095～205，属于 V、IV 级围岩。

表 5-1　黄草坪 2 号隧道围岩分级具体岩性及参数

里程桩号/m	K313+105～140	K313+140～340
围岩级别	V	IV
岩土性	块碎石土、结晶灰岩、大理岩、绿片岩	结晶灰岩、大理岩、绿片岩
岩石抗压强 R_b/MPa	<15	结晶灰岩 53.41，绿片岩 22.93
岩体结构及完整状态	基岩：风化裂隙极发育，间距小，不规则，缝隙大，岩体完整性差，呈角砾状松散结构；块碎石土：松散-中密，干燥-稍湿，岩体完整性差，呈松散结构	发育 5 组构造节理，面较平直、粗糙；结晶灰岩中节理间距多小于 0.2m，绿片岩中节理间距为 0.2～0.4m，多紧闭-微张，部分无充填物，部分方解石充填，少量附泥质或方解石薄膜，岩体完整性较差，结晶灰岩多呈碎石状压碎结构，绿片岩呈块碎镶嵌状结构
岩石质量指标(rock quality designation，RQD)	0～20	结晶灰岩 15～40，绿片岩 5～30
岩体体积节理数 (J_V)/(条/m³)	>40	结晶灰岩 30～40，绿片岩 20～30
岩体完整性系数(K_v)/%	<0.4	结晶灰岩 0.28～0.56，绿片岩 0.31～0.70
岩体质量[BQ]		结晶灰岩 260～330，绿片岩 186～284
岩体波速 V_p/(km/s)	1.5～2.5	结晶灰岩 2.8～4.0，绿片岩 2.5～4.2
风化程度	强风化	弱风化至新鲜基岩
地下水状态	潮湿，雨季淋水	滴水、潮湿为主，挤压破碎小股状出水
围岩开挖后稳定性	易坍塌，处理不当会出现大坍塌，侧壁经常出现小坍塌，处理不当易坍至地表，稳定性差	拱部无支护时可能产生较大坍塌；侧壁易变形，稳定性较差等；片岩剥落、掉块；爆破震动过大易坍塌

黄草坪 2 号隧道在勘察阶段推测的 F7 断层破碎带及影响带在实际开挖中未出露，岩石主要以结晶灰岩、绿泥石片岩等变质岩为主。岩体破碎，节理裂隙发育，强度低，主要以 V、Ⅳ 级围岩为主，Ⅳ 级围岩涵盖范围较广，因此在跟踪分级时将Ⅳ级围岩划分为Ⅳ弱和Ⅳ强两个亚类；大型振动台模型试验和数值模拟范围中，除了隧道洞口段为 V 级围岩外，洞身浅埋段大部分为Ⅳ弱围岩，黄草坪 2 号隧道Ⅳ级围岩亚类分级标准及参数见表 5-2。

表 5-2　黄草坪 2 号隧道Ⅳ级围岩亚类分级标准及参数

围岩级别		岩性	岩层厚度		岩体结构类型	节理情况			嵌合程度	定量指标			地下水特征	围岩稳定状况
			级别	厚层/m		发育程度	组数	间距/m		R_b/MPa	RQD/%	V_p/(km/s)		
Ⅳ	Ⅳ强	结晶灰岩	中层	0.5～0.1	层状-镶嵌结构	发育	>3	<0.4	较紧密	30～60	50～75	2.8～4.0	湿润	拱部无支护时易产生小的坍塌；侧壁有失稳可能，无岩爆和大变形现象
	Ⅳ弱	绿泥石片岩	薄层	0.3～0.1 或 <0.1	压碎结构碎裂结构	很发育	>3	<0.2	不紧密	5～30	25～40	2.5～4.2	湿润	拱部无支护时易产生较大的坍塌；侧壁常有小坍塌，无岩爆和大变形现象

5.2　区域断裂活动及隧址区地震动力特征

5.2.1　区域断裂活动特征

黄草坪隧道隧址区在大地构造上属于川滇菱形地块的西部边界附近，其西侧为羌塘-昌都陆块，东侧为川青断块和凉山断块；川滇菱形地块北东及东边界断裂由甘孜-玉树断裂带、鲜水河断裂带、安宁河断裂带、则木河断裂带和小江断裂带组成的一条长度近 2000km 的左旋走滑活动断裂带；西边界为近南北向的金沙江断裂带。黄草坪隧道隧址区主要断裂构造有：近南北向的金沙江断裂带、北西向甘孜-理塘断裂带，北西向的理塘-德巫断裂带，北东向的巴塘断裂带、玉龙希断裂带等（图 5-4）。

在这些断裂带中，对隧道稳定性起控制作用的是：近南北向的金沙江断裂带，它由北至南纵贯整个近场区，北北东向的巴塘断裂带将金沙江断裂带错切。金沙江断裂带在转折处呈 NNW 向延伸时，表现为左旋走滑运动；呈 NNE 向时则主要表现为右旋走滑运动。金沙江断裂带晚第四纪以来活动仍是以近 EW 向的缩短为主，仅在断裂走向转折呈 NNW 或 NNE 向时，由于断裂走向与区域主压应力场的夹角关系才表现为水平走滑运动。根据现有地表破裂现象，本节认为近场区内的金沙江断裂带中段均具有晚更新世-全新世的活动性，而断裂带北段为晚更新世活动断裂。巴塘断裂带的活动性存在由南西向北东逐渐减弱的趋势，这可能是由于该断裂南西段处于藏东块体内，而此块体滑移速率比川西块体要快。除此之外，巴塘断裂带北东段与金沙江断裂带存在十分复杂的交切关系，一部分运动势有可能被金沙江断裂带吸收。有史料记载以来，巴塘断裂带在 1870 年发生过一次 Ms 7.25 级地震，地震地表破裂在黄草坪垭口附近现今仍依稀可辨。1989 年该断裂带还发生过一次 Ms 6.6 级群发性地震，表明巴塘带断裂具有强震原地复发特点。

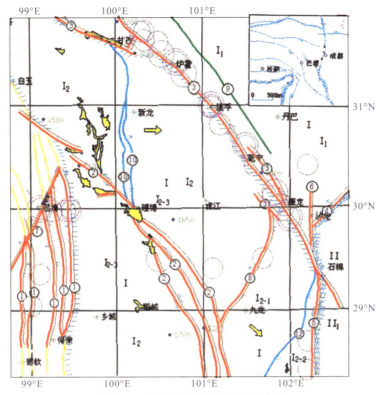

图 5-4　黄草坪隧道隧址断裂构造图

注：①金沙江断裂带；②理塘-德巫断裂带；③鲜水河断裂带；④龙门山断裂带；⑤安宁河断裂带；⑥大渡河断裂带；⑦巴塘断裂带；⑧玉龙希断裂带；⑨玉科断裂带；⑩甘孜-理塘断裂带。I 为物化探剖面位置；II 为地质调查点。

5.2.2　工程场地断裂活动特征

工程场地发育有巴塘断裂带(F_1)、黄草坪断裂带(F_2)和党巴断裂带(F_3)，见图 5-5。图 5-5 中，F_1 断层走向为 N20°～30°E，倾向不定，倾角一般在 60°以上；在 No.1 见 F_1 断层破碎带露头，由灰红色、灰白色糜棱岩和糜棱岩化碳酸盐岩组成，可见宽度为 30m，破碎带沿走向形成槽谷地貌，是巴塘断裂带新活动的地貌效应。图 5-5 中，沿断层走向追索，多处可见宽度在 20～40m 的基岩断层破碎带，而 F_2（由两条断裂组成）未见明显的新活动证据；在桥、隧工程场地附近，还分布有一条与巴塘断裂带近于平行展布的 F_3 断裂，该断裂距桥、隧场地的最近距离仅数十米；在 No.5、No.6、No.7 和 No.8 均可见到该断层基岩破碎带的良好出露，破碎带宽度在 20～30m，主要由构造角砾岩、糜棱岩及断层泥等组成，显示出明显的压性特征。

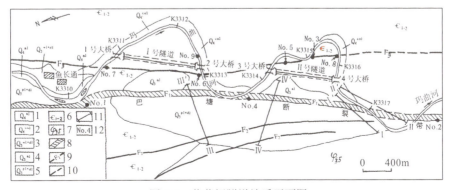

图 5-5　黄草坪隧道地质平面图

注：1 为全新世冲积层；2 为全新世崩积物；3 为晚更新世冲洪积物；4 为晚更新世冲积物；5 为晚更新世坡洪积物；6 为中下寒武纪大理岩；7 为印支期闪长正长岩；8 为断层破碎带宽度；9 为断裂代号；10 为推测或隐伏断裂；11 为物化探剖面位置及编号；12 为地质调查点。

黄草坪隧道工程场地内的主要断裂构造是巴塘断裂带(F_1)、黄草坪断裂带(F_2)和党巴断裂带(F_3)，其中巴塘断裂带的活动性最强。研究表明，巴塘断裂带总体走向北东，倾向北西，具有明显的活动性，并形成了线状断错地貌，该断裂曾于 1870 年发生过 1 次 Ms 7.25 级地震，因此未来仍具备发生 7 级左右强震的可能性。由于黄草坪隧道距巴塘断裂带的最近距离为 300~400m，故该断裂未来发生强震可能会对隧道安全性产生严重的不利影响。

5.2.3 隧址区地震动力特征

区域 Ms≥4.7 级的历史地震资料来源于三部分：1990 年以前的地震参数取自《中国地震简目》(国家地震局，1977)和《中国近代地震目录》(中国地震局震害防御司，1999)，1991~2001 年的地震参数取自《中国地震台临时报告》(中国地震局地球所九室)；分析区域内 1970~2001 年 Ml 2.5~4.6 级弱地震活动时，资料主要取自《中国地震台网目录数据库》。研究区范围内最早记载的历史地震是公元 1128 年前西藏芒康<5 级地震，迄今为止的八百余年中，共记到 Ms≥4.7 级的地震 140 次；1970~2001 年共记录到 Ml 2.5~4.6 级弱震 3207 次，表 5-3 给出了各震级档次地震频次的分布情况(未去余震)。研究区目前记到的最大地震是 1786 年 6 月 1 日四川康定、泸定磨西间的 Ms 7.25 级地震。

表 5-3 研究区各震级档次地震频次分布表

资料时间	1128~2001 年				1970~2001 年		
震级分档/级	7.0~7.9	6.0~6.9	5.0~5.9	4.7~4.9	4.0~4.6	3.0~3.9	2.5~2.9
地震频次/次	10	26	73	31	47	932	2228

由于历史地震目录受各种因素的限制，不同地区、不同时段所记载的历史地震资料的完整性是有差异的。分析研究区内现有地震资料在时间域的情况可知，自有地震记载的 1128~1700 年，研究区内仅有 3 次 Ms≥4.7 级地震记载，约占现有地震总数的 2.1%，平均约 191 年 1 次，显然与本区地震活动的实际情况极不相符，表明 1700 年以前研究区历史地震记载有严重的缺失遗漏。1700 年以后，区域历史地震的记载状况日趋改善，7 级以上地震基本不会遗漏，6.0~6.9 级地震缺失减少，5.0~5.9 级地震则要到 20 世纪初才可能较少漏记。由图 5-6 可知，区域地震活动的空间分布格局有下述特征。

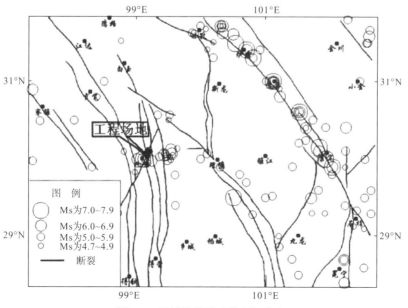

图 5-6 区域地震活动的空间分布

(1)地震活动的空间分布具有显著的不均匀性,其空间分布格局的不均匀性主要表现在地震活动沿某些带或在某些区域分布较为集中,而在另一些区域则很少发生,6级以上强震活动的这种特性则表现得更为明显。

(2)区域地震活动与活动断裂分布有着密切的联系。在川滇块体北东边界的鲜水河-安宁河断裂带及其以西地区,活动断裂多呈北西向和近南北向展布,成带、成丛分布在其上的中、强地震形成了著名的鲜水河-安宁河强震活动带、理塘地震带、金沙江地震带等,研究区内的绝大多数6级以上强震均发生在这些地震带上,其中尤以被称为川滇块体北东边界的鲜水河-安宁河断裂带上的地震活动最为强烈,研究区内8次7~7.9级强震发生在该带上;在鲜水河-安宁河断裂带以东的研究区东北隅和金沙江断裂带以西的研究区西南角,地震活动水平明显降低,在其范围内仅有少量的5~6级地震。

地震危险性分析是指采用确定性或概率论方法估计某一地理区域(或某一工程场址)在未来一段时间内出现某种级别的地震动的可能性,它是工程抗震设计和决策的重要依据。

地震危险性分析通常采用定数法及其改进方法,其基本步骤是:①在地震活动研究和构造分析基础上确定地震统计区,并确定统计区活动性参数;②在统计区内划分若干潜在震源区,并确定各个潜在震源区的地震空间分布函数;③确定合理的地震动衰减关系;④根据分段泊松模型计算每个统计区对场点的地震危险性贡献,综合各统计区的地震危险性贡献,求出场点地震危险性。

四川省地震局通过工程区域地震地质背景、地震活动时空分布特征、地球物理场等方面的研究,将隧道工程场地周围150km范围内划分为一个地震统计区、22个不同震级上限的潜在震源区,统计求出了相应地震活动性参数。由川滇菱形块体的现代地震烈度资料求出和转换得到了地震动衰减关系,用中国地震局推荐的地震危险性分析程序包(ESE)和部分自编程序,计算得到了黄草坪1、2号隧道不同超越概率水平下的地震动值(表5-4)。

表 5-4　黄草坪 1、2 号隧道不同超越概率水平下的地震动值分析结果

场地名称	地震动	50 年超越概率/%			
		63	10	5	1
黄草坪 1 号隧道	烈度/度	6.4	8.5	9.0	9.9
	基岩水平峰值加速度/(cm/s²)	51	263	381	713
黄草坪 2 号隧道	烈度/度	6.4	8.5	9.0	9.9
	基岩水平峰值加速度/(cm/s²)	52	264	382	714

5.3　大型振动台模型试验设计

5.3.1　相似关系与相似材料

一般而言,工程力学问题主要有三大类相似,即几何相似、动力学相似和运动学相似。综合物理现象各类相似特点,三者的地位和意义可这样描述:任何两个物理现象,如果在几何学、动力学和运动学上都达到了相似,则该两现象相似;其中几何相似比较容易实现,而运动学相似又随着几何相似和动力学相似而得到表现;所以三类相似中动力学相似最为关键。对于山岭隧道振动台模型试验,不仅要满足模型静力状态的相似,更重要的是在加载地震波时的动力状态下,模型的加速度响应、应力应变及变形等相似。因此,模型必须同时满足静力和动力相似准则,且要考虑到山岭隧道相似常数和相似材料的特点。

1. 模型试验相似关系推导

1) 相似理论

(1) 相似指标和相似判据。相似系统的数学模型在相似变换中是不变的。因而，描述任何两个相似系统的微分方程必然是重合的：

$$D(x_1, x_2, x_3, \cdots, x_n) = D(x'_1, x'_2, x'_3, \cdots, x'_n) \tag{5-1}$$

将 $x_i = C_i x'_i$ 代入式 $D(x_1, x_2, x_3, \cdots, x_n)$ 得到

$$\begin{aligned} D(x_1, x_2, x_3, \cdots, x_n) &= D(C_1 x'_1, C_2 x'_2, C_3 x'_3, \cdots, C_N x'_n) \\ &= \varphi(C_1, C_2, C_3 \cdots C_n) \times D(x'_1, x'_2, x'_3, \cdots, x'_n) \end{aligned} \tag{5-2}$$

式中，$\varphi(C_1, C_2, C_3, \cdots, C_n)$ 是变换系数 C_i 之间的函数关系式。

从式(5-1)和式(5-2)可知

$$\varphi(C_1, C_2, C_3, \cdots, C_n) \times D(x'_1, x'_2, x'_3, \cdots, x'_n) = D(x'_1, x'_2, x'_3, \cdots, x'_n)$$

显然，

$$\varphi(C_1, C_2, C_3, \cdots, C_n) = 1 \tag{5-3}$$

式(5-3)称为条件方程。

如两个相似系统中有 n 个物理量(包括几何量)，有 k 个基本量纲，则可以组成 $n-k$ 个无量纲乘幂，因而，变换系数可由 $(n-k)$ 个如下关系式表示：

$$C_{k+s} = C_1^{a\pi_1} C_2^{a\pi_2} C_3^{a\pi_3} \cdots C_k^{a\pi_k} \quad (s = 1, 2, 3, \cdots, n-k) \tag{5-4}$$

式中，$C_1, C_2, C_3, \cdots, C_k$ 是量纲相互独立的物理量的变换系数；$a\pi_i$ 为第 $k+s$ 个量纲相关的物理量和第 i 个量纲独立的物理量的联系指数。

式(5-4)又可写为

$$\frac{C_{k+s}}{C_1^{a\pi_1} C_2^{a\pi_2} C_3^{a\pi_3} \cdots C_k^{a\pi_k}} = 1 \tag{5-5}$$

引入表达式 $C_i = x_i / x'_i$ 还可以得到

$$\frac{x_{k+s}}{x_1^{a\pi_1} x_2^{a\pi_2} x_3^{a\pi_3} \cdots x_k^{a\pi_k}} = \frac{x_{k+s}}{x_1'^{a\pi_1} x_2'^{a\pi_2} x_3'^{a\pi_3} \cdots x_k'^{a\pi_k}} = \pi_s \quad (s = 1, 2, 3, \cdots, n-k) \tag{5-6}$$

式(5-5)的左端称为相似指标，表示相关物理量变换系数的关系。式(5-6)的各项，称为相似判据，表示相关物理量的关系。相似判据又称为相似不变量，它反映了系统相似的数量特征，是相似理论中一个十分重要的概念。

(2) 静力相似准则的确定。静力条件下，围岩及隧道结构受力关系表示为

$$\sigma = f(F, \rho, g, \mu, E, l, c, \varphi) \tag{5-7}$$

式中，σ 为应力，Pa；F 是力，N；ρ 是密度，kg/m³；g 是重力加速度，m/s²；μ 是泊松比；E 是弹性模量，Pa；l 是长度，m；c 是黏聚力，Pa；φ 为内摩擦角，(°)。

根据相似第二定理(π 定理)及量纲分析法，取定密度 ρ、弹性模量 E、长度 l 为基本量纲，得到相似判据为

$$\pi_1 = \frac{\sigma}{\rho^0 E l^0}$$

$$\pi_2 = \frac{F}{\rho^0 E l^2}$$

$$\pi_3 = \frac{g}{\rho^{-1}El^{-1}}$$

$$\pi_4 = \frac{\mu}{\rho^0 E^0 l^0} \tag{5-8}$$

$$\pi_5 = \frac{c}{\rho^0 El^0}$$

$$\pi_6 = \frac{\varphi}{\rho^0 E^0 l^0}$$

由关系式 $C_i = x_i / x_i'$ 及式(5-4)可以得到相似指标：

$$C_\sigma = C_E$$
$$C_F = C_E C_l^2$$
$$C_g = C_E C_\rho^{-1} C_l^{-1} \tag{5-9}$$
$$C_\mu = 1$$
$$C_c = C_E$$
$$C_\varphi = 1$$

(3)动力相似准则的确定。弹性连续介质动力学特征可用以下方程表示：

$$[M]\{a\} + [C]\{v\} + [K]\{u\} = \{R\} \tag{5-10}$$

式中，M 是质量矩阵；a 是加速度矩阵；C 是阻尼矩阵；v 是速度矩阵；K 是静力刚度矩阵；u 是位移矩阵；R 是荷载矩阵。

对于振动问题，这些物理量的一般函数形式为

$$\sigma = f(u, v, a, g, \rho, t, \omega, E, l) \tag{5-11}$$

式中，σ 是应力，Pa；u 是位移，m；v 是速度，m/s；a 是加速度，m/s^2；g 是重力加速度，m/s^2；ρ 是密度，kg/m^3；t 是时间，s；ω 是频率，s^{-1}；E 是弹性模量，Pa；l 是长度，m。

同静力相似准则推导，取定密度 ρ、弹性模量 E、长度 l 为基本量纲，得到相似判据为

$$\pi_1 = \frac{u}{\rho^0 E^0 l}$$

$$\pi_2 = \frac{v}{\rho^{-0.5} E^{0.5} l^0}$$

$$\pi_3 = \frac{a}{\rho^{-1} E l^{-1}}$$

$$\pi_4 = \frac{\omega}{\rho^{-0.5} E^{0.5} l^{-1}} \tag{5-12}$$

$$\pi_5 = \frac{g}{\rho^{-1} E l^{-1}}$$

$$\pi_6 = \frac{t}{\rho^{0.5} E^{-0.5} l}$$

$$\pi_7 = \frac{\sigma}{\rho^0 E l^0}$$

同理，可以得到相似指标：

$$C_u = C_l$$
$$C_v = C_\rho^{-0.5} C_E^{0.5}$$
$$C_a = C_\rho^{-1} C_E C_l^{-1}$$
$$C_\omega = C_\rho^{-0.5} C_E^{0.5} C_l^{-1} \tag{5-13}$$

$$C_g = C_\rho^{-1} C_E C_l^{-1}$$

$$C_t = C_\rho^{0.5} C_E^{-0.5} C_l$$

$$C_\sigma = C_E$$

2) 模型相似常数

由于模拟试验过程中要考虑地震条件下,洞口边坡的动力稳定问题,因此不能忽略地球引力的影响;同时由于原型和模型都处于同一重力场,因此确定重力加速度相似比 $C_a=1$。由于应变相似比是由长度、密度、弹模相似比共同确定的,应变相似比为 1,则前三者必须满足特定的比例关系,实际材料配比时就有很大困难。很多情况下,放宽严格几何相似的要求,但同时应变相似比最好与 1 相差不大,并能满足工程要求。由于模型试验很难做到严格意义上的几何相似,因此本试验中没有严格要求应变相似比 C_E 为 1。

就衬砌结构来说,对安全起控制作用的是抗弯能力和弯曲应变,因此模型相似应以抗弯刚度为主。据前人研究成果有:$C_h = C_l C_E^{-1/3}$,式中,h 为衬砌厚度,计算得出 C_h 的相似系数为 1/16;结合地震模拟台阵的尺寸及相关限定参数,确定模型试验模拟的主控因素——几何尺寸、质量、弹性模量的相似比分别为 1/40、1/0.75、1/20,其他物理量的相似比根据相似理论进行推导,其结果见表 5-5。

表 5-5　振动台模型试验相似关系表

相似系数类别	符号及关系式	相似系数	相似系数类别	符号及关系式	相似系数
长度	C_l	1/40	内摩擦角	无因次	1
质量密度	C_ρ	1/0.75	应变	$C_\varepsilon = C_l C_\gamma C_E^{-1}$	0.667
弹性模量	C_E	1/20	位移	$C_u = C_l C_\varepsilon$	0.0167
时间	$C_t = C_l^{1/2}$	0.158	速度	$C_v = C_l C_t^{-1}$	0.158
泊松比	无因次	1	加速度	$C_a = C_l C_t^{-2}$	1
应力	$C_\sigma = C_E C_\varepsilon$	0.0333	力	$C_F = C_\gamma C_l^3$	2.083×10^{-5}
内聚力	$C_\sigma = C_E C_\varepsilon$	0.0333	频率	$C_\omega = C_t^{-1}$	6.324
黏滞系数	$C_\gamma = C_E C_t$	0.0079	阻尼系数	$C_\varsigma = C_\gamma C_l^2 C_t$	0.000132

2. 围岩相似材料及动力特性

相似材料是模型试验的关键问题,只有选取满足相似条件的材料,才能较为真实地模拟实际情况,得出比较准确的数据。本次模型试验相似材料包括围岩相似材料和隧道衬砌结构相似材料两部分。

本节对黄草坪 2 号隧道第四系覆盖层、V、IV级结晶灰岩等的相似材料进行研究,得出了基本符合原型相似关系的模型材料及配比;在此基础上,根据本次三维大型振动台试验的要求,优化了模型材料的相似比,并对围岩材料的弹性模量参数进行调整,调整后的弹性模量相似比为 1/20。如表 5-6 所示,为使原有相似材料满足新的相似关系,对原材料配比进行调整,通过试验得到最能满足新相似关系的新配比。调整相似材料参数,并对调整后的围岩材料进行动力学测试,测试其阻尼比、动剪模量、动剪应变等参数,使相似材料的动剪模量比与动剪应变,阻尼比与动剪应变关系曲线满足相似关系。

表 5-6　围岩及围岩相似材料物理力学参数

	材料名称	弹性模量/MPa	泊松比	容重/(kN/m³)	内聚力/kPa	内摩擦角/(°)
	原型	1500	0.35	20.3	200	30
V 级	模型	77	0.35	20.3	6.67	30
	组分比(质量比)	重晶石：氧化锌：石英砂：石膏：甘油：水=67：10：17：2.6：3.1：20				
	原型	4000	0.25	27	600	40
IV 级	模型	267	0.25	27	40	35
	组分比(质量比)	重晶石：石英砂：石膏：乳胶：甘油：水=73：7：14：3.7：1.0：20				

本书采用国产的电磁式土动三轴仪，试样为φ50×100mm 的标准样，将配制好的围岩相似材料填筑在预先制作的钢模当中，两天后拆模，在常温下养护 7 天以上即可测试。将试样装在试验罩内，密封好，按表 5-6 的材料配比，制作试样先加空气围压，再加初始轴压，在不固结条件下进行试验。动荷载及相应动位移由电脑自动采集(采样频率为 20Hz)，并计算出不同荷载下动应力(σ_d)、动应变(ε_d)、动剪应力(τ_d)、动剪应变(γ_d)、动弹模量(E_d)、动剪模量(G_d)、阻尼比(λ_d)。

1) 最大动弹模量与最大动剪模量

描述岩土的非线性应力-应变特征有很多模型，双曲线模型是最常用的一种，其σ_d-ε_d关系用下式表示：

$$\sigma_d = \frac{\varepsilon_d}{a + b\varepsilon_d}$$

$$E_d = \frac{1}{a + b\varepsilon_d} \tag{5-14}$$

或

$$E_d = \frac{\sigma_d}{\varepsilon_d} = \frac{1}{a} - \frac{b}{a}\sigma_d$$

E_d 与 σ_d 为线性关系，且有 $E_{dmax}=1/a$。则动剪模量为

$$G_d = \frac{E_d}{2(1+\mu)}$$

$$G_{dmax} = \frac{E_{dmax}}{2(1+\mu)} \tag{5-15}$$

此外，对于轴向循环荷载，$\tau_d = \sigma_d/2$，则

$$\gamma_d = \frac{\tau_d}{G_d} = \frac{\tau_d}{E_d} \times 2(1+\mu) = \frac{\tau_d}{\sigma_d} \times 2(1+\mu)\varepsilon_d = (1+\mu)\varepsilon_d \tag{5-16}$$

式中，μ 是泊松比；σ_d 是轴向动应力，MPa；τ_d 是 45°斜面上剪应力，即振动剪切应力，MPa；ε_d 是轴向动应变。

测得相似材料的最大动剪模量为 130~150MPa，V 级、IV 级差别不大；最大动弹模量与静弹模量的比值，V 级为 3.5、IV 级为 1.3。根据前人研究，岩土体动弹模量普遍大于静弹模量，二者的比值，对于完整性较好的岩土体，一般为 1.2~2.0，对于结构松散、风化、节理裂隙发育的岩土体，一般为 1.5~10.0。因此，试验所用围岩相似材料能满足动静弹模比的相似要求，试验结果如表 5-7 所示。

表 5-7　围岩相似材料动、静力学特征比较

类别	动剪模量(G_{dmax})/MPa				G_{dmax}均值/MPa	动弹模量(E_{dmax})/MPa	E_{dmax}/E_{me}
V 级	138		140		139	347	3.5
IV 级	130	131	152	140	138	345	1.3

E_{me} 为静弹模。

2) 动剪模量比、动剪应变及阻尼比与动剪应变关系

Seed 和 Idriss(1971)等的研究表明，岩土体动荷载作用下，其动剪模量随动剪应变的增大而衰减。本书将动剪模量作归一化处理，可以得到围岩相似材料 G_d/G_{dmax}-γ 关系曲线(图 5-7)。

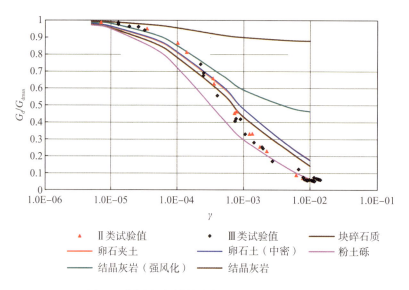

图 5-7　围岩相似材料试验 G_d/G_{dmax}-γ 关系曲线

注：据刘吉(2007)。散点图为试验值，曲线图根据《工程场地地震安全性评价工作规范》中土层动剪切模量比与动剪应变关系绘制。

由图 5-7 可知，G_d/G_{dmax} 试验值在小应变范围($<10^{-4}$)性状接近于岩石，而在大应变范围($>10^{-3}$)性状则与碎石土或砾土较为相似。图 5-8 为围岩相似材料阻尼比与动剪应变试验 D-γ 关系图。由图 5-8 可知，阻尼比的离散性较大，Ⅴ级围岩相似材料集中在 0.2～0.35，Ⅳ级围岩相似材料则集中在 0.15～0.3。总体上，Ⅴ级、Ⅳ级围岩的 D-γ 关系均是随着应变的增大，阻尼比也随之增大，与原型的 D-γ 关系基本相似。

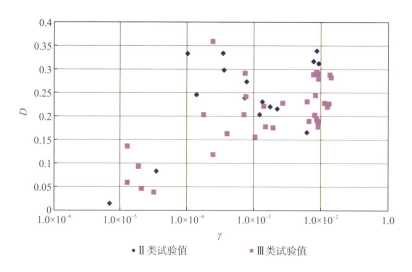

图 5-8　围岩相似材料 D-γ 关系曲线

3. 隧道支护结构相似材料及强度试验

1) 衬砌结构材料及力学参数测试

试验采用石膏：水=1：0.7 的配比制作试样进行多组试验。试验结果表明，采用该水膏比的衬砌材料，能够基本满足原型与模型的相似关系及比例，且能很好地满足各项参数指标的要求，如表 5-8 所示。在考虑相似比例、成型技术等多方面因素的基础上，采用水膏比为 0.7、内置钢丝网的石膏模型作为试验的隧道二衬。

表 5-8　隧道二衬原型及相似材料力学参数

类别	弹性模量/MPa	泊松比	单轴抗压强度/MPa	厚度/mm
原型	26000	0.2	16	350
模型目标值	1900	0.2	1.07	21.6
石膏	1970	0.27	1.0	21.6

2) 二衬强度试验

为研究衬砌模型强度，本书对二衬进行了二维加载试验，以判断二衬在自重应力场下其强度是否满足支护要求：在隧道拱顶、边墙、仰拱分别布置横向、纵向两片应变片，采用半桥连接方式；仪器布置断面为衬砌中部，距两侧临空面 12cm；试验分五级加载，自重应力场 σ_1=32.2kPa，σ_2=32.2kPa。试验表明，用石膏制作的二衬在自重应力场下不会产生破坏，强度达到了 42kPa，拱顶位移仅 0.85mm，石膏二衬强度达到了支护要求且变形特征与混凝土结构相似。

3) 初支与锚杆的模拟材料

隧道初支分为 V 管偏型、V 超浅型、IV 加强型三级，每级支护均不同，如图 5-9～图 5-11 所示。V 管偏型段初支原型为 I$_{18}$ 型工字钢，模型中按照几何相似比换算为 φ2.2mm 铁丝替代；V 超浅型段初支原型为格栅钢拱架，在模型中按几何相似比换算为 φ0.8mm，8mm×8mm 间距钢丝网；V 加强型段初支原型为 φ12 双层钢筋网，经几何相似比换算后，采用双层 φ0.45 钢筋网模拟；支护结构中的喷锚支护锚杆均按相似比换算为 φ0.6mm 钢丝代替，并按每段原型中的锚杆长度的 1/40 作为模型锚杆长度；注浆锚杆的锚固效果，采用在模拟锚固钢丝上粘连 200 目的标准石英砂模拟，以增强锚杆的锚固力。

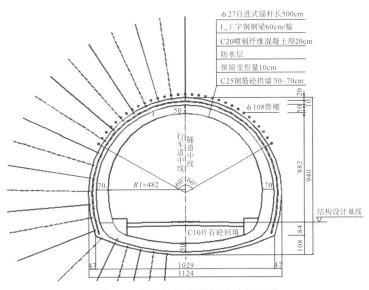

图 5-9　隧道 V 管偏型抗震衬砌断面

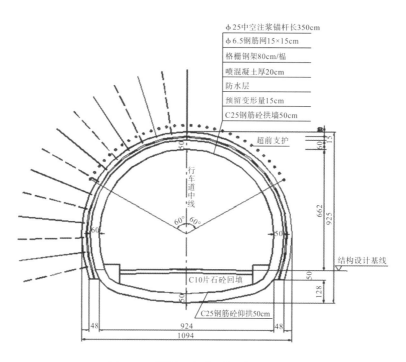

图 5-10　隧道Ⅴ超浅型抗震衬砌断面

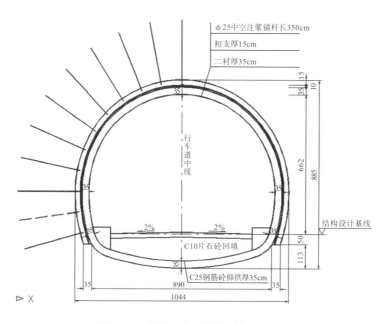

图 5-11　隧道Ⅳ加强型抗震衬砌断面

5.3.2　模型试验设计

国内开展山岭隧道大型三维振动台试验研究较少，该试验具有较高的研究意义，但同时也遇到很多前人没有遇到的问题；因此必须在试验初期进行整体的试验设计，尤其是对于一些关键性技术难题，如模型尺寸、模型箱设计、边界条件处理、传感器布置等进行专项研究，为同类型振动台模型试验提供参考。

1. 模拟范围及模型设计

根据 Fishman(1995)振动台模型试验经验指出,在刚性模型箱内对半无限平面进行模拟时,一般平面尺寸应为高度的 1.0~1.5 倍。另外,数值模拟结果也表明,一般埋深超过 50m 后,隧道地震加速度响应随埋深变化不明显;当计算的横向范围大于 6 倍洞径后,其变化对计算结果影响也比较小,计算结果可满足精度要求。选取模型边界时,还需考虑振动台设备的尺寸大小及承载能力要求。

综合各方面的要求,黄草坪 2 号隧道进口大型三维振动台模型试验的模拟范围,纵向为 K313+095~K313+205 段,桩号范围共 110m;隧道最大埋深为 67m,仰拱以下考虑 22m,高程范围为海拔 2632~2730m,共 98m;横向取隧道中轴线两侧各 40m,共 80m。

根据已确定的模拟范围,按照几何相似比 1/40 进行缩小,洞口段模型总高度为 2450mm,宽为 2450mm,纵向长度为 2750mm,模型纵断面尺寸图见图 5-12。

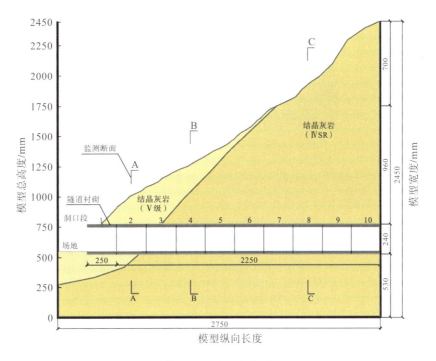

图 5-12　模型纵断面尺寸图(单位:mm)

图 5-12 模拟了山体的原始地形地貌,围岩级别为 V 级、IV 级岩体及边坡表面的崩坡积物,并按山体中岩层的走向和倾向进行砌筑;隧道洞口结构模拟了洞门、洞门挡墙、洞门仰坡的挂网喷锚措施等;隧道结构模拟的内容包括初支和二衬、洞内喷锚支护、减震层、抗震缝等一系列的支护措施,力求与原型保持一致,达到较好的模拟效果。

2. 模型箱设计与边界处理

振动台试验对模型箱的设计要求如下:①结构可靠,避免在震动试验中发生破坏;②力求最大限度地减小边界效应影响;③边界条件明确以便根据试验量测信息进行分析;④避免模型箱与模型发生共振;⑤考虑模型浇筑的可行性,装载便利,方便试验工程中对试验现象进行观测。

根据模型浇注和干燥的要求,模型箱是层状结构;但由于模型本身模拟的是山岭隧道,包括隧道结构和围岩属于刚性材料,不允许有纵横向的层间位移。因此,本试验结合振动台的尺寸和承载力,自行设计出适合于山岭隧道大型振动台模型试验的分层式叠加框架模型箱。

模型箱边界采用刚性固定边界,在四周内侧衬柔性材料,其主体框架为 40mm×40mm×4mm 等边角钢焊接而成,四面用 2mm 厚型钢板作围护。本书考虑模型浇筑便利,将框架模型箱分为 5 层,第一层 450mm,其他各层 500mm,层与层之间用 34 颗 M16 高强螺栓铆固。平行隧道结构模型箱两侧用斜支角钢支撑,以提高整体自振频率,防止模型箱与模型发生共振。底座外围采用截面为 120mm×50mm 与 100mm×50mm 实心方钢框架,模型箱底部横梁为 100mm×50mm 空心钢焊接成格栅状。底座预留螺栓孔,以便与振动台连接。模型箱轴线上正/背面(隧道进出口两端)各预留一个 300mm×300mm 方形观测孔,模型箱预留观测孔尺寸与隧道二衬一致(图 5-13),以便观察隧道衬砌震害和传感器布线。

图 5-13 模型箱正面、侧面实物图

在模拟半无限场地的动力响应问题时,用于盛装试验模型的模型箱边界对激振可能形成反射波,使模型的振动与天然场地中地震波传播有较大差异;其次,因为模型箱内表面与模型材料之间存在摩擦力,使模型在低应力水平下刚度变大。此外,模型箱内衬材料对模型材料应变有一定的约束作用,使模型材料不能自由变形。对于接触面上的摩擦问题,可通过在围护材料的内表面铺设一层聚氯乙烯塑料薄膜解决。模型箱内衬材料选用模塑聚苯乙烯泡沫作为减震层,厚度为 22.5cm,表层铺设一层聚乙烯塑料。

5.3.3 试验平台、采集系统与量测传感器

1. 试验平台与采集系统

本次大型三维振动台模型试验是在重庆交通科研设计院结构动力学国家重点实验室开展的,该实验室配置的大型地震模拟试验台阵系统是由一个固定台和一个移动台组成台阵的大型高性能三轴向地震模拟试验台阵系统(图 5-14)。台阵组合工作模式及台子轨道移动方式均属世界首创;数字控制系统和软件、数据采集系统及振动测试分析系统都达到国际先进水平(图 5-15),参数见表 5-9。

图 5-14 大型高性能三轴向地震模拟试验台阵系统　　　　图 5-15 台阵系统数字控制室

表 5-9　三维大型振动台参数表

技术参数	A 台	B 台
台面尺寸/(m×m)	3×6	3×6
最大试件重量/t	35	35
最大抗倾覆力矩/(t·m)	70	70
最大回转力矩/(t·m)	35	35
工作频率范围/Hz	0.1～70	0.1～70
X 方向移动距离/m	0.0(固定台)	2.0～20.0(可移动台)
X 向最大位移/mm	±150	±150
Y 向最大位移/mm	±150	±150
Z 向最大位移/mm	±100	±100
X 向最大速度/(mm/s)	±800	±800
Y 向最大速度/(mm/s)	±800	±800
Z 向最大速度/(mm/s)	±600	±600
X 向最大加速度/(×g)	±1.0	±1.0
Y 向最大加速度/(×g)	±1.0	±1.0
Z 向最大加速度/(×g)	±1.0	±1.0

试验需采集数据主要包括：激振过程中隧道结构及围岩内部的加速度响应；隧道支护结构的动态应力应变；围岩相似材料与支护结构之间的动态接触压力；洞口边坡地表的位移变形；洞门支挡结构的动土压力等。本书选用以下 4 类传感器：①加速度传感器，采用 DH301 三向加速度传感器，量程为±20m/s²，灵敏度为 0.659V/g；数据采集箱为 YE6230B 型；②应变片，型号：SZ120-10AA，电阻值为(118.5±0.2)%，灵敏度系数为(2.097±0.57)%，尺寸为 10mm×3mm；③土压力计，为 DYB-1 微型土压力计，量程范围为 0.3MPa，灵敏度为 23.279MPa/V；压力盒的输出信号由 6261B 型动态电阻应变仪采集；④激光位移计，量程范围为 400mm，灵敏度为 42.088mm/V。

2. 传感器布置方案

1) 布置原则

振动台试验设计中，传感器的布置应该满足以下原则：①应该在充分考虑隧道地震动力响应已有理论和数值计算结果的基础上，对仪器进行合理布置，预期的测试结果应该在一定程度上和已有研究成果进行相互印证和检验；②在满足基本信息采集要求的情况下，应尽量减少仪器布置数量，避免因仪器布设而破坏模型完整性，产生人为结构面，影响测试结果。

2) 布置依据

根据前人对山岭隧道地震动力响应的数值模拟研究成果，本书总结出地震作用下山岭隧道在加速度、动应力应变和动压力响应方面的部分规律，作为试验传感器布置依据。

(1) 加速度特征。①洞口沿隧道纵向往洞内延伸，偏压隧道拱顶，左右边墙部位的纵、横向加速度都表现出减小的趋势，且在 25m 后趋于平缓；②偏压隧道左右边墙的纵、横加速度，最大绝对响应值在靠山侧的右边墙部位普遍高于左边墙部位；③地质条件差的地层动力响应明显强于地质条件好的地层，且在地层分界面达到峰值；④加大隧道衬砌刚度，将使衬砌的地震响应增大。

(2) 变形规律。①地震作用下，偏压隧道破坏严重的部位出现在洞门靠山侧的拱腰和边墙的起拱线处；裂缝从洞门向山体方向延伸，靠山侧衬砌是抗震薄弱环节；②沿隧道纵向，随埋深的增加隧道变形程度递减；③隧道地震动力响应的变形破坏特征受地震传播方向影响较大；④隧道洞身段的抗震薄弱环节在拱顶和仰拱部位。

（3）应力分布规律。①隧道进口处拱顶附近主应力普遍高于其他部位；②隧道进洞 5～10m 处边墙出现压应力集中，且左右边墙部位应力值相差较大，靠山侧的明显高于另一侧；③隧道衬砌各部位的最小、最大主应力响应峰值，随进洞深度的增加都有一个逐步减小的过程，在进洞 20～25m 后开始趋于平稳；④地震在隧道中引起的动应力通常远小于周边围岩的强度。

3）传感器布置

（1）仪器布置断面。在距洞口 37.5cm、87.5cm、187.5cm 处，对应原型桩号为 K313+120、K313+140、K313+180，布置 A-A′、B-B′、C-C′三个横向观测主断面，研究在横向上的隧道动力响应，在第 2、4、5、6、8 节衬砌上布置 5 个辅助断面，研究沿纵向隧道动力响应规律（图 5-16）。

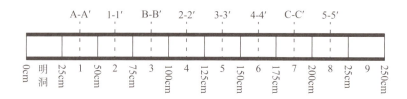

图 5-16　断面布置简图

（2）横向响应量测断面仪器布置。

①A-A′横断面上，在拱顶、左右边墙、仰拱布置加速度传感器（A）和应变片（G）；每个部位衬砌外表面分别安装一个加速度传感器，衬砌内表面分别布置两片应变片，沿垂直、平行洞轴线方向各一片（图 5-17、图 5-18）。

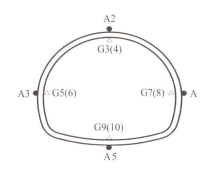

图 5-17　A-A′断面仪器布置图

说明：1、每个应变片布设点安装两片应变片；
　　　2、应变片方向为垂直、平行洞轴线各一片；
　　　A：加速度计；G：应变片

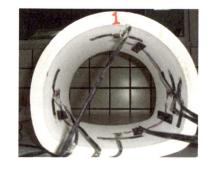

图 5-18　A-A′断面仪器安装图

②B-B′横断面上、在拱顶、左右边墙、仰拱布置加速度传感器、应变片和土压力计，每个部位衬砌外表面分别安装一个加速度传感器和土压力计，衬砌内表面分别布置两片应变片，沿垂直、平行洞轴线方向各一片（图 5-19）。

③C-C′横断面上，在拱顶、左右边墙、仰拱衬砌外表面安装土压力计，右边墙外表面安装 1 个加速度传感器，内表面分别布置两片应变片，沿垂直、平行洞轴线方向各一片（图 5-20）。

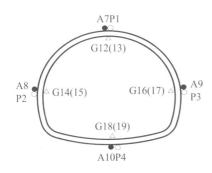

图 5-19　B-B′断面仪器布置图

注：1.每个应变片布设点安装两片应变片；

2.应变片方向为垂直、平行洞轴线各一片；

A.加速度计；G.应变片；P.土压力计

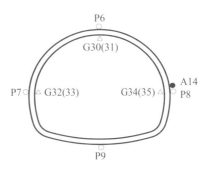

图 5-20　C-C′断面仪器布置图

注：1.每个应变片布设点安装两片应变片；

2.应变片方向为垂直、平行洞轴线各一片；

A.加速度计；G.应变片；P.土压力计

(3)纵向响应量测断面仪器布置。在 1-1′、2-2′、3-3′、4-4′、5-5′横断面衬砌右边墙外表面分别安装 1 个加速度传感器，并结合 A-A′、B-B′、C-C′三个主控断面右边墙的加速度传感器，以量测隧道衬砌沿轴线纵向上加速度响应规律(图 5-21)。

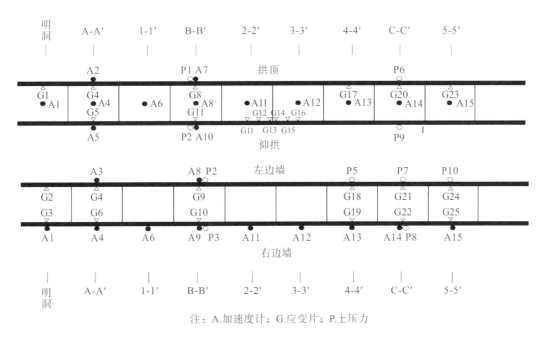

注：A.加速度计；G.应变片；P.土压力

图 5-21　量测仪器布置详图

(4)横向减震层效果的量测断面仪器布置。为研究横向减震层对隧道衬砌动力响应的影响，在 4-4′断面左边墙布置土压力计一个，并在左右边墙、拱顶、分别沿垂直、平行洞轴线方向布置应变片一片。同时，在第七节衬砌 C-C′断面，拱顶，左右边墙设垂直、平行洞轴线方向布置应变片各一片。

(5)锚杆支护措施抗震效果的量测断面仪器布置。为研究锚杆支护效果，在第八节衬砌所处的范围不加锚杆，该段中心 5-5′断面左边墙，设置土压力计 1 个；拱顶、左右边墙布置应变片各两片，方向为垂直于平行洞轴线方向。

(6)纵向抗震变形缝减震效果的量测断面仪器布置。在 2-2′断面与 3-3′断面之间，针对变形缝在仰拱部位设置跨缝应变片群，从 2-2′断面到 3-3′断面等间隔布置纵向应变片，共 6 片。

(7)明洞段衬砌动力响应规律的量测断面仪器布置。在明洞段右边墙安装 1 个加速度传感器；在拱顶、左右边墙布置应变片各两片，方向同上。

(8)围岩加速度反应规律的量测仪器布置。在 B-B′主断面(距洞口 87.5cm)，距隧道左右两侧边墙15cm、模型底部及距离坡面 5cm 处安装了 4 个加速度传感器。

(9)模型箱内衬材料的吸能效果仪器布置。在洞口距模型底部 26.4cm 减震层处布置 1 个加速度传感器。

(10)检验地震动从振动台输入到模型中的情况。在模型底部中心位置布置 1 个加速度传感器。

(11)坡面地震动力响应及变形破坏记录。在坡面铺设方格网，记录边坡在地震中的变形破坏情况。

(12)洞门建筑动土压力与动应变量测仪器布置。在洞门端墙背同一垂线方向上，面向洞轴线前进方向安装了 3 个土压力计，水平距离隧道二衬右边墙为 5.0cm，回填土深度分别为 30cm、20cm、10cm；在洞门的挡墙转角、右侧端墙、洞门拱顶及左右边墙处安装 5 片垂向应变片，量测洞门在地震动作用下的动应变响应特征；同时，在洞门右侧挡墙背距离墙顶 15cm 处安装 1 个土压力计 P14，用来量测洞门右侧边坡的动土压力的变化特征。

5.4　山岭隧道振动台试验模型制作

模型制作直接关系试验数据的准确性和变形特征的合理性，尤其是对于大型模型试验，其模型无法一次浇筑成型，必须分次、分部分浇筑；而各部分的制作、干燥、连接等均非常关键，处理不当将造成模型出现诸多问题，如干湿不均、干缩裂缝、人为结构面、强度差异等，均可能导致模型失真或试验结果不合理。因此，本次试验就模型各部分与整体连接的制作工艺与方法进行研究，形成了一套山岭隧道模型设计、制作、浇筑及养护的施工工艺与方法流程。

5.4.1　围岩制作

模型中的围岩材料分预制和现浇两种，在模型箱中将模型砌筑成形。预制围岩主要是为了模拟岩层结构面，同时减少现浇范围，有利于围岩相似材料的凝结、干燥，缩短养护时间。在隧道周边 20cm 围岩采用现浇方式，主要是由于隧道周边围岩中包括锚杆、钢拱架等支护结构，且使隧道支护结构与围岩结合紧密；并且模型箱四周与模型之间也采用现浇，减小空隙。

1. 围岩材料的预制

按照试验比例配制围岩相似材料，采用小型建筑搅拌机拌制相似材料，为使得预制材料混合均匀，故材料填料、搅拌、装箱需严格按照以下步骤进行：①严格按材料配比称取 180kg 围岩相似材料，将配好的相似材料倒入搅拌机，搅拌 10min；②将搅拌均匀的相似材料填装至 8cm×100cm×150cm 规格的木箱模具内；③木箱内填料至 10cm 高，用振动板来回振动直至相似材料密实，并刮平至 8cm(图 5-22)；③在温度为 15~20℃的环境内养护 3 天，避免阳光直射温度过高引起相似材料开裂；④养护 3 天后的相似材料需切割为 8cm×10cm×15cm 的矩形块，避免因水分蒸发形成不规则裂缝(图 5-23)；⑤切割后的相似材料预制块继续养护 15~20 天，待完全干燥，含水量不再变化后备用。

图 5-22　围岩材料振动密实　　　　　　　　　　图 5-23　围岩预制块

2. 围岩材料的现浇

围岩的现浇范围主要受以下几个方面的制约：①有利于模型干燥，使模型在动力试验前，现浇区域完全干燥，与预制块强度一致；②有利于模型结构的安装，只有现浇围岩材料才能与支护结构结合紧密；③有利于测试仪器与围岩材料的结合，使之测试精度提高；④表层的松散堆积层及岩体强风化层，均用现浇来筑模；⑤考虑相似材料在干燥的过程中，受材料自身物理性质的影响，会产生伸缩变形，形成裂缝，影响模型浇筑质量，故浇筑范围应尽量控制在既满足上述①～④的要求，又尽量减少现浇区域。

5.4.2　隧道结构制作

(1)隧道初支制作。制作格栅钢拱架时，按几何相似比为 1/40 进行换算，采用ϕ0.8mm、8mm×8mm 间距钢丝网模拟，钢丝网取 57cm(图 5-24)，弯曲成半拱形安装在二衬表面。

对原型中工字钢的尺寸相似比换算，工字钢模型材料选用ϕ2.2mm 铁丝依照二衬模型外形弯制，并预留 3～4cm 搭接长度，用ϕ0.2mm 钢丝绑扎(图 5-25)。Ⅳ加强型段ϕ12 双层钢筋网支护措施的模拟，采用双层ϕ0.45 钢筋网模拟，截取 57cm，弯曲成半拱形安装在二衬表面(图 5-26)。锚杆材料用ϕ0.6mm 钢丝，按不同支护段的设计长度，经几何相似比为 1/40 换算为相应的模型锚杆长度(图 5-27)，钢丝表面均匀涂抹 502 胶水，粘上 200 目的细石英砂，干燥 1～2h 备用。初支的喷砼按几何相似比换算后太薄，无法制作，故将二衬加厚以替代初喷的支护效果。

图 5-24　格栅钢架模型图　　　　　　　　　　图 5-25　Ⅰ$_{18}$型工字钢钢架模型图

图 5-26　φ12 钢筋网模型图　　　　　　　　　图 5-27　锚杆模型图

（2）隧道二衬制作。根据相似比例计算，模型中隧道衬砌结构壁厚 2.2cm，每段长 25cm。混凝土用石膏模拟，钢筋用φ0.45mm 编织钢丝网模拟，衬砌结构采用预制成形方式制作（图 5-28 和图 5-29）。

图 5-28　二衬结构模具图　　　　　　　　　图 5-29　二衬模型实物

（3）洞门的制作与安装完成。隧道洞门采用 C20 钢筋混凝土、80cm 长φ22 连接钢筋，现浇而成。如图 5-30 所示，模型按几何相似比为 1/40 缩小后的模具进行浇筑，采用 0.6mm 镀锌铁丝进行配筋；浇筑时，应将先期浇筑好的明洞段二衬模型立放在模具中，与洞门联合浇筑，形成整体。浇筑完成后，养护10 天，脱膜。制作完成后的洞门，如图 5-31 所示。

图 5-30　洞门制作图　　　　　　　　　图 5-31　洞门安装图

（4）防水层的铺设。按照隧道原型支护结构设计，在初衬与二衬之间铺设有防水层，在模型制作中也考虑在初衬与二衬间铺设防水薄膜；这样既可与原型结构相似，又可减少现浇围岩相似材料中的水分对二衬石膏模型强度的影响。注意：聚氯乙烯塑料薄膜不宜太厚，与二衬结构贴合紧密的为佳，薄膜与二衬之间用少量玻璃胶搭接。

(5)横向减震层安装。模型制作过程中，在衬砌与围岩材料之间安装一层 0.5cm 厚、具有一定阻尼的聚苯乙烯泡沫作为横向减震层，将衬砌包裹起来；这样就形成了衬砌-泡沫减震层-围岩系统，通过试验检验横向减震层的减震效果(图 5-32、图 5-33)。

图 5-32　减震层

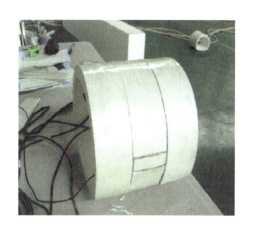
图 5-33　减震层安装图

5.4.3　洞口边坡制作

隧道洞口段边坡是地震中最容易遭受破坏的薄弱部位之一，本书对洞口边坡按现场喷锚挂网护坡措施进行模拟，采用 1∶1 石膏浆液模拟 C20 喷射砼，ϕ0.15 钢筋网模拟 I 级钢筋网，锚杆按设计尺寸，经过相似比换算长度为 12.5cm，锚头采用铝片按设计尺寸模拟，采用高压水枪模拟喷射砼过程(图 5-34 和图 5-35)。

图 5-34　明洞仰坡喷锚支护图

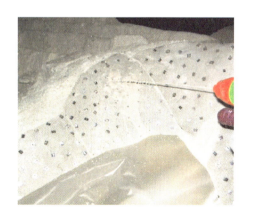
图 5-35　模拟喷射砼过程

5.4.4　量测仪器的安装与防水、防潮处理

(1)加速度传感器的安装与防水处理。加速度传感器大多埋设在隧道衬砌外侧的围岩中，由于围岩含有一定的水分，可能导致加速度传感器不能正常工作，故对加速度传感器安装方式进行了多次试验。如图 5-36 和图 5-37 所示，具体安装方法为：在加速度传感器表层涂抹防水密封胶，导线与仪器接口采用密

封胶密封，并用热缩管密封；将防水处理后的加速度传感器用万能胶贴在衬砌结构外侧二衬与初衬之间，待胶水干燥后用防水胶布固定即可。

图 5-36　加速度传感器详图

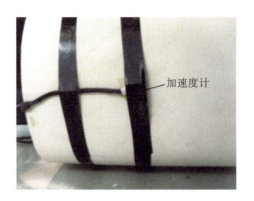

图 5-37　加速度传感器安装图

（2）应变片的安装与防潮处理。应变片采用万能胶粘贴在二衬内侧，安装应变片前应将洞壁打磨平整，以使应变片与衬砌结构贴合更紧密。应变片粘贴好后，将数据线与接线端子、应变片焊接在一起。为防止应变片受潮影响测试数据，在应变片、接线端子上分别涂抹密封胶(图 5-38)。

（3）土压力计安装。土压力计主要测试围岩与隧道结构的动土压力，因其自身防水性能较好，故无须做防水处理；将土压力计用万能胶水粘贴在二衬表面，粘贴前对二衬壁进行打磨，粘贴土压力计，待胶水凝固后，在压力盒表面贴上防水胶布，使其与衬砌接触紧密，最后涂抹上密封胶防水(图 5-39)。

图 5-38　应变片安装与防潮处理

图 5-39　土压力计安装图

5.4.5　模型浇筑流程

模型的浇筑工艺与质量对试验结果有较大影响，是本试验的关键步骤之一。由于模型体积庞大，尺寸为 2.75m(长)×2.45m(宽)×2.45m(高)，为使模型整体性较好，且干燥时间尽量缩短，浇筑时采用分次、分层、分部分浇筑法，即每次浇筑高度尽量控制在 20～30cm，对整体要求较强的部位则一次浇筑，保证其完整性，具体浇筑流程如下所示。

（1）在模型箱四周安装泡沫减震层，在箱底安装加速度传感器，然后将预制好的围岩块，按照勘察报告提供的走向近 SN，倾向 W，倾角为 55°～71°，与隧道轴线呈 7°～28°小角度相交的岩层产状进行砌筑，砌块间用现场搅拌的相似材料连接。第一层浇筑高度约为 30cm，完成后养护 7 天(图 5-40)。

(2)隧道轴线为中线，在其两侧 30cm 以外的区域进行第二层浇筑，分两次浇筑，每次约 20cm 高，期间养护 3 天，以便模型干燥，第二层浇筑完成后在隧道两侧形成 U 形区，以控制现浇围岩流动(图 5-41)。

图 5-40　第一层浇筑图　　　　　　　　图 5-41　第二层浇筑图

(3)在已经砌筑好的 U 形区底部浇筑一层围岩，厚度为 15～17cm，分层夯实，并按岩层产状进行切割(图 5-42)；然后按支护设计以梅花形、间距 2cm 埋置锚杆；底部锚杆埋置好后，将隧道第 5 节二衬结构放置在现浇区域中部(图 5-43)，并在其外侧安装好初衬。同时，在第 5 节衬砌两侧分层浇筑围岩，每层 2cm，夯实，整平，并放上侧向锚杆(图 5-44)，按此方法浇筑直到围岩高度与衬砌顶部平行；浇筑完第 5 节衬砌后，按此浇筑方法，分别沿洞门和洞身方向安装衬砌，每节衬砌之间用玻璃胶连接(图 5-45)；最后将洞门与第 1 节衬砌相接，形成完整隧道模型，浇筑完成后养护 4 天，干燥模型。

图 5-42　隧道底部现浇围岩分层夯实　　　　图 5-43　隧道结构安装对齐

图 5-44　隧道初支安装　　　　　　　　图 5-45　隧道接头处理

（4）隧道顶部现浇约 20cm 厚的围岩，浇筑时需分层夯实，每层 2～3cm，夯实后，按梅花形布置，垂直径向插入锚杆，养护 5～7 天（图 5-46、图 5-47）。

图 5-46　第三层浇筑图　　　　　　　　　　　图 5-47　第四层浇筑图

（5）对洞门后缘仰坡进行挂网喷锚支护；为模拟φ27 锚杆的锚固作用，在边坡浇注时将边坡分为两层浇注，底部为现浇围岩，上部为松散覆盖层（图 5-48）。随着现浇围岩不断干燥收缩，其对插入现浇围岩内的锚杆锚固段的握裹力将不断提升，待完全干燥后即可形成具有一定锚固力的边坡支护模型（图 5-49）。

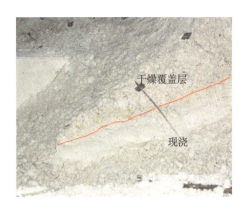

图 5-48　边坡浇筑图　　　　　　　　　　　　图 5-49　锚杆安装图

（6）在隧道顶部按照实际地形砌筑围岩，直至完成模型浇筑（图 5-50）。

（7）对浇筑好的模型表面按照实际地形进行修饰，表层采用干燥围岩块夯实，形成松散覆盖层（图 5-51）。

图 5-50　第五层浇筑　　　　　　　　　　　　图 5-51　模型浇筑完成

5.5　输入地震动参数及地震波

5.5.1　输入地震动参数确定

1. 场地地震动参数确定原则

根据不同随机相位谱的基岩地震波，输入典型钻孔剖面得到的土层反应计算结果，他们的 $\beta(T)$ 谱与地面加速度峰值(peak ground acceleration，PGA)有一定差异，这反映出输入地震动特性的影响。按照《公路工程抗震设计规范》(JTJ 004—1989)的有关规定(参照该隧道建设时执行规范)，设计地震反应谱表示为

$$Sa(T) = \text{PGA} \cdot \beta(T)/g \tag{5-17}$$

式中，g 为重力加速度，一般取 1000cm/s^2；PGA 为设计地面峰值加速度，cm/s^2；$\beta(T)$ 为设计地震动加速度动力放大系数反应谱，通常取如下形式：

$$\beta(T) = \begin{cases} 1, & T_0 > T \\ 1 + (\beta_\text{m} - 1)\dfrac{T - T_0}{T_1 - T_0}, & T_0 \leqslant T < T_1 \\ \beta_\text{m}, & T_1 \leqslant T < T_g \\ \beta_\text{m}\left(\dfrac{T_g}{T}\right)^r, & T_g \leqslant T < T_2 \\ 0.3, & T_2 \leqslant T \end{cases} \tag{5-18}$$

式中，T 为反应谱周期；T_0、T_1、T_2 为谱的拐点周期；T_g 为反应谱特征周期；β_m 为反应谱最大值；r 为衰减系数。T_2 是按照《公路工程抗震设计规范》(JTJ 004—1989)的要求，$\beta(T)$ 下降至 0.3 时所对应的周期。

2. 黄草坪隧道场地地震动参数确定

地震危险性概率分析得到的结果是基岩场地的地震效应，但对位于松散土层上的构筑物还必须根据各自的具体场地条件进行场地土的动力响应分析，其步骤包括计算模型的建立、人工合成基岩加速度时程、场地土层地震反应计算及设计地震动参数的确定等。

四川省地震局通过对工程场地进行详细的地质调查，建立了地质模型，用人工数值模拟方法合成基岩水平向地震波，并以此作为场地地震反应计算的输入地震波，设计了场地的地震反应谱，合成了黄草坪 1 号和 2 号隧道工程场地基岩地震加速度时程曲线；然后，以地震危险性概率分析得到的基岩加速度峰值和基岩加速度反应谱-基岩地震相关反应谱作为目标谱；最终获得黄草坪 2 号隧道按 50 年超越概率为 63%、10%、5% 和 1% 四个概率水准合成的基岩设计加速度时程，其中每一个概率水准合成三条时程，分别对应于三种不同的随机相位，每条加速度时程总持时为 40.96s，共 2048 个数据点，时程采样间隔为 0.02s。

5.5.2　试验加载地震波选择

对四川省地震局人工合成的各概率水准下的 3 条加速度时程曲线(No.1、No.2、No.3)相互间的独立性通过相关系数反应，相关系数采用式(5-19)计算，一般以小于 0.1 为标准检验。

$$\rho_{ij} = \left| \frac{\dfrac{1}{N}\sum\limits_k a_{ik} \cdot a_{jk}}{\sqrt{\dfrac{1}{N}\sum\limits_k a_{ik}^2} \cdot \sqrt{\dfrac{1}{N}\sum\limits_k a_{jk}^2}} \right| \tag{5-19}$$

式中，a 为加速度幅值；i、j 分别为时程的编号；N 为时程中加速度幅值的总点数。

对所有的幅值求和，计算得出不同超越概率各相位人工地震波相关系数如表 5-10。由表 5-10 可知，各超越概率下相位二与相位三的相关性较大，故只考虑各超越概率下 No.1 与 No.2 相位地震波作为台阵输入波；并考虑输入一条天然地震波(注：如日本神户(Kobe)地震时，可以找到大量竖向地震动导致结构破坏，已成为结构抗震试验和地震反应分析的经典地震记录)。为使输入与实际场地条件相符的天然地震波，本节通过对神户波进行标准谱时程和对应反应谱拟合，经相似比缩放换算成输入模型天然地震波；对其按标准谱拟合成 50 年超越概率为 63%、10%、5%、1%标准谱的时程和对应反应谱。

表 5-10　不同超越概率各相位人工地震波相关系数(%)

50 年超越概率	三相位地震波相关系数		
63	$R_{12}=1.42$	$R_{13}=20.3$	$R_{23}=41.2$
10	$R_{12}=41.2$	$R_{13}=20.3$	$R_{23}=41.2$
5	$R_{12}=1.43$	$R_{13}=20.3$	$R_{23}=41.3$
1	$R_{12}=1.42$	$R_{13}=20.3$	$R_{23}=41.2$

注：R_{12} 表示相位一时程与相位二时程的相关系数；R_{13} 表示相位一时程与相位三时程的相关系数；R_{23} 表示相位二时程与相位三时程的相关系数。

本节选用人工波 No.1、No.2 相位及天然神户波作为振动台的输入地震波，以上述 3 条加速度时程曲线为原型，根据时间相似比 1∶0.158 和加速度相似比 1∶1 的相似关系换算，得到输入模型中的 4 种概率水准地震波的持续时间和峰值加速度，图 5-52～图 5-54 给出了超越概率为 10%的不同地震波的水平加速度时程。

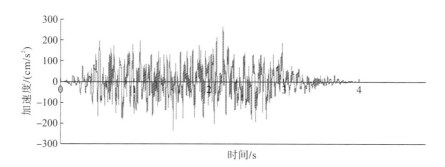

图 5-52　50 年超越概率为 10%的 No.1 相位水平加速度时程

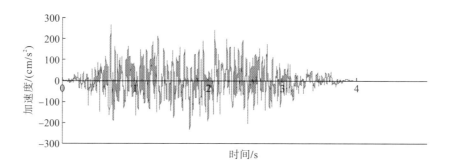

图 5-53　50 年超越概率为 10%的 No.2 相位水平加速度时程

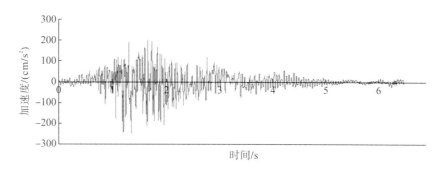

图 5-54　50 年超越概率为 10%的神户波水平加速度时程

5.6　振动台模型试验过程

5.6.1　加载制度

根据现场震害调查，在地震作用下结构破坏多由水平向地震动引起，但也可能与竖向地震动密切相关；并且竖向与水平向地震动的联合作用加快了结构破坏过程，加剧了结构的损坏程度。一般的隧道及地下结构振动台模型试验中，对于加载方向多选择水平沿隧道轴线或垂直于隧道轴线，以及这两个方向的组合向加载，但近年来发生的卡拉马塔(Kalamata)地震(1986 年)、北岭(Northridge)地震(1994 年)、神户地震(1995 年)和汶川地震(2008 年)，都可以找到大量竖向地震动导致结构破坏的例证。

因此，本次试验的地震波加载方向，不仅考虑水平沿隧道轴线和垂直于隧道轴线，而且也考虑输入竖向地震波，并且将单方向的地震波进行组合，从两个或三个方向同时加载地震波，探讨对于隧道结构和围岩的最不利地震波入射方向。同时，近年来以国内外数十次地震得到的近断层加速度记录为基础数据进行近断层加速度峰值比λ的研究，公认结果是竖向加速度为水平向的 1/2～2/3，而在近断层地区产生了较强的竖向地震动。在本次试验中对竖向加速度时程曲线合成时考虑对加速度峰值按 2/3 的峰值比 λ进行折减。

本次试验选择从 7 个方向加载地震波分别为：单方向，X 向(水平沿隧道轴线方向)、Y 向(水平垂直于隧道轴线方向)、Z 向(竖向垂直于隧道轴线方向)；组合向，XOY 平面内 $XY45°$组合方向、YOZ 平面内 $YZ45°$组合方向、XOZ 平面内 $XZ45°$组合方向及 XYZ 组合方向(水平 XY 向合成 45°后与竖向合成)。4 个不同地震波强度等级分别为：50 年超越概率为 63%、10%、5%和 1%的四个概率水准，输入加速度峰值分别为 0.052g、0.264g、0.382g、0.714g，分别相当于烈度为 6.4 级、8.5 级、9.0 级、9.9 级地震。3 种地震波为：人工波 No.1、No.2 相位和实测神户波。试验的加载制度按照 4 个不同地震波强度等级，由弱到强分别加载 3 个不同类别和 7 个不同方向的地震波，并在所有试验工况完成以后，进行边坡，以及隧道二衬修复后的抗震能力试验和破坏性试验：破坏性试验选择 50 年超越概率为 1%的人工波 No.1、No.2 相位和实测神户波，且加大输入地震波加速度峰值，为 1.0g，并从 7 个方向循环加载地震波。

5.6.2　试验流程及步骤

图 5-55 为整个振动台试验流程，试验中严格按流程步骤进行操作，以便试验操作更具条理，且减少操作失误，避免人为失误导致试验误差。

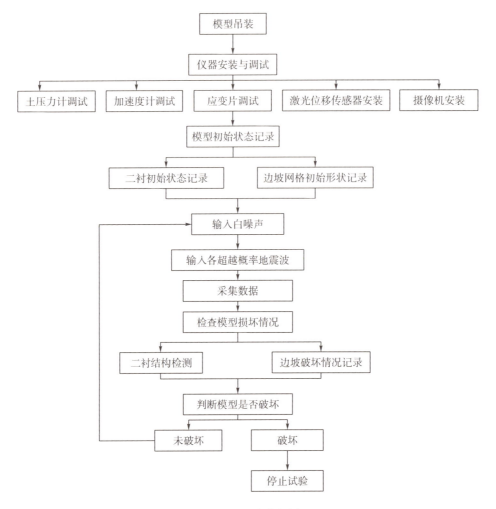

图 5-55　试验流程图

试验前的准备、试验实时监控、数据采集及破坏检查等工作的详细过程如下所示。

(1)将模型吊装至振动台，对齐定位，并用φ27 螺栓连接稳固。

(2)在模型边坡上划分网格，以记录边坡随振动的变形情况(图 5-56、图 5-57)。

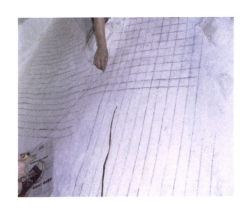

图 5-56　边坡网格划分

图 5-57　边坡初始状态记录

(3)在模型箱的观察孔安装摄像头，在高位置架立摄像机，从不同角度动态记录模型在震动中的变形情况；在洞口架设激光位移传感器，监测隧道边墙变形与洞口边坡位移。

(4) 将预埋在模型中的加速度传感器、应变片、土压力计,以及激光位移传感器与采集设备连接,对采集系统进行调试。

(5) 模型初始状态记录包括:对边坡表面的网格进行影像记录,如拍照、录像;对洞口、洞门的形态进行记录;用摄像头对隧道内部二衬的最初状况进行记录等(图 5-58)。

(6) 输入白噪声,对模型的初始状态进行记录。

(7) 根据试验的加载制度,按照 4 个不同地震波强度等级,由弱到强分别加载 3 个不同类别和 7 个不同方向的地震波;数据采集系统的采样频率为 96Hz,当数据采样口令发出后 10s,再发出振动试验口令;每次加载后采用摄像头对隧道内部进行观测,并记录出现的裂纹长度、宽度及延伸方向等;对洞口边坡、洞门进行拍照,记录地表变形及裂缝的发育发展过程(图 5-59、图 5-60)。

图 5-58　摄像机实时监控　　　　　图 5-59　二衬破坏检测　　　　　图 5-60　坡面裂缝检测

(8) 按照步骤(6)～(7)分别按 63%、10%、5% 和 1%超越概率地震波输入顺序加载,重复振动台试验。

(9) 当完成以上 4 种概率下的隧道地震动力响应试验后,发现洞口仰坡和隧道衬砌产生了严重的破坏,因此对洞口仰坡进行喷锚支护修复,并对隧道衬砌进行注浆补强修复,且养护一周时间。

(10) 对修复好的模型进行抗震能力试验和破坏性试验,并采集数据。

5.6.3　地震波加载与数据采集

一般的振动台模型试验中,很难控制加载的时程曲线(或波形)与振动台面的时程曲线(或波形)达到一致。由于采用了国际先进的大型三维振动台、数字控制系统、数据采集系统及振动测试分析系统,本次大型三维振动台模型试验,不仅各工况加载的加速度时程曲线与振动台面的加速度时程曲线相似率达到 99%,而且输入与输出功率谱的相似率也在 95%以上,从而保证了试验结果的精确度和准确性。

黄草坪 2 号隧道大型三维振动台模型试验成果非常丰富,包括人工记录和采集系统自动采集数据。人工记录主要有:各阶段的坡面裂缝检测和隧道二衬破损检查、试验过程摄影记录、开挖模型的受损检查记录等。采集系统自动采集成果有:加速度、动应变、动土压力计及位移的时程曲线和傅氏谱特性。由于本次大型振动台模型试验加载的工况较多,共 102 个工况,并且综合考虑了 3 个关键影响因素的组合,即 3 种不同的地震波、4 个不同的地震动强度和 7 个不同的地震波入射方向的组合,而且在每种工况下都会测得三大类(加速度、动应变、动土压力)64 组(上千个数据采样频率点,数据采样频率为 96Hz)不同的海量数据。试验过程和记录表明,试验结果达到了试验设计时的要求,试验结果真实可靠。

5.7　本章小结

(1)黄草坪隧道工程场地内的主要断裂构造为巴塘断裂带(F_1)、黄草坪断裂带(F_2)和党巴断裂带(F_3)，其中巴塘断裂带的活动性最强，未来具备发生 7 级左右强震的可能性，隧道距巴塘断裂带的最近距离为300～400m，该断裂带未来发生强震可能会对隧道结构安全性产生严重的不利影响。

(2)本章通过对工程区域地震地质背景、地震活动时空分布特征、地球物理场等方面的研究，将隧道工程场地周围 150km 范围划分为一个地震统计区、22 个不同震级上限的潜在震源区，统计求出了相应的地震活动性参数。黄草坪 2 号隧道，地震概率水准为 50 年超越概率为 63%、10%、5%和 1%，基岩水平峰值加速度为 0.052g、0.264g、0.382g、0.714g，分别相当于烈度为 6.4 级、8.5 级、9.0 级、9.9 级地震。

(3)本章根据模型试验的静力和动力相似准则推导出相似条件及相似常数，结合山岭隧道地震动力响应特点和试验目的，确定出模型试验的几何相似比为 1/40、弹模相似比为 1/20、密度相似比为 1/0.75、加速度相似比为 1/1 为主控因素的各种相似关系，推导出弹性模量、泊松比、应力、时间、位移、速度和频率等的相似比。

(4)本章模型相似材料包括围岩相似材料和结构相似材料两部分，选取重晶石粉、氧化锌、石英砂、石膏、甘油、乳胶、水为基本材料，进行不同配比的正交试验，并对相似材料的静力学和动力学参数进行测试，结合黄草坪 2 号隧道的围岩和衬砌结构的力学参数，找到了较好的相似材料，确定了衬砌结构锚杆、钢筋网、工字钢及格栅钢架等的模拟材料，并以内置钢丝网的石膏结构作为隧道二衬结构模型，将初期支护结构简化为不同直径的钢丝加以模拟；设计、制作了分层式叠加框架模型箱，使得在满足模型自振频率和承载力要求的基础上，浇筑模型更加便捷；采用聚乙烯泡沫层作为模型箱边界减震层，以减少模型边界对地震波的反射。

(5)本章针对山岭隧道的地震动力响应特点及抗减震的薄弱环节，进行量测信息和传感器布置，对模型各部分制作的技术难题和整体连接的施工工艺与方法进行细致研究，制订了模型浇筑的三个步骤：第一步围岩及隧道结构预制；第二步按照浇筑方案分次、分层、分部分浇筑模型；第三步干燥模型。提出了将预制与现浇相结合，按照岩层走向、倾向、倾角，分次、分层、分部分的制模方法，很好地解决模型材料与围岩结构相似的难题，避免了石膏模型因干燥而产生大量人为干缩裂缝；形成了一套山岭隧道大型模型试验设计、制作、浇筑及养护的施工工艺与方法流程，为以后山岭隧道大型模型试验提供参考。

(6)本次试验地震波加载方向，不仅考虑水平沿隧道轴线和垂直于隧道轴线，而且也考虑输入竖向地震波，并且将单方向的地震波进行组合，从两个或三个方向同时加载地震波；一共包括 7 个地震波加载方向，分别为单方向，X 向(水平沿隧道轴线方向)、Y 向(水平垂直于隧道轴线方向)、Z 向(竖向垂直于隧道轴线方向)；组合向，XOY 平面内 XY 组合方向、YOZ 平面内 YZ 组合方向、XOZ 平面内 XZ 组合方向及 XYZ 平面内组合方向(XY 向合成 45°后与竖向合成)。

(7)由于不同地震波强度和频谱特性对模型的地震动力响应有一定的影响，试验选择 4 个不同地震波强度等级分别为：50 年超越概率为 63%、10%、5%和 1%的四个概率水准，输入加速度峰值分别为 0.052g、0.264g、0.382g、0.714g，分别相当于烈度为 6.4、8.5、9.0、9.9 级地震；3 种地震波为：人工波 No.1、No.2 相位和实测神户波。

第6章 模型破坏特征及隧道洞口地震动力响应

虽然通过隧道震害现场调查能够充分了解隧道震害的破坏特征与形式，但主要集中在对隧道衬砌内表面破坏特征的描述和解释上，而无法观察到隧道与围岩接触面的破坏特征和相互作用方式，尤其是围岩内部裂缝的发育发展。为了解模型边坡及隧道衬砌裂缝的发育发展特征，本书在每次加载不同超越概率的地震波之后都进行了详细的裂缝检查。试验完成后，对模型边坡及隧道衬砌进行震后修复及抗震能力测试。最后，将模型沿隧道轴线和垂直于隧道轴线两个方向切开，以观察围岩内部和二衬结构内、外表面的破坏特征与形式，进一步探寻在地震作用下，围岩与隧道结构的相互作用机理，为今后的隧道抗减震设计提供参考。

山岭隧道的震害调查发现，隧道洞口边坡、衬砌、洞门建筑极易受到严重震害，尤其在偏压隧道洞口段地震动力响应和震害形式更为复杂。一般在地震作用下，隧道洞口边坡容易出现崩塌与滑坡，是隧道抗震的薄弱部位之一。洞门建筑的破坏也是最常见的震害形式之一，由于洞门建筑处于隧道洞口，造成破坏的因素较多，如落石撞击洞门、后缘边坡垮塌推倒或掩埋洞门、洞门结构自身开裂等，往往其破坏也是非常严重的。

振动台模型试验时，在洞口右侧边坡挡土墙背安装了一个土压力计，以分析洞口边坡及挡土墙背的动土压力变化；在洞口右侧端墙背回填土的不同深度安装了三个土压力计，以研究地震动作用下洞口端墙背回填土的动土压力随回填深度的变化关系，以及洞口后缘仰坡对洞门建筑的推力作用。同时，在洞门顶部、V级和IV级围岩中隧道拱顶分别安装三个加速度响应，以分析洞门和洞口段衬砌的加速度响应。此外，试验时，结合洞门的挡墙转角、右侧端墙、洞门拱顶及左右边墙的五片垂向的应变片，量测洞门建筑在地震作用下的动应变响应；以期通过隧道洞门的地震动力响应分析获得洞门建筑最不利的地震波入射方向和最容易产生破坏的部位。

偏压隧道洞口段边坡往往呈横向倾斜状，导致隧道横向左右两侧的围岩压力不同，靠山侧的埋深较大，围岩压力也大；而临空侧靠近坡面埋深较小，但坡面加速度放大系数较大，加速度响应比较强烈；所以由于山岭隧道洞口段左右两侧的围岩压力和地震动力响应的不同，导致了隧道结构靠山侧的偏压效应，并且这种偏压响应受到隧道埋深和进深的影响较大，在隧道洞口段和洞身段的地震动力响应特征是不一样的。因此，本章选取洞口偏压段的 A-A′、B-B′、C-C′断面的左右边墙，结合不同强度和不同入射方向的 3 种地震波加载，分析隧道左右边墙的加速度、动应变和动土压力响应，以期得出山岭隧道偏压效应的作用方式和动力响应特征，为山岭偏压隧道的设计提供参考。

6.1 模型破坏特征

大型振动台试验中模型主要震害包括洞口边坡崩塌与滚落石、洞口边坡开裂、隧道拱顶和仰拱开裂、隧道抗震缝两侧挤压破坏等。为了解边坡及隧道二衬裂缝的发育发展，在每次加载不同超越概率的地震波之后都进行了详细的裂缝检查和分析。

6.1.1　洞口边坡破坏特征

隧道洞口边坡的失稳主要受岩体结构、岩性组合、地形地貌等影响，根据岩体结构控制论的观点，边坡的工程地质条件控制了边坡变形破坏的形式。对于受结构面控制的边坡，其变形破坏决定于结构面的形态及组合。在地震作用下，顺层边坡的变形破坏形式主要表现为顺层面的滑动；而反倾向边坡的变形破坏形式主要表现为岩层的倾倒、弯曲和弯折。本次模拟洞口边坡均为反倾向边坡，上覆 5～15cm 厚松散坡积层；隧道洞口边坡在不同强度地震波作用下的变形破坏发育发展特征如下所示。

(1)在 63%超越概率工况完成后，坡体并未发生明显破坏迹象，无裂缝产生，边坡整体稳定。

(2)10%超越概率工况加载完成后，边坡出现两条张拉裂缝，走向分别为顺岩层走向与垂直洞轴向，分别定名为 L1、L2。①L1 位于洞口仰坡左侧未支护区域，水平、垂直距洞门 60cm、55cm，裂缝长度为 1.4m，宽度为 0.5～1mm，深度为 1～2mm(图 6-1)，换算到原型中即为一条长 56m、宽 2～4cm、深 4～8cm 的裂缝。②L2 位于右侧垂直距洞门 75cm、水平距离洞门 90cm 横向边坡上，属于张拉-剪切型裂缝，裂缝长度为 55cm，宽度为 0.5～1mm，深度为 1～2mm(图 6-2)，换算到原型中为长 22m、宽 2～4cm、深 4～8cm。

图 6-1　10%超越概率振动后裂纹 L1

图 6-2　10%超越概率振动后裂纹 L2

(3)5%超越概率工况加载完成后，随地震波强度的不断提高，裂缝不断扩展。当输入地震波加速度达到 0.382g 时，新产生一条张拉裂缝 L3 将 L1、L2 连通。此时，L1 裂缝不断延伸，长度沿走向变为 1.6m，最宽处达到 0.5cm，裂缝最深处位于洞口拱顶偏左边墙仰坡处(图 6-3)，该处水平、垂直距洞门分别为 70cm、40cm，深度达到 4cm，换算到原型中即为一条长度为 64m、最宽达 20cm、最深为 1.6m 的长大裂缝；L2 裂缝最大深度扩展为 1cm，长度延伸为 70cm，宽度为 0.5cm；L3 裂缝平行洞轴向，距洞轴线水平距离为 40cm，裂缝长 40cm，宽度为 1～2mm，深度为 0.5m(图 6-4)。

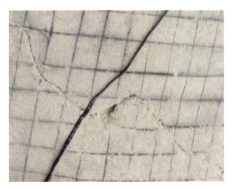

图 6-3　5%超越概率振动后裂缝 L1

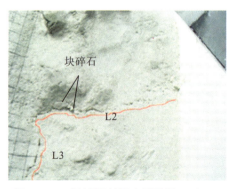

图 6-4　5%超越概率振动后裂缝 L2 与 L3

　　(4) 1%超越概率地震波振动 3 次后,裂缝明显扩展,振动过程中坡顶碎石崩落。当输入地震波加速度达到 0.714g 后,模型坡面裂缝扩展明显,并产生了多条新的裂缝。此时,L1 裂缝扩展较大,最大宽度达 0.8cm,长度为 2.4m,不同裂缝段深度分别为 4cm、5.5cm、8cm、12cm,最大深度仍出现在左边墙轴线偏左地形陡峭处;L2 裂缝最大深度为 3cm,宽度最大可达 0.5~0.8cm;L3 进一步延伸,深度可达 3cm,沿岩层走向进一步发展,并沿喷锚支护边界扩展。在挡墙背边坡喷锚支护边缘以上 5cm 处,新产生一条剪切裂缝,长 50cm,宽度为 0.5~2mm,定名为 L4 裂缝(图 6-5)。在隧道左侧边坡也新产生张拉裂缝 L5。L5 走向垂直于岩层走向与 L1 相交,长度为 55cm,宽度为 1mm 左右,深度为 2~3mm(图 6-6)。

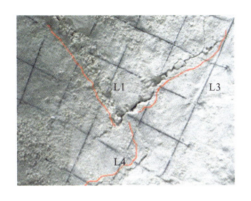

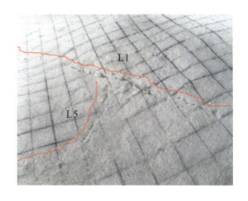

图 6-5　1%超越概率后 L1、L3、L4 裂缝交汇处　　　　　图 6-6　1%超越概率后 L1 与 L5 裂缝交汇处

　　(5) 1%超越概率全部工况完成后,边坡坡体已经非常破碎,未发现整体失稳。振动输入过程中,坡体基岩出露处有块石崩落,块径可达 5cm,换算到原型中块径可达 2m(图 6-7),崩落块石未造成洞门损坏。L1 与 L5 相交处坡体破碎,多条次级裂缝发育。该处,L1 裂缝宽度可达 2~3cm,深度可达 5~8cm;L5 裂缝深度为 1~2cm、宽度为 0.5~1cm。L1 洞轴线左边墙仰坡,该处深度可达 17cm,最大宽度为 4cm,换算到原型中则可达 6.8m 深、1.6m 宽。L1 沿岩层走向延伸到模型左侧边缘,该处裂缝宽为 1~2cm,深度为 0.5~1cm。

　　L2 平均深度为 1.5cm,最宽可达 3cm,该裂缝所处基岩破碎,振动过程中有碎石崩落,最大块石宽 2.5cm,长 4cm,次级块石为 2.5cm;L4 裂缝进一步扩展宽度为 2~3cm,最大深度为 3cm;L5 长度扩展为 80cm,最大深度为 2cm,宽度为 0.5~0.8cm;L6 与 L4 平行距离为 4cm,起于洞门右侧边坡喷锚支护上缘,长 30cm,宽度为 1mm;L7 与 L1 垂直相交,长 30cm,宽 1~2cm,深度为 0.5cm。振动台试验完成以后,隧道洞口边坡发育的 7 条裂缝展布情况如图 6-8 所示。

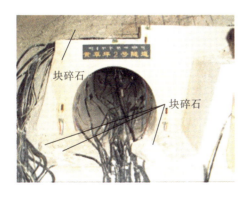

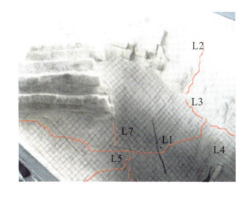

图 6-7　后缘仰坡崩落块碎石　　　　　　　图 6-8　隧道洞口边坡发育 7 条裂缝展布情况

综合分析裂缝发育发展情况可知，在仰坡中上部形成拉裂缝，且延伸至左侧边坡坡顶，在边坡下部裂缝极少，罕有发育。由此可以判断边坡动力响应具有以下特征：边坡从下至上，水平加速度和垂直加速度递增；即沿高程具有一定的放大效应，坡面形成极值中心。

6.1.2 隧道二衬破坏特征

随着输入地震波加速度峰值的增大，隧道二衬裂缝的发育发展经历了一个从无到有逐渐扩展的过程。在 63%、10%、5% 和 1% 超越概率下，在每次加载完成一个超越概率的地震波后，采用摄像头进行了二衬内表面的裂缝检查，裂缝主要出现在隧道拱顶和仰拱，左右边墙较少。在模型振动之前由于吊装和模型干缩的原因，在第 8 节隧道二衬拱顶中间部位出现了一条微裂纹，纵向贯穿整节，长度为 25cm，宽度基本一致，为 0.3～0.5mm。隧道二衬在不同超越概率地震波作用下的变形破坏发展特征，如表 6-1 所示。

表 6-1　隧道二衬模型动力破坏特征表

工况	出现位置	情况描述
63%超越概率	拱顶	第 8 节隧道拱顶二衬中间部位原有微裂纹 L1，基本无扩展、延伸
		第 7 节隧道拱顶二衬中间部位出现微裂纹 L2，从洞口沿洞身方向发展，纵向未贯穿整节，长度为 20cm，宽度为 0.1～0.3mm
		第 6 节隧道拱顶二衬中间部位出现微裂纹 L3，纵向贯穿整节，长度为 25cm，宽度为 0.3～0.5mm
10%超越概率	左边墙	明洞段左边墙二衬出现 2 条微变形迹痕 J1、J2，未发育成微裂纹：J1 距离仰拱 2cm，长度为 10cm，宽度约为 0.2mm；J2 距离仰拱 5cm，长度为 5～6cm，宽度为 0.1～0.3mm
		第 1 节隧道左边墙二衬出现 3 条微变形迹痕 J3、J4、J5，未发育成微裂纹：J3 距离仰拱约 2cm，长度约为 10cm，宽度约为 0.3mm；J4 距离仰拱 3cm，长度为 6～7cm，宽度为 0.1～0.3mm；J5 距离仰拱 5cm，长度为 2～3cm，宽度约为 0.1mm，3 条微变形迹痕均向洞身段发展趋势
	仰拱	第 8 节隧道仰拱二衬中间部位出现一条微裂纹 L4，纵向贯穿整节，长度为 25cm，宽度基本一致，为 0.5～0.8mm，较明显
		第 7 节隧道仰拱二衬中间部位出现一条微裂纹 L5，纵向未贯穿整节，长度为 10～15cm，宽度为 0.1～0.4mm，有发展迹象
		第 6 节隧道仰拱二衬中间部位出现一条微裂纹 L6，纵向未贯穿整节，长度为 8～10cm，宽度为 0.1～0.4mm，有发展迹象
		第 3 节隧道仰拱二衬中间出现一条微裂纹 L7，沿洞身方向发展，长度为 8cm，宽度为 0.3～0.5mm
	拱顶	第 8 节隧道拱顶二衬中间部位已有纵向贯穿微裂纹 L1 有扩展趋势，宽度为 0.5～0.8mm
		第 7 节隧道拱顶二衬中间部位微裂纹 L2 已经纵向贯穿整节，长度为 25cm，宽度为 0.4～0.5mm
		第 6 节隧道拱顶二衬中间部位纵向贯通微裂纹 L3，发展趋势不明显，长度为 25cm，宽度为 0.4～0.5mm
		第 5 节隧道二衬拱顶中间部位出现一条微裂纹 L8，从洞口沿洞身方向发展，纵向未贯穿整节，长度为 8～10cm，宽度约为 0.1mm
5%超越概率	仰拱	第 8 节隧道仰拱二衬中间部位已有纵向贯通微裂纹 L4，有发展趋势，但变化不大
		第 7 节隧道仰拱二衬中间部位已有微裂纹 L5，已基本贯通整节，长度为 25cm，宽度为 0.3～0.5mm
		第 3 节隧道仰拱二衬中间已有微裂纹 L7，已经贯通整节长度为 25cm，宽度为 0.3～0.5mm
	拱顶	第 8 节隧道拱顶二衬中间部位已有纵向贯穿微裂纹 L1 有一定的扩展，宽度为 0.6～0.8mm
		第 5 节隧道拱顶二衬中间部位已有微裂纹 L8 有扩展迹象，从洞口沿洞身方向发展，纵向未贯穿整节，长度为 15～20cm，宽度为 0.3～0.5mm
1%超越概率	仰拱	第 8 节隧道仰拱二衬中间部位已有纵向贯穿微裂纹 L4，有一定的扩展，宽度为 0.8～1.0mm，较明显
		第 7 节隧道仰拱二衬中间部位已有微裂纹 L5 贯通整节，长度为 25cm，微裂纹中间段宽度为 0.5～0.6mm，边缘两头较窄，宽度为 0.3～0.5mm
		第 6 节隧道仰拱二衬中间部位已有微裂纹 L6 贯通整节，长度为 25cm，宽度基本一致，为 0.5～0.6mm，较明显
		第 5 节隧道仰拱二衬中间部位出现一条微裂纹 L9，未贯通整节，由洞身向洞口方向发展，长度为 15～20cm，宽度为 0.2～0.4mm

工况	出现位置	情况描述
	拱顶	第 8 节隧道拱顶二衬中间部位已有纵向贯穿微裂纹 L1，扩展较明显，长度约为 25cm，宽度为 0.8～1mm
		第 7 节隧道拱顶二衬中间部位已有纵向贯穿微裂纹 L2，扩展较明显，长度约为 25cm，宽度为 0.6～0.8mm
		第 6 节隧道拱顶二衬中间部位已有纵向贯穿微裂纹 L3，扩展较明显，长度约为 25cm，裂纹两头较宽，为 0.5～0.8mm，中间为 0.3～0.5mm；另外，在已有裂纹的左侧出现一条新的微裂纹 L12，由洞身向洞口发展，长度为 10～15cm，宽度为 0.1～0.2mm
		第 5 节隧道拱顶二衬中间部位已有微裂纹 L8，发展较明显，由第 5 节洞口端斜向发展贯穿整节，长度约为 25cm，宽度为 1～1.2mm
		第 4 节隧道拱顶二衬部位出现两条新生微裂纹 L13、L14：L13 位于拱顶中间，贯通整节，中间较宽，为 0.8～1.0mm，两头较窄，为 0.3～0.5mm；L14 位于第 4 节拱顶端头与 L1 斜交 45°，长度约为 5cm，宽度为 0.3～0.5mm，容易造成二衬脱落
	左拱肩	第 9 节隧道左拱肩与拱顶中间位置出现贯通微裂纹 L10，由洞身向洞口方向发展，长度为 25cm，宽度为 0.3～0.5mm；另外，在左边墙中间距离仰拱 5cm 的横断面上出现一条横向裂纹 L11，从与围岩的接触面往二衬内部发展，但未贯穿二衬内表面，长度约为 1cm，宽度为 0.3mm
	左边墙	明洞段至第 4 节隧道左边墙二衬已有微变形迹痕发展趋势不明显，未发育成微裂纹
破坏性试验	仰拱	第 8 节隧道仰拱二衬中间部位已有纵向贯穿裂纹 L4，沿洞门向洞身有一定的扩展，宽度为 1.0～1.2mm，较明显；在洞门端出现一条新的微裂纹 L15，与 L1 斜交 50°，可能是由于两节隧道二衬端部挤压造成，长度为 3～5cm，宽度为 0.3～0.5mm
		第 7 节隧道仰拱二衬中间部位已有贯通裂纹 L5 进一步发展，中间段较宽，为 1.0～1.2mm，边缘两头宽度较窄，为 0.3～0.5mm，可能是由于在仰拱底部中间安装有土压力计，局部应力集中造成；在 L5 右侧靠山侧距离 3cm 部位出现一条新生贯穿微裂纹 L16，从洞身端向洞口端发展，与 L5 近平行，长度为 25cm，宽度为 0.3～0.5mm
		第 6 节隧道仰拱二衬中间部位已有微裂纹 L6，贯通整节，从洞身端往洞口端有一定扩展，长度为 25cm，宽度基本一致，为 0.6～0.8mm，较明显
		第 5 节隧道仰拱二衬中间部位已有微裂纹 L9，基本贯通整节，由洞身向洞口方向发展，长度为 20～25cm，宽度为 0.3～0.5mm，该节仰拱面有二衬碎块剥落，直径为 0.5～1.0cm；洞门端左边墙临空侧起拱处出现新生微裂纹 L17，长度为 10cm，宽度为 0.1～0.3mm
		第 4 节隧道仰拱二衬中间部位出现一条微裂纹 L18，基本贯通整节，由洞口向洞身方向发展，长度为 25cm，宽度为 0.1～0.3mm
	拱顶	第 8 节隧道拱顶二衬中间部位已有纵向贯穿微裂纹 L1 进一步扩大，较明显，长度约为 25cm，宽度为 1.0～1.2mm
		第 7 节隧道拱顶二衬中间部位已有纵向贯穿微裂纹 L2 有扩展迹象，由洞门端向洞身端斜向发展，较明显，长度约为 25cm，宽度为 0.8～1.0mm
		第 6 节隧道拱顶二衬中间部位已有纵向贯穿微裂纹 L3 有扩展迹象，由洞门端向洞身端斜向发展，较明显，长度约为 25cm，宽度基本一致，为 0.5～0.8mm；另外，左侧出现的已有微裂纹，由洞身向洞口有一定发展，长度为 15～20cm，宽度为 0.1～0.3mm
		第 5 节隧道拱顶二衬中间部位已有纵向贯穿微裂纹 L8 有扩展迹象，由洞门端向洞身端斜向发展，较明显，长度约为 25cm，宽度为 1.0～1.2mm
		第 4 节隧道拱顶二衬部位已有两条微裂纹 L13、L14，发展不明显；但第 3、4 节隧道接头处二衬拱顶、仰拱位置有挤压、变形迹象端部石膏呈碎片和碎块状
		第 3 节隧道拱顶二衬中间部位出现一条微裂纹 L19，基本贯通整节，由洞口向洞身方向发展，长度为 20～25cm，宽度为 0.3～0.5mm
	左拱肩	第 9 节隧道左拱肩与拱顶中间位置的贯通微裂纹 L10 进一步加大，由洞身向洞口方向发展，长度为 25cm，宽度为 0.8～1.2mm，较明显；左边墙横向微裂纹 L11，依然未贯穿二衬内表面，基本无发展迹象
	左边墙	明洞段至第 4 节隧道左边墙二衬已有微变形迹痕发展趋势不明显，未发育成微裂纹

(1) 63%超越概率工况完成后，隧道二衬整体完好，只是在第 6～8 节隧道拱顶中间部位二衬出现微裂纹 L1～L3，从洞口沿洞身方向发展，纵向基本贯穿整节，长度为 20～25cm，宽度为 0.1～0.5mm，换算到原型中长度为 8～10m，宽度为 0.4～2cm，隧道其他部位无明显破坏特征。

(2) 10%超越概率工况加载完成后，在拱顶和仰拱出现了一些新的微裂纹，在左边墙出现了一些微变形迹痕。①在第 6～8 节隧道拱顶中间部位二衬出现的微裂纹 L1～L3，进一步发展也全部贯穿整节，长度约为 25cm，宽度为 0.4～0.8mm，换算到原型中长度为 10m，宽度为 2～3.2cm。第 5 节隧道二衬拱顶中间部位出现一条微裂纹 L8，从洞口沿洞身方向发展，纵向未贯穿整节，长度为 8～10cm，宽度约为 0.1mm，换算到原型中长度为 3.2～4m，宽度约为 0.4cm。②在第 8 节隧道仰拱二衬中间部位出现一条微裂纹 L4，纵向贯穿整节，长度为 25cm，宽度基本一致，为 0.5～0.8mm，较明显，换算到原型中长度为 10m，宽度为 2～3.2cm。第 6～7 节隧道仰拱二衬中间部位出现两条微裂纹 L5、L6，纵向未贯穿整节，长度为 8～15cm，宽度为 0.1～0.4mm，有发展迹象。第 3 节隧道仰拱二衬中间也出现了一条微裂纹 L7，沿洞身方向发展，长度为 8cm，宽度为 0.3～0.5mm。③在明洞段至第 1 节隧道左边墙出现了 5 条纵向的微变形迹痕，主要是由于在动荷载和围岩压力的作用下二衬内表面，由于应力集中所产生的细微隆起迹痕，相当于原型隧道的左边墙的外鼓，以下的微变形迹痕产生机理也基本相同。

（3）5%超越概率工况加载完成后，在拱顶和仰拱的微裂纹有一定的扩展，但变化不大并没有产生新的微裂纹。①在第 8 节隧道拱顶二衬中间部位已有纵向贯穿微裂纹 L1 有一定的扩展，宽度为 0.6～0.8mm，换算到原型中宽度为 2.4～3.2cm。第 5 节隧道拱顶二衬中间部位已有微裂纹 L8，有扩展迹象，纵向未贯穿整节，长度为 15～20cm，宽度为 0.3～0.5mm。②在第 3 节和第 7 节隧道仰拱二衬中间已有微裂纹 L7 和 L5，已经贯通整节长度为 25cm，宽度为 0.3～0.5mm，换算到原型中长度为 10m，宽度为 1.2～2cm。在 5%和 10%超越概率工况加载完成后，隧道二衬结构基本完好，只是在拱顶和仰拱出现了纵向的裂纹，隧道结构处于弹塑破坏阶段，隧道修复后仍可使用。

（4）1%超越概率工况加载完成后，在拱顶和仰拱的已有微裂纹扩展较明显，并产生了一些新的微裂纹。在第 8、7、6、5 节隧道拱顶二衬中间部位已有纵向贯穿微裂纹 L1、L2、L3、L8，扩展较明显，长度约为 25cm，宽度为 0.6～1.2mm，换算到原型中长度为 10m，宽度为 2.4～4.8cm，对隧道结构拱顶的安全性有一定影响。在第 4 节隧道拱顶二衬部位出现两条新生微裂纹 L13、L14：L13 位于拱顶中间，贯通整节，中间较宽，为 0.8～1.0mm，两头较窄，为 0.3～0.5mm；L14 位于第 4 节拱顶端头与 L1 斜交 45°，长度约为 5cm，宽度为 0.3～0.5mm，容易造成二衬脱落。在第 8、7、6 节隧道拱顶二衬中间部位已有纵向贯穿微裂纹 L4、L5、L6，扩展较明显，贯通整节长度约为 25cm，宽度为 0.5～1.0mm，换算到原型中长度为 10m，宽度为 2.0～4.0cm，对隧道结构仰拱的安全性有一定影响。②第 5 节隧道仰拱二衬中间部位出现一条新的微裂纹 L9，未贯通整节，由洞身向洞口方向发展，长度为 15～20cm，宽度为 0.2～0.4mm。③在第 9 节隧道左拱肩与拱顶中间位置出现贯通微裂纹 L10，由洞身向洞口方向发展，长度为 25cm，宽度为 0.3～0.5mm。④在左边墙中间距离仰拱 5cm 的横断面上出现一条横向裂纹 L11，从与围岩的接触面往二衬内部发展，但未贯穿二衬内表面，长度约为 1cm，宽度为 0.3mm。同时，在明洞段至第 4 节道左边墙二衬已有微变形迹痕有一定的发展，但未发育成微裂纹。总体来看，1%超越概率工况加载完成后，在拱顶和仰拱共产生了 14 条微裂纹，大部分已经贯穿整节隧道，对隧道结构的整体安全性造成较大的影响，并在左拱肩和左边墙伴随有新的微裂纹和微变形迹痕产生，说明在经历了 1%超越概率的地震动作用后，隧道结构受到了较大的损害，已经进入了非线性破坏阶段，但隧道结构整体较完整，没有出现二衬大面积塌落或围岩塌方等震害，经过对隧道结构的补强加固后仍可以使用。

（5）破坏性试验后，隧道结构受到了严重损害，拱顶和仰拱出现了大量的纵向和斜向裂缝，左拱肩的裂纹发展也较明显。①在第 8、7、6、5 节隧道拱顶二衬中间部位已有纵向贯穿微裂纹 L1、L2、L3、L8 进一步扩大较明显，长度为 25cm，宽度为 0.8～1.5mm，换算到原型中长度为 10m，宽度为 3.2～6.0cm，隧道拱顶二衬结构和围岩已经遭到破坏，在地下水的作用下容易造成拱顶二衬混凝土大面积塌落，甚至拱顶围岩的坍塌。第 4 节隧道拱顶二衬部位已有两条微裂纹 L13、L14，发展不明显；但第 3、4 节隧道接头处二衬拱顶、仰拱位置有挤压、变形迹象端部石膏呈碎片和碎块状。第 3 节隧道拱顶二衬中间部位出现一条微裂纹 L19，基本贯通整节，由洞口向洞身方向发展，长度为 20～25cm，宽度为 0.3～0.5mm。②对于隧道仰拱来说，破坏也非常严重，第 8 节隧道仰拱二衬中间部位已有纵向贯穿裂纹 L4，沿洞门向洞身扩展较明显，宽度为 1.0～1.2mm，换算到原型中长度为 10m，宽度为 4～4.8cm；在洞门端出现一条新的微裂纹 L15，与 L1 斜交 50°，可能是由于两节隧道二衬端部挤压造成，长度为 3～5cm，宽度为 0.3～

0.5mm。第 7 节隧道仰拱二衬中间部位已有贯通裂纹 L5，进一步发展中间段较宽，为 1.0～1.2mm，边缘两头较窄，为 0.3～0.5mm，可能是由于在仰拱底部中间安装有土压力计，局部应力集中造成；在 L5 右侧靠山侧距离 3cm 部位出现一条新生贯穿微裂纹 L16，从洞身端向洞口端发展，与 L5 近平行，长度为 25cm，宽度为 0.3～0.5mm。在第 4、5、6 节隧道仰拱二衬也都出现了纵向的贯穿裂缝，长度为 25cm，宽度为 0.3～0.8mm，换算到原型中长度为 10m，宽度为 1.2～4.8cm。隧道仰拱的这些裂缝对隧道结构的整体安全性的影响也非常大，因此必须要进行补强加固或换拱。③第 9 节隧道左拱肩与拱顶中间位置的贯通微裂纹 L10 也进一步加大，由洞身向洞口方向发展，长度为 25cm，宽度为 0.8～1.2mm，换算到原型中长度为 10m，宽度为 3.2～4.8cm。④左边墙横向微裂纹 L11 有一定的发展，但依然未贯穿二衬内表面，主要是二衬中的钢筋网起到了阻挡变形的作用。同时，在明洞段至第 4 节隧道左边墙二衬已有微变形迹痕有一定的发展，但未发育成微裂纹。

在破坏性试验工况加载完成后，在拱顶和仰拱共产生了 19 条微裂纹，基本贯穿整节隧道，尤其是一些斜向裂缝和纵向裂缝相交，极容易造成拱顶二衬混凝土的大面积塌落。同时，由于隧道周边围岩已经震松，在地下水的作用下围岩压力不断增加，而且隧道结构已经受到了严重的破坏，承载力较低，极容易造成拱顶围岩的塌方。在模型试验中之所以没有产生大面积的二衬混凝土塌落和大规模的围岩塌方震害，是因为模型经过干燥以后含水量较低，也没有地表径流补给，基本无地下水的破坏作用；但在实际的隧道工程中就有所不同，由于岩体中富存大量的裂隙水，地表水通过岩体裂隙或通道补给，更重要的是地震以后尤其是强震后，地表边坡产生了大量的长大裂隙，地表水不断地入渗到围岩中，一方面造成岩体力学参数的降低；另一方面增加围岩压力，所以极容易造成隧道拱顶围岩的塌方。以上分析说明黄草坪 2 号隧道在经历了 1%超越概率的地震波和破坏性试验以后，隧道结构已经受到严重破坏，隧道周边围岩的力学强度降低，较容易产生大规模的震害。

6.2　边坡及隧道二衬修复抗震能力测试

模型震害分析表明，模型边坡及隧道二衬在经历了 63%、10%、5%、1%超越概率的地震作用后受损较严重。尤其是洞门后缘仰坡已经非常破碎，表面有松散块碎石土剥落，且有 L1、L3 两条长大裂缝和多条次级裂纹发育并延伸至围岩内部，在雨水的浸泡和暴雨的诱发下，很可能造成洞门后缘仰坡的整体失稳，对隧道洞门的安全性造成很大的威胁；在隧道二衬拱顶和仰拱内表面及左右边墙外表面，开裂受损较严重，必须要进行封堵补强后才能恢复使用。因此，本书对洞门仰坡进行了挂网喷锚支护修复，对隧道二衬进行了注浆加固补强；在养护一周以后，加载 7 个不同方向的 10%和 1%超越概率的 No.2 相位人工波，进行抗震能力测试，以检验其修复后的抗震性能和修复加固措施。

6.2.1　洞口仰坡修复及抗震能力测试

1）洞门后缘边坡的破坏情况

在 63%、10%、5%、1%超越概率工况加载完成以后，洞门后缘仰坡已经非常破碎，表面有松散块碎石土剥落，覆盖层 0～5cm 较松散，坡体表面和洞门端墙后堆积了大量的崩落块碎石，块径可达 3～5cm（图 6-9），但崩落块碎石未造成洞门损坏。洞门后缘仰坡裂缝发育明显，主要有 L1、L3 两条长大裂缝和多条次级裂纹发育并延伸至围岩内部。L1 裂缝水平距离洞门约 60cm，垂直距离洞门约 40cm，与隧道轴线近垂直发育，L1 裂缝在后缘仰坡段延伸长度为 50～80cm，地表可测量深度为 17cm（图 6-10），但经开挖模型观察裂缝已发育到隧道拱顶，深度为 39.5cm，地表宽度为 2～3cm，中部宽度为 1～2mm，拱顶宽度为 0.1～0.3mm，对拱顶未造成直接破坏；换算到黄草坪 2 号隧道原型中，L1 裂缝仰坡段延伸长度为

32～40m，深度约为 15.8m，宽度为 80～120cm，所以 L1 裂缝对后缘仰坡造成了很大的破坏，再加上 L3 裂缝和多条次级裂纹的拓宽、连接，在暴雨的诱发下，后缘松散仰坡很可能整体失稳。同时，地表水也容易通过 L1 裂缝入渗到隧道拱顶，造成隧道渗漏水；也可能软化隧道周边围岩，降低其力学参数，增大拱顶的围岩压力，造成隧道塌方或涌泥、突水。因此，必须对 L1 裂缝进行封堵，并对洞门后缘仰坡进行加固。

 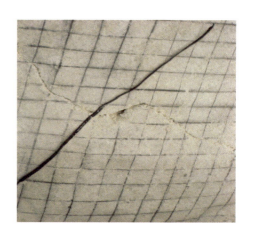

　　图 6-9　震后洞门后缘仰坡地表破坏迹象　　　　　　图 6-10　L1 裂缝后缘仰坡段发育特征

2) 洞门后缘边坡修复

　　如图 6-11 所示，首先，将洞门后缘危岩体及边坡进行排危、清坡，清除边坡表面的危岩体和洞门后缘堆积的块碎石土；然后，将坡面 0～5cm 被地震震松散的覆盖层进行刷坡；再对 L1 裂缝采用 1∶(1.5～2)石膏浆液进行注浆封堵，裂缝表部进行回填夯实；洞门后缘已有的挂网喷锚支护基本无破坏，只是表面有微裂纹产生，对结构整体安全性造成影响，所以只在表面进行喷浆封堵、加固微裂纹。对于洞门后缘仰坡未做喷锚支护的部分和 L1 裂缝发育周边进行挂网喷锚支护。修复挂网喷锚支护纵向长度为 30cm，横向宽度为 40cm，距离洞门 20cm，从已有挂网喷锚支护边缘开始到 L1 裂缝上部 10cm。如图 6-12 所示，采用 1∶1 石膏浆液模拟 C20 喷砼，φ0.15 钢筋网模拟 I 级钢筋网，锚杆尺寸按照原有设计，经过相似比换算后截取 12.5cm，锚头采用铝片按设计尺寸模拟，喷砼过程采用高压水枪模拟，修复完成以后的仰坡。

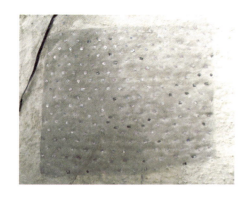 

　　图 6-11　后缘仰坡挂网喷锚支护修复　　　　　　　　图 6-12　修复后仰坡情况

3) 洞门后缘边坡修复后抗震能力试验

　　在洞门后缘仰坡修复以后，待凝 7 天进行抗震能力试验，分别加载 7 个不同方向的 10% 和 1% 超越概率的 No.2 相位人工波；震后仔细检查仰坡的挂网喷锚支护，没有明显的震动破坏特征；石膏与钢筋网结合紧密无松动、掉块迹象；锚头处无错动、拔出迹象；L1 裂缝注浆封堵、回填夯实后无开裂发展迹象，如图 6-13 所示；但在少部分挂网喷锚支护边缘有因干缩和震动产生的微裂纹，如图 6-14 所示，对挂网喷锚支护措施和仰坡的稳定性不产生影响，所以修复后的洞门后缘仰坡能够抵御 1%超越概率地震波的破坏，不会整体失稳，确保了洞门结构的安全。

图 6-13　后缘仰坡震后情况　　　　图 6-14　少部分挂网喷锚支护边缘有因干缩和震动产生的微裂纹

6.2.2　隧道二衬修复及抗震能力测试

在 63%、10%、5%、1%超越概率工况加载完成以后，隧道二衬受损较严重，主要以拱顶和仰拱内表面及左右边墙外表面二衬开裂为主，部分抗震缝两侧有挤压、错动破坏迹象，拱顶也有少部分掉块现象。由于模型隧道二衬空间较狭小，只能对隧道洞身段第 9 节隧道内表面裂缝进行修复。因此，主要采用 1∶(0.8~1)石膏浆液进行注浆封堵和补强。第 9 节隧道二衬内表面裂缝发育情况：左拱肩与拱顶中间位置发育 1 条贯通微裂纹 L10，由洞身向洞口方向发展，长度为 25cm，宽度为 0.8~1.2mm，深度为 1.5cm 到钢筋网为止；原型长度为 10m，宽度为 3.2~4.8cm，深度为 60cm。隧道衬砌修复措施：首先采用针管将 1∶1 的石膏浆液注入裂缝中封堵裂缝，然后在裂缝两侧 2cm 范围内涂抹 1∶0.8 石膏浆液进行补强加固，待凝 7 天后进行抗震能力试验，分别加载 7 个不同方向的 10%和 1%超越概率的 No.2 相位人工波。如图 6-15 所示，测试表明，经过修复以后 L10 微裂纹周边无裂纹产生，也无掉块现象；修复后的隧道结构能够抵御 1%超越概率地震波的破坏作用。

图 6-15　第 9 节隧道二衬裂缝修复后抗震试验情况

6.3　模型边界及内部破坏特征

为了解模型边坡、边界及隧道二衬的破坏特征，在所有的试验工况加载完成以后，本节首先根据地表发育的几条长大裂缝，进行裂缝追踪以观察其裂缝发育特征；其次在模型纵横两个方向上切出两个剖面，纵向为Ⅰ-Ⅰ剖面沿隧道拱顶轴线方向，横向为Ⅱ-Ⅱ剖面距离洞身端后边界 50cm，以观察隧道结构及周边围岩的破坏特征，进一步分析地震动力作用对隧道结构的破坏机理。

6.3.1　模型边界及边坡破坏特征

模型地表覆盖层大部分被震松，尤其在模型四周边界表层与泡沫接触处松动迹象明显；模型四周侧边界与泡沫边界结合较紧密，无裂缝产生，模型左侧和正前方边界岩土体较完整，右侧和后方岩土体表面可见由于模型干燥而产生的收缩裂纹和边坡表面向下发育的裂缝，边坡表面发育 7 条较明显的裂缝（图 6-8），有向岩土体深部发育的趋势。

1）模型表层边界和四周侧面震动特征

（1）模型四周边界表层与泡沫接触界面松动迹象。模型边界与泡沫的接触面有松动迹象，主要为表面覆盖层，基岩无松动迹象。如图 6-16 和图 6-17 所示，后缘边界面松动长度为 2.36m，延伸到左右边界，宽度为 2～3cm，深度为 6～7cm；右边界面松动迹象较明显，表面有松散块碎石土剥落，长度为 2.6m，延伸到前后边界面，宽度为 5～10cm，深度为 4～5cm；左边界面松动范围，长度为 2.60m，延伸到前后边界面，宽度为 3～6cm，深度为 3～4cm。模型正前方接触面松动迹象不明显，松动长度为 1.4m，宽度为 1～3cm，深度为 2～4cm。地表基岩出露部位基本稳定，无松动，但局部强风化、松动基岩有崩落、滑塌。模型四周边界表层与泡沫的接触面上，宽度在 0～6cm、深度在 0～7cm 的表部覆盖层被震松，边界效应对下部岩土体的稳定性和隧道安全无影响。

图 6-16　模型边界与泡沫接触面的松动迹象　　　　图 6-17　模型表面覆盖层松动深度

（2）后侧边界面破坏迹象。后侧边界与泡沫接触面上除表面覆盖层外，下部基岩无松动、崩落迹象，如图 6-18 所示。基岩面局部有由于模型干燥而产生的 3 条收缩裂纹，长度为 3～5cm，宽度为 0.3～0.5mm，深度较浅，为 1～1.5cm，对围岩强度和稳定性基本无影响。在右侧边角上有两条沿层面发展的裂缝 L8、L9，L8 长度为 10.5cm，宽度为 0.5～1mm，原型长度为 4.2m，宽度为 2～4cm；L9 长度 4.5cm，宽度为 0.3～0.5cm，原型中长度为 1.8m，宽度为 12～20cm，L8、L9 有向围岩内部和深部发展的趋势，如图 6-19 所示。边坡表面发育的 L1 裂纹已发展到后缘边界面，且在离边坡表面 23cm 处分裂成两条裂缝，L8 长度为 50cm，宽度为 0.5～1mm，L9 长度 32.5cm，宽度为 0.5～0.8mm，有向围岩内部和深部发展的趋势。

图 6-18 模型后侧界面破坏特征　　　　图 6-19 模型后边界面 L8、L9 裂缝特征

（3）右侧边界面破坏迹象。右侧边界与泡沫接触面上除表面覆盖层外，下部基岩无松动、崩落迹象。基岩面局部有由于模型干燥而产生的 5 条收缩裂纹，长度为 5～10cm，宽度为 0.5～1mm，深度较浅，为 1.5～2cm，如图 6-20 所示，对围岩强度和稳定性基本无影响。边坡表面发育的 L2 裂缝已发展到右侧边界面，在右侧边界面上 L2 深度为 128.5cm，地表宽度为 2～3cm，穿过 10～15cm 覆盖层后，宽度为 0.3～0.5cm，有剪切痕迹，裂缝沿围岩接触面向深部下发展，如图 6-21 所示。

图 6-20 模型右侧边界面破坏迹象　　　　图 6-21 模型右侧边界面 L2 裂缝特征

2）边坡表面发育长大裂缝在岩土体中的延伸发育特征

（1）L1 裂缝延伸发育特征。边坡表面发育的 L1 裂缝，向围岩深部发展迹象较明显，表面沿 V 级和 IV 级围岩的接触面发展；深部沿 IV 级围岩的层面发展，倾角与层面倾角相同，为 28°～33°，L1 裂缝延伸发育特征如图 6-22 所示。

图 6-22 模型岩土体内部 L1 裂缝延伸发育特征

　　L1 裂缝在后缘边界面上继续向深度方向发展，地表宽度为 1～2cm，穿过 10cm 覆盖层后，宽度为 0.5～0.8cm，最大深度可达 73.5cm，在 32.5cm 处分为两条微裂缝，向围岩内发展深度较浅，为 3～5cm，宽度为 0.5～2mm，如图 6-23 所示；由于裂缝在 32.5～73.5cm 段有发霉迹象，说明该段裂缝发育已久，主要是由于吊装和模型干缩所致，而从 32.5cm 处发育的两条微裂缝较为新鲜，为地震动所产生；L1 裂缝沿层面方向斜向围岩内部发展 48cm，垂直深度为 70cm，地表宽度为 0.3～0.5cm，地表到岩土体深度 20.5cm 为已有裂缝，在地震动作用下有所拓宽加深，深部宽度为 1～2mm，如图 6-24 所示；L1 裂缝沿层面发展 60cm 后，深度为 55cm，地表宽度为 2～3cm，地表到岩土体深度 15.5cm 为已有裂缝，在地震动作用下有所拓宽加深，底部宽度为 0.5～1mm。从此处 L1 裂缝沿层面和围岩接头向洞门方向发展，并与 L5 交汇。

　　图 6-23　模型后边界面上 L1 裂缝破坏特征　　　　　　图 6-24　L1 裂缝沿层面发育特征

　　从与 L5 交汇处到左侧后缘边界长度为 170cm，在与 L1 交汇处沿倾向深度为 27cm，地表宽度为 2～3cm，底部宽度为 0.5～0.8cm，在距离交汇点 60cm 处沿倾向深度为 41cm，地表宽度为 2～3cm，底部宽度为 0.5～1cm，距离交汇点 100cm，垂直深度为 17cm，地表宽度为 1～2cm，底部宽度为 0.1～0.3cm，逐渐接近地表，如图 6-25 和图 6-26 所示。在裂缝中部 10～20cm 表面出现了发霉的情况，说明裂缝已产生较长时间，主要是由于吊装和模型干缩所致，在地震动作用下有所拓宽加深。

　　图 6-25　左侧岩土体内部 L1 与 L5 交汇处　　　　　　图 6-26　L1 裂缝沿轴线纵向发育特征

从 L1 与 L5 的交汇点，L1 继续向洞门后缘仰坡，并延续到洞门右侧Ⅳ级围岩出露处与 L3 交汇，长度为 70cm，裂缝地表宽度为 1～3cm，地表以下 10cm，宽度为 1～1.5cm；L1 裂缝与隧道轴线成大角度（65°）相交，裂缝沿Ⅴ级和Ⅳ级围岩的深度方向接触面从地表延伸至拱顶，深度为 39.5cm，地表宽度为 2～3cm，中部距离拱顶宽度为 1～2mm，拱顶宽度为 0.1～0.3mm，对拱顶未造成破坏，上部距离洞门 60cm，中部距离洞门 75cm，下部距离洞门 70cm，上部到中部沿Ⅳ级围岩层面方向发展，下部略微向洞门方向发展，如图 6-27 和图 6-28 所示。

图 6-27　围岩中 L1 与 L3 裂缝交汇发育特征　　　　　图 6-28　L1 裂缝与隧道轴线成大角度相交

在 L1 与 L3 的交汇点，裂缝深度为 36.5cm，地表宽度为 2～3cm，地表以下 10cm，宽度为 0.5～1.0cm，裂缝末端为 0.1～0.2mm。仰坡后缘中部距离 L1 与 L3 交汇点 30cm，裂缝深度为 37.0cm，裂缝宽度为 1～2cm，地表以下 17cm，宽度为 0.5～1.0cm，裂缝末端为 0.1～0.2mm。

综上，L1 裂缝属于长大裂缝由于地震动所产生的裂缝，在后缘边界面上长度为 3.25m，上部宽度为 0.5～0.8cm，下部宽度为 0.5～2mm，原型中长度为 130m，上部宽度为 20～32cm，下部宽度为 2～8mm；在距离 L1 与 L5 交汇点 60cm 处沿倾向深度为 41cm，地表宽度为 2～3cm，底部宽度为 0.5～1cm，换算到原型中深度为 16.4m，地表宽度为 80～120cm，底部宽度为 20～40cm；在 L1 与 L3 的交汇点，裂缝深度为 36.5cm，地表宽度为 2～3cm，地表以下 10cm，宽度为 0.5～1.0cm，裂缝末端为 0.1～0.2mm，原型中裂缝深度为 14.6m，地表宽度为 80～120cm，裂缝末端为 4～8mm。所以，在 1%超越概率地震波的作用下，隧道模型岩土体产生了一条较大的裂隙，对模型岩土体的稳定性造成较大影响，反衍到黄草坪 2 号隧道原型中，长度为 130m，宽度为 80～120cm，最大深度达 16.4m，在地表水入渗的情况下，可能导致后缘岩土体的整体失稳，对隧道结构的安全性造成极大的影响。

（2）L2 裂缝延伸发育特征。边坡表面发育的 L2 裂缝已发展到右侧边界面，在右侧边界面上 L2 深度为 128.5cm，基本呈垂直向下发育，如图 6-29 所示。地表宽度为 2～3cm，穿过 10～15cm 覆盖层后，宽度为 0.3～0.5cm，有剪切痕迹，裂缝沿围岩接头面向深部下发展，但宽度变化不大，为 0.2～0.3cm，末端 128.5cm 附近为 0.5～1mm。L2 在平面上沿围岩接头面，近垂直与隧道轴线方向斜向下发展，并与 L3 裂缝交汇；L2 从右侧边界面到与 L3 裂缝交汇点地表距离为 82cm，水平距离为 68.2cm，深度为 61cm，交汇点地表宽度为 1～2cm，深度为 35cm，深部宽度为 0.3～0.5mm。L2 裂缝在垂直向下发展方向上，在 0～61cm 时，越向深部发展，从右侧边界面向隧道方向发展的深度越深，61cm 处长度为 68.2cm；在 61～71cm 时长度变化不大，为 51.6～68.2cm；在 84cm 时，长度为 36.4cm；在 100cm 时，长度为 19cm；在 116cm 时，长度为 7.2cm；在 128.5cm 附近，逐渐接近右侧边界面。L2 裂缝在右侧岩土体中呈三角形发育，两边窄中间宽，在沿右侧坡面与 L3 交汇后，又沿Ⅳ级围岩层面斜向下发育到右侧边界面，如图 6-30 所示。

图 6-29 模型右侧边界面上 L2 裂缝破坏特征

图 6-30 右侧岩土体内部 L2 裂缝发育特征

L2 裂缝纵向深度为 128.5cm, 沿右侧坡面发育长度为 82cm, 岩土体中横向长度为 68.2cm, 地表宽度为 2～3cm, 中部宽度为 0.2～0.3cm, 末端宽度为 0.3～0.5mm; 原型中深度为 51.4m, 沿右侧坡面发育长度为 32.8m, 岩土体中横向长度为 27.28m, 地表宽度为 80～90cm, 中部宽度为 8～9cm, 末端宽度为 1.2～2.0cm。L2 裂缝的产生主要是由于在 Y 向、Z 向和 YZ 向加载的地震波, 对右侧边坡及岩土体产生挤压剪切破坏所致, 对隧道的安全性基本不产生影响, 但对右侧边坡、挡墙及洞门建筑的稳定性有较大的威胁, 所以在黄草坪 2 号隧道原型中应该加强对右侧边坡和挡墙的加固, 以防止在地震中产生破坏。

(3)L3 裂缝延伸发育特征。L3 裂缝从与 L2 裂缝交汇点, 大致与隧道轴线平行, 沿 V 级和 IV 级围岩在深度方向的接触面斜向下发展, 长度为 40cm, 并与 L1 裂缝交汇, 与距洞轴线水平距离 42.6cm, 最低点距离仰坡 30.5cm, 最高点为 69.5cm, 裂缝地表宽度为 1～2cm, 如图 6-31 所示。在 L3 与 L2 的交汇点, 地表宽度为 1～2cm, 深度为 35.5cm, 深部宽度为 0.3～0.5mm。在 L3 与 L1 的交汇点, 裂缝深度为 36.5cm, 地表宽度为 2～3cm, 地表以下 10cm, 宽度为 0.5～1.0cm, 裂缝末端为 0.1～0.2mm。L3 裂缝长度为 40cm, 地表宽度为 1～3cm, 裂缝末端宽度为 0.1～0.5mm, 换算到原型中长度为 16m, 地表宽度为 40～120cm, 裂缝末端宽度为 0.4～2.0cm; L3 裂缝将右侧边坡发育的 L2 裂缝和 L1 裂缝洞门后缘仰坡段连接起来形成一个整体, 对右侧边坡和后缘仰坡的稳定性造成较大的影响, 同时地表水也容易从这三条裂缝中入渗, 软化隧道周边的围岩, 降低其力学参数, 对隧道结构的安全性造成一定的影响。

图 6-31 模型右侧岩土体中 L3 裂缝延伸发育特征

(4)L4 裂缝延伸发育特征。L4 裂缝是 L3 裂缝在 1%超越概率地震波振动 3 次后衍生的一条裂缝，长度为 50cm，宽度为 0.5～2mm，在 L4 与 L3 的交汇点，裂缝深度为 15.6cm，地表宽度为 1～2mm，地表以下 10cm，宽度为 0.5～1.0mm，裂缝深度末端为 0.1～0.3mm，裂缝发展到喷锚支护边界。

(5)L5 裂缝延伸发育特征。边坡表面发育的 L5 裂缝，向围岩深部发展迹象较明显，主要沿Ⅴ级和Ⅳ级围岩在深度方向的接触面发展；从与 L1 交汇处，近垂直于围岩走向发展，表面长度为 80cm，地表宽度为 0.5～0.8cm，深部长度为 60cm，深部宽度为 0.5～1mm，在与 L1 交汇处的深度为 48cm，距离交汇点 20cm，深度为 42cm，距离交汇点 45cm，深度为 10cm，逐渐接近地表。裂缝发展迹象为上部裂缝较宽，为 0.5～0.8cm，下部裂缝较窄，为 0.5～1mm，往深部发展逐渐减小。

(6)L6、L7 裂缝延伸发育特征。L6 与 L4 平行距离为 4cm，起于洞门右侧边坡喷锚支护上缘，长 30cm，深度为 0.5～1cm，宽度为 1mm。L7 与 L1 垂直相交，沿洞门后缘仰坡向坡顶发育，延伸长度为 30cm，宽 1～2cm，深度为 0.5cm。L6、L7 裂缝都为边坡浅表覆盖层的小裂缝，对边坡的稳定性和隧道的安全性均无较大的影响。

6.3.2　围岩破坏特征

本节沿隧道纵横两个方向上切出两个剖面，纵向为Ⅰ-Ⅰ剖面沿隧道拱顶轴线方向，横向为Ⅱ-Ⅱ剖面距离洞身端后边界 50cm，以观察隧道结构与围岩的破坏特征，探寻在地震作用下两者的相互作用机理。

1)Ⅰ-Ⅰ剖面描述

开挖模型Ⅰ-Ⅰ剖面上岩土体和隧道结构情况如图 6-32 所示。在加载 63%、10%、5%、1%超越概率地震波后洞顶仰坡表面深度 1～2cm 有松动迹象，但经过喷锚支护修复后无松动剥落现象，边坡内部完整性较好，坡体与锚杆结合紧密；洞门后缘仰坡发育一条长大拉裂缝 L1，与隧道轴线成大角度(65°)相交，左侧延伸与 L5 裂缝相交，右侧延伸到洞门右侧Ⅳ级围岩出露处与 L3 交汇，深度方向上裂缝沿Ⅴ级和Ⅳ级围岩的接触面从地表延伸至隧道拱顶，深度为 39.5cm，地表宽度为 2～3cm，中部距离拱顶宽度为 1～2mm，拱顶宽度为 0.1～0.3mm，对拱顶未造成破坏，上部距离洞门 60cm，中部距离洞门 75cm，下部距离洞门 70cm，上部到中部沿Ⅳ级围岩层面方向发展，下部略微向洞门方向发展，如图 6-33 和图 6-34 所示。

图 6-32　模型Ⅰ-Ⅰ剖面上岩土体和隧道结构情况

图 6-33　拱顶围岩内 L1 裂缝纵向发育特征　　　　　图 6-34　拱顶围岩内 L1 裂缝横向发育特征

　　L1 裂缝虽然未对隧道结构造成直接的破坏，但对隧道结构造成潜在的安全隐患，若在黄草坪 2 号隧道原型中因地震产生一条类似于 L1 的裂缝则必须要引起足够的重视，需进行注浆堵塞裂缝和加固后缘仰坡。在震后修复性试验中，经过对 L1 裂缝进行注浆堵塞加固和对后缘仰坡进行喷锚支护后，无明显变形破坏迹象。模型中除上述 L1～L3 裂缝和 L5 裂缝发展到围岩内部对其有一定的破坏性影响外，Ⅴ级围岩由于整体为现浇，整体性好，与隧道二衬和锚杆结合紧密，无破坏迹象。Ⅳ级围岩上部预制部分较干燥，下部现浇较湿润，与隧道二衬、初支、锚杆、钢筋网结合紧密，围岩整体性好，新鲜、紧密，无破坏迹象，也无裂缝产生，如图 6-35 所示。另外，如图 6-36 所示，在第 5～6 节隧道仰拱下现浇Ⅳ级围岩中，发育一条纵向沿岩层走向的裂缝，长度为 51.6cm，宽度为 1.0～2.0mm，换算到原型中长度为 20.64m，宽度为 4.0～8.0cm，主要是由于围岩材料的干缩和地震动作用所致，对隧道结构的安全性基本不产生太大影响。

图 6-35　隧道结构与围岩结合情况　　　　　图 6-36　隧道仰拱下部现浇Ⅳ级围岩裂缝发育特征

　　2）Ⅱ-Ⅱ剖面描述

　　横向Ⅱ-Ⅱ剖面上岩土体无错动、剪切迹象，也无微裂纹产生，基岩表面新鲜、湿润，强度较大，如图 6-37 所示。

图 6-37　模型Ⅱ-Ⅱ剖面上岩土体情况

6.3.3　隧道洞门及衬砌破坏特征

1）隧道洞门破坏特征

如图 6-38 所示，经仔细检查后隧道洞门没有发现明显的破坏迹象，只是在洞门和右侧挡墙的接头处，发现连接的石膏表面有微裂纹，沿挡墙顶向下发展，长度为 9.6cm，宽度为 0.3～0.5mm，换算到原型中长度为 3.86m，宽度为 12～20cm，对洞门建筑结构的安全性基本无影响，进行修补后洞门依然可以正常使用，主要是由于洞门后缘边坡的滚、落石和崩塌体，没有直接作用到洞门建筑上，而且后缘仰坡进行了喷锚支护防止了滑塌，没有对洞门结构造成挤压或掩埋，所以洞门结构较安全，无明显的破坏迹象。右侧挡墙完好，无裂缝。左侧边墙与洞门连接成为一个整体，无破坏迹象。洞门端墙背回填土较紧密，无松动迹象。

2）明洞段隧道二衬破坏特征

如图 6-39 所示，明洞段隧道二衬内外表面均较完好、无裂纹，但在拱顶、左右边墙出现了大量的纵向微变形痕迹，由明洞段后端向洞门发展，拱顶 8 条，左边墙 10 条，右边墙 5 条，仰拱 4 条，长度为 10～15cm，宽度为 0.3～0.5mm，主要是由于在动荷载和围岩压力的作用下二衬内表面，由于应力集中所产生的细微隆起痕迹，相当于原型中隧道左边墙的外鼓，对二衬结构的整体安全性影响不大。

图 6-38　震后洞门情况

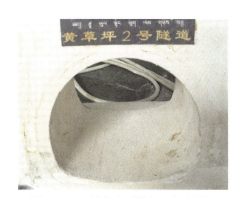

图 6-39　二衬内表面微变形痕迹特征

3) 第 1 节隧道二衬破坏特征

第 1 节隧道二衬内外表面均较完好、无裂纹，但在左右边墙出现了由于围岩压力和地震动力作用所产生的微变形痕迹，由隧道洞身端向洞门发展，拱顶 4 条，左边墙 5 条，右边墙 3 条，仰拱 3 条，长度为 10～15cm，宽度为 0.3～0.5mm，应变痕迹未发育成裂缝，对二衬结构的安全性基本不产生影响。

4) 第 2 节隧道二衬破坏特征

如图 6-40 和图 6-41 所示，第 2 节隧道二衬内外表面均较完好、无裂纹，沿纵向方向在左右边墙出现了由于围岩压力和地震动力作用所产生的微变形痕迹，由洞身段向洞门发展，左边墙 8 条，右边墙 5 条，仰拱左侧起拱处 2 条，长度为 10～20cm，宽度为 0.5～1.0mm，应变痕迹未发育成裂缝，对二衬结构的安全性基本不产生影响。

图 6-40　二衬内表面应变痕迹特征　　　　　　图 6-41　二衬内表面左边墙及起拱处应变迹痕

在明洞段到第 2 节隧道二衬内外表面均较完好、无裂纹，只是在拱顶、左右边墙、仰拱内表面出现了由于围岩压力和地震动力作用所产生的微变形痕迹，但未发育成裂缝，对二衬结构的安全性基本不产生影响。主要是在设计初期就考虑到隧道洞口段的地震动力响应特征较明显，较容易产生破坏，所以加强了支护参数，工字钢间距为 1.5cm，锚杆长度为 12.5cm，换算到原型中工字钢间距为 0.6m，锚杆长度为 5.0m，故在 1%超越概率的地震动作用下明洞段到第 2 节隧道的二衬结构依然较安全，无明显的破坏迹象。

5) 第 3、4 节隧道二衬破坏特征

第 3、4 节隧道二衬破坏较轻，外表面均较完好、无裂纹，内表面在左右边墙和仰拱处有 3～5 条微变形痕迹，但发育不明显。第 3 节隧道拱顶二衬内表面中间部位出现一条微裂纹 L19，基本贯通整节，由洞口向洞身方向发展，主要是由于洞口段加速度响应较大，在围岩压力不大的情况下，裂缝由洞口向洞身方向发展，长度为 20～25cm，宽度为 0.3～0.5mm，换算到原型中长度为 8～10m，宽度为 1.2～2cm。第 4 节隧道拱顶二衬内表面发育两条微裂纹 L13、L14，L13 位于拱顶中间，贯通整节，长度为 25cm，中间较宽，为 0.8～1.0mm，两头较窄，为 0.3～0.5mm；L14 位于第 4 节拱顶端头与 L1 斜交 45°，长度约为 5cm，宽度为 0.3～0.5mm，容易造成二衬脱落。第 4 节隧道仰拱二衬中间部位发育一条微裂纹 L18，基本贯通整节，由洞口向洞身方向发展，长度为 20～25cm，宽度为 0.1～0.3mm。第 3、4 节隧道由于埋深增加、围岩压力增大，同时又减弱了支护参数，所以在拱顶和仰拱的二衬内表面出现了纵向贯通整节的微裂纹，在接头处二衬拱顶、仰拱位置有挤压、变形迹象，端部石膏呈碎片和碎块状。

6）第 5 节隧道二衬破坏特征

第 5 节隧道二衬内表面拱顶中间部位发育纵向贯穿微裂纹 L8，由洞门端向洞身端斜向发展较明显，长度为 25cm，宽度为 0.8～1.0mm，深度为 1.4cm 到钢筋网为止，换算到原型中长度为 10m，宽度为 3.2～4cm，深度为 56cm；仰拱二衬中间部位发育纵向贯穿微裂纹 L9，贯通整节，由洞身向洞口方向发展，长度为 20～25cm，宽度为 0.3～0.5mm，拱顶二衬有掉块剥落，块径为 0.5～1.0cm，换算到原型中块径为 20～40cm；洞身端左边墙起拱处发育 1 条微裂纹 L17，由洞身端向洞口端方向发展，长度为 10cm，宽度为 0.1～0.3mm；左右边墙内表面均无微裂纹产生。如图 6-42 所示，二衬外表面裂缝发育情况：左右边墙各出现 1 条微裂纹，左边墙由洞门端向洞身端斜向发展，长度为 17.6cm，宽度为 0.1～0.3mm，深度为 1.2cm 到钢筋网为止，换算到原型中长度为 7.04m，宽度为 4～12mm，深度为 48cm。如图 6-43 所示，右边墙由洞门端向洞身端斜向发展，贯穿整节长度为 25cm，宽度为 0.5～1mm，深度为 1.5cm 到钢筋网为止，换算到原型长度为 10m，宽度为 2～4cm，深度为 60cm；并且二衬外表面微裂纹沿钢筋网发展明显。

图 6-42　二衬外表面左边墙微裂纹特征

图 6-43　二衬外表面右边墙微裂纹特征

7）第 6 节隧道二衬破坏特征

拱顶中间部位发育纵向贯穿微裂纹 L3，由洞门端向洞身端斜向发展较明显，长度为 25cm，宽度为 0.5～0.8mm，深度为 1.4cm 到钢筋网为止，换算到原型中长度为 10m，宽度为 2.0～4.0cm，深度为 56cm；在距离 L3 裂缝左侧 2.3cm 处发育一条新的微裂纹 L12，由洞身端向洞口端发展，长度为 17.4cm，宽度为 0.1～0.3mm，深度为 1.2cm 到钢筋网为止，如图 6-44 所示。仰拱二衬中间部位发育纵向贯穿微裂纹 L6，基本贯通整节，由洞身端向洞口端方向发展，长度为 25cm，宽度为 0.5～0.6mm，深度为 1.2cm 到钢筋网为止，换算到原型中长度为 10m，宽度为 2.0～2.4cm，深度为 48cm；洞门端左边墙起拱处发育 1 条微裂纹，由洞口端向洞身端方向发展，长度为 16.5cm，宽度为 0.1～0.3mm，深度为 1.0cm；右边墙内表面无微裂纹产生。

第 6 节隧道二衬外表面裂缝发育情况：左边墙在距离起拱处 7.0cm 处发育 1 条微裂纹，由洞门端向洞身端发展与隧道洞轴线近平行，贯穿整节长度为 25cm，宽度为 0.3～0.5mm，深度为 1.5cm 到钢筋网为止，换算到原型中长度为 10m，宽度为 12～20mm，深度为 6cm；左边墙起拱处发育 1 条贯穿微裂纹与左边墙微裂纹近平行，长度为 25cm，宽度为 0.5～0.8mm，深度为 1.5cm 到钢筋网为止；两微裂纹之间的二衬石膏已经松动，石膏与钢筋网基本脱离，将二衬结构直立时中间石膏脱落，如图 6-45 所示，长度为 25cm，宽度为 10.1cm，说明左边墙到仰拱外侧二衬破坏严重；另外，仰拱中间外表面发育 1 条微裂纹，由洞门端向洞身端发展，长度为 9.7cm，宽度为 0.1～0.3mm；拱顶和右边墙外表面无微裂纹产生。

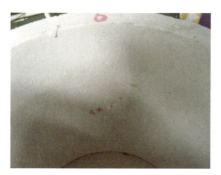

图 6-44　二衬内表面拱顶微裂纹特征　　　　　　　图 6-45　二衬外表面石膏与钢筋网脱离破坏

8) 第 7 节隧道二衬破坏特征

第 7 节隧道二衬内表面裂缝发育情况：拱顶中间部位发育纵向贯穿微裂纹 L2，由洞身端向洞门端轴向发展较明显，长度为 25cm，深度为 1.0cm，在第 7 节隧道二衬中间 12.5cm 处裂纹有变宽迹象，洞身端宽度为 0.5mm，中间 12.5cm 处宽度为 1.0mm，洞门端宽度为 0.3mm，可能是由于拱顶外表面 12.5cm 处安装了加速度传感器，造成该处应力集中所致，换算到原型中长度为 10m，宽度为 1.2~4.0cm，深度为 40cm；仰拱内表面洞门端发育 2 条近平行的微裂纹 L5 和 L16，由洞门端向洞身端轴向发展，L5 裂纹靠近右侧边墙距离为 8.3cm，贯穿整节长度为 25cm，宽度为 0.5~0.8mm，深度为 1.2cm 到钢筋网为止，换算到原型中长度为 10m，宽度为 2.0~3.2cm，深度为 48cm；L16 裂纹位于仰拱正中间，未贯穿整节，长度为 13.2cm，宽度为 0.3~0.5mm，深度为 0.8cm，如图 6-46 所示；内表面左右边墙无微裂纹产生。

第 7 节隧道二衬外表面裂缝发育情况：左边墙在距离起拱处 3.2cm 处发育 1 条微裂纹，由洞门端向洞身端发展与隧道洞轴线近平行，贯穿整节长度为 25cm，宽度为 0.1~0.3mm，深度为 0.8~1.0cm；右边墙在距离起拱处 3.3cm 处发育 1 条微裂纹与左边墙裂纹基本对称，由洞门端向洞身端发展，长度为 22.3cm，宽度为 0.1~0.3mm，深度为 0.5~0.8cm；拱顶和仰拱均无微裂纹产生(图 6-47)。

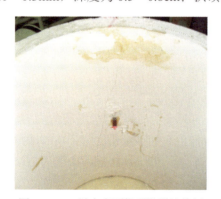

图 6-46　二衬内表面拱顶微裂纹特征　　　　　　　图 6-47　二衬内表面仰拱微裂纹特征

9) 第 8 节隧道二衬破坏特征

第 8 节隧道二衬内表面裂缝发育情况：拱顶中间部位发育纵向贯穿微裂纹 L1，由洞身端向洞门端轴向发展较明显，长度为 25cm，宽度为 1.0~1.2mm，深度为 1.5cm 到钢筋网为止，换算到原型中长度为 10m，宽度为 4.0~4.8cm，深度为 60cm；仰拱内表面中部发育 2 条微裂纹，均贯穿整节，两微裂纹相距 4.3cm 与轴线近平行发展，一条距离左边墙 8.6cm，长度为 25cm，宽度为 0.3~0.5mm，深度为 0.5~0.8cm；另一条距离右边墙 9.8cm，长度为 25cm，宽度为 0.3~0.5mm，深度为 0.8~1.0cm。

第 8 节隧道二衬外表面裂缝发育情况：左边墙中部发育 1 条微裂纹，由洞门端向洞身端发展，未贯穿整节长度为 11.4cm，宽度为 0.3~0.5mm；左边墙起拱处发育 1 条微裂纹较明显，贯穿整节长度为 25cm，宽度为 0.5～1.0mm，深度为 1.5cm 到钢筋网为止，换算到原型中长度为 10m，宽度为 2.0～4.0cm，深度为 60cm；右边墙中间部位发育纵向贯穿微裂纹，由洞身端向洞门端轴向发展较明显，长度为 25cm，洞身端宽度为 0.5～1.0mm，洞门端宽度为 0.1～0.3mm，深度为 1.2cm 到钢筋网为止，换算到原型中长度为 10m，宽度为 0.4～4.0cm，深度为 48cm；仰拱外表面中间发育 1 条纵向贯穿微裂纹，破坏迹象明显，长度为 25cm，宽度为 1.0～1.5mm，深度为 1.5cm 到钢筋网为止；该裂纹与左边墙起拱处裂纹近平行，造成两微裂纹之间的二衬石膏松动，石膏与钢筋网基本脱离，将二衬直立时中间石膏脱落，如图 6-48 和图 6-49 所示，长度为 25cm，宽度为 8.5cm，左边墙起拱处到仰拱外侧二衬破坏严重；仰拱钢筋网呈挤压上拱破坏迹象。

图 6-48　二衬外表面石膏与钢筋网脱离破坏

图 6-49　二衬外表面右边墙破坏特征

10）第 9 节隧道二衬破坏特征

第 9 节隧道二衬内表面裂缝发育情况：左拱肩与拱顶中间位置发育 1 条贯通微裂纹 L10，由洞身向洞口方向发展，长度为 25cm，宽度为 0.8～1.2mm，深度为 1.5cm 到钢筋网为止，如图 6-50 所示，换算到原型中长度为 10m，宽度为 3.2～4.8cm，深度为 60cm；内表面二衬石膏与钢筋网结合紧密无松动、掉块，二衬其他部位无微裂纹产生。

第 9 节隧道二衬外表面裂缝发育情况：右边墙中部距离仰拱 5.0cm 处发育 1 条微裂纹 L11，由洞身向洞口方向发展，贯穿整节长度为 25cm，宽度为 0.5～0.8mm，深度为 1.2cm 到钢筋网为止，如图 6-51 所示，换算到原型中长度为 10m，宽度为 2.0～3.2cm，深度为 48cm；二衬外表面其他部位无微裂纹产生。

图 6-50　第 9 节隧道洞身端破坏特征

图 6-51　二衬外表面右边墙微裂纹特征

根据以上对隧道结构二衬内外表面破坏特征的分析可知，在隧道轴线纵向上，从明洞段到第 2 节隧道二衬内外表面均较完好、无裂纹，只是在拱顶、左右边墙、仰拱内表面出现了由于围岩压力和地震动力作用所产生的微变形痕迹；第 3、4 节隧道由于埋深增加、围岩压力增大，同时又减弱了支护参数，而且在第 3 节隧道附近属于Ⅴ级和Ⅳ级围岩的过渡段，所以在拱顶和仰拱的二衬内表面出现了纵向贯通整节的微裂纹；第 5～9 节隧道二衬内表面拱顶和仰拱出现了若干条贯穿整节的微裂纹，外表面左右边墙也出现了若干条贯穿整节的微裂纹，主要是由于围岩压力进一步增大，同时又减弱了支护参数，并受到后缘边界效应的影响，所以造成了二衬结构纵向上的受损严重。因此，在黄草坪 2 号隧道原型中从第 3 节隧道到进洞 100m 的长度以内，还是应该提高支护参数，与明洞段到第 2 节隧道支护参数一致。在隧道二衬结构横向不同的部位上，洞口段的左边墙破坏较严重，右边墙相对轻一些，主要是由于左边墙靠近临空侧，坡面加速度放大系数较大，加速度响应也大，所以破坏相对严重些；洞身段的右边墙破坏较严重，左边墙相对轻一些，主要是由于右边墙为靠山侧，偏压效应的影响较大，加速度响应也大，所以破坏相对严重些。

总的来说，隧道拱顶的破坏最为严重，以二衬掉块、塌落和纵向贯通裂缝为主，仰拱的破坏相对较轻，一般只会出现裂缝或隆起，但也应该注意仰拱和左边墙的裂缝共同作用容易导致起拱处二衬结构的破坏。同时，由于隧道二衬属于封闭的拱形结构，而且拱顶和右边墙的围岩压力较大，所以拱顶和仰拱内表面受到张力作用较容易产生破坏，而左右边墙内表面受到压力作用无微裂纹产生；在外表面，拱顶和仰拱受到压力作用无微裂纹产生，而左右边墙受到张力作用较容易产生破坏，在设计中应加强其容易产生破坏部位的支护参数。无论是二衬内表面还是外表面所产生的微裂纹均未穿过钢丝网，从而说明钢丝网有效地阻断了二衬的开裂，增强了隧道衬砌的抗震性能。

6.4　隧道洞口边坡及端墙动力响应

6.4.1　洞口边坡加速度放大效应

图 6-52 和图 6-53 为模型边坡不同高度峰值加速度响应，不同的超越概率和加载方向下，坡面峰值加速度从底部至顶部逐渐增加，与振动台试验和实际边坡地震破坏特征及边坡裂缝发展一致，即主要裂缝在坡体顶部、上部被观察到，包括主要裂缝衍生出的众多次级裂缝，这与坡顶较大的加速度响应有关(Zhou et al., 2019)。在汶川地震中，也有多条隧道边坡顶部出现了类似的主要及次级裂缝。

三方向加载下，坡面加速度响应有区别。在两种超越概率的地震波加载时，X 向和 Y 向的加速度响应都大于 Z 向的；随着地震动强度增加，这种差异更明显，尤其是坡面上部(A18)的加速度响应最大，说明朝坡面向外的 X 向和 Y 向加载下的坡面加速度响应最大，超越概率越大，这种方向的差异越明显。

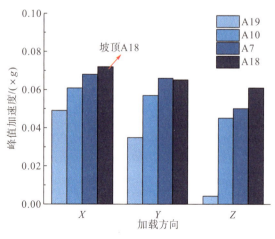

图 6-52　63%超越概率下边坡峰值加速度

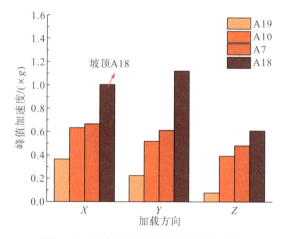

图 6-53　1%超越概率下边坡峰值加速度

　　由于坡面加速度响应沿高程增加明显(图 6-54)，定义加速度放大系数为监测点的峰值加速度与输入地震波的峰值加速度之比(Jiang et al.，2018)。不同超越概率和不同强度下加载，坡面的加速度放大系数均大于 1。1%超越概率的放大系数均大于 63%的，X 向和 Y 向加载时均大于 Z 向的，说明顺坡向的 X 向和 Y 向的放大效应更明显，且强震的放大效应也更明显。根据 Zhou 等(2019)的研究，没有隧道的边坡加速度仍存在放大效应，但在低坡面的位置(即隧道洞口处)这个放大效应不明显，低于 1.0，在 0.8～1.0。模型试验中，这个位置 A2 仍存在加速度的放大，说明由于隧道洞口的存在使得附近的坡面加速度有所增大，放大系数为 1.2～1.4，随加载方向和超越概率而改变。

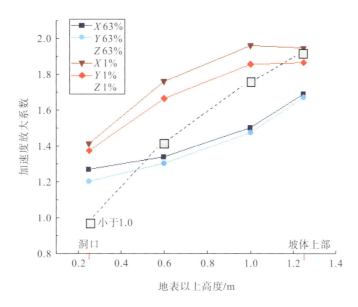

图 6-54　边坡不同高程峰值加速度放大系数

　　根据振动台试验结果，隧道洞口的存在是洞口附近的边坡的加速度放大的主要原因，被放大的加速度造成了洞口附近的内力、变形等激增，因而隧道洞口极易出现各类型的破坏，如衬砌和仰拱开裂、错台、地面抬升等(图 2-58)。隧道洞口支挡结构的破坏主要是由于洞口边、仰坡在强烈的地震作用下产生拉裂、下错以及滑塌，主要是由于地震波在坡体内传播，遇到不连续界面时，产生复杂的动力响应过程，形成界面的"拉应力效应"(Huang，2009)，致使坡体被拉裂，从而导致框架梁等护坡结构产生弯曲、上拱和剪断，并且部分排水沟也向外错开。高位的落石也造成一部分护坡结构被砸坏。这是在汶川地震中隧道洞口仰坡及坡面支护结构中发现最多的震害。

6.4.2　洞口右侧边坡动土压力响应

　　在洞口右侧边坡挡墙背距离墙顶 15cm 处安装了 1 个土压力计 P14，分析洞口边坡及挡土墙背的动土压力变化。表 6-2 为人工波 No.2 相位不同超越概率和不同方向加载时洞口右侧边坡挡墙背的动土压力。

表 6-2　洞口右侧边坡挡墙背动土压力 (单位：kPa)

超越概率		X 向加载	Y 向加载	Z 向加载	XY 向加载	YZ 向加载	XZ 向加载	XYZ 向加载
63%	模型	0.0540	0.0396	0.0420	0.0459	0.0353	0.0515	0.0395
	原型	1.6200	1.1880	1.2600	1.3770	1.0590	1.5450	1.1850
10%	模型	0.0400	308.2724	0.0366	0.0392	280.8348	0.0418	0.0489
	原型	1.2000	9248.1720	1.0980	1.1760	8425.044	1.2540	1.4670
5%	模型	0.0954	364.5402	8.6228	13.9524	249.0192	15.0381	166.1420
	原型	2.8620	10936.2060	258.6840	418.572	7470.576	451.1430	4984.2600
1%	模型	0.0386	0.3653	0.3656	381.3593	383.5890	378.4020	368.6668
	原型	1.1580	10.9590	10.9680	11440.7790	11507.6700	11352.0600	11060.0040
破坏 1%	模型	364.7680	367.7690	273.6798	388.6790	371.9763	383.4220	374.9330
	原型	10943.0400	11033.0700	8210.3940	11660.3700	11159.289	11502.660	11247.9900

　　由表 6-2 可知，随着加载超越概率的减小，地震动强度的增大，右侧边坡挡墙背动土压力不断增大；在 63%超越概率下，各方向加载的动土压力较小，在 0.054kPa 以下；在 10%和 5%超越概率下，墙背动土压力响应有一定的增加，但受加载方向的影响较大，在 Y 向和 YZ 向加载时动土压力响应较大，5%超越概率下，最大动土压力峰值分别为 364.5402kPa 和 249.0192kPa，换算到原型中分别为 10936.2060kPa 和 7470.576kPa，对挡土墙的稳定性有一定的威胁；而在 1%超越概率和破坏性试验时，挡墙背的动土压力特别大，最大可达 388.6668kPa，换算到原型中为 11060.0040kPa，后缘边坡对洞口右侧边坡挡墙造成了较大的危害，但墙背挡墙所受动土压力小于挡墙模型材料的抗压强度，所以挡墙稳定。

　　同时，挡墙背的动土压力受地震波入射方向的影响较大。在 63%、10%、5%、1%超越概率下，在 Y 向、Z 向及其各组合方向加载时，挡墙背的动土压力响应较大，尤其是在 Y 向和 YZ 向加载时，10%超越概率下挡墙背的动土压力可达 308.2724kPa 和 280.8348kPa，换算到原型中分别为 9248.1720kPa 和 8425.044kPa，这与边坡在 10%超越概率下开始产生了 L2 裂缝较为吻合；主要是由于挡墙背的主动土压力直接作用于挡墙背；而当沿洞轴线 X 向加载时地震波的传播方向与挡墙纵向一致，故挡墙背的加速度和动土压力响应较小；当 Y 向、Z 向及其组合方向加载时挡墙背的动土压力响应较大，尤其在 Y 向和 YZ 向加载时的动土压力响应最大，对挡墙结构的安全性极为不利。

　　对于洞口右侧挡墙后缘边坡来说，其破坏过程存在明显的非线性特征，下面以不同超越概率 YZ 方向加载为例进行分析；在 63%超越概率下，墙背的动土压力较小，为 0.0353kPa；随着地震动强度的增大，10%超越概率下，墙背动土压力急剧增大，为 280.8348kPa，换算到原型中为 8425.044kPa，此时右侧挡墙后缘边坡出现了 L2 裂缝，裂缝长度为 55cm，宽度为 0.5～1mm，深度为 1～2mm，换算到原型中，长 22m，宽 2～4cm，深 4～8cm。因此，在 10%超越概率地震动作用下，洞门右侧边坡有下滑失稳的趋势；但经过受力分析可知，墙背挡墙所受动土压力小于挡墙的抗倾覆力和抗压强度，因此挡墙较稳定。而当挡墙背边坡的失稳趋势达到新的平衡后，其动土压力也随之降低，在 5%超越概率时动土压力降低到 249.0192kPa。但当地震动荷载持续加强时，边坡再次启动后挡墙的动土压力再次急增。在 1%超越概率下，挡墙背的动土压力达到 383.5890kPa，换算到原型中为 11507.6700kPa；最后在破坏性试验时，动土压力又有所减小，为 371.9763kPa，换算到原型中为 11159.289kPa，并且边坡上出现的 L2 裂缝明显拓宽加深，长度为 85cm，可测深度为 11.5cm，最宽可达 3cm，换算到原型中，长 34m，深 4.6m，宽 1.2m，边坡已经进入了塑性破坏阶段。因此，从挡土墙背的动土压力和边坡的变形破坏过程方面解释了边坡从静态进入动态所发生的巨大系统变化，说明边坡地震变形失稳具有明显的非线性特征。

6.4.3　洞口右侧端墙背的动土压力响应

为了研究地震动作用下洞口右侧端墙背回填土的动土压力随回填深度的变化关系，以及洞口后缘仰坡对洞门建筑的推力作用。在洞口右侧端墙背同一垂线方向上，面向洞轴线前进方向安装了 3 个土压力计，水平距离隧道二衬右边墙为 5.0cm，土压力计编号为 P11、P12、P13，回填土深度分别为 30cm、20cm、10cm；从不同地震波入射方向和不同地震波强度两个方面分析端墙背的动土压力响应规律。

1. 不同地震波入射方向下端墙背的动土压力响应

以人工波 No.2 相位 63%和 1%超越概率加载为例，结合洞口右侧端墙背的动土压力峰值进行分析；图 6-55 和图 6-56 给出了人工波 No.2 相位 63%和 1%超越概率加载时不同入射方向下右侧端墙背的动土压力响应变化趋势。

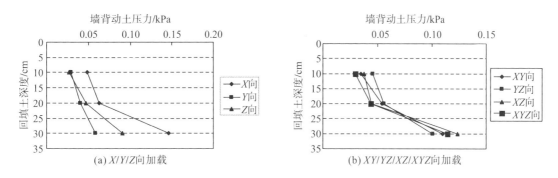

图 6-55　63%超越概率不同入射方向端墙背动土压力随填土深度变化趋势

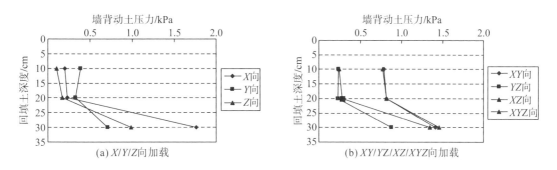

图 6-56　1%超越概率不同入射方向端墙背动土压力随填土深度变化趋势

由图 6-55 和图 6-56 可知，随着右侧端墙背回填土深度的增加，各测点的动土压力呈非线性增加，深度最大的 P11 测点的动土压力最大，而靠近地表的 P12 和 P13 测点的动土压力较为接近，P12 测点略大些；主要是由于随着墙背回填土深度的增加，各测点的主动土压力不断增大，在地震动的作用下洞门后缘仰坡的推力也呈非线性增加，靠近地表的推力不大，而在一定的深度后推力增加明显。

因此，随着右侧端墙背回填土深度的增加，各测点的动土压力逐渐呈非线性增加，回填土深度为 10cm 和 20cm 的 P12 和 P13 测点的动土压力较为接近，动土压力随深度增加而增大的趋势不明显，但在回填土达到一定深度(30cm，换算到原型中为 12m)时，P11 测点的动土压力增大明显，最大动土压力可达 1.765kPa 换算到原型中为 52.935kPa，对洞门结构的安全性有一定的影响。随着加载超越概率的减小、地震波强度的增大，各测点的动土压力值也逐渐增大，墙背动土压力的增大趋势明显，尤其在深度最大的 P11 测点的动土压力增加较大，墙背的动土压力随着回填土深度的增加而呈非线性增加的响应规律，与一般挡土墙背的主动土压力呈线性增加的趋势明显不同。同时，当 X 向、Z 向及其各自的组合方向 XY 向、XZ 向、XYZ 向加载时，端墙背回填土的动土压力响应较大，尤其在 X 向和 XZ 向加载时，各测点的动土压力响应最大，对洞门建筑结构的安全性产生较大的影响，是较为不利的地震波入射方向。

2. 不同强度地震波作用下端墙背的动土压力响应

以对洞门建筑结构安全性影响较大的 X 向和 XZ 向为例，结合洞门右侧端墙背的动土压力峰值进行分析；图 6-57 给出了人工波 No.2 相位 X 向[图 6-57(a)]和 XZ 向[图 6-57(b)]加载时不同超越概率下右侧端墙背的动土压力响应变化趋势。

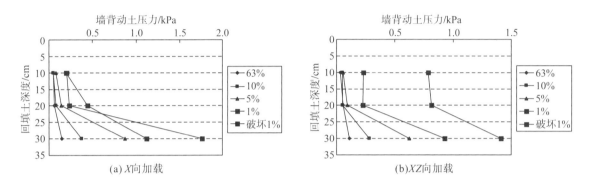

图 6-57   不同超越概率下端墙背随填土深度变化

由图 6-57 可知：回填土深度为 10cm 和 20cm 的 P12 和 P13 测点的动土压力，在 63%、10%、5%和 1%超越概率下较为接近，动土压力随深度增加而增大的趋势不明显；在 63%、10%、5%超越概率下，P12 和 P13 测点的动土压力响应较小，动土压力响应峰值基本在 0.05～0.14kPa 相差较小；在 1%超越概率下，P12 和 P13 测点的动土压力相对较大，最大动土压力分别可达 0.8111kPa 和 0.7866kPa，但在进行破坏性试验时，P12 和 P13 测点的动土压力响应又有所减小，动土压力在 0.2～0.4kPa。

在 63%、10%、5%、1%超越概率下，回填土深度为 30cm 的 P11 测点的动土压力响应增大明显，尤其在 1%超越概率下，最大动土压力可达 1.7645kPa，换算到原型中为 52.935kPa，对洞门结构的安全性有一定的影响；但在进行破坏性试验时，其动土压力响应又有所减小，这与 P12 和 P13 测点的动土压力响应变化较一致；从而说明随着地震动强度的增大，右侧端墙背各测点的动土压力响应不断增大，而且回填土体的变形也在不断增加，在 63%、10%、5%、1%超越概率下回填土体基本处于弹性变形阶段；而在进行破坏性试验时，由于输入地震波加速度峰值为 1.0g，并且反复加载，从而使得回填土体被振松，产生不可恢复的变形裂缝，回填土体处于塑性变形破坏阶段，所以右侧端墙背各测点的动土压力响应明显减小。

因此，虽然回填土体和洞门结构没有出现明显的破坏迹象，但在雨水的入渗下墙背的土压力会急剧增大，并降低回填土体的力学参数，再加上后缘仰坡的推力也在不断增大，从而使得地震以后的洞门建筑结构存在较大的安全隐患，地震后必须对回填土体进行安全性检查，必要时可进行加固补强措施。

6.5   隧道洞门建筑动力响应

6.5.1   洞门建筑加速度响应

由于洞门建筑裸露在地表而隧道结构深埋于围岩，所以洞门建筑的加速度响应与围岩中隧道结构有所不同，本试验在洞门顶部安装了一个加速度传感器 A21，结合 V 级和 IV 级围岩中隧道拱顶的加速度传感器 A2 和 A7 分析洞门建筑的加速度响应。

1. 不同地震波入射方向下洞门建筑加速度响应

图 6-58 和图 6-59 给出了人工波 No.2 相位 63%和 1%超越概率加载时不同入射方向下洞门建筑及隧道拱顶的加速度响应峰值变化趋势。

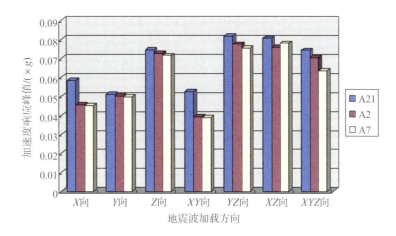

图 6-58　63%超越概率不同方向加载时洞门及拱顶的加速度响应峰值变化

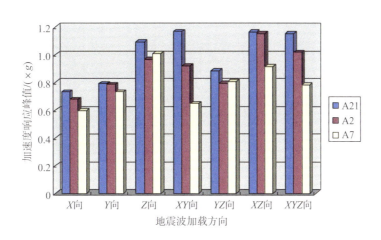

图 6-59　1%超越概率不同方向加载时洞门及拱顶的加速度响应峰值变化

由图 6-58 和图 6-59 可知，洞门挡墙顶部的加速度响应明显大于 V 级、IV 级围岩中隧道拱顶，且 V 级围岩中拱顶的加速度响应也大于 IV 级围岩拱顶；但在不同的地震波入射方向和不同的地震动强度下，各测点的加速度响应峰值差有所不同。在 63%超越概率下，由于输入地震波加速度响应峰值较小，各测点的加速度响应也较小，峰值相差不大；当 Z 向、YZ 向、XZ 向和 XYZ 向加载时，各测点加速度响应相对大些，加速度响应峰值在 0.07g～0.08g，峰值相差 0.01g，而在 X 向、Y 向和 XY 向加载时，各测点加速度响应相对小些，加速度响应峰值在 0.03g～0.06g。而在 1%超越概率下，随着输入地震波加速度峰值的增大，各测点的加速度响应和峰值差增大明显；当 Z 向、XY 向、XZ 向和 XYZ 向加载时，各测点加速度响应较大，加速度响应峰值在 0.78g～1.17g，峰值相差为 0.39g，洞门挡墙顶部的最大加速度响应峰值为 1.1661g，V 级围岩隧道拱顶的加速度响应峰值为 1.1506g，IV 级围岩隧道拱顶的加速度响应峰值为 1.0101g；当 X 向、Y 向和 YZ 向加载时，各测点加速度响应相对小些，加速度峰值在 0.59g～0.88g，峰值相差为 0.29g。

因此，由于洞门建筑裸露在地表而隧道结构周边有围岩的约束，洞门建筑的加速度响应大于 V 级、IV 级围岩中隧道结构的加速度响应，也较隧道结构容易出现变形破坏。在 Z 向、XY 向、XZ 向和 XYZ 向加载时洞门建筑的加速度响应峰值较大，均在 1.0g 以上，从这四个方向加载时对洞门建筑的安全性较为不利。

2. 不同强度地震波作用下洞门建筑加速度响应

图 6-60 给出了人工波 No.2 相位 Z 向和 XZ 向加载时不同超越概率下洞门建筑及隧道拱顶的加速度响应峰值变化趋势。由图 6-60 可知，洞门挡墙顶部的加速度响应最大，V 级围岩拱顶次之，IV 级围岩拱顶最小；随着地震波强度的增加，各测点的加速度响应和峰值差不断增大；63%超越概率下，各测点的加速度响应峰值在 0.0715g～0.0806g，峰值差为 0.01g 左右；10%超越概率下，各测点的加速度响应峰值在 0.2091g～0.4915g，峰值差为 0.2g 左右；5%超越概率下，各测点的加速度响应峰值在 0.5460g～0.7629g，峰值差为 0.2g 左右；而在 1%超越概率下，各测点的加速度响应峰值达到 0.8181g～1.163g，峰值差为 0.3g 左右，增大趋势明显，最容易造成洞门建筑的破坏；地震波强度对洞门建筑及 V 级、IV 级围岩隧道拱顶的加速度响应影响较大。在 63%、10%、5%、1%超越概率下，无论加载地震波的强弱，洞门建筑的加速度响应均大于 V 级、IV 级围岩隧道结构的加速度响应，较容易出现变形破坏；主要是由于洞门建筑裸露在地表而隧道周边有围岩的约束所致，需加强洞门建筑的抗减震措施。

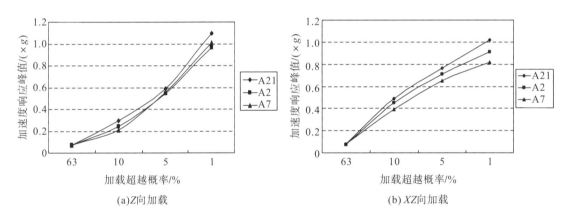

图 6-60　不同超越概率加载时洞门建筑与拱顶的加速度响应峰值变化

6.5.2 洞门建筑动应变响应

洞门开裂与拱圈松动是隧道洞门结构最常见的震害之一，本试验在洞门的挡墙转角、右侧端墙、洞门拱顶及左右边墙处安装了 5 片垂向的应变片（G39、G41、G42、G43、G44），以量测洞门结构在地震动作用下的动应变响应特征。

1. 不同地震波入射方向下洞门建筑动应变响应

表 6-3 给出了人工波 No.2 相位 63%和 1%超越概率加载时不同入射方向下洞门建筑不同部位的动应变响应幅值。由表 6-3 可知：在 63%超越概率下，洞门右侧端墙的动应变响应最大，幅值为 17.4272με，换算到原型中为 26.1408με，挡墙转角和拱顶的动应变响应相对小些，幅值分别为 6.8271με 和 5.0305με，左右边墙的动应变响应最小，对洞门结构的安全性基本不产生影响。同时，当 Y 向、XZ 向和 XYZ 向加载时各测点的动应变响应相对较大。

表 6-3　不同方向加载时洞门建筑的动应变幅值　　　　　　　　　　（单位：με）

超越概率	位置	测点		X 向加载	Y 向加载	Z 向加载	XY 向加载	YZ 向加载	XZ 向加载	XYZ 向加载
							方向			
63%	挡墙转角	G39	模型	3.0542	6.8271	1.4373	1.9763	2.8745	5.9289	3.9525
			原型	4.5813	10.2406	2.1559	2.9644	4.3117	8.8933	5.9287
	右侧端墙	G41	模型	7.1864	17.4272	2.5152	4.3119	8.8034	15.0916	12.3967
			原型	10.7796	26.1408	3.7728	6.46785	13.2051	22.6374	18.59505
	拱顶	G42	模型	2.5152	5.0305	1.4373	1.6169	3.0543	4.4915	2.8746
			原型	3.7728	7.5457	2.1559	2.4253	4.5814	6.7372	4.3119
	左边墙	G43	模型	1.617	2.8746	1.9763	1.9763	1.9763	3.0543	1.9763
			原型	2.4255	4.3119	2.9644	2.9644	2.9644	4.5814	2.9644
	右边墙	G44	模型	1.4373	1.9763	1.4373	1.9762	1.4373	1.4373	1.4373
			原型	2.1559	2.96445	2.1559	2.9643	2.1559	2.1559	2.1559
1%	挡墙转角	G39	模型	4.8508	6.8272	4.3119	3.5000	7.9051	11.8577	21.0205
			原型	7.2762	10.2408	6.4679	5.2500	11.8576	17.7866	31.5308
	右侧端墙	G41	模型	5.3899	5.9289	9.1628	4.3000	16.5289	30.7222	52.2817
			原型	8.0848	8.8933	13.7442	6.4500	24.7933	46.0833	78.4226
	拱顶	G42	模型	3.0543	2.5152	3.0543	3.4000	6.1085	9.5221	15.0916
			原型	4.5815	3.7728	4.5815	5.1000	9.16275	14.2832	22.6374
	左边墙	G43	模型	5.7492	8.8035	4.4915	3.5000	3.9526	5.3899	8.8035
			原型	8.6238	13.2053	6.7373	5.2500	5.9289	8.0848	13.2053
	右边墙	G44	模型	9.1627	9.1628	8.8035	17.5000	11.6780	21.5594	18.5051
			原型	13.7440	13.7442	13.2053	26.2500	17.5170	32.3391	27.7577

在 1%超越概率下，洞门建筑各测点的动应变响应和幅值增加较明显，洞门右侧端墙和右边墙的动应变响应最大，最大动应变幅值分别为 52.2817με和 21.5594με，换算到原型中分别为 78.4226με和 32.3391με；挡墙转角和拱顶的动应变响应相对较大，最大动应变幅值分别为 21.0205με和 15.0916με，换算到原型中分别为 31.5308με和 22.6374με；左边墙的动应变响应相对最小，最大动应变幅值只有 8.8035με，换算到原型中为 13.2053με；主要是由于右侧端墙和右边墙为靠山侧加速度响应较大，而挡墙转角和拱顶容易引起应力集中，所以右侧端墙、右边墙、挡墙转角和拱顶的动应变响应和幅值较大，容易造成洞门结构沿右侧端墙、挡墙转角、拱顶和左边墙的斜向开裂或倾倒变形破坏，并且靠山侧的右边墙也容易出现开裂。

综合 63%和 1%超越概率下，不同方向加载时洞门建筑各测点的动应变响应和幅值变化可知，当 Y 向、XZ 向和 XYZ 向加载时，对洞门建筑的安全性较为不利；并且隧道洞门结构容易出现沿右侧端墙、挡墙转角、拱顶和左边墙的斜向开裂或倾倒变形破坏。

2. 不同强度地震波作用下洞门建筑动应变响应

图 6-61 给出了人工波 No.2 相位 YZ 向[图 6-61（a）]和 XYZ 向[图 6-61（b）]加载时不同超越概率下洞门建筑不同部位的动应变响应变化趋势。由图 6-61 可知：在不同的超越概率下，洞门右侧端墙和右边墙的动应变响应最大，挡墙转角和拱顶次之，左边墙最小；随着地震波强度的增大，洞门建筑各测点的动应

变响应和幅值都在不断增大。在加载 5%和 1%超越概率时，各测点的动应变响应和幅值增大明显，右侧端墙、挡墙转角、右边墙、拱顶及左边墙的最大动应变幅值分别为 52.2817με、21.0205με、18.5051με、15.0916με、8.8035με。

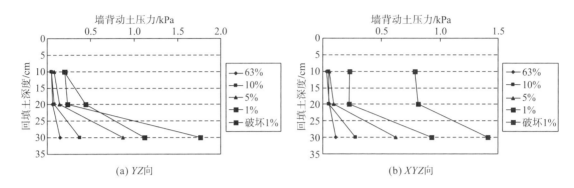

图 6-61　不同方向加载时不同超越概率下隧道洞门建筑的动应变幅值变化

因此，地震动强度对洞门建筑的动应变响应影响较大，由于右侧端墙和右边墙为靠山侧，加速度响应较大，挡墙转角和拱顶容易引起应力集中；在地震动强度较大的情况下，右侧端墙、右边墙、挡墙转角和拱顶的动应变响应和幅值较大，容易造成洞门结构沿右侧端墙、挡墙转角、拱顶和左边墙的斜向开裂或倾倒变形破坏，并且靠山侧的右边墙也容易出现开裂。因此，应该加强这些容易出现地震变形破坏的部位。

6.6　山岭隧道洞口偏压段地震动力响应

山岭隧道洞口段边坡往往呈横向倾斜状，靠山侧的埋深较大，而临空侧靠近坡面埋深较小，导致左右侧边墙的围岩压力不同，即为偏压效应，随着隧道进深增加和偏压效应的不同，隧道衬砌的地震动响应也呈现不同。选取洞口段的 A-A'断面(37.5cm，15m)、B-B'(87.5cm，35m)、C-C'断面(187.5cm，75m)的左右边墙，对隧道结构左右边墙的加速度、动应变和动土压力响应进行分析，以期得出山岭隧道偏压效应的作用方式和动力响应特征，为山岭偏压隧道的设计提供参考。模型隧道洞口段一侧靠山侧临空，靠山侧埋深约束强，临空侧埋深浅约束弱，这种非对称地形在地震作用下引发了不同的加速度、动应变和动土压响应，在左右边墙的动力响应差异明显。

6.6.1　隧道左右边墙加速度响应

选取 A-A'与 B-B'断面两个主断面为观测断面，结合不同方向和不同强度地震波加载，对比分析两个断面左右边墙加速度峰值的差异。

1. 不同地震波入射方向下左右边墙加速度响应

表 6-4、图 6-62、图 6-63 给出了 No.2 相位 63%和 1%超越概率不同方向加载时隧道衬砌 A-A'与 B-B'断面左右边墙的加速度响应峰值和变化趋势。

表 6-4　不同方向加载时 A-A′和 B-B′断面左右边墙的加速度响应峰值/(×g)

超越概率	断面	测点	方向						
			X 向加载	Y 向加载	Z 向加载	XY 向加载	YZ 向加载	XZ 向加载	XYZ 向加载
63%	A-A′断面	A3	0.0460	0.0473	0.0695	0.0344	0.0757	0.0742	0.0698
		A4	0.0427	0.0482	0.0674	0.0390	0.0693	0.0732	0.0644
	B-B′断面	A8	0.0439	0.0467	0.0625	0.0344	0.066	0.0684	0.0581
		A9	0.0405	0.0453	0.0678	0.0327	0.0666	0.0733	0.0585
1%	A-A′断面	A3	0.6938	0.7706	0.9478	0.8145	0.8410	1.0595	0.9915
		A4	0.6132	0.7552	0.9056	0.6613	0.7674	1.0132	1.0044
	B-B′断面	A8	0.6678	0.739	0.8184	0.6836	0.7340	0.8275	0.8533
		A9	0.5504	0.7199	0.9438	0.6257	0.8167	0.8781	0.8689

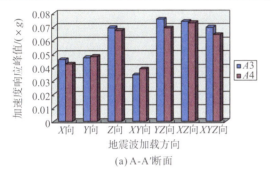
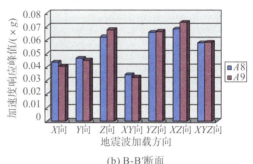

图 6-62　63%超越概率加载时不同入射方向下左右边墙加速度响应峰值分布

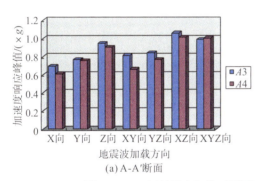
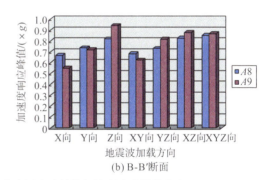

图 6-63　1%超越概率加载时不同入射方向下左右边墙加速度响应峰值分布

　　综合 63%和 1%超越概率不同的地震波入射方向下，A-A′、B-B′断面上左右边墙的加速度响应，在地震动的作用下山岭隧道洞口偏压段左右边墙受偏压效应影响明显，不同地震波入射方向对隧道左右边墙的地震动力响应有一定的影响。

　　在隧道洞口段临空侧 A-A′断面左边墙的加速度响应基本上大于右边墙，尤其在地震强度较大，输入地震波加速度响应峰值达 1.0g，模型进入非线性破坏阶段后，左边墙围岩地质条件急剧降低，坡面的放大效应进一步加大，隧道左边墙的动力响应增加明显，左侧围岩和隧道结构的破坏也更加严重。在 B-B′断面埋深较大的靠山侧，围岩压力大于左边墙，尤其在沿垂直地面的重力 Z 方向及其组合方向加载时，基本上为右侧边墙的加速度响应峰值大于左侧边墙，但在 X 向、Y 向和 XY 向水平面上加载时，偏压效应的影响不是很明显，但临空侧坡面的放大效应依然存在，所以左侧边墙的加速度响应与右侧边墙相差不大，左侧边墙的加速度响应峰值略微大些。同样，在地震动强度较大，模型进入非线性破坏阶段后，在 B-B′断面上的动力响应规律与靠近洞口 A-A′断面相似，在不同的地震波入射方向下基本上是左侧边墙的加速度响应大于右侧边墙；但在 Z 向和 YZ 向垂直于水平面加载时，由于右边墙的围岩压力大于左边墙，受静力偏压效应的影响较明显，所以右侧边墙的加速度响应峰值依然大于左侧边墙。

2. 不同强度地震波作用下左右边墙加速度响应

表 6-5 给出了神户波 Y 向、Z 向及 YZ 向加载时不同超越概率下 A-A′和 B-B′断面隧道二衬左右边墙的加速度响应峰值和变化趋势。

表 6-5　不同超越概率左右边墙的加速度响应峰值/$(\times g)$

方向	断面	测点	超越概率				
			63%	10%	5%	1%	1%
Y 向	A-A′断面	A3	0.0578	0.2089	0.3005	0.7706	0.6497
		A4	0.0599	0.1978	0.3030	0.7552	0.6140
	B-B′断面	A8	0.0622	0.2121	0.2974	0.7390	0.5485
		A9	0.0614	0.2193	0.3072	0.7199	0.5853
Z 向	A-A′断面	A3	0.0711	0.3788	0.5229	0.7624	0.9144
		A4	0.0667	0.3395	0.458	0.6971	0.8418
	B-B′断面	A8	0.0622	0.2941	0.3852	0.6649	0.7918
		A9	0.0650	0.3102	0.4103	0.5933	0.8217
YZ 向	A-A′断面	A3	0.0757	0.4669	0.7554	0.9467	0.8247
		A4	0.0693	0.3858	0.6551	0.9341	0.7739
	B-B′断面	A8	0.0660	0.3520	0.5444	0.9353	0.5882
		A9	0.0666	0.3369	0.5659	0.8526	0.7197

由表 6-5 可知：

(1)在不同的地震波入射方向和不同强度地震波作用下，洞口段 A-A′断面受洞口段临空侧坡面放大效应的影响明显，基本上为左边墙的加速度响应大于右边墙，尤其在地震动强度较大，输入地震波加速度响应峰值达 1.0g，模型进入非线性破坏阶段后，A-A′断面上左右边墙的加速度响应峰值差进一步加大。

(2)在 B-B′断面上，由于受靠山侧静力偏压效应的影响明显，基本上为右边墙的加速度响应大于左边墙，尤其在沿垂直地面的重力 Z 向及其组合方向加载时，右侧边墙的加速度响应峰值大于左侧边墙较多。随着输入加速度响应峰值的增大，在 1%超越概率下，模型进入非线性破坏阶段后，B-B′断面上的动力响应与 A-A′断面相似，左侧边墙的加速度响应峰值大于右侧边墙。

(3)在进行山岭隧道偏压段的抗减震设计时，对洞口段应重点加强临空侧的支护参数，而对洞身段应重点加强靠山侧的支护参数；但在地震烈度较大的区域，尤其当地震波加速度响应峰值可达 1.0g 时，应采用全断面加强支护。

(4)无论是在洞口段 A-A′断面还是 B-B′断面上，隧道左右边墙的加速度响应峰值差，随着输入加速度响应峰值的增大而增大；同时，由于洞口放大效应的影响，A-A′断面左右边墙的加速度响应均大于 B-B′断面左右边墙。

6.6.2　隧道左右边墙动应变响应

选取 A-A′、B-B′和 C-C′断面三个主断面为观测断面，在不同方向和不同强度地震波作用下，对比分析三个断面上左右边墙的动应变幅值的差异，得出山岭隧道洞口偏压段左右边墙动应变响应特征。

表 6-6 给出了人工波 No.2 相位不同入射方向下 63%超越概率加载时 A-A′、B-B′和 C-C′断面三个主断面左右边墙的动应变幅值。

表 6-6　63%超越概率不同方向地震波加载时隧道左右边墙动应变幅值　　　　　　（单位：με）

断面	测点		方向						
			X 向加载	Y 向加载	Z 向加载	XY 向加载	YZ 向加载	XZ 向加载	XYZ 向加载
A-A'断面	G6	模型	8.2644	23.7153	3.4135	4.8508	12.756	19.2238	15.2712
		原型	12.3904	35.5552	5.1177	7.2726	19.1244	28.8213	22.8954
	G8	模型	17.6069	54.9766	6.8272	11.3188	26.051	47.0714	34.4951
		原型	26.3972	82.4237	10.2357	16.9697	39.0570	70.5718	51.7168
B-B'断面	G15	模型	8.8034	7.7254	8.8034	7.3661	11.8577	10.4204	10.4204
		原型	13.1985	11.5823	13.1985	11.0436	17.7777	15.6228	15.6228
	G17	模型	5.5696	14.7323	2.5153	3.9525	9.8814	13.2949	10.2407
		原型	8.3502	22.0874	3.7711	5.9258	14.8147	19.9324	15.3534
C-C'断面	G33	模型	23.1764	6.8272	10.6001	22.0984	21.2001	26.051	23.1764
		原型	34.7472	10.2357	15.8922	33.1310	31.7843	39.0570	34.7472
	G35	模型	10.2407	4.6712	3.9526	9.7017	11.6781	12.0373	10.2407
		原型	15.3534	7.0033	5.9259	14.5453	17.5084	18.0469	15.3534

由表 6-6 可知：由于受到隧道洞口加速度放大效应和偏压效应的影响，A-A'断面的动应变响应大于洞身段 B-B'、C-C'断面。从整体上来看，A-A'断面上偏压效应表现明显，由于右边墙为靠山侧围岩压力较大，右边墙各测点的动应变响应均要大于左边墙，尤其在 Y 向、XZ 向和 XYZ 向加载时，右边墙的动应变响应明显大于左边墙，最大差值达到 31.2613με；而随着埋深的增加，左右边墙的围岩压力较为接近，偏压效应的影响逐渐减小，B-B'断面上左右边墙的动应变响应相差不大，在 Y 向、XZ 向和 XYZ 向加载时右边墙的动应变响应略微大于左边墙，而在其他方向加载时，左边墙的动应变响应略微大于右边墙，动应变幅值差较小；在 C-C'断面上偏压效应的影响基本消失，左边墙的动应变响应略微大于右边墙，动应变幅值相差不大，仅有 10με左右。同时，当输入地震波加速度峰值较小时，左右边墙的动应变响应幅值也较小，对隧道结构的安全性基本不产生影响，但洞口段 A-A'、B-B'断面上的偏压效应还是表现得比较明显。

表 6-7 给出了人工波 No.2 相位不同入射方向下 1%超越概率加载时 A-A'、B-B'和 C-C'断面三个主断面左右边墙的动应变幅值。

表 6-7　1%超越概率不同方向地震波加载时隧道左右边墙动应变幅值　　　　　　（单位：με）

断面	测点		方向						
			X 向加载	Y 向加载	Z 向加载	XY 向加载	YZ 向加载	XZ 向加载	XYZ 向加载
A-A'断面	G6	模型	66.2953	95.4005	72.5834	195.8314	232.6620	148.2216	281.1710
		原型	99.3933	143.0292	108.8207	293.6003	348.8186	222.2213	421.5457
	G8	模型	71.5055	61.6241	60.7257	114.2650	81.3869	100.0717	126.1227
		原型	107.2046	92.3900	91.0430	171.3118	122.0193	150.0325	189.0895
B-B'断面	G15	模型	292.4900	142.8313	338.6630	225.9288	315.486	385.9288	416.816
		原型	438.5305	214.14707	507.75767	338.73521	473.00838	578.62332	624.93252
	G17	模型	243.8020	229.7873	180.0214	154.5094	257.6360	342.9750	203.7364
		原型	365.5202	344.5087	269.8972	231.6483	386.2609	514.2054	292.2544
C-C'断面	G33	模型	236.6146	266.4383	518.5040	325.3680	373.1580	371.7200	406.9340
		原型	354.7445	399.4577	777.3673	487.8081	559.4573	557.3013	610.0960
	G35	模型	137.4415	192.4183	344.0530	166.7264	250.2690	227.2721	241.8250
		原型	206.0592	288.4832	515.8216	249.9646	375.2159	340.7378	362.5562

由表 6-7 可知：随着输入地震强度的增加，三个断面的动应变响应整体较大，最大动应变幅值达 518.504με；但隧道洞口加速度放大效应的影响在逐渐减小，洞身段 B-B′、C-C′断面的动应变响应大于 A-A′断面。从整体上来说，左边墙的动应变响应要大于右边墙。在 A-A′断面上，当在 X 向、Y 向、Z 向单方向加载时，左右边墙的动应变响应相差不大，而在组合方向 XY 向、XZ 向、YZ 向和 XYZ 向加载时，左边墙的动应变响应明显大于右边墙；在 B-B′断面上，仅在 Y 向加载时右边墙的动应变响应大于左边墙，而在其他方向加载时左边墙的动应变响应明显大于右边墙，尤其在 Z 向和 XYZ 向加载时，左边墙和右边墙的动应变幅值差达 200με以上；在 C-C′断面上，不同入射方向下，左右边墙动应变响应较一致，在 Z 向和各组合加载时动应变响应较大，而且左边墙的动应变响应均大于右边墙，最大动应变幅值差达到 150με以上。

以上分析表明，在 1%超越概率下不同方向加载时，A-A′、B-B′和 C-C′断面三个主断面上，基本为左边墙的动应变响应大于右边墙，最大动应变幅值差达 200με以上；主要是由于输入地震波加速度峰值达 1.0g，模型进入非线性破坏阶段后，左边墙临空面坡体发生破坏(左侧坡体产生 17cm 深的拉裂缝)，该区域围岩地质条件急剧降低，坡面的加速度放大效应进一步加大，隧道左边墙的加速度和动应变响应增大明显；也可以认为是，当地震动强度增大后，动力响应以高强度的动力效应为主，静力偏压效应的影响比例大大减小。因此，山岭隧道洞口偏压段临空侧较容易产生破坏，这与试验后开挖模型的裂缝检查结果一致。

在输入地震波峰值加速度较小时，隧道左右边墙受偏压效应的影响较明显，尤其在 Y 向和 XZ 向加载时右边墙的动应变响应大于左边墙，同时在洞口段 A-A′断面上受偏压效应的影响较大，基本上是右边墙各测点的动应变响应大于左边墙；而随着埋深的增加，左右边墙的围岩压力较为接近，偏压效应的影响在逐渐减小，在 B-B′断面上左右边墙的动应变响应相差不大，动应变幅值差只有几个微应变；在 C-C′断面上偏压效应的影响基本消失。

随着输入地震波峰值加速度的增加，三个断面的动应变响应整体较大，且洞口加速度放大效应和偏压效应的影响在逐渐减小，B-B′、C-C′断面的动应变响应大于 A-A′断面；从整体上来说，左边墙的动应变响应大于右边墙，主要是由于在 1%超越概率下，输入地震波加速度峰值达 1.0g，模型进入非线性破坏阶段后，左边墙临空面坡体受到坡面加速度放大效应的影响进一步加大，隧道左边墙的地震动力响应明显增大，最大加速度响应和动应变响应峰值分别为 1.1385g 和 518.504με，所以山岭隧道洞口偏压段临空侧较容易产生破坏，应加强支护。

6.6.3 隧道左右边墙动土压力响应

由于山岭隧道洞口不规则地形造成的非对称荷载(偏压效应)，造成左右边墙的动土压力的响应也不同，图 6-64 为三个断面左右边墙的动土压力响应。

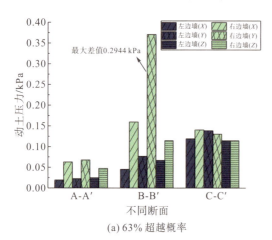
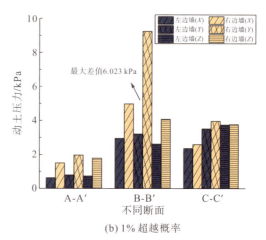

(a) 63%超越概率　　　　　　　　　　　　　(b) 1%超越概率

图 6-64　隧道左右边墙动土压力响应

与隧道洞口临空放大效应不同，非对称地形产生的动土压总体规律为右边墙大于左边墙。A-A'断面上的左右边墙动土压力差还不大；但至 B-B'断面，动土压力差非常明显，动力偏压效应显著；进至 C-C'断面，动土压差异明显减小。这表明在不同进深时，偏压效应强弱不同：刚进洞(A-A'距洞口 37.5cm)埋深较浅，动土压力值较小，左右边墙埋深差异小，右边墙土压力大于左边墙(右边墙土压力是左边墙土压力的最大倍数为 3.38 倍，最大差值为 1.1894kPa)；进至一定深度(B-B'，距洞口 87.5cm)，埋深增加，土压力增加，左右边墙的土压力差值明显增大，右边墙大于左边墙(右边墙土压力是左边墙土压力的最大倍数为 4.89 倍，最大差值为 6.0236kPa)，动力偏压效应明显；进至距洞口较远处(C-C'距洞口 187.5cm)，非对称地形的引起的动土压力差已不明显，动力偏压效应基本消失。此外，在三个不同断面上，三个加载方向均有右边墙动土压力大于左边墙的动土压力，以 Y 向加载下偏压效应最明显，加载方向与靠山侧围岩压力作用方向基本一致，动力偏压效应对强震更加敏感，左右边墙的动土压力差值更大。随着加载地震波强度的增大，两者差异增大，在 1%超越概率加载下达到了 6.023kPa。

6.7　本章小结

(1)从振动台试验模型地表 7 条裂缝的发育发展来看，在隧道后缘仰坡中上部形成拉裂缝区，并延伸至左侧边坡坡顶，在边坡下部裂缝极少，罕见发育；所以，隧道洞口边坡从下至上，水平加速度和垂直加速度递增，即沿高程具有一定的放大效应，坡面形成极值中心。

(2)不同超越概率工况完成后的二次破坏检测可知，在 63%超越概率工况完成后，隧道二衬整体完好，无明显破坏特征，隧道结构处于弹性阶段；在 10%和 5%超越概率工况完成后，隧道二衬结构基本完好，只是在拱顶和仰拱出现了纵向的裂纹，隧道结构处于弹塑破坏阶段，隧道结构进行修复后仍可使用；在 1%超越概率工况完成后，隧道结构受到了较大的损害，已经进入了非线性破坏阶段；拱顶和仰拱出现了大量的纵向和斜向裂缝，左拱肩的裂纹发展也较明显，隧道端部出现了明显的挤压变形和错台，并伴随有衬砌脱落和掉块；但没有出现二衬大面积塌落或围岩塌方等震害，经过对隧道结构的补强加固后仍可以使用。

(3)强烈的震动所产生的 3 条长大裂缝 L1、L2、L3，对边坡及隧道结构的危害最大。L1 裂缝的长度、宽度和深度反算到原型中，长度为 130m，宽度为 20～32cm，最大深度为 16.4m，直达隧道结构顶部，极可能直接造成黄草坪 2 号隧道的开裂和后缘仰坡岩土体的整体失稳。L2 裂缝换算到原型中，深度为 51.4m，沿右侧坡面发育长度为 32.8m，岩土体中横向长度为 27.28m，地表宽度为 80～90cm，中部宽度为 8～9cm，末端宽度为 1.2～2.0cm；主要是由于在 Y 向、Z 向和 YZ 向加载的地震波，对模型右侧边坡及岩土体产生挤压剪切破坏所致，对隧道结构的安全性基本不产生影响；但对右侧边坡、挡墙及洞门建筑的稳定性产生较大的威胁，所以在黄草坪 2 号隧道原型中应该加强对右侧边坡和挡墙的加固，以防止在较大烈度的地震中产生破坏。L3 裂缝相对较小，换算到原型中，长度为 16m，地表宽度为 40～120cm，裂缝末端宽度为 0.4～2.0cm；但 L3 裂缝将右侧边坡发育的 L2 裂缝和 L1 裂缝洞门后缘仰坡段连接起来形成一个整体，对右侧边坡和后缘仰坡的稳定性造成较大的影响。同时，地表水也容易从这 3 条裂缝中入渗，软化隧道周边的围岩，降低其力学参数，容易造成隧道拱顶塌方，对隧道结构的安全性造成极大的危害。

(4)对隧道二衬内外表面破坏特征进行分析可知，隧道拱顶的破坏最为严重，容易造成拱顶二衬掉块、塌落或拱顶围岩塌方，仰拱的破坏相对较轻，一般只会出现裂缝或隆起，但也应该注意仰拱和左边墙的裂缝共同作用容易导致起拱处二衬结构的破坏。同时，由于隧道二衬属于封闭的拱形结构，拱顶和右边墙的围岩压力较大，所以拱顶和仰拱内表面受到张力作用较容易产生破坏，而左右边墙内表面受到压力作用无微裂纹产生；在外表面，拱顶和仰拱受到压力作用无微裂纹产生，而左右边墙受到张力作用较容易产生破坏，在设计中应加强这些部位的支护参数。无论是二衬内表面还是外表面所产生的微裂纹均未穿过钢丝网，从而说明钢丝网有效地阻断了二衬的开裂，增强了隧道结构的抗震性能。

(5)洞口右侧挡墙背的动土压力受地震波入射方向的影响较大，在63%、10%、5%、1%超越概率下，在 Y 向、Z 向及其各组合方向加载时，挡墙背的动土压力响应较大，尤其是在 Y 向和 YZ 向加载时，10%超越概率下，挡墙背的动土压力可达 308.2724kPa 和 280.8348kPa，换算到原型中分别为 9248.1720kPa 和 8425.044kPa，这与边坡在 10%超越概率下开始产生了 L2 裂缝较为吻合；主要是由于右侧边坡的主动土压力直接作用在挡墙背；因此在 Y 向和 YZ 向加载时，挡墙背的动土压力响应最大，对挡墙结构的安全性极为不利。

(6)随着地震动强度的增大，洞口右侧挡墙背的动土压力呈非线性增加。在63%超越概率下，各方向加载的动土压力较小，在 0.054kPa 以下；在 10%超越概率下，墙背动土压力急剧增大，为 280.8348kPa，换算到原型中为 8425.044kPa，此时右侧边坡出现了 L2 裂缝，并有下滑失稳的趋势，而在挡墙背边坡的失稳趋势达到新的平衡后，其动土压力也随之降低，在 5%超越概率下，墙背动土压力降低到 249.0192kPa，原型中为 7470.576kPa。但当地震动荷载持续加强时，边坡再次启动后挡墙的动土压力再次急增。在 1%超越概率下，墙背动土压力达到 383.5890kPa，换算到原型中为 11507.6700kPa；最后在破坏性试验时，墙背动土压力又有所减小，为 371.9763kPa，换算到原型中为 11159.289kPa，并且边坡上出现的 L2 裂缝明显拓宽加深，边坡已经进入了塑性破坏阶段。因此，从挡土墙背的动土压力和边坡的变形破坏过程中，解释了边坡从静态进入动态所发生的巨大系统变化，说明边坡的地震变形失稳具有明显的非线性特征。

(7)随着右侧端墙背回填土深度的增加，墙背动土压力呈非线性增大，这与一般挡土墙背的主动土压力呈线性增大的趋势明显不同；回填土深度为 10cm 和 20cm 的 P12 和 P13 测点的动土压力较为接近，随深度增加而增大的趋势不明显；但当回填土达到一定深度(30cm，原型中为 12m)时，P11 测点的动土压力增大明显，最大动土压力可达 1.7645kPa，原型中为 52.935kPa，对洞门结构的安全性有一定的影响；主要是由于随着墙背回填土深度的增加，各测点的主动土压力不断增大，并且在地震动的作用下洞门后缘仰坡的推力也呈非线性增加，在靠近地表的推力不大，而在一定的深度后推力增加明显。

(8)随着地震波强度的增大，右侧端墙背的动土压力也逐渐增大，回填土的受力状态和变形特征也不同。在63%、10%、5%、1%超越概率下，回填土体基本处于弹性变形阶段；而在进行破坏性试验时，由于输入地震波加速度峰值为1.0g，并且反复加载，从而使得回填土体被振松，产生不可恢复的变形裂缝，回填土体处于塑性变形破坏阶段，所以右侧端墙背各测点的动土压力响应明显减小。同时，当 X 向、Z 向及其各自的组合方向加载时，端墙背回填土的动土压力响应较大，尤其在 X 向和 XZ 向加载时，端墙背的动土压力响应最大，对洞门建筑结构的安全性产生较大的影响。

(9)由于洞门建筑裸露在地表而隧道结构周边有围岩的约束，所以洞门建筑的加速度响应大于Ⅴ级、Ⅳ级围岩中隧道结构的加速度响应，也较隧道结构容易出现变形破坏。在洞门建筑结构上由于右侧端墙和右边墙为靠山侧，加速度响应较大，挡墙转角和拱顶容易引起应力集中，所以这些部位的动应变响应和幅值较大，容易造成洞门结构沿右侧端墙、挡墙转角、拱顶和左边墙的斜向开裂或倾倒变形破坏，并且靠山侧的右边墙也容易出现开裂。同时，当 Z 向、XY 向、XZ 向和 XYZ 向加载时，洞门建筑的加速度响应峰值较大，都在 1.0g 以上，且动应变响应也较大，所以在这四个方向入射地震波时对洞门建筑的安全性较为不利。

(10)山岭隧道洞口偏压段左右边墙的地震动力响应存在明显差异，在隧道洞口段(一般进深为 0~15m)，临空侧的加速度动力响应大于靠山侧，而在洞口浅埋段及洞身段前端(一般进深为 15~75m)，靠山侧的加速度动力响应大于临空侧；隧道偏压范围内的动土压力靠山侧大于临空侧。这些认识修正和深化了前人仅靠山侧地震动力响应较大的结果。因此，在山岭隧道洞口偏压段抗减震设计中，洞口段应重点加强支护临空侧，而洞身段应重点加强支护靠山侧；在地震烈度较大区域，应采用全断面加强支护。

第7章　隧道与围岩地震动力响应

大型振动台模型试验工况较多，共 102 个工况，综合考虑了 3 个关键影响因素的组合，即 3 种不同的地震波、4 个不同的地震动强度和 7 个不同的地震波入射方向的组合，在每种工况下都会测得三大类(加速度、动应变、动土压力)64 组不同的数据，可谓海量数据。因此，在数据整理和规律分析中必须要有一个总体思路和方法：首先，将 7 个不同的地震波入射方向分为两组，单方向 X 向、Y 向、Z 向和组合方向 XY 向、XZ 向、YZ 向、XYZ 向；其次，将不同的地震波和不同的地震动强度进行组合，分为两条主要的分析思路。一条为同一地震动强度不同的地震波加载时地震动力响应变化，另一条为同一地震波不同的地震动强度加载时地震动力响应变化，再结合各测点的加速度、动应变和动土压力响应，对山岭隧道的地震动力响应特征进行分析，主要包括隧道与围岩的地震动响应特性，隧道与围岩相互动力作用，不同地震动参数作用下隧道结构动力响应，隧道横向不同部位的地震动力响应及隧道纵向地震动力响应。本章通过对黄草坪 2 号隧道大型振动台模型试验的结果和规律进行分析，以期对地震作用下山岭隧道动力响应规律以及隧道与围岩的相互动力作用有一些新的认识，为检验隧道及地下结构抗震理论的计算结果提供佐证，亦可为今后山岭隧道的抗震设计提供依据。

7.1　模型系统的地震动力响应

对于地震动特性来说，主要包括地震动强度、频谱特性及其持续时间等几个方面；而在大型的振动台物理模拟试验中，主要是通过振动台的激振作用将地震动能量传递给试验模型，从而引起模型的地震动力响应。因此，在不同的地震动强度和地震波入射方向下模型的地震动力响应是不同的。本章选取 7 个不同的地震波入射方向，即 X 向、Y 向、Z 向、XY 方向、YZ 方向、XZ 方向、XYZ 方向；加载 4 种不同强度的地震波，即 50 年超越概率为 63%、10%、5%、1%的地震波；并重点对模型中隧道结构与围岩的加速度响应和放大效应，以及隧道结构不同部位与围岩的地震动力响应频谱特性和持续时间进行分析，探讨模型中隧道结构与围岩的地震动响应特性。

7.1.1　模型系统的加速度放大效应

振动台模型试验中结构加速度放大效应是普遍存在的，对于山岭隧道大型物理模拟试验而言，模型表面、围岩内部以及隧道结构上的加速度放大效应是不同的。因此，将模型纵横方向上各测点的加速度响应峰值与振动台台面输入的加速度峰值之比称为加速度响应的放大系数，简称放大系数(λ)，可用来度量围岩和隧道结构竖向和横向上的加速度放大效应。

本试验结合不同的地震动强度和地震波入射方向加载的模型系统地震动力响应，选取 B-B′断面上竖向和横向 8 个加速度传感器的数据进行分析。竖向上，从模型顶部边坡到模型底部边界共安装了 4 个加速度传感器，测点编号和具体位置分别为：A18 位于模型顶部边坡距离地表 5cm、A7 位于隧道拱顶距离地表 50cm、A10 位于仰拱距离地表 76cm 和 A19 位于模型底部边界距离地表 126cm，主要研究竖向不同深度围岩和隧道结构的加速度响应和加速度放大效应；横向上，在隧道左、右边墙和距离隧道左右两侧边墙 15cm 的围岩中分别安装了 4 个加速度传感器，测点编号为：A8、A9、A16 和 A17，主要研究模型内部隧道及两侧围岩的加速度响应和加速度放大效应。

1. 模型竖向加速度放大效应

表 7-1、表 7-2、图 7-1 和图 7-2 给出了 63%、10%、5%、1%超越概率下不同的方向加载时各测点加速度响应峰值、加速度放大系数及变化趋势。

表 7-1　单方向加载时竖向加速度峰值及放大系数

方向	超越概率/%	测点							
		底部（A19）		仰拱（A10）		拱顶（A7）		坡面（A18）	
		加速度/（×g）	放大系数	加速度/（×g）	放大系数	加速度/（×g）	放大系数	加速度/（×g）	放大系数
X 向	63	0.004	0.071	0.045	0.862	0.050	0.967	0.085	1.633
	10	0.037	0.141	0.182	0.689	0.234	0.886	0.363	1.377
	5	0.055	0.145	0.280	0.734	0.275	0.719	0.466	1.221
	1	0.076	0.107	0.494	0.696	0.577	0.813	0.741	1.044
Y 向	63	0.003	0.062	0.057	1.090	0.066	1.275	0.082	1.567
	10	0.087	0.328	0.210	0.794	0.231	0.873	0.348	1.317
	5	0.104	0.273	0.277	0.725	0.342	0.896	0.460	1.204
	1	0.123	0.174	0.614	0.865	0.609	0.858	0.760	1.072
Z 向	63	0.049	1.413	0.061	1.761	0.068	1.962	0.069	1.991
	10	0.183	1.040	0.287	1.631	0.334	1.898	0.333	1.892
	5	0.234	0.919	0.373	1.465	0.451	1.771	0.442	1.736
	1	0.364	0.769	0.634	1.339	0.664	1.403	0.686	1.449

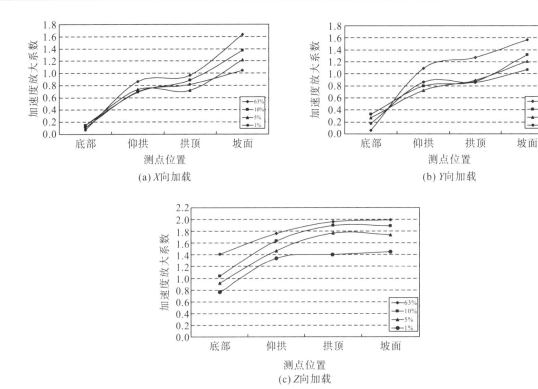

图 7-1　单方向加载时模型竖向加速度放大系数变化趋势

表 7-2　组合方向加载时模型竖向加速度峰值及放大系数

方向	超越概率/%	底部(A19)		仰拱(A10)		拱顶(A7)		坡面(A18)	
		加速度/(×g)	放大系数	加速度/(×g)	放大系数	加速度/(×g)	放大系数	加速度/(×g)	放大系数
XY 向	63	0.039	0.751	0.028	0.538	0.039	0.751	0.065	1.250
	5	0.252	0.660	0.238	0.623	0.212	0.555	0.329	0.861
	1	0.642	0.904	0.625	0.880	0.648	0.913	0.570	0.803
XZ 向	63	0.052	0.996	0.066	1.275	0.078	1.496	0.078	1.504
	10	0.228	0.865	0.285	1.081	0.316	1.195	0.281	1.064
	1	0.610	0.859	0.705	0.992	0.797	1.123	0.756	1.065
YZ 向	63	0.047	0.904	0.064	1.231	0.075	1.442	0.076	1.462
	10	0.135	0.511	0.212	0.803	0.251	0.951	0.250	0.947
	1	0.392	0.552	0.671	0.945	0.806	1.135	0.824	1.161
XYZ 向	63	0.026	0.512	0.025	0.481	0.038	0.731	0.063	1.212
	10	0.168	0.636	0.169	0.641	0.192	0.727	0.259	0.981
	1	0.699	0.985	0.629	0.886	0.676	0.952	0.615	0.866

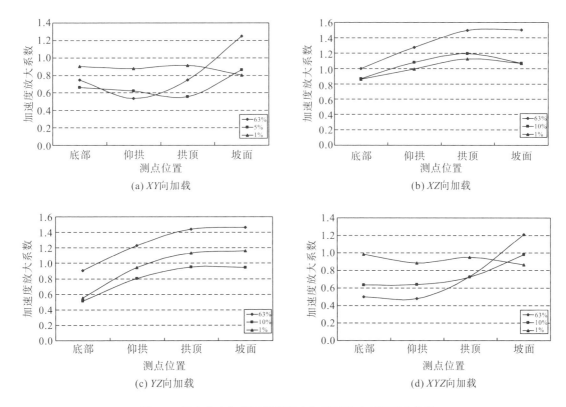

图 7-2　组合方向加载时模型竖向加速度放大系数变化趋势

　　由表 7-1、图 7-1、表 7-2 和图 7-2 可知，从模型底部到地表，随着距离地表越近，即 $H_{A18} < H_{A7} < H_{A10} < H_{A19}$，各测点的加速度响应和加速度放大系数逐渐增大，即 $a_{A19} < a_{A10} < a_{A7} < a_{A18}$，$\lambda_{A19} < \lambda_{A10} < \lambda_{A7} < \lambda_{A18}$，加速度响应曲线呈逐渐上升趋势；这一特征说明距离模型顶部越近，其模型的加速度响应越大，边坡表面和地表的地震动力响应最大；但由于受到不同的入射方向和不同的地震波强度的影响，从模型底部到地表的加速度响应和加速度放大系数的变化趋势又有所不同。

当从 X 向、Y 向、Z 单方向加载时，在 63%、10%、5%、1%超越概率下，随着地震动强度的增加，各测点的加速度响应和峰值逐渐增大，但加速度放大系数却逐渐减小，说明地震动强度对模型竖向的加速度响应起到主导作用，呈正相关关系，而与加速度放大系数呈负相关关系；尤其在 63%超越概率下，坡面 A18 测点的加速度放大系数最大，坡面的加速度放大效应较为明显。同时，在模型围岩内部的加速度放大系数一般都小于 1，加速度放大效应不明显；但在 63%、10%、5%、1%超越概率下，Y 向和 Z 向加载时隧道结构上的加速度放大系数基本上大于 1，隧道结构的存在对周边围岩的加速度响应有一定的放大作用。

当从 XY 向、XZ 向、YZ 向、XYZ 向的组合方向加载时，虽然从模型底部到地表，随着距离地表越近，各测点的加速度响应和加速度放大系数逐渐增大，但其加速度响应曲线的上升趋势明显减缓，并且各测点的加速度响应和放大系数基本上小于单方向加载时；同时，在 63%、10%、5%、1%超越概率下，随着地震动强度的增加，各测点的加速度峰值明显增大，但加速度放大系数并不是逐渐减小；坡面 A18 测点的加速度放大系数依然最大，当 XZ 向加载时大于 1，坡面的加速度放大效应较为明显。但从模型底部到隧道拱顶，在各组合方向加载时，1%超越概率下各测点的加速度放大系数明显大于 10%和 5%超越概率。

综上所述，从模型底部到地表，随着距离地表越近，围岩内部的加速度响应和加速度放大系数逐渐增大，加速度响应曲线呈逐渐上升趋势，边坡表面和地表的地震动力响应最大。当单方向加载时，随着地震动强度增加，各测点的加速度响应和峰值逐渐增大，但加速度放大系数却逐渐减小；围岩内部的加速度放大系数一般都小于 1，加速度放大效应不明显；但隧道结构上的加速度放大系数基本上大于 1，隧道结构的存在对周边围岩的加速度响应有一定的放大作用。当组合方向加载时，各测点的加速度响应和放大系数基本上小于单方向加载时，并且由于受到组合方向加载的影响，各测点在 63%和 1%超越概率的加速度放大系数较大，隧道结构和坡面的放大系数基本上大于 1。

2. 模型横向加速度放大效应

表 7-3、图 7-3、表 7-4 和图 7-4 给出了 63%、10%、5%、1%超越概率下不同方向加载时各测点加速度响应峰值、加速度放大系数及变化趋势。

表 7-3 单方向加载时横向隧道与围岩加速度响应峰值及放大系数

方向	超越概率 /%	测点							
		侧围(A16)		左边墙(A8)		右边墙(A9)		右侧围岩(A17)	
		加速度 /(×g)	放大系数	加速度 /(×g)	放大系数	加速度 /(×g)	放大系数	加速度 /(×g)	放大系数
X 向	63	0.046	0.891	0.045	0.863	0.045	0.858	0.047	0.898
	10	0.201	0.761	0.194	0.735	0.202	0.763	0.209	0.791
	5	0.305	0.799	0.272	0.712	0.247	0.646	0.262	0.685
	1	0.626	0.881	0.571	0.804	0.481	0.678	0.501	0.706
Y 向	63	0.056	1.079	0.062	1.196	0.061	1.181	0.049	0.933
	10	0.217	0.822	0.212	0.803	0.219	0.831	0.232	0.879
	5	0.328	0.859	0.297	0.779	0.307	0.804	0.329	0.862
	1	0.678	0.955	0.600	0.845	0.624	0.879	0.553	0.779
Z 向	63	0.041	1.183	0.062	1.788	0.065	1.875	0.060	1.731
	10	0.166	0.943	0.294	1.670	0.310	1.761	0.300	1.705
	5	0.209	0.821	0.385	1.512	0.410	1.611	0.400	1.571
	1	0.401	0.847	0.665	1.405	0.593	1.253	0.569	1.202

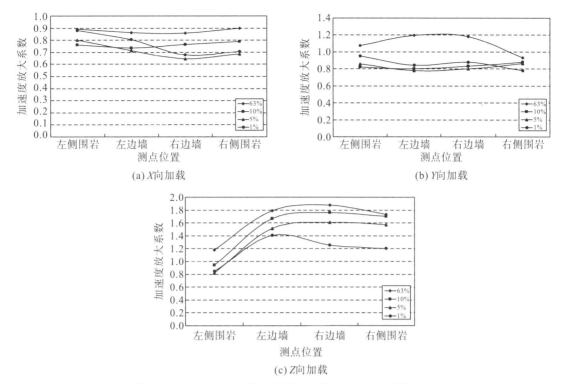

图 7-3　单方向加载时横向隧道与围岩加速度放大系数变化

表 7-4　组合方向加载时模型竖向加速度响应峰值及放大系数

方向	超越概率/%	测点							
		左侧围(A16)		左边墙(A8)		右边墙(A9)		右侧围(A17)	
		加速度/(×g)	放大系数	加速度/(×g)	放大系数	加速度/(×g)	放大系数	加速度/(×g)	放大系数
XY 向	63	0.032	0.617	0.034	0.662	0.033	0.629	0.034	0.656
	5	0.289	0.756	0.282	0.738	0.217	0.567	0.220	0.577
	1	0.934	1.316	0.714	1.005	0.626	0.881	0.688	0.969
XZ 向	63	0.049	0.937	0.068	1.315	0.073	1.411	0.063	1.217
	10	0.197	0.776	0.309	1.217	0.290	1.145	0.254	0.960
	1	0.614	0.864	0.828	1.165	0.738	1.040	0.665	0.936
YZ 向	63	0.040	0.767	0.066	1.269	0.067	1.281	0.068	1.298
	10	0.114	0.431	0.228	0.862	0.213	0.807	0.241	0.911
	1	0.609	0.858	0.634	0.893	0.817	1.151	0.904	1.274
XYZ 向	63	0.030	0.579	0.058	1.117	0.059	1.125	0.061	1.165
	10	0.154	0.583	0.331	1.252	0.318	1.204	0.351	1.328
	1	0.530	0.746	0.807	1.137	0.892	1.256	1.002	1.411

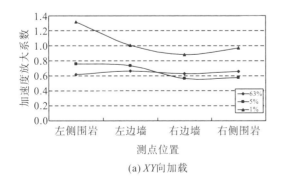

(a) XY向加载

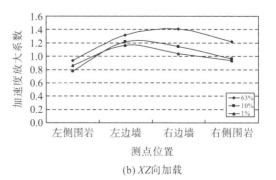

(b) XZ向加载

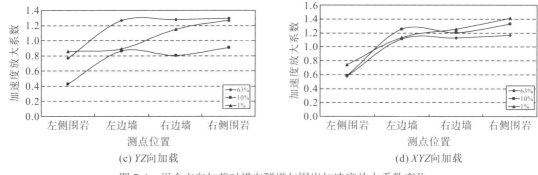

(c) YZ向加载   (d) XYZ向加载

图 7-4　组合方向加载时横向隧道与围岩加速度放大系数变化

由表 7-3、图 7-3、表 7-4 和图 7-4 可知，由于隧道和周边围岩同处于模型中心部位，各测点的加速度响应和放大系数相差不大，并且由于隧道结构的刚度大于周边围岩，故加速度响应和放大系数略大些；但在不同的地震波入射方向下又有所不同。

当 X 向加载时，在 63%、10%、5%、1%超越概率下，各测点的加速度放大系数相差不大，基本上在 0.646~0.898，63%超越概率的加速度放大系数略大些，10%、5%、1%超越概率的加速度放大系数较为接近；当 Y 向加载时，在 63%、10%、5%、1%超越概率下，各测点的加速度放大系数比 X 向加载时大，基本上在 0.779~1.196，63%超越概率的加速度放大系数基本大于 1，10%、5%、1%超越概率的加速度放大系数较为接近，为 0.7~1.0；当 Z 方向加载时，在 63%、10%、5%、1%超越概率下，随着地震动强度增大，各测点的加速度放大系数呈逐渐减小趋势；但各测点的加速度放大系数相对最大，尤其是左右边墙和右侧围岩的加速度放大系数基本大于 1，而且隧道结构上的加速度响应及加速度放大系数大于周边围岩，说明隧道结构的存在对周边围岩的加速度响应有一定的放大作用，并且由于偏压效应的影响，右侧围岩的加速度响应及放大系数大于左侧围岩。

当组合方向加载时，模型横向上各测点的加速度响应随着地震动强度增大而逐渐增大，但加速度放大系数的变化不明显。当 XY 向加载时，各测点在 1%超越概率下的加速度放大系数在 1.0 左右，而在 63%、5%超越概率下的加速度放大系数基本在 0.6~0.8，并且各测点的加速度响应相差不大，左侧围岩相对大些；主要是由于左侧围岩靠近临空侧，受到坡面加速度放大系数较大的影响。当 XZ 向加载时，各测点的加速度放大系数相对较大，在 63%超越概率下的加速度放大系数较大，基本上大于 1.0，而在 10%和 1%超越概率下的加速度放大系数基本在 0.7~1.2，尤其是左右边墙和右侧围岩的加速度放大系数基本大于 1，并且隧道结构上的加速度响应及加速度放大系数大于周边围岩。当 YZ 向和 XYZ 向加载时，各测点的加速度响应和放大系数的变化趋势较为一致；由于受到偏压效应的影响，从左侧围岩到右侧围岩各测点的加速度响应和放大系数呈逐渐增加趋势，尤其在 XYZ 向加载时，左右边墙和右侧围岩的加速度放大系数都大于 1，说明偏压效应对隧道偏压段靠山侧围岩和隧道结构的加速度响应有较大的放大作用；但在 YZ 向和 XYZ 向加载下各测点的加速度放大系数随地震动强度变化的趋势并不明显，63%、10%、1%超越概率的加速度放大系数相差不大。

综上所述，由于隧道结构和周边围岩同处于模型中心部位，各测点的加速度响应和放大系数相差不大，但由于隧道结构的刚度大于周边围岩，故加速度响应和放大系数略大些；由于受到偏压效应的影响，靠山侧右边墙的围岩和隧道结构的加速度响应较大，放大系数大于 1；但不同方向和地震动强度加载时，各测点的加速度放大系数变化趋势又有所不同。当单方向加载时，随着地震动强度增大，各测点的加速度放大系数呈逐渐减小趋势，尤其在 Z 向加载时最明显；但当组合方向加载时，各测点的加速度响应和放大系数小于单方向加载时，并且各测点的加速度放大系数随地震动强度变化的趋势并不明显，在 63%、10%、5%、1%超越概率的加速度放大系数相差不大；只是在 XY 方向加载时，左侧围岩由于受到坡面加速度放大效应的影响，在 1%超越概率下加速度放大系数达 1.316。

7.1.2　模型系统的频谱特性

1. 白噪声扫描的系统频谱特性

加速度放大系数虽然从峰值角度表明了模型地震动力反应的特性，但不能表达在波形及频率组成上的差异。因此，以隧道结构上拱顶 A7 测点和左侧围岩 A16 测点为例，根据不同的地震动强度将模型的加载分为 5 个阶段，即加载以前、63%超越概率、10%超越概率、5%超越概率、1%超越概率，在每个强度的地震波加载完成以后，进行白噪声扫描并比较模型系统的频谱特性的变化。图 7-5 给出了隧道结构上拱顶 A7 测点和左侧围岩中 A16 测点在不同阶段加载完成后白噪声扫描的响应加速度傅氏谱。

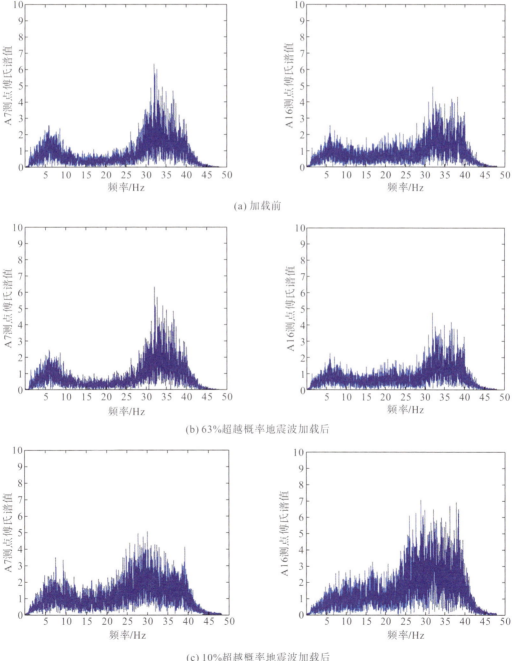

(a) 加载前

(b) 63%超越概率地震波加载后

(c) 10%超越概率地震波加载后

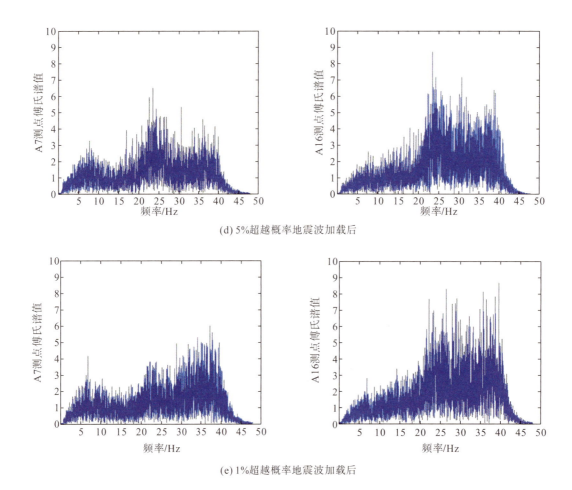

(d) 5%超越概率地震波加载后

(e) 1%超越概率地震波加载后

图 7-5   拱顶 A7(左)和左侧围岩 A16(右)响应加速度傅氏谱

由图 7-5 可知，隧道结构和周边围岩的加速度响应傅氏谱特性相差不大，从加载以前和 63%超越概率加载完成后的白噪声扫描结果来看，隧道和周边围岩的频率组成基本相同，卓越频率在 30～35Hz 高频率段，且在 5Hz 低频率段的响应也较明显。随着地震动强度增加，加载次数增多，模型系统的特性有一定的改变。

隧道结构在 10%超越概率地震波加载完成后，卓越频率在 25～35Hz 中高频率段，且在 5～10Hz 低频率段的响应也较明显；在 5%超越概率加载完成后，系统响应频率向中频段靠近，卓越频率在 20～30Hz 中高频率段，5～10Hz 低频率段的响应还是较明显；在 1%超越概率加载完成后，系统响应的傅氏谱特性变化较大，频率段较宽，卓越频率在 20～40Hz 中高频率段的响应较明显，尤其在 35Hz 高频率段左右的傅氏谱值最大，能量最强，而在低频率段 5～10Hz 的响应也明显增强。随着地震动强度增加，加载次数增多，隧道周边围岩的响应频率段在逐渐变宽，10%超越概率地震波加载完成后，卓越频率在 25～35Hz 中高频率段，而在 5%～1%超越概率地震波加载完成后，系统响应的频率段明显变宽，卓越频率在 20～40Hz 中高频率段，围岩的傅氏谱值较大，响应也较明显。

综上，在 63%超越概率地震波加载完成以后，模型系统特性变化不大，与初始的系统特性较相似，卓越频率在 30～35Hz 高频率段，且 5Hz 低频率段的响应也相对较明显；随着地震动强度增加，加载次数增多，模型系统的特性有一定的改变。尤其在 1%超越概率加载完成以后，模型系统响应的傅氏谱特性变化较大，系统响应的频率段明显变宽，隧道结构和周边围岩的卓越频率均在 20～40Hz 中高频率段，且在 35～40Hz 高频率段的傅氏谱值最大，能量最强，响应也最明显；说明在 1%超越概率地震波加载完成以后，模型系统特性有较大的改变，即隧道和围岩受到较大的破坏，这与试验后模型开挖检查的结果一致。

2. 地震波加载的系统频谱特性

以 No.2 相位 5%超越概率下 Y 向加载为例，选取典型主控断面 B-B 上，隧道拱顶 A7、左边墙 A8、右边墙 A9、仰拱 A10 和隧道周边左侧围岩 A16 和右侧围岩 A17 的 Y 向响应加速度时程进行快速傅里叶变换（Fast Fourier Transform，FFT），对由隧道结构与周边围岩形成的结构-围岩系绘出加速度响应傅氏谱，如图 7-6 和图 7-7 所示。

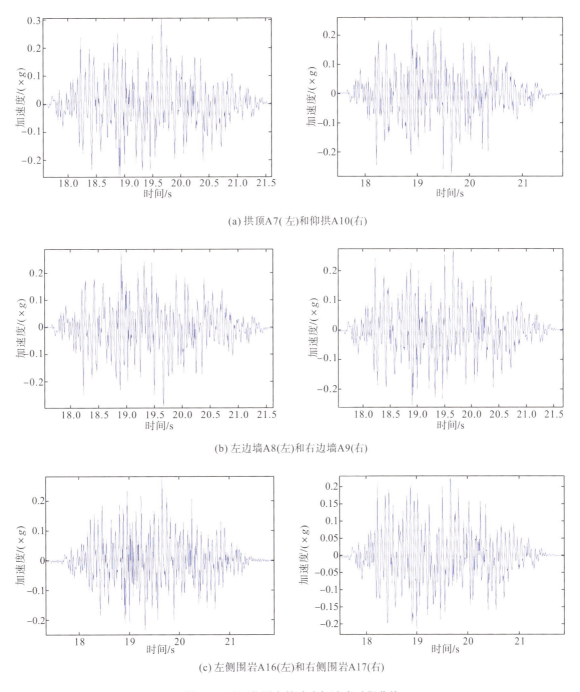

(a) 拱顶A7(左)和仰拱A10(右)

(b) 左边墙A8(左)和右边墙A9(右)

(c) 左侧围岩A16(左)和右侧围岩A17(右)

图 7-6　不同监测点的响应加速度时程曲线

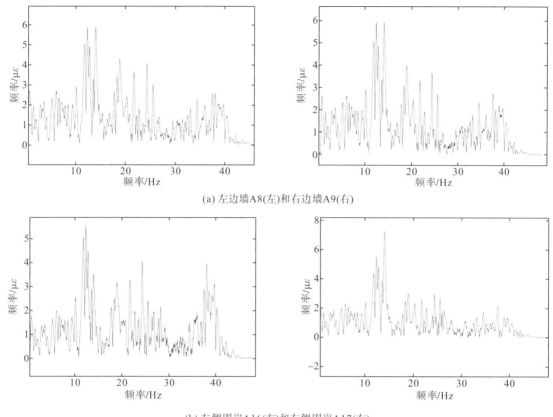

(a) 左边墙A8(左)和右边墙A9(右)

(b) 左侧围岩A16(左)和右侧围岩A17(右)

图 7-7　不同监测点的响应加速度傅氏谱

注：g 为幅值。

由图 7-6 和图 7-7 可知，在 B-B′断面隧道左右边墙动力反应的频率组成基本相同，加速度峰值分别为 0.56g、0.54g，差别较小。拱顶与仰拱的加速度幅值分别为 0.48με、0.54με，差别也较小；从各测点的相位上看，左边墙与仰拱相位相同，右边墙与拱顶相位相同；对比各测点的加速度响应曲线可知，隧道结构与围岩的加速度反应也只存在峰值上的差别，相位和频率组成基本相同。B-B′断面上各测点的频率组成基本相同，卓越频率均在 10～15Hz 频率段，说明隧道结构和围岩结合紧密，整体性较好，并且该频率段的傅氏谱值也最大，加速度响应也最明显；左、右边墙 A8 和 A9 测点在频率组成上基本相同，说明隧道左右边墙加速度响应较为相似。同时，各测点的傅氏谱特性反映出右侧围岩 A17 测点高频成分的傅氏谱值最大，大于左右边墙 A8、A9 测点，相对来说左侧围岩 A16 测点最小，这与各测点的加速度峰值关系较一致；但 A16 测点的高频成分明显比右侧围岩 A17 测点多，说明从坡体内部向坡面延伸的过程中，围岩加速度傅氏谱的高频成分逐渐增加，且越靠近坡面其加速度放大效应越明显。

综上所述，隧道结构拱顶、仰拱、左右边墙的加速度响应和频率组成基本一致，只存在峰值上的差别，表明单节隧道衬砌的整体运动性较强；并且隧道结构与周边围岩的加速响应基本一致，故可判断隧道-围岩系结合紧密，整体性较好。同时，从坡体内部向坡面延伸的过程中，围岩加速度傅氏谱的高频成分逐渐增加，表明越靠近坡面其加速度放大效应越明显。

7.2　隧道与围岩的相互动力作用

在地震动作用下隧道结构和围岩的相互动力作用较为复杂，本节分析在距离洞门 87.5cm(原型中为 35m)的 B-B′主控断面纵、横方向不同位置布置加速度传感器的动力响应，利用隧道结构和围岩的加速度响应来进一步分析其动力作用方式和作用机理。B-B′断面竖向上,从模型顶部边坡到模型底部边界共安装了 5 个加速度传感器,分别为:A18 位于模型顶部边坡距离地表 5cm、A7 位于隧道拱顶距离地表 50cm、A8 位于左边墙距离地表 62cm、A10 位于仰拱距离地表 76cm 和 A19 位于模型底部边界距离地表 126cm;主要研究竖向不同深度围岩与隧道结构的相互动力作用关系。B-B′断面横向上,在隧道左、右边墙和距离隧道左右两侧边墙 15cm 围岩中分别安装 A8、A9、A16 和 A17 四个加速度传感器,以分析隧道及两侧围岩的相互动力作用关系。

7.2.1　竖向上围岩与隧道的相互动力作用

1. 单方向加载单方向响应的加速度响应

1)同一超越概率不同地震波的加速度峰值变化

当加载方向和响应方向相同,如 X 向加载 X 向响应、Y 向加载 Y 向响应、Z 向加载 Z 向响应时,加速度响应曲线的变化趋势相似,规律比较明显;并且在相同的超越概率下人工波 No.1、No.2 相位和神户波的加速度响应规律基本相同,只是响应加速度响应峰值有所不同,其中人工波 No.2 相位和神户波的加速度响应峰值较大,No.1 相位相对较小,且在同一超越概率下不同的地震波加载时,对各测点整体的加速度响应规律影响不大。以 1%超越概率下不同地震波和不同入射方向的隧道与围岩加速度响应为例进行分析,如图 7-8 所示。

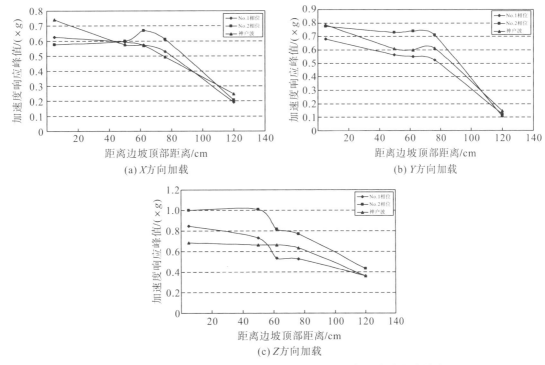

(a) X 方向加载 　(b) Y 方向加载

(c) Z 方向加载

图 7-8　1%超越概率不同方向加载时隧道与围岩的加速度响应峰值变化

由图 7-8 可知:随围岩深度的增加,即 $H_{A18}<H_{A7}<H_{A8}<H_{A10}<H_{A19}$,加速度响应峰值和加速度放大系数逐渐减小,即 $a_{A18}>a_{A7}>a_{A8}>a_{A10}>a_{A19}$,$\lambda_{A18}>\lambda_{A7}>\lambda_{A8}>\lambda_{A10}>\lambda_{A19}$,加速度响应曲线呈逐渐下降趋势;这说明距离模型顶部越近,其加速度响应越大,模型边坡表面和地表的地震动响应最大,所以地表建筑物容易遭到损坏,而地下结构偏于安全;同时,由于受到隧道结构的影响,在靠近隧道处的加速度响应峰值下降明显减缓,响应曲线整体呈非线性下降趋势,说明隧道结构的存在影响了地震波在岩土体中的传播特性，对隧道周边岩土体的加速度响应有一定的放大效应。

2)同一地震波不同超越概率的加速度峰值变化

随着围岩深度的增加，加速度响应峰值在逐渐减小，响应曲线呈逐渐下降趋势，由于受到隧道结构的影响，在靠近隧道处的加速度响应峰值下降趋势明显减缓，曲线整体呈非线性下降趋势；并且随着超越概率的减小，隧道结构的放大效应影响越明显。不同之处在于，各测点的加速度响应峰值随着输入地震波加速度响应峰值的增大而增大，这说明对于同一模型来说，不同强度的地震波加载时，对加速度响应曲线的变化趋势影响不大，只影响其峰值的大小，如图7-9所示。

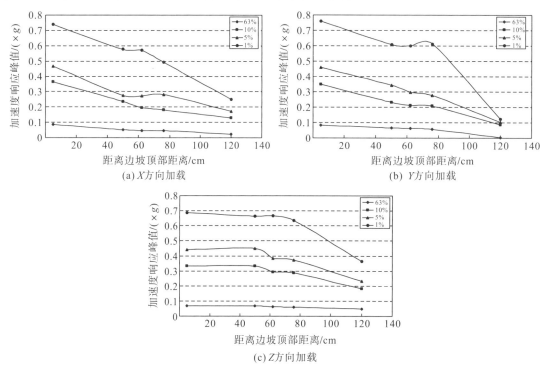

(a) X 方向加载　　　　　　(b) Y 方向加载

(c) Z 方向加载

图7-9　不同方向加载时隧道与围岩的加速度响应峰值变化

综上所述，在 X 向、 Y 向、 Z 向三个单方向加载时，通过对 B-B′断面上竖向不同深度的围岩与隧道的加速度响应进行分析，主要得出以下结论。

(1)当加载方向和响应方向相同时，加速度响应曲线的变化趋势较相似、响应规律比较明显；随着围岩深度增加，加速度响应峰值逐渐减小，响应曲线呈逐渐下降趋势；由于受到隧道结构的影响，在靠近隧道处的加速度响应峰值下降趋势明显减缓，曲线整体呈非线性下降趋势；这说明隧道结构的存在影响了地震波在岩土体中的传播特性，对隧道周边岩土体的加速度响应有一定的放大效应。

(2)当在同一超越概率下，不同的地震波人工波 No.1 相位、No.2 相位和神户波加载的加速度响应曲线变化趋势较为一致，响应规律也基本相同，不同的是各测点的加速度响应峰值；当人工波 No.2 相位和神户波加载时，各测点的加速度响应峰值较大，人工波 No.1 相位次之；这主要是由于输入地震波的频谱特性不同而造成的，神户波的频谱成分最复杂，No.2 相位次之，No.1 相对简单。

(3)对于同一模型在单方向加载时，不同超越概率的地震波对模型各测点的加速度响应曲线的变化趋势影响不大；在同一地震波、同一方向加载时，各测点的加速度响应峰值随着输入地震波加速度峰值的增大而增大，但各超越概率的加速度响应曲线的变化趋势基本一致，呈非线性下降趋势；同时，当在不同的单方向加载时，在 X 向、 Y 向、 Z 向三个响应方向中，模型底边界的边界效应对 X 向、 Y 向的加速度响应影响较大，而对 Z 向的加速度响应影响较小。

2. 组合方向加载时各响应方向的加速度响应

以人工波 No.2 相位不同组合方向加载时不同超越概率下 B-B′断面竖向不同深度围岩与隧道结构的加速度响应峰值变化趋势为例进行分析，如图 7-10 和图 7-11 所示。

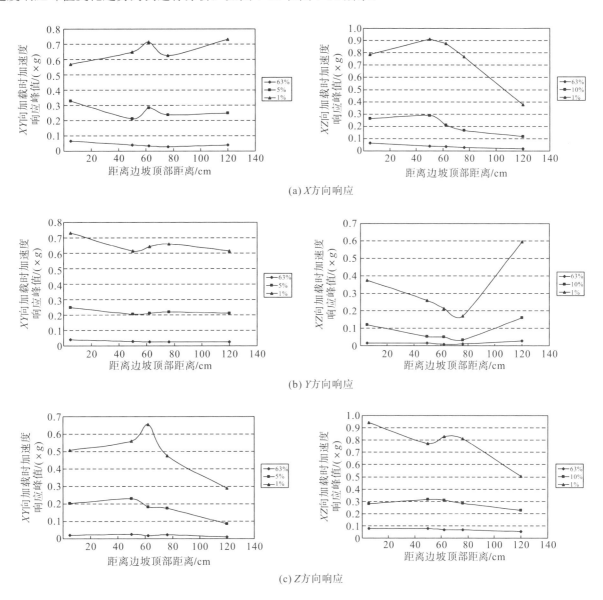

图 7-10　*XY* 向（左）和 *XZ* 向（右）加载时不同方向响应的加速度响应峰值变化

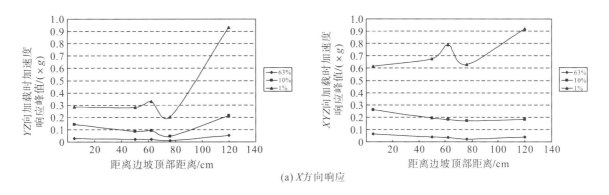

(a) *X* 方向响应

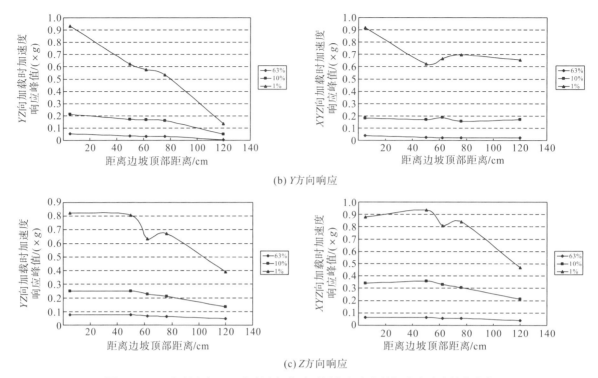

图 7-11　*YZ* 向（左）和 *XYZ* 向（右）加载时不同方向响应的加速度响应峰值变化

由图 7-10 和图 7-11 可知，当各组合方向加载时，不同的超越概率下，同一响应方向的加速度峰值变化趋势较为一致；只是随着输入地震波加速度峰值的增大，各测点的响应加速度峰值逐渐加大；但在不同的地震波入射方向下，不同深度围岩与隧道结构的加速度响应规律相差较大，且在不同的响应方向下，加速度响应峰值曲线的变化趋势也不同。在四个组合方向加载时，通过对 B-B′断面上竖向不同深度的围岩与隧道结构的加速度响应进行分析，主要得出以下结论。

(1)不同的地震波强度和不同的加载方向作用下，隧道结构和底边界效应主要对 *X* 向、*Y* 向的加速度响应产生影响，而对 *Z* 向的加速度响应影响不大。

(2)在 *XY* 向、*XZ* 向、*YZ* 向各组合方向加载时，隧道结构对围岩动力响应的影响一般发生在加载方向，但部分工况下，在没有加载方向的加速度响应依然较大，如 *YZ* 向加载时，在 *Y* 向和 *Z* 向的加速度响应较大，而在 *X* 向的加速度响应峰值也较大，甚至超过了 *Y* 向和 *Z* 向，本书将这种动力响应现象称之为"筛豆子效应"。

(3)隧道结构的存在影响了地震波在岩土体中的传播特性，对隧道附近岩土体的加速度有一定的放大效应，但也有少部分加速度峰值减小；同时模型底边界的边界效应放大了 A19 测点的加速度峰值，导致 *X* 向和 *Y* 向的响应曲线末端呈上升趋势。

(4)在 5%和 1%超越概率下，随着输入地震波加速度峰值的增大，隧道结构的放大效应和底边界上的边界效应影响特别明显，从而使得加速度响应曲线变化幅度不大，峰值相差较小，改变了加速度峰值随围岩深度增加而减小的趋势。

7.2.2　横向上围岩与隧道的相互动力作用

1. 单方向加载单方向响应的加速度响应

通过对单方向加载时，B-B′横断面上隧道及两侧围岩的加速度监测数据分析可知，在同一超越概率不同地震波加载时，各测点的加速度响应曲线变化趋势较为一致，响应规律也基本相同；人工波 No.2 相位的加速度响应峰值最大，人工波 No.1 相位和神户波相对较小，如图 7-12 所示。

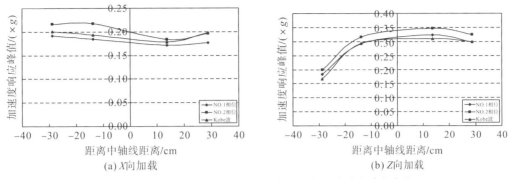

(a) X向加载　　　　　　　　　　　(b) Z向加载

图 7-12　10%超越概率不同地震波加载时加速度响应峰值变化

以人工波 No.2 相位不同入射方向和不同强度地震波加载时隧道与两侧围岩的加速度响应为例进行分析，如图 7-13 所示。

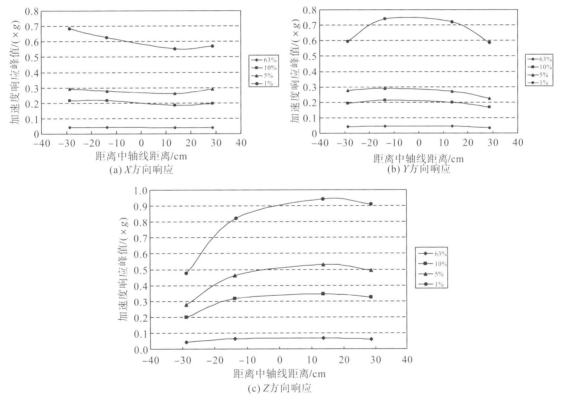

图 7-13　不同方向加载时隧道与两侧围岩的加速度响应变化

由图 7-13 可知：

(1)对于隧道结构，当 X 向即沿洞轴线方向加载时，左侧边墙的加速度响应大于右侧边墙，即 $a_8 > a_9$；当 Y 向即沿水平垂直洞轴线方向加载时，左侧边墙的加速度响应和右侧边墙较接近，左边墙略大于右边墙；当 Z 向即沿竖向垂直于洞轴线方向加载时，右侧边墙的加速度响应大于左侧边墙，即 $a_9 > a_8$。

(2)对于隧道周边围岩，当 X 向(即沿洞轴线方向)加载时，左侧围岩的加速度响应大于右侧围岩，即 $a_{16} > a_{17}$；当 Y 向(即沿水平垂直洞轴线方向)加载时，左侧围岩的加速度响应和右侧围岩较接近，左侧围岩略大于右侧围岩；当 Z 向即沿竖向垂直于洞轴线加载时，右侧围岩的加速度响应大于左侧围岩的加速度响应，即 $a_{17} > a_{16}$。

（3）对于隧道结构和周边围岩的相互动力作用，隧道结构的存在对地震波在周边岩土体的传播特性有一定的影响，大部分工况下起到放大作用，但也有少部分工况下起到缩小作用；主要受到加载方向和偏压作用的控制。当沿洞轴线 X 向加载时，围岩中的加速度响应大于隧道结构；而当沿水平和竖向垂直洞轴线 Y 向和 Z 向加载时，围岩中的加速度响应小于隧道结构的加速度响应。

（4）当沿隧道轴线 X 向和水平垂直洞轴线 Y 向加载时，由于左侧围岩和左边墙靠近临空侧，坡面加速度放大系数较大，隧道偏压段临空侧的围岩和隧道的加速度响应大于靠山侧；当沿竖向垂直洞轴线 Z 向加载时，由于偏压和动载的共同作用，隧道偏压段靠山侧的围岩和隧道结构的加速度响应大于临空侧的加速度响应。

2. 组合方向加载时各响应方向的加速度响应

以人工波 No.2 相位不同方向加载时不同超越概率下隧道与两侧围岩的加速度响应为例进行分析，如图 7-14 和图 7-15 所示。

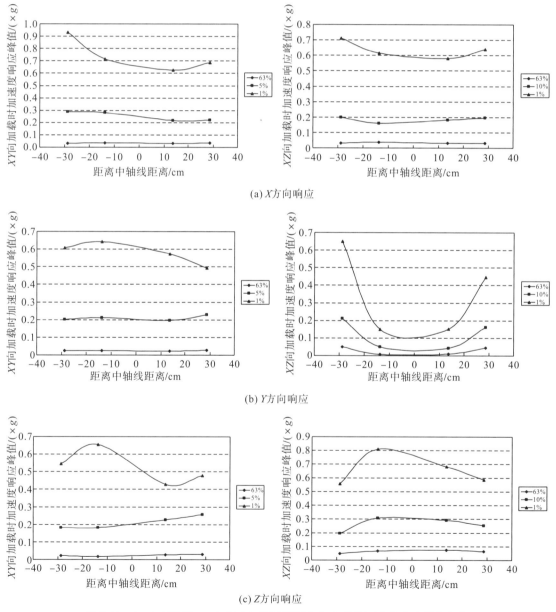

图 7-14　XY 向（左）和 XZ 向（右）加载时不同方向响应的加速度响应峰值变化

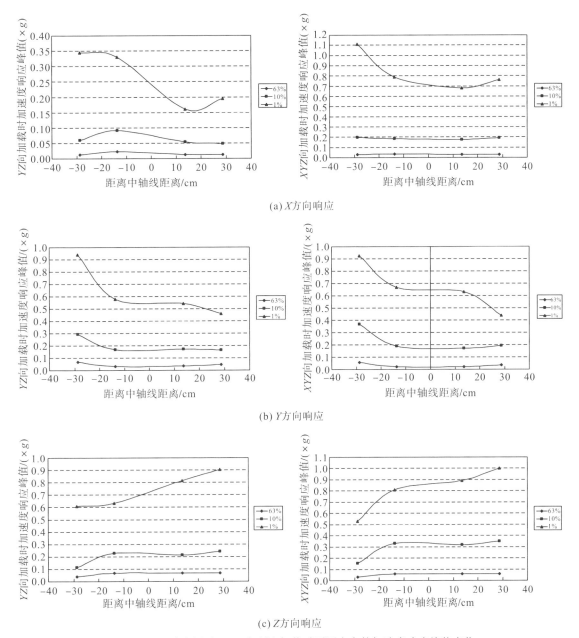

图 7-15　YZ 向 (左) 和 XYZ 向 (右) 加载时不同方向的加速度响应峰值变化

由图 7-14～图 7-15 可知：

(1) 对于隧道横断面上的加速度响应，随着加载超越概率的减小、输入地震波加速度响应峰值的增大而不同，主要表现在隧道结构左、右边墙 a_8 和 a_9 测点，在各组合方向加载时，X 向、Y 向、Z 向各方向的加速度响应有所不同。在 63% 和 10% 超越概率下，X 向的响应为：左侧边墙的加速度响应大于右侧边墙，即 $a_8 > a_9$；Y 向的响应为：左侧边墙的加速度响应与右侧边墙较接近，右侧边墙 a_9 略微大些；Z 向的响应为：右侧边墙的加速度响应大于左侧边墙，即 $a_9 > a_8$。随着输入加速度响应峰值的加大，尤其在 1% 超越概率和破坏性试验时，隧道结构进入非线性阶段以后，其隧道结构左、右边墙 a_8 和 a_9 测点的响应规律基本与 63% 和 10% 超越概率相反，X 向的响应为：右侧边墙的加速度响应大于左侧边墙，即 $a_9 > a_8$；Y 向的响应为：左侧边墙的加速度响应大于右侧边墙，即 $a_8 > a_9$；Z 向的响应为：左侧边墙的加速度响应大于右侧边墙，即 $a_8 > a_9$。

(2) 对于隧道周边围岩，其响应规律受加载超越概率和输入地震加速度响应峰值的影响不大，各组合方向加载时，X 向、Y 向、Z 向各方向的加速度响应如下。X 向的加速度响应整体为：左侧围岩的加速度响应大于右侧围岩，即 $a_{16} > a_{17}$，不过少部分工况下，左侧围岩的加速度响应与右侧围岩较为接近，左侧围岩略微大些；Y 向的加速度响应为：左侧围岩的加速度响应大于右侧围岩，即以 $a_{16} > a_{17}$ 为主，这与单独 Y 向加载 Y 向响应的规律相同，不过也有少部分工况是右侧围岩大于左侧围岩；Z 向的响应为：右侧围岩的加速度响应大于左侧围岩，即 $a_{17} > a_{16}$，这与单独 Z 向加载 Z 向响应的规律相同。

(3) 在 63% 超越概率下，基本上是隧道结构的加速度响应大于周边围岩，而在 1% 超越概率下，却是周边围岩的加速度响应大于隧道结构；说明随着输入地震波加速度峰值的增大，隧道周边围岩的破坏先于隧道结构，在隧道结构还未出现破坏时，隧道周边围岩已开始产生裂缝和挤压变形破坏，而在隧道结构出现裂缝或挤压破坏时，隧道周边围岩的破坏已经非常严重。因此，在进行震后隧道的修复时，不仅要注意对隧道结构的加固和补强，而且还应该提高隧道周边围岩的强度，建议可采用注浆技术提高围岩强度。

(4) 在各超越概率下，当 YZ 向、XYZ 向加载时，在 Y 向的响应规律与在 Z 向的响应规律呈相反趋势。对于隧道结构，在 63% 和 10% 超越概率下，Y 向的响应为右侧边墙的加速度响应大于左侧边墙，而 Z 向的响应则为左侧边墙的加速度响应大于右侧边墙；在 1% 超越概率下，地震波强度较大时则刚好相反，Y 向的响应为左侧边墙的加速度响应大于右侧边墙，而 Z 向的响应则为右侧边墙的加速度响应大于左侧边墙。对于隧道周边围岩来说，整体上 Y 向的响应为左侧围岩的加速度响应大于右侧围岩，而 Z 向的响应则为右侧围岩的加速度响应大于左侧围岩。同样，当 XY 向、XZ 向加载时，在其相对应的两个方向上，也有上述规律。这说明，当组合方向加载时，在其相对应的两个主要方向上隧道及周边围岩的加速度响应规律呈相反趋势。

(5) 各组合方向加载时，Z 向的响应受不同地震波和不同地震波强度的影响较小，对于隧道结构，右侧边墙的加速度响应大于左侧边墙，即 $a_9 > a_8$；对于围岩，右侧围岩的加速度响应大于左侧围岩，即 $a_{17} > a_{16}$；由于右侧边墙为靠山侧，埋深从左到右逐渐增大、围岩压力也逐渐增加，且受到动载和偏压的作用，总体上 Z 向的加速度响应峰值从右到左呈逐渐减小趋势，即 $a_{17} > a_9 > a_8 > a_{16}$。

7.3　不同地震动参数作用下隧道动力响应

影响山岭隧道震害程度的因素很多，但在物理模拟试验中不可能面面俱到，本次山岭隧道大型振动台模型试验主要对四个关键的影响因素——地震波入射方向、地震波强度、隧道埋深和地质条件进行物理模拟；在进行影响因素的分析时，主要考虑不同地震动参数对隧道衬砌动力响应进行分析，然后再分析隧道横向不同部位和纵向不同深度的动力响应。

7.3.1　不同地震波入射方向下隧道的动力响应

由于地震发生时震源具有不确定性，所以地震波的传播方向也不确定，而在不同方向入射的地震波对隧道结构及隧道周边围岩的破坏机理和破坏程度是不一样的。本节重点讨论从 7 个不同的方向分别加载 50 年超越概率为 63% 和 1% 的地震波，7 个不同的加载方向为：X 向、Y 向、Z 向、XOY 平面内 $XY45°$ 方向、YOZ 平面内 $YZ45°$ 方向、XOZ 平面内 $XZ45°$ 方向、XYZ 方向($XY45°$ 合成后与 Z 向合成)；通过对隧道 A-A'、B-B' 主控断面上衬砌不同部位的加速度响应进行分析，以期得出不同方向入射的地震波对隧道结构的地震动力响应和作用机理，并找出对隧道结构安全性最不利的地震波入射方向。隧道 A-A' 断面距离洞门 37.5cm，换算到原型中为 15m，衬砌拱顶、左边墙、右边墙及仰拱的监测点位分别为：A2、A3、A4、A5；隧道 B-B' 断面距离洞门 87.5cm，换算到原型中为 35m，衬砌拱顶、左边墙、右边墙及仰拱的监测点位分别为：A7、A8、A9、A10。

1. 不同地震波入射方向下 A-A′断面隧道结构的地震响应

图 7-16 给出了人工波 No.2 相位不同入射方向下 1%超越概率加载时隧道 A-A′断面不同部位的加速度响应峰值和变化趋势。

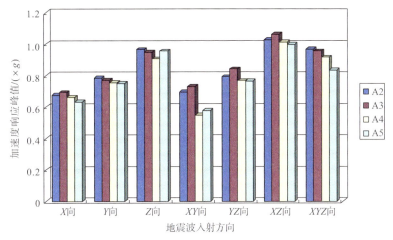

图 7-16　不同入射方向下 A-A′断面各部位加速度变化

由图 7-16 可知，在 1%超越概率下，由于输入地震波加速度响应峰值较大，为 0.714g，不同的入射方向下各测点的加速度响应也较大，尤其当 Z 向、XZ 向和 XYZ 向加载时，隧道结构的加速度响应较大，各部位的加速度响应峰值在 0.9g～1.0g，容易产生破坏，而当 X 向、Y 向、XY 向和 YZ 向加载时，隧道结构的加速度响应相对较小，各部位的加速度响应峰值在 0.6g～0.8g。对于隧道结构不同部位的加速度响应来说，在不同的加载方向下，为左边墙的加速度响应最大，拱顶次之，大于仰拱，右边墙最小，即 $a_3 > a_2 > a_5 > a_4$。拱顶和左边墙的最大加速度响应峰值分别为：1.0254g 和 1.0595g，较容易产生破坏。

综上，隧道结构 A-A′断面上不同部位的加速度响应，当 Z 向、XZ 向和 XYZ 向加载时，各部位的加速度响应整体较大，尤其是拱顶和左边墙的最大加速度响应峰值达 1.0g 以上，较容易产生破坏；主要是由于 A-A′断面距离洞门仅 37.5cm（换算到原型中为 15m）覆盖层厚度较小，受坡面加速度放大效应的影响严重，且拱顶的围岩压力相对较大，故拱顶和左边墙的加速度响应较大，应该加强支护措施。

2. 不同地震波入射方向下 B-B′断面隧道结构的地震响应

图 7-17 给出了人工波 No.2 相位不同入射方向下 1%超越概率加载时隧道结构 B-B′断面上不同部位的加速度响应峰值和变化趋势。

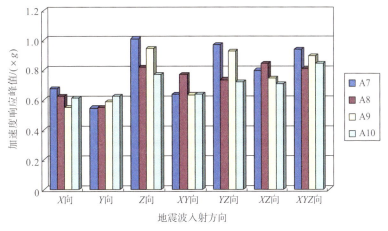

图 7-17　不同入射方向下 B-B′断面加速度响应峰值变化

由图 7-17 可知,在 1%超越概率下,由于输入地震波加速度响应峰值较大,为 0.714g,不同的入射方向下隧道整体加速度响应较大,尤其当 Z 向、YZ 向和 XYZ 向加载时,隧道结构的加速度响应峰值在 0.7g~1.0g,且拱顶的加速度响应最大,右边墙次之,大于左边墙,仰拱最小,即 $a_7 > a_9 > a_8 > a_{10}$;拱顶和右边墙的最大加速度响应峰值达 1.0101g 和 0.9438g,较容易产生破坏;主要是由于 B-B′断面距离洞门为 87.5cm(换算到原型中为 35m)覆盖层相对较厚,拱顶和靠山侧右边墙受偏压效应的影响较大,所以在动载和偏压效应的共同作用下其加速度响应较大。随着输入加速度响应峰值增大,左边墙和仰拱的加速度响应增大明显,尤其在 XY 向和 XZ 向加载时,左边墙的加速度响应最大,最大加速度响应峰值达 0.7668g 和 0.8449g,隧道结构其他部位相对小些,而在 Y 向加载时,仰拱的加速度响应最大,响应峰值为 0.6276g,这些响应变化也值得注意。

同时,在不同的地震波入射方向下,沿重力方向 Z 向上的加速度响应基本为:拱顶加速度响应最大,右边墙次之,大于左边墙,仰拱最小,拱顶和右边墙的响应加速度响应峰值较大,也最容易出现破坏;尤其在 Z 向及含有 Z 向的组合方向(YZ 向、XYZ 向)加载时,Z 向的加速度响应最为强烈,加速度响应峰值最大;从而得出在震中区附近,地震波从底部小角度入射时,山岭隧道偏压段拱顶和靠山侧边墙受损害的程度最为严重。而当沿隧道轴线 X 向及含有 X 向的组合方向(XY 向、XZ 向)加载时,隧道洞口偏压段临空侧的边墙,受到坡面放大效应影响较大,其加速度响应较大。因此,当地震波从 Z 向及含有 Z 向的组合方向(XZ 向、YZ 向、XYZ 向)入射时,对隧道结构安全较为不利。

7.3.2 不同强度地震波作用下隧道的动力响应

影响隧道震害程度的重要地震参数主要是地震震级和震中距,大多数地下洞室的破坏都发生在 7 级及 7 级以上地震中,且在距离震中 50km 范围以内。本次试验加载的地震波为 50 年超越概率为 63%、10%、5%、1%的四种地震波,分别相当于烈度为 6.4 度、8.5 度、9.0 度、9.9 度的地震,输入地震波加速度峰值分别为:0.052g、0.264g、0.382g、0.714g。本节重点讨论在加速度响应较强烈的 Z 向和 YZ 向上加载上述 4 种强度地震波时以及最后进行破坏性试验(反复加载 1%超越概率的地震波)中隧道结构的加速度响应。

1. 不同强度地震波作用下 A-A′断面隧道结构的地震响应分析

在 Z 向、YZ 方向加载不同超越概率的人工波 No.2 相位时,A-A′断面隧道结构的加速度响应峰值和变化趋势如表 7-5 和图 7-18 所示。

表 7-5 No.2 相位不同强度 Z 向和 YZ 向加载时 A-A′断面衬砌各部位加速度响应峰值/($\times g$)

方向	超越概率/%	测点			
		拱顶 A2	左边墙 A3	右边墙 A4	仰拱 A5
	63	0.0725	0.0695	0.0674	0.0693
	10	0.3902	0.3857	0.3595	0.3777
Z 向	5	0.5460	0.5354	0.5019	0.5211
	1	0.9647	0.9478	0.9056	0.9546
	破坏 1	0.8525	0.8386	0.8081	0.8462
	63	0.0774	0.0757	0.0693	0.0729
	10	0.2955	0.3052	0.2458	0.2487
YZ 向	5	0.4298	0.4475	0.4123	0.3754
	1	0.7920	0.8410	0.7674	0.7653
	破坏 1	0.7751	0.8147	0.7439	0.7354

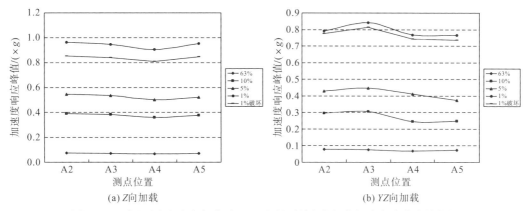

图 7-18　不同强度和方向加载时 A-A′主断面衬砌各部位加速度响应峰值变化

由图 7-18 可知，A-A′断面上隧道结构在 Z 向加载时的动力响应大于 YZ 向加载，拱顶和左边墙的加速度响应较大，仰拱和右边墙的加速度响应相对小些，但加速度响应峰值相差不大，隧道结构整体的动力响应较大，所以隧道洞口段较容易产生破坏。随着输入地震波加速度响应峰值增大，对各测点的加速度响应峰值关系影响不大，但加速度响应峰值增大明显；在 1%超越概率下，隧道拱顶和左边墙的最大加速度峰值达到 0.8g～0.9g，较容易产生破坏，应重点加强支护。

2. 不同强度地震波作用下 B-B′断面隧道结构的地震响应分析

在 Z 向、YZ 向加载不同超越概率的人工波 No.2 相位时，B-B′断面隧道结构不同部位的加速度响应峰值和变化趋势如表 7-6 和图 7-19 所示。

表 7-6　不同强度 Z 向、YZ 向加载时 B-B′主断面衬砌各部位加速度响应峰值/(×g)

方向	超越概率/%	测点			
		拱顶 A7	左边墙 A8	右边墙 A9	仰拱 A10
Z 向	63	0.0715	0.0625	0.0678	0.0619
	10	0.3638	0.3155	0.3467	0.3139
	5	0.5587	0.4611	0.5294	0.4547
	1	1.0101	0.8184	0.9438	0.7682
	破坏 1	0.9452	0.7853	0.8869	0.7125
YZ 向	63	0.0753	0.066	0.0666	0.064
	10	0.2508	0.2275	0.2131	0.2121
	5	0.4632	0.3846	0.4571	0.3673
	1	0.8866	0.674	0.8167	0.6712
	破坏 1	0.8063	0.6574	0.772	0.5775

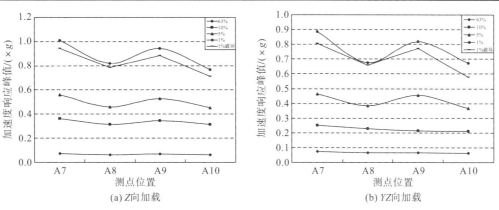

图 7-19　不同强度和方向加载时 B-B′主断面衬砌各部位加速度响应峰值变化

由图 7-19 可知，B-B′断面上隧道结构在 Z 向加载时的动力响应大于 YZ 向加载，拱顶和右边墙的加速度响应较大，最容易产生破坏。当 Z 向加载时，隧道结构在各超越概率下的加速度响应规律较为一致；当 YZ 向加载时则有所不同，在 63%和 10%超越概率时各测点的加速度响应峰值相差不大，加速度响应规律较为一致，相对来说拱顶最大，左边墙次之，大于右边墙，仰拱最小；而在 1%超越概率及破坏性试验时，拱顶加速度响应最大，右边墙次之，大于左边墙，仰拱最小。因此，加载方向对各测点的加速度响应也有一定的影响。

同时，在进行破坏性试验时，在 Z 向和 YZ 向反复加载 1%超越概率的地震波后，各测点的加速度响应峰值相对大小基本一致；对于 A-A′断面，依然是左边墙和拱顶的加速度响应峰值较大；对于 B-B′断面，也是拱顶和右边墙的加速度响应峰值较大；但随着反复加载 1%超越概率地震波次数的增加，隧道结构各部位的动土压力呈递减趋势；因此，可以初步判定在第一次加载 1%超越概率的地震波后，隧道结构基本进入了非线性破坏阶段。

7.4　隧道横向不同部位地震动力响应

由于地震动作用下隧道衬砌横断面上不同部位的地震动力响应不同，其加速度响应特征、应力应变特征和变形破坏程度也不同，所以在隧道 B-B′主控断面上抗震设防的关键部位拱顶、左右边墙及仰拱分别布置加速度传感器、应变片及土压力计，以综合量测隧道结构的整体和局部的地震动力响应特征，并结合在不同加载方向、不同地震波及不同加载超越概率下，隧道结构不同部位的地震动力响应，探寻隧道结构上的抗震薄弱部位，为山岭隧道的抗震设计和施工提供参考。

7.4.1　隧道不同部位的加速度响应

1. 单方向加载的加速度响应分析

图 7-20 给出了 63%和 1%超越概率下不同地震波和方向加载时隧道结构不同部位的加速度响应峰值变化趋势。

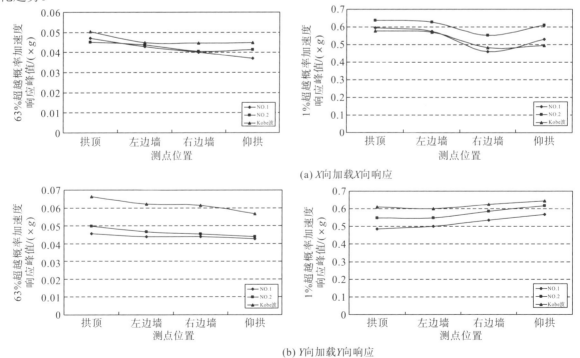

(a) X 向加载 X 向响应

(b) Y 向加载 Y 向响应

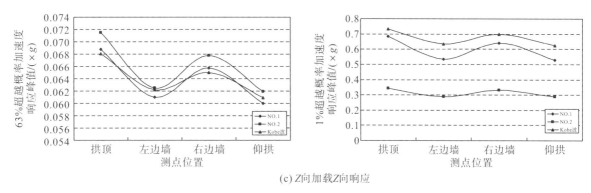

(c) Z向加载Z向响应

图 7-20 63%超越概率(左)和1%超越概率(右)不同方向加载时隧道加速度响应峰值变化

由图 7-20 可知：当 X 向加载时，拱顶和左边墙加速度响应较大，容易造成隧道结构在拱顶和左边墙出现破坏；当 Y 向加载时，拱顶和仰拱加速度响应较大，容易造成隧道结构在拱顶和仰拱出现破坏，尤其在输入地震波加速度响应峰值较大时，仰拱的加速度响应最大，更容易出现破坏；当 Z 向加载时，拱顶和右边墙加速度响应较大，容易造成隧道结构在拱顶和右边墙出现破坏。

由于不同的人工波 No.1、No.2 相位和神户波加载时，各测点的加速度响应规律大致相同，但随着输入地震波加速度响应峰值的增大，尤其在1%超越概率和破坏性试验加载时，隧道结构进入非线性破坏状态后，其加速度响应规律有所不同；因此，以神户波加载时 63%、10%、5%、1%超越概率下不同加载方向时隧道不同部位的加速度响应峰值和变化趋势为例进行分析，如图 7-21 所示。

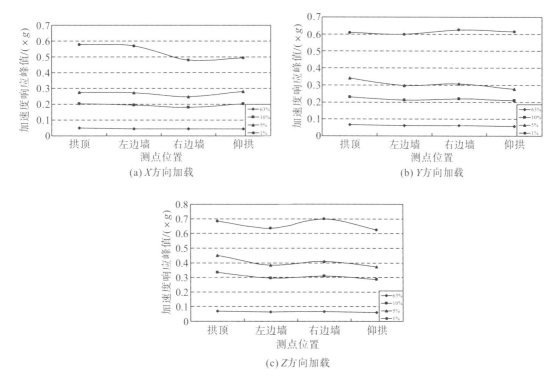

图 7-21 不同强度和方向加载时隧道加速度响应峰值变化

综上所述，人工波 No.2 相位和神户波加载的加速度响应峰值较大，人工波 No.1 相位相对较小；并且各超越概率下，Z 向加载的加速度响应峰值明显大于 X 向和 Y 向加载时，主要得出以下结论。

（1）总体上，隧道结构的加速度响应，受输入不同地震波的影响不大，加载超越概率和地震波强度有一定的影响，而受加载方向和响应方向的影响最大，并且在不同的加载方向下，其最大加速度响应峰值出现的部位也不同。因此，当地震波入射方向不同时，隧道结构的破坏部位和破坏方式也不一样。

(2) 当沿洞轴线 X 向加载时，隧道结构各部位在沿洞轴线方向(X向)和垂直洞轴线方向(Y向)的加速度响应为：拱顶和左边墙的加速度响应较大，主要是由于拱顶围岩压力较大，而且左侧边墙靠近临空面，坡面加速度放大系数较大，所以加速度响应较大；尤其在 1%超越概率下，地震波强度较大时，拱顶和左边墙加速度响应较大，峰值分别为 0.5771g 和 0.5708g，较容易出现破坏。

(3) 当沿垂直于洞轴线 Y 方向加载时，拱顶加速度响应最大，左边墙大于右边墙，但峰值相差不大，仰拱最小，即 $a_7 > a_8 > a_9 > a_{10}$；而在 1%超越概率下，隧道结构进入非线性状态后，各部位测点的加速度响应峰值相差不大，反而仰拱响应最大，左右边墙次之，拱顶最小；尤其在破坏性试验时，响应曲线基本呈上升趋势，仰拱加速度响应最大，右边墙次之，仰拱加速度响应峰值为 0.6143g，右边墙为 0.6244g；说明仰拱和右边墙的加速度响应，随着输入地震波加速度响应峰值的增大而增大明显，仰拱和右边墙较容易出现破坏。

(4) 当沿竖向垂直于地面 Z 向加载时，Z 向的加速度响应规律较一致，拱顶加速度响应最大，右边墙次之，大于左边墙，仰拱最小，即 $a_7 > a_9 > a_8 > a_{10}$，尤其在 1%超越概率下，拱顶和右边墙的加速度响应较大，加速度响应峰值分别为 0.6844g 和 0.6983g，受到偏压作用的影响最大，也最容易产生破坏。同时，X、Y 向的加速度响应相对较小，峰值仅 Z 向的 1/4～1/3；但从整体上来说，左边墙 A8 测点的加速度响应峰值相对较大，为 0.3983g，约为 Z 向的 1/3，也值得注意。

(5) 最为显著的规律是，无论是从 X 向、Y 向、Z 向哪个方向以何种地震波加载，在竖向垂直于地面 Z 向上的加速度响应规律基本一致，拱顶加速度响应最大，右边墙次之，且大于左边墙，仰拱最小，拱顶与右边墙加速度响应峰值相差不大，仰拱与左边墙也相差不大；主要是由于拱顶的围岩压力最大，而右边墙为靠山侧，Z 向的加速度响应受到动载和偏压的共同作用最明显；所以不同的方向加载地震波时，Z 向的加速度响应基本一致，且拱顶和右边墙的加速度响应最大，较容易出现变形破坏，应该加强支护。

2. 组合方向加载的加速度响应分析

当各组合方向加载时，以人工波 No.2 相位不同方向加载时 63%、10%、1%超越概率下隧道结构不同部位的加速度响应为例进行分析，如图 7-22 和图 7-23 所示。

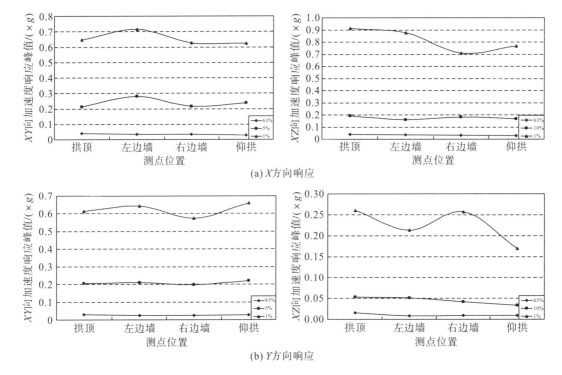

(a) X 方向响应

(b) Y 方向响应

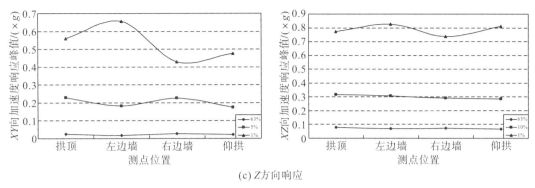

(c) Z方向响应

图 7-22　XY 向（左）和 XZ 向（右）加载时不同方向响应的加速度响应峰值变化

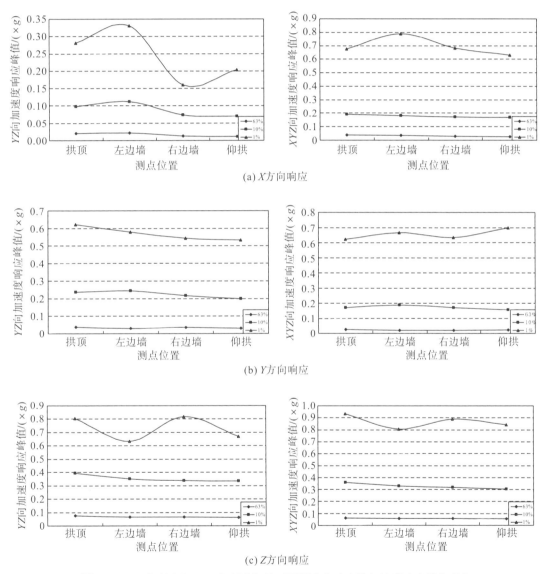

图 7-23　YZ 向（左）和 XYZ 向（右）加载时不同方向响应的加速度响应峰值变化

　　综上所述，各部位在组合方向加载时的加速度响应比单方向加载时更加强烈，加速度响应峰值也更大，对隧道各部位的破坏也更严重，主要得出以下结论。

　　(1)在各组合方向加载时，隧道 B-B′断面上各部位的加速度响应受加载不同地震波的影响不大，而受输入加速度峰值和加载方向的影响较大。随着加载超越概率的减小，输入地震波加速度峰值的增大，各测点的加速度响应逐渐加大;尤其在破坏性试验反复加载1%超越概率的地震波,隧道结构进入弹塑性破坏后,其响应规律有所不同,并且在不同的加载方向下,其最大加速度响应峰值出现的结构部位也不同。因此,不同的地震波入射方向和不同的地震波强度对隧道结构的破坏部位和破坏方式是不一样的。

(2)当XY向加载时,在63%和10%超越概率下,由于拱顶围岩压力较大,左侧边墙靠近临空侧,右侧边墙为靠山侧,在动载、偏压以及坡面加速度放大效应的作用下,隧道结构拱顶、左边墙和右边墙的加速度响应较大,容易出现破坏。而在1%超越概率和破坏性加载时,由于输入加速度峰值较大,达0.714g,隧道结构进入非线性破坏阶段后,仰拱和左边墙的加速度响应明显增大,拱顶次之,右边墙相对小些,所以仰拱、左边墙和拱顶在地震动强度较大时,容易产生破坏。

(3)当XZ向加载时,各超越概率下,Z向的加速度响应最明显,加速度峰值也最大,X向次之,Y向最小;拱顶的加速度响应最为强烈,最大加速度响应峰值为0.9117g,最容易造成隧道结构在拱顶出现破坏;并且左边墙和仰拱的加速度响应也较大,在1%超越概率时,左边墙和仰拱的最大加速度峰值分别为0.8769g和0.8101g,也较容易出现破坏。

(4)当YZ向加载时,各超越概率下,Z向的加速度响应最明显,加速度响应峰值也最大,Y向次之,X向最小;拱顶的加速度响应最为强烈,最大峰值为0.8063g,也最容易造成隧道结构拱顶出现破坏,并且右边墙和仰拱的加速度响应也较大,在1%超越概率下,右边墙和仰拱的最大加速度响应峰值分别为0.8167g和0.6712g,右边墙大于左边墙,也容易出现破坏。

(5)当XYZ向加载时,各超越概率下,Z向的加速度响应最明显,峰值也最大,X向和Y向的加速度响应较为接近,加速度峰值相差不大;拱顶加速度响应最为强烈,最大加速度响应峰值为0.9964g,最容易出现破坏;左边墙、右边墙和仰拱加速度响应较为接近,最大加速度响应峰值也较大,分别为0.8074g、0.8917g、0.8419g,这些部位也应该重点注意。

(6)在各组合方向加载时,X向、Y向、Z向三个方向的加速度响应中,Z向的加速度响应最为强烈,加速度响应峰值最大;并且在重力方向Z向上的加速度响应为:拱顶最大,右边墙次之,且大于左边墙,仰拱最小;拱顶和右边墙的加速度响应峰值最大,较容易出现破坏;主要是由于动载和偏压效应的作用所致。

(7)随着加载超越概率的减小,输入地震波加速度峰值的增大,尤其在破坏性试验反复加载1%超越概率的地震波,隧道结构进入非线性破坏后,部分测点的加速度响应增大明显。当XY向加载时,受到左侧边墙临空侧的影响,左边墙的加速度响应增大明显;当XZ向加载时,左边墙和仰拱的加速度响应增大明显;当YZ向加载时,右边墙加速度响应增大明显;当XYZ向加载时,仰拱和右边墙的加速度响应增大明显;总的来说,这些变化趋势应值得注意;但拱顶的加速度响应还是最为强烈的,加速度响应峰值也最大,最容易遭到破坏。

7.4.2 隧道不同部位的动应变响应

在隧道B-B′主控断面上拱顶、左右边墙及仰拱四个部位沿轴向和环向各安装了一片应变片,以量测隧道衬砌各部位在轴向和环向的动应变响应特征。拱顶、左右边墙及仰拱沿洞轴线方向安装的应变片编号分别为G12、G14、G16、G18,所测得为隧道结构上纵向的动应变响应;拱顶、左右边墙及仰拱沿环向安装的应变片编号分别为G13、G15、G17、G19,所测得为隧道结构上环向的动应变响应。

1. 单方向加载的动应变响应分析

在同一超越概率下以不同的地震波加载时,人工波No.1、No.2相位和神户波加载的动应变响应基本相同,动应变幅值相差也不大,相对来说神户波和No.2相位的动应变响应稍大些,No.1相位相对小些。而在同一地震波不同超越概率下,隧道B-B′断面上不同部位的纵向和环向动应变响应曲线的变化趋势相似、规律比较明显,动应变响应随输入地震波加速度峰值的增大而增大;并且加载方向不同,各部位动应变响应的相对大小也不同。表 7-7 和表 7-8 给出了神户波不同强度和方向加载时隧道结构不同部位环向和轴向动应变响应幅值。

表 7-7　不同强度和方向加载时隧道各部位纵向动应变响应幅值　　　　　　　　　　（单位：με）

方向	超越概率/%	测点							
		拱顶(G12)		左边墙(G14)		右边墙(G16)		仰拱(G18)	
		模型	原型	模型	原型	模型	原型	模型	原型
X 向	63	9.1628	13.7373	1.9763	2.9630	3.7729	5.6565	1.9763	2.9630
	10	35.2138	52.7943	22.6374	33.9391	31.9798	47.9457	19.0442	28.5520
	5	49.9425	74.9138	32.8781	49.2925	53.7191	80.5382	30.7222	46.0603
	1	67.5531	101.2789	50.3053	75.4202	73.6614	110.4369	94.3836	156.4972
Y 向	63	8.0847	12.1210	5.3899	8.0808	5.9289	8.8889	1.9762	2.9628
	10	34.3155	51.4475	21.2002	31.7844	53.0003	79.4607	19.5832	29.3601
	5	44.0172	65.9928	34.3155	51.4475	75.997	113.9385	37.1901	55.7573
	1	121.6311	182.3555	83.9021	125.7900	89.6514	134.4100	130.9731	196.3615
Z 向	63	1.2576	1.8855	1.9763	2.9630	1.4373	2.1549	1.9763	2.9630
	10	10.6001	15.8922	8.4441	12.6598	12.7560	19.1244	3.4136	5.1178
	5	15.7254	11.5823	11.8577	17.7777	22.4578	33.6700	9.3424	14.0066
	1	28.7459	43.0973	33.7764	50.6393	27.668	41.4813	54.7969	82.1543

表 7-8　不同强度和方向加载时隧道各部位环向动应变响应幅值　　　　　　　　　　（单位：με）

方向	超越概率/%	测点							
		拱顶(G13)		左边墙(G15)		右边墙(G17)		仰拱(G19)	
		模型	原型	模型	原型	模型	原型	模型	原型
X 向	63	15.6306	23.4342	8.8034	13.1985	3.4136	5.1178	3.4136	5.1178
	10	71.6852	107.4741	73.4818	110.1676	53.8986	80.8075	60.7257	91.0430
	5	120.1939	180.2008	148.0415	221.9513	111.9294	167.8102	109.4141	164.0391
	1	319.9496	479.9244	347.107	520.4003	236.435	354.4753	230.6857	345.8556
Y 向	63	18.6848	28.0132	7.3662	11.0438	2.5153	3.7711	10.2408	15.3535
	10	70.5259	138.7195	38.807	58.1814	61.8037	92.6592	88.2141	132.2550
	5	100.0717	150.0325	83.7225	125.5210	138.6991	207.9447	144.2686	216.2948
	1	951.4901	1426.521	335.249	502.6222	248.832	373.0615	291.5910	437.1679
Z 向	63	7.3662	11.0438	7.7255	11.5825	3.4136	5.1178	7.9051	11.8517
	10	44.0172	65.9928	55.3359	82.9624	22.6374	33.9391	55.3359	82.9624
	5	80.3089	120.4032	91.0886	136.5646	36.2917	54.4103	82.8242	124.1742
	1	314.434	471.651	359.324	538.7166	187.9269	281.7495	227.811	341.5457

在 X 向、Y 向、Z 向三个单方向加载时，通过对隧道 B-B′断面拱顶、左右边墙、仰拱纵向和环向的动应变响应进行分析，主要得出以下结论。

(1) 在不同的超越概率下从不同的方向加载时，隧道横断面上纵向和环向的动应变响应，受不同地震波的影响不大，而受加载方向和地震波强度的影响较大。当加载方向和超越概率不同时，不仅各部位的动应变响应不同，而且相对大小关系也不同；对于不同的地震波加载时，各部分的动应变响应基本一致，只是动应变响应幅值有所不同，No.2 和神户波的动应变幅值相对较大，No.1 相对小些。

(2) 在 X 向、Y 向、Z 向三个单方向加载时，隧道横断面上不同部位的环向动应变响应明显大于纵向动应变响应，这与日本东京地铁区间隧道的地震量测(潘昌实，1996)一致；主要是由于隧道衬砌在动载和偏压的作用下，容易产生纵向的变形破坏，所以隧道轴线环向的动应变响应大于纵向动应变响应。

(3)在不同的超越概率下，当沿垂直于轴线方向 Y 向加载时，各测点的动应变响应最大；沿隧道轴线 X 方向加载时次之，而当沿垂直于地面 Z 向加载时响应相对较小。同时，当 X 向加载时，仰拱和右边墙的纵向动应变响应较大，最大幅值分别为 94.3836με和 73.6614με，而拱顶的环向动应变响应较大，最大幅值为 319.9496με；当 Y 向加载时，仰拱和拱顶的纵向动应变响应较大，最大幅值分别为 130.9731με和 121.6311με，而拱顶的环向动应变响应特别大，动应变幅值远大于其他部位，最大动应变响应幅值为 951.49με；而当 Z 向加载时，各部位的动应变响应相对较小，尤其在纵向上的动应变响应明显小于 X 向、Y 向加载时，最大动应变响应幅值也在 50με左右。因此，在沿隧道轴线 X 向和垂直于轴线方向 Y 向输入地震波时，隧道结构的应力应变较大，较容易产生破坏，且拱顶和仰拱整体的动应变响应最大，设计中应重点注意。

(4)当 X 向、Y 向、Z 向三个不同的方向加载时，拱顶与仰拱，右边墙与左边墙的动应变响应和幅值的相对大小关系基本不变。从总体来看，尤其在加载超越概率较小、地震波强度较大时，在隧道横断面上，各部位纵向动应变响应中，仰拱大于拱顶，右边墙大于左边墙；而在环向动应变响应中，却是拱顶大于仰拱，左边墙大于右边墙。

(5)隧道各部位的动应变响应，由于受到地震波强度的影响较大，所以在不同的超越概率下，其动应变响应有所不同。在 63%和 10%超越概率下，各部位的动应变响应较一致，动应变响应幅值较小，最大动应变响应幅值在 100με左右，隧道结构处于弹性阶段。随着加载概率的减小、输入地震波加速度峰值的增大，各部位的动应变响应不断增大，在 5%和 1%超越概率下，各部位的动应变响应较大，尤其是拱顶的环向动应变响应特别大，动应变幅值远大于其他部位，最大动应变响应幅值为 951.49με，所以拱顶容易出现纵向的贯穿裂缝，这与开挖检查隧道二衬破坏的结构较一致。

2. 组合方向加载的动应变响应分析

当各组合方向加载时，以 No.2 相位不同方向加载时 63%、10%、5%、1%超越概率下隧道 B-B′断面上纵向、环向动应变响应变化为例进行分析，如图 7-24 所示。

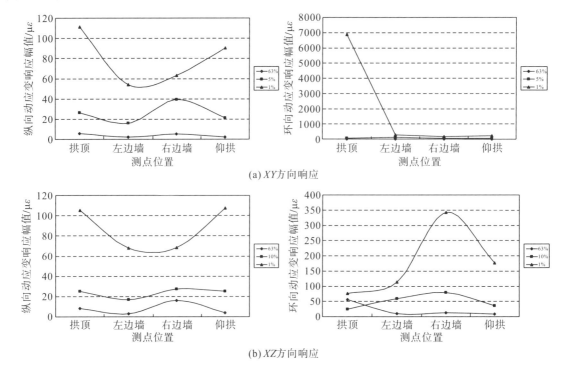

(a) XY 方向响应

(b) XZ 方向响应

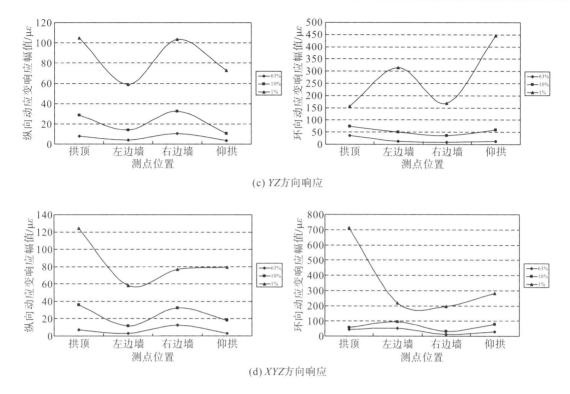

(c) YZ方向响应

(d) XYZ方向响应

图 7-24　不同方向加载时隧道各部位纵向(左)和环向(右)的动应变响应变化

表 7-9 列出了不同加载方向下隧道结构最大响应部位及动应变幅值,当各组合方向加载时,拱顶和仰拱的纵向动应变响应较大,最大动应变响应幅值在 200με 以下,对隧道不产生破坏性影响;而各部位的环向动应变响应中,拱顶和右边墙的动应变响应较大,尤其是拱顶在 XY 和 YZ 方向加载时,动应变响应特别大,最大动应变响应幅值在 7000με 左右,从而可以判定拱顶已经出现了纵向的裂纹,这与裂缝检查的结果较吻合。

表 7-9　不同加载方向下隧道结构动应变最大响应部位及幅值统计　　　　　　　　(单位: με)

方向	位置				备注
	环向动应变响应		纵向动应变响应		
	响应较大位置	微应变	响应较大位置	微应变	
XY 向	拱顶	133.8481	仰拱	689.0400	拱顶特别大,最大动应变幅值为 6890.4με,换算到原型中为 10335.6με
	仰拱	108.8752	右边墙	154.5094	
XZ 向	拱顶	118.2176	右边墙	342.9750	
	仰拱	122.5295	仰拱	227.2720	
YZ 向	拱顶	138.8788	仰拱	446.1010	拱顶特别大,最大动应变幅值为 7922.3με,换算到原型中为 11883.45με
	仰拱	112.8278	右边墙	257.0960	
XYZ 向	拱顶	175.7094	拱顶	723.1400	
	仰拱	117.1396	仰拱	416.8160	

在 XY 向、XZ 向、YZ 向、XYZ 向四个组合方向加载时,通过对隧道 B-B′ 断面拱顶、左右边墙、仰拱纵向和环向动应变响应分析,主要得出以下结论。

(1)根据统计表可知，在不同的超越概率下以不同的地震波各组合方向加载时，隧道衬砌纵向动应变较小，拱顶和仰拱的动应变响应较大，最大动应变响应幅值在 $200\mu\varepsilon$(换算到原型为 $300\mu\varepsilon$)以下，对隧道不产生破坏性影响；而各部位的环向动应变响应中，拱顶和右边墙的动应变响应较大，尤其是拱顶在 XY 和 YZ 方向加载时，动应变响应特别大，最大动应变响应幅值在 $7000\mu\varepsilon$(换算到原型中为 $10500\mu\varepsilon$)左右，可以判定拱顶已经出现了纵向的裂纹，这与裂缝检查的结果较吻合。因此，拱顶、仰拱和右边墙是动应变响应较大的部位，较容易产生破坏，在设计中应重点注意。

(2)各组合方向加载时，拱顶的动应变响应较大，主要是由于拱顶的围岩压力较大且拱顶的加速度响应也较大，所以拱顶在环向和纵向的动应变响应较大；仰拱在输入加速度峰值较大，尤其在1%超越概率下，由于加速度放大系数和加速度响应明显增大，在环向和纵向的动应变响应也较大。在不同的超越概率下，对于纵向动应变响应，基本上是右边墙的动应变响应大于左边墙；但对于环向动应变响应却有所不同，在63%和10%超越概率下，左边墙的动应变响应大于右边墙，而在5%和1%超越概率下，则是右边墙的动应变响应大于左边墙；主要是由于右边墙为靠山侧，在输入地震波加速度峰值较大时，隧道右边墙受到偏压和动载的影响较大，加速度响应和动应变响应均较大，容易产生破坏。

(3)各组合方向加载时，隧道 B-B′断面上各部位的动应变响应，受加载超越概率和地震波强度的影响较大。在63%和10%超越概率下，不同的地震波在隧道 B-B′断面上各部位的动应变响应较一致，动应变响应幅值较小，最大动应变响应幅值在 $100\mu\varepsilon$左右，隧道结构处于弹性阶段，不容易产生破坏。随着加载概率的减小、输入地震波加速度峰值的增大，B-B′断面上各部位的动应变响应不断增大，尤其在1%超越概率下，由于拱顶、仰拱和右边墙的动应变响应增大明显，使得各部位动应变响应幅值的相对大小关系也在发生变化。总的来说，拱顶、仰拱的环向动应变响应幅值较大，较容易出现纵向的微裂纹，这与裂缝检查的结果较吻合，在拱顶和仰拱产生了多条纵向的裂纹，而且拱顶破坏较严重。

(4)在进行破坏性试验时，反复加载 1%超越概率的地震波后，各部位的动应变响应相对大小变化不大，但随着反复加载 1%超越概率地震波次数的增加，隧道结构各部位的动应变响应和幅值呈递减趋势，可以初步判定隧道结构在第一次加载 1%超越概率的地震波后，基本进入了非线性或动应变累积破坏阶段。这与隧道结构的加速度响应规律基本一致。

(5)在不同的超越概率和不同的地震波作用下，当 XY 向、YZ 向、XYZ 向组合方向加载时，隧道 B-B′断面上各部位的动应变响应较大，尤其在 XY 向和 YZ 向加载时，拱顶环向动应变响应特别大，最大动应变响应幅值在 $7000\mu\varepsilon$(换算到原型为 $10500\mu\varepsilon$)左右，容易造成隧道结构的破坏，所以 XY 向和 YZ 向组合方向是对隧道结构较为不利的地震波入射方向。

7.4.3　隧道不同部位的动土压力响应

为了分析隧道结构在地震动作用下的动土压力响应特征，在隧道 B-B′主控断面上拱顶、左右边墙及仰拱四个部位安装了 P1、P2、P3 和 P4 四个土压力计来量测隧道各部位的动土压力响应。

1. 单方向加载的动土压力响应分析

不同地震波人工波 No.1、No.2 相位和神户波加载时，隧道 B-B′断面上拱顶、左右边墙、仰拱的动土压力响应较一致，响应曲线的变化趋势相似，但随着超越概率的减小、输入地震波加速度峰值的增大，各部位动土压力增大明显，其响应规律略有所不同。下面以神户波加载63%、10%、5%、1%超越概率时不同加载方向下隧道不同部位动土压力响应峰值为例进行分析，如表7-10所示。

表 7-10　Kobe 波不同超越概率和方向加载时隧道结构不同部位的动土压力　　　　（单位：kPa）

方向	超越概率/%	拱顶 (P1) 模型	原型	左边墙 (P2) 模型	原型	右边墙 (P3) 模型	原型	仰拱 (P4) 模型	原型
X 向	63	0.0755	2.265	0.0448	1.344	0.2791	8.373	0.0155	0.465
	10	1.0066	30.198	0.3654	10.962	1.1585	34.755	0.1657	4.971
	5	0.8457	25.371	0.5558	16.674	1.6393	49.179	0.3781	11.343
	1	1.5393	46.179	0.9491	28.473	5.9783	179.349	1.2697	38.091
Y 向	63	0.0546	1.638	0.0757	2.271	0.3701	11.103	0.0233	0.699
	10	2.1544	64.632	0.3476	10.428	3.5076	105.228	0.3021	9.063
	5	2.1246	63.738	0.6987	20.961	8.5343	256.029	0.4350	13.050
	1	1.3901	41.703	1.2080	36.24	9.2316	276.948	1.6544	49.632
Z 向	63	0.0211	0.633	0.0086	0.258	0.1146	3.438	0.0369	1.107
	10	0.7794	23.382	0.1148	3.444	0.0847	2.541	0.0806	2.418
	5	1.0349	31.047	0.2078	6.234	0.0691	2.073	0.1139	3.417
	1	0.8687	26.061	0.6011	18.033	3.0636	91.908	1.5038	45.114

由表 7-10 可知：

(1) 在同一超越概率下以不同地震波加载时，各方向的动土压力响应基本相同，神户波的动土压力值最大，No.2 相位次之，No.1 相位最小。

(2) 在 63%、10%、5%、1%超越概率下，隧道 B-B'断面上拱顶、左右边墙、仰拱的动土压力和相对大小关系基本相同。右边墙动土压力响应最大，拱顶次之，大于左边墙，仰拱最小；并且随着超越概率的减小，输入地震加速度峰值的加大，隧道 B-B'断面上各部位的动土压力不断加大。

(3) 在各超越概率下，X 向、Y 向、Z 向三个单方向加载时的最大动土压力都出现在右边墙，且 Y 向加载时的动土压力响应最大，最大动土压力值为 9.2316kPa（换算到原型中为 276.948kPa），是其他部位动土压力值的 5～7 倍；主要是由于 Y 向垂直于隧道洞轴线加载时，输入地震波的方向和隧道偏压作用的方向一致，在动荷载的作用下，偏压效应表现明显，所以各部位(尤其是右边墙)的动土压力响应明显大于 X 向加载时。而当 Z 向沿垂直于地面向上加载时，在 10%和 5%超越概率下，由于输入地震波的方向和围岩压力作用方向相反，在动荷载的作用下，拱顶的动土压力响应也较大，最大动土压力为 1.0349kPa，而其他部位则相对较小；但在 1%超越概率下，隧道的偏压作用又表现明显，依然是右边墙动土压力响应最大，最大动土压力值为 3.0636kPa（换算到原型中为 91.908kPa），是其他部位动土压力值的 2～3 倍。因此，山岭偏压隧道靠山侧的动土压力响应最大，较容易造成边墙侵限或张剪破坏。

(4) 在进行破坏性试验时，反复加载 1%超越概率的地震波后，尤其在最后几个工况，隧道 B-B'断面上各部位的动土压力都比较小，拱顶在 0.1kPa 左右，而其他部位在 0.05kPa 左右；主要由于隧道周边围岩在反复输入地震波后达到了累积破坏，形成了围岩松动圈，周边岩土体的特性发生了改变，所以隧道 B-B'断面上各部位的动土压力比较小。

2. 组合方向加载的动土压力响应分析

当各组合方向加载时，以人工波 No.2 相位不同方向加载 63%、10%、5%、1%超越概率下隧道 B-B'断面上不同部位的动土压力峰值为例进行分析，如表 7-11 所示。

表 7-11   No.2 相位不同强度和方向加载时隧道结构不同部位的动土压力峰值   （单位：kPa）

方向	超越概率/%	测点							
		拱顶（P1）		左边墙（P2）		右边墙（P3）		仰拱（P4）	
		模型	原型	模型	原型	模型	原型	模型	原型
XY 向	63	0.0745	2.235	0.0418	1.2540	0.1376	4.128	0.0335	1.005
	5	1.5282	45.846	0.3691	11.073	0.197	5.910	0.2256	6.768
	1	1.7887	53.661	0.6115	18.345	4.9373	148.119	0.7907	23.721
XZ 向	63	0.0953	2.859	0.0334	1.0020	0.177	5.310	0.0366	1.098
	10	0.0694	2.082	0.0249	0.7470	0.0299	0.897	0.0312	0.936
	1	1.6252	48.756	0.4955	14.8650	3.8958	116.874	0.6533	19.599
YZ 向	63	0.0482	1.446	0.0678	2.0340	0.2255	6.765	0.0312	0.936
	10	1.9672	59.016	0.3713	11.1390	2.5872	77.616	0.2653	7.959
	1	2.0620	61.860	3.3575	100.725	9.8155	294.465	1.6242	48.726
XYZ 向	63	0.0709	2.127	0.0422	1.266	0.1509	4.527	0.0252	0.756
	10	1.2462	37.386	0.3132	9.396	0.242	7.260	0.1844	5.532
	1	0.7658	22.974	0.4359	13.077	5.0517	151.551	0.8406	25.218

由表 7-11 可知：

(1)在 63%和 10%超越概率下，隧道 B-B′断面上最大动土压力出现在右边墙和拱顶，当右边墙动土压力最大时，拱顶次之，大于左边墙，仰拱最小，最大动土压力峰值为 2.5872kPa，换算到原型中为 77.616kPa；当拱顶动土压力最大时，左、右边墙和仰拱的动土压力响应较小，动土压力峰值在 0.3kPa 左右，拱顶最大动土压力值为 1.6252kPa，换算到原型中为 48.756kPa。

(2)在 5%和 1%超越概率下，隧道的偏压作用表现强烈，各组合方向加载时，整体为右边墙的动土压力响应最大，拱顶次之，大于左边墙，仰拱最小；随着输入地震加速度峰值的增大，隧道各部位的动土压力响应不断增大，右边墙的动土压力响应增大更加明显，与其他部位的差值进一步拉大；在 1%超越概率下，XY 向、XZ 向、YZ 向、XYZ 向各组合方向加载时，右边墙的最大动土压力峰值分别为：4.9373kPa、3.8958kPa、9.8155kPa、5.0517kPa，换算到原型中分别为 148.119kPa、116.874kPa、294.465kPa、151.551kPa；而其他部位的动土压力峰值相对较小，在 3.0kPa 以下；所以，山岭偏压隧道靠山侧的动土压力响应最大，易造成边墙侵限或张剪破坏。

(3)在各组合方向加载时，YZ 向和 XYZ 向加载的动土压力响应明显大于其他组合方向加载，主要是由于 Y 向垂直于隧道洞轴线加载时，输入地震波的方向和隧道偏压作用的方向一致，在动荷载的作用下，偏压效应表现明显，各部位的动土压力响应较大。而当 Z 向沿垂直于地面向上加载时，输入地震波的方向和围岩压力作用方向相反，在动荷载的作用下，拱顶的动土压力响应特别大，因此当这两个不利的加载方向进行组合加载时，隧道各部位的动土压力响应必然较大。对于偏压隧道来说，在水平 Y 向垂直于洞轴线和竖直 Z 向垂直于洞轴线同时输入地震波时，隧道结构所受到的动土压力较大，尤其是隧道靠山侧右边墙所受到的动土压力可达 9.8155kPa，换算到原型中为 294.465kPa，极易使右侧边墙产生变形、破坏，应重点加强支护。

(4)在同方向、同超越概率，不同地震波人工波 No.1、No.2 相位和神户波加载时，各方向的动土压力响应基本相同，神户波的动土压力值最大，No.2 相位次之，No.1 相位最小。当 XY 向和 XZ 向组合方向加载时，各部位的动土压力响应要小于 X 向和 Y 向两个单方向加载，而大于 Z 单方向加载；XYZ 组合方向加载时的动土压力响应要小于 Y 单方向加载，而大于 X 向和 Z 向两个单方向加载；而 Y 向和 Z 向这两个不利的加载方向进行组合 YZ 向加载时，隧道 B-B′断面上各部位的动土压力响应明显大于其他组合方向和单方向，因此对于山岭偏压隧道来说 YZ 组合方向为最不利的地震波入射方向。

7.5　隧道纵向不同进深地震动力响应分析

由于隧道结构为线性结构，轴线长度远远大于横向断面尺寸，而且往往隧道结构穿越了不同的地层和围岩结构，因此在地震动作用下从隧道进口到出口的地震动力响应是不一样的。结合隧道结构右边墙的加速度响应和拱顶动应变响应，重点分析隧道结构在洞口临空侧、洞身段靠山侧、围岩交界处和围岩支护参数变化处的动力响应规律，以期找到隧道结构在纵向轴线方向的抗震薄弱地段和部位，为今后的隧道抗减震设计提供依据。

7.5.1　隧道纵向不同进深加速度响应

虽然众所周知，在不同的埋深与不同的地质条件下隧道结构的地震动力响应是不同的，但对其作用机理和影响过程知之甚少。本节针对不同埋深、进深及不同地质条件下隧道结构纵向的加速度响应进行分析，从而得出随着隧道埋深、进深的增加和围岩类型的变化，对隧道结构加速度响应的影响规律。从模型隧道明洞段到第 8 节隧道(原型 K8+12.5 段)的隧道衬砌右边墙中部每隔 25cm 安置一个加速度传感器共 9 个，编号依次为：A1、A4、A6、A9、A11、A12、A13、A14、A15。量测模型长度为 212.5cm，换算到原型中为 85m；模型隧道埋深从洞门 0~155cm，原型埋深从洞门 0~62m，如表 7-12 所示；隧道穿越了 V 和 IV 级两种围岩，第 2~3 节隧道 K2+0~25~K3+0~25 段为围岩质量变化段，并在第 6 节隧道 K6+0~25 段取消了锚杆支护，设置减震层，以研究减震层的减震效果。

表 7-12　隧道衬砌右边墙监测点位编号及埋深和进深情况

测点编号	明洞段(A1)	第 1 节隧道(A4)	第 2 节隧道(A6)	第 3 节隧道(A9)	第 4 节隧道(A11)	第 5 节隧道(A12)	第 6 节隧道(A13)	第 7 节隧道(A14)	第 8 节隧道(A15)
模型进深/cm	12.5	37.5	62.5	87.5	112.5	137.5	162.5	187.5	212.5
原型进深/m	5	15	25	35	45	55	65	75	85
模型埋深/cm	0	37.5	50.0	62.5	75.0	100.0	112.5	127.5	155.0
原型埋深/m	0	15	20	25	30	40	45	51	62

1. 单方向加载的加速度响应分析

图 7-25 给出了 1%超越概率下不同地震波加载时隧道结构右边墙的加速度响应峰值和变化趋势。

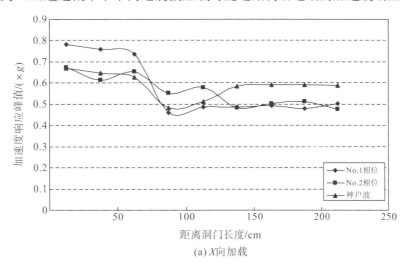

(a) X向加载

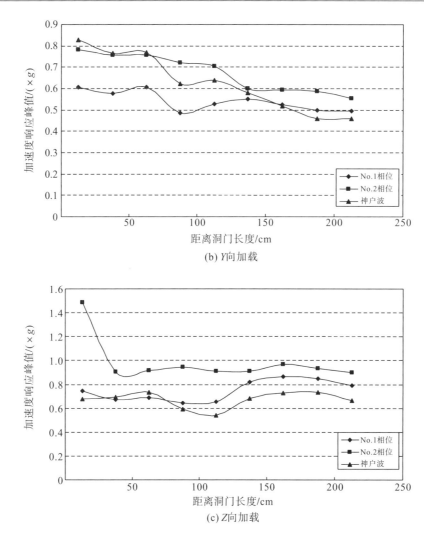

(b) Y向加载

(c) Z向加载

图 7-25 不同地震波和方向加载时隧道加速度响应随不同进深的变化

图 7-26 给出了神户波不同超越概率和不同加载方向加载时隧道右边墙不同进深的加速度响应峰值和变化趋势。

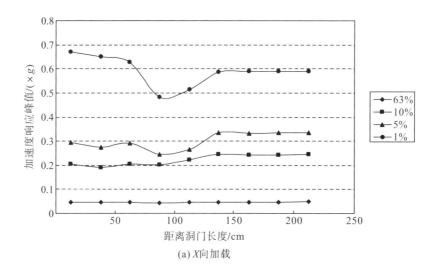

(a) X向加载

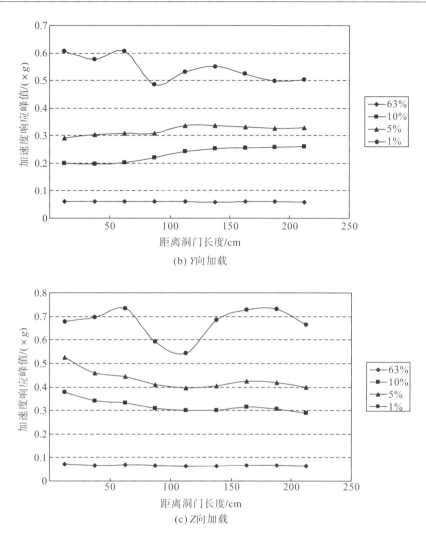

图 7-26　不同超越概率地震波加载时隧道加速度响应随不同进深的变化

在 X 向、Y 向、Z 向三个单方向加载时,通过对不同埋深与不同地质条件下隧道结构的加速度响应进行分析,主要得出以下结论。

(1) 从整体来看,人工波 No.1、No.2 相位和神户波加载时的加速度响应规律基本相同,但神户波加载时的加速度峰值最大,No.2 相位次之,No.1 相位相对小些。同时,在不同的加载方向下,X 向加载的响应规律和 Y 向加载时较为相似,而与 Z 向加载有所不同,并且 Z 向加载的加速度响应峰值最大,Y 向加载时次之,X 向加载时相对小些。

(2) 当 X 向和 Y 向加载时,在不同的地震波和不同的超越概率下,各测点加速度响应曲线的变化趋势相似,尤其在 1%超越概率下,隧道衬砌的加速度响应较大,响应规律也比较明显:随着隧道埋深和进深的增加,衬砌的加速度响应峰值逐渐减小,且趋于平稳;从明洞段到第 2 节隧道(进深 75cm、埋深 56.25cm)Ⅴ级围岩浅埋段,右边墙的加速度峰值最大,加速度峰值在 $0.6g \sim 0.9g$;随后从第 2~4 节隧道(进深 75~137.5cm、埋深 56.25~100.0cm)Ⅳ级围岩前段,右边墙的加速度响应明显减小,但加速度峰值依然较大,在 $0.5g \sim 0.7g$;在第 4 节隧道(进深 137.5cm、埋深 100.0cm)以后,右边墙的加速度峰值逐渐平稳,加速度峰值基本在 $0.4g \sim 0.5g$。因此,在黄草坪 2 号隧道原型中,从洞门到进洞 30m(埋深 25m)Ⅴ级围岩浅埋段衬砌的加速度响应最大,是抗震设防的重点地段;从进洞 30~50m(埋深 25~40m)Ⅳ级围岩前段衬砌的加速度响应明显减小,但加速度峰值依然较大,是抗震设防的次重点地段;而在进洞 50m(埋深 40m)以后衬砌的加速度响应逐渐趋于平稳,按常规的抗震设防等级。

(3)当 Z 向加载时，在 63%、10%、5%超越概率下右边墙的加速度响应与 X 向和 Y 向加载时基本一致，响应曲线先下降逐渐平稳，然后略有上升；随着隧道埋深和进深的增加，明洞段到第 4 节隧道(原型中进深为 0～50m，埋深为 0～40m)右边墙 A1～A9 测点的加速度响应逐渐减小，并在Ⅴ级和Ⅳ级围岩交界处附近第 2 节隧道 A6 测点的加速度响应有增大趋势；随后各测点的加速度响应逐渐减小趋于平稳，而在第 6 节隧道 A13 测点，由于取消了锚杆支护，增设了减震层，改变了围岩的支护参数，衬砌加速度有一定的增大。但在 1%超越概率下，由于输入加速度峰值较大，为 0.714g，围岩质量和支护参数的变化对衬砌加速度响应的影响更加明显，所以在第 2 节隧道和第 6 节隧道的加速度响应峰值较大，为 0.73g 左右，使得隧道衬砌的加速度响应曲线呈非线性变化趋势，而随埋深和进深的变化趋势不明显。因此，当地震波从垂直隧道轴线竖向(Z 向)入射时，在隧道洞身段的加速度响应依然可能较大，也容易造成衬砌结构的破坏。

(4)在不同的地震波、不同的地震动强度及不同的加载方向下，由于受到洞口放大效应的影响，隧道明洞段的加速度峰值均最大；在 1%超越概率下，X 向、Y 向、Z 向三个方向加载时，明洞段衬砌的加速度响应最大峰值分别为 0.7826g、0.8296g、1.4211g，较容易产生破坏，应该重点抗震设防。同时，在第 2 节隧道和第 6 节隧道，围岩质量和支护参数发生变化段的加速度响应也较大；在 1%超越概率下，X 向、Y 向、Z 向三个方向加载时，第 2 节隧道右边墙的加速度响应最大峰值分别为 0.7366g、0.7685g、0.919g；第 6 节隧道右边墙的加速度响应最大峰值分别为 0.5902g、0.7685g、0.8643g，也容易造成隧道衬砌的破坏；因此，在地震动的作用下，虽然隧道结构沿洞轴线的加速度响应，随埋深和进深的增加而逐渐减小，但由于受到围岩质量、隧道结构形式和围岩支护参数变化等因素的影响，这些地段的加速度响应依然可能较大，也容易造成隧道结构的破坏，所以在隧道抗震设防时也应该重点设防。

2. 组合方向加载的加速度响应分析

当组合方向加载时，在 X 向、Y 向、Z 向三个方向的响应加速度峰值中，不仅其加载方向的加速度响应较大，而且非加载方向的加速度响应也较大，尤其在 XY 向加载时，Z 向的加速度响应也较大，响应峰值甚至超过了 X 向和 Y 向的响应峰值，称为"筛豆子效应"，也应该引起足够的重视；因此，当组合方向加载时，将三个方向上的加速度响应峰值都进行了整理和分析。当各组合方向加载时以人工波 No.2 相位不同方向加载时，63%、10%、5%、1%超越概率下隧道衬砌不同进深的加速度响应为例进行分析，如图 7-27～图 7-30 所示。

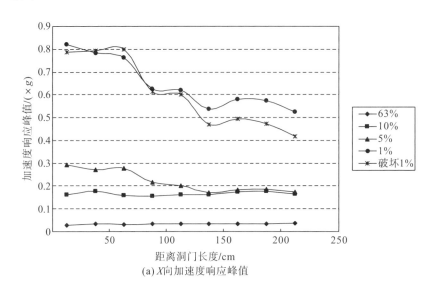

(a) X 向加速度响应峰值

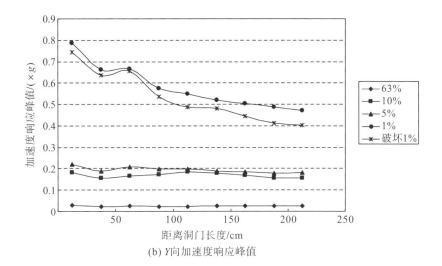

(b) Y 向加速度响应峰值

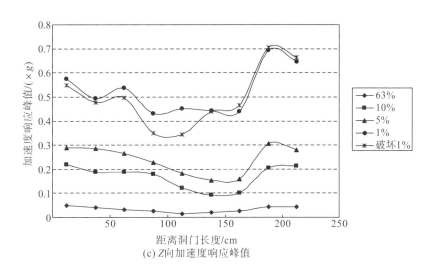

(c) Z 向加速度响应峰值

图 7-27　XY 向加载时隧道不同响应方向加速度峰值随进深变化

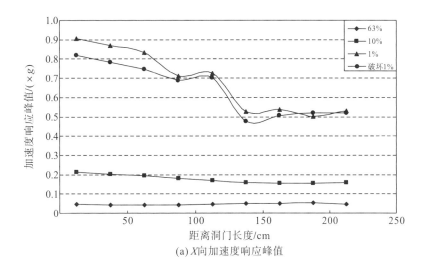

(a) X 向加速度响应峰值

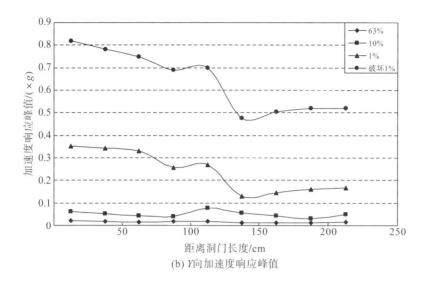

(b) Y向加速度响应峰值

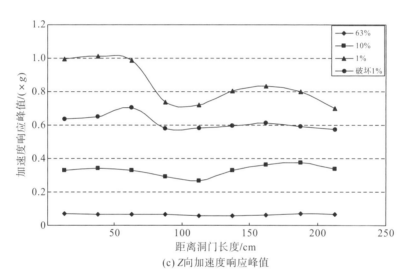

(c) Z向加速度响应峰值

图 7-28　XZ 向加载时隧道不同响应方向加速度峰值随进深变化

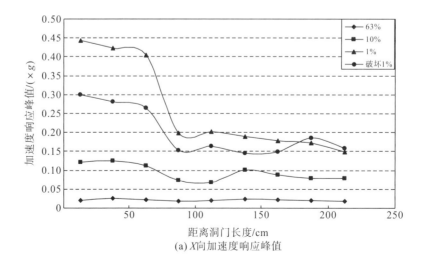

(a) X向加速度响应峰值

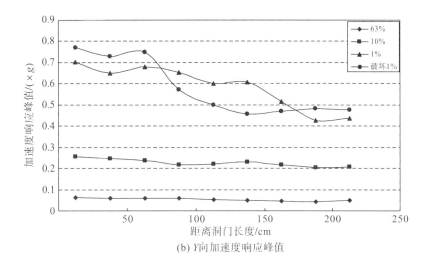

(b) Y向加速度响应峰值

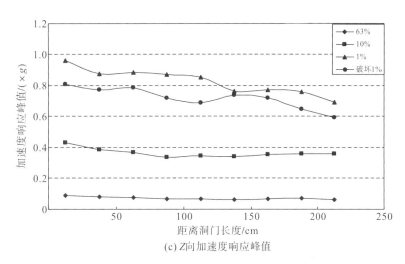

(c) Z向加速度响应峰值

图 7-29　YZ 向加载时隧道不同响应方向加速度峰值随进深变化

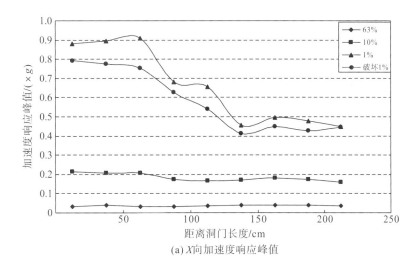

(a) X向加速度响应峰值

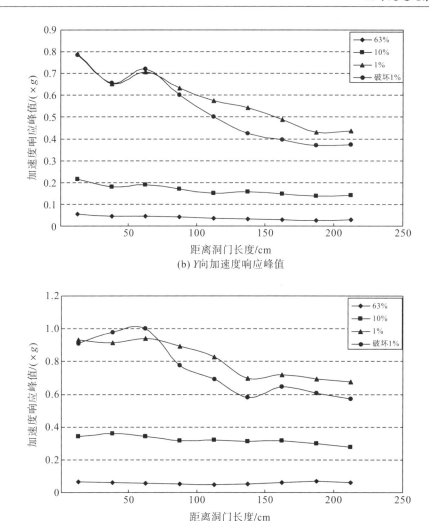

图 7-30　XYZ 向加载时隧道不同响应方向加速度峰值随进深变化

在 XY 向、XZ 向、YZ 向、XYZ 向四个组合方向加载时，组合方向加载的加速度响应比单方向加载的加速度响应更加强烈，响应加速度峰值也更大，对隧道结构各测点部位的破坏也更严重，当地震波入射的方向不同时，其隧道衬砌的加速度响应也有所不同。

(1)在各组合方向加载时，对于不同的响应方向来说，Z 向的加速度响应最为强烈，加速度响应峰值最大。在 XY 向水平面加载时，在各超越概率下 Z 向的加速度响应也较大，"筛豆子效应"较明显，尤其在隧道洞门、明洞段、Ⅴ级围岩浅埋段和洞身后缘边界段，其加速度响应峰值甚至超过了 X 向和 Y 向。

(2)在各组合方向加载的加速度响应规律，受不同地震波的影响不大，而受加载方向和地震波强度的影响较大。各组合方向加载时，YZ 向和 XYZ 向加载的加速度响应较大，XZ 向和 XY 向加载时加速度响应相对小些。对于不同的地震波强度，在 63%超越概率下，由于输入地震波加速度峰值较小，仅 0.052g，隧道衬砌的加速度响应随埋深和进深的增加影响不大，加速度响应曲线基本呈水平，加速度峰值相差不大，各测点峰值在 0.1g 以下，对隧道结构不产生破坏性影响；随着超越概率的减小，输入地震波加速度峰值的增大，各测点的加速度响应逐渐加大，加速度响应规律也更加明显，尤其在 1%超越概率和破坏性试验时，隧道洞门、明洞段、Ⅴ级围岩浅埋段和围岩交界处的加速度峰值增大明显，容易引起隧道衬砌的破坏。

(3)当 XY 向加载时，明洞段到第 2 节隧道(原型中进深为 0～30m、埋深为 0～25m)A1～A6 测点的加速度响应峰值较大，Ⅴ级和Ⅳ级围岩交界处附近第 2 节隧道 A6 测点的加速度响应有增大趋势；最大加速度峰值分别为 0.8206g、0.7855g、0.7619g；随后各测点的加速度响应逐渐减小，从第 4 节隧道 A11 测点(原型中进深为 50m、埋深 40m)以后，右边墙的加速度响应趋于平稳；但在第 6 节隧道衬砌加速度响应略有小幅增大；主要是由于在隧道洞口段的加速度放大效应造成了明洞段和 V 级围岩浅埋段的加速度响应较大，而围岩质量的变化导致了第 2 节隧道附近 A6 测点的加速度峰值有突然增大趋势，并且在第 6 节隧道取消了锚杆支护，增设了减震层，改变了围岩的支护参数，衬砌加速度有一定的增大。同时，Z 向的整体加速度响应也较大，由于"筛豆子效应"造成隧道洞口明洞段、围岩质量和支护参数变化段以及洞身后缘边界段的加速度响应峰值较大，尤其在洞身后缘段第 7、8 节隧道 A14、A15 测点的加速度响应明显增大，加速度峰值最大，分别为 0.6938g 和 0.6458g，超过了 X 向和 Y 向该点的加速度响应峰值，说明在隧道洞身段的加速度响应依然可能较大，也容易造成衬砌的破坏，设计中应引起注意。

(4) 当 XZ 向加载时，Z 向的加速度响应最明显，加速度峰值也最大，X 向的加速度响应和加速度响应峰值次之，Y 向的加速度响应最小，加速度峰值只有 Z 向的 1/6～1/5，可以忽略。综合各方向的加速度响应，明洞段、V 级围岩浅埋段和围岩交界处的测点 A1、A4、A6 的加速度响应较大，最大加速度响应峰值分别为 0.9975g、1.0132g、0.9887g；但也有部分工况下，围岩交界处 A6 测点的加速度响应峰值较大，为 1.0597g，大于其他测点；在第 3 节隧道(原型中进深为 30m、埋深为 25m)A9 测点的加速度响应下降较多，加速度峰值在 0.8g 左右；而后各测点的加速度响应在逐渐减小，到第 5 节隧道(原型中埋深为 50m、埋深为 40m)A12 测点以后，各测点的加速度峰值趋于平稳，加速度响应峰值在 0.7g 左右。因此，隧道洞门、明洞段、V 级围岩浅埋段和围岩交界处加速度响应非常大，最容易产生破坏，应重点加强支护参数。

(5) 当 YZ 向加载时，Z 向的加速度响应最明显，加速度响应峰值也最大，Y 向的加速度响应和峰值次之，X 向的加速度响应最小，加速度峰值只有 Z 向的 1/5～1/4，可以忽略。综合各方向的加速度响应，也是明洞段、V 级围岩浅埋段和围岩交界处的测点 A1、A4、A6 的加速度响应非常大，最大加速度峰值分别为 0.9604g、0.8769g、0.8847g，而后各测点的加速度响应在逐渐减小，在第 3 节隧道(原型中进深为 30m、埋深为 25m)A9 测点的加速度响应下降明显，加速度响应峰值在 0.5g 左右，到第 5 节隧道(原型中埋深为 50m、埋深为 40m)A12 测点及以后的各测点加速度响应峰值趋于平稳，加速度响应峰值相差不大，在 0.4g 左右，洞身后缘段边界响应的影响不大；但也有部分工况下，明洞段和围岩交界处的加速度响应特别大，明洞段 A1 测点的最大加速度响应峰值为 1.4970g，围岩交界处 A6 测点的最大加速度响应峰值为 1.0009g，因此这些地段隧道衬砌较容易产生破坏，应重点加强支护参数。

(6) 当 XYZ 向加载时，Z 向的加速度响应最强烈，加速度峰值也最大，X 向和 Y 向的加速度响应较为接近，加速度响应规律与各单方向加载时较相似；综合各方向的加速度响应，在围岩交界处的加速度响应较大，甚至超过了明洞段和 V 级围岩浅埋段，明洞段、V 级围岩浅埋段和围岩交界处的响应加速度响应峰值呈上升趋势，最大加速度响应峰值分别为 0.9309g、0.9149g、0.9288g，而后各测点的加速度响应在逐渐减小；在第 5 节隧道(原型中埋深为 50m、埋深为 40m)A12 测点以后趋于平稳；但在第 6 节隧道取消了锚杆支护，增设了减震层，改变了围岩的支护参数，衬砌加速度有一定的增大。

(7) 在组合方向加载下综合隧道衬砌各方向加速度响应规律可知，隧道洞门、明洞段、V 级围岩浅埋段和围岩交界处加速度响应非常大，最容易产生破坏，应重点加强支护参数，并且在围岩支护参数发生变化地段也应引起重视。将模型试验结果反算到黄草坪 2 号隧道原型中可知，从洞门到进洞 30m V 级围岩浅埋段各测点的加速度响应峰值最大，隧道结构最容易产生破坏，是抗震设防的重点地段；从进洞 30～50m(埋深 25～40m)IV 级围岩前段各测点的加速度峰值虽然明显减小，但加速度响应峰值依然较大，是抗震设防的次重点地段，支护参数不应太弱；而在进洞 50m(埋深为 40m)以后各测点的加速度峰值逐渐趋于稳定，可以按照常规的抗震设防等级，这与单方向加载时所得到的规律基本一致。

7.5.2 隧道纵向不同进深动应变响应

在隧道拱顶内侧从明洞段到第 8 节衬砌 K8+12.5 段每隔 25cm 安装了沿轴线方向的应变片共 8 片，依次为 G1、G3、G11、G12、G26、G27、G30、G36；量测模型长度为 225cm，换算到原型中为 90m；隧道埋深从洞门 0～150cm，原型埋深从洞门 0～60m，隧道纵向包括洞口明洞段、V 级围岩段和Ⅳ级围岩段等。

1. 单方向加载的动应变响应分析

1）在同一超越概率不同地震波的动应变幅值变化

图 7-31 给出了 1%超越概率下不同地震波和不同方向加载时隧道衬砌拱顶纵向动应变幅值和变化趋势。在同一超越概率下，No.1、No.2 相位和神户波加载时，各方向的动应变响应基本相同，No.2 相位和神户波的动应变幅值相对较大，No.1 相位最小；在 X 向、Y 向、Z 向三个单方向加载时，Y 向加载的动应变响应和幅值最大，X 向次之，Z 向最小；X 向和 Y 向的动应变响应相似，Z 向有一定不同。

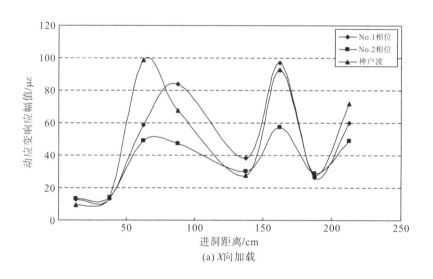

(a) X 向加载

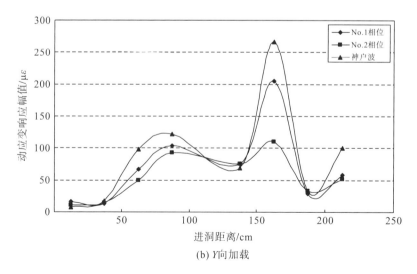

(b) Y 向加载

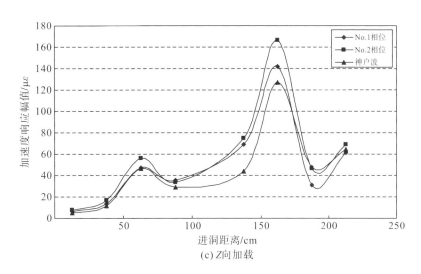

图 7-31　不同单方向加载时隧道拱顶不同进深纵向动应变响应变化

当 X 向加载时，拱顶动应变响应曲线呈两重起伏下降趋势，并出现了两个明显的动应变峰值。从明洞段到第 3 节隧道的动应变响应逐渐增大，在第 2～3 节隧道Ⅴ级围岩和Ⅳ级围岩的交界段附近动应变响应较大，第 1 个动应变峰值在第 2、3 节隧道交替出现，最大动应变幅值为 98.814με；随后第 4～5 节隧道的动应变响应逐渐减小；第二个动应变峰值出现在第 6 节隧道，最大动应变幅值为 97.0175με，主要是由于在第 6 节隧道改变了围岩的支护参数，并增加了减震层，对第 6 节隧道的加速度响应有一定的放大作用，故拱顶的动应变响应也随之增大；而后第 7 节隧道的动应变响应相对较小；但随着围岩压力的增大，第 8 节隧道的动应变响应又有所增大，最大动应变幅值为 71.8648με。

Y 向加载时，拱顶的动应变响应与 X 向加载时基本一致，响应曲线呈两重起伏下降趋势，并出现了两个明显的动应变峰值；但拱顶的动应变响应幅值明显大于 X 向加载时，最大动应变响应峰值约为 X 向加载时的 1 倍。第 2～3 节隧道的拱顶动应变响应依然较大，第一个动应变峰值出现在第 3 节隧道，动应变响应峰值为 121.6311με；第二个动应变峰值依然出现在第 6 节隧道（G27 测点），最大动应变幅值为 266.439με；从动应变响应曲线的变化趋势来看，第 6 节隧道 G27 测点的动应变响应峰值约为其他测点的一倍以上；从而说明围岩支护参数的变化和减震层的放大作用对隧道结构的动应变影响较大，在隧道抗减震设计中应特别注意。

当 Z 向加载时，拱顶动应变响应曲线变化的趋势与 X 向、Y 向加载时略有不同，且动应变响应幅值和峰值明显小于 X 向、Y 向加载时；从明洞段到第 6 节隧道呈非线性上升趋势，并在第 6 节隧道达到动应变峰值后逐渐减小，但在第 7～8 节隧道拱顶动应变响应又有所增加，如图 7-46 所示。第一个动应变峰值出现在第 2 节隧道，但动应变响应较小，峰值为 56.4139με；第二个动应变峰值依然出现在第 6 节隧道（G27 测点），最大动应变幅值为 166.7264με；但洞身后缘段第 8 节隧道动应变响应又有所增大，最大动应变幅值为 68.9903με，可能是由于围岩压力较大或边界效应的影响。

2）同一地震波不同超越概率的动应变幅值变化

在同一地震波不同超越概率下，隧道拱顶纵向动应变响应规律比较明显，响应曲线变化趋势较一致，且动应变响应幅值随着输入地震波加速度峰值的增大而增大。图 7-32 给出了在 X 向、Y 向、Z 向三个不同方向上加载时 63%、10%、5%、1%超越概率下隧道拱顶不同进深纵向动应变响应峰值和变化趋势。表 7-13 列出了不同强度和方向的神户波加载时隧道拱顶的动应变峰值出现的地段和大小。

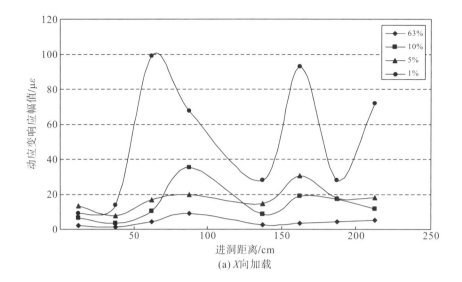

(a) X向加载

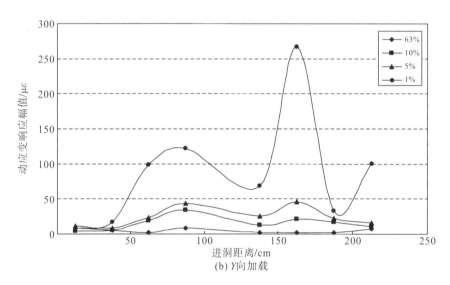

(b) Y向加载

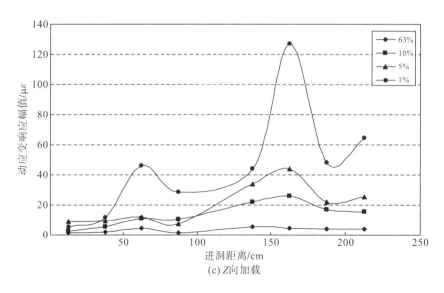

(c) Z向加载

图 7-32　不同超越概率加载时隧道拱顶不同进深纵向动应变响应变化

表 7-13　神户波不同超越概率下不同方向加载时隧道拱顶动应变峰值比较　　　　　　　（单位：με）

方向	峰值	超越概率							
		63%		10%		5%		1%	
		地段	峰值	地段	峰值	地段	峰值	地段	峰值
X 向	第一个峰值	G12	9.1628	G12	35.2138	G12	19.9425	G11	98.8140
	第二个峰值	G27	3.4136	G27	19.0441	G27	30.3629	G27	92.7056
Y 向	第一个峰值	G12	8.0847	G12	34.3155	G12	44.0172	G12	121.6311
	第二个峰值	G27	2.3356	G27	21.9187	G27	46.5325	G27	266.4355
Z 向	第一个峰值	G11	4.4915	G11	10.7797	G11	12.2170	G11	46.1732
	第二个峰值	G27	4.8237	G27	26.0510	G27	44.1969	G27	127.0210

在 X 向、Y 向、Z 向三个不同方向上加载时的动应变响应曲线变化趋势与 1%超越概率下的响应曲线基本一致，呈两重起伏下降趋势，出现了两个明显的动应变峰值；第一个动应变峰值在第 2～3 节隧道 V 级围岩和Ⅳ级围岩的交界段附近，即 G11 和 G12 测点交替出现，最大动应变峰值为 121.6311με，主要是由于在围岩质量发生变化段，围岩和隧道的地震加速度响应较大，衬砌容易产生环向和斜向位移和裂损，故衬砌的动应变响应出现峰值；第二个动应变峰值出现在第 6 节隧道，最大动应变峰值为 266.4355με，在第 6 节隧道段取消了锚杆支护，并在二衬外表面包裹了聚乙烯泡沫减震层，围岩支护参数发生了变化，所以动应变响应较大，并且减震层对隧道二衬的加速度响应有一定的放大效应，从而导致了动应变响应峰值较大。另外，在加载方向不同时，其第一、二个动应变峰值的相对大小也不同。当 X 向加载时，第一、二个动应变峰值相差不大，第一个峰值大于第二个峰值 10%左右；当 Y 向、Z 向加载时，第二个动应变峰值明显大于第一个峰值，约为第一个峰值的 1～3 倍；从而说明取消锚杆支护和增设减震层对隧道衬砌的动应变响应的放大作用较明显。

综上所述，在 X 向、Y 向、Z 向三个单方向加载时，隧道拱顶纵向动应变响应，随埋深的增加、围岩压力的加大而逐渐增大，但由于围岩类型复杂多变、节理裂隙发育不均、支护参数变化不一等因素的影响，使得部分地段隧道拱顶加速度响应突增，隧道结构的应力应变起伏变化，同时洞口放大效应和边界效应也有一定的影响，因此隧道拱顶的动应变响应呈非线性变化趋势，主要得出以下结论。

(1)在各超越概率下从各方向加载时，拱顶纵向应变片的动应变响应，受不同地震波的影响不大，而不同地震波强度有一定的影响，主要受加载方向的影响较大；并且在同一超越概率下以不同地震波加载时，各地震波的动应变响应规律基本一致，但 No.2 相位和神户波的动应变幅值相对较大，No.1 相位相对小些。

(2)当 63%超越概率加载时，由于输入地震波加速度较小，仅为 0.052g，在 X 向、Y 向、Z 向三个方向加载时，拱顶纵向动应变响应较小，最大动应变响应幅值在 10με以下，对隧道结构基本不产生破坏性的影响。当在 10%、5%和 1%超越概率加载时的动应变响应规律基本一致，并随着输入地震加速度峰值的加大，拱顶动应变响应峰值增加明显，最大动应变幅值可达 266.439με(换算到原型中为 399.659με)；但在隧道结构进入非线性破坏后，其响应规律又有一定的不同。

(3)在 X 向、Y 向、Z 向三个不同方向上加载时，拱顶的纵向动应变响应曲线变化趋势较一致，呈两重起伏下降趋势，并出现了两个明显的动应变响应峰值；第一个动应变峰值在第 2～3 节隧道 V 级围岩和Ⅳ级围岩的交界段附近，即 G11 和 G12 测点交替出现，最大动应变峰值为 121.6311με(换算到原型中为 148.221με)，主要是由于在围岩质量发生变化段，围岩和隧道的地震加速度响应较大，衬砌容易产生斜向和横向位移和裂损，故衬砌的动应变响应出现峰值；第二个动应变峰值出现在第 6 节隧道，最大动应变峰值为 266.4355με(换算到原型中为 399.659με)，在第 6 节隧道段取消了锚杆支护，并在二衬外表面包裹了聚乙烯泡沫减震层，围岩支护参数发生了变化，所以动应变响应较大，并且减震层对隧道二衬的加速度响应有一定的放大效应，从而导致了动应变响应峰值较大。

(4)当 Y 向水平垂直于隧道轴线方向加载时，拱顶纵向动应变响应最大，最大动应变峰值达 266.439με，且整体动应变响应幅值明显比 X 向、Z 向加载时大；从而说明在 Y 向即水平横向垂直于隧道轴线方向入射地震波时，隧道衬砌纵向动应变响应较大，容易产生环向和斜向的裂损。

2. 组合方向加载的动应变响应分析

当各组合方向加载时，以 No.2 相位不同方向加载，在 63%、10%、5%、1% 超越概率下隧道拱顶不同进深纵向动应变响应为例进行分析，如图 7-33 所示。

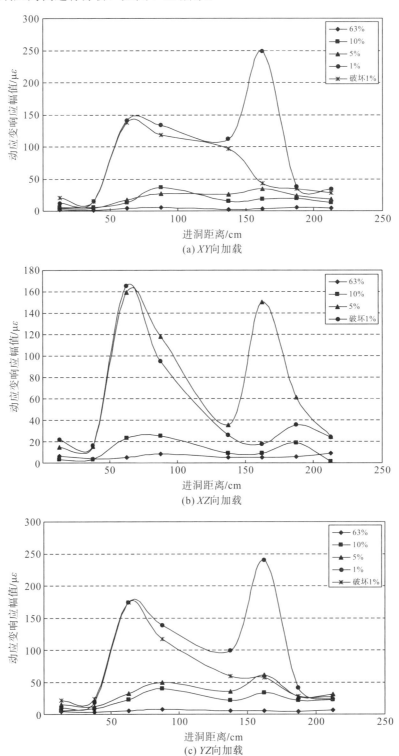

(a) XY 向加载

(b) XZ 向加载

(c) YZ 向加载

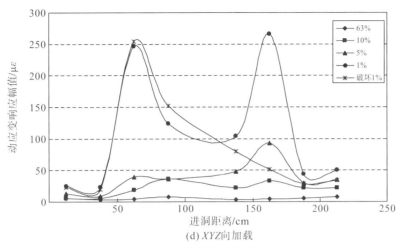

(d) *XYZ* 向加载

图 7-33　不同组合方向加载时隧道拱顶不同进深纵向动应变响应变化

图 7-34 和图 7-35 给出了人工波 No.2 相位 1% 超越概率和破坏性试验时各组合方向拱顶纵向动应变响应变化趋势。各组合方向加载时拱顶的动应变响应变化趋势较一致，但在 *YZ* 向和 *XYZ* 向组合方向加载时，拱顶纵向动应变响应最大，最大动应变峰值分别为 255.659με 和 266.0796με，比其他组合方向加载时大，说明在 *YZ* 向和 *XYZ* 向组合方向入射地震波时，隧道衬砌容易产生环向和斜向的裂缝，是较为不利的地震入射方向。

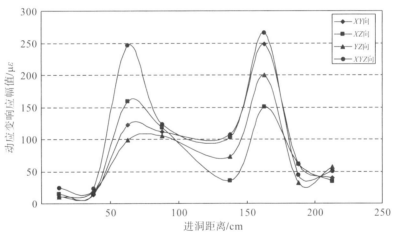

图 7-34　No.2 相位 1% 超越概率各组合方向加载时隧道拱顶纵向动应变响应变化

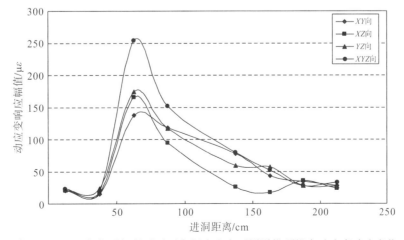

图 7-35　No.2 相位破坏性试验时各组合方向下隧道拱顶纵向动应变响应变化

在 XY 向、XZ 向、YZ 向、XYZ 向四个组合方向加载时，隧道拱顶纵向动应变响应明显大于 X 向、Y 向、Z 向三个单方向加载时，动应变响应曲线的变化趋势较相似，由于受到围岩质量、支护参数的变化以及增设减震层的影响较大，隧道拱顶的动应变响应随埋深和进深的变化不明显，主要得出以下结论。

(1)隧道拱顶纵向动应变响应，受加载超越概率和输入地震波加速度峰值的影响较大，在不同的地震动强度下，隧道衬砌拱顶纵向动应变响应分为三个阶段：在 63%、10%、5%超越概率下，拱顶纵向动应变响应的峰值较小(在 62με以下)，隧道结构处于弹性变形阶段；在 1%超越概率下，拱顶纵向动应变响应增大明显，动应变峰值达 200με以上，隧道结构处于弹塑性变形阶段；在破坏性试验时，随着反复加载1%超越概率地震波的次数增加，拱顶的动应变响应逐渐减小，具有明显的卸荷特征，所以隧道结构已进入了非线性破坏阶段，这与隧道衬砌的加速度响应和动应变响应基本一致；因此，在第一次输入 1%超越概率的地震波时，隧道结构处于弹性和塑性破坏的临界状态。

(2)在 63%、10%、5%、1%超越概率下，拱顶整体动应变响应较一致，动应变响应曲线呈两重起伏下降趋势，并在第 2～3 节隧道 V 级围岩和IV级围岩交界段和第 6 节隧道围岩支护参数变化段，出现了两个明显的动应变响应峰值，说明围岩质量、支护参数的变化，以及增设减震层，对隧道衬砌的动应变响应影响较大。

(3)在破坏性试验时，拱顶动应变响应曲线呈先上升后下降趋势，仅在第 2 节隧道 V 级围岩和IV级围岩交界段附近出现一个动应变峰值，而后从第 3 节隧道开始拱顶动应变响应逐渐减小，在第 6 节隧道围岩支护参数变化段拱顶动应变响应变化不大，并且在第 7～8 节隧道动应变响应逐渐趋于稳定；从而说明在反复加载 1%超越概率地震波后，减震层已被损坏，对隧道二衬的加速度和动应变响应的放大作用基本消失，所以第 6 节隧道拱顶动应变响应恢复正常。

(4)各组合方向加载时拱顶的动应变响应变化趋势较一致，但在 YZ 向和 XYZ 向组合方向加载时，拱顶纵向动应变响应最大，最大动应变峰值分别为：255.659με和 266.0796με(换算到原型中分别为 383.489με和 399.119με)，比其他组合方向加载时大；说明 YZ 向和 XYZ 向组合方向加载地震波时，隧道衬砌容易产生环向和斜向的裂缝，是较为不利的地震入射方向。

7.6 本章小结

(1)对于隧道与围岩的加速度放大效应，在竖向上地震波由模型底部传递到坡面时被不断放大，随着距离地表越近，其加速度响应和加速度放大系数不断增大，加速度放大系数曲线呈逐渐上升趋势，边坡表面和地表的地震动力响应最大；并且随着地震动强度的增加，各测点的加速度放大系数逐渐减小；围岩内部的加速度放大系数一般都小于 1，加速度放大效应不明显；但隧道结构上的加速度放大系数基本上大于 1，隧道结构的存在对周边围岩的加速度响应有一定的放大作用。在横向上，由于隧道结构和周边围岩同处于模型中心部位，各测点的加速度响应和放大系数相差不大，并且由于隧道结构的刚度大于周边围岩，故加速度响应和放大系数略大些；同时由于受到偏压效应的影响，靠山侧的围岩和隧道结构的加速度响应和放大系数较大；但在不同的地震波入射方向和不同的地震动强度下各测点的加速度放大系数变化趋势又有所不同。

(2)模型系统频谱特性的变化表征了隧道及围岩的相互动力作用及变形破坏过程，在不同的地震波强度作用下，通过 FFT 变换，得到了隧道不同部位及周边围岩的加速度响应傅氏谱，对比分析得出：在 63%超越概率地震波加载完成以后，模型系统隧道与围岩的特性变化不大，与初始的系统特性较相似，卓越频率在 30～35Hz 高频率段，且 5Hz 低频率段的响应也相对较明显；随着地震动强度的加大，反复加载次数的增多，模型系统的特性有一定的改变。尤其在 1%超越概率地震波加载完成以后，模型系统响应的傅氏谱特性变化较大，系统响应的频率段明显变宽，隧道结构和周边围岩的卓越频率均在 20～40Hz 中高频率段，且在 35～40Hz 高频率段的傅氏谱值最大，能量最强，响应也最明显；说明在 1%超越概率地震波加载完成以后，模型系统特性有较大的改变，即隧道和围岩受到较大的破坏，这与试验后模型开挖检查的结果一致。隧道结构拱顶、仰拱、左右边墙的加速度响应和频率组成与相位基本一致，只存在峰值上的差别，表明单节隧道衬砌的整体运动性较强；隧道结构与周边围岩的加速响应基本一致，故可判断隧道-围岩结合紧密，整体性较好；并且围岩从坡体内向坡面延伸的过程中，加速度傅氏谱的高频成分逐渐增加，表明越靠近坡面其加速度放大效应越明显。

(3)随着模型围岩深度的增加，其加速度响应和峰值在逐渐减小，响应曲线呈逐渐下降趋势，同时由于受到隧道结构的影响，在靠近隧道附近的加速度响应峰值下降趋势明显减缓，响应曲线呈非线性下降趋势，这说明隧道结构的存在影响了地震波在岩土体中的传播特性，对隧道附近岩土体的加速度响应有一定的放大效应；并且在组合方向动力加载时，隧道结构对围岩动力响应的影响一般发生在加载方向，但部分工况下，在没有加载方向的加速度响应依然较大，如 YZ 向加载时，在 Y 向和 Z 向的加速度响应较大，而在 X 向的加速度响应峰值也较大，甚至超过了 Y 向和 Z 向，本书将这种动力响应现象称之为"筛豆子效应"。

(4)对于隧道及周边围岩加速度响应的相对大小，在 63%超越概率下，基本上是隧道结构的加速度响应大于周边围岩，而在 1%超越概率下，却是周边围岩的加速度响应大于隧道结构；说明随着超越概率的减小，输入地震波加速度峰值的增大，隧道周边围岩的破坏先于隧道结构，在隧道结构还未出现破坏时，隧道周边围岩已开始产生裂缝和挤压变形破坏，而在隧道结构出现裂缝或挤压破坏时，隧道周边围岩的破坏已经非常严重。因此，在进行震后隧道的修复时，不仅要注意对隧道结构的加固和补强，而且还应该提高隧道周边围岩的强度，建议可采用注浆充填震后围岩裂隙以提高围岩完整性及强度。各组合方向加载时，Z 向的响应受不同地震波和不同地震波强度的影响较小，对于隧道结构，右侧边墙的加速度响应大于左侧边墙，即 $a_9>a_8$；对于围岩，右侧围岩的加速度响应大于左侧围岩，即 $a_{17}>a_{16}$；由于右侧边墙为靠山侧，埋深从左到右逐渐增大，围岩压力也逐渐增加，且受到动载和偏压的作用，总体上 Z 向的加速度响应峰值从右到左呈逐渐减小趋势，即 $a_{17}>a_9>a_8>a_{16}$。

(5)在不同的地震动强度加载时，63%、10%、5%、1%超越概率的地震动力响应较一致，响应规律也较明显，但在进行破坏性试验时，反复加载 1%超越概率的地震波并加大了输入地震波加速度峰值后(最大输入加速度峰值达 1.0g)，隧道结构上不同部位的加速度、动应变和动土压力响应，随着反复加载 1%超越概率地震波次数的增加而逐渐减小，呈明显的卸荷特征，因此可以初步判定隧道结构在第一次加载1%超越概率的地震波后，进入了非线性阶段或动应变累积破坏阶段。

(6)在不同的地震波入射方向加载时，隧道结构上的地震动力响应也不同，尤其在 Y 向、Z 向和 YZ 向加载时隧道结构上的加速度、动应变和动土压力响应都较大，主要是由于 Y 向垂直于隧道洞轴线加载时，输入地震波的方向和隧道偏压作用的方向一致，在动荷载的作用下，偏压效应表现明显；而当 Z 向沿垂直于地面向上加载时，输入地震波的方向和围岩压力作用方向相反，在动荷载的作用下，拱顶的动力响应特别大；因此当这两个不利的加载方向进行组合 YZ 向加载时，隧道各部位的地震动力响应也必然较大；所以对于山岭偏压隧道来说，水平 Y 向、竖直 Z 向和 YZ 向是最不利的地震波入射方向。

(7)通过对隧道结构在不同的地震波、地震波入射方向和地震动强度下的地震动力响应分析可知，隧道结构上不同部位的地震动力响应是不同的。对于加速度响应，一般隧道结构拱顶加速度响应最大，右边墙次之，且大于左边墙，仰拱最小，拱顶与右边墙加速度响应峰值相差不大，仰拱与左边墙也相差不大；但在 1%超越概率下，隧道结构进入非线性状态后，各部位的加速度响应峰值相差不大，仰拱和右边墙的加速度响应增大明显。对于动应变响应，隧道结构环向的动应变响应明显大于纵向的动应变响应，这与日本东京地铁区间隧道的地震量测一致(潘昌实，1996)；同时，拱顶和仰拱的纵向应变响应较大，最大动应变响应幅值在 200$\mu\varepsilon$以下，对隧道不产生破坏性影响；但拱顶和右边墙的环向动应变响应和幅值较大，尤其是拱顶在 XY 向和 YZ 向加载时动应变响应特别大，最大动应变响应幅值在 7000$\mu\varepsilon$左右；因此，拱顶、仰拱和右边墙是动应变响应较大的部位，较容易产生破坏，在设计中应重点注意。对于动土压力响应，隧道结构拱顶和右边墙的动土压力响应最大，尤其在水平 Y 向和竖直 Z 向输入地震波时，隧道结构靠山侧受到偏压效应的影响较大，靠山侧右边墙所受到的动土压力可达 11.0672kPa，换算到原型中为 332.016kPa，极易造成靠山侧边墙的侵限或张剪破坏，应重点加强支护。

(8)黄草坪 2 号隧道衬砌沿轴线的加速度响应随进深的递减规律为：从隧道洞门到进洞 75cm V 级围岩浅埋段(反算到隧道原型中进深为 30m)各测点的加速度响应最大；从进洞 75～137.5cm 的 IV 级围岩前段(反算到隧道原型中进深为 30～50m 段)各测点的加速度响应明显减小，但加速度峰值依然较大；而在进洞 137.5cm 以后(反算到隧道原型中进深为 50m)，各测点的加速度响应逐渐趋于稳定。因此，在黄草坪 2 号隧道原型中，从洞门到进洞 30m(埋深 25m)V 级围岩浅埋段衬砌的加速度响应最大，是抗震设防的重点地段；从进洞 30～50m(埋深 25～40m)IV 级围岩前段衬砌的加速度响应明显减小，但加速度峰值依然较大，是抗震设防的次重点地段；而在进洞 50m(埋深 40m)以后衬砌的加速度响应逐渐趋于平稳，可以按常规的抗震设防等级。

(9)在不同的地震波、地震动强度及加载方向下，由于受到洞口放大效应的影响，隧道明洞段的加速度峰值均最大；在 1%超越概率下，明洞段右边墙的加速度响应峰值达 1.4211g，较容易造成破坏；同时，在第 2 节隧道和第 6 节隧道，围岩质量和支护参数发生变化段的加速度响应也较大；在 1%超越概率下，其右边墙的加速度响应峰值分别为 0.919g 和 0.8643g，也容易造成隧道衬砌的破坏；因此，在地震作用下，虽然隧道结构沿洞轴线的加速度响应，随埋深和进深的增加而逐渐减小，但由于受到围岩质量、隧道结构形式和围岩支护参数变化等因素的影响，这些地段的加速度响应依然可能较大，也容易造成隧道结构的破坏，所以在隧道抗震设防时也应该重点设防。

(10)当在 X 向、Y 向、XY 向入射地震波时，隧道衬砌的加速度响应，随着进深和埋深的增加而逐渐减小，且在一定的进深后趋于平稳的规律非常明显；但当地震波从 Z 向、含有 Z 向的组合方向，即从隧道底部小角度入射时，隧道洞口段的加速度响应最强烈，也最容易遭受震害，并且隧道衬砌的加速度响应随进深的增加而减小的趋势不明显，隧道洞身段的加速度响应依然较大，也容易造成隧道洞身段的衬砌破坏，尤其在一些特殊地段——围岩质量变化段、支护参数变化段、断层发育段、高地应力段等；这也印证了汶川地震中处于震中位置(地震波从隧道底部小角度入射)的龙溪隧道洞身段受到严重震害的事实。

(11)隧道拱顶纵向动应变响应，随埋深的增加、围岩压力的加大而逐渐增大，但由于围岩类型复杂多变、节理裂隙发育不均、支护参数变化不一等因素的影响，使得部分地段隧道拱顶加速度响应突增，隧道结构的应力应变起伏变化。同时，洞口放大效应和边界效应也有一定的影响，因此隧道拱顶的动应变响应呈非线性变化趋势；并且在第 2～3 节隧道 V 级和 IV 级围岩交界段和第 6 节隧道围岩支护参数变化段，出现了两个明显的动应变响应峰值；最大动应变峰值分别为：259.6116με和 266.0796με(换算到原型中分别为 389.417με和 399.119με)；主要是由于第 2、3 节隧道处于 V 级和 IV 级围岩的交界处附近，加速度响应较大并有明显增大趋势，所以动应变响应也较大，并对隧道结构的安全性造成威胁，因此，设计上应该在围岩质量变化段加强支护；而在第 6 节隧道段，由于取消了锚杆支护，并在二衬外表面包裹了减震层，围岩支护参数发生了变化，并且减震层对衬砌的加速度响应有一定的放大作用，所以动应变响应较大；说明围岩支护参数的变化对隧道结构的动应变响应影响较大，因此设计中应尽量少变化围岩支护参数，若要变化围岩支护参数也应该逐渐减弱或加强，设置围岩支护参数过渡段。

第8章 山岭隧道地震动力响应数值模拟

根据大量的山岭隧道震害资料和对汶川地震中受损的 10 余座山岭隧道的震害调查发现：山岭隧道的洞门建筑、洞口、浅埋段及偏压段等部位较容易受到地震破坏，而洞口是进出隧道的咽喉，往往是震害最严重的地段(主要是由于洞口所处的地质条件差，多为风化严重的岩体或堆积体，当发生强烈地震时，常由于滑坡、地表开裂、断层位移等造成洞口堵塞、洞门开裂、衬砌变形等不同程度的破坏)。因此，它是整个隧道的抗震薄弱环节。除此之外，在隧道洞身围岩类型发生变化段、断面形式发生变化段及支护参数发生变化段，都较容易产生破坏。

因此，结合大型三维振动台模型试验的研究成果，以黄草坪 2 号隧道为地质原型，采用数值模拟软件 FLAC3D，对隧道洞口段和洞身浅埋段的地震动力响应进行分析，验证振动台模型试验的研究成果，为山岭隧道的抗减震设计提供依据。

8.1 计算模型及加载设计

8.1.1 计算模型

黄草坪 2 号隧道为典型的偏压山岭隧道，洞口与坡面斜交，坡面较陡。洞口边坡表层覆盖较厚的第四系全新统崩坡积层和冲洪积层，底部基岩为结晶灰岩夹绿泥石片岩。受地质构造影响严重，岩体风化强烈，以Ⅴ级、Ⅳ级围岩为主。根据黄草坪 2 号隧道洞口地形及地质条件，参照第Ⅱ部分物理模型试验模拟范围，模型纵向范围选取洞口至洞身浅埋段共 105m，里程桩号为 K310+395～501；考虑到动力计算的边界效应问题，模型横向范围选取洞口两侧各 100m，并选择高程 2640m 作为模型的底边界。隧道断面采用常见的带仰拱的三心圆曲墙式，内轮廓线宽 9.24m，高 7.9m；隧道建筑界限净宽 8.5m，净高 4.5m。模型范围内，隧道采用Ⅵ$_{加强}$、Π$_{管棚}^{偏压}$和Π$_{浅埋}^{超前}$(2)三种支护形式。

计算模型中围岩及衬砌结构采用实体单元模拟，服从摩尔-库仑(Mohr-Coulomb)屈服准则及弹塑性增量本构关系；锚杆采用锚索(cable)单元模拟，弹性本构。纵向抗震缝和横向减震层均考虑用弹性实体单元进行模拟。三维计算模型和网格离散示意图如图 8-1 所示，图中 Y 为隧道轴向、Z 为竖直方向、X 为与隧道垂直的水平方向。三维模型剖分网格为六面体和四面体单元，共计 301658 个单元，51684 个节点，全断面开挖支护后锚杆单元数为 4350，节点数为 5205。

模型纵向范围从洞口至洞身浅埋段，每隔 10m 设置一道环向抗震缝，将模拟范围内的隧道衬砌结构分为 10 段，抗震缝宽度为 10cm，并充填软质橡胶作为纵向减震层。同时，为了探寻横向减震层在地震动力作用下对衬砌结构的抗减震效果和作用机理，在第 7 段隧道二衬和初支之间，环向设置了一层 20cm 厚的软质橡胶作为横向减震层。软质橡胶的物理力学参数为：弹性模量 E 为 10.0MPa，泊松比为 0.45，容重为 10.0kN/m^3。岩土材料参数和支护结构力学参数选取如表 8-1 和表 8-2 所示。

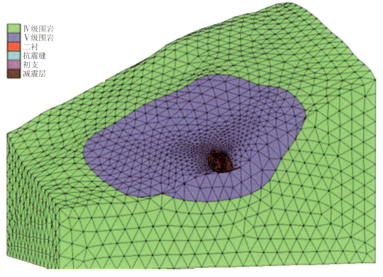

图 8-1　计算模型

表 8-1　岩土体物理力学参数

地层名称	弹性模量/MPa	体积模量/MPa	剪切模量/MPa	泊松比	容重/(kN/m³)	内聚力/kPa	内摩擦角/(°)	抗拉强度/MPa
结晶灰岩V级	2000	1500	1000	0.30	20.3	200	30	0.5
结晶灰岩IV级	6000	3500	2500	0.25	24.0	700	40	2.0

表 8-2　支护结构力学参数取值

支护类型	衬砌材料	弹性模量/MPa	体积模量/MPa	剪切模量/MPa	泊松比	容重/(kN/m³)	内聚力/MPa	内摩擦角/(°)	抗拉强度/MPa	厚度/cm
VI加强	初支	21000	15000	9000	0.3	23.5	1.5	55	1.5	20
	二衬	29500	16500	12500	0.25	25.0	2.0	50	2.0	50
II偏压管棚	初支	30000	20000	12000	0.3	25.0	1.5	55	1.5	20
	二衬	29500	16500	12500	0.25	27.5	2.0	50	2.0	50
II超前浅埋(2)	初支	25000	17500	10000	0.3	24.5	1.5	55	1.5	20
	二衬	29500	16500	12500	0.25	26.0	2.0	50	2.0	50

8.1.2　加载设计

FLAC3D 中动力计算过程大致可分为两个步骤：第一步，在特定地质条件下的隧道开挖、衬砌施作和静力平衡计算；第二步，设定动力加载条件，施加动力荷载进行动力响应计算。

（1）开挖模拟及应力释放。考虑到在隧道建设施工过程中遭遇地震的概率非常小，故对隧道进行全断面一次性开挖；并参照现场实际监测数据，全断面开挖后，考虑 50% 的地应力释放；添加锚杆并施做喷层混凝土后再次释放 40% 的地应力；施加二衬承担 10% 的地应力荷载，最后的静力计算至静力迭代平衡为止。

（2）边界条件及阻尼特性。为了消除地震波在边界上的反射，FLAC3D 采用了 Lysmer 和 Kuhlemeyer（1969）提出的黏性边界，它可以考虑地震波向边界外传播能量的问题，能够比较真实客观地反映地震的影响效应。因此，在模型四周施加黏性边界以减小边界效应对模型的影响。

同时，材料阻尼特性一般是地震波频率的函数，由于地震波频谱成分复杂，采用常规的阻尼参数势必引起非常复杂的计算，采用不随频率变化的局部阻尼来近似表征岩土体在地震波传播过程的阻尼作用，参照经验衬砌结构取 0.10，V级围岩取 0.20，IV级围岩取 0.14，减震材料取 0.35。

（3）加载地震波。由于工程场地缺乏实地地震观测记录，四川省地震局采用数值法以地震危险性概率分析得到的基岩加速度峰值和基岩加速度反应谱作为目标谱，用人工数值模拟法合成了地震波，按 50 年超越概率分别为 63%、10%、5% 和 1% 四个概率水准，并相应给出了合成的场地基岩设计加速度时程，分别相当于烈度为 6.4 度、8.5 度、9.0 度、9.9 度地震。场地基岩设计加速度时程持时为 23s，动力数值模拟过程中为了保证计算结果的准确性，迭代时步一般在 $10^{-6} \sim 10^{-5}$ 秒量级。考虑到计算量大，耗费机时过多，在保证加速度频谱和峰值特性的前提下，将其处理为对应的 5s 加速度时程，如图 8-2～图 8-5 所示；并采用美国地质调查局开发的基本强运动加速度处理（Basic Strong-Motion Accelerogram Processing，BAP）专业软件，对输入地震波进行零线校正处理，很好地解决地震积分位移时程的漂移问题，保证后续数值计算的准确性。

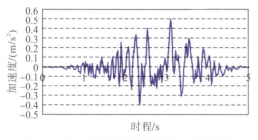

图 8-2　63% 超越概率场地设计加速度时程

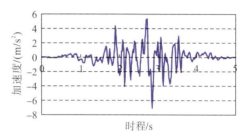

图 8-3　10% 超越概率场地设计加速度时程

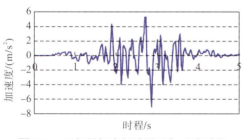

图 8-4　5% 超越概率场地设计加速度时程

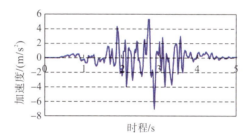

图 8-5　1% 超越概率场地设计加速度时程

（4）动力计算及加载工况。模型静力迭代平衡后，在模型四周施加黏性边界，从模型底部输入不同方向、不同超越概率水准的地震加速度时程进行动力响应计算。参照物理模拟试验的加载制度，选择 7 个不同的地震波入射方向和 4 个不同的地震波超越概率水准，地震波入射方向分别为：单方向 X 向、Y 向、Z 向和组合方向 XY 向、XZ 向、YZ 向、XYZ 向，不同的地震波 50 年超越概率分别为 63%、10%、5%、1%。

8.2　隧道地震动力响应计算结果

综合分析各种工况的计算结果，以竖向（Z 向）输入地震加速度时程工况的计算结果为例，从不同强度地震波加载时黄草坪 2 号隧道洞口边坡及围岩的塑性变形区分布入手，结合洞口边坡、围岩及隧道衬砌的最大和最小主应力等值线图，以及隧道衬砌各方向的位移响应分布等值线图，分析地震作用下黄草坪 2 号隧道洞口边坡、围岩及隧道衬砌的动力响应。

8.2.1　塑性状态分析

图 8-6～图 8-8 给出了不同强度地震波作用结束后黄草坪 2 号隧道洞口边坡及围岩的剪切破坏状态和张拉破坏状态的情况。图中 none 代表该处一直处于弹性变形状态，shear-n 和 tension-n 分别代表当前正处于剪切和张拉破坏状态，shear-p 和 tension-p 分别代表当前处于弹性状态，但在此之前处于剪切和张拉破坏状态。

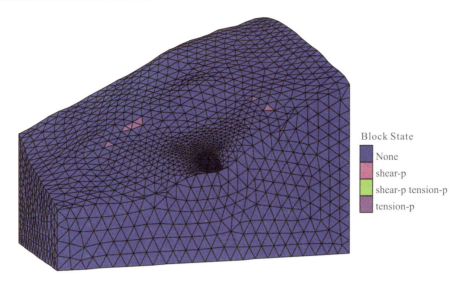

图 8-6　63%超越概率加载时黄草坪 2 号隧道洞口边坡塑性区分布图

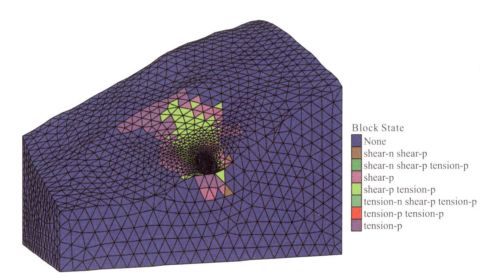

图 8-7　5%超越概率加载时黄草坪 2 号隧道洞口边坡塑性区分布图

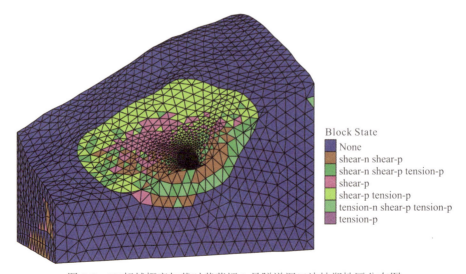

图 8-8　1%超越概率加载时黄草坪 2 号隧道洞口边坡塑性区分布图

由图 8-6～图 8-8 可知，在不同强度的地震波作用下，隧道洞口边坡出现了不同程度的剪切破坏和张拉破坏，且以剪切破坏为主。在 63%超越概率地震波作用下，隧道洞口边坡处于弹性变形状态，只是在局部很小的地方曾经出现过剪切塑性区，在坡面动应力调整以后又恢复到弹性状态，所以在该强度地震波作用下，隧道洞口边坡整体安全，不会出现明显的破坏特征，但局部危岩体可能出现崩塌或滑落，对隧道结构安全性基本不产生影响。在 5%超越概率地震波作用下，随着加载超越概率减小，地震能量加大，隧道洞口后缘仰坡和洞门前端岩土体出现了大量的剪切塑性区和拉应力塑性区，破坏主要发生在地层表部的坡、残积层中，可能出现大量的地震裂缝，在雨水入渗的软化作用下，可能造成后缘仰坡和洞门前端岩土体的局部失稳，需要采取边坡加固措施。

在 1%超越概率地震波作用下，地震烈度达到 9.9 度，洞口边坡和 V 级围岩出现了大面积的剪切塑性区和拉应力塑性区，进入弹塑性破坏状态，尤其在仰坡和靠山侧边坡的剪切塑性区和拉应力塑性区非常密集，结合物理模拟试验中坡面裂缝的发育发展，在洞口后缘仰坡和靠山侧边坡很可能已经出现了多条长大剪切、深拉裂缝，当地表水不断入渗到岩土体中，一方面容易造成边坡岩土体力学参数的降低，使洞口后缘仰坡和靠山侧边坡整体失稳，进而错断隧道结构或掩埋隧道洞口；另一方面伴随着地表水的不断入渗，围岩压力也在不断增加，而且大量涌入的地下水也减弱了隧道周边围岩的强度，从而极容易造成隧道拱顶围岩的塌方，对隧道结构造成极大的危害。因此，在发生 1%超越概率地震以后，黄草坪 2 号隧道洞口后缘仰坡和靠山侧边坡有可能整体失稳，隧道结构极可能被错断或形成洞内塌方等灾害，故必须及时封堵地表裂缝，加固边坡和隧道周边围岩。

8.2.2　应力分析

图 8-9 和图 8-10 给出了 5%超越概率地震波作用后边坡及围岩的最小和最大主应力分布等值线图。在 FlAC3D 中，一般规定压应力为负、拉应力为正，最大主应力为 σ_1 量值绝对最大，最小主应力为 σ_3 量值绝对最小，后续的计算中也相同。

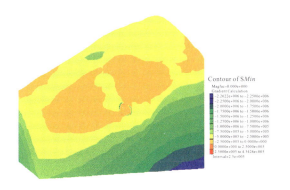
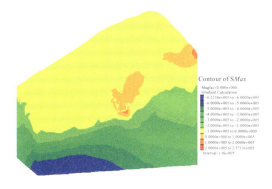

图 8-9　围岩最大主应力分布等值线图(单位：Pa)　　图 8-10　围岩最小主应力分布等值线图(单位：Pa)

由图 8-9 和图 8-10 可知，隧道洞口边坡、V 级及 IV 级围岩的最大主应力以压应力为主，洞口仰坡的最大主应力较大，量值在-0.5～-0.25MPa，左右侧边坡量值在-0.25MPa 以下；V 级围岩的最大主应力有所增大，量值在-1.25～-1.0MPa，IV 级围岩的最大主应力最大，量值在-2.26～-1.75MPa。隧道洞口边坡、V 级及 IV 级围岩的最小主应力依然以压应力为主，量值较小，但在隧道洞口端仰坡和靠山侧边坡出现了拉应力集中的现象，量值在 0.1～0.2MPa。综合隧道洞口边坡、V 级及 IV 级围岩的最大、最小主应力分布，虽然 V 级及 IV 级围岩的应力量值较大，但其强度也较高，不易受到破坏；而洞口端仰坡和靠山侧边坡大多为坡、残积层，较松散，强度较低，并在地震作用下产生了拉应力集中，所以洞口仰坡和靠山侧边坡容易产生破坏，与上述塑性区的分布结果一致。

图 8-11 和图 8-12 给出了隧道在 5s、5%超越概率地震波作用后，隧道衬砌的最小和最大主应力分布等值线图。

图 8-11　二次衬砌最大主应力分布等值线图(单位：Pa)

图 8-12　二次衬砌最小主应力分布等值线图(单位：Pa)

由图 8-11 可知，在地震作用下，隧道衬砌的最大主应力以压应力为主，洞口段的最大主应力较大，并在左右边墙产生了压应力集中，量值在-8.0～-6.0MPa，较容易产生衬砌的开裂破坏；随着隧道埋深和进深的增加，衬砌的最大主应力逐渐减小，在进深大于 50m 以后，最大主应力量值只有-4.0～-2.0MPa，所以在地震作用下洞口段的破坏大于洞身段；并且洞身段拱顶和仰拱的应力大于左右边墙，故洞身段拱顶和仰拱较容易产生破坏。

由图 8-12 可知，在地震作用下，隧道衬砌的最小主应力在沿隧道轴线纵向上，不仅应力大小分布不均，而且应力类型也不同。在隧道洞口 0～20m 段，衬砌最小主应力以拉应力为主，量值在 0～1.0MPa，并在靠山侧右边墙由于偏压效应造成了拉应力集中，拉应力峰值达 1.0MPa，该峰值可能导致衬砌局部出现张拉破坏；在隧道洞口Ⅴ级围岩和Ⅳ级围岩的交界段 20～30m，以及隧道洞身浅埋段 30～50m，衬砌最小主应力以压应力为主，量值在-1.5～-0.5MPa，并在隧道拱顶和仰拱出现了压应力集中，压应力峰值达-2.0MPa，较容易引起拱顶和仰拱衬砌的纵横向开裂；在隧道洞身段 50m 以后，衬砌最小主应力以拉应力为主，量值较小，在 0.5MPa 左右，隧道衬砌相对较安全。

在隧道 60～70m 段由于设置了减震层，其最大主应力响应明显减小，量值在-12.0～0MPa，仅为不设减震层段的 1/3；并且衬砌最小主应力响应峰值减小也较明显，量值在 0～0.5MPa，约为不设减震层段的 1/2。所以，设置减震层能够很好地减小围岩应力向衬砌的传递，起到保护衬砌的目的。同时，隧道纵向上每隔 10m 设置了一道环向的抗震缝，在抗震缝上产生了应力集中，容易造成抗震缝及两侧衬砌端部的挤压变形破坏，但抗震缝顺应了地层位移，减少了地震能量沿隧道纵向的传递，避免了隧道衬砌的整体破坏，所以设置抗震缝对隧道结构的抗震安全性是有益的。

8.2.3　位移分析

图 8-13 给出了隧道在 5%超越概率地震波作用后，隧道衬砌在 X 向、Y 向、Z 向三个方向上的位移分布等值线图。

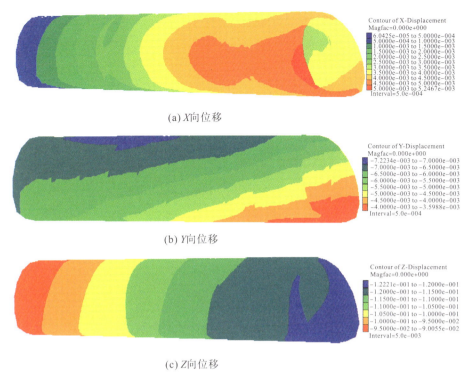

(a) X向位移

(b) Y向位移

(c) Z向位移

图 8-13　隧道衬砌位移等值线图(单位：m)

由图 8-13 可知，在地震作用下，隧道衬砌的竖向(Z 向)位移最大，响应峰值在 10.0cm 左右，而水平横向(X 向)和沿隧道轴向(Y 向)的位移较小，响应峰值在 1.0cm 以下，说明在发生地震时隧道衬砌主要产生竖向位移，衬砌的破坏也是以拱顶和仰拱居多。同时，在隧道衬砌竖向(Z 向)的位移响应中，在隧道洞口段 0～30m 段的位移响应最大，峰值为 11.5～12.2cm；在隧道浅埋段进深为 30～50m 段的位移响应有所减小，峰值为 10.5～11.5cm；随着隧道埋深和进深的增加，在隧道洞身段的竖向位移响应逐渐减小，并趋于稳定，峰值为 9.0～10.0cm。因此，一般来说，在地震作用下，隧道衬砌洞口段的破坏大于洞身段，这与上述隧道衬砌的加速度和应力动力响应一致。另外，虽然隧道衬砌水平横向(X 向)和沿隧道轴向(Y 向)的位移响应较小，但由图 8-13 可知，洞口段左边墙的水平位移大于右边墙，且位移峰值有 0.5cm，容易造成左边墙的侵限或衬砌端部的横向错动；同样由图 8-14 可知，洞身段衬砌拱顶的纵向(Y 向)的位移响应相对其他地段和部位较大，且位移峰值有 0.72cm，隧道衬砌沿纵向发生了弯曲变形，容易造成拱顶开裂或塌方。

8.3　地震动参数对隧道地震动力响应影响

8.3.1　不同激振方向下隧道地震动力响应

表 8-3 和表 8-4 列出了不同的地震波入射方向下隧道洞口段和洞身段衬砌不同部位的加速度和最大主应力响应峰值。图 8-16 和图 8-17 给出了不同的地震波入射方向下隧道衬砌洞口段拱顶和洞身段仰拱的位移响应峰值柱状图。

由表 8-3 可知，对于隧道洞口段，在 X 向(水平垂直洞轴线方向)、Z 向(竖向垂直洞轴线方向)、XZ 组合向衬砌各部位的加速度响应较大，总体上单方向加载的加速度响应大于组合方向。当 X 向、Y 向及 XY 向加载时，隧道衬砌各部位的加速度响应峰值的大小关系为：左边墙最大，拱顶次之，大于右边墙，仰拱最小；主要是由于在偏压隧道洞口段左边墙靠近临空侧，拱顶埋深较浅，靠近地表，所以受到坡面放大效应的影响明显，其加速度响应峰值也最大，左边墙和拱顶的最大响应峰值分别为 2.234m/s^2、2.144m/s^2，较容易产生破坏。

表 8-3   不同激振方向下隧道衬砌不同部位的加速度响应峰值   （单位：m/s^2）

地段	部位	加载方向						
		X 向	Y 向	Z 向	XY 方向	YZ 方向	XZ 方向	XYZ 方向
洞口段	拱顶	2.144	1.759	2.257	1.795	1.796	2.095	1.769
	左边墙	2.234	1.744	2.483	1.828	1.887	2.315	1.926
	右边墙	1.943	1.713	2.173	1.723	1.785	1.914	1.627
	仰拱	1.913	1.681	2.575	1.714	1.877	2.477	1.934
洞身段	拱顶	0.937	0.861	0.974	1.216	1.341	1.356	1.234
	左边墙	0.701	0.608	1.302	0.942	1.026	1.118	1.022
	右边墙	1.284	1.162	1.404	1.342	1.411	1.478	1.408
	仰拱	0.539	0.526	1.775	0.978	1.507	1.534	1.418

表 8-4   不同激振方向下隧道衬砌不同部位的最大主应力（σ_1）响应峰值   （单位：MPa）

地段	部位	X 向	Y 向	Z 向	XY 方向	YZ 方向	XZ 方向	XYZ 方向
洞口段	拱顶	-4.045	-4.831	-5.045	-2.589	-3.496	-3.683	-3.532
	左边墙	-5.431	-5.404	-4.667	-4.474	-2.842	-2.711	-2.804
	右边墙	-5.027	-4.602	-3.305	-3.198	-1.789	-1.654	-1.699
	仰拱	-3.914	-4.255	-5.074	-3.008	-4.241	-4.235	-4.261
洞身段	拱顶	-3.393	-3.587	-4.079	-3.844	-4.285	-4.321	-4.192
	左边墙	-3.211	-3.335	-3.614	-4.012	-4.106	-4.248	-4.138
	右边墙	-3.362	-3.503	-3.888	-4.152	-4.471	-4.479	-4.383
	仰拱	-3.294	-3.419	-4.137	-3.512	-4.368	-4.441	-4.436

当 Z 向、XZ 向、YZ 向及 XYZ 向加载时，隧道衬砌各部位的加速度响应峰值的大小关系为：仰拱最大，左边墙次之，大于拱顶，右边墙最小；主要是由于以上各个方向都含有沿模型底部垂直向上入射的地震波，地震波经岩土介质传递后最先达到仰拱，其加速度响应最大，尤其在 Z 向加载时表现最明显，最大响应峰值为 2.575m/s^2，较容易造成洞口段仰拱的纵向隆起和横向开裂，汶川地震中处于震中附近（地震波近于从隧道底部竖向入射）的龙溪隧道进口端仰拱最大隆起达 80～120cm 和出口端仰拱横向开裂到 20～25cm 的破坏特征，就证明了这一点，如图 8-14 所示。

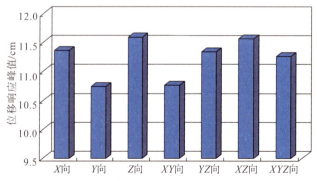

图 8-14   不同激振方向下隧道洞口段衬砌拱顶位移响应峰值

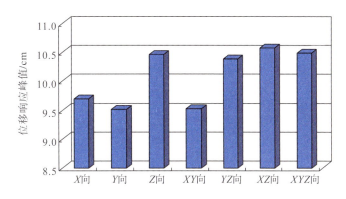

图 8-15　不同激振方向下隧道洞身段衬砌仰拱位移响应峰值

　　对于隧道洞身段，随着隧道埋深和进深的增加，各方向加载时隧道衬砌的加速度响应明显减小，且各方向加载的响应规律略有不同。在 Z 向(竖向垂直洞轴线方向)及含有 Z 向的组合方向加载时，衬砌各部位的加速度响应较大，总体上组合方向加载的加速度响应大于单方向。当 X 向、Y 向及 XY 组合向加载时，隧道衬砌各部位的加速度响应峰值的大小关系为：右边墙最大，拱顶次之，左边墙较小，仰拱最小；主要是由于在偏压隧道洞身段右边墙和拱顶的围岩压力较大，且受到偏压效应的影响明显，故加速度响应峰值最大，右边墙和拱顶的最大响应峰值分别为：1.342m/s²、1.216m/s²，较容易产生破坏。当 Z 向、XZ 向、YZ 向及 XYZ 向加载时，隧道衬砌各部位的加速度响应峰值的大小关系为：仰拱最大，右边墙次之，拱顶较小，左边墙最小；主要是由于受到动载和偏压的双重作用，仰拱和右边墙靠山侧的加速度响应较大，最大响应峰值分别为 1.775m/s²、1.411m/s²，较容易产生破坏。

　　由表8-4、图8-14 和图 8-15 可知，不同的地震波入射方向下隧道洞口段和洞身段衬砌的最大主应力和位移响应与加速度响应较为一致。在隧道洞口段，总体上单方向加载的最大主应力和位移响应大于组合方向，且左边墙和拱顶的响应峰值最大，最大主应力峰值达-5.431MPa(压应力)，最大位移峰值达11.591cm。在隧道洞身段，总体上组合方向加载的最大主应力和位移响应大于单方向，同样在 Z 向(竖向垂直洞轴线方向)及含有 Z 向的组合方向加载时，衬砌各部位的最大主应力和位移响应较大，且右边墙和仰拱的响应峰值最大，最大主应力峰值达-4.479MPa(压应力)，最大位移峰值达 10.575cm。

　　综上所述，当地震波从不同的方向入射时，山岭偏压隧道洞口段的地震动力响应大于洞身段，且在地震中隧道的破坏程度也是洞口段较洞身段严重。对于隧道洞口段，在 X 向(水平垂直洞轴线方向)、Z 向(竖向垂直洞轴线方向)以及 XZ 向加载时，衬砌地震动力响应较大，是较为不利的地震波入射方向，容易造成隧道左边墙、拱顶和仰拱的破坏。然而，在震害调查中发现：对于隧道洞门和洞口前端的破坏特征而言，主要以后缘滚石砸坏洞门和仰坡崩塌失稳掩埋洞口为主，所以沿隧道轴线 Y 向也是隧道洞口段较危险的地震作用方向。对于隧道洞身段，虽然地震动力响应较洞口段小，但在 Z 向(竖向垂直洞轴线方向)以及含有 Z 向的组合方向加载时，隧道衬砌右边墙、仰拱和拱顶的动力响应依然较大，是较为不利的地震波入射方向，容易造成隧道衬砌这些部位的破坏。

　　表 8-5 列出了隧道洞口段在组合方向加载时衬砌不同方向响应的加速度峰值。不同的组合方向加载时，在 X 向、Y 向、Z 向三个方向的加速度响应中，Z 向(竖向垂直洞轴线方向)的加速度响应峰值最大，X 向(水平垂直洞轴线方向)次之，Y 向(沿隧道洞轴线方向)最小；并且一般来说，隧道结构的加速度响应较大方向与加载方向基本相同，即当 XZ 向加载时，一般在 X 向和 Z 向的加速度响应峰值较大；但在数据分析中，我们却发现一个不同的结论：组合方向加载时，在没有加载方向的加速度响应峰值依然较大，部分工况下其峰值甚至超过加载方向的响应峰值，如 YZ 向加载时，Z 向的加速度响应峰值最大，Y 向的峰值相对较小，而 X 向的峰值较大，超过了 Y 向，这与物理模拟中组合方向加载的发现一致，称为"筛豆子效应"。

表 8-5　隧道洞口段组合方向加载时衬砌不同方向响应的加速度峰值　　　　　　　(单位：m/s²)

部位	XY 方向			YZ 方向			XZ 方向			XYZ 向		
	X 向	Y 向	Z 向	X 向	Y 向	Z 向	X 向	Y 向	Z 向	X 向	Y 向	Z 向
拱顶	0.915	0.502	1.795	0.963	0.798	1.796	0.952	0.681	2.095	0.923	0.786	1.769
左边墙	1.428	0.985	1.828	1.275	1.147	1.887	1.197	1.077	2.315	1.395	1.121	1.926
右边墙	0.802	0.709	1.723	1.057	0.676	1.785	0.909	0.689	1.914	0.849	0.713	1.627
仰拱	0.747	0.466	1.714	0.606	0.635	1.877	0.795	0.519	2.177	0.695	0.623	1.934

8.3.2　不同强度地震波作用下隧道地震动力响应

　　当发生不同烈度的地震波时，对隧道结构的破坏程度和影响方式，以及引起的地震动力响应规律是不同的。因此，本节在物理模拟的基础上，加载 50 年超越概率为 63%、10%、5%、1%的四种地震波，分别相当于烈度为 6.4 度、8.5 度、9.0 度、9.9 度的地震。由于前文已经研究了不同入射方向下隧道衬砌的动力响应，并且在物理模拟中分析了当 Z 向、YZ 向加载的响应规律，故本节从模型底部 X 向(水平垂直于隧道轴线)分别加载上述四种地震波进行计算。在对计算结果进行分析时，首先从不同强度地震波作用下隧道衬砌的塑性区分布入手，重点针对隧道衬砌的加速度、应力和位移的动力响应进行详细分析，以探寻不同强度的地震波对隧道结构的破坏程度和影响方式，从而得出隧道衬砌的地震动力响应规律。

　　图 8-16 给出了加载不同强度地震波时隧道衬砌的塑性区分布图情况。由图 8-16 可知，在 63%超越概率地震波作用下，隧道衬砌未出现塑性区，也无破坏迹象，隧道结构处于弹性变形状态。在 10%超越概率地震波作用下，隧道衬砌开始出现剪切塑性区，主要分布在衬砌靠山侧和 V 级、Ⅳ级围岩交界段(进洞 20～30m 段)，但隧道洞身段基本无塑性区；说明隧道衬砌靠山侧和围岩交界段可能最早出现剪切塑性破坏，而隧道洞身段结构依然处于弹性状态。在 5%超越概率地震波作用下，隧道衬砌靠山侧和围岩交界段的剪切塑性区明显增多，剪切破坏进一步加大，并且在洞身段边墙处开始出现拉应力塑性区，说明隧道洞身段衬砌在地震作用下受到一定的拉伸作用；在 1%超越概率地震波作用下，隧道衬砌出现了大面积的剪切塑性区和拉应力塑性区，主要分布在隧道衬砌洞口段右边墙、左拱肩及围岩交界段的左右边墙，说明隧道衬砌的这些部位已经受到了较严重的剪切和张拉破坏；而在衬砌最后一段出现了部分塑性区，可能是由于受到后端的边界响应影响，而非地震产生。

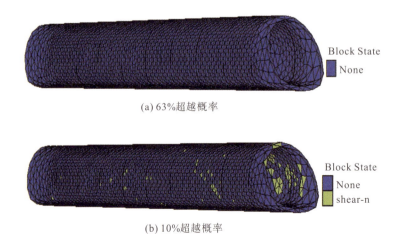

(a) 63%超越概率

(b) 10%超越概率

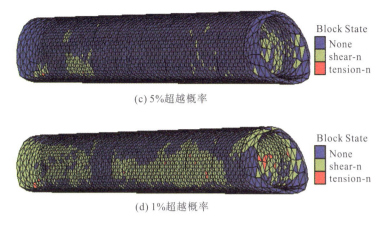

(c) 5%超越概率

(d) 1%超越概率

图 8-16　不同超越概率加载时隧道衬砌塑性区分布图

　　因此，随着地震强度的增加，隧道衬砌的破坏程度也越来越严重，破坏部位从洞口段逐渐发展到洞身段，破坏方式从最初的剪切破坏逐渐发展到剪切和张拉共同作用的破坏。尤其在 1%超越概率地震波作用下，隧道衬砌受到的地震破坏特别严重，应引起特别注意。同时，在隧道衬砌 60～70m 段由于增设了减震层，在 63%、10%、5%、1%超越概率的地震波作用下，均未出现塑性区，从而说明减震层吸收了部分地震能量，起到了减小地震对隧道衬砌破坏的作用。

　　表 8-6 列出了不同强度地震波作用下隧道洞口段和洞身段衬砌不同部位的加速度和最大主应力响应峰值；图 8-17 和图 8-18 给出了不同强度地震波作用下隧道衬砌洞口段左边墙和洞身段右边墙的位移响应峰值柱状图。

表 8-6　不同强度地震动作用下隧道衬砌不同部位的动力响应峰值

地段	部位	加速度响应峰值/(m/s²)				最大主应力响应峰值/MPa			
		63%	10%	5%	1%	63%	10%	5%	1%
洞口段	拱顶	0.364	1.413	2.144	4.236	-1.589	-3.531	-5.043	-9.293
	左边墙	0.434	1.762	2.234	4.395	-2.474	-4.404	-6.334	-11.438
	右边墙	0.266	1.263	1.943	3.914	-2.198	-4.255	-6.128	-10.579
	仰拱	0.239	1.242	1.913	3.773	-1.008	-2.967	-4.957	-8.836
洞身段	拱顶	0.214	0.631	1.237	2.514	-1.144	-3.087	-4.591	-7.921
	左边墙	0.158	0.454	0.791	1.945	-1.132	-2.934	-4.211	-7.448
	右边墙	0.312	0.854	1.484	2.813	-1.752	-3.335	-5.365	-8.772
	仰拱	0.183	0.407	0.739	1.845	-0.712	-2.119	-3.994	-6.941

　　由表 8-6 可知，在 63%超越概率地震波作用下，隧道衬砌各部位的动力响应较小，峰值相差不大，隧道衬砌整体完好。在 10%和 5%超越概率地震波作用下，隧道衬砌各部位的动力响应明显增大，隧道洞口段，拱顶和左边墙的加速度响应较大，左边墙和右边墙的动应力响应较大；而隧道洞身段，拱顶和右边墙的加速度和动应力响应都较大，这些部位最容易首先出现破坏。在 1%超越概率地震波作用下，隧道衬砌各部位的动力响应特别大，尤其在隧道洞口段左边墙的加速度响应峰值达 4.395m/s²，最大主应力响应峰值达-11.438MPa，在隧道洞身段右边墙的加速度响应峰值达 2.813m/s²，最大主应力响应峰值达-8.772MPa；从而说明在 X 向加载地震波时，隧道衬砌左右边墙和拱顶的地震动力响应最大，这些部位在地震作用下受到的破坏也最严重。

　　由图 8-17 和图 8-18 可知，随着加载超越概率的减小，地震能量的加大，隧道衬砌的位移响应峰值也在不断增大。在 63%超越概率地震波作用下，隧道衬砌左右边墙的位移响应较小，峰值在 2.0cm 左右，不会造成衬砌的破坏。在10%和5%超越概率地震波作用下，隧道衬砌的地震位移响应明显增大，峰值在10.0cm左右，可能会造成隧道衬砌在抗震缝端部或围岩交界面附近产生横向位移或剪切破坏。在1%超越概率地震波作用下，隧道衬砌整体的地震位移响应特别大，峰值在20.0cm左右，隧道衬砌可能出现大面积破坏。

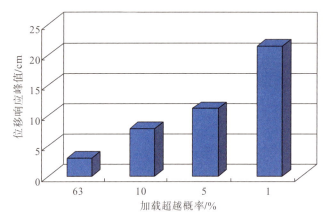

图 8-17　不同强度地震动作用下隧道洞口段衬砌左边墙位移响应峰值

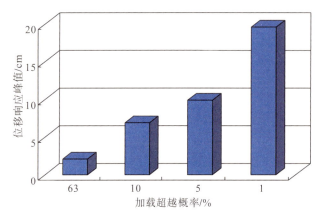

图 8-18　不同强度地震动作用下隧道洞身段衬砌右边墙位移响应峰值

综上所述，当加载不同强度的地震波时，隧道衬砌塑性区的分布与动力响应较一致。随着加载超越概率的减小，隧道衬砌的剪切塑性区和拉应力塑性区，从无到有逐渐增加，衬砌各部位的动力响应也不断增强，破坏程度也越来越严重。在63%超越概率地震波作用下，隧道衬砌未出现塑性区，处于弹塑性变形状态，基本不会出现迹象；在10%和5%超越概率地震波作用下，隧道衬砌的剪切塑性区明显增多，并在局部地段和部位出现了拉应力塑性区，衬砌动力响应明显增大，在隧道衬砌的局部薄弱地段和部位可能会出现剪切和张拉破坏；而在1%超越概率地震波作用下，隧道衬砌出现了大面积的剪切塑性区和拉应力塑性区，且整体的动力响应特别大，故隧道衬砌可能会出现大面积的破坏，尤其在塑性区集中和动力响应较大的地段和部位受损将较严重，甚至造成大变形、坍塌等灾害。

8.4　隧道与围岩相互动力作用

结合物理模拟试验成果，选取距离洞门35m（物理模拟中为87.5cm）的 B-B′主控断面，通过 B-B′断面竖向和横向上不同监测点位的加速度、动应力和位移的响应峰值，来分析隧道结构与围岩在竖向和横向上的相互动力作用规律。B-B′断面竖向上，从边坡坡面到仰拱以下 20m 同一垂线上共布置了 7 个监测点位，测点编号和具体位置分别为：A 距离坡面 5cm，B 距离坡面 10m、C 距离坡面 20m、D 距离坡面 30m（拱顶）、E 距离坡面 38m（仰拱）、F 距离坡面 48m，G 距离坡面 58m。B-B′断面横向上，在隧道左、右边墙和距离隧道左右两侧边墙 1m、6m、12m 的围岩中同一水平线上共布置 8 个监测点位，测点编号和具体位置分别为：H 左侧围岩距离左边墙 12m、I 左侧围岩距离左边墙 6m、J 左侧围岩距离左边墙 1m、K 左边墙、L 右边墙、M 右侧围岩距离右边墙 1m、N 右侧围岩距离右边墙 6m、O 右侧围岩距离右边墙 12m。

8.4.1 不同深度围岩与隧道相互动力作用

表 8-7 列出了不同的地震波入射方向下 B-B′(Y=35m)断面竖向不同深度围岩与隧道衬砌竖向的加速度、动应力和位移的响应峰值，图 8-19 和图 8-20 给出了其围岩与隧道衬砌的加速度和动应力响应峰值的变化趋势。总体上，当地震波从竖向(Z 向)及含有竖向的组合方向入射时，隧道衬砌与岩土体的加速度、动应力和位移的响应较大。

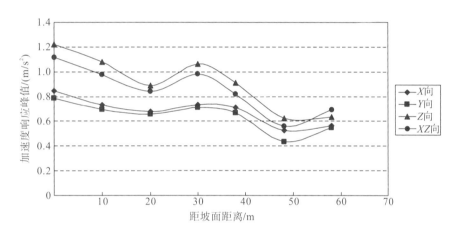

图 8-19 B-B′断面竖向不同深度围岩与隧道衬砌加速度响应峰值变化趋势

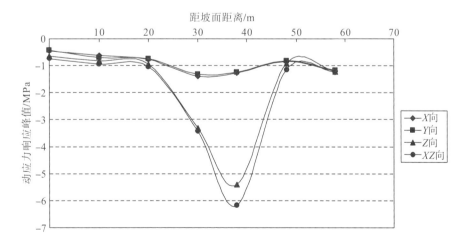

图 8-20 B-B′断面竖向不同深度围岩与隧道衬砌动应力响应峰值变化趋势

对于加速度响应，随着围岩深度的增加，加速度响应峰值在逐渐减小，响应曲线呈逐渐下降趋势，同时由于受到隧道结构的影响，在靠近隧道处的加速度峰值下降趋势明显减缓，响应曲线整体呈非线性下降趋势，这说明隧道结构的存在影响了地震波在岩土体中的传播特性，对隧道周边岩土体的加速度响应有一定的放大效应，并且这种放大效应随着距离隧道越远其影响越小，在一倍洞直径以后放大效应基本消失。同时，越靠近坡面其加速度响应也越大，在不同的地震波入射方向下坡面 A 测点的加速度峰值最大，从而说明地表建筑物容易遭到损坏，而地下结构偏于安全。但是在 G 测点距离坡面 58m 处，由于靠近围岩的分界面，其加速度响应峰值又有所增大。

对于动应力响应，隧道衬砌上的动应力响应峰值最大，隧道结构对周边一定范围内岩土体的动应力响应有明显的放大效应，随着距离隧道越远其影响越小，在一倍洞直径以后放大效应基本消失，与加速度的放大效应基本一致；这主要是由于隧道衬砌的强度远大于周边围岩，地震能量通过岩土介质传递后在强度较大的隧道衬砌上产生集聚，从而其动应力响应峰值最大，并且隧道衬砌将部分地震能量又反射到岩土介质中，所以造成了周边一定范围内围岩的动应力响应也较大。同时，在 G 测点距离坡面 58m 处，由于靠近围岩的分界面，随着加速度响应的增大，G 测点附近岩土体的动应力响应也有所增大，若隧道结构穿越这类分界面或软弱带其加速度和动应力响应也将较大，这必然会加剧隧道衬砌的破坏。

表 8-7　B-B′(Y=35m)断面竖向不同深度围岩与隧道衬砌地震动力响应峰值

测点位置	加载方向	坡面	距坡面 10m	距坡面 20m	距坡面 30m(拱顶)	距坡面 38m(仰拱)	距坡面 48m	距坡面 58m
加速度峰值 /(m/s²)	X 向	0.846	0.732	0.679	0.731	0.712	0.524	0.563
	Y 向	0.787	0.692	0.654	0.711	0.668	0.433	0.548
	Z 向	1.219	1.082	0.888	1.062	0.913	0.624	0.634
	XZ 向	1.119	0.979	0.841	0.982	0.819	0.558	0.693
最大主应力峰值/MPa	X 向	-0.457	-0.632	-0.776	-1.397	-1.259	-0.852	-1.205
	Y 向	-0.425	-0.692	-0.751	-1.318	-1.236	-0.833	-1.167
	Z 向	-0.651	-0.833	-0.944	-3.305	-5.398	-0.925	-1.232
	XZ 向	-0.747	-0.938	-1.038	-3.428	-6.171	-1.135	-1.241
位移峰值/cm	X 向	10.598	10.617	10.606	10.609	10.793	10.827	10.909
	Y 向	10.493	10.504	10.497	10.503	10.715	10.727	10.889
	Z 向	11.283	11.315	11.304	11.309	11.453	11.517	11.672
	XZ 向	11.119	11.269	11.203	11.216	11.411	11.498	11.603

对于竖向位移响应，当竖直(Z 向)及水平与竖直组合 XZ 向加载地震波时，不同深度围岩与隧道衬砌各测点的竖向位移明显大于水平 X 向和 Y 向加载；但沿不同深度围岩与隧道衬砌各测点的竖向位移变化规律是一致的：随着围岩深度的增加，各测点的位移响应峰值在逐渐增大；主要是由于模型是从底部加载地震波，故底部位移大。同时，隧道结构的存在对围岩位移的影响不大，并且隧道衬砌的位移受到围岩位移的控制。

8.4.2　两侧围岩与隧道相互动力作用

表 8-8 列出了不同的地震波入射方向下 B-B′(Y=35m)断面横向隧道衬砌与两侧围岩横向的加速度、动应力和竖向位移的响应峰值，图 8-21 和图 8-22 给出了其围岩与隧道衬砌的加速度和动应力响应峰值的变化趋势。总体上，当地震波从横向(X 向)、竖向(Z 向)及 XZ 向入射时，隧道衬砌与岩土体的加速度、竖向动应力和竖向位移的响应较大。

表 8-8　B-B′(Y=35m) 断面横向隧道衬砌与两侧围岩地震动力响应峰值

测点位置	加载方向	左侧 12m 围岩	左侧 6m 围岩	左侧 1m 围岩	左边墙	右边墙	右侧 1m 围岩	右侧 6m 围岩	右侧 12m 围岩
加速度峰值 /(m/s²)	X 向	1.103	0.776	1.207	1.997	1.905	1.283	0.988	1.042
	Y 向	0.873	0.764	1.014	1.476	1.414	1.089	0.887	0.877
	Z 向	0.882	0.745	1.094	1.719	2.048	1.174	0.927	0.885
	XZ 向	0.971	0.811	1.317	1.923	2.232	1.428	1.033	0.975
最大主应力峰值/MPa	X 向	-0.726	-0.7701	-1.547	-5.787	-6.054	-1.835	-1.383	-1.027
	Y 向	-0.664	-0.758	-1.351	-3.993	-4.353	-1.593	-1.013	-0.901
	Z 向	-0.739	-0.882	-1.643	-7.751	-8.142	-2.109	-1.471	-1.156
	XZ 向	-0.899	-1.179	-1.802	-9.152	-9.743	-2.455	-1.613	-1.176
位移峰值 /cm	X 向	10.897	10.818	10.758	10.713	10.625	10.566	10.471	10.382
	Y 向	10.809	10.758	10.727	10.675	10.523	10.417	10.392	10.301
	Z 向	11.015	10.913	10.851	10.793	10.674	10.598	10.484	10.396
	XZ 向	11.318	11.278	11.244	11.191	11.016	10.738	10.611	10.563

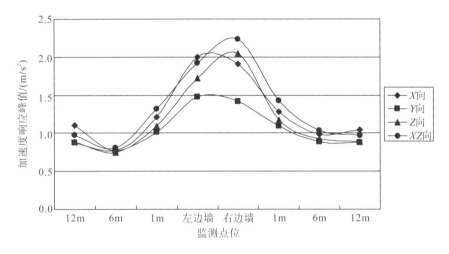

图 8-21　B-B′断面横向隧道衬砌与两侧围岩加速度响应峰值变化趋势

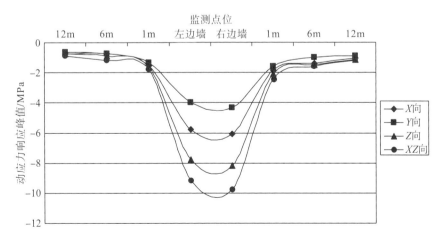

图 8-22　B-B′断面横向隧道衬砌与两侧围岩动应力响应峰值变化趋势

由表 8-8 和图 8-22 可知,隧道衬砌上的加速度响应峰值最大,隧道结构对横向两侧一定范围内岩土体的加速度响应也有明显的放大效应,并随着距离隧道越远其影响越小,在一倍洞直径以后放大效应基本消失,与竖向的加速度响应规律基本一致,并完善了典型山岭振动台模型试验中隧道结构对周边岩土体动力响应的影响分析。对于隧道衬砌两侧围岩,由于 B-B′断面处于山岭隧道偏压洞口段,受到围岩的偏压效应影响明显;总体上,右边墙靠山侧围岩的加速度响应峰值大于左边墙临空侧;但在距离左边墙 12m 的左侧围岩中,由于靠近临边坡表部,受到坡面放大效应影响明显,其加速度响应也较大。因此,在山岭隧道偏压洞口段的震害调查中经常发现:靠山侧的隧道衬砌,临空侧的边坡浅表部及隧道衬砌容易产生破坏,应该加强支护措施。

同时,地震波入射方向对隧道衬砌左右边墙的加速度响应也有一定的影响。当 X 向即沿洞轴线方向加载时,左侧边墙的加速度响应大于右侧边墙;当 Y 向即沿垂直洞轴线方向加载时,左侧边墙的加速度响应和右侧边墙较接近,左边墙略大于右边墙;当 Z 向即沿垂直地面竖向及 XZ 向加载时,右侧边墙的加速度响应大于左侧边墙。这与物理模拟的结果较一致。

由表 8-8 和图 8-22 可知,隧道衬砌与围岩在竖向和横向上的动应力响应规律基本一致:隧道衬砌左右边墙的动应力响应峰值最大,隧道结构对横向两侧一定范围内岩土体的动应力响应有明显的放大效应,并随着距离隧道越远其影响越小,在一倍洞直径以后放大效应基本消失。同时,由于右边墙靠山侧围岩受到偏压效应的影响,其动应变响应峰值大于左边墙临空侧,并且在横向(X 向)、竖向(Z 向)及 XZ 向入射地震波时,右边墙靠山侧的偏压效应更加明显,右侧边墙和围岩的动应力响应也更大。但是,对于隧道衬砌与围岩在竖向和横向上的位移响应与加速度和动应力响应略有不同。从左侧围岩、左边墙到右边墙、右侧围岩的竖向位移呈逐渐减小趋势,主要是由于左侧围岩靠近临空侧,岩土体的风化、卸荷较强,围岩级别和力学参数较右边墙差,所以在地震动荷载作用下,临空侧围岩的竖向位移大于靠山侧。同时,由于隧道衬砌的位移受到周边围岩的控制,所以左边墙的竖向位移也大于右边墙。以上研究也就解释了山岭隧道偏压洞口段临空侧的边坡浅表部以及隧道衬砌容易产生破坏的缘由。

8.5　隧道衬砌横向不同部位地震动力响应

根据隧道震害特征的调查,在隧道不同的地段和不同的地震波入射方向下,隧道衬砌拱顶、左右边墙、仰拱等不同部位的震害特征和受震害程度是不相同的。因此,选取山岭偏压隧道不同地段的 3 个典型断面:隧道洞口偏压断面 Y=15m、围岩交界段断面 Y=35m 和隧道洞身段断面 Y=75m,结合 7 个不同的地震波入射方向下隧道衬砌不同部位的加速度、动应力和位移响应,分析隧道衬砌不同部位的地震动力响应规律,以探寻隧道衬砌的抗震薄弱部位。

表 8-9 列出了不同地震波入射方向下隧道衬砌不同部位的加速度响应峰值,在不同的地震波入射方向下隧道衬砌不同部位的加速度响应峰值和相对大小关系也不同。总体上,当地震波从竖向(Z 向)及含有 Z 向的组合方向入射时,隧道衬砌各部位的加速度响应较大;并且在围岩交界段断面(Y=35m)上隧道衬砌各部位的加速度响应峰值最大,隧道洞口偏压断面(Y=15m)次之,隧道洞身段断面(Y=75m)相对最小;这与物理模拟的结果较为一致。

在隧道洞口偏压断面(Y=15m)上,当地震波从水平垂直于隧道轴线 X 向和沿隧道轴线 Y 向,以及这两个方向的组合方向 XY 向入射时,隧道左边墙和拱顶的加速度响应峰值最大,右边墙次之,仰拱最小;但当从竖向(Z 向)及含有竖向的组合方向入射时,隧道左边墙和仰拱的加速度响应峰值最大,右边墙次之,拱顶最小;这印证了汶川地震中处于震中附近(地震波近于从隧道底部小角度入射时)的龙溪隧道进口仰拱最大隆起达 80~120cm 的破坏特征。在围岩交界段断面(Y=35m)上,无论地震波从任意方向入射,隧道衬砌各部位的加速度峰值都达到极大值,并且拱顶的加速度峰值最大,左右边墙也较大,仰拱相对较小。

表 8-9　不同断面上隧道衬砌不同部位的加速度响应峰值　　（单位：m/s²）

断面	部位	X 向	Y 向	Z 向	XY 向	YZ 向	XZ 向	XYZ 向
Y=15m	拱顶	1.083	0.825	1.987	1.738	1.661	1.673	1.676
	左边墙	1.873	0.934	2.361	1.839	2.369	2.353	2.394
	右边墙	1.057	0.805	2.074	1.669	1.946	1.906	1.916
	仰拱	0.774	0.521	2.593	1.197	2.307	2.314	2.318
Y=35m	拱顶	2.413	1.761	2.094	2.114	2.831	3.016	2.769
	左边墙	2.422	1.837	2.663	2.079	2.692	2.751	2.486
	右边墙	2.219	1.815	2.574	1.978	2.433	2.602	2.349
	仰拱	1.854	1.338	2.875	1.745	2.118	2.395	2.027
Y=75m	拱顶	0.985	0.896	0.862	0.844	0.854	0.825	0.836
	左边墙	0.728	0.661	0.743	0.698	0.677	0.721	0.724
	右边墙	1.378	1.187	1.459	1.268	1.159	1.201	1.288
	仰拱	0.587	0.509	1.275	0.532	1.224	1.192	1.162

因此，在围岩交界段和基覆交界面，容易造成拱顶的错台、塌方或沿拱顶到左右边墙的环向剪张破坏，这与龙溪隧道出口的拱顶错台和环向剪张破坏特征一致。同时，由于左边墙为临空侧受到坡面放大效应的影响，其加速度响应大于右边墙。在隧道洞身段断面（*Y*=75m）上，隧道衬砌各部位的加速度响应相对较小，加速度峰值仅有围岩交界段断面的 40%～60%；由于受到偏压效应的影响，右边墙的加速度响应峰值最大，易产生破坏，仰拱次之，拱顶和左边墙相对小些。

表 8-10 和表 8-11 列出了不同地震波入射方向下隧道衬砌不同部位的横向（*X* 向）和纵向（*Y* 向）应力的响应峰值。当地震波从水平垂直于隧道轴线 *X* 向和竖直垂直于隧道轴线 *Z* 向，以及这两个方向的组合方向 *XZ* 向入射时，隧道衬砌横向和纵向应力较大；并且在围岩交界段断面（*Y*=35m）上隧道衬砌各部位的横向应力响应峰值最大，隧道洞口偏压断面（*Y*=15m）次之，隧道洞身段断面（*Y*=75m）相对最小，但隧道衬砌各部位的纵向应力响应则刚好相反，随着隧道埋深和进深的增加，纵向应力略有增大趋势。这与上述加速度响应特征一致。

表 8-10　不同地震波入射方向下隧道衬砌不同部位的横向应力（σ_x）响应峰值　　（单位：MPa）

断面	部位	X 向	Y 向	Z 向	XY 向	YZ 向	XZ 向	XYZ 向
Y=15m	拱顶	-6.973	-9.358	-10.17	-5.298	-8.732	-8.93	-8.833
	左边墙	1.329	1.402	1.359	1.701	1.628	1.628	1.631
	右边墙	1.448	1.449	1.449	2.025	2.027	2.025	2.023
	仰拱	-5.494	-6.719	-8.137	-4.715	-7.332	-7.411	-7.375
Y=35m	拱顶	-9.126	-12.325	-12.571	-9.345	-13.762	-14.681	-13.922
	左边墙	1.452	1.457	1.453	2.149	2.151	2.157	2.156
	右边墙	1.463	1.463	1.466	2.167	2.169	2.183	2.173
	仰拱	-7.289	-8.727	-10.049	-8.128	-11.261	-11.795	-11.373
Y=75m	拱顶	-4.809	-4.179	-4.402	-5.103	-4.873	-5.189	-5.142
	左边墙	1.462	1.459	1.452	2.167	2.165	2.164	2.167
	右边墙	1.465	1.466	1.467	2.171	2.172	2.169	2.172
	仰拱	-5.132	-6.261	-7.412	-7.398	-6.716	-6.934	-6.941

表 8-11　　不同地震波入射方向下隧道衬砌不同部位的纵向应力(σ_y)响应峰值　　　　　　（单位：MPa）

断面	部位	X 向	Y 向	Z 向	XY 向	YZ 向	XZ 向	XYZ 向
Y=15m	拱顶	-3.773	-3.894	-3.553	-2.922	-3.027	-3.105	-3.017
	左边墙	1.758	1.431	1.382	1.738	1.661	1.659	1.662
	右边墙	1.432	1.434	1.438	2.002	2.007	2.005	2.006
	仰拱	-2.909	-3.137	-2.978	-3.214	-3.174	-3.167	-3.168
Y=35m	拱顶	-4.978	-5.548	-4.807	-4.749	-4.654	-4.648	-4.646
	左边墙	-1.634	1.443	1.445	2.151	2.153	2.144	2.138
	右边墙	1.466	1.457	1.466	2.164	2.169	2.167	2.171
	仰拱	-4.585	-4.135	-3.753	-3.754	-3.466	-3.663	-3.496
Y=75m	拱顶	-3.467	-3.417	-3.433	-3.409	-3.453	-3.434	-3.431
	左边墙	1.465	1.462	1.459	2.172	2.168	2.166	2.163
	右边墙	1.467	1.462	1.468	2.166	2.176	2.172	2.167
	仰拱	-4.305	-8.121	-4.083	-4.428	-4.395	-4.391	-4.396

　　同时，在隧道不同的断面上衬砌应力呈现一个共同的特征：拱顶和仰拱主要处于受压状态，且横向（X 向）应力响应峰值明显大于纵向（Y 向）；左右边墙主要处于受拉状态，横向（X 向）应力响应峰值与纵向（Y 向）相差不大。这与物理模拟中隧道衬砌动应变响应特征一致。在隧道拱顶和仰拱的横向压应力最大峰值可达-14.681MPa 和-11.795MPa，较容易产生沿隧道纵向的裂缝或坍塌，并且在不同的地震波入射方向下拱顶的压应力基本大于仰拱，这也是大部分隧道震害中拱顶的破坏程度大于仰拱的原因。在隧道左右边墙主要以拉应力为主，最大峰值为：2.172MPa 和2.183MPa，随着隧道埋深和进深的增加而加大，在隧道洞身段边墙较容易产生环向或竖向的裂纹。同时，在不同的断面上隧道衬砌右边墙靠山侧的拉应力基本大于左边墙临空侧，这与物理模拟中测得的隧道衬砌边墙的动土压力响应特征一致，主要是由于围岩的偏压效应所致。但这并不代表偏压隧道洞口段靠山侧较临空侧容易产生破坏，主要是由于洞口段临空侧受到坡面放大效应的影响，其加速度响应大于靠山侧，并且由于临空侧的围岩力学性质较靠山侧差，在地震作用下比靠山侧的位移更大，一般临空侧的位移比靠山侧大 0.1～0.5cm；所以在偏压隧道洞口段临空侧更容易产生拉裂缝或坍塌。

8.6　隧道衬砌纵向不同进深地震动力响应

　　由于大部分山岭隧道为线性结构，其长度不一，从几十米到几千米兼有，并且隧道结构穿越了不同的地层和围岩结构，因此在地震动力作用下隧道不同地段的地震动力响应也不同。同时为了分析地震过程中，偏压隧道不同部位和不同地段在纵向（即 Y 向）的响应规律，在黄草坪 2 号隧道模型中设置了 Y=5m、Y=15m、Y=25m、Y=35m、Y=45m、Y=55m、Y=65m、Y=75m、Y=85m、Y=95m 共 10 个横向监测断面，记录隧道衬砌各部位的纵、横向加速度，最大、最小主应力，位移的时程变化过程。通过研究地震结束时隧道衬砌及围岩的应力、应变及位移等值线图，分析隧道衬砌在洞口段、洞身段、围岩交界段和设置减震层段的动力响应规律，以期找到隧道结构在纵向轴线方向的抗震薄弱部位。

　　表 8-12、图 8-23～图 8-25 给出了隧道衬砌各横向监测断面上拱顶、左边墙、右边墙和仰拱的纵向加速度、应力及位移的响应峰值和随进洞深度的变化趋势。根据物理模拟和数值模拟的结果分析，不同地震波加载强度和入射方向对隧道衬砌沿纵向上的动力响应规律影响不大，故本节以 5%超越概率下 XZ 向加载时隧道衬砌的动力响应为例进行分析。

表 8-12　5%超越概率下 XZ 向加载时隧道衬砌纵向的地震动力响应

项目	部位	断面/m									
		5	15	25	35	45	55	65	75	85	95
加速度峰值/(m/s²)	拱顶	2.807	2.896	3.146	2.539	1.901	1.403	1.551	1.363	1.339	1.338
	左边墙	2.896	2.701	3.128	2.482	1.851	1.484	1.594	1.453	1.438	1.431
	右边墙	2.624	2.751	3.151	2.602	1.926	1.518	1.624	1.473	1.478	1.468
	仰拱	2.646	2.592	2.984	2.387	1.845	1.408	1.503	1.314	1.336	1.325
最大主应力/MPa	拱顶	-6.948	-7.548	-13.75	-11.1	-9.734	-7.939	-2.487	-5.276	-5.137	-5.137
	左边墙	-4.002	-4.695	-7.263	-5.71	-5.273	-4.271	-2.844	-4.89	-4.206	-4.216
	右边墙	-3.651	-4.715	-7.453	-5.973	-5.633	-4.916	-3.044	-4.796	-4.279	-4.279
	仰拱	-6.46	-7.427	-12.01	-11.92	-10.21	-9.075	-3.378	-6.969	-6.247	-6.247
最小主应力/MPa	拱顶	1.098	1.098	1.59	1.555	1.868	1.877	1.726	1.866	1.862	1.872
	左边墙	1.837	2.051	2.081	2.153	2.066	2.075	1.833	2.171	2.066	2.07
	右边墙	2.005	2.093	2.089	2.175	2.186	2.193	1.842	2.173	2.149	2.16
	仰拱	1.123	1.177	1.391	1.347	1.691	1.631	1.528	1.633	1.646	1.666
位移/cm	拱顶	11.591	11.532	11.574	11.303	10.791	10.309	9.876	9.523	9.195	8.633
	左边墙	11.655	11.617	11.621	11.334	10.825	10.353	9.924	9.615	9.211	8.854
	右边墙	11.592	11.615	11.641	11.513	11.038	10.585	10.097	9.619	9.198	8.898
	仰拱	11.657	11.638	11.655	11.535	11.152	10.701	10.311	10.067	9.528	9.015

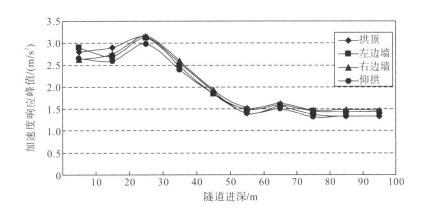

图 8-23　隧道衬砌不同部位纵向加速度响应峰值随进洞深度的变化趋势

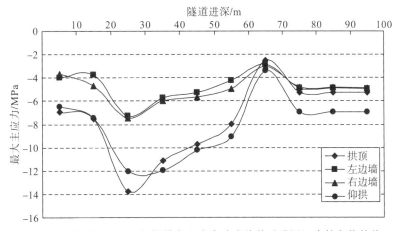

图 8-24　隧道衬砌不同部位最大主应力响应峰值随进洞深度的变化趋势

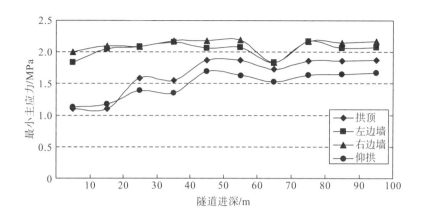

图 8-25　隧道衬砌不同部位最小主应力响应峰值随进洞深度的变化趋势

由表 8-12、图 8-23～图 8-25 可知，纵向上随着隧道进洞深度的增加，衬砌各部位的加速度、应力及位移变化趋势较为一致。对于衬砌加速度响应，从洞口到 V 级、Ⅳ 级围岩交界段，衬砌的加速度响应较大且呈逐渐增大趋势，在 25～30m 段响应峰值达最大，为 2.984～3.151m/s²；而后随着进深的增加，衬砌加速度响应呈逐渐减小趋势，在 30～50m 段响应峰值依然较大，在 1.5m/s² 以上；再后衬砌加速度响应逐渐趋于稳定，响应峰值在 1.4m/s 左右；但在 60～70m 段，由于设置了减震层，其加速度响应略有增大。对于动应力响应，由于受到加速度响应的影响，衬砌最大主应力的变化趋势与加速度响应较一致，从洞口到围岩交界段逐渐增大，尤其在 25～30m 段拱顶压应力峰值达-13.75MPa，而后衬砌最大主应力逐渐减小趋于稳定，响应峰值在-4MPa 以上，并且由于在 60～70m 段设置了减震层，其最大压应力减小明显；而最小主应力（拉应力）的响应趋势与最大主应力（压应力）刚好相反，随着隧道进洞深度的增加，最小主应力呈逐渐增大并趋于稳定的趋势，在 25～30m 段围岩交界段拉应力有突增趋势，在 50m 以后逐渐趋于稳定，响应峰值在 2.0MPa 左右。对于衬砌竖向位移，随着隧道进洞深度的增加呈逐渐减小趋势，从洞口到围岩交界段位移相对较大，为 11.591～11.657m，在 30～50m 段位移峰值依然较大，为 10.825～11.535m，在洞身段 50m 以后位移峰值逐渐趋于稳定。

因此，根据以上对隧道衬砌加速度、应力及位移的变化趋势分析可以得出：黄草坪 2 号隧道从洞口到进洞 30m V 级围岩浅埋段衬砌地震动力响应最大，隧道结构最容易产生破坏，是抗震设防的重点地段；从进洞 30～50m Ⅳ 级围岩前段衬砌响应峰值减小明显，但响应峰值依然较大，是抗震设防的次重点地段；而在进洞 50m 以后各部位的地震动力响应逐渐趋于稳定，响应峰值相对较小，可以按照常规的抗震设防等级；以上数值计算结果与物理模拟的响应规律较为吻合。

图 8-26 和图 8-27 给出了隧道衬砌在地震结束时的应力与位移等值线图。由图 8-26 和图 8-27 可知，在隧道洞口 $Y=5m$ 监测断面的加速度响应和位移较大，最大加速度峰值达 2.896m/s²，最大位移达 0.116m；在 V 级与Ⅳ级围岩交界段 $Y=25m$ 监测断面附近隧道衬砌的地震动力响应达到最大，最大加速度峰值达 3.151m/s²，最大压应力达-13.75MPa，最大拉应力达 2.089MPa，最大位移达 11.655cm；而在 60～70m 段，设置了减震层且减短了锚杆长度，更改了围岩的支护类型，虽然衬砌应力有较大的减小，但加速度响应和位移略有增大。因此，虽然说在地震动荷载的作用下隧道结构沿纵向的动力响应呈递减趋势，但由于受到洞口放大效应、围岩类型变化和围岩支护参数不同等因素的影响，这些地段的响应峰值可能突增，容易造成隧道结构的破坏，是隧道结构在纵向轴线上的抗震薄弱地段，所以在隧道抗减震设计时应该对这些地段进行重点设防。

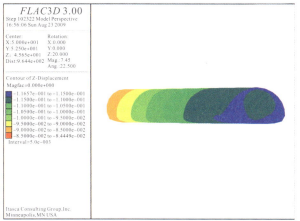

图 8-26　隧道衬砌沿纵向上最大主应力分布等值线图　　图 8-27　隧道衬砌沿纵向上竖向位移分布等值线图
　　　　　　　　　（单位：Pa）　　　　　　　　　　　　　　　　　　　（单位：m）

8.7　山岭隧道偏压段横向地震动力响应

大部分山岭隧道存在明显的偏压作用，并且隧道洞口对地震动力响应有一定的放大效应。当发生地震时，靠山侧和临空侧的围岩和隧道结构的地震动力响应是不相同的，而且偏压效应和洞口坡面放大效应的影响深度（范围）较难确定。因此，结合 7.6 节对隧道结构纵向地震动力响应的研究，本书从山岭隧道洞口段到洞身段围岩和隧道结构的横向地震动力响应入手，重点分析不同进深断面在 XZ 向地震波作用下的加速度、动应力和位移响应，以探讨山岭偏压隧道横向地震动力响应，并确定山岭偏压隧道的偏压效应和洞口坡面放大效应的影响深度。

图 8-28 给出了 $Y=5$m、$Y=35$m、$Y=75$m 三个断面上隧道衬砌不同部位横向（X 向）加速度时程曲线。由图 8-28 可知，在隧道轴线纵向上，随着隧道埋深和进深的增加，衬砌各断面的加速度响应逐渐减小，趋于稳定。在洞口到 V 级、IV 级围岩交界段 $Y=5$、$Y=15$、$Y=25$、$Y=35$m 四个断面上，衬砌的加速度响应较大；而后随着进深的增加，在隧道浅埋段 $Y=45$、$Y=55$、$Y=65$m 三个断面上，衬砌加速度响应呈逐渐减小；当在洞身段 $Y=75$m 断面以后，衬砌的加速度响应趋于稳定。

在 $Y=5$m 断面上，由于受到隧道洞口放大效应和坡面加速度放大效应的双重影响，隧道衬砌的加速度响应较大，尤其拱顶和左边墙的加速度响应峰值最大，分别为 3.485m/s^2 和 4.265m/s^2，较容易产生破坏。在 $Y=35$m 断面上，由于处于 V 级、IV 级围岩交界段，隧道衬砌的加速度响应出现了突增，并且偏压效应

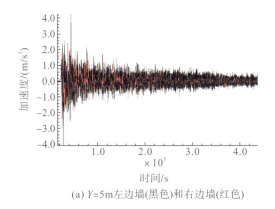
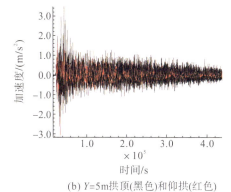

(a) $Y=5$m左边墙(黑色)和右边墙(红色)　　　　　　　(b) $Y=5$m拱顶(黑色)和仰拱(红色)

的影响较大，靠山侧围岩的横向加速度响应增大明显，所以右边墙和拱顶的加速度响应峰值最大，分别为 7.105m/s² 和 5.225m/s²，较容易产生破坏。在 $Y=75\text{m}$ 断面上，由于隧道埋深和进深较大，衬砌各部位的加速度响应逐渐趋于稳定，加速度响应峰值在 1.3m/s² 左右相差不大，隧道结构相对较安全。

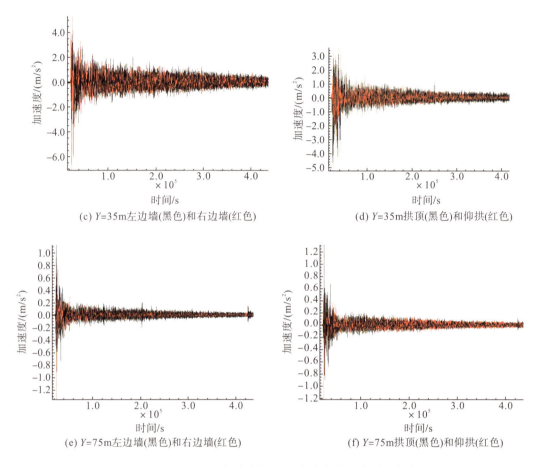

(c) $Y=35\text{m}$ 左边墙(黑色)和右边墙(红色)

(d) $Y=35\text{m}$ 拱顶(黑色)和仰拱(红色)

(e) $Y=75\text{m}$ 左边墙(黑色)和右边墙(红色)

(f) $Y=75\text{m}$ 拱顶(黑色)和仰拱(红色)

图 8-28　不同断面上隧道衬砌不同部位的加速度时程曲线

图 8-29 给出了 $Y=5\text{m}$、$Y=35\text{m}$、$Y=75\text{m}$ 三个横断面上围岩及隧道衬砌的横向(X 向)应力分布等值线图。

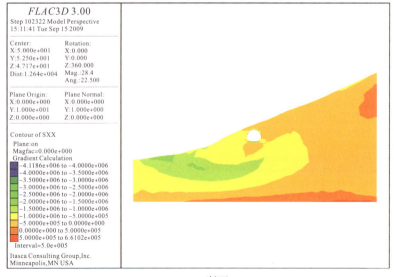

(a) $Y=5\text{m}$ 断面

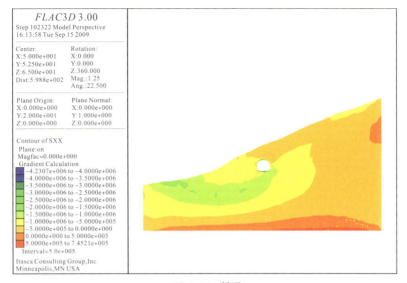

(b) Y=35m断面

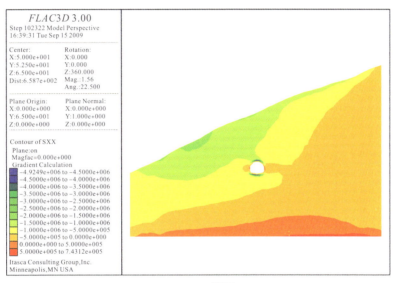

(c) Y=75m断面

图 8-29 不同断面上围岩及隧道衬砌的横向(X向)应力分布等值线图(单位：Pa)

由图 8-29 可知，在隧道洞口明洞段和浅埋段(Y=0～50m)，由于洞口放大效应，拱顶和仰拱的最大主应力峰值较大。对于左右边墙来说，在隧道进深 0～10m，由于左边墙靠近临空侧，受到坡面加速度放大效应的影响，其最大主应力峰值也大于右边墙；随着隧道进深的增加，临空侧坡面加速度放大效应的影响逐渐减小，而偏压效应的影响越显突出，从隧道进深 10～50m 靠山侧右边墙的最大主应力响应逐渐增大，其响应峰值也大于左边墙；随着隧道埋深的增加及地形的变化，在隧道洞身段进深大于 50m 以后，偏压效应的影响逐渐消失，左右边墙的最大主应力响应趋于平稳，响应峰值相差不大。

在 5%超越概率地震波 XZ 向作用下，在 Y=5m 断面上由于隧道左侧围岩靠近临空侧覆盖层厚度较薄，受到坡面加速度放大效应的影响较大，其横向应力最大，响应峰值为-1.0MPa；隧道其他部位周边的横向动应力较接近，响应峰值在-0.5MPa 左右。在 Y=35m 断面上，由于偏压效应的影响越来越大，靠山侧围岩的横向动应力响应逐渐增大，其响应峰值为-1.5MPa，大于左边墙，这与上述隧道衬砌最大主应力的响应基本一致。在 Y=75m 断面上，由于地形地貌的变化，偏压效应的影响逐渐消失，左右边墙的横向动应力响应相差不大，峰值较接近，为-0.5MPa 左右；但由于隧道埋深的增加，隧道拱顶和仰拱出现了压应力集中，响应峰值在-3.5MPa 左右，容易造成衬砌的横向开裂。

图 8-30 给出了 $Y=5m$、$Y=35m$、$Y=75m$ 三个横断面上围岩及隧道衬砌的横向(X 向)位移分布等值线图。由于隧道衬砌的位移受到地层位移控制，隧道衬砌各部位的位移响应较接近。在隧道洞口段 0~10m，仰拱和左边墙的位移峰值略微大些；而后由于偏压效应的作用，仰拱和右边墙的位移峰值略微大些。

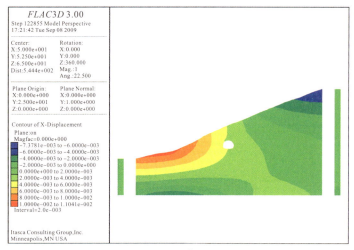

(a) $Y=5m$断面

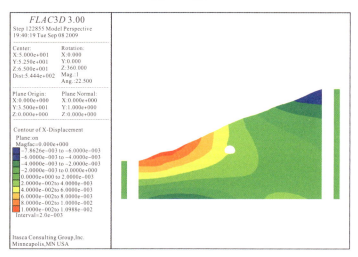

(b) $Y=35m$断面

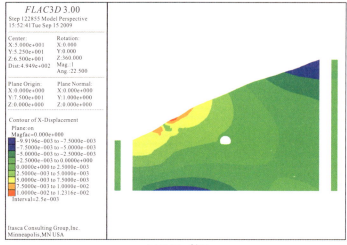

(c) $Y=75m$断面

图 8-30　不同横断面上围岩及隧道衬砌的横向(X 向)位移分布等值线图(单位：m)

　　由图 8-30 可知,在隧道洞口明洞段和浅埋段(Y=0～35m),由于偏压地形的影响,围岩的横向位移从边坡中部向两个方向发展。在边坡的中上部,围岩向靠山侧位移,位移峰值为 0.786cm;在边坡的中下部,围岩向临空侧位移,越靠近边坡下表部横向位移越大,最大位移峰值达 1.104cm;由于隧道洞口段埋深较浅,隧道结构整体处于边坡中下部,也随着围岩向临空侧位移。在地震动力作用下,如果边坡中下部发生整体失稳或下挫,隧道洞口段也会跟随围岩向下位移,必然对隧道结构的安全性产生较大的影响。同时,在 Y=15m 和 Y=35m 横断面上,左侧衬砌位移大于右侧衬砌,位移峰值分别为 0.6cm 和 0.4cm,在地震动力作用下容易造成隧道衬砌的斜向开裂。随着埋深和进深的增加,边坡浅表部的位移对隧道结构的影响逐渐减小,在隧道洞身段 Y=75m 横断面上,隧道衬砌整体向临空侧位移,且位移响应峰值较小,左右侧衬砌位移基本一致,隧道结构较安全。

　　综上所述,从山岭偏压隧道的纵横向地震动力响应分析得出:隧道洞口的放大作用一般对 0～50m 的隧道结构和周边围岩产生影响,并随着埋深和进深的增加而逐渐减小;临空侧自由坡面加速度放大效应一般对隧道衬砌拱顶和临空侧边墙产生较大影响,深度为 0～10m;而偏压效应主要对靠山侧和拱顶衬砌产生影响,影响深度一般在 10～50m 段,但要视隧道洞口偏压地形而定。因此,在山岭偏压隧道洞口 0～10m 段,拱顶、仰拱和左边墙(临空侧)较容易产生破坏,在隧道浅埋段 10～50m,拱顶和右边墙(靠山侧)较容易产生破坏,这些部位应该重点加强支护措施;而在隧道洞身段进深大于 50m 以后,拱顶和仰拱的动力响应略微大于左右边墙,隧道衬砌相对比较安全。

8.8　本章小结

　　(1)通过黄草坪 2 号隧道洞口边坡动力响应分析,在 63%和 10%超越概率地震波作用下,隧道洞口边坡基本处于弹性变形状态,只是在后缘仰坡和右侧边坡出现了部分剪切塑性区和拉应力塑性区;在 5%和 1%超越概率地震波作用下,隧道洞口边坡和Ⅴ级围岩出现了大面积的剪切塑性区和拉应力塑性区,已经进入弹塑性破坏状态,尤其在洞口后缘仰坡和靠山侧边坡的剪切塑性区和拉应力塑性区非常密集。这与洞口边坡的应力分布基本一致,洞口仰坡的最大主应力较大,量值在-0.5～-0.25MPa,左右侧边坡量值在-0.25MPa 以下;但在仰坡和靠山侧边坡出现了拉应力集中的现象,量值在 0.1～0.2MPa;所以洞口仰坡和靠山侧边坡容易产生破坏,这也印证了物理模拟中洞口仰坡和靠山侧边坡出现的大量裂缝和地表松动迹象。

　　(2)通过隧道衬砌结构动力响应分析,在 63%超越概率地震波作用下,隧道衬砌未出现塑性区,处于弹塑性变形状态;在 10%和 5%超越概率地震波作用下,隧道衬砌的剪切塑性区明显增多,并在局部地段和部位出现了拉应力塑性区,衬砌各部位的动力响应明显增大。因此,在隧道衬砌的局部薄弱地段和部位可能会出现剪切和张拉破坏;这与物理模拟试验中,在 10%和 5%超越概率地震波作用下,隧道衬砌拱顶和仰拱出现纵向和斜向的裂缝一致;而在 1%超越概率地震波作用下,隧道衬砌出现了大面积的剪切塑性区和拉应力塑性区,且整体的动力响应特别大;隧道洞口段衬砌的加速度响应峰值达 4.395m/s^2,最大主应力响应峰值达-11.438MPa,地震位移峰值在 20.0cm 左右;故隧道衬砌可能会出现大面积的破坏,尤其在塑性区集中和动力响应较大的地段和部位受损将较严重,甚至造成大变形、坍塌等灾害。

　　(3)当地震波从不同的方向入射时,山岭偏压隧道洞口段的地震动力响应大于洞身段,且在地震中隧道衬砌的破坏程度也是洞口段较洞身段严重。对于隧道洞口段,在 X 向(水平垂直洞轴线方向)、Z 向(竖向垂直洞轴线方向)及 XZ 向加载时,衬砌各部位的地震动力响应较大,是较为不利的地震波入射方向。但在沿隧道轴线 Y 向也是隧道洞口边坡及洞门较危险的地震作用方向,容易造成后缘滚石砸坏洞门和仰坡崩塌失稳掩埋洞口。对于隧道洞身段,虽然地震动力响应较洞口段小,但在 Z 向及含有 Z 向的组合方向加载时,隧道衬砌右边墙、仰拱和拱顶的动力响应较大,也容易造成隧道衬砌这些部位的破坏。同时,在组合方向加载时发现的"筛豆子效应"与物理模拟中一致,即组合方向加载时,在没有加载方向的加速度响应峰值依然较大,部分工况下其峰值甚至超过加载方向的响应峰值,如 YZ 向加载时, Z 向的加速度响应峰值最大, Y 向的峰值相对较小,而 X 向的峰值较大,超过了 Y 向。

(4)在竖向不同深度围岩与隧道衬砌的相互动力作用主要表现为:对于加速度响应,随着围岩深度的增加,加速度响应峰值逐渐减小,但由于受到隧道结构的影响,在靠近隧道处的加速度峰值下降趋势明显减缓,响应曲线呈非线性下降趋势;这说明隧道结构的存在影响了地震波在岩土体中的传播特性,对隧道周边岩土体的加速度响应有一定的放大效应,并且这种放大效应在一倍洞直径以后基本消失,这与物理模拟中加速度响应规律一致。对于动应力响应,隧道衬砌上的动应力响应峰值最大,隧道结构对周边一定范围内岩土体的动应力响应也有明显的放大效应,并随着距离隧道越远其影响越小,在一倍洞直径以后放大效应基本消失。围岩及隧道衬砌的竖向位移明显大于水平 X 向和 Y 向位移;并且隧道结构的存在对围岩位移的影响不大,隧道衬砌的位移受到围岩位移的控制。

(5)在横向上隧道衬砌与两侧围岩相互动力作用主要表现为:对于加速度响应,隧道衬砌上的加速度响应明显大于两侧围岩,并且隧道结构对横向两侧一倍洞直径以内岩土体的加速度响应也有明显的放大效应,与竖向的加速度响应规律基本一致。同时,由于受到偏压效应影响明显,右边墙靠山侧围岩的加速度响应峰值大于左边墙临空侧;但在距离左边墙 12m 的左侧围岩中,由于靠近临空边坡表部,受到坡面放大效应影响明显,其加速度响应也较大。因此,在山岭隧道偏压洞口段的震害调查中经常发现:靠山侧的隧道衬砌,临空侧的边坡浅表部以及隧道衬砌容易产生破坏,应该加强支护措施。对于动应力响应,隧道结构对周边围岩的动应力响应放大效应依然存在,隧道衬砌上的动应力响应峰值明显大于周边围岩;并且由于偏压效应的影响,右侧边墙和围岩的动应力响应大于左侧边墙和围岩。对于竖向位移响应,从左侧围岩、左边墙到右边墙、右侧围岩的竖向位移呈逐渐减小趋势,主要是由于左侧围岩靠近临空侧,岩土体的风化、卸荷较强,围岩级别和力学参数较右边墙差,所以在地震动荷载作用下,临空侧围岩的竖向位移大于靠山侧。同时,由于隧道衬砌的位移受到周边围岩的控制,所以左边墙的竖向位移也大于右边墙,从而解释了山岭隧道偏压洞口段临空侧的边坡浅表部及隧道衬砌容易产生破坏的缘由。

(6)对于隧道衬砌不同部位地震动力响应,在隧道洞口偏压断面(Y=15m)上,当地震波从 X 向、Y 向及 XY 向入射时,隧道左边墙和拱顶的加速度响应峰值最大,右边墙次之,仰拱最小;但当从竖向(Z 向)及含有竖向的组合方向入射时,隧道左边墙和仰拱的加速度响应峰值最大,右边墙次之,拱顶最小;这印证了汶川地震中处于震中附近(地震波近于从隧道底部竖向入射)的龙溪隧道进口仰拱最大隆起达 80~120cm 的破坏特征。在围岩交界段断面(Y=35m)上,无论地震波从任意方向入射,隧道衬砌各部位的加速度峰值都达到极大值,并且拱顶的加速度峰值最大,左右边墙也较大,仰拱相对小些。因此,在围岩交界段和基覆交界面,容易造成拱顶的错台、塌方或沿拱顶到左右边墙的环向剪张破坏,这与龙溪隧道出口段基覆界面附近的拱顶错台和环向剪张破坏特征一致。在隧道洞身段断面(Y=75m)上,隧道衬砌各部位的加速度响应相对较小,加速度峰值仅有围岩交界段断面的 40%~60%;右边墙的加速度响应峰值较大,仰拱次之,拱顶和左边墙相对小些。

(7)在隧道不同的断面上衬砌应力呈现一个共同的特征:拱顶和仰拱主要处于受压状态,且横向(X 向)应力响应峰值明显大于纵向(Y 向);左右边墙主要处于受拉状态,横向(X 向)应力响应峰值与纵向(Y 向)相差不大。这与物理模拟中测得的隧道衬砌动应变响应特征一致。在隧道拱顶和仰拱的横向压应力最大峰值可达-14.681MPa 和-11.795MPa,较容易产生沿隧道纵向的裂缝或坍塌,并且在不同的地震波入射方向下拱顶的压应力基本大于仰拱,这也是大部分隧道震害中拱顶的破坏程度大于仰拱的原因。在隧道左右边墙主要以拉应力为主,最大峰值为 2.172MPa 和 2.183MPa,随着隧道埋深和进深的增加而加大,所以在隧道洞身段边墙较容易产生环向或竖向的裂纹。

(8)在隧道轴线纵向上,衬砌各部位的加速度、应力及位移变化趋势较为一致,随着隧道进深和埋深的增加,衬砌各部位的动力响应逐渐减小;一般在隧道进深为 30m 左右衬砌动力响应减小明显,而在隧道进深为 50m 以后，衬砌动力响应趋于稳定，且响应峰值相对较小。因此，黄草坪 2 号隧道从洞口到进洞 30mⅤ级围岩浅埋段衬砌各部位的地震动力响应最大，隧道结构最容易产生破坏，是抗震设防的重点地段；从进洞 30～50mⅣ级围岩前段衬砌各部位的响应峰值减小明显，但响应峰值依然较大，是抗震设防的次重点地段；而在进洞 50m 以后各部位的地震动力响应逐渐趋于稳定，响应峰值相对较小，可以按照常规的抗震设防等级设计；以上数值计算结果与物理模拟的响应规律较为吻合。

(9)对于山岭偏压隧道横向地震动力响应，隧道洞口的放大作用一般对 0～50m 的隧道结构和周边围岩产生影响，并随着埋深和进深的增加而逐渐减小；临空侧自由坡面加速度放大效应一般对隧道衬砌拱顶和临空侧边墙产生较大影响，深度为 0～15m；而偏压效应主要对靠山侧和拱顶衬砌产生影响，影响深度一般在 15～50m 段，但要视隧道洞口偏压地形而定。因此，在山岭偏压隧道洞口 0～15m 段，拱顶、仰拱和左边墙(临空侧)较容易产生破坏，在隧道浅埋段 15～50m，拱顶和右边墙(靠山侧)较容易产生破坏，这些部位应该重点加强支护措施；而在隧道洞身段进深大于 50m 以后，拱顶和仰拱的动力响应略微大于左右边墙，隧道衬砌相对比较安全。

第三篇

山岭隧道抗减震模式及断层破碎带应用

第9章 山岭隧道抗减震模式

本章在整理前人隧道及地下结构抗减震措施基础上，总结出山岭隧道常规抗减震方法与措施，开展山岭隧道抗减震措施的大型振动台模型试验；结合数值模拟，研究不同衬砌刚度和加固围岩的减震效果，针对山岭隧道抗震设计、施工的技术难题——减震层模式设置、参数选取及抗震缝宽度等问题进行深入分析，提出山岭隧道抗减震模式。

9.1 山岭隧道常规抗减震方法与措施

目前减轻隧道及地下结构的地震破坏主要途径包括：改变围岩的力学参数，对隧道周边围岩注浆，提高围岩的力学参数和自承能力，使围岩刚度增加，减小围岩与衬砌的刚度差异，达到围岩与衬砌协同变形目的；改变隧道结构本身的性能(刚度、质量、强度、阻尼)和结构形式，如减小隧道地下结构的刚性，使之易于追随地层的变形，减小地下结构的响应，设计带仰拱的隧道衬砌，增强隧道整体性抵抗地震荷载及变形；在衬砌与地层之间设置减震层或在衬砌接头处设置抗震缝并充填减震材料，一方面使地层的变形难以传递到隧道结构上，减小隧道结构的地震动力响应，另一方面减小地震能量沿衬砌纵向的直接传递，调整隧道结构的应力分布，顺应地震动位移，避免隧道衬砌的整体破坏；在断层破碎带或围岩性质差、变形大的段落，增加隧道断面尺寸，预留出地震作用下围岩变形空间，也可有效降低围岩压力和地震动荷载。

1)改变围岩的力学参数

通过对隧道周边一定范围的围岩进行注浆或设置锚杆，以提高围岩力学参数，使注浆围岩的刚度大于外侧围岩，减小围岩与衬砌刚度的匹配，增强围岩的整体性和自承能力，从而在隧道周边形成一层厚度较大的抗震层(一般为3~10m)，以减小隧道衬砌的地震动力响应，提高隧道结构的抗减震性能；加固层的弹性模量与外侧围岩弹性模量相差越大，减震效果越好，加固层越厚，减震效果越好。

2)改变隧道结构性能和形式

通过改变隧道衬砌的刚度、质量、强度、阻尼等动力特性来减轻其地震响应，也可设计带仰拱的隧道衬砌，增强隧道整体性抵抗地震荷载及变形，主要有以下几种可能途径。

(1)减轻衬砌质量。采用轻骨料混凝土，减轻衬砌质量，从而减少衬砌结构的地震动力响应。轻骨料混凝土的强度一般较低，需在其中添加钢纤维等(如陶粒混凝土、陶粒钢纤维混凝土就属于这种材料)以提高强度。

(2)增加衬砌材料强度和阻尼。①采用钢纤维混凝土，提高混凝土延性、抗折性、抗拉性和韧性，使衬砌结构在地震中大量吸能耗能，减轻地震响应，如钢纤维喷混凝土、钢纤维模筑混凝土等。②采用聚合物混凝土，增加混凝土的柔韧性、弹性和阻尼，使地下结构吸收地震能量，减轻地震响应，如聚合物混凝土、聚合物钢纤维混凝土等。③在衬砌中添加大阻尼材料，使其成为大阻尼复合结构，也可以起到很好的减震效果。一般增加阻尼有两种方法：一种方法是在衬砌表面或内部增加阻尼，通过结构的拉伸或剪切来耗能减震；另一种方法是在结构接头部位设置减震装置。在地震中，这些减震装置耗能减震，避免结构进入非弹性状态或发生损坏。

(3) 调整衬砌结构刚度。调整衬砌结构刚度的方法具体如下所述。①采用刚性结构。大大增加衬砌结构的刚度，做成"刚性结构"。由于衬砌结构的变形受围岩变形控制，而围岩主要是受剪切变形作用，其变形规律是上部大，下部小。因此，当采用刚性结构时，必然使衬砌结构承受更大荷载。同时，为了增加地下结构的刚性，必然要增加材料用量，工程费也会随之加大。可见，采用刚性结构并不经济，且震害风险也较大。然而，目前我国铁路、公路隧道的抗震设计主要还是提高衬砌刚度。②采用柔性结构，即大大减小地下结构的刚度，做成"柔性结构"。这样做虽然能有效减少衬砌结构的加速度响应，减少地震荷载，但同时位移会加大，需要确保在隧道正常使用静荷载和突发地震荷载作用下，衬砌整体安全。

目前，隧道设计中喷混凝土衬砌、锚杆、钢纤维喷混凝土支护等都属于该类结构。在这种支护作用下，结构和围岩的联系更加紧密，其变形将完全受控于围岩。在软弱围岩情况下，围岩地震变形较大，则该类支护结构与围岩间的动压力将会增大，支护结构本身的位移、加速度也将增大。此时，衬砌结构的安全性和耐震性必须要得到保证。③采用延性结构。适当控制衬砌结构刚度，使结构某些构件在地震时进入非弹性状态，并且具有较大的延性以耗散地震能量，减轻地震响应，使隧道结构"裂而不倒"，这种方法在很多情况下是很有效的。但也存在诸多局限，如接头进入非弹性状态，将使衬砌结构变形加大，使内部附属设置严重损坏；另外，若遭遇超过设计烈度的地震时，接头构件发生非弹性变形甚至损坏，震后修复非常困难。

有关隧道及地下结构衬砌抗减震，一直都有"刚""柔"之争。刚性结构的地震动力响应较大，易出现脆性破坏；虽然柔性结构和延性结构的抗震性能要优于刚性结构，但柔性结构和延性结构产生的变形位移较大，限制了这两种结构在工程中的使用。

(4) 设计带仰拱的隧道衬砌。在隧道洞口浅埋段、断层及破碎带、洞身 V 级围岩段，围岩性质差、变形大，设计带仰拱的隧道衬砌，可以增强隧道整体性抵抗地震动荷载及围岩变形。

3) 设置减震装置

设置减震装置属于隔震技术的范畴。隔震技术是近年来发展起来的一种新技术，在地面结构抗震工程中取得了显著效果。隔震技术采用一种特殊的措施来隔离地震对上部结构的影响，地震能量直接由基础的隔震支座和耗能装置所吸收，使结构物在地震时只产生很小的振动。隧道及地下结构由于周边被岩土体所包围，其受力状态不同于地面结构，其变形受到岩土体约束，围岩本身不仅是结构物的振源，而且还是隧道衬砌的附加荷载。因此，隧道及地下结构的抗减震方法不同于地面结构。

(1) 设置减震层。减震层减震模式的基本构思是在衬砌外周边和围岩之间设减震装置，使原有衬砌-围岩系统变为衬砌-减震层-围岩系统，其目的是通过减震层将衬砌与围岩介质隔开，从而减小和改变地震对衬砌结构的作用强度和方式，以便达到减小结构振动的目的。减震层不但要能割断周围地层对衬砌的约束力，而且还能吸收衬砌与地层之间反复循环的动应变或相对动位移。此外，减震层应具有充分弹性和适当厚度，保证在一次地震塑性化后，下一次地震时能再发挥作用。

常用减震装置主要包括减震器、板式减震层、压注式减震层等。①减震器一般由提供刚度的弹簧和提供阻尼的橡胶材料组成，主要有承压式减震器、承剪式减震器。②板式减震层是将减震材料制成板材，以便于现场施工。③压注式减震层是新近开发出来的减震材料，包括沥青系、氨基甲酸乙酯系、橡胶系、硅树脂系等。这些材料平时是液状，与硬化添加剂一起压注到围岩与衬砌之间的间隙内，硬化后就形成减震层，这种减震材料具有较高的剪切变形性能、耐久性好、施工性便捷。

(2) 设置抗震缝。由于山岭隧道属于线性结构，在地震动的作用下较容易产生横向的剪切应力和纵向的拉应力，在隧道的抗减震设计中，一般设置一定间距的环向抗震缝，并充填软质减震材料，以调整隧道结构的应力分布，顺应地震动位移，减小隧道结构的剪切、拉伸和弯曲作用力。同时设置抗震缝后，还可以明显改善仰拱围岩和初期衬砌的拉应力，降低隧道衬砌的纵向轴力和最大、最小主应力，并且随着抗震缝间距的减小，拉应力的最大值和拉应力集中范围都在不断减小。往往在隧道口明暗交界、覆盖层与基岩交界面、浅埋与深埋交界面设置抗震缝。

　　4)增加隧道断面尺寸

　　增加隧道断面尺寸是在断层破碎带或围岩性质差、变形大的段落，增加隧道断面尺寸，预留出地震作用下围岩变形及破碎带蠕滑位移空间，降低围岩压力和地震动荷载，减小隧道衬砌地震破坏。

　　表 9-1 结合山岭隧道地震动力响应规律及抗减震技术特点，将目前山岭隧道抗减震方法进行分类，阐述其具体措施。总体来看，我国隧道及地下结构抗减震技术还很不成熟，在实际工程应用中还较少，有待进一步深入研究。

表 9-1　山岭隧道抗减震方法分类

途径	减震方法	具体措施
改变围岩力学参数	注浆	对隧道周边 0～10m 的围岩进行注浆加固
	设锚杆	在隧道环向施作径向锚杆，长度为 3～5m
改变隧道结构性能和形式	减小质量	采用轻骨料混凝土
	增加强度	采用钢纤维混凝土
	增加阻尼	采用聚合物混凝土
		粘贴大阻尼材料，使其成为复合结构
	调整刚度	增加厚度或采用钢筋混凝土等
		喷锚网支护或钢纤维喷混凝土
	设置仰拱	设计带仰拱的隧道整体衬砌
设置减震装置	设置减震器	在衬砌与围岩间设置减震器
	设置减震层	在衬砌与围岩间设置板式减震层
		在衬砌与围岩间压注减震材料
	设置抗震缝	设置一定间距的环向抗震缝，并充填软质减震材料
增加隧道断面尺寸	加大断面尺寸	隧道断面整体扩大 40～60cm

9.2　山岭隧道抗减震措施振动台试验设计

　　由于山岭隧道穿越了不同的地层岩性和地质结构，在地震作用的过程中，隧道衬砌不同的部位和地段对地震的动力响应是不一样的，所受到的地震作用和破坏程度也有不同，一般在围岩质量发生变化段、紧急停车加宽段或支护参数发生变化段的破坏较严重。因此，在这些地段设置一些抗减震措施是有必要的，如减震层、抗震缝及增大断面尺寸等。同时，对于隧道不同的进深和埋深来说，衬砌地震动力响应也是不一样。因此，抗震设防的等级和支护参数的强弱也是不同的，一般在隧道洞口段的地震动力响应较大，支护参数也较强，而在洞身段地震动力响应逐渐减小并趋于平稳，支护参数也相对弱些。由于山岭隧道属于线性结构，在地震作用下较容易产生横向的剪切错断，一般采用抗震缝来调整隧道衬砌应力分布状态，顺应地震动位移，减小隧道剪切破坏和弯曲作用力。

　　因此，本节在山岭隧道地震动力响应模型中设置了减震层和抗震缝(详见第 4 章)，采用大型振动台试验，重点对减震层、抗震缝及抗震设防长度的抗减震效果进行研究，探讨其作用机理和对隧道地震动力响应的影响。

(1)减震层。试验在模型第 6 节隧道二衬外表面设置了一层 0.5cm 厚的聚苯乙烯泡沫作为减震层，使原有的衬砌-围岩系统变为衬砌-减震层-围岩系统，将衬砌与围岩介质隔开，从而减小地震对隧道衬砌的作用强度，以达到减小结构振动的目的。同时，为了探讨减震层对隧道衬砌的减震效果和作用机理，进而整体分析减震层对隧道衬砌抗震的动力响应特征：在第 5、6、7 节隧道衬砌二衬右边墙外侧安装了 3 个加速度传感器 A12、A13、A14，以量测减震层对隧道衬砌加速度响应的影响；在第 3、6、7、8 节隧道衬砌二衬左边墙内表面安装了 4 个动土压力计 P2、P5、P7、P10，以量测减震层对隧道衬砌动土压力响应的影响；在第 5、6、7 节隧道衬砌二衬拱顶内表面安装了 3 片应变片 G26、G27、G30，以量测减震层对隧道衬砌动应变响应的影响。

(2)抗震缝。试验模拟范围为从洞门到进洞 100m，在黄草坪 2 号隧道原型设计中，每隔 10m 设置一道环向 10cm 宽的抗震缝。在物理模拟中根据 1/40 的长度相似系数，模拟长度为 2.5m，每隔 25cm 长度设置一道环向 0.25cm 宽的抗震缝，来调整隧道衬砌应力分布状态，顺应地震动位移，减小隧道剪切破坏和弯曲作用力。为探讨抗震缝对隧道衬砌的抗震效果和作用机理，试验在第 4 节和第 5 节隧道抗震缝两侧二衬仰拱内表面设置了相对称的 6 片纵向应变片，间距为 5cm，以量测抗震缝两侧仰拱的动应变响应变化，整体分析抗震缝对隧道衬砌抗震的动力响应特征。第 4 节隧道二衬仰拱内表面设置的应变片编号，从抗震缝到第 4 节隧道二衬仰拱中间依次是 G22、G21、G20，第 5 节隧道二衬仰拱内表面设置的应变片编号，从抗震缝到第 5 节隧道二衬仰拱中间依次是 G23、G24、G25。

(3)抗震设防长度。由于山岭隧道大部分穿越了不同的地层岩性和地质结构体，在隧道不同进深段的地震动力响应是不一样的，抗震设防的等级也是不同，一般在洞口段的地震动力响应较大，支护参数也较强，而在洞身段地震动力响应逐渐减小并趋于平稳，支护参数也相对弱些。同时，在一些特殊的地段(如洞口浅埋段、围岩类型发生变化段、紧急停车加宽段和支护参数发生变化段)的地震动力响应较强烈，隧道衬砌破坏也较严重。因此，为了提出一个较合理的抗震设防长度，了解特殊地段的地震动力响应规律和隧道衬砌破坏特征，试验在从模型隧道明洞段到第 7 节隧道 K7+12.5 段的隧道衬砌右边墙中部每隔 25cm 安置一个加速度传感器，共 8 个，编号依次为 A1、A4、A6、A9、A11、A12、A13、A14，来分析隧道衬砌在不同的进深段沿纵向方向的加速度规律。

9.3 减震层分析

9.3.1 减震层对衬砌加速度响应影响

为了分析在不同方向下入射地震波时减震层对隧道衬砌加速度响应峰值的影响，以 63%和 1%超越概率人工波 No.2 相位加载为例，对设置了减震层的第 6 节隧道及前后两段隧道右边墙 A12～A14 测点的加速度响应进行分析。图 9-1 和图 9-2 给出了 63%和 1%超越概率人工波 No.2 相位加载时不同入射方向下 A12～A14 测点的加速度响应峰值和变化趋势。

由图 9-1 和图 9-2 及 7.3.1 节可知，随着隧道埋深和进深的增加，A12～A14 测点的加速度响应峰值基本上逐渐减小，减震层对隧道衬砌的加速度响应影响不大，并且 3 个测点的加速度响应峰值较接近。在 1%超越概率下，当 Z 向、XY 向、YZ 向和 XZ 向加载时，A13 测点的加速度响应略大于 A12 和 A14 测点的加速度响应，加速度峰值约大 10%；但在 X 向、Y 向和 XYZ 向加载时，A13 测点的加速度响应略小于 A12 和 A14 测点的加速度响应。部分工况下减震层对隧道衬砌的加速度响应略有放大作用，加速度峰值放大率在 5%～10%，但也有少部分工况下减震层对隧道衬砌的加速度响应起到减小作用，受到地震波入射方向和地震波类型的影响较大，这与数值模拟结果基本一致。

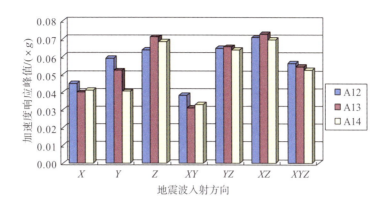

图 9-1　63%超越概率加载时不同入射方向下各测点的加速度响应峰值和变化趋势

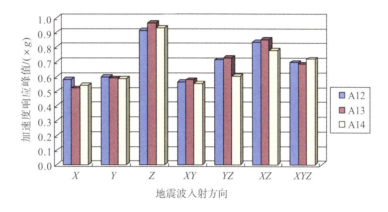

图 9-2　1%超越概率加载时不同入射方向下各测点的加速度响应峰值和变化趋势

本书为了分析在不同的地震动强度加载时减震层对隧道衬砌加速度响应的影响，以神户波 Y 向和 YZ 向为例，分别加载 63%、10%、5%和 1%超越概率的地震波，对设置了减震层的第 6 节隧道及前后两段隧道右边墙 A12～A14 测点的加速度响应进行分析。图 9-3 给出了神户波 Y 向和 YZ 向加载时不同超越概率下 A12～A14 测点的加速度峰值和变化趋势。

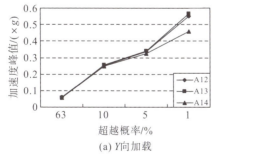
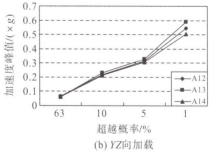

(a) Y向加载　　　　　　　　(b) YZ向加载

图 9-3　神户波不同超越概率和不同方向加载时各测点的加速度峰值和变化趋势

由图 9-3 可知，随着超越概率减小和地震强度增加，各测点的加速度响应峰值不断加大，63%超越概率加载时各测点的加速度响应峰值在 0.05g～0.07g，而在 1%超越概率时峰值达到 0.6g，增大趋势明显，说明不同的地震波强度对隧道衬砌的加速度响应影响较大。

同时，随着地震强度增加，减震层对隧道衬砌加速度响应的放大作用也在增强；在 63%超越概率下，由于输入加速度峰值较小，减震层的放大效应不明显，A13 测点的加速度峰值略小于或接近 A12 测点和 A14 测点的加速度峰值；在 10%和 5%超越概率下，减震层的加速度峰值放大率在 5%左右；在 1%超越概率下，减震层的加速度峰值放大率在 10%左右。因此，部分工况下减震层对隧道衬砌的加速度响应略有放大作用，加速度峰值放大率在 5%~10%，但也有少部分工况下减震层对隧道衬砌的加速度响应起到减小作用，受到地震波入射方向和强度的影响。

9.3.2　减震层对衬砌动土压力响应影响

为了分析不同地震波入射方向下，减震层对隧道衬砌动土压力的影响，以 63%和 1%超越概率人工波 No.2 相位加载为例，对第 3、6、7、8 节隧道衬砌二衬左边墙 P2、P5、P7、P10 测点的动土压力进行分析，得出减震层对隧道衬砌动土压力响应的影响关系。表 9-2 给出了 63%和 1%超越概率 No.2 相位加载时不同入射方向下各测点的动土压力峰值。

表 9-2　63%和 1%超越概率加载时不同入射方向下各测点动土压力峰值　　　　　　　　（单位：kPa）

超越概率 /%	测点		方向						
			X 向加载	Y 向加载	Z 向加载	XY 向加载	YZ 向加载	XZ 向加载	XYZ 向加载
63	P2	模型	0.0456	0.0409	0.0384	0.0518	0.0678	0.0634	0.0422
		原型	1.368	1.227	1.152	1.554	2.034	1.902	1.266
	P5	模型	0.0245	0.0217	0.0302	0.0118	0.0274	0.0343	0.0283
		原型	0.735	0.651	0.906	0.354	0.822	1.029	0.849
	P7	模型	0.1405	0.0594	0.0801	0.1374	0.1189	0.1298	0.1145
		原型	4.215	1.782	2.403	4.122	3.567	3.894	3.435
	P10	模型	0.3341	0.2058	0.2198	0.3373	0.232	0.3271	0.3173
		原型	10.023	6.174	6.594	10.119	6.96	9.813	9.519
1	P2	模型	1.365	0.7795	0.8613	0.3969	0.7184	0.4955	0.4979
		原型	40.95	23.385	25.839	11.907	21.552	14.865	14.937
	P5	模型	0.0835	0.1728	0.2921	0.1755	0.4469	0.4446	0.2212
		原型	2.505	5.184	8.763	5.265	13.407	13.338	6.636
	P7	模型	1.5771	0.9689	1.3831	0.612	0.8974	0.7712	0.5781
		原型	47.313	29.067	41.493	18.36	26.922	23.136	17.343
	P10	模型	3.7278	2.0888	3.2044	1.936	1.8156	1.7971	1.7555
		原型	111.834	62.664	96.132	58.08	54.468	53.913	52.665

由表 9-2 可知，随着隧道埋深和围岩压力的增大，隧道衬砌的动土压力在逐渐增大，但由于减震层的减震作用，第 6 节隧道 P5 测点的动土压力远小于没有设置减震层的地段的动土压力。整体来看，在不同的方向和超越概率加载时，各测点的动土压力大小关系基本为：埋深最大的 P10 测点动土压力最大，P7 测点次之，大于 P2 测点，设置了减震层的 P5 测点最小；说明隧道衬砌的动土压力随着埋深的增加而逐渐增大，但是在减震层的强烈减震作用下，使得设置了减震层后的衬砌动土压力最小，仅为 P7 测点(埋深与 P5 测点基本相同)动土压力的 10%~30%，所以减震层对隧道衬砌动土压力的减小作用明显。同时，在 63%超越概率下，当 X 向和 XY 向加载时，各测点的动土压力较大，但 P5 测点的动土压力非常小，在 0.03kPa 以下，仅为 P7 测点动土压力的 10%左右；而在 1%超越概率下，当 X 向、Y 向和 XY 向加载时，各测点的动土压力较大，但 P5 测点的动土压力较小，在 0.2kPa 以下，仅为 P7 测点动土压力的 10%~30%；说明地震波从 X 向、Y 向及 XY 向入射时，减震层对隧道衬砌动土压力的减小效果最好。

为了分析不同的地震动强度作用下，减震层对隧道衬砌动土压力的影响，以神户波 Y 向和人工波 No.2 相位 YZ 向为例，分别加载 63%、10%、5% 和 1% 超越概率的地震波，对第 3、6、7、8 节隧道衬砌二衬左边墙 P2、P5、P7、P10 测点的动土压力进行分析，从而得出不同的地震动强度下减震层对隧道衬砌动土压力响应的影响关系。表 9-3 给出了神户波 Y 向和人工波 No.2 相位 YZ 向加载时不同超越概率下各测点的动土压力峰值。

表 9-3　不同地震动强度下各测点的动土压力峰值　　　　　　　　　　（单位：kPa）

波型与方向	测点		强度				
			63%超越概率	10%超越概率	5%超越概率	1%超越概率	破坏 1%试验
神户波 Y 向	P2	模型	0.0757	0.3476	0.6987	1.208	1.1547
		原型	2.271	10.428	20.961	36.24	34.641
	P5	模型	0.0293	0.0451	0.1094	0.3643	0.451
		原型	0.879	1.353	3.282	10.929	13.53
	P7	模型	0.0795	0.4999	0.7777	1.3541	1.263
		原型	2.385	14.997	23.331	40.623	37.89
	P10	模型	0.1121	1.1352	1.5016	1.7733	1.6895
		原型	3.363	34.056	45.048	53.199	50.685
No.2 相位 YZ 向	P2	模型	0.0678	0.3713	0.5684	0.7398	0.7184
		原型	2.034	11.139	17.052	22.194	21.552
	P5	模型	0.0274	0.087	0.1023	0.1768	0.3469
		原型	0.822	2.61	3.069	5.304	10.407
	P7	模型	0.1189	0.6128	0.7183	0.8974	0.8546
		原型	3.567	18.384	21.549	26.922	25.638
	P10	模型	0.232	1.2642	1.5269	1.6686	1.6156
		原型	6.96	37.926	45.807	50.058	48.468

由表 9-3 可知，在各超越概率下，埋深最大的 P10 测点动土压力最大，P7 测点次之，大于 P2 测点，设置了减震层的 P5 测点动土压力最小，说明减震层对隧道衬砌动土压力的减小效果很明显。随着超越概率的减小，地震波强度的增加，各测点的动土压力不断加大，而且各测点之间的动土压力差也在不断增大。以神户波 Y 向加载时，埋深较为接近的 P5 与 P7 测点动土压力为例，在 63%、10%、5%、1% 超越概率下，P7 与 P5 测点的动土压力差分别为 0.0502kPa、0.4548kPa、0.6683kPa、0.9898kPa，从而说明随着超越概率的减小，地震动强度越大，减震层对衬砌动土压力的减小作用就越明显，减震层的隔震作用越强。同时，在进行破坏性试验时，由于反复加载 1% 超越概率的地震波且输入加速度峰值达 1.0g，模型进入了非线性破坏阶段，隧道衬砌和围岩受到了一定的破坏；但减震层依然在发挥减震作用，第 6 节隧道（设置了减震层段）的最大动土压力仅为 0.451kPa，明显小于未设减震层的段；换算到原型中为 13.53kPa，远小于衬砌的抗压、拉强度，所以减震层很好地起到了保护隧道衬砌的作用。

9.3.3　减震层对衬砌动应变响应影响

为了分析不同地震波入射方向下，减震层对隧道衬砌动应变幅值的影响，本节以 63% 和 1% 超越概率人工波 No.2 相位加载为例，对第 5、6、7 节隧道二衬拱顶内表面 G26、G27、G30 测点的动应变幅值进行分析，得出减震层对隧道衬砌动应变响应的影响关系。图 9-4 和图 9-5 给出了 No.2 相位 63% 和 1% 超越概率加载时不同入射方向下各测点的动应变幅值变化趋势。

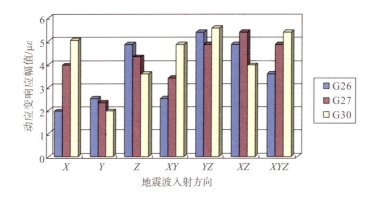

图 9-4　63%超越概率不同入射方向下各测点的动应变响应幅值变化趋势

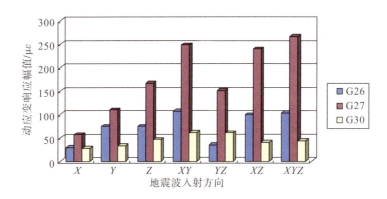

图 9-5　1%超越概率不同入射方向下各测点的动应变响应幅值变化趋势

由图 9-4 和图 9-5 可知，在 63%超越概率下，各方向加载的动应变响应较为接近，各测点的动应变幅值相差不大（1.0με～6.0με），减震层对第 6 节隧道拱顶动应变响应影响不大；但在 1%超越概率下，各测点的动应变响应有明显的不同；当 XY 向和 XYZ 向加载时各测点的动应变响应较大，Y 向、Z 向和 YZ 向加载时次之，X 向和 XZ 向加载时最小；但各方向加载的动应变响应规律基本一致，第 6 节隧道设置了减震层的衬砌拱顶动应变响应最大，最大动应变幅值为 266.0796με，第 5 节隧道拱顶动应变响应次之，最大动应变响应幅值为 107.4με，而在第 7 节隧道拱顶动应变响应最小，最大幅值仅有 61.3με；减震层对隧道衬砌的动应变幅值放大率在 2～5 倍；说明无论从哪个方向入射地震波，在地震动强度较大的情况下，减震层对隧道衬砌的动应变响应有一定的放大作用，使得衬砌振动略微增加，但拱顶动应变响应幅值依然较小，在 1%超越概率下也小于 300με（原型小于 450με），所以减震层对衬砌的放大作用不会导致衬砌破坏。

表 9-4 给出了神户波 Y 向和 YZ 向加载时不同超越概率下拱顶内表面 G26、G27、G30 测点的动应变响应幅值。

表 9-4　不同超越概率和不同方向加载时拱顶动应变响应幅值　　　　　　　　　　（单位：με）

方向	测点	超越概率			
		63%	10%	5%	1%
	G26	1.9763	13.1154	25.8713	68.9902
Y	G27	2.3356	21.8187	46.5325	266.439
	G30	1.9763	16.7086	22.0985	33.2375
	G26	4.8509	15.8103	32.5835	73.4817
YZ	G27	5.3899	26.051	51.0886	199.7841
	G30	3.9525	16.7086	24.4623	31.8002

由表 9-4 可知，随着地震动强度的增加，各测点的动应变响应幅值和差值在不断加大；在 63%超越概率下，各测点的动应变响应幅值在 1.0～6.0με，减震层对拱顶动应变响应影响不大；在 10%和 5%超越概率下，各测点的动应变响应幅值有所增加，但幅值相差依然不大，动应变响应幅值差在 10～20με，减震层对隧道衬砌的动应变响应幅值放大率为 1～2 倍；但在 1%超越概率下，各测点的动应变响应幅值增加明显，G27 测点的最大动应变响应幅值为 266.439με，G26 测点的最大动应变响应幅值为 73.4817με，G30 测点的最大动应变响应幅值为 33.2375με，减震层的放大作用明显，并且动应变响应幅值放大率在 3～6 倍。

因此，随着超越概率的减小，减震层对隧道衬砌动应变响应的放大作用逐渐增强，这与减震层对衬砌加速度放大效应有关；尤其在 1%超越概率下，输入加速度峰值达 1.0g 时，减震层的动应变响应幅值放大率可达 3～6 倍；但衬砌拱顶动应变响应幅值依然较小，在 300με以下(原型中在 450με以下)，所以不会因为减震层对衬砌地震响应的放大作用而导致隧道产生破坏。

9.4　抗震缝分析

9.4.1　不同地震波入射方向下抗震缝减震效果

为了分析在不同地震波入射方向下，抗震缝对隧道衬砌动应变响应的影响，以人工波 No.2 相位 63% 和 1%超越概率加载为例，对第 4 节和第 5 节隧道二衬仰拱内表面 6 个测点的动应变响应进行分析，得出抗震缝对隧道衬砌动应变响应的影响关系。图 9-6 和图 9-7 给出了人工波 No.2 相位 63%超越概率加载时不同入射方向下各测点的动应变响应幅值和变化趋势。

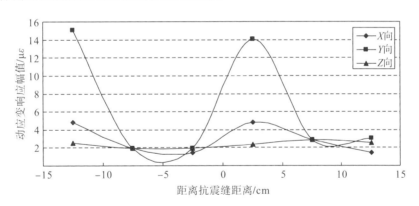

图 9-6　单方向入射下抗震缝两侧动应变响应幅值和变化趋势

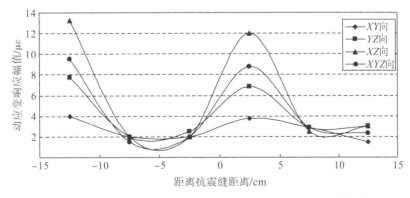

图 9-7　组合方向入射下抗震缝两侧动应变响应幅值和变化趋势

由图 9-6 和图 9-7 可知，在 63%超越概率下，当 Y 向和各组合方向加载时各测点的动应变响应较大；当 X 向和 Z 向加载时动应变响应相对较小，单方向和组合方向加载的动应变响应幅值相差不大，约为几个至十几个微应变。同时，在不同的方向加载时，各测点的动应变响应趋势较为一致；在所有的 6 个测点的动应变响应幅值中，第 4 节隧道中部距离抗震缝-12.5cm 处的 G20 测点和第 5 节隧道端部距离抗震缝 2.5cm 处的 G23 测点的动应变响应最大，而其他测点的动应变响应较小，幅值相差不大；主要是由于在第 4 节隧道中部产生了应力集中，所以动应变响应较大，而在第 5 节隧道端部可能是由于产生了横向的位移，所以动应变响应也较大，而对于其他测点来说，抗震缝调整了其两侧的应力分布状态，减小了隧道受到的剪切力和弯曲力，同时也降低了地震动能量沿隧道二衬直接的传递，使得其他测点的动应变响应较小。

图 9-8 和图 9-9 给出了人工波 No.2 相位 1%超越概率加载时不同入射方向下加载时各测点的动应变响应幅值和变化趋势。

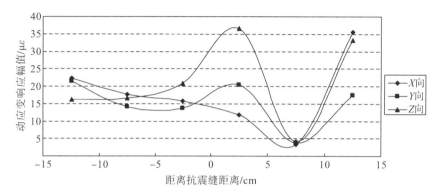

图 9-8　1%超越概率单方向加载时抗震缝两侧动应变响应幅值和变化趋势

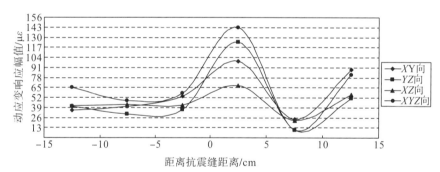

图 9-9　1%超越概率组合方向加载时抗震缝两侧动应变响应幅值和变化趋势

由图 9-8 和图 9-9 可知，在 1%超越概率下，当 Z 向和各组合方向加载时各测点的动应变响应较大；当 X 向和 Y 向加载时，各测点的动应变响应相对小些，但组合方向加载时的动应变响应幅值明显大于单方向加载时的动应变响应幅值。同时，在不同的方向加载时，各测点的动应变响应趋势较为一致；在所有的 6 个测点的动应变响应幅值中，第 5 节隧道端部和中部距离抗震缝 2.5cm 处的 G23 测点和距离抗震缝 12.5cm 处的 G25 测点的动应变响应最大，而在第 4 节隧道仰拱上的 3 个测点中动应变响应较为接近，幅值相差不大，距离抗震缝越远，动应变逐渐增大，在所有的动应变响应幅值中，第 5 节隧道上距离抗震缝 7.5cm 处 G24 测点的动应变响应幅值最小，各测点的动应变响应幅值呈明显的脉冲波动变化特征。在第 5 节隧道端部和中部可能是由于产生了横向的位移，同时造成了应力集中，所以动应变响应较大，而在第 4 节隧道上由于抗震缝调整了其两侧的应力分布，使第 5 节隧道的应力应变和位移较大，所以第 4 节隧道上动应变响应较小。

综上，在不同的地震波入射方向和不同的地震波强度下，抗震缝有效地调整其两侧衬砌的应力分布，减小了隧道受到的剪力和弯矩，也降低了地震动能量沿隧道衬砌直接传递，使得隧道衬砌上的动应变响应较小。在 1%超越概率下，G20、G21、G22、G24 测点的动应变响应幅值都在 60με以下，只有 G23 和 G25 测点的动应变幅值略大些，但最大也在 150με以下，对隧道衬砌的安全性影响很小；说明抗震缝对隧道衬砌整体动应变响应减小的效果非常明显，只是在隧道中部应力集中处和隧道端部产生位移处动应变响应相对较大，易产生变形、破坏，可适当加强支护措施。

9.4.2　不同强度地震波作用下抗震缝减震效果

为了分析不同地震动强度作用下，抗震缝对隧道衬砌动应变响应的影响，本书以神户波 *Y* 向和人工波 No.2 相位 *YZ* 向为例，分别加载 63%、10%、5%、1%超越概率的地震波，对第 4 节和第 5 节隧道二衬仰拱内表面 6 个测点的动应变响应进行分析，从而得出抗震缝对隧道衬砌动应变响应幅值的影响关系。图 9-10 和图 9-11 给出了 *YZ* 向加载时不同超越概率下各测点的动应变响应和幅值变化趋势。

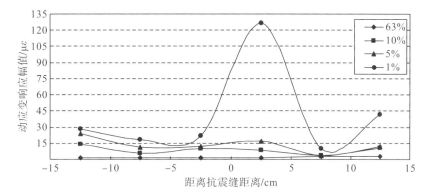

图 9-10　神户波 *Y* 向加载时不同超越概率入下抗震缝两侧动应变响应幅值和变化趋势

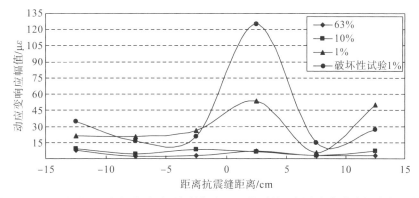

图 9-11　No.2 相位 *YZ* 向加载时不同超越概率入下抗震缝两侧动应变响应幅值变化趋势

由图 9-10 和图 9-11 可知，随着地震波强度的增加，各测点的动应变响应幅值逐渐加大；在 63%、10%、5%超越概率加载时，各测点的动应变响应增加不大，动应变响应幅值从几个到十几个微应变，而在 1%超越概率和破坏性试验加载时，各测点的动应变响应增加明显，动应变响应幅值基本在 20.0με～50.0με，尤其在第 5 节隧道端部距离抗震缝 2.5cm 处的 G23 测点动应变响应幅值最大，可达 140.325με，并且在隧道端部未发生应力集中的一端，随着距离抗震缝越远，衬砌动应变逐渐增大，第 4 节隧道中部 G20 测点的动应变响应也较大。

总之，不同超越概率下，各测点的动应变响应变化趋势较为一致，在抗震缝两侧的隧道端部，尤其在产生位移的一侧动应变响应较大，并且在两条抗震缝之间的隧道衬砌中部由于所受到的弯矩较大，较容易产生应力集中，所以动应变响应也较大。因此，设计中应该加强对隧道抗震缝两侧和隧道中部的抗震设防力度。从整体上来看，各测点的动应变响应幅值都较小，对隧道衬砌的安全性不产生影响，抗震缝对隧道衬砌整体动应变响应减小的效果较明显，所以黄草坪 2 号隧道原型中设置间距为 10m 的抗震缝有利于隧道结构的抗减震。

9.5　抗震设防长度分析

9.5.1　不同地震波入射方向下抗震设防长度

由 7.5.1 节可知，在 63%超越概率下，隧道衬砌加速度响应峰值随进深增加而减小的趋势不明显，响应曲线基本呈水平，加速度峰值相差不大，在 0.1g 以下。因此，本节以 1%超越概率人工波 No.2 相位加载不同方向的地震波为例，对模型隧道衬砌右边墙外表面 8 个测点的加速度响应进行分析，得出不同地震波入射方向下隧道进深对隧道衬砌加速度响应的影响。图 9-12 给出了 1%超越概率人工波 No.2 相位加载时不同地震波入射方向下隧道右边墙各测点的加速度响应峰值和变化趋势。

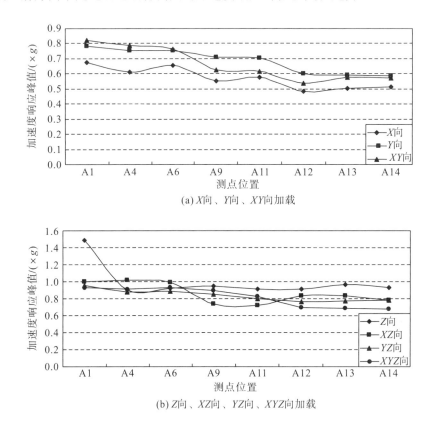

图 9-12　1%超越概率人工波 No.2 相位加载时不同地震波入射方向下隧道右边墙各测点的加速度响应峰值和变化趋势

由图 9-12 可知，X 向、Y 向、XY 向加载时，隧道右边墙纵向的加速度响应基本一致，随着进深增加，加速度响应曲线呈明显的减小趋势，在一定的进深后逐渐趋于平稳；洞口明洞段到第 2 节隧道（原型中为 0～30m）A1～A6 测点的加速度响应较大，峰值基本在 0.7g～0.9g，明洞段右边墙的加速度响应最大，最大值峰值达 0.8847g，V 级和 IV 级围岩交界处附近第 2 节隧道 A6 测点的加速度响应有增大趋势；随后各测点的加速度响应逐渐减小，从第 2～5 节隧道（原型中为 30～50m）A6～A12 测点加速度响应下降明显，加速度峰值基本在 0.6g～0.8g；而后从第 5 节隧道 A12 测点（原型中为 50m）以后，右边墙的加速度响应趋于平稳，加速度峰值在 0.5g；主要是在隧道洞口段的加速度放大效应造成了明洞段和 V 级围岩浅埋段的加速度响应较大，而第 2 节隧道 A6 测点处在 V 级围岩和Ⅳ级围岩的交界处，所以加速度峰值有突然增大的趋势；随着隧道进深的增加，各测点的加速度响应下降明显，但在Ⅳ级围岩前段围岩质量较差，各测点的加速度峰值依然较大；而后在进深达到 50m 以后，围岩质量较好，隧道埋深也较大(达 40m 以上)，右边墙加速度响应趋于稳定。

在 Z 向、XZ 向、YZ 向、XYZ 向加载时，隧道右边墙纵向各测点的加速度响应与上述三个方向加载时有所不同，并且各方向加载的加速度响应明显较大；当 Z 向加载时，洞口明洞段右边墙的加速度响应特别大，峰值为 1.4836g，极易造成隧道衬砌明洞段产生变形破坏；而后从第 1~8 节隧道右边墙的加速度响应依然较大，随埋深和进深增加而减小的趋势不明显，加速度响应峰值也较为接近，在 0.9g~1.0g。在 XZ 向、YZ 向、XYZ 向三个组合方向加载时，明洞段到第 4 节隧道(换算到原型中为 0~50m)，右边墙的加速度响应逐渐减小，但响应峰值相差不大，基本在 0.8g~1.0g；而从第 5~8 节隧道(换算到原型中为 60~90m)右边墙的加速度响应整体依然较大，响应峰值相差不大，为 0.7g~0.8g；尤其在第 6 节隧道(换算到原型中为 60~70m)取消了锚杆支护，增设了减震层，改变了围岩的支护参数，衬砌加速度响应略有增大趋势。因此，当地震波从 Z 向、含有 Z 向的组合方向，以及从隧道底部小角度入射时，隧道衬砌的 Z 向(竖向)加速度响应随进深的增加而减小的趋势不明显，隧道洞身段的加速度响应依然较大，并容易造成隧道洞身段的衬砌破坏，这也印证了汶川地震中处于震中位置(地震波从隧道底部小角度入射)的龙溪隧道洞身段受到严重震害的事实(图 2-60~图 2-67)。

综上所述，在黄草坪 2 号隧道原型中，从洞门到进洞 30m V 级围岩浅埋段各测点的加速度峰值最大，是抗震设防的重点地段；从进洞 30~50m Ⅳ级围岩前段各测点的加速度峰值虽然明显减小，但加速度峰值仍较大，是抗震设防的次重点地段；而在进洞 50m 以后各测点的加速度峰值逐渐趋于稳定，可以按照相关规范进行抗震设防，但对于一些特殊地段——围岩质量变化段、支护参数变化段、断层发育段等应重点设防。同时，由于受到地震波入射方向影响，当地震波从 Z 向、含有 Z 向的组合方向，以及从隧道底部小角度入射时，隧道洞口段的加速度响应最强烈，也最易遭受震害，但是隧道衬砌的加速度响应随进深的增加而减小的趋势不明显，隧道洞身段的加速度响应依然较大，也易造成隧道洞身段的衬砌破坏，尤其在一些特殊地段，因此隧道抗减震设计中应重点关注。

9.5.2　不同强度地震波作用下抗震设防长度

为了分析在不同的地震动强度下，隧道随进深的加速度响应特征，本节以神户波 Y 向和人工波 No.2 相位 YZ 向为例，分别加载 63%、10%、5% 和 1% 超越概率的地震波，对模型隧道二衬右边墙外表面 8 个测点的加速度响应进行分析，得出隧道衬砌不同进深的动力响应规律。图 9-13 给出了神户波 Y 向和人工波 No.2 相位 YZ 向加载时不同超越概率各测点加速度响应峰值和变化趋势。

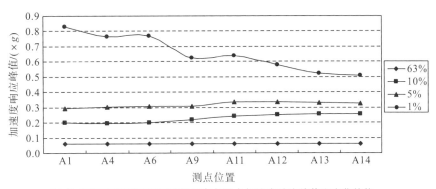

(a) 神户波 Y 向加载时不同超越概率各测点加速度响应峰值和变化趋势

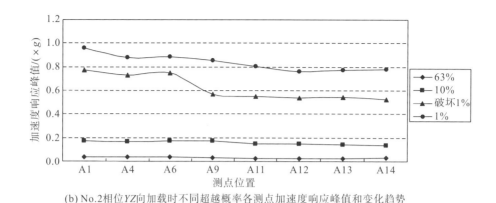

(b) No.2相位 *YZ* 向加载时不同超越概率各测点加速度响应峰值和变化趋势

图 9-13   不同超越概率和不同方向加载时隧道右边墙的加速度响应峰值和变化趋势

由图 9-13 可知，随着超越概率的减小和地震波强度的增加，隧道右边墙各测点的加速度响应逐渐增加，加速度响应规律也更加明显。

在 63%超越概率下，由于输入地震波加速度峰值较小，仅 0.052*g*，各测点加速度峰值相差不大，为 0.0379*g*～0.0727*g*。加速度响应曲线基本呈水平，表明隧道右边墙的加速度响应随进深的增加较小。

在 10%和 5%超越概率下，隧道右边墙的加速度响应规律较一致，且各测点的加速度响应峰值有所增大。各测点的加速度响应曲线变化呈先下降逐渐平稳、后上升趋势；明洞段到第 2 节隧道(换算到原型中为 0～30m)A1～A6 测点的加速度响应峰值较大，V级和IV级围岩交界处附近第 2 节隧道 A6 测点的加速度响应有增大趋势；随后各测点的加速度响应逐渐减小，从第 4 节隧道 A11 测点(换算到原型中为 50m)以后，右边墙的加速度响应趋于平稳；但在第 6 节隧道衬砌加速度响应略有小幅增大；主要是在隧道洞口段的加速度放大效应造成了明洞段和V级围岩浅埋段的加速度响应较大，而围岩质量的变化导致了第 2 节隧道附近 A6 测点的加速度峰值有突然增大趋势，并且在第 6 节隧道取消了锚杆支护，增设了减震层，改变了围岩的支护参数，衬砌加速度响应有一定增大。

随着地震波强度的增加，当 1%超越概率和破坏性试验加载时，隧道右边墙的加速度响应增加明显，隧道衬砌的加速度响应随着进深的增加而递减的规律也特别明显，且在一定进深后逐渐趋于平稳。洞口明洞段到第 2 节隧道(原型中为 0～30m)A1～A6 测点的加速度响应峰值较大，加速度峰值基本在 0.75*g*～1.0*g*，明洞段右边墙的加速度响应最大，最大峰值为 0.9604*g*，V级和IV级围岩交界处附近第 2 节隧道 A6 测点的加速度响应有增大趋势，最大峰值为 0.8847*g*；随后各测点的加速度响应逐渐减小，从第 3～5 节隧道(原型中为 30～55m)A6～A12 测点加速度响应下降明显，加速度峰值基本在 0.6*g*～0.8*g*；而后从第 5 节隧道 A12 测点(原型中为 55m)以后，右边墙的加速度响应趋于平稳，加速度峰值在 0.6*g* 左右；但在第 6 节隧道 A13 测点，由于取消了锚杆支护，增设了减震层，改变了围岩的支护参数，衬砌加速度响应有一定的增大，最大峰值为 0.7723*g*。

在黄草坪 2 号隧道设计初期，正是认识到隧道洞口加速度放大效应的影响，在洞口 K313＋105～111 段采用明洞设计，并在 K313＋111～136 和 K313＋136～150 分别采用 V^{管偏}和 V^{超浅}加强支护措施，在物理模拟试验中也相应地模拟了工字钢、格栅钢架、钢网、锚杆等支护措施，所以在振动台试验中隧道洞口段 0～100cm(换算到原型中为 0～40m)，未见明显的破坏迹象，从而说明在隧道抗震设防长度内合理地加强衬砌的支护措施，能够有效地避免或减轻隧道震害。

综上所述，黄草坪 2 号隧道衬砌沿轴线的加速度响应随进深的递减规律为：从隧道洞门到进洞 75cm V级围岩浅埋段(反算到原型中进深为 30m)各测点的加速度响应最大；从进洞 75cm 到 137.5cmIV级围岩前段(换算到原型中进深为 30～50m 段)各测点的加速度响应明显减小，但加速度峰值依然较大；而在进洞 137.5cm 以后(换算到原型中进深为 50m)，各测点的加速度响应逐渐趋于稳定。因此，根据前人研究成果和本书模型试验结果，一般从隧道洞口进深达 30m 以后，隧道洞口的加速度放大效应(或称临近自由面的放大作用)将逐渐减弱；而在隧道进深达 50m 以后，洞口的加速度放大效应基本消失，衬砌的加速度响应趋于平稳；所以对于一般的山岭隧道来说，隧道进深 0～30m 是抗震设防的重点地段，隧道进深 30～50m 是抗震设防的次重点地段，而在进洞深度达 50m 以后，可以按照常规的抗震设防等级。

同时，山岭隧道的抗震设防长度还受到地形地貌、围岩质量、衬砌刚度、支护形式等因素的影响，因此要准确地确定设防长度，需同时综合考虑这些因素；并且在一些特殊的地段，如洞口浅埋段、围岩类型发生变化段、紧急停车加宽段和支护参数发生变化段的地震动力响应也较强烈，较容易造成隧道衬砌的破坏，在隧道抗震设防时也应该重点考虑。

9.6　山岭隧道抗减震措施数值模拟

9.6.1　加固围岩的抗减震效果

目前，在隧道及地下结构工程中，注浆技术主要用于防渗堵水、加固软弱围岩和处理塌方等灾害，针对提高隧道抗震性能的应用较少。但通过对隧道周边一定范围的围岩注浆，可以明显提高围岩的力学参数，减小围岩与衬砌刚度的不匹配，在隧道周边形成一层厚度较大的抗震层，以减小隧道衬砌的地震动力响应，提高隧道衬砌的抗减震性能。因此，本节考虑两种不同强度的围岩：围岩 1 为软质围岩(或破碎带)，围岩 2 为硬质围岩，采用注浆锚杆对隧道围岩进行注浆，以探讨加固围岩的抗减震效果。

1. 建模及加载

采用洞身段模型，纵向长度为 30m，横向宽度为 80m，隧道上部埋深为 100m，靠近隧道 30m 为实体模型，顶部 70m 折算为均布荷载施加在围岩上。沿隧道纵向每隔 1m 设置一个锚杆支护断面，每个断面垂直圆弧面均匀设置锚杆 15 根，锚杆为φ25 中空注浆锚杆，长 3.5m，注浆加固深度为 3.5m。锚杆参数：密度为 7850kg/m³、弹性模量为 200GPa、泊松比为 0.15、拉伸屈服强度(力)为 0.25MN。注浆锚杆加固前后的围岩参数如表 9-5 所示。

表 9-5　注浆锚杆加固前后的围岩参数

地层名称	支护措施	变形模量/MPa	剪切模量/MPa	体积模量/MPa	泊松比	容重/(MN/m³)	内聚力/kPa	内摩擦角/(°)
软质围岩(或破碎带)	加固前	1000	650	400	0.25	0.020	150	25
	加固后	1750	1000	700	0.23	0.022	350	28
硬质围岩	加固前	3500	2000	1500	0.20	0.023	700	35
	加固后	4200	2500	1850	0.18	0.025	800	36

如图 9-14 所示，注浆围岩、初支及二衬均采用实体模型，锚杆采用 cable 单元，三维模型剖分网格为四面体等参单元，单元总数为 57600、节点总数为 61411，能够满足计算的精度要求。图 9-14 中，采用 5%超越概率地震波，地震波从模型底部输入，沿垂直于隧道轴线横向和竖向同时激振。

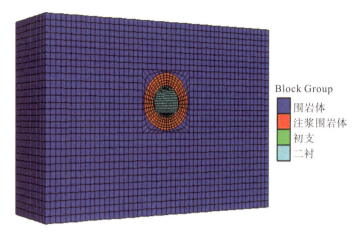

图 9-14　计算模型示意图

2. 结果分析

1) 应力分析

表 9-6 给出了设置注浆锚杆和未设置注浆锚杆两种工况下，软(硬)质围岩、初支及二衬的最大主应力值的对比情况。由表 9-6 可知，无论是软质围岩还是硬质围岩，在加固围岩后对隧道初支和二衬的应力都有明显的减小，但加固围岩对围岩的应力有一定的增大；也正是注浆后提高了围岩的力学参数，设置锚杆增强了围岩的整体性，从而增大了围岩的强度，减小了隧道衬砌的应力。对于软质围岩，加固围岩后衬砌应力减小非常明显，衬砌的应力比为 40%～59%，围岩的应力比为 101%～166%；对于硬质围岩，加固围岩后衬砌应力减小仍然比较明显，但相对软质围岩则有所减弱，衬砌的应力比为 70.3%～88.3%，围岩的应力比为 101.8%～132%。

表 9-6　设置注浆锚杆前后衬砌及围岩的最大主应力　　　　　　　　　(单位：MPa)

比较项目			位置				
			二衬	初支	1m 围岩	3m 围岩	7m 围岩
软质围岩	拱顶	未设	-5.103	-6.132	-0.809	-0.761	-0.887
		设置	-3.011	-3.516	-0.961	-1.263	-0.899
		比值/%	59.0	57.3	118.8	166.0	101.0
	左边墙	未设	-1.637	-1.972	-1.191	-1.247	-0.978
		设置	-0.905	-0.911	-1.477	-1.318	-1.005
		比值/%	55.3	46.2	124.0	105.7	102.8
	右边墙	未设	-1.643	-1.846	-1.156	-1.24	-0.978
		设置	-0.897	-0.885	-1.396	1.319	-1.005
		比值/%	54.6	47.9	120.8	106.4	102.8
	仰拱	未设	-5.503	-6.332	-0.818	-0.765	-0.879
		设置	-2.809	-2.546	-0.915	-1.263	-0.892
		比值/%	51.0	40.2	111.9	165.1%	101.5
硬质围岩	拱顶	未设	-2.852	-3.307	-0.794	-0.838	-0.889
		设置	-2.233	-2.518	-1.048	-0.931	-0.915
		比值/%	78.3	76.1	132.0	111.1	102.9
	左边墙	未设	-1.208	-1.541	-1.273	-1.219	-0.931
		设置	-1.013	-1.208	-1.432	-1.281	-0.976
		比值/%	83.9	78.4	112.5	105.1	104.8

续表

比较项目		位置				
		二衬	初支	1m围岩	3m围岩	7m围岩
右边墙	未设	-1.202	-1.539	-1.274	-1.219	-0.937
	设置	-1.061	-1.257	-1.415	-1.279	-0.972
	比值/%	88.3	81.7	111.1	104.9	103.7
仰拱	未设	-2.783	-3.295	-0.798	-0.832	-0.902
	设置	-2.117	-2.318	-0.915	-0.881	-0.918
	比值/%	76.1	70.3	114.7	105.9	101.8

注：应力比值为设置锚杆后衬砌及围岩应力与未设置锚杆衬砌及围岩应力的比。

2）加速度分析

图 9-15 给出了设置/未设置注浆锚杆两种工况下，不同部位软(硬)质围岩、初支及二衬的加速度响应峰值变化。

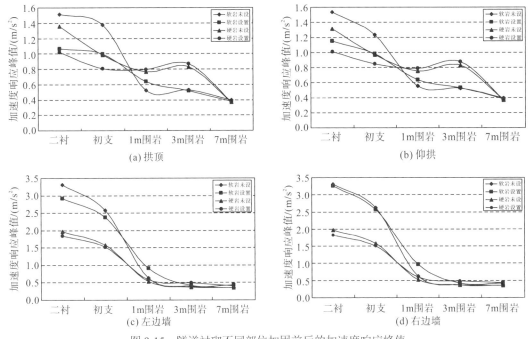

图 9-15　隧道衬砌不同部位加固前后的加速度响应峰值

由图 9-15 可知，无论是软质围岩还是硬质围岩，在加固围岩后对隧道初支和二衬的加速度响应都有明显的减小作用，但对围岩的加速度响应有一定的增大，不同的部位(拱顶、左右边墙及仰拱)的加速度响应也是如此。对于软质围岩，加固前拱顶和仰拱的加速度响应峰值为 1.235～1.511m/s²，左右边墙为 2.583～3.312m/s²，加固后拱顶和仰拱的加速度响应峰值为 0.983～1.151m/s²，左右边墙为 2.376～3.262m/s²；对于硬质围岩，加固前拱顶和仰拱的加速度响应峰值为0.972～1.358m/s²，左右边墙为 1.572～1.976m/s²，加固后拱顶和仰拱的加速度响应峰值为 0.806～1.011m/s²，左右边墙为 1.508～1.842m/s²；所以加固软质围岩对隧道衬砌的加速度响应减小比加固硬质围岩明显。

3）位移分析

图9-16给出了设置/未设置注浆锚杆两种工况下,隧道初支和二衬的竖向位移分布等值线图。由图9-16可知，加固围岩后软(硬)质围岩和隧道衬砌的位移都有一定的减小，尤其是对于软质围岩隧道的初支和二衬位移减小非常明显。

（1）对于软质围岩，初支加固前的位移为 0.226～0.237m，加固后的位移为 0.159～0.166m，位移减小约 0.07m；二衬加固前的位移为 0.206～0.217m，加固后的位移为 0.147～0.154m，位移减小约 0.06m。

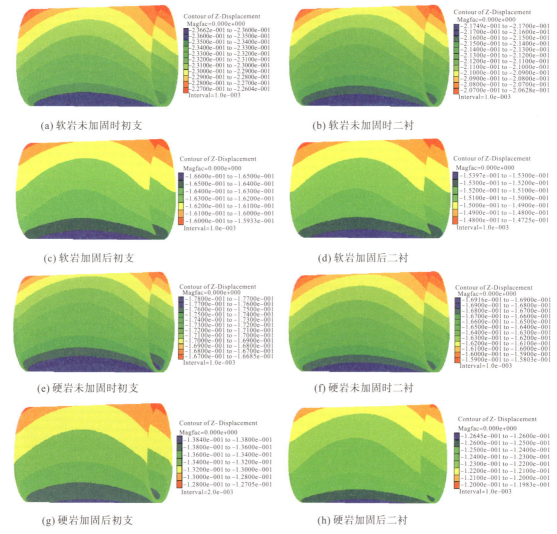

图 9-16　软岩、硬岩中隧道支护衬砌 Z 向位移分布等值线图（单位：m）

（2）对于硬质围岩，初支加固前的位移为 0.167～0.178m，加固后的位移为 0.127～0.138m，位移减小约 0.04m；二衬加固前的位移为 0.159～0.169m，加固后的位移为 0.120～0.126m，位移减小约 0.04m。因此，本书加固软质围岩对隧道衬砌位移的减小明显优于加固硬质围岩，并且隧道初支位移的减小略大于二衬。

综上所述，无论是软质围岩还是硬质围岩，设置注浆锚杆加固围岩后，不仅提高了围岩的力学参数，降低了围岩与衬砌刚度的不匹配，而且还改善了围岩的整体结构，从而很好地减小了隧道衬砌的地震动力响应，提高了隧道衬砌的抗减震性能。同时，对于软质围岩，加固围岩后对隧道衬砌的应力、加速度响应及位移的减小都非常明显，其抗减震效果明显优于加固硬质围岩。因此，本书建议在软质围岩或断层破碎带中，采用加固围岩的方式来提高隧道衬砌的抗减震性能。

9.6.2　不同衬砌刚度的抗减震效果

在地震动荷载作用下，隧道结构的刚度不同对地震动力响应也不同。对于隧道结构刚度的问题，一直都存在"刚""柔"之争。采用刚性衬砌结构时，虽然可以使隧道承受更大的围岩压力，减小衬砌变形，但也将使隧道承受更大的地震荷载，而且还将增加材料用量，经济性差。目前，我国铁路隧道的抗震设计中主要仍通过提高衬砌刚度来实现其抗减震性能，其设计思想的合理性还有待探讨。同时，采用柔性结构虽然能有效地减少地下结构的加速度响应，刚度不足导致响应位移加大，可能影响隧道的正常使用。因此，合理地选择隧道衬砌刚度，使其既能够满足在静力荷载下隧道的正常使用，又能够减小在地震动荷载下的动力响应，使其满足"小震不坏、中震可修、大震不倒"的抗减震要求是至关重要的。

1. 建模及加载

本节洞身段加固的围岩模型，纵向长度为30m，横向宽度为80m，隧道上部埋深为100m，靠近隧道30m为实体模型，顶部70m折算为均布荷载施加在围岩上；重点研究三种不同的衬砌刚度下，隧道围岩和衬砌结构的地震动力响应情况，隧道不同衬砌结构的具体支护参数见表9-7。本模型采用5%超越概率地震波，地震波从模型底部输入，沿垂直于隧道轴线横向和竖向同时激振。

表9-7　隧道不同衬砌结构的具体支护参数

衬砌结构	衬砌类型	弹性模量/MPa	体积模量/MPa	剪切模量/MPa	泊松比	容重/(kN/m³)	厚度/cm
刚性衬砌	初支	45000	30000	18000	0.25	25.0	20
	二衬	56000	35000	25000	0.2	27.5	40
常规衬砌	初支	21000	15000	9000	0.25	24.5	20
	二衬	29500	16500	12500	0.2	26.0	40
柔性衬砌	初支	10000	6500	4500	0.25	23.5	20
	二衬	12500	7500	5750	0.2	25.0	40

2. 结果分析

1）应力分析

表9-8和表9-9给出了刚性衬砌、常规衬砌及柔性衬砌三种衬砌结构下，隧道衬砌及围岩的最大和最小主应力峰值情况。由表9-8和表9-9可知，在相同的地震动作用下，刚性衬砌结构各部位的最大和最小主应力峰值最大，常规衬砌结构次之，柔性衬砌结构最小，说明随着隧道衬砌刚度的增大，隧道衬砌所承受的地震荷载也相应增大，故所承受的动应力也增大；同时，对于隧道围岩，也是刚性衬砌周边围岩的最大和最小主应力峰值最大，常规衬砌结构次之，柔性衬砌结构最小，并且从二衬到7m围岩各部位的应力峰值逐渐减小；说明隧道衬砌对周边围岩的动应力响应有一定的放大作用，且衬砌刚度越大，放大作用越强，并随着距离衬砌越远，放大作用越弱。

表9-8　不同刚度衬砌及围岩的最大主应力峰值　　（单位：MPa）

衬砌结构	隧道部位	位置				
		二衬	初支	1m围岩	3m围岩	7m围岩
刚性衬砌	拱顶	-6.069	-3.736	-1.021	-0.932	-0.919
	左边墙	-2.291	-6.582	-4.431	-3.475	-2.769
	右边墙	-2.306	-6.773	-4.423	-3.473	-2.769
	仰拱	-6.126	-3.811	-1.113	-0.963	-0.924
常规衬砌	拱顶	-5.923	-3.304	-0.993	-0.942	-0.916
	左边墙	-2.388	-5.708	-4.725	-3.631	-2.811
	右边墙	-2.391	-5.722	-4.732	-3.632	-2.811
	仰拱	-5.892	-3.312	-0.966	-0.937	-0.915

衬砌结构	隧道部位	位置				
		二衬	初支	1m 围岩	3m 围岩	7m 围岩
柔性衬砌	拱顶	-3.067	-1.628	-1.146	-0.978	-0.926
	左边墙	-1.348	-4.498	-4.362	-3.644	-2.814
	右边墙	-1.346	-4.503	-4.361	-3.644	-2.814
	仰拱	-3.065	-1.622	-1.138	-0.973	-0.939

表 9-9　不同刚度衬砌结构及围岩的最小主应力峰值　　　　　　　（单位：MPa）

衬砌结构	隧道部位	位置				
		二衬	初支	1m 围岩	3m 围岩	7m 围岩
刚性衬砌	拱顶	1.065	0.978	0.766	0.624	0.612
	左边墙	1.306	1.208	1.191	1.018	0.785
	右边墙	1.304	1.231	1.189	1.017	0.784
	仰拱	1.061	0.975	0.724	0.662	0.622
常规衬砌	拱顶	0.977	0.884	0.717	0.678	0.607
	左边墙	1.188	0.885	1.086	1.028	0.754
	右边墙	1.191	0.886	1.093	1.025	0.753
	仰拱	0.983	0.882	0.716	0.674	0.601
柔性衬砌	拱顶	0.727	0.588	0.575	0.571	0.532
	左边墙	0.852	0.672	1.013	1.027	0.807
	右边墙	0.854	0.675	1.015	1.029	0.806
	仰拱	0.721	0.579	0.577	0.574	0.526

2）加速度分析

表 9-10 给出了刚性衬砌、常规衬砌及柔性衬砌三种衬砌结构下，隧道衬砌及围岩的加速度响应峰值。由表 9-10 可知，随着衬砌刚度增大，隧道各部位的地震加速度响应略有不同。对于隧道拱顶和仰拱，随着衬砌刚度增大，其地震加速度响应峰值变幅不大，略有减小趋势，柔性和常规衬砌的加速度响应峰值为 1.1m/s^2 左右，刚性衬砌为 1.0m/s^2 左右。但对于隧道左右边墙，随着衬砌刚度增大，其地震加速度响应明显增大，柔性衬砌的加速度响应峰值为 1.0m/s^2 左右，常规衬砌为 1.1m/s^2 左右，刚性衬砌的加速度响应峰值增幅明显，为 2.9m/s^2 左右，约为柔性衬砌加速度响应峰值的 3 倍，说明在地震动荷载作用下，刚性衬砌的加速度响应远大于柔性衬砌，故承受的动应力也最大，隧道衬砌也最容易遭到地震破坏，这一规律与冈本舜三（1974）的震害调查结果是一致的，即衬砌刚度的增加在一定程度上将加大震害破坏。

表 9-10　不同刚度衬砌及围岩的加速度响应峰值　　　　　　　（单位：m/s^2）

衬砌结构	隧道部位	位置				
		二衬	初支	1m 围岩	3m 围岩	7m 围岩
刚性衬砌	拱顶	1.016	0.954	0.612	0.432	0.373
	左边墙	2.931	1.954	0.544	0.375	0.364
	右边墙	2.922	1.825	0.562	0.373	0.365
	仰拱	1.013	0.949	0.617	0.433	0.371

续表

衬砌结构	隧道部位	位置				
		二衬	初支	1m 围岩	3m 围岩	7m 围岩
常规衬砌	拱顶	1.153	0.989	0.618	0.513	0.402
	左边墙	2.107	1.727	0.635	0.335	0.324
	右边墙	1.871	1.695	0.632	0.387	0.326
	仰拱	1.155	0.999	0.617	0.517	0.422
柔性衬砌	拱顶	1.172	1.067	0.661	0.518	0.343
	左边墙	0.997	0.742	0.626	0.291	0.324
	右边墙	1.026	0.725	0.624	0.291	0.329
	仰拱	1.176	1.074	0.675	0.587	0.394

3）位移分析

图 9-17 给出了刚性衬砌、常规衬砌及柔性衬砌三种衬砌结构下，隧道初支和二衬的竖向位移分布等值线图。由图 9-17 可知，随着衬砌刚度的减小，即柔度加大的情况下，隧道衬砌各部位的竖向位移也将随之增加。刚性衬砌的竖向位移最小，仅有 0.115～0.123m；而柔性衬砌的竖向位移相对最大，最大位移可达 0.152m，比刚性衬砌的竖向位移大了近 4cm。

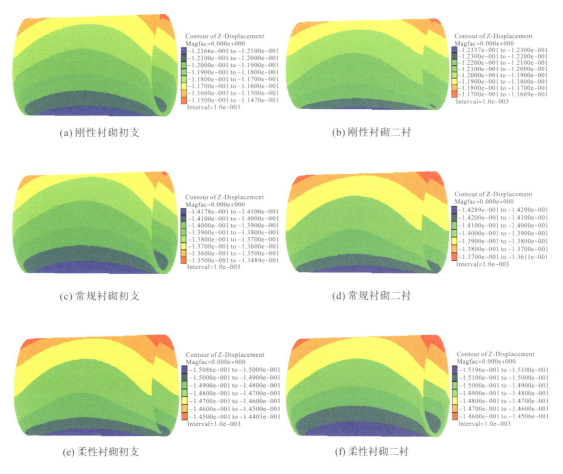

(a) 刚性衬砌初支　　　　　　　　　　　　(b) 刚性衬砌二衬

(c) 常规衬砌初支　　　　　　　　　　　　(d) 常规衬砌二衬

(e) 柔性衬砌初支　　　　　　　　　　　　(f) 柔性衬砌二衬

图 9-17　不同衬砌刚度的衬砌竖向位移分布等值线图（单位：m）

综上所述，随着衬砌刚度的增大，隧道衬砌的地震动力响应明显增大，刚性衬砌的加速度响应峰值约为柔性衬砌加速度响应峰值的三倍，并且刚性衬砌各部位的最大和最小主应力峰值也明显大于柔性衬砌各部位的最大和最小主应力峰值，所以衬砌刚度的增加在一定程度上将增大出现震害的可能性。然而，随着衬砌刚度的减小，即柔度增大时，隧道衬砌各部位的位移也将随之增加，柔性衬砌的竖向位移比刚性衬砌的竖向位移大了近 4cm，这也容易造成隧道衬砌的开裂或错台，影响隧道的正常使用。

因此，采用刚性衬砌将使隧道承受更大的地震荷载，而且还将增加材料用量，经济性差；而采用柔性衬砌虽然能有效地减少地下结构的加速度响应和动应力，但由于刚度不足导致响应位移较大，可能影响隧道的正常使用。合理的山岭隧道抗震结构应该具备一定的柔度，使其在地震作用下能够有效地耗散地震能量，减小地震动力响应；同时，在正常围岩压力及各种可能预见作用力下的位移还要能满足工程安全使用要求。

9.6.3 不同减震层设置模式及参数选择

常规减震层的基本构思模式是在衬砌的外周边和围岩之间设减震装置，使原有围岩-衬砌系统变为围岩-减震层-衬砌系统，其目的是通过减震层将衬砌与围岩介质隔开，从而减小和改变地震对结构的作用强度和方式，以减小结构振动。这种模式下，减震层不但要能阻隔周围地层对衬砌的约束力，而且还要能吸收衬砌与地层之间方向交替的相对动位移。但由于我国公路隧道主要采用新奥法施工，在隧道开挖以后及时进行喷锚或立拱架等施作初支，所以要在围岩和初支之间施作减震层较为困难，而且锚杆也要穿过减震层，对其强度影响较大。因此考虑到施工的便捷和合理，对比减震层设置在围岩和初支之间，或设置在初支和二衬之间的减震效果。

减震层的材料和厚度对于减震层的减震效果有重要的影响。常用的减震层有板式减震层和压注式减震层两种。①板式减震层是将减震材料制成板材，以便现场施工，主要有聚乙烯泡沫板材和软质橡胶板材等。②压注式减震层是新近开发出来的减震材料，包括沥青系、氨基甲酸乙酯系、硅树脂系等。这些材料通常是液状，与硬化添加剂一起压注到围岩与衬砌之间的间隙内，硬化后就形成减震层，这种减震材料具有较高的剪切变形性能，耐久性好，施工性好，不易产生有害物质。同时，由于隧道及地下结构的抗减震措施是一次施作多次使用，除了减震层本身要具有一定的强度，减震层的厚度选取也同样重要。因此，本节选取板材式的聚乙烯泡沫、软质橡胶和压注式的沥青材料作为模型减震层，以研究不同材料减震层的减震效果；并在此基础上，讨论不同厚度(5cm、10cm、20cm)减震层的减震效果，为设计和施工提供参考。

1. 建模及加载

本节采用隧道洞身段模型(图 9-18)，纵向长度为 30m，横向宽度为 80m，隧道上部埋深为 100m，靠近隧道 30m 为实体模型，顶部 70m 折算为均布荷载施加在围岩上，在隧道纵向 10.0～20.0m 段，设置两种不同的减震层模式，即围岩-减震层-初支-二衬模式(图 9-19)和围岩-初支-减震层-二衬模式(图 9-20)，比较两种减震层模式的减震效果和适用条件。如图 9-18 所示，减震层厚度为 20cm，采用实体模型，三维模型剖分网格为四面体等参单元，单元总数为 55200、节点总数为 58931，能够满足计算的精度要求；采用 5%超越概率地震波，地震波从模型底部输入，垂直于隧道轴线横向激振；考虑了三种不同的材料聚乙烯泡沫、软质橡胶和沥青阻尼材料作为减震层，不同的减震层材料的主要物理力学参数如表 9-11 所示。由于减震层主要是减小衬砌结构的动力响应，因此在监测布点时，以初支、二衬和减震层的不同部位和不同断面为主。

图 9-18　计算模型示意图

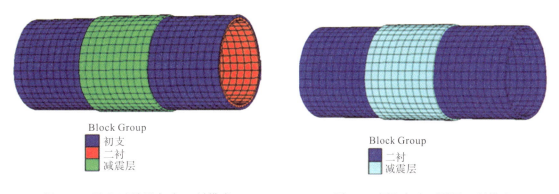

图 9-19　围岩-减震层-初支-二衬模式　　　　　　图 9-20　围岩-初支-减震层-二衬模式

表 9-11　不同的减震层材料的主要物理力学参数

减震层类型	弹性模量/MPa	体积模量/MPa	剪切模量/MPa	泊松比	容重/(kN/m³)	内聚力/kPa	内摩擦角/(°)
聚乙烯泡沫	6.0	10	5	0.38	9.5	0.1	5
软质橡胶	2.5	5.0	1.0	0.45	10.0	0.6	6
沥青阻尼材料	20	23	7.5	0.35	11.3	20	30

2. 不同减震层设置模式的效果分析

为了分析两种不同的减震层模式围岩-减震层-初支-二衬和围岩-初支-减震层-二衬模式在动力作用下的减震效果，本节主要以围岩、初支和二衬上的应力、加速度和位移为主，并将围岩-减震层-初支-二衬模式称作为"模式一"，将围岩-初支-减震层-二衬模式称作为"模式二"。

1) 应力分析

减震层"模式一"和"模式二"中围岩、减震层、初支及二衬的最大和最小主应力分布等值线图如图 9-21 和图 9-22 所示。两种模式的最大主应力均为压应力，最小主应力则压应力和拉应力兼有；在未设置减震层的地段两种模式的最大和最小主应力各自基本一致，但当设置了不同模式的减震层后，围岩、减震层及衬砌上的最大和最小主应力有所不同。

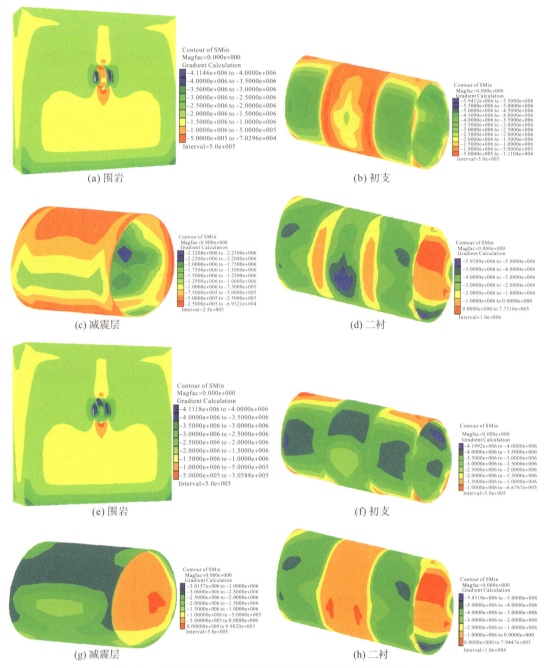

(a) 围岩　　　　　　　　　　　　　　(b) 初支

(c) 减震层　　　　　　　　　　　　　(d) 二衬

(e) 围岩　　　　　　　　　　　　　　(f) 初支

(g) 减震层　　　　　　　　　　　　　(h) 二衬

图 9-21　不同减震层模式的最大主应力分布等值线图（单位：Pa）

注：（a）～（d）为减震层"模式一""围岩-减震层-初期支护-二次衬砌模式"的计算结果；（e）～（h）为减震层"模式二""围岩-初期支护-减震层-二次衬砌模式"的计算结果。

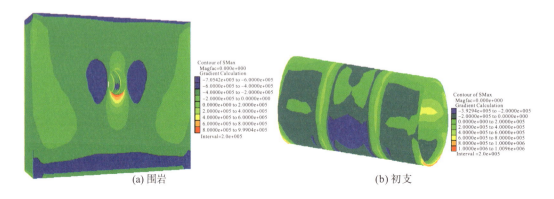

(a) 围岩　　　　　　　　　　　　　　(b) 初支

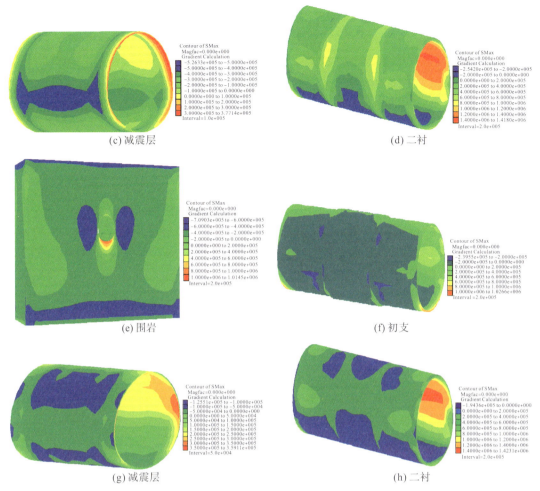

图 9-22　不同减震层模式的最小主应力分布等值线图(单位：Pa)

注：(a)～(d)为减震层"模式一""围岩-减震层-初期支护-二次衬砌模式"的计算结果；(e)～(h)为减震层"模式二""围岩-初期支护-减震层-二次衬砌模式"的计算结果。

　　(1)两种模式中当未设置减震层时，隧道周边围岩的最大主应力峰值为-4.2～-3.5MPa。设置减震层后，"模式一"的最大主应力峰值为-1.0～-0.5MPa，减小近 80%，而"模式二"的最大主应力峰值为-3.0～-2.0MPa，减小约 40%；但对于最小主应力，"模式一"中设置减震层段造成了压应力集中，峰值为-0.7～-0.4MPa，比未设置减震层段增加了一倍左右，而"模式二"的最小主应力无应力集中，峰值为-0.2MPa。减震层"模式一"对隧道周边围岩的最大主应力减小比"模式二"明显，但造成了最小主应力集中。

　　(2)两种模式中当未设置减震层时，隧道初支的最大主应力峰值为-4.0～-3.0MPa。设置减震层后，"模式一"的最大主应力峰值为-2.0～-1.0MPa，减小近 50%，而"模式二"的最大主应力峰值为-3.5～-2.5MPa，减小约 20%；但对于最小主应力来说，"模式一"和"模式二"的减小效果均不明显，并在"模式一"的左右边墙还出现了压应力集中，峰值为-0.39～-0.2MPa。因此，减震层"模式一"对隧道初支的最大主应力减小比"模式二"明显，但也造成了最小主应力集中。

　　(3)两种模式中减震层的最大和最小主应力均为压应力，但部位不同，应力峰值有所不同。"模式一"的最大主应力中，拱顶和仰拱峰值为-0.5～-0.25MPa，左右边墙峰值为-1.5～-1.0MPa；而"模式二"的最大主应力中，拱顶的峰值最大为-3.016～-3.0MPa，左右边墙和仰拱的峰值为-2.5～-1.5MPa。因此，"模式一"减震层的最大主应力小于"模式二"。但对于最小主应力，"模式一"的峰值为-0.526～-0.25MPa，左右边墙最大；"模式二"的峰值为-0.126～-0.05MPa，左右拱肩和起拱处最大。因此，"模式二"减震层的最小主应力明显小于"模式一"。

(4)两种减震层模式中当未设置减震层时，隧道二衬的最大主应力较一致，均为压应力，峰值基本在 $-4.0\sim-3.0$MPa。设置减震层后，"模式一"的左右边墙端部应力有所减小，应力峰值为 $-2.0\sim-1.0$MPa，但中部明显出现了压应力集中的现象，应力峰值为 $-5.929\sim-4.0$MPa，比未设减震层时还大，所以"模式一"的减震层在地震荷载下对隧道二衬的最大主应力有一定的放大作用；设置减震层后，"模式二"的减震层对二衬最大主应力的减小非常明显，应力峰值为 -1.0MPa 以下，二衬最大主应力减小了 $75\%\sim80\%$，对隧道二衬起到了很好的保护作用。对于最小主应力，"模式一"中二衬拱顶和左右边墙为拉应力，峰值为 $0.4\sim0.6$MPa，局部有拉应力集中，峰值为 0.8MPa，仰拱基本为压应力，峰值为 $-0.254\sim-0.2$MPa；"模式二"中二衬拱顶和仰拱基本为压应力，峰值为 $-0.194\sim0$MPa，左右边墙为拉应力，峰值为 $0.2\sim0.4$MPa。因此，"模式一"中二衬的最小主应力以拉应力为主且峰值较大，对二衬不利；而"模式二"中二衬的最小主应力以压应力为主，且峰值较小，对二衬影响不大。

以上分析得出：无论是"模式一"或"模式二"，减震层对围岩和衬砌结构的最大主应力减小非常明显，应力峰值减小约80%，但对最小主应力减小不明显，尤其在"模式一"中局部还出现了应力集中。不同的减震层模式对衬砌结构的应力减小是不同的，在围岩-减震层-初支-二衬模式中减震层主要起到减小初支最大主应力的作用，但对二衬局部的最大主应力有一定的放大作用；在围岩-初支-减震层-二衬模式中减震层主要起到减小二衬最大主应力的作用，对初支最大主应力也有一定的减小作用，应力峰值减小约40%。

2)加速度分析

表9-12列出了两种减震层模式中不同部位的围岩、减震层、初支和二衬的加速度响应峰值。由表9-12可知：①减震层"模式一"中不同部位的围岩、减震层、初支和二衬的加速度响应峰值基本上都大于减震层"模式二"，说明减震层"模式二"对地震加速度响应起到了较好的减小作用；②减震层"模式一"中初支和二衬的加速度响应峰值都大于减震层，而"模式二"中减震层的加速度响应峰值大于二衬，小于初支，说明减震层对于在其内部结构的加速度响应有一定的放大效应，而对于在其外部结构的加速度响应有一定的减小作用；③在设置了减震层的监测断面 $Y=10.0\sim20.0$m，两端 $Y=11.0$m 和 $Y=19.0$m 断面上"模式一"和"模式二"的加速度响应峰值都大于中间 $Y=15.0$m 断面，说明减震层中间段的减震效果最好。

表 9-12　不同减震层模式的加速度响应峰值　　　　　　　　　　　　　　　　（单位：m/s²）

部位	监测断面	加速度响应峰值							
		围岩-减震层-初支-二衬				围岩-初支-减震层-二衬			
		围岩	减震层	初支	二衬	围岩	初支	减震层	二衬
拱顶	$Y=11.0$m	0.7813	2.3751	2.3823	2.4692	0.7155	1.3916	1.4351	1.5855
	$Y=15.0$m	0.8151	2.1198	2.2267	2.3137	0.7894	1.1063	1.1573	1.2347
	$Y=19.0$m	0.8287	2.4181	2.4234	2.4935	0.8177	1.5511	1.5562	1.6455
左边墙	$Y=11.0$m	0.7374	2.3217	2.3253	2.4134	0.7991	1.3325	1.3791	1.4527
	$Y=15.0$m	0.7508	1.7328	1.7473	1.7755	0.7611	1.3168	1.3532	1.4013
	$Y=19.0$m	0.7790	2.2472	2.2381	2.3153	0.8017	1.4321	1.4973	1.5326
右边墙	$Y=11.0$m	0.7258	2.3960	2.4106	2.485	0.9012	1.3289	1.3533	1.4612
	$Y=15.0$m	0.7815	1.8152	1.8213	1.9022	0.9677	1.2161	1.2273	1.3750
	$Y=19.0$m	0.7442	2.4031	2.436	2.5023	0.8997	1.3307	1.3556	1.4378
仰拱	$Y=11.0$m	0.7365	2.4162	2.4187	2.5273	0.9503	1.3612	1.4104	1.5132
	$Y=15.0$m	0.7118	1.9014	1.9256	2.1348	0.8314	1.2759	1.2968	1.4161
	$Y=19.0$m	0.7290	2.4138	2.4371	2.5354	0.9581	1.4572	1.4153	1.5992

3) 位移分析

两种减震层模式中不同部位的围岩、减震层、初支和二衬的竖向位移峰值和变化趋势，如表 9-13、图 9-23、图 9-24 所示。

表 9-13　不同减震层模式的位移峰值　　　　　　　　　　（单位：m）

| 部位 | 模式 | | | | | | | |
| | 围岩-减震层-初支-二衬 | | | | 围岩-初支-减震层-二衬 | | | |
	围岩	减震层	初支	二衬	围岩	初支	减震层	二衬
拱顶	0.1778	0.1776	0.1761	0.1758	0.1792	0.1780	0.1785	0.1769
左边墙	0.1780	0.1779	0.1775	0.1763	0.1802	0.1802	0.1788	0.1773
右边墙	0.1782	0.1780	0.1777	0.1773	0.1805	0.1800	0.1791	0.1783
仰拱	0.1821	0.1815	0.1803	0.1788	0.1832	0.1825	0.1821	0.1809

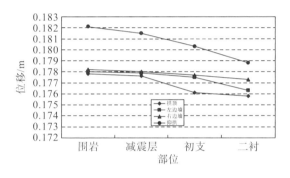 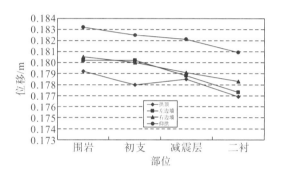

图 9-23　减震层"模式一"不同部位位移峰值变化趋势　　图 9-24　减震层"模式二"不同部位位移峰值变化趋势

(1) 减震层"模式一"和"模式二"的位移相差不大，基本在 0.175～0.185m，设置减震层后围岩和衬砌的位移减小不明显。

(2) 减震层"模式一"中围岩和减震层的位移基本相同，大于初支，二衬的位移最小；减震层"模式二"中围岩的位移最大，初支和减震层的位移基本相同，二衬的位移最小。

(3) 设置减震层后，"模式一"和"模式二"不同部位的围岩、减震层、初支和二衬竖向位移的变化趋势基本一致，仰拱的位移最大，左右边墙较接近，拱顶相对较小，且从围岩到二衬位移逐渐减小。

综上所述，无论是"围岩-减震层-初支-二衬模式"或"围岩-初支-减震层-二衬模式"，其减震层对衬砌结构的应力减小非常明显，不同的是前者主要是减小初支的应力，而后者则主要是减小二衬的应力。对于加速度响应来说，"模式一"的加速度响应峰值大于减震层"模式二"，并且减震层对于在其内侧衬砌结构的加速度响应有一定的放大效应，而对于在其外侧衬砌结构的加速度响应有一定的减小作用。对于位移，减震层"模式一"和"模式二"的位移相差不大，设置减震层后围岩和衬砌的位移减小不明显。

因此，围岩-减震层-初支-二衬模式和围岩-初支-减震层-二衬模式各有其优缺点和适用条件。"模式一"适用于地震烈度较大的地区，通过减震层能够将衬砌与围岩介质隔开，从而降低地震对初衬支护的作用强度，减小初支和二衬结构的破坏，其缺点就是在围岩和初支之间施作减震层较为困难，而且锚杆也要穿过减震层，对其强度影响较大，并且成本较高。"模式二"主要适用于地震烈度相对较小的地区，并且要求初支的刚度较大，能够承受大部分地震荷载，但该模式最大的优点在于能够明显减小二衬的地震动力响应，减小或避免二衬受到严重破坏。从汶川地震中山岭隧道的破坏特征来看，部分隧道的初支基本完好，而二衬却出现了开裂、剥落、错台，甚至整体坍塌等破坏，因此采取必要的减震措施来保护二衬。同时，在初支和二衬之间设置一层减震层施工便捷，成本较低。

3. 不同材料减震层效果分析

在对减震层"模式一"和"模式二"进行对比分析的基础上，本节采用减震层"模式二"模型，选取聚乙烯泡沫、软质橡胶和沥青材料作为减震层，从围岩、初支和二衬上的应力、加速度和位移入手，以研究不同材料减震层的减震效果。

1）应力分析

图 9-25 给出了未设置减震层和采用橡胶减震层时二衬在 X 向、Y 向、Z 向三个方向的应力状况。在 X 向上，设置橡胶减震层后对二衬环向一周的应力减小明显，应力峰值从 4.0MPa 减小到 1.0MPa，降低了 75%；在 Y 向上，设置橡胶减震层后对二衬拱顶和左右边墙的应力减小明显，并改变了二衬的受力状态；在 Z 向上，设置橡胶减震层后对二衬环向一周的应力减小明显，应力峰值从 2.755MPa 减小到 0.5MPa，降低了约 80%，并且消除了拱肩和左右边墙的应力集中。因此，在减震层"模式二"中设置橡胶减震层可很好地降低二衬上的应力，并改善二衬的受力状态。

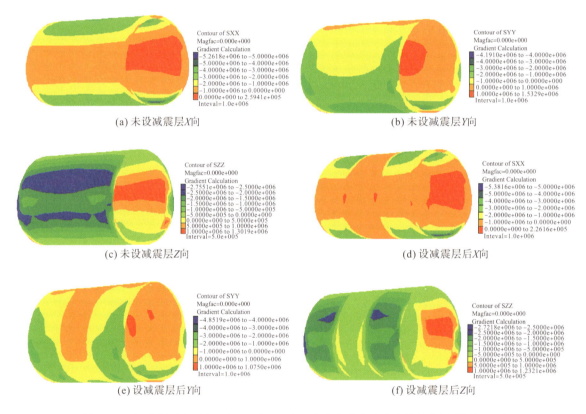

图 9-25　有无减震层二衬 X 向、Y 向、Z 向三个方向的应力分布等值线图（单位：Pa）

注：(a)～(c)为未设减震层的计算结束；(d)～(f)为设减震层后的计算结束。

图 9-26 给出了设置三种不同材料的减震层后二衬不同部位的最大和最小主应力，由图 9-26 可知以下结论。

(1) 在设置了减震层的 Y=10～20m 段，二衬的最大和最小主应力都有减小，尤其是最大主应力减小特别明显，最大主应力量值在-2.5～-1.0MPa，最小主应力量值在 0.2～0.5MPa；而在未设置减震层的 Y=0～10m 和 Y=20～30m 段，二衬的最大和最小主应力基本一致且量值较大，最大主应力量值在-4.5～-3.0MPa，最小主应力量值在 0.5～0.7MPa。

（2）二衬的部位不同，其最大和最小主应力减小的量值也不同。对于最大主应力来说，拱顶应力量值减小了 60%，左右边墙相对小些，减小了 50%，仰拱仅减小了 35%。对于最小主应力来说，由于其量值较小，各部位量值减小约 30%。

（3）对于三种不同材料的减震层来说，二衬最大和最小主应力的减小都比较明显，橡胶减震层的最大主应力峰值最小，泡沫减震层略大些，沥青减震层最大；而橡胶和泡沫减震层的最小主应力峰值相对较小，沥青减震层最大；主要是由沥青减震层的材料特性决定的，其强度较大，所以减震效果相对要差些，而橡胶和泡沫减震层偏软，所以减震效果相对较好。

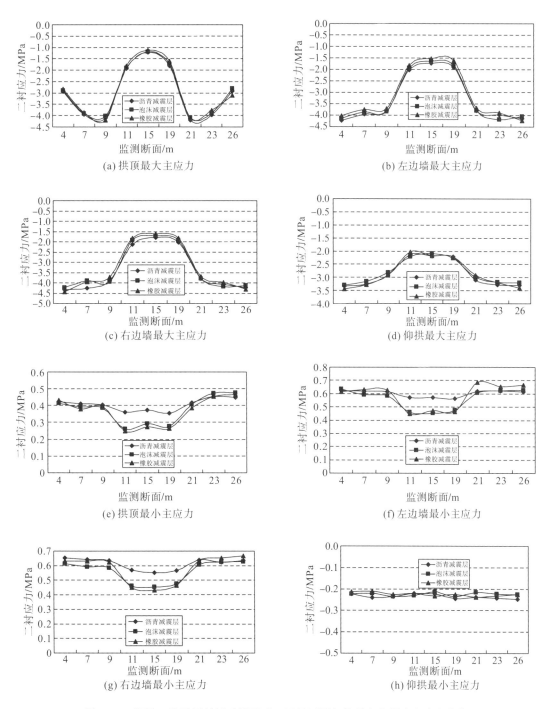

图 9-26　设置三种不同材料减震层后二衬的不同部位最大和最小主应力变化

注：(a)～(d) 为不同部位最大主应力计算结束，(e)～(h) 为不同部位最小主应力计算结束。

2) 加速度分析

图 9-27 给出了未设置减震层和采用三种不同材料的减震层时二衬拱顶的加速度时程曲线。由图 9-27 可知以下结论。

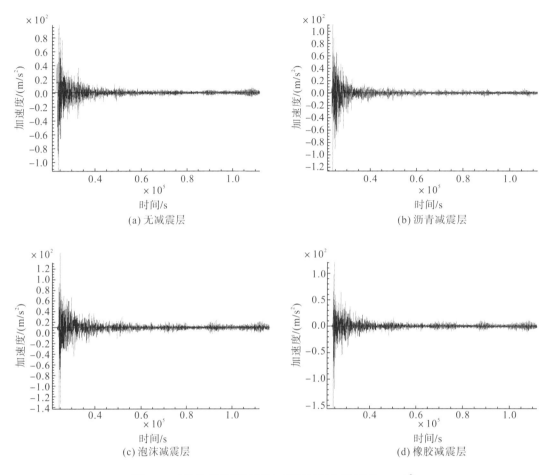

图 9-27　不同减震层下拱顶加速度时程曲线(单位：m/s²)

(1) 未设置减震层和采用三种不同材料的减震层时，二衬拱顶的加速度响应时程曲线均相似，说明设置减震层或设置不同材料的减震层不会改变二衬的加速度响应频谱特性。

(2) 未设置减震层时，拱顶的加速度响应峰值为 1.125m/s²；而设置沥青减震层、泡沫减震层和橡胶减震层后，拱顶的加速度响应峰值分别为 1.253m/s²、1.428m/s²、1.541m/s²，均大于未设置减震层时；说明无论是设置哪种材料的减震层，对二衬的加速度响应都有一定的放大效应，并且随着材料强度的减小，其放大效应逐渐增大，设置橡胶减震层后，拱顶的加速度响应峰值最大。

图 9-28 给出了未设置减震层和采用三种不同材料的减震层时二衬左右边墙的加速度峰值变化趋势。由图 9-28 可知，无论是初支，还是二衬，左右边墙的加速度峰值相差不大；尽管三种减震层的材料特性有所不同，但减震层对于初支的加速度峰值起到减小作用，对二衬的加速度峰值则有一定的放大效应，只是影响程度不同。

(1) 对于初支，在未设置减震层时左右边墙的加速度响应峰值都大于 1.6m/s²，而设置沥青减震层、泡沫减震层和橡胶减震层后，左右边墙的加速度响应峰值分别为 1.37m/s²、1.42m/s²、1.58m/s²，均小于未设置减震层时；说明无论是设置哪种材料的减震层，对初支的加速度响应都起到减小作用，并且材料强度较大的沥青减震层减震效果最好，泡沫和橡胶减震层较弱。

（2）对于二衬，未设置减震层时，左右边墙的加速度响应峰值为 1.47m/s²，而设置沥青减震层、泡沫减震层和橡胶减震层后，左右边墙的加速度响应峰值分别为 1.85m/s²、1.87m/s²、2.23m/s²，均大于未设置减震层时；说明无论是设置哪种材料的减震层，对二衬的加速度响应都有一定的放大效应，并且随着材料强度的减小，其放大效应逐渐增大，所以设置橡胶减震层后，拱顶的加速度响应峰值最大。

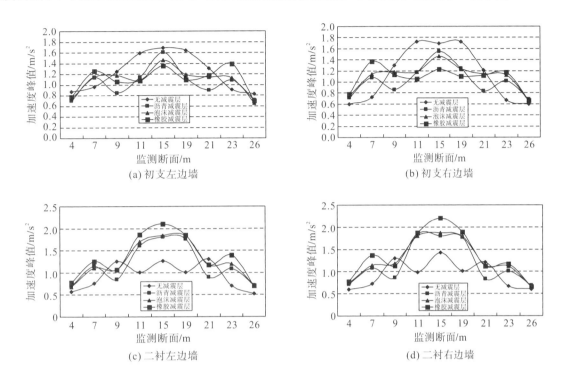

图 9-28　未设置减震层和设置三种不同材料减震层时二衬左右边墙的加速度峰值变化趋势

3）位移分析

在未设置减震层时，拱顶的竖向位移量值为 0.175～0.176m，左右边墙为 0.176～0.178m，仰拱为 0.18～0.181m；而在设置减震层后，拱顶位移变化不大，量值依然为 0.175～0.176m，左右边墙位移有一定增大，量值为 0.178～0.179m，仰拱位移则明显减小，量值为 0.178～0.179m，说明设置减震层后对二衬仰拱的竖向位移减小相对大些；但总的来说，减震层对二衬竖向位移的减小不是很明显，量值上只有 0.01m 左右。同时，三种材料减震层对减小二衬竖向位移的差别也不大。

综上所述，围岩-初支-减震层-二衬模式中减震层对二衬应力的减小非常明显，对于初支的加速度响应起到减小作用，对二衬的加速度响应则有一定的放大效应，对二衬竖向位移的减小不很明显。同时，对于三种不同材料的沥青减震层、泡沫减震层和橡胶减震层来说，由于材料特性不同，其减震效果也有所不同，橡胶减震层对二衬应力的减小效果最好，但对二衬的加速度响应的放大效应也最明显；而沥青减震层，虽然对二衬应力的减小效果要差些，但对二衬的加速度响应的放大最小。因此，结合隧道施工的要求，在围岩-减震层-初支-二衬模式中建议采用压注式的沥青减震层，而在围岩-初支-减震层-二衬模式中建议采用板材式的橡胶减震层。

4. 不同厚度减震层效果分析

本节采用洞身段减震层"模式二"模型，在隧道初支和二衬之间设置软质橡胶作为减震层，分别考虑 5cm、10cm、20cm 三种不同厚度的减震层；通过对设置三种厚度的减震层时二衬上的应力、加速度和位移响应分析，得出不同厚度减震层的减震效果，为设计和施工提供参考。

1) 应力分析

图 9-29 给出了设置三种不同厚度减震层时二衬不同部位的最大和最小主应力分布等值线图。在设置了减震层的 $Y=10\sim20\mathrm{m}$ 段，二衬的最大和最小主应力都有减小，尤其是最大主应力减小非常明显。但由于减震层厚度不同，其应力减小的程度也不同。

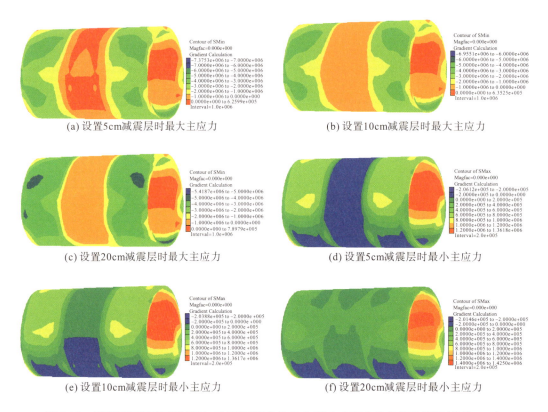

(a) 设置5cm减震层时最大主应力   (b) 设置10cm减震层时最大主应力

(c) 设置20cm减震层时最大主应力   (d) 设置5cm减震层时最小主应力

(e) 设置10cm减震层时最小主应力   (f) 设置20cm减震层时最小主应力

图 9-29　设置不同厚度减震层时二衬不同部位的最大/最小主应力分布等值线图(单位：Pa)

当设置 5cm 减震层时，衬砌最大主应力量值减小 40%～50%，但在设置减震层段衬砌拱顶和边墙出现了大面积的拉应力集中现象，最大峰值为 0.626MPa，这一量值的拉应力集中可能造成衬砌局部的张拉破坏；并且衬砌最小主应力由拉应力变为了压应力，可能是由于在地震作用下，减震层已经产生了塑性破坏，围岩和初支的压应力直接作用在二衬上所致。当设置 10cm 减震层时，衬砌最大主应力量值减小 50%～60%，在设置减震层段衬砌最大主应力量为压应力，且峰值较小，为-1.0MPa；衬砌从边墙到拱顶最小主应力为拉应力，从边墙到仰拱最小主应力为压应力，峰值较小，为-0.2～0.2MPa，不会造成衬砌破坏。当设置 20cm 减震层时，衬砌最大主应力减小特别明显，量值减小 60%～70%，在设置减震层段衬砌最大主应力量为压应力，且峰值较小，为-1.0MPa，与设置 10cm 减震层时相当；衬砌拱顶和边墙最小主应力为拉应力，仰拱最小主应力为压应力，峰值较小，为-0.2～0.2MPa，不会造成衬砌破坏，减震层基本处于弹性状态，能够多次反复起到减震作用。

对于三种不同厚度的减震层，当设置 10～20cm 减震层时，衬砌应力量值减小非常明显，减小 50%～70%，且衬砌最大主应力量为压应力，峰值较小，为-1.0MPa 左右，能够很好地减小衬砌的地震动应力响应；当设置 5cm 减震层时，衬砌应力量值也有明显减小，减小 40%～50%，但在设置减震层段衬砌拱顶和边墙出现了大面积的拉应力集中现象，最大峰值为 0.626MPa，这一量值的拉应力集中可能造成衬砌局部的张拉破坏；并且减震层在地震作用下已经产生了塑性破坏，不能满足多次减震的作用。

2）加速度分析

图 9-30 给出了未设置和设置三种不同厚度减震层时二衬拱顶的加速度时程曲线。当设置减震层后，隧道二衬的加速度响应都有不同程度的放大。

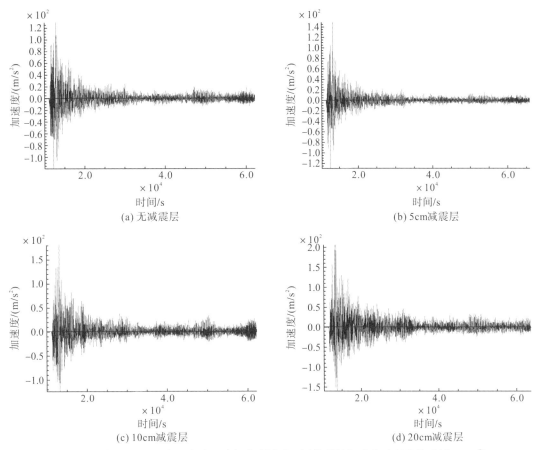

图 9-30　未设置和设置三种不同厚度减震层时二衬拱顶的加速度时程曲线（单位：m/s²）

未设置减震层时，拱顶的加速度响应峰值为 1.296m/s²，而设置 5cm、10cm 和 20cm 减震层后，拱顶的加速度响应峰值分别为 1.494m/s²、1.806m/s²、2.071m/s²，均大于未设置减震层时，并随着减震层厚度的增加，其放大效应逐渐增大，但总体上，衬砌的加速度响应峰值依然较小，小于 2.1m/s²，不会因为设置减震层而导致隧道衬砌的破坏。

3）位移分析

由于衬砌位移受到地层位移的控制，减震层对二衬竖向位移的减小不是很明显，量值上只有 0.01m。对于不同厚度的减震层来说，10～20cm 的减震层对二衬竖向位移的减小略微好于 5cm 减震层，减小量值在 0.0328～0.5cm。

综上所述，对于不同厚度的减震层来说，随着减震层厚度的增加，二衬的最大主应力明显减小，但其加速度放大效应也逐渐增大。当设置 10～20cm 减震层时，二衬最大主应力为压应力，应力量值减小为 50%～70%，最大响应峰值较小，在−1.0MPa 左右；并且二衬拱顶加速度响应峰值在 1.806～2.071m/s²，不会因为设置减震层而导致隧道衬砌的破坏。当设置 5cm 减震层时，虽然二衬最大主应力量值减小 40%～50%，但衬砌拱顶和边墙出现了大面积的拉应力集中现象，最大峰值为 0.626MPa，极容易造成衬砌局部的张拉破坏，不能起到较好的减震效果。因此，在隧道及地下结构的抗减震设计和施工中，建议采用厚度为 10～20cm 的软质减震层（软质橡胶等），并根据不同的抗震设防等级来确定减震层厚度。

9.6.4 不同抗震缝宽度的抗减震效果

由于隧道及地下工程属于线性结构，在地震动的作用下较容易产生横向的剪切应力和纵向的拉应力，在隧道抗减震设计中一般设置环向抗震缝来调整隧道衬砌的应力分布，顺应地震动位移，减小隧道衬砌的剪切、拉伸和弯曲作用力。由于前人对有无抗震缝和抗震缝设置间距的研究较多，但对抗震缝设置宽度的研究较少，故本节选取三种不同的抗震缝宽度，并充填软质橡胶板，研究不同宽度的抗震缝对隧道动力响应的影响。

1. 建模及加载

如图 9-31 所示，采用隧道洞身段模型，纵向长度为 50m，横向宽度为 60m，隧道上部埋深为 100m，靠近隧道 30m 为实体模型，顶部 70m 折算为均布荷载施加在围岩上。初支采用 shell 结构单元，二衬和抗震缝采用实体单元模拟；并在隧道二衬纵向每隔 10m 设置一道环向抗震缝，抗震缝只截断二衬；采用 5%超越概率地震波，从模型底部输入，沿隧道轴线纵向激振。

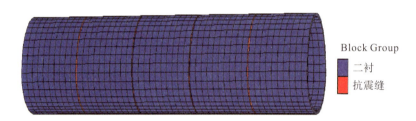

图 9-31   二衬和抗震缝计算模型示意图

三种不同的抗震缝宽度为 10cm、15cm、20cm，间距为 10m；主要物理力学参数为弹性模量，为 8.0MPa，泊松比为 0.45，容重为 10kN/m³。由于在隧道抗震的设计和施工中环向抗震缝一般只截断二衬结构，故对二衬的地震动力响应影响较大，因此在监测布点时，主要以二衬和抗震缝的不同部位和不同断面为主。

2. 结果分析

1）应力分析

图 9-32 和图 9-33 给出了未设置抗震缝和设置三种不同宽度的抗震缝时二衬最大和最小主应力分布等值线图。在未设置抗震缝时，二衬最大主应力以压力为主，且量值较大，拱顶最大主应力量值为-10.0～-8.0MPa，左右边墙和仰拱为-8.0～-6.0MPa，边墙起拱处为-6.0～-4.0MPa；而二衬最小主应力，在拱顶和仰拱以压力为主，量值为-0.234～-0.2MPa，左右边墙以拉力为主，为 0.8～0.6MPa。在设置抗震缝以后，二衬整体的最大和最小主应力明显减小，并在抗震缝周围形成了一条环状应力极小的区域，分散了二衬上的应力分布，但由于抗震缝的宽度不同，其抗减震的效果也有差别。

(a) 未设置抗震缝

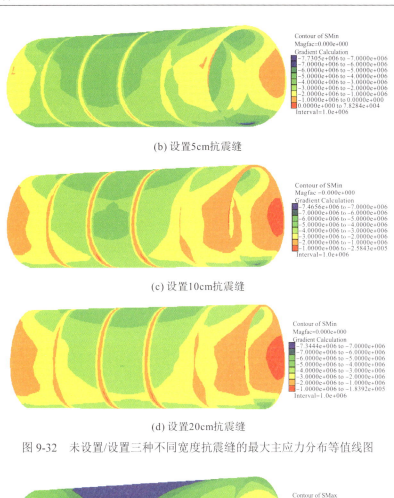

(b) 设置5cm抗震缝

(c) 设置10cm抗震缝

(d) 设置20cm抗震缝

图 9-32　未设置/设置三种不同宽度抗震缝的最大主应力分布等值线图

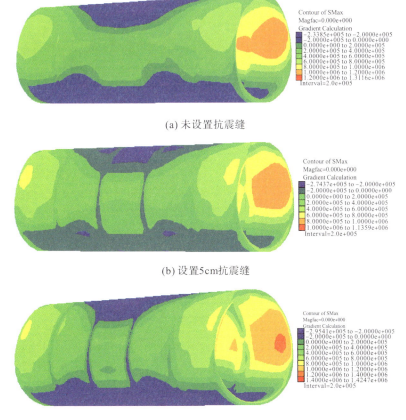

(a) 未设置抗震缝

(b) 设置5cm抗震缝

(c) 设置10cm抗震缝

(d) 设置20cm抗震缝

图9-33 未设置/设置三种不同宽度抗震缝的最小主应力分布等值线图

由图9-33可知,设置抗震缝后,二衬整体的最大和最小主应力明显减小,并在抗震缝周围形成了一条环状应力极小的区域,分散了二衬上的应力分布,改善了二衬的受力状态。但由于抗震缝的宽度不同,其抗减震的效果也有差别。设置20cm抗震缝后,二衬整体的应力减小明显优于10cm和5cm抗震缝,二衬最大主应力减小40%~50%,最小主应力减小最大达60%;10cm和5cm抗震缝对二衬整体应力减小相差不大,最大主应力减小约30%~50%,最小主应力减小20%~35%。

2) 加速度分析

图9-34给出了未设置抗震缝和设置三种不同宽度的抗震缝时二衬拱顶、左右边墙及仰拱的加速度响应峰值变化。

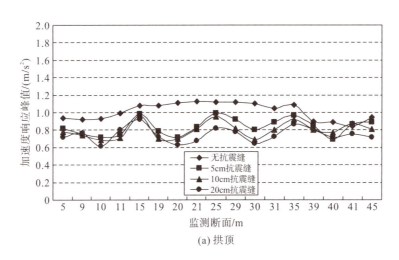

(a) 拱顶

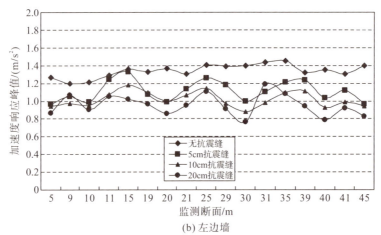

(b) 左边墙

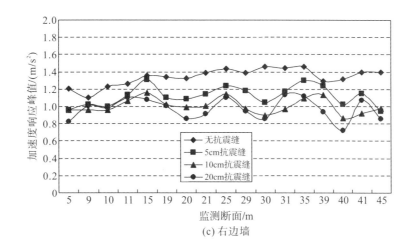

(c) 右边墙

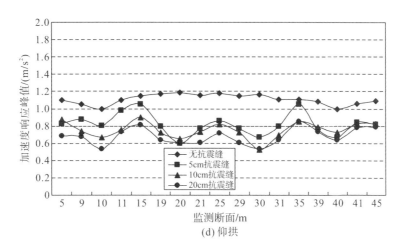

(d) 仰拱

图 9-34 未设置抗震缝和设置三种不同宽度的抗震缝时二衬不同部位加速度响应峰值

由图 9-34 可知，在未设置抗震缝时，二衬各部位的加速度响应峰值较大，且在各监测断面上各部位的加速度响应峰值相差不大。二衬拱顶的地震加速度响应峰值为 $0.8\sim1.2\text{m/s}^2$，设置抗震缝后为 $0.6\sim1.0\text{m/s}^2$，减小了 20%左右；左右边墙的加速度响应峰值相差不大，未设置抗震缝时为 $1.2\sim1.45\text{m/s}^2$，设置抗震缝后为 $0.8\sim1.2\text{m/s}^2$，减小了 25%左右；而仰拱未设置抗震缝时为 $1.1\sim1.2\text{m/s}^2$，设置抗震缝后为 $0.6\sim1.1\text{m/s}^2$，也减小了 20%左右。

在设置抗震缝以后，二衬各部位的加速度响应峰值明显减小，抗震缝两侧二衬端部的加速度峰值大于抗震缝，且在每段隧道中部的加速度响应峰值明显增大，但二衬各部位的加速度峰值依然小于未设抗震缝时。设置不同宽度的抗震缝，对二衬各部位的加速度响应峰值减小程度不同。随着抗震缝宽度的增大，二衬各部位的加速度响应峰值也逐渐减小。当设置 5cm 抗震缝时，二衬各部位的加速度响应峰值已较明显减小，只是在个别地段隧道二衬中部的加速度响应较大，峰值略小于未设置抗震缝时。当设置 10cm 和 20cm 抗震缝时，二衬各部位的加速度响应减小明显，峰值减小 30%~50%，两种抗震缝的减小效果相差不大，20cm 抗震缝略微好些。

3) 位移分析

图 9-35 给出了未设置抗震缝和设置三种不同宽度的抗震缝时二衬的竖向位移分布等值线图。由图 9-35 可知，未设置抗震缝时，拱顶的竖向位移量值为 0.12~0.124m，左右边墙为 0.124~0.126m，仰

拱为 0.127～0.128m；在设置 5cm 抗震缝后，二衬各部位的竖向位移变化不大，但在设置了 10cm 和 20cm 抗震缝后，二衬各部位的竖向位移有一定的增大；在设置 10cm 抗震缝时，拱顶的竖向位移量值为 0.123～0.126m，左右边墙为 0.126～0.129m，仰拱为 0.129～0.131m，二衬各部位的位移增大了 0.1～0.3m；在设置 20cm 抗震缝时，拱顶的竖向位移量值为 0.127～0.131m，左右边墙为 0.131～0.133m，仰拱为 0.133～0.135m，二衬各部位的位移增大了 0.3～0.7m；从而解释了设置抗震缝以后，二衬容易产生错台或侧向位移的现象，但这也是抗震缝顺应地层位移，避免二衬整体破坏的抗减震效果。设置抗震缝对二衬位移的增大不明显，量值上仅有 0.01～0.07m。

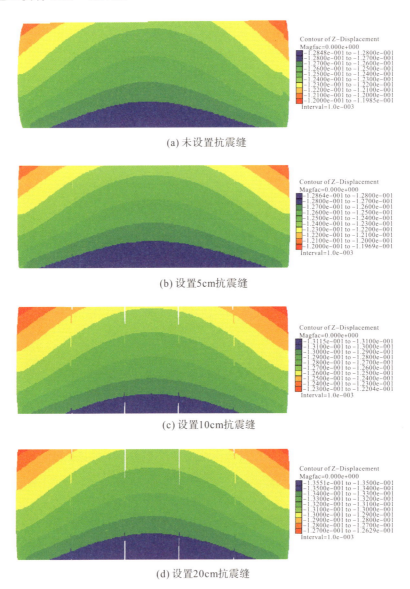

(a) 未设置抗震缝

(b) 设置5cm抗震缝

(c) 设置10cm抗震缝

(d) 设置20cm抗震缝

图 9-35　未设置/设置三种不同宽度抗震缝时二衬的竖向位移分布等值线图（单位：m）

综上所述，在设置抗震缝以后，二衬整体的最大和最小主应力明显减小，在抗震缝周围形成了一条环状应力极小的区域，分散了二衬上的应力分布，改善了二衬的受力状态；并且抗震缝对二衬各部位的加速度响应峰值有明显减小，但对二衬的位移有一定的增大。对于三种不同宽度的抗震缝来说，20cm 抗震缝对二衬的应力和加速度响应减小最明显，但对二衬位移的增大也最大（0.3～0.7m）；10cm 抗震缝对二衬应力和加速度响应的减小也较明显，但对二衬位移的增大只有 0.1～0.3m；5cm 抗震缝对二衬应力和加速度响应的减小虽然要差些，但对二衬位移基本无增大。同时，结合隧道的施工和防水处理，当设置 20cm

抗震缝时，隧道的施工和防水处理相当困难，且抗震缝自身强度较小，容易造成二衬掉块或大变形。因此，在中等烈度地震区的隧道抗减震设计中，建议采用 5cm 抗震缝，而在高烈度地震区时建议采用 10cm 抗震缝，但若遇到断层或软弱夹层等特殊地段时，由于隧道变形较大，故建议采用 20cm 抗震缝，来尽量减小二衬的应力和加速度响应，顺应地层的位移，避免对隧道整体的严重破坏。

9.7 山岭隧道抗减震模式

我国西部(尤其是西南部)山区大部分属于高山峡谷地带，且断裂构造发育。在这些地区的基础工程建设过程中不可避免地会遇到在活断层附近和高烈度地震区修建隧道工程的问题，甚至部分山岭隧道穿越或邻近断层带，其抗减震问题极为复杂；尤其在汶川地震造成了震区内大部分山岭隧道的严重破坏后，研究合理的高烈度地震区山岭隧道的抗减震模式就尤为重要。因此，本书结合对山岭隧道震害特征和破坏机理研究，通过 P 波和瑞利波作用下浅埋山岭隧道的地震动力响应理论计算分析，根据典型山岭隧道的物理模拟和数值模拟的成果，提出山岭隧道抗减震模式供读者参考。

由于隧道结构为一长大的线性结构，轴线长度远远大于横向断面尺寸，而且往往隧道结构穿越了不同的地层和围岩结构，在地震动作用下从隧道进口到出口的地震动力响应不一。根据隧道震害调查和地震动力响应理论计算得出：隧道进出洞口的震害较为严重，且隧道洞口对地震波具有一定的放大作用，所以对于隧道结构存在一个洞口抗震设防长度的问题。通过对典型山岭隧道地震动力响应的物理模拟和数值模拟研究得出：在隧道结构纵向上，随着埋深和进深的增加，围岩和衬砌的地震动力响应逐渐减小且趋于平稳，洞口放大效应的影响一般在 0～50m 进深。但影响隧道洞口抗震设防长度的因素较多，如地形、衬砌材料、围岩类别等，要准确确定设防长度，需同时综合考虑这些因素。

针对上述的抗震设防长度，在隧道洞口明洞段、浅埋段和洞身段的地震动力响应、影响因素及抗减震模式是不同的。

综合对典型山岭隧道地震动力响应的物理模拟和数值模拟研究得出：对于山岭偏压隧道(主要是硬岩质隧道)，在隧道洞口段 0～10m，由于受到洞口放大作用和坡面放大效应的影响，其地震动力响应较大，尤其在衬砌拱顶、左边墙(临空侧)、仰拱最容易产生破坏；在隧道偏压段 10～30m，由于偏压效应的影响越显突出，在衬砌拱顶和右边墙(靠山侧)的动力响应最大，容易受到破坏，尤其存在基覆界面或断层带时，围岩和衬砌的动力响应可能出现突增；而在隧道浅埋段 30～50m，虽然洞口放大作用和偏压效应的影响有所减小，但衬砌拱顶和右边墙(靠山侧)的地震动力响应依然较大；随着隧道埋深的增加及地形的变化，在隧道洞身段进深大于 50m 以后，偏压效应的影响逐渐消失，隧道衬砌的地震动力响应趋于平稳，拱顶、仰拱较左右边墙略微大些，衬砌结构不易产生破坏。

因此，对于山岭偏压隧道的抗震设计来说，隧道洞口及偏压段(0～30m)是抗震设防的重点地段，必须全断面进行抗震设防。在保证衬砌刚度的情况下，建议进行环向注浆和施作锚杆，在隧道衬砌外侧形成一层抗震层，并在初支和二衬之间设置 5～10cm 厚的减震层，以减小隧道衬砌的地震动力响应，除此之外还可以考虑采用轻骨料混凝土减少地震惯性荷载，并沿隧道纵向一定间距(10～20m)设置 5cm 的抗震缝。在隧道浅埋段 30～50m 是抗震设防的次重点地段，可适当降低衬砌刚度，重点加强拱顶和右边墙支护参数，但上述抗减震措施建议沿用。在隧道洞身段进深大于 50m 以后，由于围岩和衬砌的地震动力响应逐渐趋于平稳，可按规范规定的抗震设防等级设防，建议在满足衬砌刚度要求和隧道正常使用条件下，适当采用柔性支护措施，并应注重拱顶和仰拱的支护。

结合对汶川地震中山岭隧道震害特征及成因机理的分析可知，在隧道结构的一些特殊的地段和部位，如基覆界面、断层破碎带、围岩质量变化段及隧道断面变化处等，由于围岩和衬砌的动力响应可能出现突增，极容易造成隧道结构的破坏，所以对这些特殊地段和部位的抗震设防也尤为重要。

(1)在强震区隧道洞口段覆盖层与基岩接触带，以及隧道穿越活动断裂带的次级断层时，极易产生隧道衬砌较大范围的破坏，必须要加强支护参数和抗震设防措施，采用"刚""柔"结合的办法。首先，加强初支和二衬的强度以保证隧道结构的安全性；其次，加强抗减震措施以减小围岩和衬砌的地震动力响应。具体措施如下：对于初支，可减小工字钢间距，增大喷层厚度，并采用注浆锚杆对隧道周边围岩注浆，提高围岩力学参数，形成一层厚度较大的抗震层；对于二衬，在基覆界面或断层带两侧一定范围应采用钢筋混凝土结构；同时，建议在初支和二衬之间设置10～20cm的减震层，当断层带与隧道平行或沿隧道轴线长度较大时，可设置5～10cm抗震缝，并充填软质材料(如橡胶等)作为减震层。

(2)在围岩地层由软岩到硬岩的过渡地带、围岩质量突变地带等，其地层震动，以及位移、应力响应有较大不同，隧道结构易遭受破坏。这些部位应采用改善围岩力学性质且让其有一个渐变过程，建议在围岩强度较弱的一侧进行注浆加固和锚杆支护，并适当配以上述抗减震措施。

(3)断层带，特别是与发震断裂同性质的次级断裂带，必须要加强抗震设防措施，在次级断裂带两侧一定范围内，二衬应采用钢筋混凝土结构，尤其注重注浆加固围岩和封堵长大裂缝，并适当增加和加长锚杆使围岩和隧道结构的整体性增强，减小两者的相对变形和位移，具体支护参数和抗震设防措施参照(1)中所述，且适当加强。

(4)隧道断面发生突变、两洞相交部位和紧急停车带等是抗震的薄弱环节，应加强抗震设防措施，主要以加强衬砌刚度、设置抗震缝及加大隧道断面为主。

同时，山岭隧道洞口边坡在强震作用下的稳定性直接关系隧道运营安全，是地震中极易产生崩滑、掩埋洞口、毁坏洞门、中断交通的关键控制因素。因此，强震区山岭隧道建设中必须高度重视洞口边坡稳定性评价和防护设计，加大边坡防护力度，将边坡防护、洞口明洞和洞门结构作为一个系统进行综合设计，在条件允许的情况下尽可能采用削竹式洞门，该类洞门结构的抗震性能较好，在汶川地震中这类洞门基本未发生破坏。

根据以上研究，提出强震区山岭隧道的抗减震模式如下：首先，必须高度重视洞口边坡的稳定性评价和防护设计，将边坡防护、洞口明洞和洞门结构作为一个系统进行综合设计，尽量采用削竹式洞门；其次，根据隧道洞口地形、埋深、围岩类别等因素，合理计算出隧道抗震设防长度(一般岩质山岭隧道为30～50m)，确定出不同地段的抗震设防等级；最后，针对隧道结构的一些特殊地段和部位进行重点抗震设防(表9-14)。

表 9-14   高烈度区山岭隧道抗减震模式

项目		内容
综合抗减震设计思路		应高度重视洞口边坡的稳定性评价和防护设计，将边坡防护、洞口明洞和洞门结构作为一个系统进行综合设计，并尽量采用削竹式洞门
山岭隧道抗减震设防的2个原则	原则一	在山岭隧道的特殊地段——活动断层带或活动断层的次级断层附近、基覆界面附近、大变形及坍方处理段、软硬岩过渡地带(或围岩质量突变地带)及隧道结构形式变化段，必须进行抗震设防，并以抗减震支护为主
	原则二	一般岩质山岭隧道洞口段抗震设防的上、下界限为：上限50m，下限30m，即进深0～30m是设防的重点地段，30～50m是设防的次重点地段，进深大于50m以后，可按规范规定的抗震设防等级设防
山岭隧道抗震设防特殊地段及建议措施	特殊地段	建议抗震设防措施
	隧道洞口段覆盖层与基岩接触带	应减小工字钢间距，增大喷层厚度，采用注浆锚杆对隧道周边围岩注浆；二衬应采用钢筋混凝土结构；在初支与二衬之间设置10～20cm的减震层，设置5～10cm抗震缝，充填软质材料(如橡胶等)作为减震层
	围岩质量突变地带	在围岩强度较弱的一侧进行注浆加固和增强支护参数，并适当增加抗减震措施，如设置5～10cm抗震缝等
	断层带附近(特别是与发震断裂同性质的次级断裂)	必须加强抗震设防措施，二衬采用钢筋混凝土结构，尤其注重注浆加固围岩和封堵长大裂缝，并适当增加和加长锚杆使围岩和隧道结构的整体性增强；在围岩与初支之间设置15～20cm的减震层，设置5～10cm抗震缝，充填软质材料(如橡胶等)作为减震层
	隧道断面发生突变处、两洞相交部位和紧急停车带附近	应以加强衬砌刚度、设置抗震缝及加大隧道断面为主；应减小工字钢间距、增大喷层厚度；二衬采用钢筋混凝土结构；设置5～10cm抗震缝，充填软质材料(如橡胶等)作为减震层

9.8　本章小结

(1)当设置横向减震层后,隧道衬砌的加速度响应有一定的放大作用,加速度峰值放大率在5%～10%;减震层对隧道衬砌的动应变响应具有明显的放大作用,动应变幅值放大率在2～6倍,但衬砌的动应变响应幅值依然较小,在 1%超越概率加载时也在 300$\mu\varepsilon$以下(换算到原型中在 450$\mu\varepsilon$以下),所以不会因为减震层对衬砌的放大作用而导致隧道产生破坏。最为重要的是,减震层对隧道衬砌动土压力的减小效果非常明显,并且随着地震动强度的增加,减震层对隧道衬砌动土压力的减小作用就越明显,在 1%超越概率下,设置了减震层的 P5 测点的动土压力,在 0.2kPa 以下,仅为其他测点动土压力的 10%～30%,说明围岩-减震层-隧道结构体系有较好的吸能减震作用。

(2)抗震缝对隧道结构整体动应变响应减小效果非常明显,能够有效调整隧道结构两端的应力分布状态,降低抗震缝两侧的应力集中,较好地顺应地震动位移,减小隧道剪切破坏和弯曲作用力,并且也能降低地震动能量沿隧道二衬直接的传递,使得隧道结构上的动应变响应较小;只是在隧道中部应力集中处和隧道端部产生位移处动应变响应相对较大,容易产生变形,应该加强支护力度。

(3)一般从山岭硬岩隧道洞口进深达 30m 以后,隧道洞口的加速度放大效应(或称临近自由面的放大作用)将逐渐减弱;而在隧道进深达 50m 以后,洞口的加速度放大效应基本消失,衬砌的加速度响应趋于平稳。因此,隧道进深的 30m 和 50m 可以作为确定洞口抗震设防长度的重要指标。因此,对于一般的山岭硬岩隧道,隧道进深 0～30m 是抗震设防的重点地段,隧道进深 30～50m 是抗震设防的次重点地段,而在进洞深度达 50m 以后,可以按照常规的抗震设防等级设防。

(4)山岭隧道的抗震设防长度还受到地形地貌、围岩质量、衬砌刚度、支护形式等因素的影响,因此要准确地确定设防长度,需同时综合考虑这些因素。同时,由于受到地震波入射方向的影响,当地震波从 Z 向、含有 Z 向的组合方向(即从隧道底部小角度)入射时,隧道洞口段的加速度响应最强烈,也最容易遭受震害,但是隧道衬砌的加速度响应随进深的增加而减小的趋势不明显,隧道洞身段的加速度响应依然较大,也容易造成隧道洞身段的衬砌破坏,尤其在一些特殊地段——围岩质量变化段、支护参数变化段及断层发育段等,因此在隧道抗震设防时也应该重点关注。

(5)无论是软质围岩还是硬质围岩,设置注浆锚杆加固围岩后,不仅提高了围岩的力学参数,降低了围岩与衬砌刚度的匹配,而且还改善了围岩的整体结构,从而很好地减小了隧道衬砌的地震动力响应,提高了隧道结构的抗减震性能。对于软质围岩,加固围岩后对隧道衬砌的应力、加速度响应及位移的减小都非常明显,其抗减震效果明显优于加固硬质围岩。因此,建议在软质围岩或断层破碎带中,采用加固围岩的方式来提高隧道衬砌的抗减震性能。

(6)随着衬砌刚度的加大,其隧道结构的地震动力响应明显增大,刚性衬砌的加速度峰值约为柔性衬砌的三倍,并且刚性衬砌的应力峰值也明显大于柔性衬砌,所以衬砌刚度的增加在一定程度上将加大出现震害的可能性。然而,随着衬砌刚度的减小,即柔度加大的情况下,隧道衬砌的位移也将随之增加,柔性衬砌的竖向位移比刚性衬砌的竖向位移大了近 4cm,容易造成隧道结构的开裂或错台,影响隧道的正常使用。因此,合理的山岭隧道抗震结构应该具备一定的柔度,使其在地震作用下能够有效地耗散地震能量,减小地震动力响应。同时,在正常围岩压力及各种可能预见作用力下的位移还要能满足工程安全使用要求。

(7)对于不同的减震层模式,围岩-减震层-初支-二衬模式适用于地震烈度较大的地区,通过减震层能够将衬砌与围岩介质隔开,从而降低地震对初支的作用强度,减小初支和二衬结构的破坏,其缺点就是在围岩与初支之间施作减震层较为困难,而且锚杆也要穿过减震层,对其强度影响较大,并且成本较高。围岩-初支-减震层-二衬模式主要适用于地震烈度相对较小的地区,并且要求初支的刚度较大,能够承受大部分地震荷载，但该模式最大的优点在于能够明显减小二衬的地震动力响应，减小或避免二衬受到严重震害，并且施工便捷，成本较低。

(8) 对于三种不同材料的减震层，橡胶减震层对二衬应力的减小效果最好，但对二衬的加速度放大效应也最明显；而沥青减震层，虽然对二衬应力的减小效果要差些，但对二衬的加速度放大最小。因此，结合隧道施工的要求，在围岩-减震层-初支-二衬模式中建议采用压注式的沥青减震层，而在围岩-初支-减震层-二衬模式中建议采用板材式的橡胶减震层。

(9) 设置抗震缝以后，二衬整体的最大和最小主应力明显减小，在抗震缝周围形成了一条环状应力极小的区域，分散了二衬上的应力分布，改善了二衬的受力状态；并且抗震缝对二衬的加速度响应峰值有明显减小效果。在中等烈度地震区的隧道抗减震设计中，建议采用 5cm 抗震缝，而在高烈度地震区时建议采用 10cm 抗震缝，但若遇到断层或软弱夹层等特殊地段时，由于隧道变形较大，故建议采用 20cm 抗震缝，尽量减小二衬的应力和加速度响应，顺应地层的位移，避免对隧道整体的严重破坏。

第 10 章　山岭隧道断层破碎带地震动力响应

由于山岭隧道断层破碎带具有围岩条件突变、工程性质复杂等特点，围岩大变形、塌方等灾害时有发生；地震作用下极易造成衬砌变形、破损以及塌方等震害，断层破碎带的地震动力响应不明，衬砌设计及抗震设防往往难以获得断层破碎带的物理特性及力学参数，使得抗减震设计方案不尽合理，现场实施也非常困难。

本章以摩岗岭隧道断层破碎带为基础，结合现场取样及室内基本物理力学性质试验，开展 FLAC3D 数值模拟计算，对摩岗岭隧道断层破碎带出露位置进行细致建模，通过输入汶川卧龙地震波来模拟地震荷载，分析隧道衬砌及围岩在地震中的加速度、位移、应力、塑性区等，研究摩岗岭隧道断层破碎带的地震动力响应规律及破坏形式。此外，本章选择几种典型的断层破碎带形式，开展不同宽度及倾角的断层破碎带对隧道地震动力响应规律影响的数值模拟分析，获得不同断层破碎带形式下隧道地震动力响应规律及抗震设防范围，为山岭隧道断层破碎带的抗震设防提供参考。

10.1　摩岗岭隧道工程概况

摩岗岭隧道是四川省甘孜州猫子坪至磨西改建公路工程中的重要工程，起讫桩号为 K2+635～K4+795，隧道全长 2160m，最大埋深约 578m。摩岗岭隧道为两车道公路隧道，断面形式为曲墙式，隧道净空高 8.33m，净宽 9.8m。摩岗岭隧道隧址区地应力集中、强震易发生，地质构造非常复杂，为北西向活动性强烈的鲜水河断裂的东南段(磨西断裂)、北东向龙门山活动断裂的西南段(二郎山断裂)、南北向川滇构造带的北段(大渡河断裂)的交汇部位(图 10-1、图 10-2)。根据地震安全性评价结论：隧道工程场地基本烈度为Ⅸ度。

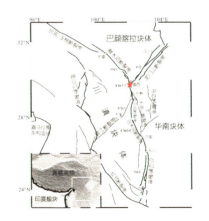

图 10-1　摩岗岭隧址区域主要断裂带分布　　　　图 10-2　摩岗岭隧道位置(百度地图)

隧道进口掌子面开挖至 K3+003 段(进洞 124m 洞身段)时，掌子面揭露一条次断层，贯穿左拱脚与右拱肩，断层面产状为 250°∠54°，断层面上为一层断层泥化带，如图 10-3 所示；泥化带与上盘破碎岩体的接触面有明显的剪切滑动迹象，表面光滑，断层面两侧为 0.5～1m 厚的泥化带(断层泥)，如图 10-4 和

图 10-5 所示。整体来看，中间为一层断层泥，断层泥上部为断层上盘，下部为下盘，围岩挤压破碎和滑动迹象明显。断层破碎带前后各延伸出约 10m 范围，即破碎带全长约 20m。断层面与隧道相交方位示意图如图 10-6 所示。

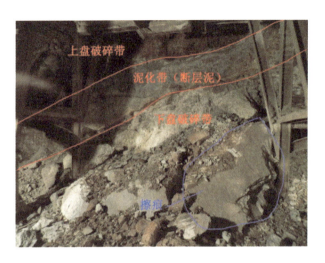

图 10-3　断层出露掌子面照片(明显可见掌子面分为三层)

图 10-4　断层出露掌子面照片

图 10-5　断层泥擦痕

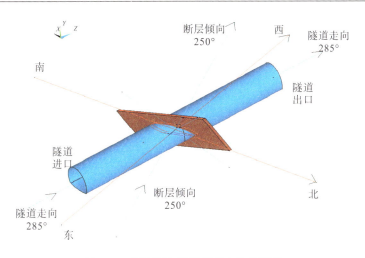

图 10-6　断层面与隧道相交方位示意图

上盘破碎带主要为灰绿色的强风化花岗岩、闪长花岗岩，在强烈的构造挤压和剪切作用下岩体极为破碎，风化严重，岩体锈染严重，手感湿润，较软，开挖后在重力作用下极易坍塌，给施工带来极大的安全风险。下盘破碎带主要为强风化花岗岩和长石石英岩，二者长石含量高，导致下盘岩体破碎，易裂解，强度较低，局部岩体为粉末状石英颗粒。

泥化带岩性主要为灰绿色的强风化花岗岩、闪长花岗岩，在强烈的构造挤压和剪切作用下岩体极为破碎，含有较多的泥质成分。蒙脱石主要由基性岩在碱性环境中风化而成，推测该里程段掌子面花岗岩受到地质构造错动挤压而破碎，形成断层破碎带，由于断层破碎带节理裂隙发育，地下水沿断层裂隙下渗，在历史的多期裂隙水的软化作用下，花岗岩中的长石和其他硅酸盐矿物成分先风化分解为蒙脱石矿物，蒙脱石矿物进一步风化分解为具有吸水性、呈软泥状的断层泥，手感湿润，较软。

10.2　断层破碎带力学性质

10.2.1　断层破碎带围岩三轴试验

摩岗岭隧道断层破碎带围岩极为破碎，性质介于土与岩之间，本试验从掌子面上出露的断层上盘破碎带、下盘破碎带和中间泥化带(断层泥)位置分别取样至室内进行三轴压缩试验，获得岩体的内摩擦角、内聚力等参数。由于破碎带围岩过于破碎，风化严重，且泥化成分较重，使用土三轴压缩试验设备。本试验采用 TSZ 系列型应变控制式三轴仪：试件尺寸为 39.1mm×80mm；0.016～1.6mm/min，机械变速 6档。现场取回原状破碎带围岩共制成 12 个试验样品，上盘破碎带、断层泥化带(断层泥)、下盘破碎带各4 个。试验样品为圆柱体，高 8cm，直径为 3.91cm。分别在 50kPa、100kPa、120kPa、150kPa 围压下进行三轴压缩试验，试验结果见表 10-1～表 10-3。

表 10-1　上盘破碎带围岩三轴试验结果

参数	数值			
围压(σ_3)/kPa	50	100	120	150
破坏时竖直方向压强(σ_1)/kPa	302.03	470.20	521.69	580.03
内聚力(c)/kPa	43.10			
内摩擦角(φ)/(°)	36			

表 10-2　断层泥三轴试验结果

参数	数值			
围压(σ_3)/kPa	50	100	120	150
破坏时竖直方向压强(σ_1)/kPa	635.14	822.21	991.39	1170.36
内聚力(c)/kPa		149.6		
内摩擦角(φ)/(°)		32.77		

表 10-3　下盘破碎带围岩三轴试验结果

参数	数值			
围压(σ_3)/kPa	50	100	120	150
破坏时竖直方向压强(σ_1)/kPa	168.17	308.89	566.30	755.07
内聚力(c)/kPa		32.30		
内摩擦角(φ)/(°)		37.07		

由表 10-1～表 10-3 可知，断层泥化带岩体内聚力相对上下盘高，这是由于断层泥化带岩体在构造应力挤压错动下，受到极大破坏，且在高应力环境下受水侵蚀，发生化学风化呈泥土状，而泥土在较高的构造应力长期作用下充分固结硬化，呈现内聚力较大的情况。破碎带上下盘岩体化学性质变化不大，在构造应力作用下极破碎，甚至呈碎砂状，内聚力较低，内摩擦角较大。

10.2.2　断层两侧完整岩体三轴试验

断层两侧完整岩体三轴压缩试验按照《工程岩体试验方法标准》（GB/T 50266—2013）、《水利水电工程岩石试验规程》（SL 264—2001）及相关的技术规范和操作规程进行。通过进行岩石的常规三轴试验，来确定岩石的抗剪强度指标及模量，三轴试验可最大限度反映岩体所处的天然环境，综合评价岩体的质量指标及强度指标。试件采用圆柱体，直径为岩心直径，取 5cm，长为直径的 2 倍。采用美国生产的 MTS815 程控伺服岩石力学试验机，可进行高低速数据采集，具有良好的动、静态和系统刚度，能够跟踪岩石破坏的全过程，并得到岩石的全程应力-应变曲线，试验前后三轴试样如图 10-7 所示。

图 10-7　试验前后三轴试样

10.2.3　试验数据处理及成果

通过三轴压缩试验，可获得每个试件的应力-应变曲线，计算求得试验岩样弹性模量和泊松比，试验数据及计算成果如表 10-4 和表 10-5 所示。

表 10-4　岩石三轴压缩强度试验数据

岩石名称	试件编号	受力方向	含水状态	试件尺寸		侧向应力/MPa	泊松比	弹性模量/GPa	峰值强度/MPa
				直径/mm	高度/mm				
花岗岩	15-1	竖向围压	干燥	49.98	102.56	15	0.25	40	36
	15-2			49.93	99.46	15	0.25	41	33
	15-3			49.10	105.82	15	0.24	42	35
	20-1			50.01	100.43	20	0.25	39	35
	20-2			49.97	99.98	20	0.25	40	32
	20-3			50.00	99.89	20	0.24	38	34
	25-1			49.94	100.21	25	0.23	37	36
	25-2			49.99	100.01	25	0.24	37	36
	25-3			50.02	100.02	25	0.25	36	37

注：岩石常规三轴试验共三种围压，每种围压共 3 个试样，试件编号表示围压，如 15-1 表示围压 15MPa 下，1 号试样。

表 10-5　完整岩石三轴计算成果（均值）

围压/MPa	内摩擦角/(°)	泊松比	弹性模量/GPa	内聚力/MPa	峰值强度/MPa
15		0.247	41		201
20	38	0.247	39	10	213.67
25		0.24	36.67		236

10.3　动力计算模型及加载

由于摩岗岭隧道的断层破碎带出露明显，破碎带与两侧完整围岩岩性差异较大，破碎带宽度约为 20m，属于国内外较为常见且典型的断层破碎带形式。本节选择摩岗岭隧道为依托工程，研究典型山岭隧道断层破碎带地震动力响应。

摩岗岭隧道断面形式为曲墙式，隧道净空高 8.33m，净宽 9.8m。摩岗岭隧道地层岩性主要为晚元古界 (P_{t2}) 晋宁期侵入的花岗岩，风化程度不均匀。隧道进洞 124m 时掌子面揭露一条断层，断层破碎带范围以断层出露位置为中心，前后各约 10m，即破碎带宽度约为 20m，断层面上有一层宽 0.5~1m 的断层泥，掌子面断层及隧道穿越断层示意图如图 10-8 和图 10-9 所示。

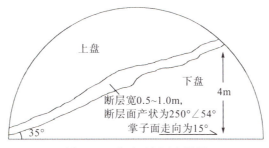

图 10-8　掌子面断层素描图

图 10-9　隧道穿越断层示意图

10.3.1　模型模拟范围及尺寸

模型模拟范围以断层与隧道轴线相交位置为中心，沿隧道纵向前后各取 100m，如图 10-10 所示。根据弹性岩体中开挖引起应力重分布的影响范围，隧道横向左右两侧各取隧道洞半径的 3 倍以上，选择模型横向宽度总长 80m。该段隧道实际埋深为 100～130m，模型以隧道轴线为中心，竖直方向取 80m，轴线以上取 40m，轴线以下取 40m。在模型顶部施加土柱折算后的均布荷载，以补偿自重应力场的不足。模型采用隧道典型横断面，初支为 C20 喷射混凝土，厚 25cm；二衬为 C25 模注混凝土，厚 45cm。计算模型如图 10-11～图 10-13 所示。

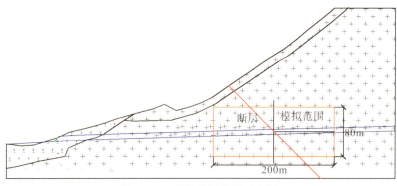

图 10-10　计算模拟范围示意图

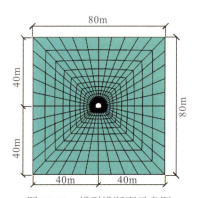

图 10-11　模型横断面示意图

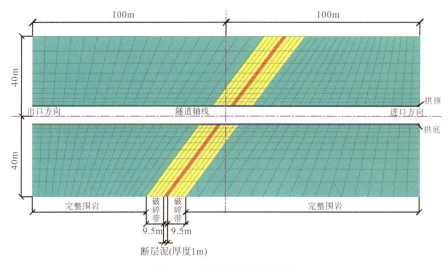

图 10-12　模型纵断面示意图

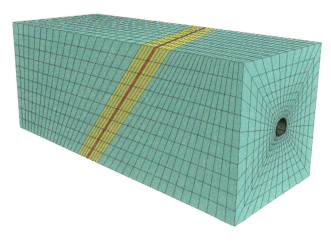

图 10-13　计算模型示意图

选择合理的单元尺寸和网格划分形态显得尤为重要，计算模型中空间单元尺寸必须小于输入波最高频率成分所对应波长的 1/10～1/8，这样才能准确模拟地震波的传播过程。模型网格划分采用均匀划分结合有针对性的适当加密的方式，即应力应变复杂且重要的衬砌及其周围土体，采取均匀密集的划分方式，并适当加密衬砌及其附近单元；随着围岩离衬砌的距离增大，逐渐放大网格尺寸均匀划分。所建模型的单元数为 56787，节点数为 85182。

10.3.2　材料参数与边界条件

隧道围岩及初支、二衬结构均采用实体单元模拟，服从摩尔-库仑屈服准则。断层上下盘岩体及断层泥物理力学参数根据现场取样进行室内三轴试验获得，模拟中采用的各项材料参数如表 10-6 所示。岩土体的抗拉强度按照经验公式，在无实测值时取抗压强度的 1/10～1/20。

表 10-6　模型模拟的各项材料参数

围岩类型	密度/(kg/m³)	内聚力/MPa	摩擦角/(°)	抗拉强度/MPa	弹性模量/GPa	泊松比
完整岩体	2438.41	10	38	15	38	0.247
上盘破碎带	2177.12	0.0431	36	0.1	2.5	0.35
下盘破碎带	2161.84	0.0323	37.07	0.1	2.5	0.35
断层泥	2103.27	0.1496	32.77	0.1	1.5	0.40
初支	2350	1.5	43	1.5	15.0	0.25
C25 二衬	2500	2.0	45	2.0	16.5	0.25

在地震动力分析中，边界上会存在波的反射，对动力分析结果产生影响，在模型四周施加自由场边界以减小边界效应对模型的影响，在模型底部施加静止边界条件以便于施加动力荷载。计算采用不随频率变化的局部阻尼来近似表征岩土体在地震波传播过程中的阻尼作用，参照经验局部阻尼为 0.1571。

10.3.3　动力加载及监测方案

摩岗岭隧道位于四川省甘孜藏族自治州，与汶川地震震中映秀镇直线距离约为 205km。由于汶川地震卧龙波特殊的频谱特性及其地震烈度，采用卧龙波加速度时程作为计算输入动力荷载。由于卧龙波持时较长，若使用全波进行计算，工作量相当庞大。截取汶川波能量最为集中的持时为 14s 的地震波。图 10-14

给出了经过 SeismoSignal 软件滤波和基线校正后的卧龙波加速度时程曲线。计算时将校正后卧龙地震波三个方向的加速度时程均从模型底部边界加载,加载强度为 0.5g,相当于摩岗岭隧道场地地震基本烈度Ⅸ度。卧龙波东西方向加速度时程沿隧道 Y 向(即隧道轴线方向)加载,南北方向的加速度时程沿隧道 X 向(即隧道水平横向)加载,竖直方向的加速度时程沿隧道 Z 向(即竖直方向)加载。

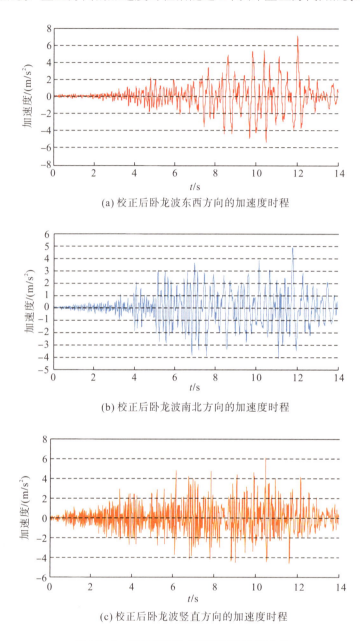

(a) 校正后卧龙波东西方向的加速度时程

(b) 校正后卧龙波南北方向的加速度时程

(c) 校正后卧龙波竖直方向的加速度时程

图 10-14　校正后的卧龙波加速度时程曲线

　　为研究隧道衬砌加速度、应力、位移等主要响应参数沿隧道纵向及横向的变化规律,沿隧道纵向布设 17 个监测断面,每个监测断面在拱顶、左右边墙、拱底分别布设 4 个测点。选择监测点时,遵循靠近破碎带位置测点较密,远离破碎带位置监测点间距逐渐变大的原则,沿纵向全长布设。这样,不仅可以较为准确地反映隧道各个部位的动力响应沿纵向的变化规律,也便于进行横向断面上拱顶、拱底、左右边墙动力响应的对比。

10.4　断层破碎带地震动力响应

10.4.1　加速度响应分析

图 10-15 为隧道衬砌加速度响应等值线图，断层破碎带及其前后各约 20m，加速度响应明显较大。隧道衬砌距离破碎带越远，其加速度放大效应越不明显，断层破碎带的存在对隧道衬砌的加速度有明显的放大效应。

图 10-15　隧道加速度响应等值线图(单位：m/s²)

提取衬砌监测点上监测的加速度响应峰值数据，绘制拱顶、拱底、左右边墙加速度峰值沿隧道轴线方向(纵向)变化，如图 10-16 所示。隧道轴向位置 0m 为计算模型进口端，轴向位置 200m 为出口端，轴向 100m 位置即为隧道轴线与断层面相交位置。统计出拱顶、拱腰、左右边墙沿纵向的加速度峰值放大倍数最大值(表 10-7)。

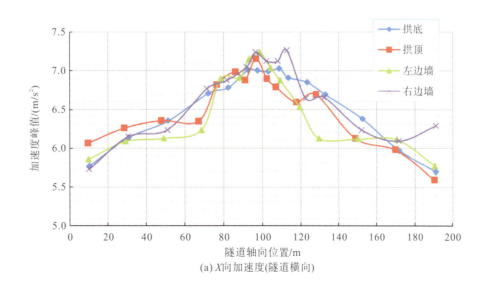

(a) X 向加速度(隧道横向)

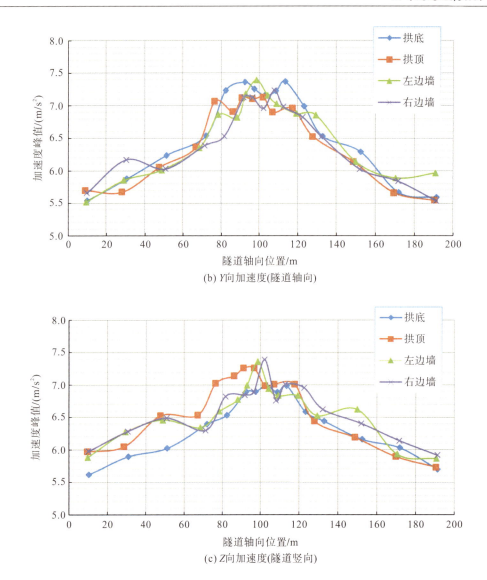

(b) Y 向加速度(隧道轴向)

(c) Z 向加速度(隧道竖向)

图 10-16　不同方向响应加速度峰值沿隧道轴向变化

表 10-7　衬砌各部位沿纵向的加速度峰值放大倍数最大值

方向	拱底		拱顶		左边墙		右边墙	
	加速度/(m/s²)	放大倍数	加速度/(m/s²)	放大倍数	加速度/(m/s²)	放大倍数	加速度/(m/s²)	放大倍数
X 向	7.03	1.41	7.15	1.43	7.24	1.45	7.26	1.45
Y 向	7.37	1.47	7.12	1.42	7.39	1.48	7.24	1.45
Z 向	6.99	1.40	7.26	1.45	7.36	1.47	7.39	1.48

　　由图 10-16 及表 10-7 可知，越靠近断层破碎带中心位置，隧道衬砌加速度响应峰值越大，放大效应越明显；与断层破碎带距离越远，隧道衬砌加速度响应峰值则越小，加速度放大效应也越小，说明隧道断层破碎带位置附近衬砌结构加速度响应较大，这也与断层破碎带附近隧道衬砌往往更容易受到破坏相印证。X 向、Y 向、Z 向加速度放大倍数在隧道拱顶、拱底、左右边墙四个部位最大值均为 1.40～1.48 倍，放大较为明显，并且放大效应以轴向 80～120m 段较大，此区域在地震作用下受到破坏的概率更大，抗震设防应以此区域为重点部位。

10.4.2　应力响应分析

图 10-17 为隧道二衬衬砌最大剪应力分布等值线图,图 10-18 为隧道二衬衬砌结构等效应力等值线图。由图 10-17 和图 10-18 可知,二衬最大剪应力在断层破碎带位置有明显的集中,最大剪应力集中范围主要为破碎带纵向前后各约 10m 范围内(即轴向 80~120m),剪应力集中值为 5~15.5MPa。隧道二衬等效应力等值线图也反映出隧道衬砌在断层破碎带位置受力较大,等效应力集中在 7.5~27.18MPa,主要集中范围为破碎带纵向前后各约 10m 范围内。随着衬砌结构与断层破碎带位置距离的不断增加,应力集中现象逐渐缓解,受力也逐渐减小,在隧道两端最大剪应力仅为 121.2kPa,等效应力仅为 221.63kPa,相比于断层破碎带位置减小了近 10%,衬砌结构趋于安全。这说明隧道断层带的存在,导致断层破碎带附近衬砌结构受力增大,这是由于断层破碎带位置围岩强度参数较低,自稳能力差,且与两侧完整围岩之间存在明显的岩性差异等原因。

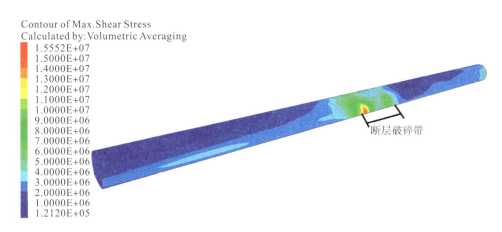

图 10-17　隧道二衬衬砌最大剪应力分布等值线图(单位:Pa)

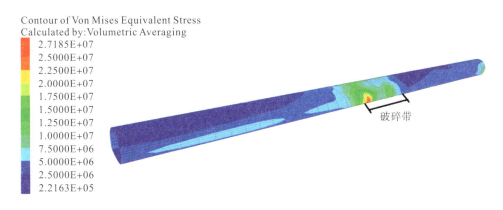

图 10-18　隧道二衬衬砌结构等效应力等值线图(单位:Pa)

图 10-19 和图 10-20 为隧道拱顶、拱底、左右边墙最大、最小主应力响应峰值沿隧道轴线变化图。FLAC3D 中规定压应力为负值,拉应力为正值,所以为了最直观地表现出隧道纵向各部位最大、最小主应力情况,取最大主应力 σ_1 峰值为正值最大值,最小主应力 σ_3 峰值取负最小值,后续的计算中也相同。由于应力在数值上压为负、拉为正,正负号仅代表方向,为明确地展示应力方向,绘制曲线图时保留应力正负号,但为了方便表达,分析力的大小时仅考虑绝对值,即绝对值大则认为此应力较大,在后续分析中也如此。

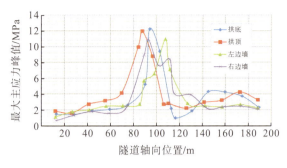 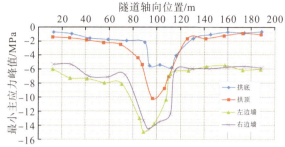

图 10-19 隧道二衬最大主应力响应峰值   图 10-20 隧道二衬最小主应力响应峰值

由图 10-19 和图 10-20 可知，隧道拱顶、拱底、左右边墙的最大主应力响应峰值分别为 1.83～11.93MPa、0.94～12.21MPa、1.10～10.92MPa、0.62～10.92MPa。最大主应力响应峰值曲线在拱顶、拱底、左右边墙位置差别不大，但均在 80～120m 较为集中。隧道衬砌拱顶、拱底、左右边墙的最小主应力峰值分别为 −10.15～−0.93MPa、−5.83～−0.70MPa、−14.93～−5.47MPa、−14.49～−5.33MPa。最小主应力数值在拱底位置较小(从绝对值上看拱底最小主应力最小)，拱顶位置最小主应力峰值次之，左右边墙位置最小主应力峰值最大。

10.4.3 位移响应分析

图 10-21 为隧道衬砌 X 向(横向)、Y 向(轴向)、Z 向(竖向)三个方向的位移等值线图。

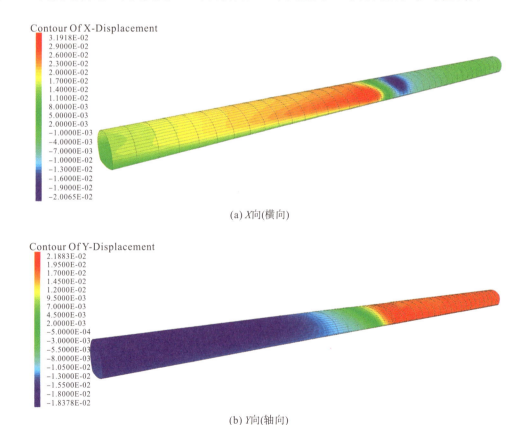

(a) X 向(横向)

(b) Y 向(轴向)

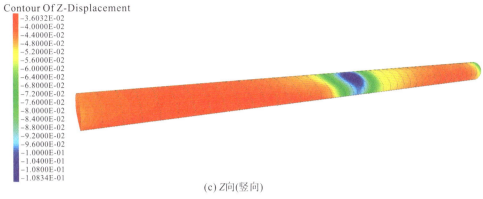

Contour Of Z-Displacement

-3.6032E-02
-4.0000E-02
-4.4000E-02
-4.8000E-02
-5.2000E-02
-5.6000E-02
-6.0000E-02
-6.4000E-02
-6.8000E-02
-7.2000E-02
-7.6000E-02
-8.0000E-02
-8.4000E-02
-8.8000E-02
-9.2000E-02
-9.6000E-02
-1.0000E-01
-1.0400E-01
-1.0800E-01
-1.0834E-01

(c) Z向(竖向)

图 10-21　隧道衬砌不同方向位移等值线图(单位：m)

由图 10-21 可知：

(1)隧道 X 向位移处于-2.00～3.19cm，断层下盘衬砌位移主要表现为正，断层上盘衬砌位移主要为负，表明上盘与下盘隧道衬砌位移方向相反，各自朝向断层面的倾斜方向，破碎带有明显的错动。这也印证了破碎带附近隧道衬砌在地震中容易受到环向剪切破坏的现象。

(2)隧道 Y 向位移处于-1.84～2.19cm，隧道沿 Y 轴方向受剪切不明显，位移主要表现为不均匀的拉伸、压缩。在断层破碎带及完整围岩上盘位移以沿 Y 轴正向为主并且随着与破碎带距离的增加而增大，围岩下盘则以沿隧道负向为主同样随着与破碎带距离的增加而增大，破碎带位置 Y 向位移较小，仅为毫米级别，说明破碎带的存在对隧道 Y 向位移的影响不大。

(3)隧道 Z 向位移处于-10.83～-3.60cm，方向均沿隧道 Z 轴负向，即竖直向下。Z 向位移远大于 X 向、Y 向位移，说明断层破碎带隧道衬砌在地震作用下，位移方向主要为 Z 向。破碎带位置及其附近衬砌结构 Z 向位移较大，衬砌受位移剪切错动作用明显，这也同样印证了破碎带隧道衬砌在地震中容易受到环向剪切破坏的现象。

综上，隧道断层破碎带位置衬砌沿竖向及横向受到了较大的剪切及拉压作用，极易产生衬砌开裂、错台，甚至整体坍塌破坏。为直观地表达隧道位移剪切情况，绘制隧道 X 向及 Z 向位移示意图，如图 10-22 和图 10-23 所示。抗震设防应重点考虑断层破碎带位置，吸收位移剪切作用，或者减小隧道位移量。

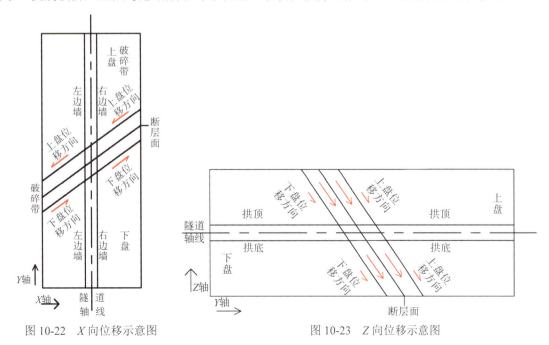

图 10-22　X 向位移示意图　　　　　图 10-23　Z 向位移示意图

　　为分析隧道各个部位沿纵向的位移变化情况，提取隧道二衬上监测点监测的 X 向、Y 向、Z 向三个方向的位移监测数据，绘制位移峰值沿隧道轴向的变化曲线，如图 10-24 所示。

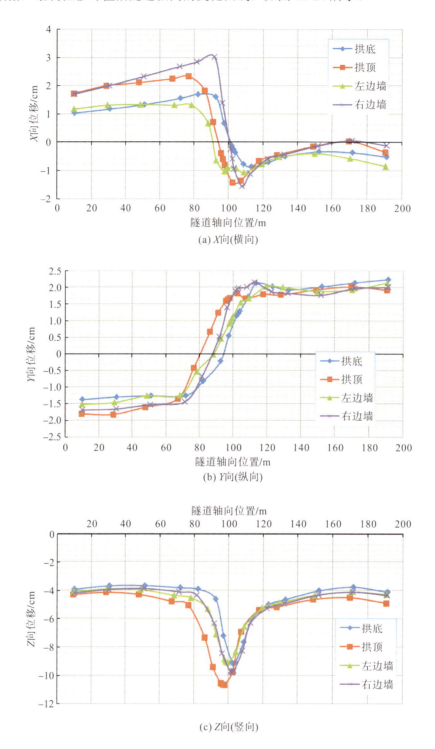

(a) X 向(横向)

(b) Y 向(纵向)

(c) Z 向(竖向)

图 10-24　隧道二衬不同方向位移峰值沿隧道轴向的变化曲线

　　由图 10-24 可知，X 向、Y 向、Z 向三个方向衬砌位移响应在断层破碎带位置附近均发生突变，说明破碎带位置附近衬砌位移变化剧烈，错动较为强烈，容易导致衬砌出现环向裂缝、错台，甚至隧道全面坍塌。X 向、Y 向位移方向在上盘下盘位置相反，剪切错动明显。Z 向位移相对最大，是衬砌结构发生位移的主要方向，位移方向均竖直向下，但破碎带位移最大，破碎带两侧围岩 Z 向位移较小，同样造成了衬砌结构在破碎带与完整围岩交界处附近产生较大的错动。这样的位移规律，与靳宗振(2014)、刘恺(2011)等的计算结果有相似之处。

综上，结合衬砌结构等效应力等值线图，最大剪应力等值线图，最大、最小应力响应及各方向的位移来看，隧道衬砌结构在断层破碎带及其两侧各 10m 范围的地震动力应力响应最大，由于断层破碎带的存在，衬砌结构加速度放大、应力集中及位移突增，所以在破碎带及其两侧各 10m 范围，应重点抗震设防。

10.5　不同宽度断层对隧道动力响应的影响

10.5.1　计算工况设计

在隧道施工中经常遇到不同宽度的断层及破碎带，宽度不同对隧道地震动力响应也不同，本节选取常见的断层及破碎带宽度为 5m、10m、15m、20m、30m 工况研究对隧道衬砌地震动力响应影响；以摩岗岭隧道实测围岩及断层参数、衬砌支护参数及设计强度为基础，建立曲墙式两车道公路隧道、围岩及断层带模型；计算模型断层倾角为 45°，断层倾向与隧道轴线方向一致，走向垂直于隧道轴线方向。隧道五种计算宽度工况模型示意图如图 10-25 所示。

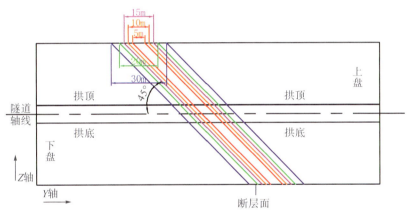

图 10-25　隧道不同宽度工况模型示意图

10.5.2　加速度响应分析

图 10-26 为不同断层破碎带宽度工况隧道不同部位的加速度(即 X 向、Y 向、Z 向三个方向加速度矢量和)峰值沿隧道轴向变化曲线，表 10-8 为隧道各部位加速度响应峰值在全长范围内的最大值。

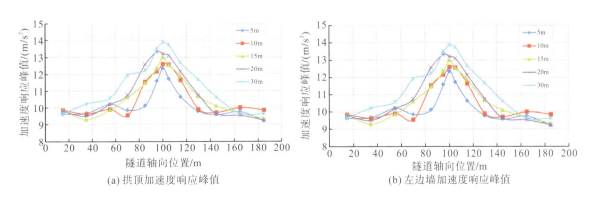

(a) 拱顶加速度响应峰值　　　　　　　　　　　(b) 左边墙加速度响应峰值

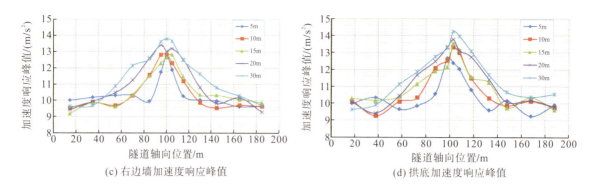

(c) 右边墙加速度响应峰值　　　　　　　(d) 拱底加速度响应峰值

图 10-26　不同断层破碎带宽度工况隧道不同部位的加速度峰值沿隧道轴向变化曲线

表 10-8　隧道各部位的加速度响应峰值最大值　　　　　　　　　　　　（单位：m/s²）

部位	宽度				
	5m	10m	15m	20m	30m
拱顶	12.00	13.13	13.34	13.37	14.79
拱底	12.38	13.30	13.54	13.77	14.24
左边墙	12.33	12.59	13.01	13.86	13.86
右边墙	12.73	12.82	12.80	13.77	13.79

由图 10-26 及表 10-8 可知，随着断层破碎带宽度的增加，加速度响应峰值逐渐增大，沿隧道纵向加速度响应峰值最大值出现在破碎带中央附近，这与刘恺（2011）等的研究成果相吻合。对于隧道拱顶、拱底、左右边墙四个部位，在相同破碎带宽度下，隧道不同部位的加速度峰值差别不大；但随着断层破碎带宽度的增加，四个部位加速度响应峰值均呈现增大的趋势。同时，隧道轴向上，越靠近断层及破碎带，衬砌的加速度响应峰值越大，在断层破碎带两侧 10～20m 处，衬砌的加速度响应峰值较小，断层破碎带的加速度放大效应不明显。

10.5.3　应力响应分析

图 10-27 为不同断层破碎带宽度工况隧道不同部位的最大主应力响应峰值沿轴线变化曲线。表 10-9 为不同破碎带宽度下隧道各部位最大主应力响应峰值（即最大、最小值）。

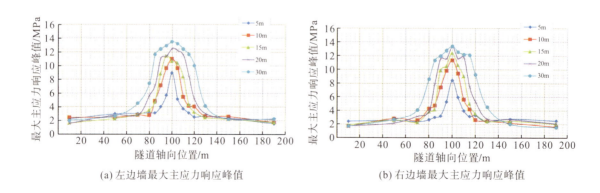

(a) 左边墙最大主应力响应峰值　　　　　　　(b) 右边墙最大主应力响应峰值

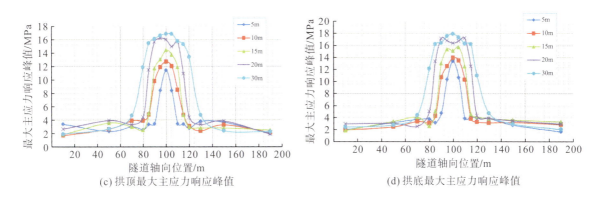

(c) 拱顶最大主应力响应峰值　　　　　　(d) 拱底最大主应力响应峰值

图 10-27　不同断层破碎带宽度工况隧道不同部位的最大主应力响应峰值沿轴线变化曲线

表 10-9　不同破碎带宽度下隧道各部位最大主应力响应峰值　　　　（单位：MPa）

位置	宽度									
	5m		10m		15m		20m		30m	
	最小	最大	最小	最大	最小	最大	最小	最大	最小	最大
拱顶	1.96	11.40	1.66	12.71	1.81	14.44	1.84	16.21	1.89	16.84
拱底	1.65	13.39	1.95	13.98	1.86	15.74	2.95	17.19	2.05	17.92
左边墙	1.54	8.94	1.74	11.02	1.61	11.43	1.58	12.47	2.01	13.46
右边墙	2.42	8.42	1.64	11.38	1.89	12.43	1.71	13.29	1.51	13.37

由图 10-27 及表 10-9 可知，无论是拱顶、拱底还是左右边墙，最大主应力响应峰值以断层破碎带位置最为集中且达到最大，随着与破碎带距离增加，衬砌最大主应力逐渐减小，说明破碎带宽度的变化主要对破碎带及其附近一定范围内的最大主应力有影响，对远离破碎带位置的衬砌结构影响不明显。

随着破碎带宽度的增加，破碎带位置附近衬砌最大主应力响应逐渐增大。同时，应力集中范围也随着破碎带宽度逐渐增大，当断层破碎带宽度分别为 5m、10m、15m、20m、30m 时，其最大主应力增大的范围主要集中在纵向 90~110m、85~115m、82.5~117.5m、80~120m、75~125m。在隧道抗震设防中，抗震设防长度的选择应随着破碎带宽度的增加而增加。

图 10-28 为不同断层破碎带宽度工况隧道不同部位的最小主应力响应峰值沿轴线变化曲线。表 10-10 为不同破碎带宽度下隧道各部位最小主应力响应峰值（即最大、最小值）。

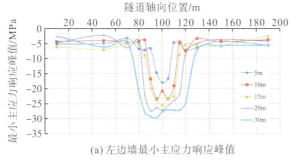

(a) 左边墙最小主应力响应峰值

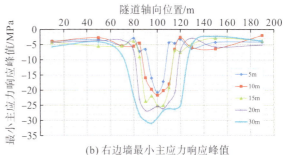

(b) 右边墙最小主应力响应峰值

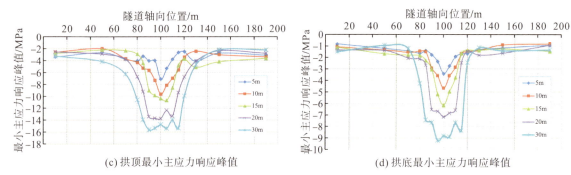

(c) 拱顶最小主应力响应峰值　　　　　　　　(d) 拱底最小主应力响应峰值

图 10-28　不同断层破碎带宽度工况隧道不同部位的最小主应力响应峰值沿轴线变化曲线

表 10-10　不同破碎带宽度下隧道各部位最小主应力响应峰值(绝对值)　　　(单位：MPa)

位置	宽度									
	5m		10m		15m		20m		30m	
	最小	最大	最小	最大	最小	最大	最小	最大	最小	最大
拱顶	2.55	7.15	2.04	9.65	2.23	10.67	2.37	13.73	2.21	15.6
拱底	0.92	3.4	0.83	4.69	1.13	6.13	0.94	7.14	0.95	9.19
左边墙	3.18	17.92	3.31	23.29	2.44	25.25	2.25	27.35	2.45	29.71
右边墙	3.15	20.78	2.49	21.66	2.76	25.06	2.79	26.74	2.26	30.91

由图 10-28 及表 10-10 可知，与最大主应力响应曲线相似，无论是拱顶、拱底还是左右边墙，最小主应力在断层破碎带附近位置达到最大。随着断层破碎带宽度增加，破碎带位置衬砌最小主应力响应峰值也逐渐增大，但在远离断层破碎带位置的最小主应力随着破碎带宽度的增加并没有明显增大的趋势。随着破碎带宽度的增加，最小主应力明显增大的范围也逐渐增大，其规律与最大主应力响应峰值基本一致，在此不重复叙述。

图 10-29 和图 10-30 给出了 15m 和 30m 破碎带宽度下隧道衬砌最大剪应力等值线图。由图 10-29 和图 10-30 可知，破碎带位置处衬砌受到的最大剪切应力较大，当破碎带宽度为 15m 时，衬砌所受剪应力最大可达 14.60MPa，当带宽增大至 30m 时，衬砌所受剪应力最大为 21.21MPa，表明隧道衬砌最大剪切应力随着破碎带宽度的增加而增大，且破碎带附近位置的应力集中范围也明显增大。

综上，断层破碎带会导致衬砌结构应力产生集中，随着破碎带宽度的增加，应力响应逐渐增大。随着破碎带宽度的增加，衬砌应力集中的范围也呈增大的趋势，说明隧道抗震设防范围应该随着破碎带宽度的增加而增大；当破碎带宽度为 5m、10m、15m、20m、30m 时，隧道衬砌应力集中主要处于纵向 90～110m、85～115m、82.5～117.5m、80～120m、75～125m，即破碎带与隧道相交范围及其纵向前后各 7.5m～10m。建议抗震设防范围为破碎带及其前后各 10～15m。

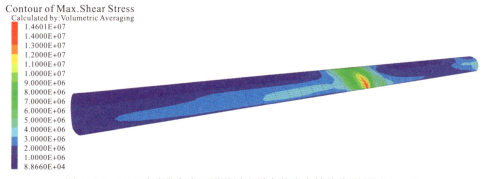

图 10-29　15m 破碎带宽度下隧道衬砌最大剪应力等值线图(单位：Pa)

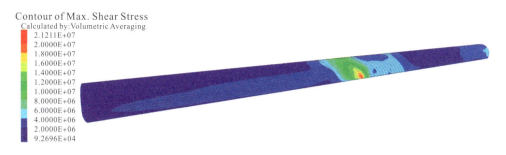

图 10-30　30m 破碎带宽度下隧道衬砌最大剪应力等值线图(单位：Pa)

10.5.4　位移响应分析

图 10-31～图 10-33 为不同断层破碎带宽度工况隧道不同部位的 X 向、Y 向、Z 向三个方向位移沿轴线变化曲线。

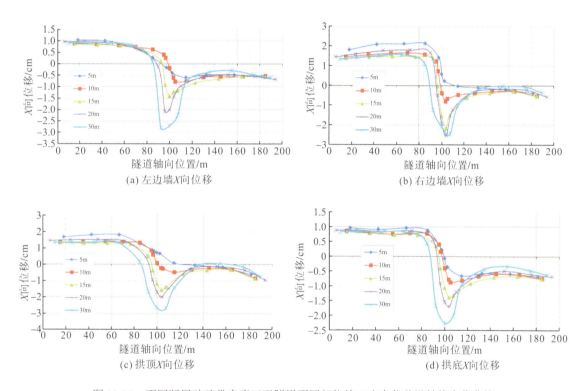

图 10-31　不同断层破碎带宽度工况隧道不同部位的 X 方向位移沿轴线变化曲线

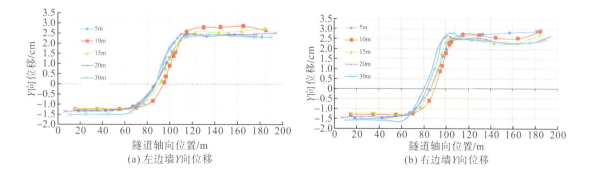

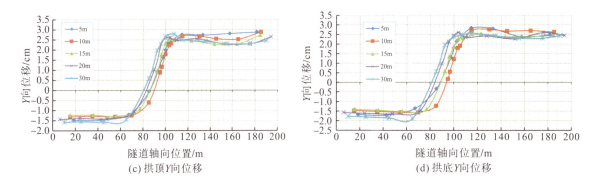

(c) 拱顶Y向位移　　　(d) 拱底Y向位移

图 10-32　不同断层破碎带宽度工况隧道不同部位的 Y 方向位移沿轴线变化曲线

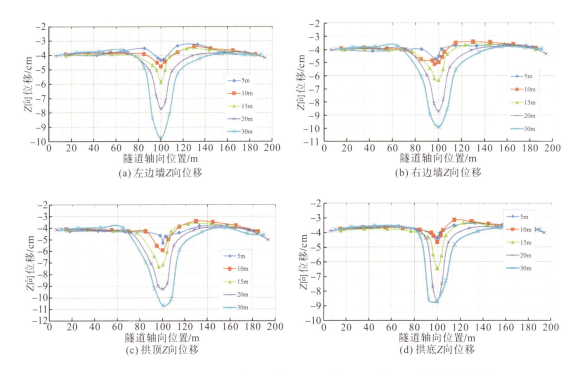

(a) 左边墙Z向位移　　　(b) 右边墙Z向位移

(c) 拱顶Z向位移　　　(d) 拱底Z向位移

图 10-33　不同断层破碎带宽度工况隧道不同部位的 Z 方向位移沿轴线变化曲线

由图 10-31～图 10-33 可知:

(1) 隧道完整围岩上盘衬砌位移沿 X 正向,下盘则沿 X 负向位移,而断层破碎带夹在上下盘完整围岩之间,位移变化较大,受位移错动较为明显。X 向位移随着破碎带宽度的增加而逐渐增大,错动量及错动范围也呈现增大的趋势,所以随着破碎带宽度的增加,抗震设防范围应逐步增大。在断层破碎带的隧道模型两端,位移响应曲线平缓,基本无横向错动。

(2) 隧道完整围岩上盘衬砌位移沿 Y 轴负向,下盘则沿 Y 轴正向,而断层破碎带衬砌夹在上下盘完整围岩衬砌之间,位移变化较大,破碎带位置受到明显的拉伸、压缩作用。从隧道拱顶、拱底、左右边墙来看,四个部位的位移基本一致,说明沿隧道 Y 向衬砌受到的错动不明显。随着断层破碎带宽度的增加,隧道 Y 向位移变化不大,说明破碎带宽度对隧道轴向位移的影响不大,因此隧道轴向位移主要受上下盘围岩性质及破碎带围岩影响。

(3) 隧道衬砌 Z 向(竖向)位移方向均为竖直向下,且 Z 向位移远大于 X、Y 向位移,破碎带位置衬砌上 Z 向位移最大,且曲线弯曲,位移变化较大,错动明显,模型两端 Z 向位移较小,错动不明显。拱顶 Z 向位移最大,左右边墙位置位移次之,拱底 Z 向位移最小。随着断层破碎带宽度的增加,隧道破碎带位置附近衬砌 Z 向位移逐渐增大,但在远离破碎带位置的衬砌上,Z 向位移受破碎带宽度的变化影响不大。

图 10-34 给出了破碎带宽度为 5m、15m、30m 时隧道衬砌位移等值线图(X 向、Y 向、Z 向位移矢量之和)，为展示隧道变形情况，右侧隧道图形中的位移放大了 15 倍，左侧图例数值并未放大，以下分析均与此相同。

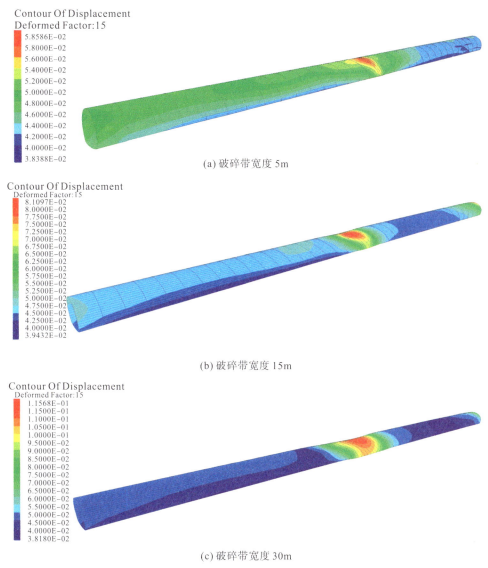

(a) 破碎带宽度 5m

(b) 破碎带宽度 15m

(c) 破碎带宽度 30m

图 10-34　不同破碎带宽度下隧道衬砌位移等值线图(单位：m)

由图 10-34 可知，当破碎带宽度为 5m 时，隧道衬砌各向位移均较小，错动量也较小，在地震作用下破碎带位置衬砌结构可能产生一定程度的环向裂缝、斜向裂缝，破碎带范围内局部地段会产生坍塌破坏，衬砌结构可能沿竖直方向有一定程度的错台。当破碎带宽度逐渐增加时，衬砌位移量也逐渐增大，可能导致衬砌结构产生的环向、斜向及纵向裂缝逐渐增多，裂缝宽度增大，衬砌拱顶坍塌破坏范围加大，衬砌错台距离增大，竖直向、水平向错台也可能同时产生。当破碎带宽度为 30m 时，破碎带的位移错动已较为明显，在地震烈度为 9 度的地震作用下，衬砌结构可能发生较大范围的拱顶塌方，左右边墙及仰拱破坏，衬砌结构产生严重的纵向、环向、斜向裂缝。

综上，当破碎带宽度分别为 5m、10m、15m、20m、30m 时，位移错动主要集中于隧道纵向 90～110m、85～115m、82.5～117.5m、80～120m、75～125m，随着破碎带宽的不断增加，影响范围逐渐增加。抗震设防范围需要重点考虑此区域，扣除破碎带本身宽度且兼顾安全考虑，建议断层破碎带与隧道相交范围及其纵向前后各取 10～15m。

10.6 不同倾角断层对隧道动力响应影响

10.6.1 计算工况设计

隧道工程中不仅不同宽度的断层破碎带对隧道衬砌地震动力响应有影响，而且不同倾角断层也会产生较大影响。因此，本节选取断层破碎带倾角为 30°、45°、60°、75°、90°工况研究对隧道衬砌地震动力响应影响。本书以摩岗岭隧道实测围岩及断层参数、衬砌支护参数及设计强度为基础，建立曲墙式两车道公路隧道、围岩及断层带模型。计算模型断层破碎带宽度取 15m，断层倾向与隧道轴线方向一致，走向垂直于隧道轴线方向。五种计算工况模型如图 10-35 所示。

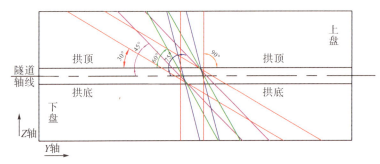

图 10-35 不同倾角工况计算模型简图

10.6.2 加速度响应分析

图 10-36 为不同倾角断层破碎带工况隧道不同部位的加速度(即 X 向、Y 向、Z 向加速度矢量和)峰值沿隧道轴向变化曲线。

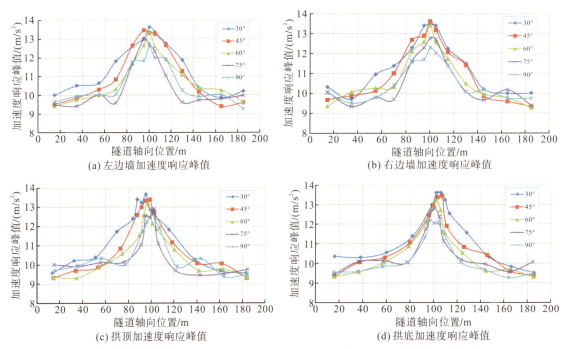

(a) 左边墙加速度响应峰值   (b) 右边墙加速度响应峰值

(c) 拱顶加速度响应峰值   (d) 拱底加速度响应峰值

图 10-36 不同倾角断层破碎带工况隧道不同部位的加速度响应峰值沿隧道轴向变化曲线

随着断层破碎带倾角的增加，隧道衬砌各部位加速度响应峰值有减小的趋势，当断层倾角为 30° 时，加速度响应峰值最大。当断层倾角为 90° 时，加速度响应峰值最小。这是由于当断层破碎带宽度不变时，倾角越小，断层破碎带与衬砌结构相交的长度越长(图 10-37)，因此断层破碎带对隧道衬砌加速度响应及放大效应就越大。加速度放大区域集中在断层破碎带附近，当断层破碎带倾角逐渐增大时，加速度响应放大区域范围没有明显的变化。但拱顶位置加速度响应峰值曲线波峰位置沿隧道轴向有向前偏移的趋势，拱底位置波峰位置则沿隧道轴向有向后偏移的趋势，这是由于隧道断层破碎带倾角的减小，导致破碎带与隧道拱顶的相交位置沿轴向向前偏移，隧道拱底的相交位置沿轴向向后偏移(图 10-37)，综合拱顶和拱底位置的加速度响应来看，加速度峰值偏移效应在一定程度上使得隧道加速度放大区域增大。

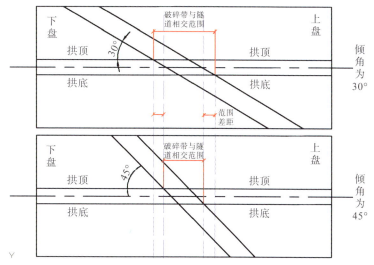

图 10-37　不同倾角断层破碎带与隧道相交范围示意图

10.6.3　应力响应分析

图 10-38 为不同倾角断层破碎带宽度工况隧道不同部位的最大主应力响应峰值沿轴线变化曲线。随着断层破碎带倾角的增大，隧道最大主应力响应峰值有逐渐减小的趋势。无论倾角如何改变，断层破碎带位置始终存在最大主应力集中现象。当倾角为 30° 时，衬砌最大主应力响应峰值达到最大；当倾角为 90° 时，最大主应力响应峰值最小，这与隧道衬砌的加速度响应规律基本一致。从纵向上来看，随着断层破碎带倾角的增大，最大主应力响应峰值的集中范围逐渐减小，说明在断层破碎带宽度不变的情况下，破碎带倾角越大，其抗震设防所需长度逐渐减小，震害风险也逐渐减小，倾角为 30° 时为最不利工况。

隧道衬砌在不同断层倾角下各部位的最大主应力响应峰值差别不大。从拱顶、拱底的最大主应力响应峰值沿隧道轴线方向变化看出，曲线波峰存在"偏移"现象。拱顶位置最大主应力响应峰值曲线波峰随着倾角的不断减小而沿着隧道轴线方向向前(Y 轴负向)偏移，拱底位置最大主应力响应峰值曲线波峰则随着

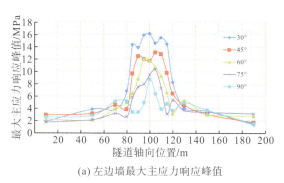

(a) 左边墙最大主应力响应峰值

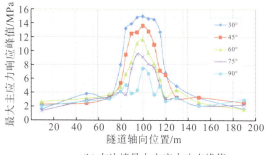

(b) 右边墙最大主应力响应峰值

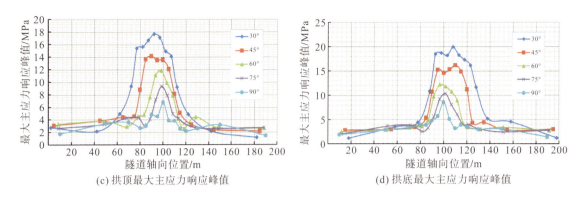

图 10-38　不同倾角断层破碎带宽度工况隧道不同部位的最大主应力响应峰值沿轴线变化曲线

倾角的不断减小而沿着隧道轴线方向向后(Y 轴正向)偏移，这与衬砌结构加速度响应曲线相同。主要是由于断层倾角的变化导致断层破碎带与隧道拱顶、拱底的相交位置沿隧道轴线方向发生偏移且相交长度增大。

　　图 10-39 为不同倾角断层破碎带工况隧道不同部位的最小主应力响应峰值沿轴线变化曲线。在隧道轴线上最小主应力响应峰值的变化趋势与最大主应力的变化趋势基本一致，即随着断层破碎带倾角的增大，隧道最小主应力响应峰值逐渐减小，最小主应力响应峰值应力集中范围也逐渐减小。隧道拱顶、拱底位置的最小主应力峰值也存在明显的"偏移"现象。隧道左右边墙部位的最小主应力响应峰值最大，可达 25.21MPa，拱顶位置最小主应力响应峰值次之，最大约为 13.84MPa，拱底位置响应最小，最大值仅为 10.05MPa 左右，隧道衬砌在左右边墙位置在地震中受到的应力更大。

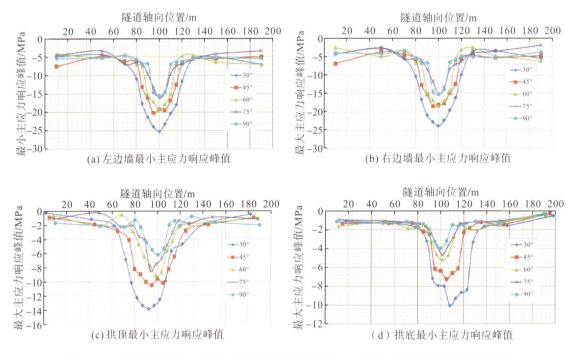

图 10-39　不同倾角断层破碎带工况隧道不同部位的最小主应力响应峰值沿轴线变化曲线

　　图 10-40 和图 10-41 给出了 30°和 60°倾角断层破碎带隧道衬砌最大剪应力等值线图。破碎带位置附近衬砌结构剪应力较大，倾角为 30°时的隧道衬砌剪应力大于倾角为 60°时的隧道衬砌剪应力，这与最大、最小主应力响应受破碎带倾角影响的规律是一致的。破碎带倾角越小，隧道在地震中容易受到越大的剪切力作用，隧道可能产生环向、纵向裂缝，甚至衬砌结构破坏坍塌等灾害。

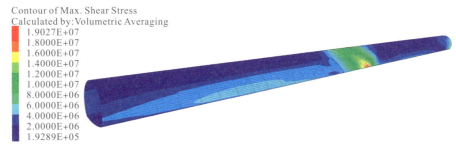

图 10-40　倾角为 30°的断层破碎带隧道衬砌最大剪应力等值线图(单位：Pa)

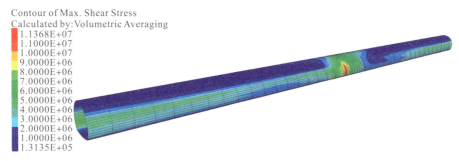

图 10-41　倾角为 60°的断层破碎带隧道衬砌最大剪应力等值线图(单位：Pa)

综上，随着破碎带倾角增大，最大最小主应力、最大剪应力响应均呈减小趋势，这与朱长安等(2008)、刘恺(2011)等的研究成果一致。在考虑"偏移"效应下，隧道应力集中区域主要处于断层破碎带与衬砌相交范围前后各 10～15m。

10.6.4　位移响应分析

图 10-42～图 10-44 为不同倾角断层破碎带宽度工况隧道不同部位的 X 向、Y 向、Z 向位移沿轴线变化曲线。表 10-11 为不同破碎带倾角下各部位位移响应区间。

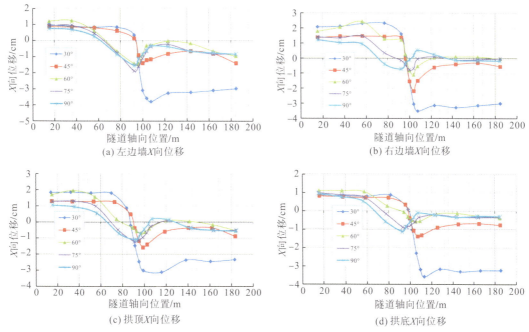

图 10-42　不同倾角断层破碎带宽度工况隧道不同部位的 X 向位移沿轴线变化曲线

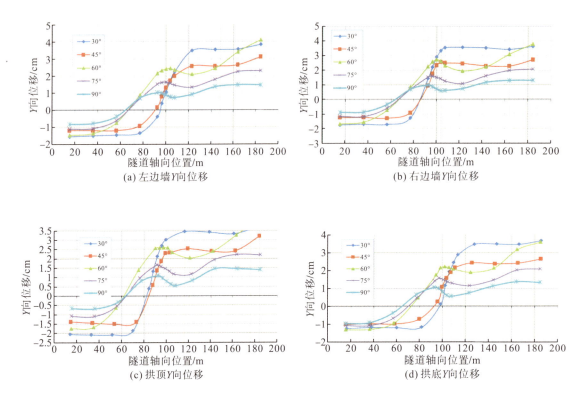

图 10-43　不同倾角断层破碎带宽度工况隧道不同部位的 Y 方向位移沿轴线变化曲线

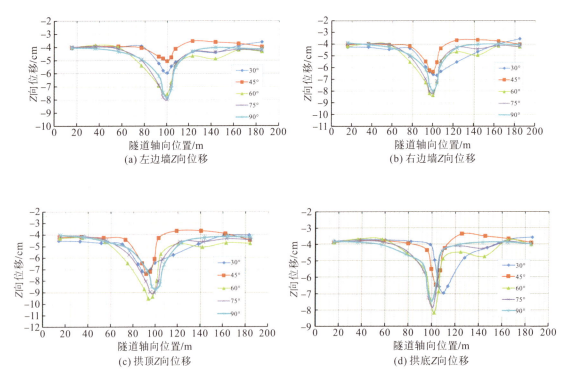

图 10-44　不同倾角断层破碎带宽度工况隧道不同部位的 Z 向位移沿轴线变化曲线

表 10-11　不同破碎带倾角下各部位位移响应区间　　　　　　（单位：cm）

位置		倾角									
		30°		45°		60°		75°		90°	
		最小	最大	最小	最大	最小	最大	最小	最大	最小	最大
X 向位移	拱顶	-3.12	1.85	-1.58	1.30	-0.70	1.95	-1.23	1.30	-1.11	1.04
	拱底	-3.61	0.88	-1.39	0.82	-0.58	1.11	-0.90	0.98	-1.12	0.96
	左边墙	-3.82	0.96	-1.42	0.85	-1.49	1.23	-1.91	0.92	-1.56	0.74
	右边墙	-3.50	2.33	-2.17	1.47	-1.11	2.43	-0.77	1.47	-0.71	1.22
Y 向位移	拱顶	-2.09	3.71	-1.52	3.20	-1.76	4.22	-1.11	2.21	-0.69	1.46
	拱底	-1.26	3.66	-1.02	2.64	-1.33	3.58	-1.09	2.09	-0.97	1.36
	左边墙	-1.56	3.83	-1.20	3.10	-1.47	4.09	-1.11	2.29	-0.83	1.48
	右边墙	-1.75	3.63	-1.29	2.71	-1.68	3.79	-1.17	2.07	-0.87	1.30
Z 向位移	拱顶	-7.34	-4.05	-7.38	-3.66	-9.55	-4.24	-9.01	-4.05	-8.73	-4.03
	拱底	-6.95	-3.56	-6.44	-3.36	-8.16	-3.67	-7.83	-3.80	-7.45	-3.83
	左边墙	-5.95	-3.62	-5.07	-3.55	-7.59	-3.84	-7.97	-3.93	-7.82	-4.04
	右边墙	-6.67	-3.54	-6.37	-3.63	-8.38	-3.98	-8.16	-3.95	-7.97	-3.90

　　不同断层破碎带倾角下的隧道衬砌完整围岩下盘位移方向沿 X 轴正向，完整围岩上盘位移方向沿 X 轴负向，而断层破碎带附近位置的衬砌结构则处于由正向向负向变化的过程中，曲线较陡，受剪切错动作用较为强烈；随着断层破碎带倾角的不断减小，断层破碎带及上盘完整岩段衬砌结构 X 向位移不断沿 X 轴负向增大，破碎带衬砌错动作用更为显著；当破碎带倾角为 90°、75°、60° 时，其 X 向位移曲线相差不大，而当倾角减小到 45°、30° 时 X 向位移增大现象逐渐显著；结合不同倾角破碎带与隧道相交范围关系曲线（图 10-45），随着断层破碎带倾角的不断减小，破碎带与隧道衬砌相交范围也逐渐增大，且增大的幅度随着角度的减小也在逐渐增大；当倾角减小至 30°、45°、60° 时，相交范围的增大更为明显。这与 X 向位移响应曲线图中位移增大规律类似，这也在一定程度上证明了隧道倾角的改变对隧道衬砌的响应影响主要是由于破碎带与隧道相交范围随着角度的减小而不断增大造成的。

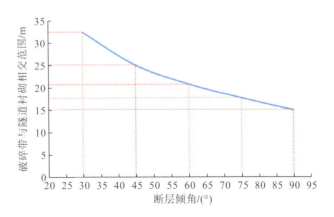

图 10-45　不同倾角破碎带与隧道相交范围关系曲线图

　　从上下盘完整围岩段衬砌结构 X 向位移可知，完整围岩上盘相对于下盘而言，X 向位移更大，上盘围岩 X 向位移在 1cm 左右，而下盘最大可达 3cm，不同断层倾角下普遍上盘位移更大。这与朱长安等（2007）的研究成果类似，被称为"偏载现象"，这是由于断层破碎带的存在导致上下盘岩体不对称（下盘为倒梯形体，上盘为正梯形体)而造成的，随着断层破碎带角度逐渐接近 90°(上下盘围岩对称)，这种"偏载现象"逐渐减小，上下盘衬砌位移值逐渐相等。

综上可知，隧道完整围岩下盘位移方向沿 Y 向负向，完整围岩上盘位移方向沿 Y 向正向，而断层破碎带附近位置的衬砌结构位移则处于由负向向正向变化的过程中，曲线较陡，破碎带沿轴向受拉(压)作用较为强烈；随着断层破碎带倾角的不断减小，衬砌结构位移逐渐增大，破碎带受拉(压)作用更为强烈，其中上盘位移更大，增大现象也更为明显，这与"偏载效应"有关。Y 向位移受破碎带宽度影响不大，但 Y 向位移受断层倾角影响较大。如图 10-46 所示，隧道衬砌总位移方向总是沿着断层破碎带向下变形，当倾角越小时，总位移在 Y 方向上的分量就更大，所以隧道结构 Y 向位移受破碎带倾角的影响较大。

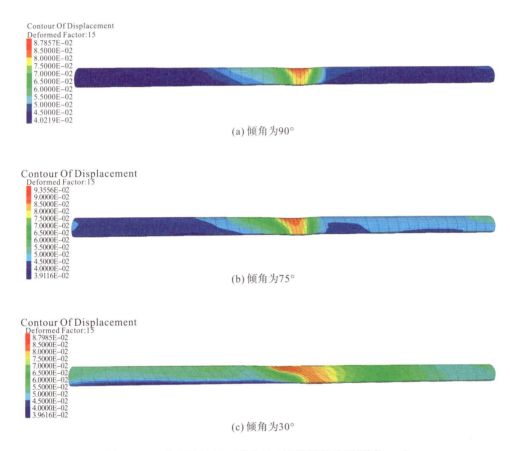

(a) 倾角为90°

(b) 倾角为75°

(c) 倾角为30°

图 10-46　不同断层倾角下总位移(变形)等值线图(单位：m)

隧道 Z 向位移均朝向 Z 轴负向，即竖直向下。在断层破碎带及其附近位移最大，且最为集中，破碎带附近为主要的剪切错动区域。随着断层破碎带倾角的改变，Z 向位移没有明显的变化规律，结合图 10-46可知，衬砌总位移总是沿断层破碎带向下的，随着破碎带角度的减小，总位移在 Z 向上的分量逐渐减小。由于破碎带角度的减小，隧道与破碎带相交范围不断增大，衬砌应力及加速度响应也逐渐增大，在多种因素的共同作用下，隧道 Z 向位移未像 X、Y 向位移一样表现出单纯的递增或递减规律。此外，隧道拱顶的 X 向位移响应最大，左右边墙、拱底位置较小。

综合分析 X 向、Y 向、Z 向位移响应，断层破碎带附近衬砌在不同断层倾角下仍然是以 Z 向位移为主，X 向、Y 向位移相对较小。地震作用下衬砌结构主要以环向剪切破坏为主，表现为拱顶坍塌、衬砌错台。抗震设防以减小错动位移或释放位移错动为主要手段，并且以断层破碎带与衬砌相交范围及其纵向前后各 10~15m 为抗震设防重点区段。

10.7　本章小结

(1)摩岗岭断层破碎带的存在对隧道衬砌的加速度有明显的放大效应。越靠近断层破碎带位置,其加速度放大效应越大,衬砌加速度放大倍数在 1.40～1.48 倍,主要集中在隧道断层破碎带及其前后各 10m 范围内,即模型纵向 80～120m。同时,在该范围内表现出了衬砌最大剪应力集中和等效应力增大,说明断层及破碎带对隧道衬砌的地震动力响应影响较大;但在相同断面上隧道拱顶、拱底、左右边墙的地震动力响应峰值差别不大。因此,在穿越断层及破碎带时,隧道衬砌需要全断面抗震设防。

(2)摩岗岭隧道在上盘与下盘衬砌 X 向位移方向相反,各自朝向断层面的倾斜方向,破碎带有明显的错动。隧道沿 Y 轴方向受剪切错动不明显,位移主要表现为不均匀的拉伸、压缩。衬砌结构 Z 向位移远大于 X 向、Y 向位移,且方向均竖直向下,破碎带位置衬砌 Z 向位移最大。X 向、Y 向、Z 向衬砌位移在断层破碎带位置均发生突变,衬砌位移变化较大,错动较为强烈,在地震中容易产生剪切破坏,导致衬砌出现环向裂缝、错台,甚至隧道全面坍塌。

(3)综合摩岗岭隧道的加速度、应力、位移响应规律,隧道衬砌在断层破碎带及其两侧各 10m 范围的地震动力应力响应最大,由于断层破碎带的存在,导致衬砌结构加速度放大、应力集中及位移突增,所以在断层破碎带及其两侧各 10m 范围,应全断面抗震设防。抗震设防应重点考虑减小衬砌加速度响应和结构受力,并采取抗震缝或柔性支护,释放或吸收断层破碎带的剪切错动,以减小衬砌结构的严重震害。

(4)随着断层破碎带宽度的增加,隧道衬砌的加速度、应力响应、X 向位移、Z 向位移增大,但 Y 向位移受断层破碎带宽度的影响不大。从隧道衬砌加速度、应力、位移响应整体上来看,在断层破碎带与隧道相交范围及其前后各 10～15m 的衬砌地震动力响应最大,极容易造成严重的隧道震害。

(5)随着断层倾角的减小,隧道衬砌的加速度、应力响应增大,这主要是由于断层破碎带倾角的减小,断层破碎带与隧道衬砌相交范围增大,其地震动力影响范围也增大导致的。同时随着断层倾角的减小,隧道衬砌的 X 向、Y 向位移响应增大,但 Z 向位移响应没有明显的规律,这是由于断层破碎带倾角减小,虽然破碎带与隧道衬砌相交范围增大,但总位移在 Z 方向分量逐渐减小。

(6)断层倾角的变化会导致隧道衬砌加速度、应力、位移沿隧道轴线方向变化,且响应波峰出现一定程度的"偏移",拱顶向前偏移、拱底向后偏移,这种偏移现象表明:在抗震设防时需同时考虑拱顶及拱底的偏移设防范围,从而加大断层破碎带抗震设防总长。断层倾角的变化也表现出来一种"偏载现象",即由于断层倾角的存在,导致上盘与下盘岩体几何结构不对称、不均匀,即下盘为倒梯形体、上盘为正梯形体,且压缩性较大的破碎带处于下盘岩体的上方、上盘岩体的下方,这样的不均匀性会导致衬砌结构上盘位移响应略大。

(7)综合不同宽度和倾角的断层及破碎带地震动力响应,在断层破碎带与隧道相交范围及其前后各 10～15m 的衬砌地震动力响应最大,为重点抗震设防区段,且抗震设防范围需随着断层破碎带宽度增加和倾角减小而增加。

第 11 章　山岭隧道断层破碎带抗减震措施与工程应用

目前我国相关隧道及地下工程抗减震设计规范较少，对强震区的隧道衬砌抗减震设计多为加强衬砌强度，对于诸多的抗减震措施设置方法没有明确规定，造成目前的隧道抗减震研究成果，如注浆加固围岩、设置减震层、设置抗震缝、改变衬砌刚度等，在实际隧道工程中应用较少。在隧道穿越断层破碎带时合理地设计这些抗减震措施显得尤为重要。

本章立足于解决实际隧道抗减震问题，通过研究山岭隧道断层破碎带地震动力响应、不同宽度和倾角的断层及破碎带对隧道衬砌地震动力响应的影响，明确断层破碎带附近隧道抗震设防范围及震害机理；对摩岗岭隧道断层破碎带进行抗减震设计，采用数值模拟验证抗减震措施效果。同时，本章给出部分典型山岭隧道抗减震措施设计应用案例，供读者参考。

11.1　山岭隧道断层破碎带抗减震措施

我国西部(尤其是西南部)山区大部分属于高山峡谷地带，且断裂构造发育。在这些地区的隧道工程建设过程中不可避免地会遇到穿越断层破碎带的情况，其抗减震问题极为严峻。

由于隧道结构为一长大线性结构，轴线长度远远大于横向断面尺寸，断层及破碎带附近隧道往往穿越了物理性质不同的地层和围岩，衬砌受到的动力响应差异较大，破碎带位置衬砌结构在地震中的加速度、应力、位移响应突增，极易产生严重破坏，在断层及破碎带附近隧道采取抗减震措施也成为普遍共识。

不同的隧道抗减震措施具有不同的抗减震机理及效果，其适用范围及主要参数选择也不尽相同。如表 11-1 所示，本书结合山岭隧道抗减震措施振动台和数值模拟研究成果，对注浆加固围岩、设置减震层、改变衬砌刚度、设置抗震缝四种抗减震措施的基本参数建议、抗减震机理、适用条件及范围等重要问题进行提炼和总结，为同类断层破碎带隧道的抗震设防提供参考。

表 11-1　不同抗减震措施设置方法及适用条件

抗减震措施	基本参数建议	抗减震机理	适用条件及范围	备注
注浆加固围岩	注浆层厚度在 3～10m 较为合适，全断面径向注浆	通过注浆，提高破碎带围岩的强度及自稳能力，减小破碎带围岩与两侧完整围岩的岩性差异，提高破碎围岩对隧道衬砌结构的约束作用，从而减小在地震作用下所受围岩荷载及响应差异，减小衬砌加速度、应力、位移响应，提高隧道抗震能力	适用范围较广，认可度高，在多数地区中均可使用。但由于注浆加固效果、注浆范围等难以控制，施工必须注意确保注浆加固体强度及加固范围达到标准	注浆层越厚，越有利于隧道抗震，但需综合考虑经济性、工期等问题，结合工程实际情况可在 6m 注浆层厚度的基础上适当增减
设置减震层	建议选择减震层厚度为 10～15cm，减震层设置于初支及二衬之间，使用闭孔聚乙烯泡沫板，减震层抗压强度需高于围岩压力，保证在静力荷载下不产生塑性变形	减震层材料具有压缩性、高阻尼的特性，可以吸收地震波的高频成分，耗散地震能量，吸收衬砌结构与围岩之间的相互作用，减小衬砌应力及位移响应，吸收破碎带位置衬砌位移错动，从而减轻断层破碎带隧道衬砌震害	由于减震层设置于初支和二衬之间，需与衬砌共同承受围岩压力，在断面较大、围岩荷载较大的隧道中，较软的减震层容易在静力条件下产生过大的变形，而导致无法吸收地震动力荷载，所以不建议在断面尺寸较大、围岩荷载较大的断层破碎带隧道中使用	设置减震层会导致隧道开挖断面增大，降低地震中围岩对衬砌的约束力，过厚的减震层会导致衬砌加速度、应力、位移响应增大，需严格控制减震层厚度

抗减震措施	基本参数建议	抗减震机理	适用条件及范围	备注
改变衬砌刚度	在保证衬砌强度的条件下,建议适当降低抗震设防范围内的隧道衬砌刚度。建议使用钢纤维混凝土,并且使用钢筋混凝土结构替代素混凝土结构。初支使用锚杆支护、挂网喷射混凝土,适当增大钢拱架间距	柔性支护在地震作用下能够有效地耗散地震能量,减小衬砌加速度响应;相对于刚性支护来说,其具有较强的变形适应能力,对断层破碎带衬砌受到的位移错动有更好的承受能力,并且能够减小衬砌所受应力响应,防止断层破碎带衬砌结构在地震作用下产生大面积的开裂、破坏	在隧道埋深较浅、围岩自稳能力极低,须严格控制软弱围岩位移,以防止施工塌方的隧道中不可使用。若衬砌在围岩压力、地震荷载及各种可能预见作用力下产生的位移能够满足工程正常使用要求,并且不至于引起围岩大体积塌方,则可适当增大衬砌柔性	使用柔性支护,对围岩强度要求较高,可与注浆加固围岩配合使用,以达到优势互补
设置抗震缝	建议在断层破碎带与两侧完整围岩相交位置设置抗震缝,缝宽 5～20cm,优先考虑倾斜方向与破碎带产状一致的斜向抗震缝,若断层破碎带产状不明,则建议使用常规竖直环向抗震缝	破碎带位置衬砌在地震作用下容易产生较大的应力响应及位移错动,设置抗震缝能够调整隧道结构的应力分布,减小加速度、应力响应,顺应地震动位移,释放衬砌位移错动,减小破碎带对衬砌的影响范围。虽然会导致衬砌结构更容易沿抗震缝发生位移错台,但能够释放应力及位移,保证衬砌在地震中不发生大面积的破坏,保证隧道的完整性	在破碎带范围及产状较为明确的情况下,可使用斜向抗震缝设置方法。当破碎带产状不明,宽度难以确定的情况下,使用常规环向抗震缝,并按一定距离等间距布置	

不同抗减震措施具有不同的适用条件及范围,由于不同的隧道工程具有不同的地质条件、隧道形式、施工方案等,很难使用统一的抗减震措施,并且单独一种抗减震措施往往难以保证隧道结构在地震作用下的安全。在实际工程中,可以结合不同抗减震措施的优缺点及抗减震机理,组合使用多种抗减震措施,以达到抗震设防目的。例如,当隧道破碎带强度极低,并且伴随有一定程度的地应力问题,围岩荷载较大,无法单独使用柔性支护或设置减震层的方式进行抗震设防时,可以通过注浆加固围岩,先对围岩强度进行增强,提高围岩自稳能力,减小围岩压力,再使用柔性支护及减震层,就可达到提高隧道抗震能力的目的。

11.2　摩岗岭隧道断层破碎带抗减震措施分析

11.2.1　抗减震措施及计算模型

摩岗岭隧道位于三条断裂带交汇处,地震风险较大。第 10 章对摩岗岭隧道断层破碎带地震动力响应进行了详细分析,结合摩岗岭隧道的加速度、应力、位移响应,隧道衬砌在断层破碎带及其两侧各 10m 范围的地震动力应力响应最大,由于断层破碎带的存在,导致衬砌结构加速度放大、应力集中及位移突增,所以在断层破碎带(宽度约 20m)及其两侧各 10m 范围,进行全断面抗震设防,并重点考虑减小衬砌加速度响应和结构受力,采取抗震缝或柔性支护,释放或吸收断层破碎带的剪切错动,设置减震层、加固围岩等减小衬砌结构的震害。具体抗减震措施设计有以下方面。

(1)摩岗岭隧道断层破碎带宽度为 20m,断层倾角为 54°。破碎带围岩强度较低,与两侧完整围岩强度差异较大。对摩岗岭隧道断层破碎带围岩进行注浆加固可以有效加强隧道的抗震能力。根据前述隧道抗减震措施研究成果,综合考虑经济成本及施工难度,选择 6m 作为摩岗岭隧道断层破碎带注浆加固层厚度,加固方式为全断面径向注浆。

(2)在摩岗岭隧道断层破碎带位置设置减震层有利于增强隧道的抗减震能力。研究表明,隧道减震层厚度在 10～15cm 较为合适,选择 15cm 厚的减震层作为摩岗岭隧道抗减震措施,减震层材料为闭孔聚乙烯泡沫板。

(3)使用柔性支护能够降低衬砌加速度响应及应力响应,防止衬砌混凝土产生大面积的坍塌破坏。在保证摩岗岭隧道衬砌强度和静力安全的情况下,通过减小衬砌混凝土厚度、增大配筋,使用钢纤维混凝土等手段,适当降低衬砌刚度。

(4)摩岗岭隧道断层破碎带宽度、断层产状、围岩条件等均较为清晰,破碎带与两侧完整围岩的分界位置较为明确,可以通过在断层破碎带与两侧围岩相交位置设置倾斜抗震缝达到减小衬砌加速度、应力响应,释放破碎带衬砌位移错动的目的,有利于摩岗岭隧道的抗震设防。设置倾斜向抗震缝,缝宽为20cm。

摩岗岭隧道设置抗减震措施后的模型各项参数如表11-2所示,摩岗岭隧道断层破碎带抗减震措施布置示意图如图11-1所示。

表11-2 摩岗岭隧道设置抗减震措施后的模型各项材料参数

围岩类型	密度/(kg/m³)	内聚力/MPa	摩擦角/(°)	抗拉强度/MPa	弹性模量/GPa	泊松比
完整岩体	2438.41	10	38	15	38	0.247
完整岩体(注浆加固后)	2500	20	40	20	39	0.18
上盘破碎带	2177.12	0.0431	36	0.1	2.5	0.35
上盘破碎带(注浆加固后)	2200	0.15	40	0.2	5.0	0.25
下盘破碎带	2161.84	0.0323	37.07	0.1	2.5	0.35
下盘破碎带(注浆加固后)	2200	0.15	40	0.2	5.0	0.25
断层泥	2103.27	0.1496	32.77	0.1	1.5	0.40
断层泥(注浆加固后)	2200	0.15	40	0.2	5.0	0.25
初支	2350	1.5	43	1.5	10.0	0.25
C25二衬	2500	2.0	45	2.0	12.0	0.25

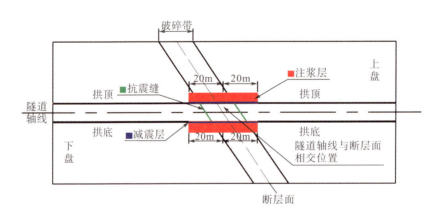

图11-1 摩岗岭隧道断层破碎带抗减震措施布置示意图

采用FLAC3D数值模拟开展摩岗岭隧道抗减震措施效果分析,动力计算模型及加载与10.3节一致,仅增加图11-1中的抗减震措施。将校正后卧龙地震波三个方向的加速度时程均从模型底部加载,加载强度为0.5g,相当于摩岗岭隧道场地地震基本烈度为Ⅸ度。沿隧道纵向布设17个监测断面,每个监测断面在拱顶、左右边墙、拱底分别布设4个测点。监测摩岗岭隧道衬砌在设置抗减震措施后的加速度,最大、最小主应力,位移等地震动力响应数据。

11.2.2　加速度响应分析

为了对比分析设置抗减震措施前后摩岗岭隧道断层破碎带的加速度响应，本节提取隧道衬砌监测点数据，绘制隧道不同部位加速度峰值沿隧道轴向变化曲线，如图 11-2 所示；统计出隧道各部位加速度响应峰值沿隧道纵向的最大、最小值，见表 11-3。

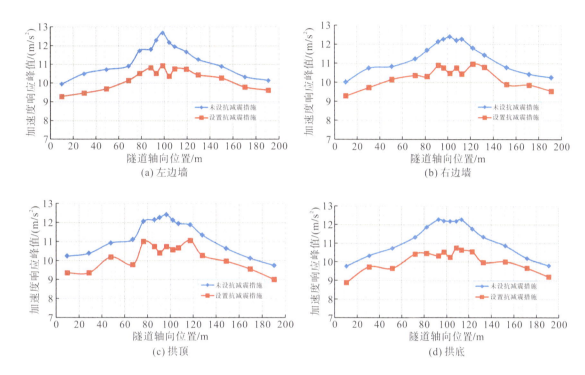

图 11-2　隧道不同部位加速度响应峰值沿隧道轴向变化曲线

表 11-3　隧道各部位加速度响应峰值最大、最小值统计表　　　　　（单位：m/s²）

方向	部位							
	左边墙		右边墙		拱顶		拱底	
	最小	最大	最小	最大	最小	最大	最小	最大
未设置抗减震措施	9.96	12.69	10.02	12.40	9.74	12.42	9.77	12.28
设置抗减震措施	9.30	10.94	9.30	10.96	9.01	11.07	8.89	10.77

由图 11-2 及表 11-3 可知，摩岗岭隧道断层破碎带衬砌在设置抗减震措施后，加速度响应明显减小。当设置抗减震措施后摩岗岭隧道衬砌左右边墙、拱顶及拱底的加速度响应分别降低至 9.30～10.94m/s²、9.30～10.96m/s²、9.01～11.07m/s²、8.89～10.77m/s²，加速度响应降低率达到 12.3%。设置抗减震措施后，隧道衬砌的加速度响应沿隧道纵向变化的曲线变得更为平缓，破碎带位置的加速度响应集中增大的现象明显减弱；说明在设置抗减震措施后，较为显著地减弱了破碎带衬砌结构与两侧完整围岩段衬砌结构之间的加速度响应差异性，使得隧道整体在地震作用下受力更为均匀，增强了隧道的抗震性能，降低了地震时断层破碎带位置衬砌发生震害破坏程度。

此外，在综合使用注浆加固围岩、设置减震层和抗震缝、使用柔性支护四种手段后，原本单独使用减震层时会产生的加速度响应增大的问题得到了解决，说明综合使用四种抗减震措施可以使得不同措施之间的优缺点互相弥补，让隧道断层破碎带的抗震设防更为有效合理。

11.2.3 应力响应分析

图 11-3 为未设置及设置抗减震措施工况隧道不同部位的最大主应力响应峰值沿轴线变化曲线。表 11-4 为隧道各部位最大主应力响应峰值(即最大、最小值)及最大主应力减小率。

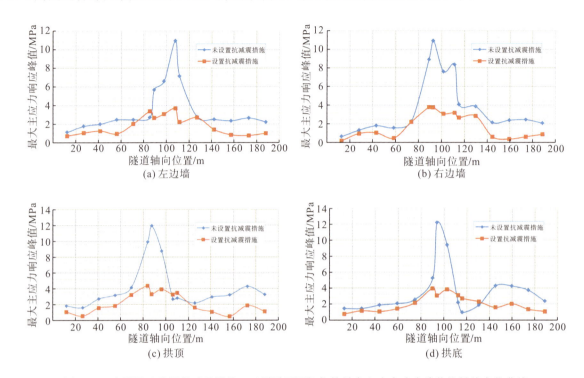

图 11-3 未设置及设置抗减震措施工况隧道不同部位的最大主应力响应峰值沿轴线变化曲线

表 11-4 隧道各部位最大主应力响应峰值(即最大、最小值)及最大主应力减小率

位置	未设置抗减震措施		设置抗减震措施		
	最小/MPa	最大/MPa	最小/MPa	最大/MPa	减小率/%
拱顶	1.60	11.94	0.50	4.34	63.60
拱底	0.95	12.21	0.76	3.99	67.33
左边墙	1.10	10.93	0.72	3.69	66.20
右边墙	0.62	10.92	0.17	3.81	65.13

注:减小率为设置抗减震措施后隧道衬砌每个部位主应力响应峰值取值区间的最大值与未设置抗减震措施时的同一部位的主应力响应峰值最大值之差,再除以未设置抗减震措施时的同一部位的主应力响应峰值。

　　由图 11-3 和表 11-4 可知,在设置抗减震措施后摩岗岭隧道断层破碎带衬砌结构所受应力响应明显减小,特别是在断层破碎带范围内,最大主应力响应减小非常明显,破碎带位置的应力集中现象也不再明显,曲线趋于平缓,说明针对摩岗岭隧道设计的抗减震措施有效地减小隧道衬砌应力,降低了破碎带位置衬砌结构与两侧围岩段衬砌的应力差异,使得隧道结构受力更为均匀。摩岗岭隧道设置抗减震措施后,隧道衬砌最大主应力响应峰值在拱顶、拱底及左右边墙位置分别降为 0.50～4.34MPa、0.76～3.99MPa、0.72～3.69MPa、0.17～3.81MPa,最大主应力减小非常显著,可达 8.22MPa,减小率达 63.60%～67.33%。

　　图 11-4 为未设置及设置抗减震措施工况隧道不同部位的最小主应力响应峰值沿轴线变化曲线。表 11-5 为隧道各部位最小主应力响应峰值(即最大、最小值)及最小主应力减小率。

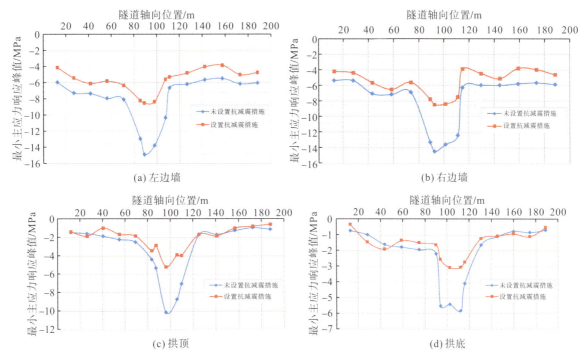

图 11-4　未设置及设置抗减震措施工况隧道不同部位的最小主应力响应峰值沿轴线变化曲线

表 11-5　隧道各部位最小主应力响应峰值(即最大、最小值)及最小主应力减小率

位置	未设置抗减震措施		设置抗减震措施		
	最小/MPa	最大/MPa	最小/MPa	最大/MPa	减小率/%
拱顶	0.94	10.15	0.54	5.19	48.84
拱底	0.70	5.83	0.34	3.09	47.06
左边墙	5.47	14.93	3.84	8.53	42.87
右边墙	5.33	14.49	3.75	8.45	41.68

　　由图 11-4 和表 11-5 可知,最小、最大主应力规律类似,设置抗减震措施后衬砌最小主应力响应出现了大幅度的降低,应力集中现象明显减小。设置抗减震措施后,隧道衬砌最小主应力响应峰值在拱顶、拱底及左右边墙位置分别降为 0.54~5.19MPa、0.34~3.09MPa、3.84~8.53MPa、3.75~8.45MPa,减小率达 41.68%~48.84%。

　　图 11-5~图 11-8 为未设置/设置抗减震措施前后摩岗岭隧道衬砌的最大剪应力等值线图和等效应力等值线图。

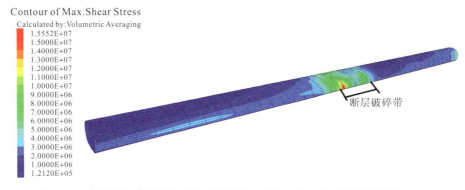

图 11-5　未设置抗减震措施摩岗岭隧道衬砌的最大剪应力等值线图(单位:Pa)

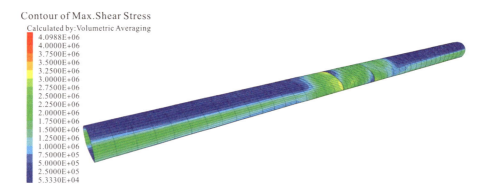

图 11-6　设置抗减震措施后摩岗岭隧道衬砌的最大剪应力等值线图（单位：Pa）

图 11-7　未设置抗减震措施摩岗岭隧道衬砌的等效应力等值线图（单位：Pa）

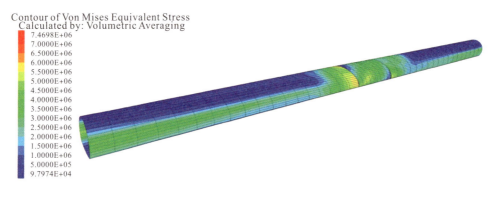

图 11-8　设置抗减震措施后摩岗岭隧道衬砌的等效应力等值线图（单位：Pa）

　　对比分析可知，设置抗减震措施后，隧道衬砌最大剪应力及等效应力减小均非常明显；未设置抗减震措施时，衬砌最大剪应力可达 15.55MPa，等效应力可达 27.19MPa；但设置抗减震措施后，衬砌最大剪应力和等效应力最大值分别减小至 4.10MPa 和 7.47MPa。设置抗减震措施后，断层破碎带位置衬砌应力和应力集中明显减小，破碎带衬砌与破碎带两侧衬砌应力的差值随之减小，这与最大、最小主应力响应曲线变得平缓相互印证。

　　在综合使用注浆加固围岩、设置减震层、设置抗震缝、使用柔性支护四种手段后，最大、最小主应力响应减小率相对于单独使用 6m 注浆加固、15cm 减震层等四种手段时的应力减小率更大，说明综合使用四种抗减震措施可以让隧道断层破碎带的抗震设防更为有效合理。

11.2.4 位移响应分析

如图 11-9 所示，本节提取摩岗岭隧道断层破碎带未设置及设置抗减震措施两种工况下，在 0.5g 地震动力作用下隧道衬砌总位移数据，沿隧道轴线绘制曲线。为直观地表示设置抗减震措施前后，将隧道拱顶、拱底、左右边墙位置的位移响应在纵向上的最大、最小值提取出来，并且计算位移减小比率，列入表 11-6 中。

表 11-6 隧道总位移响应峰值(即最大、最小值)及减小率   (单位：cm)

位置	未设置抗减震措施		设置抗减震措施		
	最小	最大	最小	最大	减小率/%
拱顶	4.39	9.24	4.00	6.07	34.26
拱底	4.58	10.00	4.13	6.00	39.95
左边墙	4.95	10.86	4.12	5.91	45.54
右边墙	4.10	9.32	4.05	5.68	39.09

图 11-9 为未设置及设置抗减震措施工况隧道衬砌总位移沿轴线变化。由图 11-9 和表 11-6 可知，设置抗减震措施后，摩岗岭隧道断层破碎带位置衬砌位移明显减小；隧道位移沿纵向变得平缓，在破碎带位置的位移增大现象得到了缓解，说明衬砌之间的错动也降低了。设置抗减震措施后，隧道拱顶、拱底及左右边墙位移分别减小至 4.00～6.07cm、4.13～6.00cm、4.12～5.91cm、4.05～5.68cm，位移减小率达到 34.26%～45.54%，减小最大量值可达 4.95cm。

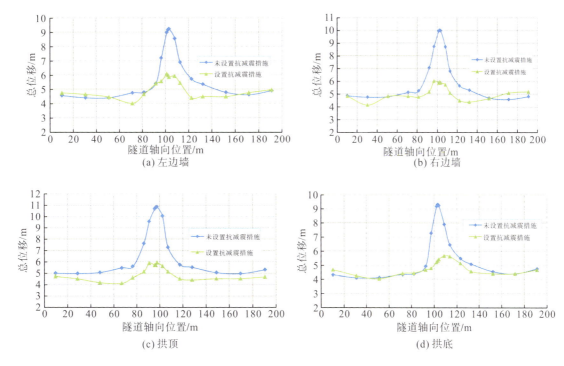

图 11-9 隧道不同部位总位移(单位：m)

图 11-10 和图 11-11 为未设置/设置抗减震措施工况隧道衬砌 X 向、Y 向、Z 向的位移等值线图。

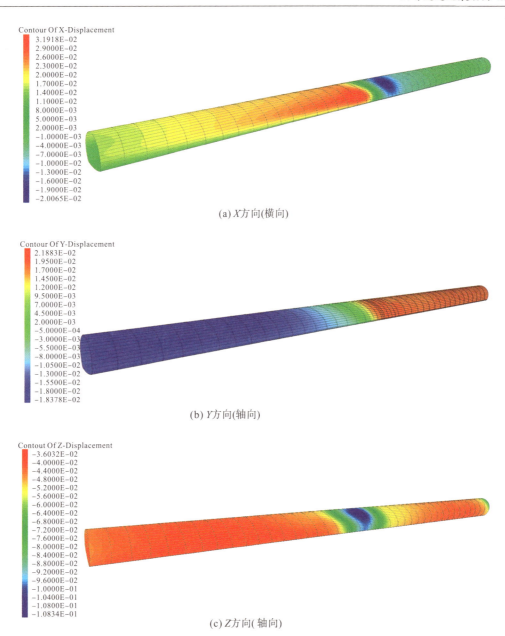

(a) X 方向(横向)

(b) Y 方向(轴向)

(c) Z 方向(轴向)

图 11-10　未设抗减震措施工况隧道时衬砌不同方向下位移等值线图(单位：m)

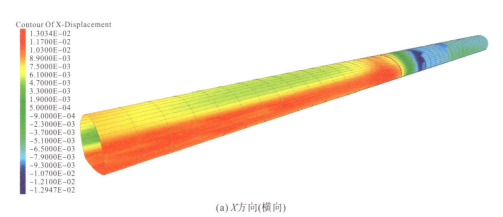

(a) X 方向(横向)

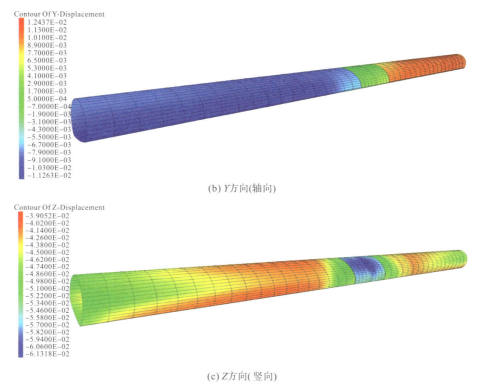

(b) Y方向(轴向)

(c) Z方向(竖向)

图 11-11　设置抗减震措施工况隧道后衬砌不同方向下位移等值线图(单位：m)

　　设置抗减震措施后隧道衬砌 X 向、Y 向、Z 向的位移量均出现明显的减小。设置抗减震措施后摩岗岭隧道衬砌上盘与下盘位移方向同样相反，破碎带位置衬砌受位移错动，但错动量随着位移量的减小而明显减小。Y 向位移在设置抗减震措施后同样减小，Y 向位移方向基本一致，即上盘沿 Y 轴正向，下盘沿 Y 轴负向，破碎带位置衬砌处于两者之间，因为上下盘运动方向的不同而受拉(压)作用。无论是否设置抗减震措施，隧道衬砌位移在 Z 向(竖向)最大，Z 向为隧道破碎带衬砌在地震动力作用下的主要位移方向，Z 向位移减小最为明显，从未设置抗减震措施时的 10.83cm 减小至设置后的 6.13cm。Z 向位移错动主要集中在抗震缝位置，由于抗震缝释放了地震下衬砌的位移错动，使得破碎带两侧衬砌位移明显减小。

　　单独使用柔性支护或设置抗震缝的抗减震手段时，会导致破碎带位置衬砌位移增大，但在综合使用四种抗减震措施对摩岗岭隧道进行加固后，摩岗岭隧道断层破碎带的位移减小非常明显，表明综合使用四种抗减震措施可以使得不同措施之间的优缺点互相弥补。同时，综合使用四种抗减震措施对位移的减小比率比单独使用任何一种抗减震措施更大，这说明综合使用四种抗减震措施进行抗震设防更为有效合理。

　　通过对摩岗岭隧道断层破碎带抗减震措施效果进行分析可知，综合采用注浆加固围岩、设置减震层和抗震缝、使用柔性支护四种抗减震措施后，隧道衬砌加速度、应力及位移响应峰值明显降低；原本单独使用减震层时的加速度响应增大问题得到了解决，断层破碎带位置衬砌应力和应力集中明显减小，破碎带衬砌与破碎带两侧衬砌应力的差值随之减小，断层破碎带的错动及衬砌位移得到了很好的控制。因此，针对摩岗岭隧道断层破碎带的抗减震措施是安全、合理、有效的。

11.3　山岭隧道抗减震措施工程应用

11.3.1　雅康高速公路隧道

　　雅康高速公路雅泸段是国家公路网雅安至新疆叶城(G4218)联络线的重要组成部分，是川藏高速公路的一段，也是进入藏区、辐射带动藏区的经济大动脉。该项目起于雅安市雨城区草坝镇，接 G93 成渝经济区环线乐雅高速公路，雅泸段路线全长 98km，桥隧比为 70.518%，采用双向四车道高速公路技术标准进行建设，路基宽度为 24.5m，设计时速为 80km/h，路面为沥青砼路面。隧道为 44631m/19 座，其中特长隧道 31171m/5 座，长隧道 8737m/4 座，短隧道 4723m/10 座。地震动峰值加速度为 0.10g～0.20g，对应地震基本烈度为Ⅶ度～Ⅷ度。

　　"千里川藏线，天堑二郎山"，被誉为"川藏第一隧"的二郎山隧道，长 13.4km。该隧道位于四川三大活动断裂交汇部位(图 11-12)，埋深 1500m，穿越 13 条断裂(图 11-13)、11 套地层、12 种岩性，地震基本烈度为Ⅷ度，水平峰值加速度为 0.2g，反应谱特征周期为 0.4s。二郎山隧道穿越主要区域性断裂为龙门山断裂西南端、大渡河断裂及保新厂—凰仪断裂(简称保凰断裂)，均为中更新世活动断裂，不具备晚第四纪活动性，其最大地震能力≤6.5 级。在隧道使用期限内，这 3 条主要断裂自身不致发生突发地表错位，但在其他大地震影响下依然可能造成分支断层破裂或变形位移。

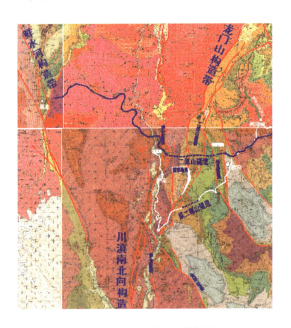

图 11-12　二郎山隧道区域构造图

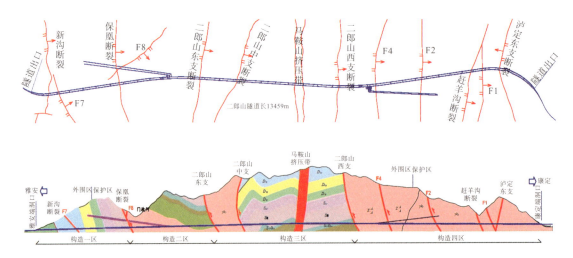

图 11-13　二郎山隧道地质平面及纵断面图

注：F1～F8 为断层序号。

1. 二郎山隧道抗震设防目标

借鉴汶川地震隧道抗震的经验教训，隧道断层破碎带、洞口浅埋偏压段、洞身 V 级围岩普通段是重点抗震设防段落。二郎山隧道为重大工程，隧道抗震考虑近 10 万年以来活动过的断裂，二郎山隧道穿越的区域断裂均为非活动性断裂。但隧址区鲜水河断裂带是中国西部著名的地震活动带之一，距离二郎山隧道出口平面距离仅 17km。因此，二郎山隧道抗震应充分考虑地震风险，进行超预期抗震设计，为震后加固预留空间。二郎山隧道穿越断裂分为抗震危险地段(区域性断裂)和抗震不利地段(次级及分支断裂)两大类。抗震设防目标如下所示。

(1)抗震危险地段——区域性断裂。该地段设防目标为：在大震作用下隧道不发生严重破坏，即不发生洞室坍塌，经紧急抢险加固仍可通行，但隧道结构可能发生较严重破坏。

(2)抗震不利地段——次级及分支断裂。该地段设防目标为：在大震作用下隧道震害一般，经短期抢修即可恢复使用。

2. 二郎山隧道抗减震措施

(1)洞口段抗减震措施：①加强对边仰坡和洞口的防护；②适当加长明洞，减小落石危害，避免地震时落石掩埋洞口；③洞口明暗交界、覆盖层与基岩交界面、浅埋与深埋交界面设置抗震缝；④洞口浅埋、偏压段采用钢筋混凝土结构。

(2)洞身段抗减震措施：①隧道洞身初支采用柔性结构，围岩破碎段二衬采用钢筋混凝土结构；②隧道结构断面采用带仰拱的曲墙式，提高结构受力能力；③在连续 V 级围岩中，每隔 24m 设置一道抗震缝；④对断层破碎带及围岩破碎段进行注浆加固，提高围岩力学参数。

(3)隧道穿越区域性断裂抗减震措施。研究对象包括新沟断裂、保凰断裂、二郎山东支断裂、二郎山中支断裂、二郎山西支断裂、赶羊沟断裂、泸定西支断裂共七条断裂。抗震措施主要有：①隧道断面整体扩大 40cm，如图 11-14 所示；二郎山隧道各断裂位置扩大断面设防长度统计情况如表 11-7 所示；②初支设置 120b 钢架，二衬采用 60cm 厚钢筋砼；③设置抗震缝，纵向间距为 12m；④施工中结合围岩富水情况进行预注浆或开挖后注浆加固围岩；⑤隧道纵向抗震设防范围：断层破碎带及其两侧 30～40m。

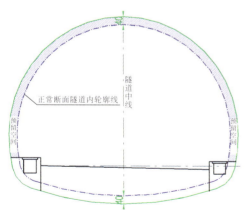

(a)隧道扩大抗震断面图

(b)隧道修建完成的实景图

图 11-14　二郎山隧道扩大抗震断面图与修建完成的实景图

表 11-7　二郎山隧道扩大断面设防长度

断裂名称	新沟断裂	保凰断裂	二郎山东支	二郎山中支	二郎山西支	赶羊沟断裂	泸定东支	合计
设防长度/m	110	110	110	110	120	100	150	810

(4)隧道穿越次级及分支断裂抗减震措施:①初支设置 I20b 钢架,二衬采用 60cm 厚钢筋砼;②设置抗震缝,纵向间距为 12m。

11.3.2 汶马高速公路隧道

汶川至马尔康高速公路(简称汶马高速公路)是国高网和省高网中的重要路段,是内地通往西藏、青海等地区的重要交通大动脉。汶马高速公路地处青藏高原东缘与四川盆地西北边缘交错接触带,海拔从 1320m 上升至 3225m,高差大,地形十分复杂;路线穿越地质构造强烈区域,滑坡、崩塌、泥石流等不良地质灾害频繁;穿越温带、寒温带、寒带等多个气候带,气候差异明显,气候条件恶劣。路线多布于悬崖峭壁,工程施工难度极大。汶马高速公路具有"极其复杂的地形、极其复杂的地质、极其复杂的气候、极其复杂的生态、极其复杂艰巨的建设"的特点。

汶马高速公路起点接映汶高速,沿国道 G317 线布设,途经汶川、理县,止于马尔康,路线总长 170.267km;设置 10 处互通式立交;全线桥梁总长 59476.23m/131 座,桥梁比为 34.93%;隧道总长 97393.067m/32 座(其中,狮子坪隧道长 13093m,鹧鸪山隧道长 8778m),隧道比为 57.20%,桥隧比为 92.13%,项目概算总投资 287 亿元。汶马高速公路公路工程区地震动峰值加速度为 0.1g~0.20g,对应地震基本烈度为Ⅶ~Ⅷ度。

汶马高速公路属地震强烈和邻区强震波及区,2008 年 5 月 12 日,在汶川映秀沿北川-映秀断裂发生 8.0 级地震,对映秀一带场地的影响烈度达 11 度。根据《四川省汶川 8.0 级地震灾后重建地震评价规划用图,2008.06》和《中国地震动参数区划图》(GB 18306—2001,修改单 1 号,2008 年 6 月 9 日颁布),其中起点至 K80 段地震动峰值加速度为 0.20g,测区基本地震烈度为Ⅷ度;K80~K164 段地震动峰值加速度为 0.15g,K164~止点段地震动峰值加速度为 0.10g;测区基本地震烈度为Ⅶ度。

1. 汶马高速公路一般隧道抗减震措施

(1)隧道洞口段抗震措施:①加强对边仰坡和洞口的防护;②适当加长明洞,减小落石危害,避免地震时落石掩埋洞口;③隧道口明暗交界、覆盖层与基岩交界面、浅埋与深埋交界面设置抗震缝;④洞口浅埋、偏压段采用钢筋混凝土结构。

(2)隧道洞身段抗震措施:①隧道洞身初支采用柔性结构,围岩破碎段二衬采用钢筋混凝土结构;②隧道结构断面采用带仰拱的曲墙式,提高结构受力能力;③在连续 V 级围岩中,每隔 24m 设置一道抗震缝;④对断层破碎带及围岩破碎段进行注浆加固,提高围岩力学参数。

2. 汶川隧道茂汶活动断裂抗减震措施

汶川隧道位于彭灌复背斜核部的北西侧,紧邻龙门山后山断裂,隧址区有茂汶断裂的西支(F1)、东支(F1-1)在隧道洞身段通过,该断裂具备全新世活动性,属逆断兼右旋走滑性质,平均滑动速率为水平 0.9~1.1mm/a,垂直 0.9~1.1mm/a。根据其百年位移量,对活动断裂段 K50+400~+580(ZK50+340~+520)采用以下抗减震措施设计。

(1)相对于正常段落隧道内空,该段内空断面整体扩大 40cm,为蠕滑位移留够足够的位移空间。

(2)加强衬砌支护,并采用隔离消能抗减震设计,典型抗减震衬砌断面如图 11-15 所示。①初支采用强支护措施,采用 50cm 间距的 I20b 工字钢配合系统 42 注浆小导管注浆加固围岩,确保开挖的顺利;②采用双层钢筋砼二衬,第一层二衬作为结构受力层,第二层二衬作为结构安全储备层;③在两层二衬之间设置 25cm 厚泡沫混凝土作为消能隔离层,消化吸收活动断裂的蠕滑位移以及其引起的形变挤压应力;④分小段(9m 一模)浇筑二衬并设置 5cm 宽的减震缝,增加其变形能力,适应活动断裂的蠕滑位移。

（3）强震时绕行应急方案。当遭遇强震时，活动断裂可能产生较大位移，隧道通行能力中断，在此紧急情况下，应启动绕行应急预案。绕行方案起于 K48+000，接 G317 国道，从县城通过后，于 K53+600 接高速，绕行路线长 7.2km。

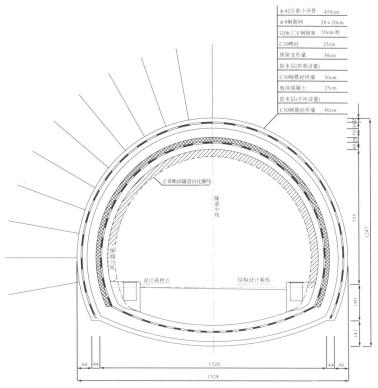

図 11-15　隧道典型的抗减震衬砌断面（单位：cm）

11.3.3　泸石高速公路隧道

泸定至石棉高速公路（简称泸石高速公路）位于四川省甘孜州泸定县及雅安市石棉县境内，是《四川省高速公路网规划（2014—2030 年）》中 8 条南北纵"马尔康至石棉高速公路"的重要组成部分。该项目具有衔接成都至康定至西藏、马尔康至泸定和雅西等高速公路的纽带功能。泸石高速公路起于泸定县咱里村伞岗坪附近，设伞岗坪综合体接雅康高速公路，路线全长 96.511km；全线共设置互通式立交 7 处，全线设置桥梁 16829.71m/35 座，设置隧道共 66.48km/18 座（单线计），其中特长隧道 53.85km/11 座，长隧道 11.01km/5 座，中隧道 1.62km/2 座，无短隧道。泸石高速公路全线穿越多条构造断裂带，地震动峰值加速度为 0.20g～0.30g，地震基本烈度为Ⅷ度。沿线隧道抗减震设计非常重要，具体措施如下所示。

（1）隧道洞口段抗减震措施。①泸石路 18 个隧道洞口全部实现"零开挖"进出洞，对边仰坡实现"零"扰动"零"破坏，维持原生态；同时加强对边仰坡和洞口的防护。②洞门端墙和洞口挡土墙材料采用 C20 砼，隧道洞门端墙与衬砌环框间和洞门墙与洞口挡墙间施工接缝加设抗震连接短钢筋。③适当加长明洞，减小落石危害，避免地震时落石掩埋洞口。④明洞结构均采用钢筋砼，配筋量按抗震作用计算配置。单压明洞的外侧平衡挡墙与明洞衬砌采用结构分离的构造方式。明洞拱背回填采用 C15 砼等弹性模量较高的材料，提高弹性抗力。⑤洞口明暗交界、覆盖层与基岩交界、浅埋与深埋交界设置环向抗震缝。⑥隧道洞口浅埋和偏压地段采用带仰拱的曲墙式衬砌，二衬采用钢筋砼结构，隧道洞口段抗震设防最小长度如表 11-8 所示。⑦洞口地质松散地段进行地表注浆等固结措施；⑧洞门墙抗震措施（图 11-16）：一是洞门墙设置为钢筋混凝土洞门墙；二是洞门墙背后设置拉杆钢筋与回填土石或者边坡形成整体；三是洞门墙基础采用 76 钢花管加固并形成整体。

表 11-8　隧道洞口段抗震设防最小长度 (单位: m)

围岩级别	地震动峰值加速度系数/(×g)				
	0.1	0.15	0.2	0.3	0.4
III～IV级	15	20	25	25	30
V～VI级	25	25	30	30	35

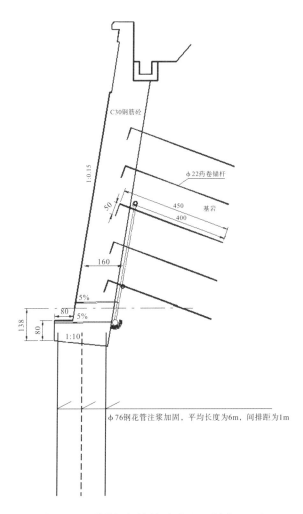

图 11-16　隧道洞门墙抗减震设计(单位: cm)

(2)隧道洞身段抗减震措施。隧道洞身段抗减震措施主要针对普通V级围岩地段进行,抗震措施有:①隧道衬砌采用带仰拱的曲墙式衬砌;②初支设置型号为I_{20b}钢架;二衬采用45cm厚钢筋砼;③抗震设防段以及交叉口段落采用钢筋混凝土结构;④在V级围岩地段两端设置抗震缝。

(3)断层破碎带隧道抗减震措施。断层破碎带隧道抗减震措施主要有:①隧道衬砌采用带仰拱的曲墙式衬砌;②初支设置I20b钢架,二衬采用60cm厚钢筋砼;③断层破碎带范围内及两端设置抗震缝,缝宽3cm,纵向间距为12m;④对于区域性断层,结合围岩富水情况进行预注浆或开挖后注浆加固围岩。

11.4　本章小结

(1)结合摩岗岭隧道的加速度、应力、位移响应，隧道衬砌在断层破碎带及其两侧各 10m 范围的地震动力应力响应最大，确定了在断层破碎带(宽度约 20m)及其两侧各 10m 范围，总计 40m 进行全断面抗震设防，并重点考虑减小衬砌加速度响应和结构受力，采取抗震缝或柔性支护，释放或吸收断层破碎带的剪切错动，设置减震层、加固围岩等减小衬砌结构的震害。

(2)摩岗岭隧道断层及破碎带影响范围(总计 40m)的抗减震措施设计为：围岩全断面径向注浆加固，加固层厚度为 6m；隧道初支及二衬之间设置闭孔聚乙烯泡沫板减震层，层厚 15cm；在破碎带与两侧围岩相交位置设置与断层破碎带倾角、走向一致的抗震缝，缝宽 20cm；在保证衬砌强度和静力安全的情况下，适当降低摩岗岭隧道衬砌刚度，使用柔性较强的衬砌结构。

(3)通过对摩岗岭隧道断层破碎带抗减震措施效果进行分析可知，综合采用注浆加固围岩、设置减震层和抗震缝、使用柔性支护四种抗减震措施后，隧道衬砌加速度、应力、位移响应峰值明显降低，隧道衬砌加速度响应减小 12.3%，最大主应力响应减小 63.60%～67.33%，最小主应力减小 41.68%～48.84%，位移减小 34.26%～45.54%；综合使用四种抗减震措施使得不同措施之间的优势互补，比单独使用任何一种抗减震措施时效果更为显著；针对摩岗岭隧道断层破碎带的抗减震措施设计是安全、合理、有效的。

(4)结合本书及前人研究成果，本章给出了我国西南地区三条穿越大型构造断裂带及高烈度地震区的高速公路隧道的抗减震措施设计工程应用实例，为高烈度区山岭隧道洞口段、洞身段及穿越(或靠近)断层破碎带的抗减震措施设计提供很好的参考。

参 考 文 献

北京城建设计研究总院有限责任公司, 2013. 地铁设计规范(GB 50157—2013)[S]. 北京: 中国建筑工业出版社.

浜田, 横山, 1978. 宫城县地震受灾调查报告[R]. 日本: 日本总务省消防厅.

曹小平, 2013. 强震作用下山岭隧道洞口段地震响应分析及减震措施研究[D]. 兰州: 兰州交通大学.

陈健云, 胡志强, 林皋, 2001. 超大型地下洞室群的三维地震响应分析[J]. 岩土工程学报, 23(4): 494-497.

陈健云, 胡志强, 林皋, 2002. 超大型地下洞室群的随机地震响应分析[J]. 水利学报, 33(1): 71-75.

陈健云, 胡志强, 林皋, 2003. 大型地下结构三维地震响应特点研究[J]. 大连理工大学学报, 43(3): 344-347.

崔光耀, 王明年, 于丽, 等, 2013. 穿越黏滑错动断层隧道减震层减震技术模型试验研究[J]. 岩土工程学报, 35(9): 6.

崔光耀, 蒋梦新, 王明胜, 2022. 高烈度地震区隧道洞口段纤维混凝土衬砌抗震效果分析[J]. 现代隧道技术(1): 59.

傅淑芳, 秦燕, 1991. 纯路径方法反演中国地区的深部构造[J]. CT 理论与应用研究(1): 15-19.

冈本舜三, 1974. 地震工程学[M]. 孙伟东译. 台湾: 科技图书股份有限公司.

耿萍, 丰月华, 何川, 等, 2009. 盾构隧道横断面地震响应的广义反应位移法分析[J]. 铁道建筑, 20(2): 1-15.

耿萍, 唐金良, 权乾龙, 等, 2013. 穿越断层破碎带隧道设置减震层的振动台模型试验[J]. 中南大学学报(自然科学版), 44(6): 2520-2526.

国家地震局, 1977. 中国地震简目[M]. 北京: 地震出版社.

国家地震局地球物理研究所, 1987. 中国地震台网观测报告[M]. 北京: 地震出版社.

国家地震科学数据中心, 2001. 中国大陆及邻区震源机制数据集[C]. 中国地震台网目录数据库.

胡辉, 2013. 穿越活动断层的隧道减震结构研究[D]. 成都: 西南交通大学.

皇民, 2009. 浅埋双洞隧道地震动力响应研究[D]. 成都: 西南交通大学.

江学良, 祝中林, 杨慧, 等, 2016. 含隧道岩石边坡在地震作用下动力响应特性研究[J]. 自然灾害学报, 25(2): 94-102.

靳宗振, 2014. 跨断层隧道减震结构地震动力响应研究[D]. 成都: 西南交通大学.

李世久, 梁庆国, 房军, 等, 2020. 考虑进洞高程效应的黄土隧道洞口段地震动力响应特征研究[J]. 地震工程学报, 42(4): 996-1006.

李天斌, 2008. 汶川特大地震中山岭隧道变形破坏特征及影响因素分析[J]. 工程地质学报, 16(6): 742-750

李天斌, 徐正, 王瑞兴, 2016. 基于发震断裂位移的汶川地震区地应力场突变特征反演分析[J]. 工程地质学报, 24(5): 760-767.

李旭升, 2010. 高烈度地震区行波效应下断层对隧道的动力影响和加固措施研究[D]. 成都: 西南交通大学.

李育枢, 2006. 山岭隧道地震动力响应及减震措施研究[D]. 上海: 同济大学.

梁栋, 王云燕, 马金龙, 等, 2015. 装配式斜交空心板梁桥的内力简化计算方法[J]. 交通科技(6): 4.

梁建文, 张浩, Lee V W, 2005. 地下洞室群对地面运动的影响[J]. 土木工程学报, 38(2): 9.

梁庆国, 边磊, 张钦鹏, 等, 2018. 大断面黄土隧道洞口段地震动力特性研究[J]. 公路交通科技, 35(7): 65-76.

廖红建, 宋丽, 程殊伟, 等, 2001. 地震荷载下地基-结构相互作用分析[J]. 岩土工程学报, 20(A01): 1142-1148.

刘吉, 2007. 黄草坪 2 号隧道地震动力响应的物理模拟试验初步研究[D]. 成都: 成都理工大学.

刘晶波, 李彬. 2006. Rayleigh 波作用下地下结构的动力反应分析[J]. 工程力学, 23(10): 132-135.

刘恺, 2011. 成兰线跨断层隧道的错动破坏机理研究及地震动力响应分析[D]. 北京: 北京交通大学.

刘文韬, 2003. 岩石含损伤本构模型和地下爆炸效应研究[J]. 岩石力学与工程学报, 22(2): 342.

路仕洋, 2008. 宝成铁路宝鸡—广元段隧道震害的调查与分析[J]. 国防交通工程与技术(6): 59-61.

潘昌实, 1996. 隧道及地下结构物抗震问题的研究概况[J]. 世界隧道(5): 7-16.

钱七虎, 何川, 晏启祥, 2009. 隧道工程动力响应特性与汶川地震隧道震害分析及启示[C]//纪念汶川地震一周年——抗震减灾专题学术讨论会: 608-618.

邵根大, 骆文海, 1992. 强地震作用下铁路隧道衬砌耐震性的研究[J]. 中国铁道科学, 12(2): 92-107.

申玉生, 高波, 胡邦, 等, 2011. 强震区山岭隧道围岩全环间隔注浆预加固的方案研究[J]. 土木工程学报(S1): 7.

孙铁成, 2009. 双洞错距山岭隧道洞口段地震动力响应及减震措施研究[D]. 成都: 西南交通大学.

唐垠斐, 2018. 山岭隧道断层破碎带地震动力响应规律及抗减震措施研究[D]. 成都: 西南交通大学.

陶连金, 张倬元, 傅小敏, 1998. 在地震载荷作用下的节理岩体地下洞室围岩稳定性分析[J]. 中国地质灾害与防治学报, 9(1): 32-40.

陶连金, 王文沛, 张波, 等, 2012. 地铁地下结构抗震设计方法差异性规律研究[J]. 土木工程学报, 45(1): 170-176.

田村重四郎, 川上英二, 1981. モンテカルロ法による地中埋設管システムの耐震性の評価方法[C]//土木学会論文報告集: 37-48.

铁道第一勘察设计院, 2006. 铁路工程抗震设计规范(GB 50111—2006)[S]. 北京: 中国计划出版社.

铁道部第二勘测设计院, 1995. 南昆铁路7、9度地震隧道洞口及浅埋大跨段新机构设计试验研究[R].

王飞飞, 2018. 浅埋偏压小净距隧道地震动力响应规律与减震措施研究[D]. 长沙: 中南林业科技大学.

王明洋, 国胜兵, 潘宏, 2003. 抗震液化的总应力合成分析方法[J]. 防灾减灾工程学报, 23(1): 1-10.

王帅帅, 高波, 隋传毅, 2015. 减震层减震原理及隧道断层带减震技术振动台试验研究[J]. 岩土工程学报, 37(6): 1086-1092.

王文礼, 苏灼谦, 林峻弘, 等, 2001. 台湾集集大地震山岳隧道受损情形之探讨[J]. 现代隧道技术, 38(2): 52-60.

王秀英, 刘维宁, 张弥, 2003. 地下结构震害类型及机理研究[J]. 中国安全科学学报, 13(11): 55-58.

王峥峥, 高波, 2012. 结构-地基系统静-动联合分析模型[J]. 计算力学学报, 29(2): 165-170.

王正松, 王铮铮, 高波, 2014. 双连拱隧道洞口段减震措施研究[J]. 公路, 59(6): 4.

文栋良, 2010. 高烈度地震区隧道洞口段地震动力响应及减震措施研究[D]. 重庆: 重庆交通大学.

吴世明, 1997. 土介质中的波[M]. 北京: 科学出版社.

信春雷, 高波, 周佳媚, 等, 2014. 跨断层隧道抗减震措施性能振动台试验研究[J]. 岩土工程学报(8): 9.

徐华, 2009. 高烈度区山岭隧道地震动力响应及抗震稳定性研究[D]. 成都: 成都理工大学.

徐华, 李天斌, 2011. 隧道不同减震层的地震动力响应与减震效果分析[J]. 土木工程学报, 44(增1): 201-208.

徐华, 李天斌, 王栋, 等, 2013. 山岭隧道地震动力响应规律的三维振动台模型试验研究[J]. 岩石力学与工程学报, 32(9): 1762-1771.

徐艳杰, 张楚汉, 王光纶, 等, 2001. 小湾拱坝模拟实际横缝间距的非线性地震反应分析[J]. 水利学报(4): 68-74.

许劲松, 2016. 强震作用下山岭隧道洞口段典型震害的机理研究[D]. 成都: 西南交通大学.

杨林德, 高占学, 2003. 公路隧道混凝土衬砌结构的耐久性与保护层厚度[J]. 土木工程学报, 36(12): 64-67.

杨小礼, 李亮, 2000. 层状地基中交通隧道地震反应分析[J]. 长沙铁道学院学报, 18(4): 15-19.

于媛媛, 2013. 山岭隧道衬砌结构震害机理研究[D]. 哈尔滨: 中国地震局工程力学研究所.

余涛涛, 2019. 浅埋偏压连拱隧道地震加速度响应特性研究[J]. 湖南文理学院学报(自然科学版), 31(2): 5.

张晋东, 梁庆国, 蒲建军, 等, 2018. 不同进洞高程黄土隧道洞口段振动台模型试验研究[J]. 公路交通科技, 35(7): 77-85.

张学朋, 蔡跃, 蒋宇静, 等, 2020. 隧道震害和地表变形相关性的实例分析[J]. 哈尔滨工业大学学报, 52(2): 82-88.

赵崇斌, 张楚汉, 张光斗, 1986. 用无穷元模拟半无限平面弹性地基[J]. 清华大学学报(自然科学版)(3): 51-64.

中交路桥技术有限公司, 2013. 公路工程抗震设计规范(JTG B02—2013)[S]. 北京: 人民交通出版社.

郑升宝, 蒋树屏, 王晓雯, 等, 2011. 公路隧道减震模型试验及数值模拟[J]. 现代隧道技术, 48(4): 59-64.

中国地震局震害防御司, 1999. 中国近代地震目录: 公元1912年—1990年, Ms≥4.7[M]. 北京: 中国科学技术出版社.

周德培, 1998. 强震区隧道洞口段的动力特性研究[J]. 地震工程与工程振动, 17(1): 124-130.

朱长安, 高波, 索然绪, 2008. 强震区隧道洞口段振动台模型试验研究[J]. 现代隧道技术(6): 211-215.

Bettess P, Zienkiewica O C, 1977. Diffraction and refraction of surface wave using finite and infinite elements[J]. International Journal for Numerical Methods in Engineering, 11(8): 1271-1290.

Borja R I, Amies A P, 1999. Multiaxial cyclic plasticity model for clays[J]. Journal of Geotechnical Engineering, 120(6): 1051-1070.

Dasgupta G, 1982. A finite element formulation for unbounded homogeneous continua[J]. Journal of Applied Mechanics. ASME, 49(1): 135-140.

Dasgupta G, Chopra A K, 1979. Dynamic stiffness matrices for viscoelastic half planes[J]. Journal of the Engineering Mechanics Division, 105(5): 729-745.

Dowding C H, Rozen A, 1978. Damage to rock tunnels from earthquake shaking[J]. Journal of Geotechnical & Geoenvironmental Engineering, ASCE, 104(2): 175-191.

Duke C M, 1958. Effects of ground on destructiveness of large earthquakes[J]. Journal of the Soil Mechanics & Foundations Division, 84: 1-23.

Fan Z F, Zhang J C, Xu H, 2019. Theoretical study of the dynamic response of a circular lined tunnel with an imperfect interface subjected to incident SV-waves[J]. Computers and Geotechnics, 110(6): 308-318.

Fishman G S, 1995. Monte Carlo, Concepts, Algorithms and Applications[M]. Berlin: Springer.

Huang R, 2009. Mechanism and geomechanical modes of landslide hazards triggered by Wenchuan 8.0 earthquake[J]. Chinese Journal of Rock Mechanics and Engineering, 28(6): 1239-1249.

Jiang X L, Wang F F, Yang H, et al., 2018. Dynamic response of shallow-buried tunnels under asymmetrical pressure distributions[J]. Journal of Testing & Evaluation, 46(4): 1574-1590.

Kobayashi S, Kishima T, 1985. Dynamic analysis of non-homogeneous ground movements by the boundary integral equation-finite element hybrid method[C]//Proceedings of the Fifth International Conference on Numerical Methods in Geomechanics. In Nagoya: A. A. Balkema(V1): 135-142.

Krauthammer T, Chen Y, 1989. Soil-structure interface effects on dynamic interaction analysis of reinforced concrete lifelines[J]. Soil Dynamic and Earthquake Engineering, 8(1): 32-42.

Lee V W, Trifunac M D, 1979. Response of tunnels to incident SH-waves[J]. Journal of Engineering Mechanics, ASCE, 105(4): 643-659.

Lee V W, Karl J, 1992. Diffraction of SV waves by underground circular, cylindrical cavities[J]. Soil Dynamics and Earthquake Engineering, 11(8): 445-455.

Luco J E, De Barros F C P D, 1994. Dynamic displacements and stresses in the vicinity of a cylindrical cavity embedded in a half-space[J]. Earthquake Engineering and Structure Dynamics, 23: 321-340.

Lysmer J, Kuhlemeyer R L, 1969. Finite dynamic model for infinite media[J]. Journal of Engineering Mechanics Division, 95(4): 859-878.

Lysmer J, Wass G, 1972. Shear wave in plane infinite structure[J]. Journal of Engineering Mechanics. Division. ASCE, 98(1): 85-105.

Nakamura S, Yoshida N, Iwatate T, 1996. Damage to Daikai Subway Station during the 1995 Hyogoken-Nambu Earthquake and its investigation[J]. Japan Society of Civil Engineers, Committee of Earthquake Engineering: 287-295.

Okamoto S, Tamura C, 1973. Behaviour of subaqueous tunnels during earthquakes[J]. Earthquake Engineering & Structural Dynamics, 1(3): 253.

Owen G N, Scholl R E, 1981. Earthquake engineering of large underground structures[R]. Report no. FHWA/RD-80/195. Federal Highway Administration and National Science Foundation.

Pao Y H, Mow C C, Achenbach J D, 1973. Diffraction of elastic waves and dynamic stress concentrations[J]. Journal of Applied Mechanics, 40(4): 213-219.

Seed H B, Idriss I M, 1971. Simplified procedure for evaluating soil liquefaction potential[J]. ASCE Soil Mechanics and Foundation Division Journal, 97(9), 1249-1273.

Sharma S, Judd W R, 1991. Underground opening damage from earthquakes[J]. Engineering Geology, 30(3-4): 263-276.

Song C M, Wolf J P, 1994. Dynamic stiffness of unbounded medium based on damping-solvent extraction method[J]. Earthquake Engineering & Structural Dynamics, 23(2): 1073-1086.

Song C M, Wolf J P, 2000. The scaled boundary finite element method - a primer solution procedures[J]. Computers and Structures, 78(1): 211-225.

St. John C M, Zahrah T F, 1987. Aseismic design of underground structures[J]. Tunnel. Underground Space Technol, 2(2): 165-197.

Szavitsnossan A, MehoSaša Kovačević, Szavitsnossan V, 1999. Modeling of an anchored diaphragm wall[C]// International Flac Symposium on Numerical Modeling in Geomechanics. Hrvatska Znanstvena Bibliografija I MZOS-Svibor.

Wang W L, Wang T T, Su J J, et al., 2001. Assessment of damage in mountain tunnels due to the Taiwan Chi-Chi Earthquake[J]. Tunnelling & Underground Space Technology Incorporating Trenchless Technology Research, 16(3): 133-150.

Wolf J P, Song C M, 1994. Dynamic-stiffness matrix of unbounded soil by finite element multi-cell cloning[J]. Earthquake Engineering and Structure Dynamics, 23(3): 232-250.

Yasuda N, Asakura T, 2020. Seismic response of a cylindrical tunnel with construction joints subjected to longitudinal ground displacement[J]. Tunnelling and Underground Space Technology, 102: 103408.

Zhang C H, Wang G L, Chen X F, 1998. A coupling model of FE-BE-IE-IBE for nonlinear layered soil-structure interactions[J]. Developments in Geotechnical Engineering, 83: 293-312.

Zhou T, Dong C, Fu Z, et al., 2022. Study on seismic response and damping performance of tunnels with double shock absorption layer[J]. KSCE Journal of Civil Engineering, 26(5): 2490-2508.

Zhou Z, Ren C, Xu G, et al., 2019. Dynamic failure mode and dynamic response of high slope using shaking table test[J]. Shock & Vibration: 1-19.